BANK 4.0

BANK 4.0

WIE DIGITAL LEADER GEWINNE STEIGERN, KOSTEN SENKEN UND NEUE ERTRAGSQUELLEN ERSCHLIEẞEN

Die große Meta-Studie zu den Chancen und Risiken
der Digitalen (R)Evolution im deutschen Finanzbereich
– TEIL 1 –

KIM Y. MÜHL

Bibliografische Information der Deutschen Nationalbibliothek: Die Deutsche Nationalbibliothek verzeichnet diese Publikation in der Deutschen Nationalbibliografie; detaillierte bibliografische Daten sind im Internet über http://dnb.d-nb.de abrufbar.

Verfasser: Kim Y. Mühl, Eilenau 61, 22089 Hamburg, Deutschland

Coverdesign: Semnitz | 99designs.com

Coverbild: Azat Valeev – stock.adobe.com & Leonid – stock.adobe.com

Illustrationen: manypixels.com

Herstellung und Verlag: KDP / Amazon Media EU S.à r.l., L-2338, Luxembourg

Independently published

ISBN: 979-8581982174

WIDMUNG & DANKSAGUNG

Diese Meta-Studie widme ich allen Denjenigen, die mich mit ihren Ideen, Fragen, Anmerkungen und Ansichten auf dem Weg zur digitalen Mündigkeit begleiten und mich darin bestärken, die Digitale (R)Evolution im Finanzbereich zu erforschen und voranzutreiben. Besonderer Dank gilt:

Meiner Partnerin und Muse Valdete Xhafa, die den gesamten Schaffungsprozess dieser Publikation mit viel Geduld begleitet hat und das Werk mit einzigartigen Impulsen und Ideen bereichert hat.

Meiner Familie, insbesondere Bernhard, Chris und Malte, die mich immer in meinen Vorhaben unterstützen — auch wenn sie anfangs oft verrückt wirken mögen.

Meinen mentalen Sparringpartner:innen Britta Miksche und Dr. Hans-Martin Blättner (BM & Company), David Dong (Arclight's Invite International), Maria Lang (knallrot. GmbH), Maximilian Vetter, Wolfgang Krug und Michael Schmid (messbar GmbH;), sowie Mark Wenzel (STS Informationstechnologie GmbH) für ihre interessanten Perspektiven.

Der Privé Führungsriege, insbesondere Björn Torkar, Roland Meier und Julian Schilling, die mir tiefe Einblicke in den globalen Finanzsektor gewährt haben.

Meinen ehemaligen Kolleg:innen bei Privé Technologies, insbesondere Sandra Wenzel, Benjamin Cmiel, Julia Laessig, Teoman Onat, Islamdin Tajamow, René Danzinger, Pablo Carballo Nieto, Fangming Dong, Kailing Li, Moritz Meier, James Toothman, Hüseyin Yildiz, Josef Robotka, Qiuyan Tian, Sha Osman und Michael Waitze, mit denen ich gemeinsam an der nächsten Generation der Vermögensanlage arbeiten durfte.

Andreas Lopinsky und seinem Team von S3 Advertising GmbH & Co. KG und S3 finance, durch die ich viel über Publikationen gelernt habe.

Und nicht zuletzt Andrej R. Semnic (Semnitz) für die Gestaltung des Covers.

EXECUTIVE SUMMARY

Die Digitale (R)Evolution fordert die Finanzbranche heraus...

Das klassische Bankgeschäft, wie wir es bisher kannten, wird es mittelfristig nicht mehr geben. Disruptive Big- und FinTechs prägen die Kundenansprüche und -bedürfnisse sowie das Recherche- und Konsumverhalten maßgeblich. Ständige Erreichbarkeit und kanalübergreifende Banking- und Payment-Lösungen werden nicht nur vorausgesetzt — das Smartphone wird zunehmend zur Hausbank! Gleichzeitig erreicht der Markt eine nie gekannte Komplexität.

Den Wettbewerb gewinnt, wer über die schnellste und leistungsfähigste IT-Infrastruktur, die smartesten Algorithmen und Technologien, die richtigen Informationen, und vor allem die beste Strategie und Kompetenz zur Kundenakquise und -begleitung verfügt. Ohne moderne Kernbanksysteme und effektive Middleware werden Banken deshalb künftig nicht in der Lage sein, den richtigen Umgang mit IT- /Cybersicherheit und Regularien zu meistern und dabei den weiter steigenden Kundenansprüchen gerecht zu werden. Systeme, Prozesse und Geschäftsmodelle können allerdings nicht einfach *„digitalisiert"* werden. Sie müssen grundlegend neu gedacht werden. Dies setzt ein hierarchieübergreifendes Umdenken voraus: Anstatt Silodenkweisen, Konkurrenzdenken und der Angst vor Disruption nachzugeben, setzen Digital Leader deshalb auf Digitalität und Digital Prudence bei der Entscheidungsfindung.

... und bietet gleichzeitig neue Möglichkeiten der Positionierung:

Um ihre Systemrelevanz auch im digitalen Zeitalter zu rechtfertigen, agieren erfolgreiche Banken kompromisslos kundenzentriert und begreifen sich sowohl als Finanzinstitut als auch als Technologieunternehmen und Ökosystem: In einem offenen und stark vernetzten Ökosystem können aufgeschlossene Finanzunternehmen mit entsprechendem Digitalisierungsgrad am Wachstum der anderen teilhaben und von den Produkten und Dienstleistungen Dritter profitieren. Je nach Positionierung bündeln sie eigene wie auch externe Produkte als Omnikanal-Kundenplattform, oder geben als Produkt- und Infrastrukturspezialist kundenzentrierte Angebote und Expertise weiter.

Die Bank der Zukunft ist hybrid, personalisiert und modular

Die Bank 4.0 versteht sich als eine hybride Custom-Bank deren wichtigste Aufgabe darin besteht, Kund:innen exzellenten Service und höchstmögliche Sicherheit über die gesamte Customer Journey zu garantieren. Um das Gewinnpotenzial zu steigern und Kosten zu senken schöpft die Bank 4.0 das Potenzial digitaler Schlüsseltechnologien — wie etwa Smart Data Analysis-, Blockchain-, Cloud Computing-, oder Künstliche Intelligenz-Anwendungen — voll aus und setzt auf Ende-zu-Ende-Anwendungen, Dezentralisierung, Open Banking, digitales Onboarding und KYC, Personalisierung und Modularisierung, Un- und Rebundeling, Peer-to-Peer-Angebote, sichere Authentifikationsverfahren, Lean Banking und schlanke Wertschöpfungsketten.

INHALTSVERZEICHNIS

VORWORT

Die Bank steht unter digitalem Zugzwang

Als die Banken vor über zwanzig Jahren damit begannen, das elektronische Bankgeschäft einzuführen, leisteten sie Pionierarbeit in den Anfängen dessen, was wir heute Digitalisierung, bzw. Digitale Transformation, nennen. Heute kämpfen viele dieser Finanzinstitute um ihre Zukunftsberechtigung, während sie sich an allen Seiten von Herausforderungen konfrontiert sehen: Der scheinbar chronische Niedrigzins und verschärfte Regulierungen setzen Banken und Sparkassen ordentlich zu und sorgen mehr denn je für Kostendruck. Die seit Jahrzehnten profitablen Produkte und Dienstleistungen stehen nun im Wettbewerb zu einfachen, kostengünstigen und schnörkellosen Lösungen von digital-affinen Startups aus dem Finanzbereich (FinTechs). Damit bedienen die Bank Challenger längst nicht mehr ausschließlich Nischen. Sie stellen die gesamte Systemrelevanz der klassischen Retailbank in Frage. Auch das in der Finanzkrise verlorene Vertrauen der Kund:innen ist noch immer nicht komplett wiederhergestellt und die in der Vergangenheit zelebrierte Intransparenz wird nicht länger akzeptiert. Gleichzeitig fordern Kund:innen immer mehr Transparenz und werteorientierte Produkte und Dienstleistungen. Die Vermutung ist daher naheliegend, dass zinstragende Geschäfte auch in naher Zukunft keine hohen Erträge abwerfen werden.

Die Digitalisierung stellt viele Banken vor eine neue Herausforderung und bedeutet einen tiefgreifenden Strukturbruch. In den Medien ist die Sprache von *„radikaler Neuerfindung“* der etablierten Geldhäuser, von *„Sieger:innen und Verlierer:innen der digitalen Revolution“*. Das Resultat ist eine enorme Unsicherheit in der gesamten Branche, massiver Stellenabbau in (fast) allen Abteilungen und auch die Rolle der Filiale im digitalen Zeitalter ist keinesfalls geklärt. Dabei liegen Anspruch und Wirklichkeit im Topmanagement zumeist weit voneinander entfernt. Denn: Dass sich etwas ändern muss, haben auch die Bankmanager:innen erkannt. Über 90% der Führungskräfte im Bankenbereich rechnen laut EY Untersuchung mit einer steigenden Relevanz der digitalen Themen und einer Zunahme des für die Bearbeitung digitaler Themen aufzubringenden Zeitanteils. Dabei machen die Umsetzung und die Betreuung digitaler Themen bereits heute ein Drittel der Gesamtarbeitszeit der Mitarbeiter:innen aus.[1]

Banken, die sich früh auf die Digitale (R)Evolution eingelassen haben, geben heute den Ton an. Die Digitalisierung im deutschen Bankensektor hat keinesfalls nur Verlierer:innen hervorgebracht, sondern auch Gewinner:innen. Heute führen jene Finanzinstitute, die die Weichen frühzeitig auf ‚Digitalisierung‘ gestellt haben, sich mit direkten und indirekten Mitbewerber:innen zusammengetan haben, eine offene Fehlerkultur leben und agil und schnell auf Veränderungen am Markt reagieren können.

1 Vgl. Hays (2016:4)

Jetzt stehen die Nachzügler-Finanzinstitute unter digitalem Zugzwang. Sie sind an der Reihe nachzuziehen — oder still unterzugehen. Kaum ein Begriff ist so beschreibend für das, womit sich der deutsche Finanzsektor derzeit konfrontiert sieht, wie der Terminus ‚Zugzwang'. Ursprünglich aus der Schachterminologie kommend, beschreibt er eine Situation, bei der der/die Spieler:in die eigene Situation mit dem nächsten Zug nur verschlechtern kann. Mit der Digitalen Transformation verhält es sich ähnlich. Vor jedem Digitalisierungsvorhaben und jeder Entscheidung dürfen Sie sich fragen: Handelt es sich hierbei wirklich um einen sinnvollen Zug? Oder drängen Ihre Konkurrent:innen, Ihre Aktionär:innen und/oder Ihr Ego Sie zu einem Zug, der Sie letztlich ins Abseits drängen wird? Es gibt kein Aussetzen im Schach, so dass der Zugzwang eine sehr raffinierte Art ist, das Spiel zu gewinnen. Doch anders als beim Schach gilt in der Finanzbranche: Sie haben immer eine Wahl.

Und doch, oder gerade deshalb, hatten Sie nie so viele Möglichkeiten wie heute! Wie Sie im Verlauf dieser systematischen Meta-Studie erfahren werden, stehen aufgeschlossenen Finanzunternehmen im digitalen Zeitalter eine Fülle von Möglichkeiten zur Verfügung, neue Ertragsquellen zu erschließen, Kosten zu senken, die Servicequalität zu verbessern und die Kundenbindung zu stärken. In den folgenden Kapiteln habe ich einige der wichtigsten Trends und größten Herausforderungen im Markt für Sie zusammengetragen. Darüber hinaus stelle ich Ihnen die vielversprechendsten Ansätze und Handlungsmöglichkeiten vor, die ich zum heutigen Zeitpunkt für die Bank 4.0 identifiziere. Um den Anschluss nicht zu verlieren und gestärkt aus der (zweiten) digitalen Finanzrevolution hervorzugehen, sind allerdings nicht nur Know-How, sondern auch starkes Engagement, unbedingtes Commitment, ein hohes Level an Digitalität und neue Organisations- und Leadershipmodelle gefragt.

Die gute Nachricht ist: Die Bank 4.0 steckt noch in den Kinderschuhen. Mit der Digitalisierung hat sich auch die Bank maßgeblich verändert. Die Bank 4.0 ist nicht einfach eine digitalisierte Version des klassischen Geldinstituts. Sie ist eine Bank, die ihre internen und externen Prozesse digitalisiert und neue Technologien einsetzt, um sinnvolle Produkte und Dienstleistungen anzubieten. In einem offenen und vernetzten Ökosystem arbeitet die Bank 4.0 mit FinTechs und Dritten zusammen, um den maximalen Mehrwert für Kund:innen zu liefern.

Eines gleich vorab: Das Potenzial ist für alle gleich! Aber nicht jede/r ist gleich gewillt, es zu ergreifen. Beharren Sie auf Ihre digitale Mündigkeit. Haben Sie Mut, Hoffnung und Zuversicht. Haben Sie Spaß und Freude am Wandel. Und vor allem: Haben Sie Vertrauen in sich und Ihr Team. Ich wünsche Ihnen viel Erfolg.

Kim Y. Mühl,
Hamburg, 05. Dezember 2020

ORIENTIERUNGSHILFE ZUM BUCH

Wie sieht die Bank in Zukunft aus?

Jede Bank ist einzigartig. Die fundamentalen Themen und Fragen, die das digitale Zeitalter kennzeichnen, sind es jedoch nicht unbedingt. Diese Publikation entstand aus dem Wunsch heraus, den Mythos Digitalisierung greifbarer zu machen, die digitale Mündigkeit (engl.: *digital empowerment*) zu fördern und Sie in Ihrer Digitalität sowie der damit einhergehenden Entscheidungsfähigkeit (*digital prudence*) zu stärken. Damit verfolge ich das Ziel, ein möglichst ganzheitliches Bild der Digitalen (R)Evolution der Bank zu zeichnen.

Mitunter beschäftige ich mich mit der Entwicklung der Bank hin zur Bank 4.0 und den Herausforderungen und Regulatorien, welche ihr auf der Reise dahin begegnen. Darüber hinaus gehe ich der Frage nach, welche neuen Möglichkeiten die Digitale Transformation der Bank bringt und wie sich die Digitalisierung umsetzen lässt. Hierzu beleuchte ich zahlreiche Best Practice Beispiele aus der Branche, aber auch negative „*Digiwashing*"-Versuche.

Struktur der Meta-Studie

Ihre Zeit ist wertvoll und ich fühle mich geehrt, dass sie dieses kostbare Gut dieser Publikation schenken. Gestatten Sie mir deshalb, eine Empfehlung auszusprechen, wie Sie das Meiste aus diesem Buch herausholen können: Wenn Sie sich grundlegend für die Digitalisierung der Bank interessieren, lade ich Sie ein, das gesamte Buch in der von mir vorgesehen Reihenfolge zu lesen. Wenn Sie hingegen bereits tief in die digitale Materie eingetaucht sind und sich von dieser Publikation einzelne Einblicke, Trends oder Handlungsempfehlungen versprechen, dann können in die für Sie interessanten Kapitel zu springen. Orientierung hierfür gibt das Inhaltsverzeichnis, sowie das Stichwortverzeichnis.

TEIL I: Die Digitale (R)Evolution der Bank

Der erste Teil dieser Meta-Studie schafft eine gemeinsame Verständnisbasis über die Digitalisierung der Bank. Nachdem die Digitale (R)Evolution und ihre Auswirkungen auf die Gesellschaft in der Einleitung vorgestellt wurden, zeige ich in Kapitel 1 ich die historische Entwicklung der Bank hin zur Digitalbank auf und definiere das ‚4.0-Modell' sowie die ‚Bank 4.0'. In Kapitel 2 widme ich mich dem digitalen Geschäftsmodell und stelle die fünf Phasen der Digitalisierung vor, die Banken und Finanzinstitute durchlaufen können.

TEIL II: Die wichtigsten Trends und Schlüsseltechnologien

Der zweite Teil wagt einen Ausblick auf die wichtigsten Trends und Schlüsseltechnologien im Zusammenhang mit der digitalen Bank. In Kapitel 3 und 4 untersuche ich das veränderte Nutzer:innenverhalten sowie die Erwartungshaltung der Kund:innen an digitale Angebote. Besonderes Augenmerk sollten Sie auf die Unterkapitel von Kapitel 4 werfen, denn hier stelle ich zukunftsweisende Trends und Entwicklungen vor, die die Geschäftsgrundlage der Bank 4.0 bilden. In Kapitel 5 gewinnen Sie einen tiefen und fundierten Einblick über die Möglichkeiten einiger der wichtigsten Schlüsseltechnologien für die Finanzbranche und Ihr Unternehmen. Kapitel 6 analysiert die Verschlankung der Wertschöpfungskette und bietet wertvolle Einblicke in das Lean Banking 2.0.

TEIL III: Die Fintech-R(E)volution

Im dritten Teil konzentriert sich diese Publikation auf die Auswirkungen die FinTechs und Bank Challenger auf die Finanzbranche haben und geht der Frage nach, ob FinTechs eine Bedrohung für die Branche darstellen oder neue Möglichkeiten für diese eröffnen. In Kapitel 7 zeige ich auf, was Banken von FinTechs und Direktbanken lernen können — und dass sie diese ernst nehmen sollten. In Kapitel 8 gehe ich auf die Ängste und Sorgen vor disruptiven Unternehmen und Lösungen ein und spreche ich mich für ein Umdenken der Banken aus.

SCHLUSSTEIL: Impulse für Ihre Digitalstrategie

In Kapitel 9 schlage ich zehn strategische Handlungsfelder vor und schließe mit einem Impuls für die Zusammenarbeit mit externen Dienstleister:innen und FinTechs. Dieses Kapitel empfiehlt sich insbesondere dann für Sie, wenn Sie sich mit der Frage beschäftigen, wie Sie ihre Kund:innen im digitalen Zeitalter erreichen, begleiten und begeistern können, aber auch wie Sie mit Legacy-IT, Regularien und der steigenden Komplexität im Markt umgehen sollen.

Bonusmaterial

Begleitend zum Buch finden Sie auf www.bionicwealth.de umfangreiche Einblicke, Zusatzinformationen und Tools die Ihnen die Reise durch die Digitale (R)Evolution erleichtern werden.

Anmerkung

Inhalt und Qualitätsanspruch

Wissen ist mein Element und meine große Passion! Als Autor, Business Coach und Digitalisierungsbotschafter habe ich den Anspruch, eine holistische Perspektive auf die Auswirkungen des Digitalen Wandels zu vermitteln und Mut zu machen, wo andere Angst schüren. Deshalb verfolge ich einen ganzheitlichen Ansatz bei der Wissensvermittlung und vertrete auch unkonventionelle Ideen und Theorien, die noch keine gängige Praxis in der Branche sind. Diese werden Sie vielleicht verwundern und Ihnen im ersten Moment womöglich sogar kontraintuitiv erscheinen. Ich lade Sie ein, den Impulsen eine Chance zu geben, denn ich bin zutiefst davon überzeugt, dass sie zukunftsweisend sind.

Die in dieser systematischen Meta-Studie wiedergegebenen Informationen basieren auf der ausführlichen und gewissenhaften Recherche und Verarbeitung von über 10.000 Seiten Quellenmaterial (darunter wissenschaftliche Publikationen, Studien, Whitepaper, Interview-Transkripte und Blogbeiträge) sowie dem Austausch mit einer Vielzahl von Expert:innen und Entscheider:innen, und nicht zuletzt auf meinen persönlichen Erfahrungen und Eindrücken als ehemaliger Leiter für Research und Geschäftsentwicklung für den europäischen Markt eines global agierenden Private Banking-Finanztechnologieunternehmens.

Empowerment, Ehrlichkeit und Eigenverantwortung

Aufklärung ist der Schlüssel zur Mündigkeit im digitalen Zeitalter; und somit unabdingbar für gute und verantwortungsbewusste Entscheidungen. Allen Bemühungen zum Trotz handelt es sich bei diesem Werk — wie bei jeder Arbeit auch! — um eine subjektive Analyse der bisherigen, gegenwärtigen und zukünftigen Entwicklung der Vermögensanlage. Daher möchte ich Sie gerne einladen, meine Aussagen und Kernbotschaften stets kritisch zu hinterfragen und auf deren Gültigkeit bzw. Anwendbarkeit in Ihrem konkreten Fall zu prüfen. Niemand ist so gut geeignet, die richtigen Weichen für Ihre Zukunft zu stellen, wie Sie selbst. Insofern möchte ich betonen, dass die Aussagen, Erklärungen und Handlungsempfehlungen in dieser Publikation keine Beratungsleistung darstellen. Alle Handlungen, die aus den Erkenntnissen dieser Publikation heraus angestoßen werden, unterliegen Ihrer eigenen Verantwortung.

Leserfreundlichkeit und Detailtiefe

Zugunsten der Leserfreundlichkeit werden Quellenverweise erst am Ende eines Absatzes angegeben, anstatt dem klassischen APA-, Oxford- oder Cambridge-Zitierstil zu folgen. Darüber hinaus habe ich einige Schlüsseltechnologien, Regularien und Private Banking-Instrumente aufgrund ihrer Komplexität vereinfacht dargestellt. Um einen ‚roten Faden' zu gewährleisten, habe ich zudem einige für diese Meta-Studie weniger relevante (aber genauso spannende!) Themen gekürzt oder gestrichen. Im Verlauf dieses Buches finden Sie deshalb immer wieder Leseempfehlungen zur Vertiefung der spezifischen Themen.

Gleichberechtigung

Im Verlauf dieser Publikation bemühe ich mich um eine möglichst gendergerechte Sprache. Dafür verwende ich den Gender-Doppelpunkt (*Anleger:in*), da dieser inklusiver und platzsparender ist als der Gender-Gap (*Anleger_in*) und mir persönlich besser gefällt als der Gender-Stern (*Anleger*in*) — ein * verweist auf eine Randnotiz — oder das Binnen-I (*AnlegerIn*). Für das ungeübte Auge kann dies gelegentlich den Lesefluss irritieren. Solange das generische Maskulinum jedoch die allgemein gültige Beschreibung für alle Geschlechter und Wesen sein soll, halte ich diesen Schritt für zwingend notwendig.

Mir ist bewusst, dass unsere Wirtschafts- und Finanzwelt noch weit entfernt ist von einer echten Gleichberechtigung. Gleichzeitig ist es meine Überzeugung, dass spätestens in der digitalen Arbeitswelt physische Attribute wie das Geschlecht, die Hautfarbe und sonstige körperliche Merkmale oder „*Einschränkung*" nicht den geringsten Einfluss darauf haben sollten, wie wir andere menschliche (und digitale) Wesen wahrnehmen und bewerten. Der Wandel beginnt mit uns, unserer Sprache und unseren Denkmustern.

Werden Sie Teil der Digitalen (R)Evolution und teilen Sie die Botschaft

Wenn Ihnen diese Publikation gefällt, so wäre ich aufrichtig dankbar, wenn Sie mir eine Rezension auf Amazon hinterlassen und die Publikation weiterempfehlen. So tragen Sie dazu bei, die darin enthaltenen Ideen und Ansätze in die Welt zu tragen. Veränderungen beginnen oft schon mit einem einzigen Impuls. Und neue Impulse kann die Bankenbranche definitiv gebrauchen.

Um mehr über meine aktuellen Projekte zu erfahren lade Sie wärmstens ein, www.bionicwealth.de sowie www.kim-muehl.com zu besuchen. Auch freue ich mich sehr, Sie in meinem Netzwerk zu begrüßen, bzw. Ihrem Netzwerk beitreten zu dürfen. Setzen Sie sich dazu einfach mit mir in Verbindung:

- LinkedIn: *kimmuehl*
- Facebook: *kim.y.muehl.autor*
- Xing: *KimY_Muehl*

TEIL I:
DIE DIGITALE (R)EVOLUTION DER BANK

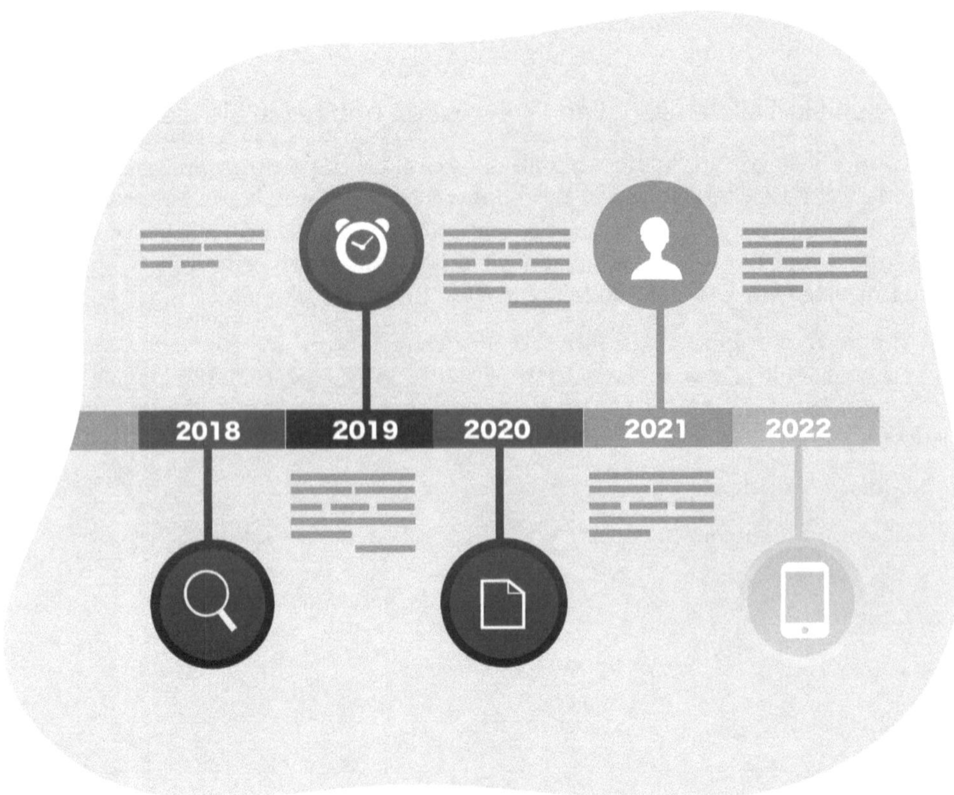

EINLEITUNG: DIE DIGITALE (R)EVOLUTION

Digitalisierung, das Unwort des Jahres?

Für viele ist der Begriff ‚*Digitalisierung*' vom facettenreichen Schlagwort zum Angst- oder gar Unwort geworden. Doch was genau bedeutet *Digitalisierung*? Wenn Menschen von Digitalisierung reden, dann reden sie häufig aneinander vorbei. Das liegt daran, dass das Thema so umfangreich ist und es nicht eine einzige, geschweige denn eine richtige Perspektive gibt. Für jeden Menschen bedeutet die Digitalisierung etwas anderes; auf jeden Menschen wirkt sie sich anders aus. Nicht wenige behaupten deshalb sogar, dass es sich bei der Digitalisierung genauso wie bei der *Nachhaltigkeit* oder *Identität* um einen nicht-greifbaren Begriff handelt, der abgeschafft werden sollte.

Die Begriffe *Digitalisierung*, *Digitale Transformationen* und *Digitaler Wandel* sind eine deutsche Erfindung! Haben Sie sich schon einmal mit einer Person aus Nordamerika, China, Südkorea oder Estland, um nur einige Beispiele aufzuzählen, über die Auswirkungen und Möglichkeiten der Digitalisierung unterhalten? Sie werden mit hoher Wahrscheinlichkeit in ein verständnisloses Gesicht geblickt haben. Das hat nichts mit einem Mangel an technologischem Grundverständnis oder digitalen Fähigkeiten und Kompetenzen — kurzum: an *Digitalität* — zu tun: Das Konzept der *Digitalisierung* ist aus Sicht Ihres Gegenübers vollkommen absurd. Absurd deshalb, weil das Konzept eine derart tiefgreifende und allumfassende Veränderung beschreiben soll, dass ein einziger Begriff sie gar nicht angemessen abdecken kann. Vielmehr wird Ihr Gegenüber von speziellen Themen und Technologien sprechen — etwa von Blockchain-Anwendungen, Künstlicher Intelligenz oder Cloud-Lösungen. Doch dass, so scheint es, entspricht nicht der deutschen Kultur. Um eine kulturelle Brücke zu schlagen, behandelt diese Meta-Studie deshalb sowohl das Konzept der Digitalisierung als auch die mit diesem Begriff zusammenhängenden Technologien.

Digitalisierung und die *Digitale Transformation* sind weit diskutierte Themen mit den unterschiedlichsten Definitionen. Dabei liegen die Erklärungen weit auseinander und reichen vom physischen Wandel analoger Informationen in digitale Daten bis hin zur abstrakten Ausschöpfung neuer Möglichkeiten. Ein richtig oder falsch gibt es hier nicht, die Wahrheit liegt i.d.R. bei dem/der Betrachter:in. Begrifflich betrachtet beschreibt die Digitalisierung den Umwandlungsprozess analoger in digitale Daten (und Prozesse). Und gleichzeitig bedeutet Digitalisierung eine Transformation, die weit mehr umfasst als Daten oder Prozesse.

> *„Unter Digitalisierung versteht man im engeren Sinn die Umwandlung von analogen Daten wie beispielsweise Texte, Bilder oder Töne in digitale Daten.“*[2] —Andreas Kröhling, Senior Experte Corporate Responsibility bei der Deutschen Telekom AG.

2 Kröhling (2017:24)

> *„Digitalisierung ist die Nutzung aller technologischen Möglichkeiten für ein neues Kundenerlebnis, erweiterte Geschäftsmodelle und einen Effizienzsprung in der Abwicklung."*[3] —Andreas Pratz, Partner bei Strategy& Germany, PWC.

Eine der umfangreichsten Definitionen für die Digitale Transformation bieten die Autoren Prof. Dr. Daniel Schallmo und Prof. Dr. Andreas Rusnjak: *„Im Rahmen der Digitalen Transformation sind die Vernetzung von Akteuren, wie z. B. Unternehmen und Kunden, über alle Wertschöpfungsstufen hinweg und unter Einsatz neuer Technologien wesentliche Bestandteile. Darauf aufbauend erfordert die Digitale Transformation Fähigkeiten, die die Gewinnung und den Austausch von Daten sowie deren Analyse und Umwandlung in Informationen beinhalten. Diese Informationen sollen genutzt werden, um Optionen zu berechnen und zu bewerten, um somit Entscheidungen zu ermöglichen bzw. Aktivitäten zu initiieren. Die Digitale Transformation kann dabei für Unternehmen, Geschäftsmodelle, Prozesse, Beziehungen, Produkte etc. erfolgen, um die Leistung und Reichweite (...) zu erhöhen."*[4]

Fest steht: Der Digitale Wandel ist bedeutungsreich

Ohne Frage handelt es sich bei der Digitalisierung um einen Megatrend, der unser Leben privat wie beruflich maßgeblich beeinflusst. Die Nutzung digitaler Technologien kann nicht nur Zeit und Kosten einsparen, sondern darüber hinaus die Produktivität massiv steigern. Dies kann sowohl zu materiellem Wohlstand führen als auch zu einer sinnhafteren Lebens- und Arbeitsweise führen. Zugleich bringt der Digitale Wandel aber auch tiefgreifende Veränderungen für uns, unsere Gesellschaft, unsere Kultur, unsere Arbeit, unsere Wirtschaft und nicht zuletzt für unser Finanzsystem mit sich. Wir agieren, konsumieren und kommunizieren anders als noch vor einigen Jahren. Je schneller sich Technologien weiterentwickeln, desto stärker verändert sich auch die digitalisierte Gesellschaft. Was für manche eine Bereicherung ist, sehen andere eher kritisch.

Die Welt ist digital. Big Data, Smart Data, Disruption, Künstliche Intelligenz, das Internet der Dinge, Wearables, und erweiterte Realität sind stark diskutierte Themen, die für viele sogar zu inflationär eingesetzten Unwörtern verkommen. Das Potenzial und die Herausforderungen, die damit einhergehen, unterschätzen leider noch immer viel zu viele. Dabei ist die Digitale Transformation kein Hexenwerk, sondern eine Entscheidung. Eine Einstellung. Ein Weg in eine Zukunft, die schon begonnen hat.

Digitalisierung erfordert Vernetzung. Bisher geschlossene, separierte Systeme werden immer dichter vernetzt werden und zu einer Steigerung von Tempo, Adaptivität und Produktivität führen. In dieser Vernetzung von Millionen von Unternehmen und Organisationen sieht Prof. Dr. Fredmund Malik etwa die größte Herausforderung der modernen Komplexitätsgesellschaft. Gleichzeitig ermöglicht genau diese Vernetzung eine höhere Reichweite und einen leichteren Zwei-Wege-Dialog mit den Kund:innen.[5]

---

3 Pratz et al. (2013), zitiert in Hermann & Heinke (2017:194)
4 Schallmo & Rusnjak (2017:5)
5 Vgl. Malik (2017:XXXf.)

Digitalisierung erfordert Anpassung. Um dem gesteigerten Tempo des digitalen Zeitalters folgen zu können, reicht die Höchstgeschwindigkeit (digitaler Prozesse, Kernsysteme etc.) allein nicht aus. Entscheidend ist vor allem Beschleunigung, denn die menschliche Anpassungsfähigkeit ist im Gegensatz zur Steigerung, mit der neue Technologien entwickelt werden, stark begrenzt.

Digitalisierung erfordert Teilen. Das Einbinden und Koordinieren wichtiger Anspruchsgruppen (Stakeholder) hat mit dem Digitalen Wandel enorm an Wichtigkeit gewonnen. Der Trend geht ganz klar zur Arbeit auf gemeinsamen Plattformen. Grenzen verschwimmen und ihre Gültigkeit wird immer häufiger temporär begrenzt. Einerseits wird Projektarbeit immer gängiger. Andererseits gibt es nicht mehr die eine gesellschaftliche Norm. So finden auch Menschen mit außergewöhnlichen Interessen oder Überzeugungen eine Plattform.

Digitalisierung erfordert Umdenken. Digitale Informationen erlauben uns ein grundsätzliches Umdenken und Verschlanken von wirtschaftlichen und gesellschaftlichen Prozessen, Wertschöpfungsketten und Organisationen: Digitalisierung entlastet, verschlankt und vereinfacht. Zugleich gestattet sie eine tiefe Detailschärfe, bietet genauere Kennzahlen und ermöglicht höchste Effizienz.

Digitalisierung erfordert Wachstum und Vielfalt. Digitalisierte Informationen sind unter minimalem Ressourcenaufwand beliebig oft reproduzierbar, können weltweit in Echtzeit (kostenfrei) verbreitet werden, fördern durch vergleichsweise geringe Transaktionskosten die Globalisierung, können dank mathematischer Algorithmen maschinell ausgewertet und verarbeitet werden und können insgesamt zu einer Steigerung der Markttransparenz führen. All dies wirkt wettbewerbsverschärfend: Innovationskraft, Kreativität und Leistungsfähigkeit werden belohnt.

Die Digitalisierung stellt viele Akteure der Finanzindustrie vor eine ‚neue' Herausforderung und bringt einen tiefgreifenden Strukturbruch. In den Medien ist die Sprache von ‚radikaler Neuerfindung' der etablierten Geldhäuser, von ‚Sieger:innen und Verlierer:innen der digitalen Revolution'. Und das Risiko ist durchaus real, denn der Aufbau und die Funktionsprinzipien der meisten Unternehmen haben ihren Ursprung noch im 19. bzw. 20. Jahrhundert und sind der Komplexität, Dynamik und Geschwindigkeit der Zeit kaum noch gewachsen. Ihre interne Organisationsstruktur ist schlichtweg zu langsam und nicht anpassungsfähig genug, um die nötige Transformation von sich aus zu bewältigen. Erstens sind sowohl die internen IT-Systeme als auch die externe digitale Infrastruktur nicht mehr in der Lage, diese neue Komplexität zu bewältigen. Zweitens erwarten Kund:innen höchstmögliche Benutzerfreundlichkeit, Erreichbarkeit, Transparenz und Qualität der Produkte und Dienstleistungen. Diese Situation wird durch eine strengere Regulierung noch weiter zugespitzt.

Auch blockieren interne Entscheidungsprozesse und ein Mangel an offenen Fehlerkulturen Kreativität und Innovationskraft sowie die Fähigkeit zur Selbstregulierung vieler Unternehmen. Dabei liegen Anspruch und Wirklichkeit im Topmanagement zumeist weit voneinander entfernt. Denn: Dass sich etwas ändern muss, haben laut *EY*-Untersuchung über 90% der Führungskräfte im Bankenbereich erkannt. Sie rechnen mit einer steigenden Relevanz der digitalen Themen und einer Zunahme des für die Bearbeitung digitaler Themen aufzubringenden

Zeitanteils. Dabei macht die Umsetzung und Betreuung digitaler Themen bereits heute ein Drittel der Gesamtarbeitszeit der Mitarbeiter:innen aus.[6]

Ich möchte an dieser Stelle anmerken, dass ich keinesfalls die Meinung vertrete, die Zukunft sei zu 100% digital! „*Digital first*" ist ein nettes Claim, doch die Wahrheit ist: Die Welt ist hybrid. Weder wird menschliche Interaktion von Technologie gänzlich verdrängt werden, noch sollten Menschen mit Technologien um die Ausübung von Tätigkeiten konkurrieren, die für Menschen nicht länger sinnstiftend sind; wie ich in „*Bionic Wealth*" näher ausführe.

Der Digitale Wandel begann im 19. Jahrhundert!

Wir leben in einem spannenden Zeitalter. Täglich erscheinen neue Technologien und Innovationen auf dem Markt und lösen alte ab oder etablieren sich parallel. Besonders spannend zu beobachten ist die Geschwindigkeit, mit der sich diese Innovationen heutzutage verbreiten und die immer kürzeren Einführungsphasen, die sie durchlaufen, bevor sie eine kritische Nutzermasse erreichen. Grund hierfür sind vor allem zwei Faktoren: Erstens muss die Infrastruktur für die Verbreitung stimmen, und zweitens muss die Technologie einen für die Zielgruppe erschwinglichen Preis erreichen, welcher insbesondere durch Angebot und Nachfrage geregelt wird, aber auch durch Skaleneffekte und Fortschritte bei der Produktion und Distribution.

Um das an einem prominenten Beispiel zu verdeutlichen: Die Bibel ist eines der meist gedruckten Bücher der Welt. Doch erst mit der Erfindung des modernen Buchdrucks durch Johannes Gutenberg 1450 konnte sie effektiv vervielfacht werden. Bis dahin schrieben Mönche die Bibel per Hand ab. Selbst gute Schreiber benötigten in der Regel einige Jahre für ein einziges Exemplar. Die Gutenberg Bibel konnte dagegen ab ca. 1452 deutlich schneller vervielfältigt werden. Bis von der Bibel 50 Millionen Exemplare im Umlauf waren, verging somit eine Zeit von mindestens 1500 Jahren. Und heute? Im Oktober 2016 brachte die *deutsche Bibelgesellschaft* das Buch als App (*die-Bibel.de App*) heraus. Ein Jahr später verzeichnete sie allein in Deutschland 200.000 Downloads.[7]

Doch nicht nur Bücher und Ideen benötigen immer kürzere Abstände von der Idee zur Umsetzung zur Marktreife bis zum Erreichen einer kritischen Nutzermasse, sondern auch große technologische Erneuerungen: Eine bahnbrechende Innovation war seinerzeit das Telegramm um 1840. In einer Zeit, in der es so gut wie keine privaten Telefone gab und Briefe mehrere Tage bis Wochen benötigten, um ihren Zielort zu erreichen, waren Telegramme die vergleichsweise schnellste Möglichkeit, Nachrichten übertragen. Wer eine Nachricht übermitteln wollte, musste zunächst ein Post- bzw. Telegrafenamt aufsuchen (erst in den 1860er-Jahren verbreitete sich der Haustelegraf in privaten Haushalten) und einem Beamten seinen gewünschten Text diktieren, sowie die Empfängeradresse mitteilen (Um 1900 war es üblich, eine beim Amt hinterlegte Telegramm-Adresse zu haben. Optional konnten Telegramme allerdings auch wie Briefe an eine gewünschte Adresse übermittelt werden.). Die diktierten Angaben wurden anschließend via Fern-

---

6 Vgl. Hays (2016:4)
7 Vgl. Smart Mobile Factory (2017)

schreiber zu einem Post-/Telegrafenamt in Reichweite des Empfängers oder der Empfängerin gesendet. Im Empfängeramt wurde anschließend der empfangene Fernschreiber-Papierstreifen von einem Boten (und selten auch von einer Botin) ausgetragen. Von der Aufgabe bis zum Empfang des Telegramms vergingen so lediglich 2 bis 4 Stunden.

Auf das Telegramm folgte das Telefon. Aufgrund der für Telegramme benötigten Infrastruktur blühte eine neue Wirtschaft auf: die Kabelindustrie und mit ihr die Grundvoraussetzung für die nächste große Informations- und Kommunikationstechnologie: Das Telefon, 1861 vom deutschen Konstrukteur Philipp Reis erfunden und 1876 in einer alltagstauglicheren Version als Patent angemeldet von Alexander Graham Bell. Doch obgleich seit den 1880er-Jahren in den Ausbau eines flächendeckenden Telefonleitungsnetzwerk investiert wurde, waren Telefonverbindungen anfangs sehr kostspielig. Einerseits erfolgte die Vermittlung durch Telefonist:innen per Hand, andererseits war die Bandbreite der Leitungen stark eingeschränkt. Bis das Telefon eine Reichweite von 50 Millionen Nutzer:innen erlangt hatte, vergingen sagenhafte 75 Jahre.[8]

Der Rundfunk revolutionierte die Verbreitung von Informationen. Der Funk wurde ursprünglich durch Experimente im Bereich der *„drahtlosen Telegrafie"* in den 1830er Jahren entdeckt. Mit der nächsten technologischen Erneuerung, dem Übermitteln von Informationen via Radio-/ Hochfrequenzübertragung, konnten erstmalig viele Menschen gleichzeitig und in Echtzeit erreicht werden. Brauchte das Radio noch 38 Jahre, um die ersten 50 Millionen Nutzer:innen zu erlangen, benötigte das Fernsehen lediglich 13 Jahre, das Mobiltelefon sogar nur zwölf Jahre.[9]

Fast schon lächerlich schnell verhält es sich dagegen mit jeglichen Technologien seit der Erfindung und Etablierung des Computers und des Internets. Das Internet benötigte nach Einführung lediglich vier Jahre, bis 50 Millionen User erreicht wurden. Nicht einberechnet sind hier jedoch die konzeptionelle Entwicklung (die Idee zur Computer-Vernetzung wurde erstmals 1946 vom Sci-Fi-Autor Murray Leinster in der Kurzgeschichte *A Logic Named Joe* erwähnt) und Grundlagenforschung: Die erste Idee hatte Joseph Carl Robnett Licklider Ende der 1950er-Jahre. Daneben galt zu klären, was nun das *Internet* sein sollte ... CSNET? Arpanet? BITNET? MILNET? SMTP? FTP? HTTP? Usenet? Tim Berners-Lee's Konzept vom verteilten Hypertext-Netz, aus welchem schließlich das *World Wide Web* (WWW) entstand, erfolgte 1989. Somit war es keinesfalls sicher, welches *Internet* sich letztlich durchsetzen würde — oder das es jemals etwas anderes als einen digitaler Spielplatz für Nerds sein könnte. Gerade zu Beginn des Computerzeitalters glaubten viele Menschen schlichtweg nicht an das Internet, bzw. sie verstanden es nicht. Ein paar Jahre später würden etliche Menschen das Internet am liebsten ausschalten. So forderte Donald Trump im Jahr 2015 etwa, Bill Gates möge bitte das Internet ‚schließen' um den Terrorismus zu bekämpfen...

Mit dem Internet als grundlegende Infrastruktur setzte sich auch eine neue Form des Briefes um: die E-Mail. Als Ray Tomlinson 1971 die E-Mail erfand, revolutionierte

---

8 Vgl. Statista (2012)
9 Vgl. Statista (2012) & Desjardins (2018)

er die Art und Weise, wie wir kommunizieren. Bis zu diesem Zeitpunkt waren das Telegramm und der Brief — gemeinhin als „*Schneckenpost*" bezeichnet — das Mittel der Wahl, um Informationen über eine Entfernung zu verbreiten. Tatsächlich war die E-Mail eine solche Innovation, dass die meisten Menschen sie anfangs gar nicht begreifen konnten. In Deutschland ging die erste E-Mail erst 1984 ein, 13 Jahre nach ihrer Erfindung. Bis heute weigern sich manche Unternehmen, von Brief auf E-Mail umzustellen. Und wer hätte sich auch für E-Mail begeistern sollen? E-Mail funktionierte zunächst nur zwischen zwei Computersystemen innerhalb eines lokalen Netzwerks. Um den Benutzernamen klar vom Computernamen zu trennen, verwendete Tomlinson das @, da es eines der am wenigsten verwendeten Zeichen ist... Heutzutage verwenden wir mehr @- und #-Zeichen als Kommata. Erst mit der Transformation des Arpanet zum Internet in den 1980er-Jahren konnte die E-Mail ihr Potenzial auch für wirtschaftliche Anwendungen beweisen und bekam 1982 ein eigenes Übertragungsprotokoll zugewiesen: das *Simple Mail Transfer Protocol* (SMTP).[10]

Den nächsten wichtigen Meilenstein in der Geschichte der Informations- und Kommunikationstechnologie stellt das Smartphone dar. Entgegen häufiger Einschätzung beginnt das Smartphone allerdings nicht mit dem iPhone, sondern mit dem 1994 von *IBM* vorgestellten *Simon* bzw. dem 1996 vorgestellten *Nokia 9000 Communicator*, dem ersten internetfähigen Mobilgerät. Von einem mobilen Endgerät für die Masse kann hier jedoch nicht die Rede sein: Das Gerät kostete 2700 Deutsche Mark und wog ein halbes Kilogramm. In den folgenden Jahren versuchten auch diverse andere Anbieter, sich mit mobilen internetfähigen Endgeräten auf dem Markt zu positionieren. Doch erst das 2007 vorgestellte *iPhone* schaffte es schließlich, einen wahren Hype auszulösen. In einem Gerät kombinierte *Apple* den *iPod* (äquivalent zum MP3-Player), das Mobiltelefon und die Fähigkeit, ins Internet zu gehen. Innerhalb kürzester Zeit setzte sich das Smartphone durch und verdrängte weitläufig das Mobiltelefon. Schnell war die 50-Millionen-User-Marke geknackt, 2010 waren es sogar bereits 500 Millionen User.[11]

Die Zeit der mobilen Anwendungen (*Apps*). Das Smartphone (bzw. das Betriebssystem dahinter: *Android, iOS, Blackberry* ...) stellt die Grundvoraussetzung für eine vollkommen neue Art mobiler Programme und Anwendungen: Apps. Vor der ‚App-Epoche' mussten Anbieter ihre Angebote und Dienstleistungen als Download (bzw. früher zunächst auf Diskette, dann CD und später DVD/Blu-ray) zur Verfügung stellen. Meist erfolgte dies über den Einzelhandel oder eigene Kanäle. Mit dem Smartphone konnten diese Programme in Form von Apps sehr viel günstiger, schneller und bequemer entwickelt, verteilt, installiert, geladen (/gestartet) und genutzt werden. Der größte Vorteil gegenüber herkömmlichen Computerprogrammen: ihre einfache und intuitive Bedienbarkeit, die auf dem Smartphone meist über einen einzigen Finger erfolgt.

Seit der Einführung sogenannter Appstores können Applikationen verschiedenster Anbieter auf einer Plattform bereitgestellt werden. Insbesondere für kleinere Anbieter:innen bedeutete das zunächst einen enormen Vorteil: Sie konnten ihre Sichtbarkeit (engl.: *exposure*) stark steigern. Doch den Vorteil von Apps — und das

---

10 Vgl. Wolski (2016)
11 Vgl. Statista (2012)

Geld, das mit ihnen zu machen ist — erkannten schnell viele Unternehmer:innen. Heute füllen Millionen von Apps die App Stores. Und gleichzeitig war es nie einfacher, in kürzester Zeit 50 Millionen und mehr User zu erreichen, wie es die App *Pokémon Go* eindrucksvoll unter Beweis stellt: Nach nur 19 Tagen verzeichnete sie 50 Millionen Nutzer:innen.

An dieser Stelle möchte ich anmerken, dass die Nutzer:innen-Schwelle von 50 Millionen Menschen als Benchmark natürlich nur mäßig geeignet ist, da erstens um 1900 weniger Menschen auf der Welt lebten, und zweitens der Anteil sogenannter Entwicklungsländer (nach damaligem Stand) weltweit sehr viel höher war als heute; und somit die globale Kaufkraft. Beeindruckend sind diese Entwicklungen jedoch nichtsdestotrotz!

Die Digitale (R)Evolution prägt unsere Gesellschaft

Die Digitale (R)Evolution ist eine Frage der Perspektive

Der Begriff ‚Digitale Revolution' ist in aller Munde; fast schon so, als handle es sich hierbei um etwas Neues, etwas Bedrohliches. Dabei hat diese ‚Revolution' längst begonnen — ist für manche sogar Teil einer größeren ‚Digitalen Evolution'. Bei der sogenannten Digitalen (R)Evolution handelt es sich im Grunde um den durch Computer- und Digitaltechnik ausgelösten Umbruch unserer Lebensweise hin zu einer digitalen Welt, ganz ähnlich wie die industrielle Revolution uns vor knapp 200 Jahren in die Industriegesellschaft führte.

Wir befinden uns mitten im größten gesellschaftlichen und wirtschaftlichen Umbruch seit der industriellen Revolution. Nach dem US-Wirtschaftsjournalisten Nicolas Carr war die industrielle Revolution im 18. und 19. Jahrhundert eine Revolution der menschlichen Hand- und Muskelkraft. Auf sie folgte im 20. Jahrhundert eine Revolution der Bewegungsorgane. Fortan konnte der Mensch mit dem Flugzeug fliegen, mit dem Auto, Zug, Schiff, etc. fahren und mit Raumschiffen sogar die Erde verlassen. Heute, im 21. Jahrhundert, *„erleben wir die Industrialisierung des Gehirns"*. Aufgaben, die bisher unser Gehirn leisten musste, werden von Technologie übernommen. Wir müssen immer weniger nachdenken; es sei denn wir entscheiden uns dazu. Im Umkehrschluss können wir uns stärker als je zuvor ethischen und philosophischen Fragen widmen und unsere freien Ressourcen für Kreativität und Innovation aufwenden. Theoretisch.[12]

> *„Wie alle Aufbrüche wird jedoch auch die Revolution verarbeitet, formatiert und schließlich zu einer neuen Restauration umerzogen. Aber nichts kann sie ungeschehen machen. Dass sie ausbrechen kann, ist das, was uns heutzutage am meisten fehlt."*[13] —Anne Dufourmantelle (1964-2017), Philosophin und Psychoanalytikerin.

Doch werden wir künftig überhaupt noch gebraucht werden? Und was macht diese Revolution des Gehirns mit uns? In den Medien wird mitunter von einem *Digitalen Darwinismus* nach dem Prinzip anpassen oder untergehen (engl.: *ad-*

---

12 Carr (2010:9ff.)
13 Dufourmantelle (2018:298)

apt or die) gesprochen. Vertreter des digitalen Darwinismus propagieren, dass Unternehmen sich entweder an die radikalen Änderungen der Digitalisierung anpassen müssen oder untergehen werden.

Rein technisch betrachtet handelt es sich bei der *Digitalisierung* um die ‚Aufbereitung und Speicherung von Informationen und Daten in einem digitaltechnischen System'. Betrachtet man die Digitale Transformation allerdings im gesamten Kontext, bedeutet sie eine tiefgreifende Technologisierung von Branchen, Strategien, Organisationen und Soziokultur: Eine Transformation. Diese beiden Definitionen stellen die Änderungen also einerseits als eine langwierige Entwicklung (Evolution) beziehungsweise als eine tiefgreifende Änderung (Revolution) dar. Wer es also genau nimmt, muss einräumen, dass wir eine Digitalen (R)Evolution durchleben.

Bei der *Digitalen (R)Evolution* handelt es sich um eine hybride Mischung aus radikaler Revolution und langwieriger Evolution. Ein wichtiger Aspekt hierbei ist die Frage, in welcher Phase der Digitalisierung sich eine Person oder ein Unternehmen befindet. Gerade bei Unternehmen lässt sich hier ein großer Unterschied feststellen. Was für die einen eine radikale und überraschende Revolution ist, ist für andere eine lange angekündigte Evolution. Wer früh auf den Digitalisierungszug aufgesprungen ist, für den/die durchleben wir seit langem eine digitale Evolution. Auf der anderen Seite stehen Unternehmen, welche die Digitale Transformation kleingespielt oder gar ignoriert haben. Sie stehen heute vor einer Revolution und können sich auf radikale Veränderungen einstellen.

Auch wenn die Digitale (R)Evolution auf den ersten Blick bedrohlich wirken kann, ist sie eine Bereicherung für unser Leben. Besonders seit der Erfindung des Internets sind uns viele neue Möglichkeiten der Informationsbeschaffung und Kommunikation eröffnet worden, durch die wir uns selbstständig weiterentwickeln können. Mit jeder neuen Technologie und jeder neuen Idee werden neue Schnittstellen für weitere Innovationen ermöglicht — und somit der nächste Schritt der digitalen Evolution. Die digitale Welt von heute vernetzt uns nicht nur, sie erlaubt uns mit fortschreitender technologischer Entwicklung auch, uns immer neuen Aufgaben zu widmen. Jede einzelne technologische Innovation, vom Internet bis zur Blockchain, war für sich gesehen eine kleine Revolution, die der Menschheit neue Möglichkeiten eröffnet hat und somit Teil der Digitalen (R)Evolution wurde.

> *„Der Wandel ist das Gesetz des Lebens; wer nur auf die Vergangenheit blickt, verpasst mit Sicherheit die Zukunft."* —John F. Kennedy (1917 - 1963), 35. US-Präsident.

Wir haben das große Privileg, in ein Zeitalter hineingeboren worden zu sein, wie es bedeutsamer kaum sein könnte. Unsere Entscheidungen und Handlungen haben das Potenzial, die Welt nachhaltig zu bewegen. Ich empfinde dies als ein großes Glück, aber auch als eine Verantwortung, die bisweilen überwältigend wirkt. Das ist für mich aber noch lange kein Grund, meinen Kopf in den Sand zu stecken. Vielmehr habe ich mich dafür entschieden, mich auf die Möglichkeiten und Potenziale zu konzentrieren, die das digitale Zeitalter mit sich bringt. Und ich bin überzeugt, Sie können das auch. Ob und in welchem Ausmaß Sie sich auf diese Digitale (R)Evolution einlassen, ist wiederum Ihre eigene Entscheidung. Um Sie bei dieser Entscheidungsfindung zu unterstützen, möchte ich Ihnen gerne drei

Fragen stellen, die Sie sich selbst grundsätzlich, aber auch jeweils themenspezifisch stellen können:

1. Was würde passieren, wenn Sie sich bewusst gegen die Digitale Transformation entscheiden? Würde sie deshalb stoppen, oder würde sie unbeirrt fortschreiten?
2. Was würde sich in Ihrem privaten und beruflichen Alltag wahrscheinlicher verändern, wenn Sie sich bewusst gegen die Digitalisierung entscheiden? Würden Sie künftig noch erfolgreicher werden, oder würden Sie früher oder später den Anschluss verlieren?
3. Wie könnte Ihre Lebens- und Arbeitswelt aussehen, wenn Sie sich auf die Digitalisierung einlassen? Würden Sie sich in einer Welt der Einschränkungen und Hindernisse wiederfinden, oder in einer Welt voll ungeahnter Möglichkeiten?

Dass der Digitale Wandel der Gesellschaft, der Wirtschaft und jeder einzelnen Bank, Versicherung oder Vermögensverwaltung aufhört fortzuschreiten, nur weil wir uns persönlich dagegen verwehren, ist eher unwahrscheinlich. Natürlich gibt es auch heute noch Menschen — sogenannte digitale Aussteiger:innen und digitale Minimalist:innen — die sich gegen die Digitalisierung entschieden haben und damit glücklich und erfolgreich sind. Und doch stellen mehr und mehr Menschen fest, dass sie heute ohne *Smartphone, iPhone, Laptop, MacBook, iPad, Facebook, WhatsApp, Xing, LinkedIn, YouTube, Google* und *Google Maps, Amazon, Alibaba* oder *eBay* — um nur ein paar Beispiele zu nennen — allmählich den Anschluss an die Gesellschaft und ihr soziales Umfeld verlieren. Und zwar unabhängig von der Corona-Krise.

Jede Generation nimmt die Digitale (R)Evolution anders wahr

Die digitale Welt der *Generation Z.* Bei Menschen, die ab etwa 1996 geboren sind, wird gängig von der Generation Z, bzw. den *Digital Natives* gesprochen. Diese Generation sah sich Zeit ihres Lebens von Technologie umgeben und hat die Digitale Transformation weder als eine Evolution noch als eine Revolution erlebt: In vielen Lebensbereichen musste die Generation Z nie einen klaren Unterschied zwischen digital und analog machen. So werden Konversationen etwa ganz natürlich auch über soziale Medien geführt. Das Smartphone begleitet uns ständig; geht es kaputt oder kommt abhanden, fehlt ein Teil des Selbst.

Das soll nicht heißen, dass diese Generation ausschließlich digital kommuniziert. Analoge Kommunikation ist nach wie vor wichtig und wird auch von der Generation Z als die Gesprächsart mit dem größten Gefühl der Verbundenheit empfunden. Besonders interessant ist das Verhältnis dieser Generation zum Datenschutz: Während das Thema Datensicherheit an sich oft nebensächlich ist, gibt es wohl keine Generation, die so kreativ mit dem Datenschutz umgeht. Da sie keine Welt ohne digitale Kommunikation kennen, gehen sie auf den ersten Blick wohl sehr sorglos mit dem Umgang ihrer im Netz bereitgestellten Daten und Informationen um. Gleichzeitig ist es für viele dieser Generation heute selbstverständlich, mehrere digitale Identitäten / Profile gleichzeitig zu pflegen.

Die Digitale (R)Evolution aus Sicht der *Generation Y.* Als Generation Y, auch *Millenials* bzw. *Generation ‚WHY?'*, werden Menschen bezeichnet, die zwischen 1981 und 1995 geboren sind. Unter dieser Generation befinden sich sowohl Digital Natives als auch sogenannte *Digital Immigrants*. Sie sind die erste Generation, die bereits mit einem Großteil der heutigen digitalen Technik groß geworden ist. Da für ihre Eltern der Begriff ‚digital' in frühen Jahren jedoch noch nicht wirklich von Bedeutung war, tasteten sich die Millenials anfangs nur langsam und meist selbstständig an die Grundlagen der digitalen Welt an. In den vergangenen dreißig Jahren gab es zahlreiche neue Erfindungen, die das Leben der Menschen nachhaltig beeinflussten. So wuchs der Großteil der Generation Y mit dem Internet sowie dem Aufstieg der sozialen Medien (ab 1995) auf. Durch die neue Perspektive, die die digitalen Innovationen um die Jahrtausendwende bot, wurde die Digitale Transformation für die Generation Y zu etwas Spannendem, das sich ständig weiterentwickelt, während die analoge Welt Schritt für Schritt immer weiter ergänzt wird. Anders als die Generation Z, für welche ‚digital' gleichbedeutend ist mit ‚normal', nehmen Millenials die Digitalisierung zwar noch sehr bewusst war, gelten gleichzeitig aber auch als ihr größter Treiber.

Die Perspektive der *Generation* X auf die Digitale (R)Evolution. Menschen, die zwischen 1965 und 1980 geboren wurden, gehören zur Generation X. Diese auch Generation bewegt sich nach eigenem Empfinden besonders bewusst und selbstbestimmt zwischen der digitalen und der analogen Welt. Die Jugend dieser Generation war geprägt von einer Zeit, in der Technologien anwendungsfreundlicher, portabler, zugänglicher und leistungsstärker wurden. So wuchs die Generation X etwa mit den ersten Mobiltelefonen auf (erfunden 1983), und bekam bewusst die Einführung der *Compact* Disk (CD, 1984), des *Game* Boy (1989) oder des Internet (1991) mit. In die heutige digitale Welt hineingeboren ist die Generation X nicht, weshalb man sie auch als *Digital Immigrants* bezeichnet. Sie mussten sich mit der Zeit anpassen, um nicht von der rasanten Entwicklung abgehängt zu werden. Auch der Computer gewann in ihrem Leben zunehmend an Bedeutung und sorgte für gänzlich neue Möglichkeiten. Diese Generation hat die Digitalisierung sowohl als eine Evolution erlebt, als auch als Anreihung kleiner technologischer Revolutionen.

Die Digitale (R)Evolution der *Baby Boomer*. Menschen , die zwischen 1943 und 1964 geboren sind, wuchsen fast frei von digitalen Elementen im Alltag auf. Sie werden als Baby Boomer bezeichnet, da sie in weiten Teilen Europas und Nordamerikas die bis heute geburtenstärkste Generation waren und heute wesentlich zum demographischen Wandel beitragen. Gelernt haben sie den Umgang mit digitalen Strukturen als Kinder nicht. Innerhalb ihrer Karriere mussten sie sich deshalb immer wieder an die Entwicklung anpassen und ihre Kompetenzfelder erweitern. Als Kinder und Jugendliche haben sie die Markteinführung des Farbfernsehers (1967), der ersten Videospielkonsolen (1968) und Digitalkameras (1975), des *Sony Walkman* (1979) und natürlich der ersten Personal Computer (*IBM PC*, 1981) und Heimcomputer (z. B. der *Commodore* 64, 1982 oder der *Apple Macintosh*, 1984) miterlebt.

Die Generation der Baby Boomer war dabei, als die Stellweichen für unsere heutige digitale Arbeitswelt gestellt wurden. Gleichzeitig hat diese Generation im Verlauf ihres Lebens so viele Innovationen mitgekriegt, dass es für sie leicht ist, den Anschluss zu verlieren. Zu Beginn des Internets waren viele Baby Boomer bereits über 30 Jahre alt und wurden in ihrer Ausbildung noch nicht auf eine digital vernetzte Arbeitswelt vorbereitet. Obwohl Baby Boomer den Digitalen Wandel von Beginn an miterlebt haben, empfinden sie die exponentiell zunehmenden Entwicklungen der letzten Jahre als Revolution, die sie noch immer zu Veränderungen und Anpassungen zwingt. Somit sind sie einerseits die Generation, die den Digitalen Wandel in Bewegung gebracht hat und gleichzeitig auch die Generation mit den größten (existenziellen) Sorgen vor den Entwicklungen dieser Bewegung. Eine nicht unkritische Erkenntnis, wenn man bedenkt, dass sie heute oft die Führungsriegen vieler Unternehmen ausmachen.

Eine Ausnahme gibt es jedoch unter den Baby Boomern: *Silver Surfer*, also digitalaffine Menschen ab dem 50ten Lebensjahr, können sich sowohl digital als auch analog hervorragend arrangieren und behalten dabei ihre persönlichen Bedürfnisse im Blick. Sie haben die Entwicklung hin zur digitalen Welt schon in einer sehr frühen Phase mitbekommen und treiben sie bis heute aktiv voran.

Die Einflüsse der digitalen Welt auf Senior:innen. Wer heute 70 Jahre und älter ist, ist in der Regel bereits in Rente und gehört der Generation der *Senior:innen* an. Die Kindheit dieser Generation verlief vollkommen ohne digitale Einflüsse, wenn man einmal vom Rundfunk und vom Telefon absieht. Gleichzeitig ist diese Generation die Einzige, die den Beginn der Digitalisierung bis zum heutigen Stand miterlebt hat. Seniorinnen und Senioren können deshalb ganz klar sowohl von einer digitalen Evolution als auch von einer digitalen Revolution sprechen. Diese digitale Entwicklung mag ihnen zunächst Angst machen, muss sich allerdings nicht unbedingt nachteilig auswirken: Die digitale Welt bietet auch den älteren Menschen die Möglichkeit, mit ihren Verwandten und Freund:innen in Kontakt zu bleiben, selbst wenn es die Bewegungsfähigkeit nicht immer zulässt. Mit neuen, speziell für Senior:innen entwickelten Technologien oder Angeboten, „*lebenslanges Lernen*" heute noch leichter und noch stärker gefördert als bisher.

Wie digital ist Deutschland?

Wie steht es um die Digitalität und die Digitalen Kompetenzen der Deutschen und wie reagieren sie auf den Digitalen Wandel? Diesen Fragen geht der *D21-Digital-Index 2019/2020* nach und zeichnet auf einer Skala von Null bis Hundert den Digitalisierungsgrad der deutschen Gesellschaft in einem jährlichen Lagebericht auf. Der Index stützt sich auf die vier Säulen, die Subindizes *Zugang*, *Kompetenz*, *Offenheit* und *Nutzungsverhalten*: Zunächst werden mit Zugang und Kompetenz das „*Können*" festgestellt; damit sind sowohl technische Voraussetzungen als auch individuelle Fähigkeiten im Umgang mit digitalen Geräten gemeint. Kompetenz ist die wichtigste Voraussetzung für den Digitalisierungsgrad und wird somit am stärksten gewichtet. Weniger stark wird die Einstellung gegenüber digitalen Medien, die sogenannte Offenheit, gewertet, sowie das Nutzer:innenverhalten bei digitalen Anwendungen; beide spiegeln das „*Wollen*" wieder.[14]

Der Index wird ständig um neue Komponenten erweitert. So haben im vergangenen Jahr auch Wearables und digitale Sprachassistenten Eingang in die Befragung gefunden. Somit zeigt der Index auch an, inwieweit die Deutschen mit der Dynamik der weltweiten digitalen Entwicklung mithalten. Das Ergebnis zeigt, dass der Digitalisierungsgrad der Deutschen bei 58 Punkten liegt und damit 3 Punkte höher als im Vorjahr. Bei den Subindizes *Zugang* und *Nutzungsverhalten* konnte eine besonders positive Entwicklung festgestellt werden, was auf eine bessere technische Ausrüstung der Nutzer:innen zurückgeführt werden kann. Doch auch Kompetenz und Offenheit stiegen an.[15]

Digital Literacy bezieht sich auf die Kompetenz im Umgang mit digitalen Systemen und Medien. Digital Literacy beschreibt, wie flexibel oder souverän Nutzer:innen mit digitalen Anwendungen umgehen können. Der englische Begriff bedeutet wortwörtlich „*digitale Lese- und Schreibfähigkeit*" und ist im Deutschen als *Digitale Kompetenz, Digitale Medienkompetenz* oder auch *Informationskompetenz* bekannt. Dazu zählt die Fähigkeit, digitale Plattformen und Medien zu nutzen, um Informationen zu beschaffen, zu bewerten und zusammenzustellen. Digital Literacy bezieht sich zudem auf den Grad der Aufklärung der Person zu den Mechanismen und Algorithmen hinter Plattformen (etwa nutzerbasierte Werbung). Im weiteren Sinne wird der Digitalen Kompetenz auch das Allgemeinwissen zu digitalen Themen und Begriffen zugeordnet. Die digitalen Kompetenzen einer Person können mitunter dadurch festgestellt werden, wie gut sie anderen digitale Technologien und Medien erklären können.[16]

Auffällig ist, dass sowohl das Alter als auch die Bildung und Berufstätigkeit eine wichtige Rolle bei der digitalen Aufklärung spielen. Am stärksten ausgeprägt sind die digitalen Kompetenzen bei den 14 bis 29-Jährigen, gefolgt von Berufstätigen, die aufgrund ihrer Arbeit regelmäßig mit digitalen Systemen in Berührung kommen. Menschen mit niedrigem Bildungsniveau und ältere Menschen hingegen verfügen nur über geringe Digitale Kompetenzen. So ist das Bewusstsein zwar gestiegen, dass kostenlose Apps mit dem Zugriff auf gesammelte Daten bezahlt

---

14 Vgl. D21 (2020)
15 Vgl. D21 (2020)
16 Vgl. D21 (2020), Horndasch (2019)

werden. Für Senior:innen und für Personen mit niedriger Bildung bleibt diese Thematik laut D21 Digital-Index jedoch weiterhin kaum relevant. Auch die Akzeptanz von nutzerbasierter Werbung ist gestiegen; insbesondere die unter 30-jährigen gehen auffällig locker mit der Verwendung ihrer persönlichen Daten um. Es zeigt sich weiter, dass der souveräne Umgang mit Anfeindungen in sozialen Netzwerken, das Erkennen von Fake-News und die Nutzung mehrerer Quellen bei Recherchen im Netz immer weniger als Problem empfunden wird. Beim Aneignen von digitalen Kompetenzen setzen der Befragten 76% auf informelles Lernen und Ausprobieren (engl.: *learning by doing*), oder Tipps von Freund:innen und Verwandten, während 22% formales Lernen durch Schulungen und Weiterbildungsangebote bevorzugten.[17]

Was digitale Anwendungen betrifft, so werden die Deutschen immer sicherer. 82% der Befragten in der Lage, Suchmaschinen zu nutzen, um Informationen zu suchen. 71% betreiben Online-Shopping und 70% kommunizieren über Instant-Messaging Dienste wie *WhatsApp, Telegram*, *Threema*, oder *Signal*. 60% können mit gängigen Office-Programmen umgehen; jede/r Dritte gibt an, anderen bei Problemen helfen zu können. 58% nutzen digitale Dienstleistungen wie Reiseportale oder Lieferdienste. 55% nutzen Online-Banking Anwendungen. 44% verwenden Online-Streaming Dienste und 43% spielen über den Computer, das Smartphone oder die Konsole Videospiele. 41% der Deutschen sind in der Lage über *Google Docs* oder *Microsoft OneDrive* mit anderen zusammenzuarbeiten und 36% nutzen regelmäßig digitale Lernangebote. Das Schlusslicht bilden die Nutzung von Sprachsteuerung und Sprachassistenten (22%) und Smart-Home-Anwendungen (15%). Während Smartphone-Kompetenzen zunehmend stärker ausgeprägt sind, haben viele beim Umgang mit Computern noch Aufholbedarf. Zwar können knapp zwei Drittel der Befragten klassische Computerprogramme verwenden. Jedoch beherrschen nur 13% eine Programmiersprache.[18]

Die Mehrheit der Deutschen tut sich noch schwer mit Fachbegriffen aus der digitalen Welt. Ein genaueres Hinterfragen zeigt zudem, dass das Verständnis der Bedeutung technologischer Begriffe noch recht oberflächlich ist. Viele Schlagwörter sind den Deutschen zwar ein Begriff, aber bei vielen fehlt noch das umfassende Wissen, diese Technologien auch erklären zu können. Sie können dem öffentlichen Diskurs — etwa bei Technologien im Arbeitsumfeld, Finanz- und Gesundheitsbereich, oder bei häuslichen Anwendungen — noch nicht uneingeschränkt folgen. Nur etwa die Hälfte traut sich zu, gängige Begriffe wie Cloud, künstliche Intelligenz oder Algorithmus zu erklären und maximal die Hälfte davon liegt mit der Erklärung richtig. Besonders spannend ist auch die Schlussfolgerung des D21-Berichts zu digitalen Kompetenzen im Arbeitsumfeld. Wie so oft gilt auch hier: „*je (digital) kompetenter die Befragten sind, desto eher sehen sie den Bedarf, ihr Wissen zusätzlich zu erweitern*". Diese Erkenntnis dürfte jeder Expertin und jedem Experten vertraut sein.[19]

Die Mehrheit der Deutschen möchte ihre digitalen Kompetenzen ausbauen. Die Ergebnisse des D21-Digital-Index lassen darauf schließen, dass die Deutschen ih-

17 Vgl. D21 (2020:26ff.)
18 Vgl. D21 (2020:22-29)
19 Vgl. inkl. Zitat D21 (2020:57)

ren Nachholbedarf erkannt haben und durchaus offen sind für digitale Neuerungen; immerhin zwei Drittel wünschen sich, dass bereits in der Schule ein Grundstein an digitalem Wissen gelegt wird. Fast die Hälfte der Deutschen plant, ihr digitales Wissen zu erweitern und stolze 76% möchten das Internet nicht mehr missen.[20]

Wie also steht es um den Digitalisierungsgrad der Gesellschaft in Deutschland? Die Deutschen lassen sich grob in drei Gruppen einteilen. Laut dem D21-Digital-Index gehören 18% der Befragten zu den *Digital Abgehängten*, einer Gruppe die sich zu 14% aus *Offliner:innen* ohne Internetzugang und zu 4% aus *Minimal-Onliner:innen* zusammensetzt, die zwar einen Internetzugang haben, in der digitalen Welt aber weitgehend orientierungslos sind. 38% der Befragten zählt der Index zu den *Digital Mithaltenden*; davon sind 30% *Konservative Gelegenheitsnutzer:innen* und 8% *Vorsichtige Pragmatiker:innen*. Erstere nutzen das Netz hauptsächlich zur Informationssuche und zum Online-Shopping, während letztere durchaus Geräte- und Plattformen verwenden und offen sind für Neues, aber auch von einer gewissen Vorsicht und Unsicherheit geprägt sind. Erstmals seit der Erhebung bildet die Gruppe der *Digitalen Vorreiter:innen*, die sich durch ein junges Durchschnittsalter (35-43 Jahre) und überdurchschnittlich umfangreiche Gerätenutzung auszeichnen, die größte Gruppe mit 44%. Das entspricht einem Anstieg von 7% seit dem Vorjahr. Allerdings ist dieser Begriff mit Vorsicht zu genießen, denn zwischen den Untergruppen liegen gravierende Unterschiede hinsichtlich der Offenheit und dem Nutzungsverhalten, aber auch in Bezug auf die Digitalen Kompetenzen: Die *Reflektierten Profis* (27%), die das Internet relativ sicher zu nutzen wissen, aber nicht bei jedem Trend mitmachen. *Progressive Anwender:innen* (12%) weisen bereits hohe digitale Kompetenzen auf, kommen aber nicht an die *Technik-Enthusiast:innen* (5%) heran, die rund neun Stunden am Tag -auch aus beruflichen Gründen- im Internet sind und die nahezu jedem neuen Trend folgen.[21]

ABB. 0.1: DIE DIGITALE GESELLSCHAFT IN DEUTSCHLAND

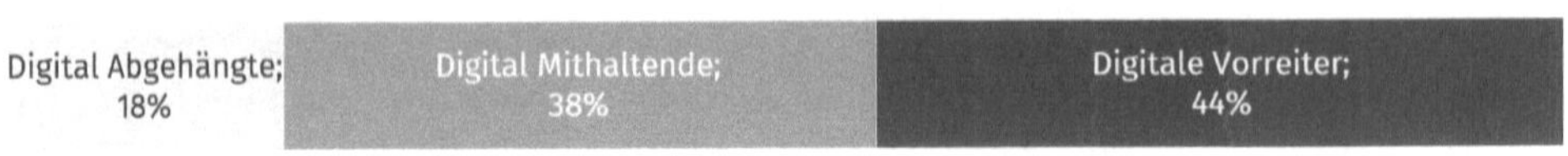

Quelle: eigene Darstellung in Anlehnung an D21 (2020)

20 Vgl. D21 (2020:34)
21 Vgl. D21 (2020:36)

KAPITEL 1: DIE BANK IM WANDEL

Auf einen Blick

- Das Bankwesen hat sich seit 1990 stärker verändert, als jemals zuvor.
- Das Smartphone entwickelt sich zur Hausbank 2.0
- Die Bank 4.0 ist eine partizipative Custom-Bank, die Kund:innen aktiv in Prozesse und Entscheidungen integriert.

1.1. In Ihrer Kernfunktion ist die Bank ein Kreditinstitut

Was ist eine Bank? Grundsätzlich halten und vermitteln Banken Dinge von Wert zwischen Dritten. Dabei muss es sich allerdings nicht zwangsläufig um Geld oder Vermögen im näheren Sinne handeln: Eine Datenbank bewahrt Daten auf. Die Powerbank bewahrt Strom auf. In einer WineBANK wird Wein aufbewahrt (und/oder zur Schau gestellt). Sowohl die Park- als auch die Ersatzbank dienen in gewisser Weise der temporären Aufbewahrung von Menschen und auch die Kryobank hat entfernt mit der Aufbewahrung von Human Resources zu tun. All dies hat nichts mit der Bank zu tun, von der ich in diesem Buch rede. Und doch alles. Denn es reicht nicht mehr aus, die Bank ausschließlich als Institut zu begreifen, das von Spareinlagen und Krediten lebt.

Diese Meta-Studie setzt sich mit der Digitalisierung des Finanzinstitutes im herkömmlichen Sinn auseinander. Dabei steht die klassische Bank in ihrer Funktion als Kreditinstitut im Vordergrund. Gleichzeitig hat dieses Werk über das Kreditinstitut hinaus höchste Relevanz für andere Finanzinstitute — von der Privatbank über die Vermögensverwaltung und das Family Office hin zur Versicherung.

Gablers Wirtschaftslexikon definiert das *Kreditinstitut** als *„Unternehmen, das als Geschäftsbank durch Verknüpfung der bankbetrieblichen Produktionsfaktoren geld- und kreditbezogene Dienstleistungen erstellt“*.[22]

* *„Nach § 1 Abs. 1 KWG sind Kreditinstitute alle Unternehmungen, die Bankgeschäfte gewerbsmäßig betreiben oder wenn der Umfang dieser Geschäfte einen in kaufmännischer Weise eingerichteten Geschäftsbetrieb erfordert. Erbringt ein Unternehmen Finanzdienstleistungen, die keine Bankgeschäfte gemäß § 1 Abs. 1 KWG sind, gilt es als Finanzdienstleistungsinstitut gem. § 1 Abs. 2 KWG. Banken können auch in öffentlicher Hand sein (öffentliche Kreditinstitute). Kreditinstitute sind: Kreditbanken, Sparkassen und Landesbanken, Genossenschaftsbanken (Kreditgenossenschaft) und genossenschaftliche Zentralkassen, Realkreditinstitute, Teilzahlungskreditinstitute, Banken mit Sonderaufgaben und Kapitalanla-*

22 Schöning (2018)

gegesellschaften. Keine Geschäftsbanken sind die Deutsche Bundesbank, Versicherungsunternehmen und Pfandleihunternehmen."[23] — Prof. Dr. habil. Stephan Schöning *SRH, Hochschule Heidelberg Campus Calw.*

Demnach erfüllt eine Bank eine Reihe zentraler Funktionen und Dienstleistungen, darunter das Bargeldgeschäft, die Kreditvergabe, die Regelung des Zahlungsverkehrs, die Übertragung geldpolitischer Impulse (über den Zinssatz); Investitionsfunktionen (etwa in Wertpapiere); wirtschaftliche Funktionen und volkswirtschaftliche Funktionen. Letztere werden im Folgenden erläutert:[24]

- **Einzelwirtschaftliche Funktionen der Bank:** Banken bieten eine (1) Umtauschfunktion: die Möglichkeit, unterschiedliche liquide Mittel (z.B. Währungen) zu tauschen; (2) Depotfunktion: zeitweilige Verwahrung liquider Mittel (z.B. Geld oder Gold); (3) Transportfunktion: physische Übertragung monetärer Mittel an andere Orte; und (4) Finanzierungsfunktion: Überlassung von Geld/Krediten über bestimmte Zeiträume an Dritte.[25]
- **Volkswirtschaftliche Funktion der Bank:** Die Bank verantwortet den *„Liquiditätsausgleich innerhalb des dem Wertestrom der Sachgüter und Dienstleistungen entgegengerichteten Geldstroms durch Losgrößen- (Ballungsfunktion), Fristen- (auch Fristverlängerungsfunktion) und Risikotransformation (auch Vertrauensfunktion).*"[26] Anders ausgedrückt vermittelt die Bank Sparbedürfnisse (Geldeinzahlung/Abhebung) und Kreditbedürfnisse von Gläubiger:innen (Anleger:innen/Sparer:innen) und Schuldner:innen (Privatpersonen, Unternehmen, Staat) mit unterschiedlichem Zeithorizont und bringt dabei die unterschiedlichen Risikobereitschaften dieser in Einklang.[27]

1.2. Historischer Exkurs über die Entwicklung der Bank

Das Prinzip des Bankwesens ist tausende von Jahren alt

In arbeitsteiligen Volkswirtschaften, in denen Wirtschaftssubjekte Leistungen und Waren unter Zwischenschaltung von Geld austauschen, werden Banken heute (noch) benötigt, um den Handel zu gewährleisten. Kreditinstitute nehmen hierbei die Rolle der Vermittler dieser Geldströme ein und sorgen für einen Ausgleich zwischen Geldanlage- und Kreditbedarf. Doch Banken sind nicht neu: Das Konzept des Bankwesens ist bereits über 4.000 Jahre alt.

Die frühesten Vorläufer der Banken werden im Mesopotamien des zweiten Jahrtausends vor Christus vermutet. Diese führten bereits Buch über die Verrechnung von Anleihen, Einlagen, Forderungen, Schecks und Wechsel. Im 4. Jahrhundert vor Christus bildete Athen das wichtigste Bankzentrum der griechischen Welt. Aus dieser Zeit ist bekannt, dass es bereits eine Unterscheidung in Tempelbanken, städtische Banken, Privatbanken und Getreidebanken gab, die Hypotheken und Kredite vergaben oder Bürgschaften erteilten. Zudem gab es eine zentrale

23 Schöning (2018)
24 Vgl. Schöning (2018)
25 Vgl. Schöning (2018)
26 Schöning (2018)
27 Vgl. Schöning (2018)

Staatsbank, die der staatlichen Finanzverwaltung diente und Steuern verwaltete. Auch in Ägypten gab es früh ein grenzübergreifendes ausgefeiltes Finanzsystem, das u.a. bargeldlose Geldtransaktionen (durch Überschreibung) zwischen Konten zuließ.[28]

Das moderne Bankwesen begann in der Renaissance

Im 13. und 14. Jahrhundert kamen auch in Europa die ersten international tätigen Banken auf und etablierten die Buchhaltung und den bargeldlosen Zahlungsverkehr — also etwa 3000 Jahre nach der Einführung des Bankwesens in Mesopotamien. Eine zentrale Rolle in dieser Entwicklung nahm die Handelsstadt Florenz ein. Die Entwicklung der Banken ging hier vor allem von Warengroßhändler:innenn, Kommissionär:innen und Spediteur:innen aus. Um den reibungslosen Handel zu gewährleisten, liehen sich Händler:innen untereinander verzinstes Geld oder wechselten verschiedene Währungen. Nachdem einige das ökonomische Potenzial dahinter erkannten, spezialisierten sie sich auf das Kredit- und Wechselgeschäft. Hierzu saßen die Geldhändler:innen auf Bänken am Marktplatz, wo sie für andere Händler:innen leicht auffindbar waren — daher auch der aus Italien stammende Begriff ‚*banco*': die sprichwörtliche Bank. Die ersten bedeutenden Bankiersfamilien aus Florenz waren die Acciaiuoli, die Bardi und die Peruzzi. Die mit Abstand bekannteste Bankiersfamilie jedoch waren die Medici. Zwischen 1348 und 1392 baute Vieri di Cambio de' Medici ein stark verzweigtes filialübergreifendes Bankhaus in Europa aus, das später unter Führung seiner Söhne unterging und 1397 von seinem Neffen Giovanni di Bicci de' Medici als Banco Medici in Florenz neu aufgebaut wurde. Neben dem Handel war der Vatikan der wichtigste Kunde, der dem Haus de Medici schließlich politischen Einfluss verlieh, der weit über die Stadtgrenzen hinausging.[29]

Im 14. und 15. Jahrhundert gewannen europäische Banken an politischem Einfluss

Im 15. Jahrhundert folgte die Gründung einer ganzen Reihe einflussreicher Banken. In Frankfurt wurde 1402 Deutschlands erste Handelsbank, *Der Wessil*, gegründet und Geldwechselgeschäften außerhalb der Bank werden auf Anordnung des Stadtrates verboten. Ein Jahr später wurde *Der Wessil* in vier Banken geteilt; drei davon werden die ersten Privatbanken Deutschlands. 1407 wurde in Genua mit der *Banco di San Giorgio* die erste gesellschaftlich geführte Bank gegründet. Sie war so stark mit der Regierung und der Republik verknüpft, dass sie neben dem Geldgeschäft auch Staatsanleihen anbot und sogar politische Aufgaben übernahm, darunter die Verwaltung der Kolonien Genuas. Das vorbildliche Buchführungssystem der Bank ist zudem so effektiv, dass das Buchgeld in der modernen Wirtschaft mit der bis heute andauernden Verdrängung des Bargelds beginnen konnte. 1453 wurde der Bank offiziell die Herrschaft über die Krim, Korsika und weitere Besitztümer übertragen.[30]

---

28 Vgl. Restovtzeff (2013:1028ff.)
29 Vgl. Reinhardt (2013:57ff.)
30 Vgl. Mees (1993:796f.) & Wirtschaftslexikon24 (2018)

In Deutschland begannen reiche Adels- und Handelsfamilien, Banken aufzubauen. Der Augsburger Handelsmagnat und Bankier Jakob Fugger lieh im Jahr 1519 zusammen mit dem Handelshaus der Welser und einigen italienischen Banken dem spanischen König Karl V. so viel, dass dieser die benötigten Stimmen einsammeln konnte, um sich zum Kaiser krönen zu lassen. Etwa zur gleichen Zeit entstand eine finanzpolitische Gegenbewegung zu den einflussreichen Privat- und Familienbanken. 1462 wurde in Perugia die erste *Monte di Pietà* (zu Deutsch: *Berg der Barmherzigkeit*) von Franziskanern als Leihhaus gegründet, um die Armen und Bedürftigen finanziell zu unterstützen.[31]

Auch die ersten europäischen Börsen entstanden im 15. Jahrhundert. Die Region um das heutige Belgien und die Niederlande waren maßgeblich an der Entwicklung des modernen Bankwesens und des Geldhandels beteiligt. Die Brügger Kaufmannsfamilie van der Burse eröffnete 1409 die erste Börse Europas und prägt den Begriff bis heute. 1460 folgten die Börse in Antwerpen, 1462 Lyoner Börse und 1531 die Börse in Amsterdam. Erst 1540 entstanden die ersten deutschen Börsen in Nürnberg und Augsburg.[32]

Einen weiteren bedeutsamen Schritt für das moderne Bankwesen beschritt die 1609 gegründete Bank zu Amsterdam: Sie nahm als erste Bank (außerhalb Italiens) ausländische (Landes-)Münzen, Gold- und Silberbarren entgegen und erteilte Einlagengutschriften nach Feingewicht — eigenes Buchgeld, sogenannte Bankgulden. 1619 wurde die Hamburger Girobank gegründet und griff das Konzept der Bank zu Amsterdam auf: Sie ermöglichte den ersten bargeldlosen Zahlungsverkehr in Deutschland durch einfache Kontoübertragungen. England folgte dem Trend großer Banken erst 1694 mit der Bank of England: Eine Gruppe wohlhabender Financiers lieh der Regierung eine immense Summe, um den Krieg gegen Frankreich zu finanzieren — mit einer Zinsrate von 8% war dies für die Bank kein schlechtes Geschäft. Ein Jahr später folgte die Gründung der Bank of Scotland. Desen Banken verdanken wir, dass sich Traveller Cheques ab 1772 in England und später im restlichen Europa verbreiteten.[33]

Im 18. Jahrhundert folgten Aktienbanken und Sparkassen

Im Rahmen der Industrialisierung im 18. und 19. Jahrhundert konnten einzelne Privatbankiers den steigenden Kapitalbedarf der Kreditnehmer:innen — die oftmals Unternehmen waren — nicht mehr alleine bedienen. Um sich das Risiko zu teilen, schlossen sich Anteilseigner:innen zusammen und gründeten Aktienbanken, die im Kreditgeschäft neben den öffentlich-rechtlichen Geldhäusern und privaten Banken immer mehr Ansehen genossen. Zur gleichen Zeit etablierten sich auch die Vorläufer der heutigen Sparkassen. Sogenannte Leihhäuser und Waisenkassen liehen Geld an Bedürftige und verwalteten Waisenrenten. Schließlich wurde in Hamburg 1778 die erste Sparkasse gegründet. Das Modell für Sparer (erst Jahre später auch für Sparerinnen) war so erfolgreich, dass Deutschland 1836 rund 300 und 1913 ganze 3100 Sparkassen verzeichnete.

---

31 Vgl. Der Tagesspiegel (2010); Kulke (2010); Mees (1993:796f.) & Wirtschaftslexikon24 (2018)
32 Vgl. Wirtschaftslexikon24 (2018)
33 Vgl. Wirtschaftslexikon24 (2018) & Lambert (2018)

Neben dem Sparkassenmodell wurde auch das Modell der Volksbanken populärer. 1843 gründete eine Gruppe von 50 württembergischen Bürgern die *Öhringer Privatspar- und Leihkasse*, die erste Kreditgenossenschaft Deutschlands (heute: Volksbank Hohenlohe). Zu dieser Zeit migrierten fünf Millionen Menschen vor politischer Unterdrückung, Hunger oder Arbeitslosigkeit aus Deutschland. Die Auswirkungen trafen besonders Landwirte und Handwerker. Um diese Gruppen zu unterstützen, kamen der Bürgermeister Friedrich Wilhelm Raiffeisen (Gründungsvater der *Raiffeisenbanken*) und der Reichstagsabgeordnete Hermann Schulze-Delitzsch (Gründungsvater der *Volksbanken*) zusammen. Unter der Leitidee, dass erfolgreiche Selbsthilfe auch Selbstfinanzierung voraussetzt, regten sie die Gründung regionaler Kredit- und Darlehenskassenvereine an. Ein Jahrhundert später zählte Deutschland 22.000 Kreditgenossenschaften mit über 3,6 Millionen Mitgliedern.[34]

> *"Was dem Einzelnen nicht möglich ist, das vermögen viele."*
> —Friedrich Wilhelm Raiffeisen.

Übrigens: Bis vor 60 Jahren war es in Deutschland und vielen anderen Ländern Europas noch selbstverständlich, dass Arbeiter:innen mit der „*Lohntüte*" nach Hause gingen. Dass weite Teile der Gesellschaft ein Girokonto haben und somit die Möglichkeit, den Eingang ihres Gehalts auf dem Kontoauszug zu überprüfen, ist historisch betrachtet eine relativ neue Entwicklung, die aus Sicht mancher FinTechs bereits überholt ist.[35]

Die Internationalisierung des modernen Bankgeschäfts

Schon die Banken des römischen, griechischen und ägyptischen Reichs agierten länderübergreifend (international) innerhalb ihres Einflussgebiets. Im Zuge der Industrialisierung und Globalisierung wuchsen die Finanzbedürfnisse allerdings erstmalig über herkömmliche, analoge Grenzen heraus und machten eine Weiterentwicklung des traditionellen Bankgeschäfts notwendig.

Ein gutes Beispiel für diese Entwicklung ist die *Deutsche Bank*: Am 22. Januar 1870 von einer Gruppe privater Bankiers — allen voran Adelbert Delbrück und Ludwig Bamberger — im preußischen Kaiserreich (also noch vor Entstehung eines deutschen Nationalstaats) gegründet, wählten die Gründer einen Namen, der dem Ausland signalisieren sollte: Für internationale Finanzierungen steht die „*Deutsche Bank*" zur Verfügung. In ihrem Statut hoben sie die besondere Bedeutung des Auslandsgeschäfts für die Bank hervor: „*Der Zweck der Gesellschaft ist der Betrieb von Bankgeschäften aller Art, insbesondere Förderung und Erleichterung der Handelsbeziehungen zwischen Deutschland, den übrigen europäischen Ländern und überseeischen Märkten.*" Damit sollte die Bank bei der Finanzierung des deutschen Außenhandels einen Gegenpol zur Vorherrschaft der englischen Banken anbieten. Konsequenterweise wurden bereits in den folgenden drei Jahren Filialen in London, Shanghai und Yokohama eröffnet.[36]

34 Vgl. BVR (2018) & Zeilmann (2008)
35 Vgl. Zeilmann (2008)
36 Vgl. inkl. Zitat Deutsche Bank (2018)

Neben der Außenhandelsfinanzierung konzentrierte sich die Deutsche Bank auf die Emission von Aktien und Anleihen. Die ersten Depositionen (Einlagen) der Deutschen Bank wurden gegen bares Geld angenommen — ein für das damalige deutsche Bankwesen revolutionärer Schritt. In den 1880er-Jahren gewann das nationale und internationale Emissionsgeschäft zunehmend an Bedeutung. Industrie- und Infrastrukturunternehmen konnten für Investitionen nun verstärkt auch den Kapitalmarkt heranziehen.[37]

In den kommenden Jahrzehnten folgte eine enorme Einmischung der Banken in den Aufbau und die Entwicklung wichtiger Industrien wie der Chemie-, Elektro- oder Stahlindustrie im In- und Ausland.* Im Frühjahr 1914 wurde die *Deutsche Bank* von der *Frankfurter Zeitung* als *„größte Bank der Welt"* bezeichnet. Ein Titel, den sie nur wenige Monate halten konnte. In den zwei Weltkriegen sowie der Phase des Wiederaufbaus, die folgten, wurden die Banken in Deutschland verstärkt instrumentalisiert und an den Rand des Ruins getrieben. Erst in den späten Fünfzigerjahren änderte sich die Situation für die *Deutsche Bank* wieder, als diese auf breiter Basis ins Privatkundengeschäft einstieg und zeitgleich das internationale Emissionsgeschäft wieder florierte.[38]
* An dieser Stelle möchte ich anmerken, dass es die Vorbereitungen auf den ersten Weltkrieg waren, die den Grundstein für den Einfluss des Finanzsektors auf börsennotierte Unternehmen gelegt und das heutige *Shareholder-Value*-Wirtschaftssystem geschaffen haben.

Mit der Bundesrepublik Deutschland wandelte das Land vom Schuldner- zum Gläubigerstaat. Im Rahmen der fortschreitenden Globalisierung wuchsen die Kapitalmärkte ab den Siebzigerjahren immer weiter zusammen und die Wirtschaftsräume wurden liberalisiert. Um 1990 konnten deutsche Banken daher verstärkt auch wieder am internationalen Investmentbanking teilnehmen, das durch die innovativen Technologien der Jahrtausendwende (*Internetboom*) neue Wachstumschancen eröffnete. Besonders in den Vereinigten Staaten und Asien entwickelten sich die Märkte in einer bis dahin nie gekannten Geschwindigkeit.

Ab 1980 traten Europas Finanzmärkte erstmals in den direkten Wettbewerb. Bis 1970 verstanden sich die europäischen Börsen als Schwesterbörsen, die sich zuarbeiteten und nicht im Wettbewerb standen. Doch die britische Wettbewerbsbehörde (das *Office of Fair Trading* in London) reichte eine Klage gegen die Londoner Börse (London Stock Exchange) ein, mit dem Vorwurf, ein Kartell zu sein. Nach ausgiebigen Verhandlungen mit der britischen Regierung gelang es der Börse 1983, die Klage unter der Voraussetzung einer grundlegenden Selbstreformation abzuwenden. Das Resultat war der ‚Big Bang' vom 27. Oktober 1986: Mitgliedsfirmen mussten fortan auch ausländische Banken, Händler:innen und Unternehmen als Gesellschafter:innen akzeptieren und durften sowohl für eigene als auch fremde Rechnung handeln. Dies gilt als Geburtsstunde des europäischen Provisionswettbewerbs, der bis heute das Geschäft maßgeblich bestimmt.[39]

---

37 Vgl. Deutsche Bank (2018)
38 Vgl. Deutsche Bank (2018)
39 Vgl. Schmidt (2013:414ff.)

Im Zuge dessen wurde das Gebotsanzeigesystem SEAQ nach dem Vorbild des NASDAQ in Betrieb genommen. Dieses stellte Geld- und Briefkurse in den einzelnen Werten der Marketmaker zusammen und machte die Kurse auf Bildschirmen sichtbar. Sofort bevorzugten Börsenhändler:innen den Handel über das Telefon und der Londoner Börsensaal blieb leer. Auch auf den Handel im europäischen Ausland hatte SEAQ tiefgreifende Auswirkungen. Mit der Einrichtung von SEAQ International (SEAQ I) durch die Londoner Börse wurden die europäischen Börsen enorm unter Zugzwang gesetzt. Nicht nur waren die Handelszeiten von SEAQ I länger als auf dem Festland üblich, auch war der Handel über SEAQ I von der Börsenumsatzsteuer befreit. Neben SEAQ I galt vor allem das kanadische Marktmodell als zukunftsfähig. Ab 1977 begann Toronto den Einstieg in den vollelektronischen Börsenhandel. 1986 übernahm die Pariser Börse dieses Marktmodell und das CAC-System wurde eingeführt. Um nicht den Anschluss verlieren musste der Wertpapierhandel in Deutschland nachziehen.[40]

Mit der Entstehung der *Deutschen Terminbörse* 1988 und der *Deutsche Börse AG* 1992 gelang den deutschen Wertpapierbörsen der Eintritt in die Weltklasse. Anfang des 20. Jahrhunderts war Berlin, zu diesem Zeitpunkt Deutschlands größte Börse, auf einem Niveau mit London, Paris und Wien. Nicht zuletzt ist der Erfolg der deutschen Börsen der Schweizer Derivate-Handelsplattform *SOFFEX* (Swiss Options and Financial Futures Exchange) zuzurechnen, die Anfang 1988 als erste vollelektronische Terminbörse der Welt ihre Geschäftstätigkeit mit integriertem Clearinghaus aufnahm. Rolf-Ernst Breuer, Deutsche Bank Vorstandsmitglied und späterer Vorstandssprecher, pflegte zu diesem Zeitpunkt einen guten Kontakt zum SOFFEX-Architekten Jörg Fischer und setzte durch, dass Deutschland dem Schweizer Vorbild ab 1987 folgte. 1988 wurde in Gesellschafter-Kooperation von 17 Banken die *DTB Deutsche Termingesellschaft GmbH* mit einem Stammkapital von zehn Millionen D-Mark gegründet. Diese schloss einen Kooperationsvertrag mit SOFFEX ab, der der Börse den elektronischen Optionshandel und die Geschäftsabwicklung ermöglichte. Im Jahre 1998 fusionierte *SOFFEX* mit der *Deutschen Terminbörse* zur *Eurex*, der größten Derivatehandelsplattform der Welt.[41]

1.3. Der Internetboom hat auch die Banken betroffen

Die erste Welle der Digitalisierung im Banking begann bereits zwischen 1998 und 2001 während dem *Internetboom*. Direktbanken und Digital-Brokerage Banken wie die *Bank24, Consor, comdirect* oder *DiBa* (heute *ING*) wurden gegründet. Schon damals wurden Themen wie die Kontoaggregation und digitale Verifikation, die auch heute noch aktuell sind, diskutiert. Doch das sagenhafte Emporsteigen der digitalen Startup-Unternehmen um die Jahrtausendwende hatte auch seine Kehrseite. Neue Key Performance Indikatoren (KPI) wie *Clicks* oder *Kundenzahlen* wurden vor *Profitabilität* gestellt. Mit dem Ende der Dotcom-Blase ruderte auch der Großteil der Banken rasant zurück. Dabei wurden Veränderungen abgebrochen, die heute sehr wichtig sind: Kundenzentrierung, Diversifizierung von alten Kernbank-Systemen, eine Unternehmer- und Gründerkultur sowie Koopera-

40 Vgl. Schmidt (2013:414ff.)
41 Vgl. Schmidt (2013:414)

tionen zwischen FinTechs* und Banken.[42]

* Der Begriff ‚*FinTech*' setzt sich aus „*Finanzdienstleistung*" und „*Technologie*" zusammen und „*steht für Startups, die Bank- und Finanzdienstleistungen für die digitale Generation neu erfinden und die Denkmuster der Branche radikal aufbrechen wollen. Ihre selbst erklärte Mission ist es, Einfachheit, Nutzerfreundlichkeit und Transparenz in den Finanzalltag zu bringen.*"[43]

Nach dem Hype folgte eine lange Zeit des Stillstands. Die Banken hatten Online-Banking und Brokerage-Angebote entwickelt und viele administrative Aufgaben in Callcenter oder Backoffices migriert. Statt in IT wurde wieder verstärkt in die Entwicklung klassischer Produkte investiert. Für kurze Zeit erlebte die Filiale und die persönliche Beratung vor Ort eine neue Blütezeit. Mit der Finanzkrise fiel das Kartenhaus in sich zusammen. Die Regeln zu Kapital und Zins galten nicht mehr. Märkte wurden drastisch reguliert. Banken und Banker:innen wurden, aufgestachelt von den Medien, gesellschaftlich geächtet. Das Ansehen von einst war nachhaltig zerstört. Geändert hat sich daran bis heute eigentlich nichts.[44]

1.4. Das Tagesgeschäft des Bank- und Kreditgewerbes ist schon lange ‚digital'

Transaktions- und Abwicklungsprozesse, digitale Vertriebs- und Servicekanäle, (Online- und Mobile-)Banking — all dies digitalisieren Banken seit nunmehr 30 Jahren. Sowohl Onlinebanking als auch der bargeldlose Zahlungsverkehr sind inzwischen bei (fast) allen Banken etabliert. In jüngster Zeit hat sich jedoch ein Wandel in der Nachfrage nach digitalisierten Angeboten vollzogen. Gefragt sind nicht mehr nur Back-end-Anwendungen, die Zeit sparen oder Kosten senken, sondern auch die Schnittstelle zu den Kund:innen wird digitalisiert und Services wie die Video-Kundenberatung gewinnen an Bedeutung.

1994 fasste *Microsoft*-Gründer Bill Gates in einem Satz perfekt zusammen, was die Branche heute realisiert: „*Banking is necessary, banks are not*". Digitale Kanäle werden isoliert und losgelöst vom klassischen Tagesgeschäft der Banken bespielt, obwohl Kund:innen sich omnipräsente Angebote wünschen. Direktbanken, FinTechs, Crowdfunding-Plattformen und andere digitale Finanzdienstleister:innen stoßen in diese Lücke, setzen die klassischen (Filial-)Banken unter weiteren Investitions- und Wettbewerbsdruck und zwingen sie zum Handeln und auch die GAFAs (Google, Apple, Facebook, Amazon) kündigen eigene Finanzdienstleistungen an. So verlieren Banken seit Jahren Kund:innen an die digital fortgeschrittene Konkurrenz. Dabei sollte der Wandel eigentlich nicht überraschen. *PayPal* wurde beispielsweise 1998 gegründet — noch vor dem Millenniumwechsel.[45]

---

42 Vgl. Manz (2018:162f.)
43 Pampel (2016)
44 Vgl. Manz (2018:162f.)
45 Vgl. Hays (2016:5)

1.5. Die Hausbank im Digitalen Wandel

Digitalisierung – Bedrohung oder Segen für die Hausbank?

> *„Banken und Sparkassen müssen sich ein Stück weit neu erfinden."*
> —Dr. Andreas Dombret, ehem. Vorstand *Deutsche Bundesbank.*

Dr. Dombrets Aussage ist sehr freundlich ausgedrückt. Sie wirkt geradezu sarkastisch; beinahe wie ein Lehrer, der seinen Schüler:innen beim Klassenausflug erklärt, dass ihre Lieblingseissorte heute leider aus ist. Ich würde es ein wenig deutlicher formulieren: Banken und Sparkassen sollten mindestens eine Kernsanierung, wenn nicht sogar den Um- Aus- oder Neubau ihres Hauses in Erwägung ziehen. Dass Banken vollständig von der Landkarte verschwinden, ist allerdings unwahrscheinlich. Was bleibt also übrig? Geldhäuser, die sich nicht auf die Digitale Transformation einlassen, werden mit absoluten Grundfunktionen auch weiterhin bestehen bleiben — so die Theorie. Eine Garantie für dieses Sicherheitsnetz gibt es nicht. Mitschuld daran tragen u.a. virtuelle Währungen und Blockchain-Plattformen (vertieft diskutiert in meinem nächsten Buch *„Bionic Wealth"*) wie Bitcoin oder Ethereum die — zumindest derzeit noch — außerhalb des Einflusses von Banken, *BaFin* oder etwa der *Europäischen Zentralbank* agieren.[46]

Die Digitale Transformation wird vielfach als Bedrohung der etablierten Geschäftsmodelle und Strukturen empfunden. In der Tat könnte die Ausgangslage der deutschen Banken besser sein. IT-Systeme veralten langsam aber sicher, Omnichannel-Konzepte fehlen und Mitarbeiter:innen neigen zum Silodenken. Die Konsequenz sind hohe Ver- und Betriebskosten. Ganzheitliche Kundenbetreuung oder innovative Produkte sucht man oft vergebens. Dennoch verfügen Banken theoretisch über eine hervorragende (Kunden-)Datenbasis, aus welcher sie schon heute durch intelligentes Sortieren, Auswerten und Verknüpfen neue Produkte und Dienstleistungen für Kund:innen entwickeln könnten.

Die klassische Hausbank – ein Fels in der Brandung...
... oder bloß noch bröckelnder Zement?

Lange Zeit waren Hausbanken mit ihren Einlagen, Krediten und anderen Kernleistungen nahezu unerschütterlich bei ihren Kund:innen verankert. Mit der Digitalen Transformation ändert sich dies. Laut *Crealogix*, einem Schweizer FinTech für Digital Banking, sank das *„Gesamtvolumen im deutschen Privatkundengeschäft 2017 erstmals"*. Bis 2027, so Crealogix, *„wird nur noch jedes zweite Finanzprodukt in einer Filiale verkauft werden"*.[47] Dies liegt mitunter an der Unterfinanzierung digitaler Themen:

Nach einer Studie des *FinTechCube* haben 90% der Bankinstitute ihr Budget für Digitalisierungsprozesse zwischen 2015 und 2016 aufgestockt — keine der befragten Banken plant eine Kürzung. Dabei besteht noch immer eine große Diskrepanz zwischen der Bewertung des bisher erreichten Fortschritts und der Bewertung der Wichtigkeit der Digitalisierung. Als wichtigste Bereiche werden Daten-

46 Vgl. Maisch (2017)
47 CREALOGIX (2017:5)

und Dokumentenmanagement, Marketing und Vertrieb, Anlageberatung* und Zahlungsverkehr genannt, gefolgt von Zahlungsverkehr/-abwicklung, Finanzierung/Krediten, Wertpapiere und Wertpapierabwicklung, Vermögensverwaltung, Einlagen und schließlich Derivate. Die größte Diskrepanz besteht hier vor allem beim Daten- und Dokumentenmanagement und der Anlageberatung.[48]

Das Bankgeschäft wird von der Technologie dominiert. Ohne IT-Systeme ist heute keine Auszahlung, Überweisung oder Kreditvergabe mehr denkbar. Hinzu kommt, dass Bankprodukte immer häufiger als ‚Commodity' betrachtet werden. Vergleichsportale und Suchmaschinen machen Finanz- und Versicherungsprodukte vergleichbar und über digitale Portale oder Börsen können Privatpersonen direkt selbst handeln oder Produkte abschließen. Multikanäle bzw. eine Omni-Kanal-Präsenz werden vorausgesetzt. Kund:innen entscheiden, wann und über welchen Kanal Bankgeschäfte erledigt werden. Die klassische Hausbank muss handeln, um ihre Relevanz bei Kund:innen zu erhalten und gleichzeitig langfristig die Rentabilität zu sichern.[49]

Bei Produktabschlüssen bleibt die Filiale relevant. Zumindest vorerst. Dr. Torsten Stuska, Director des *Moonroc Institute of Economic Research* (MIER), betont die anhaltende Relevanz der *„Festung Filiale"*. Laut MIER gingen die Produktabschlüsse in Filialen von 2007 bis 2017 lediglich marginal zurück und machen nach wie vor ¾ der gesamten Produktabschlüsse aus. Auch für 2027 prognostiziert das Institut, dass die Hälfte aller Produktabschlüsse weiterhin über Filialen erfolge. Während das Telefon als Vertriebskanal sich auf etwa 10% der Produktabschlüsse einpendeln wird, erwartet MIER, dass Online-Vertriebskanäle, 2017 noch für 15% der Produktabschlüsse verantwortlich, bis 2027 auf 40% ansteigen werden.[50]

ABB. 1.1: PROGNOSE ZU PRODUKTABSCHLÜSSEN NACH VERTRIEBSKANAL

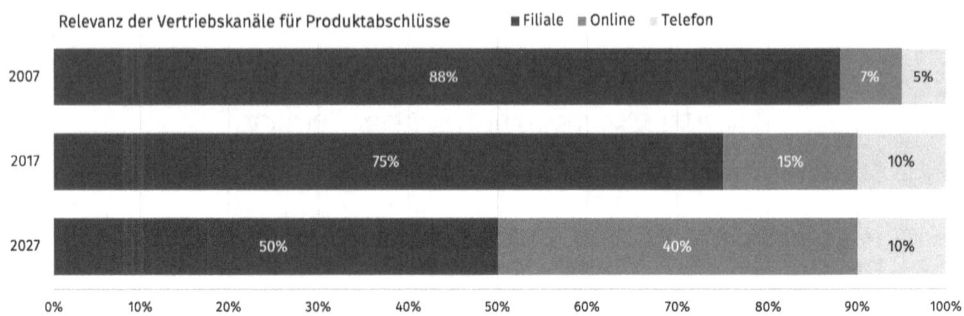

Quelle: eigene Darstellung in Anlehnung an Stuska (2017)

Gleichzeitig schwindet mit wachsendem Umfang der Online-Angebote jedoch aus Perspektive vieler Kund:innen der Bedarf für Filialen vor Ort. Die Konsequenz: Immer mehr Filialen schließen und persönliche Ansprechpartner fehlen. Der große Boom der Filialschließungen steht dabei erst noch bevor. Laut einer EY Studie suchten im Jahr 2014 nur noch 16% der deutschen Bankkund:innen mindestens

48 Vgl. FinTechCube (2017)
49 Vgl. Stuska (2017)
50 Vgl. Stuska (2017)

wöchentlich ihre Filiale auf (weltweit waren es 24%), während 64% (weltweit 58%) Onlinebanking nutzten.[51] Somit geht auch die emotionale und persönliche Bindung zum/zur Berater:in, also der bisherigen Schnittstelle zum Kunden, verloren. Insbesondere in den B- und C-Segmenten (ausgeführt in „*Bionic Wealth*") ist persönliches Relationship Management kaum noch vorhanden.

Das Smartphone wird zur Hausbank 2.0

Die meisten Kund:innen haben heute mehrere Konten bei mindestens zwei Banken. Was macht also eine Hausbank aus? Ist es eine Frage der räumlichen Nähe? Ist es eine Frage der Erziehung (die „*Kindheitsbank*")? oder ist es eine Frage des Vertrauens? Ist es die Bank, auf die Gehaltszahlungen eingehen? In meinen Augen ist eine Hausbank ist vor allem die erste Anlaufstelle für Bankkund:innen. Und im *mobile first* Zeitalter gibt es kaum etwas, das uns so nah ist wie unser Smartphone. Ich behaupte daher, dass das Smartphone, bzw. mobile Banking, für eine wachsende Anzahl von Kund:innen die klassische Filial-Hausbank ersetzen wird. In Kapitel 4.4 gehe ich weiter auf diese These ein.

Der Digital Banking Index deckt Nachholbedarf auf

Für den Digital Banking Index wurde der digitale Vertrieb und das Onlinemarketing von Banken sowie die Benutzerfreundlichkeit, Transparenz und die (digitale) Kundenbetreuung aus Kundensicht geprüft. Die deutschen Banken, die untersucht wurden, haben am besten in Benutzerfreundlichkeit abgeschnitten, also zum Beispiel wie schnell der Kontostand eingesehen oder Überweisungen ausgeführt werden können. Am schlechtesten abgeschnitten haben die deutschen Banken dafür beim digitalen Vertrieb (4,0 Punkte). Insbesondere in den Apps sind viele Produkte noch gar nicht verfügbar, teilweise fehlen sogar im Online-Bereich triviale Informationen. Und in den Fällen, in denen der Online-Abschluss möglich war, folgte häufig ein Medienbruch für den Kunden, der Formulare erst ausdrucken, dann unterschreiben und abschließend in die Filiale schicken oder einscannen und als E-Mail senden musste. Zur Erinnerung: Der digitale Vertrieb ist wohl einer der wichtigsten Kernbereiche der Bank 4.0. Bisher haben Banken gewartet, dass ihre Kund:innen zu ihnen in die Filiale kommt. Doch die Kund:innen melden sich nicht mehr bei der Bank, stattdessen sollte die Bank bereits vorher wissen, welche Produkte ihre Kund:innen brauchen und ihnen diese (automatisiert) anbieten.[52]

Eine Studie des Beratungsunternehmens *Zeb* kam zu ähnlichen Schlüssen: Demnach komme der Umsatz über digitale Vertriebskanäle nicht einmal auf 10%der gesamten Erträge. Mitnichten hat dies etwas damit zu tun, dass Kund:innen keine digitalen Kanäle möchten. Vielmehr stehen die Produkte überhaupt nicht zur Verfügung oder sind digital so umständlich abzuschließen, dass die Kund:innen den Kauf abbrechen. Ein weiteres Problem, das die Studie aufdeckt, ist, dass viele Banken länger als einen Tag für die Kontoeröffnung brauchen. FinTech-Banken wie die *N26* oder die *Fidor Bank* versprechen hier teilweise das Eröffnen in Echtzeit. Selbst wenn der Prozess eine Stunde dauert, so ist er um den Faktor 24 effek-

---

51 Vgl. Ernst & Young (2014:9)
52 Vgl. Schneider (2018) & Weidemann (2019)

tiver. Für die Kund:innen zählt letztlich das Endresultat: Er möchte weder ein Haus bauen noch einen Konzern übernehmen, sondern ein neues Konto eröffnen.[53]

Im Bereich Mobile Banking konnte einzig das deutsche Bankunternehmen *N26* überzeugen. In der Transparenz und Kontrolle hat die Bank die volle Punktzahl erhalten. Auch wenn die Bank momentan vor allem junge Unternehmer:innen (und somit typische Nachwuchskund:innen der großen Bankinstitute!) anspricht und keine Massenflucht der Kund:innen bei Hausbanken zu erwarten ist, sollten Banken reine Smartphone-Banken dennoch ernst nehmen, mahnt *Zeb*-Berater Ehlerding. Denn wenn experimentierfreudige Silver Surfer entscheiden, der Smartphone-Bank eine Chance zu geben, könnten Banken ernsthaft in die Bredouille geraten.[54]

Großen Verbesserungsbedarf haben Banken auch bei der digitalen Kundenbetreuung. Banken sprechen zwar von Omnikanal-Strategien, setzen diese aber nicht ausreichend um. In der Realität wird Kund:innen meist keine Möglichkeit geboten, direkt über den digitalen Kanal Kontakt zum/zur Berater:in aufzunehmen. Stattdessen wird von den Kund:innen erwartet, ein Produkt digital auszusuchen, im Callcenter oder in der Filiale zu bestellen und letztlich auf Papier zu unterschreiben. Hier liegt eines der größten Missverständnisse der Banken: Auch wenn Kund:innen nicht mehr in die Filiale kommen, wünschen sie sich einen persönlichen Ansprechpartner. Sei es Videoberatung oder ein 24/7 erreichbarer Chat-Bot: Die Kommunikation mit Kund:innen darf nicht weniger werden. Lediglich die Kanäle haben sich verändert. Wie die perfekte Mischung aus hybrider Beratung aussieht, erkläre ich in „*Bionic Wealth*".[55]

Der massive Digitalisierungsmangel an allen Ecken und Enden lässt mitunter auf zwei mögliche Gründe schließen: Entweder reichen die Millionenbeträge, die deutsche Banken in die Digitalisierung stecken, mit Abstand nicht aus und/oder die Banken investieren an den falschen Stellen. So oder so — um die Digitale Transformation erfolgreich mitzugehen, wird *Digiwashing* (vgl. Kapitel 2.8) allein nicht ausreichen. Was beim *Greenwashing*, also in der Nachhaltigkeit, zunächst noch geklappt haben mag, wird in der Digitalisierung definitiv nicht funktionieren. Denn am Ende sind es die Kund:innen, die vom digitalen Angebot der Banken überzeugt werden muss — und eben diese sind ist längst andere Standards gewohnt. Die Frage ist daher, wieso Banken so viel Aufwand für Digiwashing betreiben und damit die eigene Zukunftsfähigkeit unterminieren.

Digitalisierung ist eine Frage der Konsequenz

Es ist wenig verwunderlich, dass Banken sich auf dem deutschen digitalen Markt nur durchsetzen können, wenn sie die Digitale Transformation konsequent und ausdauernd umsetzen. 1994 gründete die *Commerzbank* ihre Digitalbank *comdirect* und profitierte zunächst von der Börsenwelle des Internetbooms. Anstatt nach dessen Abflauen die Marke einzustampfen, sammelte die Bank weiter fleißig Kund:innen „*und verkörpert (heute) das sparsame, unprätentiöse Geschäft, das*

53 Vgl. Schneider (2018)
54 Vgl. Schneider (2018)
55 Vgl. Schneider (2018)

zunehmend als Zukunft des Mutterkonzerns gilt“[56]. Nach Angaben des Portals *Finanz-Szene.de* kamen im Q1 2018 drei Viertel aller Commerzbank-Neukund:innen über die comdirect.[57]

Auch die *ING*, eine Direktbank des niederländischen ING-Konzerns, hat sich zum Platzhirsch entwickelt und ist nach eigenen Angaben „*führende Digital Bank in Deutschland*“ mit mehr als neun Millionen Kunden. Die *ING* folgt ihrem Konzept konsequent und lässt sich beispielsweise nicht auf den Trend zu Kontogebühren ein.[58]

Nicht weniger eindrucksvoll hat sich die *Deutsche Kreditbank* (DKB) mit 3,8 Millionen Kund:innen auf Platz zwei der Direktbanken gekämpft, zwar mit Abstand hinter der *ING*, doch noch vor der *comdirect*, welche 3,4 Millionen Kund:innen zählt. Die *DKB* „*wurde 1990 aus der Staatsbank der DDR heraus gegründet, als erstes privates Institut des ostdeutschen Staats*“, und gehört heute der *BayernLB* — wovon diese stark profitiert: „*Dank des Zinsüberschusses der DKB konnte die Landesbank erstmals seit der Finanzkrise für 2017 wieder Dividende zahlen*“, heißt es im *Manager Magazin*.[59]

Auch die *Sparkassen* haben sich — zumindest teilweise — auf den Digitalen Wandel eingelassen und 2017 neben den eigenen Online-Banken eine gemeinsame App (*Yomo*) entwickelt, deren Erfolg allerdings noch auf sich warten lässt.[60]

Ein Blick in die USA bestätigt den globalen Trend: So hat die als elitär geltende Investmentbank *Goldman Sachs* unter dem Namen ‚*Marcus*‘ eine Digitalbank für normale Kund:innen gegründet, die mittlerweile „*Einlagen von 20 Milliarden $ verwaltet*“. Richard Gnodde, *Marcus*-Auslandschef, gab im Mai bekannt, dass der Einstieg in den deutschen und britischen Markt bereits geplant werde.[61]

56 Manager Magazin (2018)
57 Vgl. Manager Magazin (2018)
58 Vgl. inkl. Zitat Manager Magazin (2018)
59 Vgl. inkl. Zitat Manager Magazin (2018)
60 Vgl. Manager Magazin (2018)
61 Vgl. inkl. Zitat Manager Magazin (2018)

1.6. Die Bank 4.0: Vier Generationen der Bank?

Das 4.0-Modell und die Digitalisierung der Wirtschaft

Das 4.0-Modell unterscheidet zwischen 4 Generationen eines technologisch bedingten Veränderungsprozesses. Dieser Begriff fällt häufig im gleichen Satz mit der Digitalen Transformation. Die Digitalität grundiert bisherige Abläufe und umfasst weit mehr als die technische Weiterentwicklung von analog zu digital. Sie steht für globale Strukturen, vertikale und horizontale Vernetzung, neue Arbeitsmodelle und Produktionsmöglichkeiten. Bevor ich die *Bank 4.0* näher erläutere, widme ich mich dem Ursprung des Konzepts: der *Industrie 4.0.*

‚*Industrie 4.0*' beschreibt die vierte industrielle Revolution. Nach der Erfindung der Dampfmaschine (1.0), des Fließbandes (2.0) und des Computers (3.0) hat nun mit intelligent vernetzten Fabriken die vierte industrielle Revolution begonnen. In modernen Produktionsanlagen verzahnen sich industrielle Produktionsprozesse und -systeme mit modernster *Informations- und Kommunikationstechnik* (IKT) und Menschen. Bauteile kommunizieren eigenständig mit der Fabrik, veranlassen bei Bedarf Reparaturen oder bestellen selbst Material nach. Diese Automatisierung komplexer Prozesse ermöglicht es, Produkte ohne nennenswerten Mehraufwand individuell nach Kundenwunsch herzustellen.[62]

> „*Die sogenannte vierte industrielle Revolution zeichnet sich durch Individualisierung bzw. Hybridisierung der Produkte und die Integration von Kunden und Geschäftspartnern in die Geschäftsprozesse aus.*"[63] —Prof. Dr. Oliver Bendel, *Fachhochschule Nordwestschweiz FHNW.*

Mit der Industrie 4.0 wird damit erstmals die Herstellung qualitativ hochwertiger Einzelstücke und Unikate zum Preis von Massenware möglich — und das über die gesamte Produkt-Lebensphase, also von der Idee zur Entwicklung, Fertigung, Nutzung und Wartung bis zur Wiederverwertung/Recycling. Massenkonfektionierte Kleidung oder Schuhe mit eigenem, per App/Software erstelltem Design, individuell gestaltete Möbel oder passgenaue Bauteile aus dem 3D-Drucker sind nur ein Bruchteil der neuen Möglichkeiten.[64]

Als Vorreiter dieser Entwicklung gelten beispielsweise die Automobil- und Modeindustrien, deren Herstellungsverfahren und Kundenbeziehungen schon heute häufig C2B sind: Die Konfiguration des Neuwagens, von der Lackierung bis zur Innenausstattung, oder das Online-Customizing von Kleidungsstücken wie den *Adidas* Schuhen #MIADIDAS (www.adidas.de/personalisieren) bieten rein rechnerisch Millionen verschiedener Möglichkeiten, die niemals alle vom Unternehmen selbst erfunden oder in einem physischen Store angeboten werden könnten.

Die Entwicklung hin zur Bank 4.0

Das gängige Industrie 4.0-Modell folgt der Annahme, dass unsere Industrie eine Reihe technologischer Entwicklungen durchgeht, die sich so stark unterscheiden,

62 Vgl. BMWi (2018): Dossier Plattform Industrie 4.0
63 Bendel (2018)
64 Vgl. BMWi (2018): Dossier Plattform Industrie 4.0

dass man von technologischen Generationen sprechen kann. Dieses Modell lässt sich nur bedingt auf Banken übertragen. In der Wirtschaft ist häufig die Rede von der Bank 4.0, eine Terminologie, die eine Bank 1.0, 2.0 und 3.0 voraussetzt. In der Literatur besteht derzeit keine eindeutige, allgemein akzeptierte Unterscheidung zwischen den Generationen. Vielmehr handelt es sich um eine Bezugnahme zur Industrie 4.0. Nichtsdestotrotz möchte ich im Folgenden einen Generationenvergleich wagen.

Demnach wäre die Bank im modernen Bankwesen, dessen Ursprung im Europa des 13. und 14. Jahrhundert liegt, die ‚*Bank 0.5*' — auch wenn der Vergleich hinken mag (zur Erinnerung: das Bankwesen besteht seit über 4.000 Jahren). Die erste große technologische Neuerung im Bankwesen kam mit der Einführung des Computers, genauer gesagt des Mainframe. Kundendaten, Prozesse, Börsencharts etc. konnten fortan dank des Computers maschinell erfasst und verarbeitet werden. Die *Bank 1.0* war geboren.

Mit der Einführung von Bankautomaten (engl.: *automated transaction machines*, ATM) um 1980 begann die zweite Generation des digitalen Bankwesens: Die **Bank 2.0** beschreibt die Bank im Computerzeitalter bzw. die Ära des Self-Serviced Banking. Kund:innen mussten nicht mehr in der Filiale am Schalter anstehen, sondern konnten Geldabhebungen und -einzahlungen sowie das Ausdrucken von Kontoauszügen direkt am Automaten erledigen.

Mit der Verbreitung des World Wide Web in den Neunzigerjahren begann die *Bank 3.0* — die Bank im Internetzeitalter. 1995 erschienen die ersten Internetbanken und Online-Broker bzw. boten die ersten Banken ihre Produkte und Dienstleistungen über das World Wide Web an. Banken waren fortan nicht mehr ausschließlich ortsgebunden. Banking und Payment findet an der Supermarktkasse, am Notebook, Tablet und auf dem Smartphone statt.

Die *Bank 4.0* — die ‚Custom-Bank' — geht noch einen Schritt weiter und integriert Kund:innen aktiv in Prozesse. So können diese nicht nur selbst die PIN ihrer Kreditkarte online ändern oder ihr Dispolimit bestimmen, sondern künftig auch über jeden beliebigen Zugang den kumulierten Kontostand bzw. das Anlagevermögen einsehen, welches sie auf diversen Konten und Depots bei verschiedenen Banken haben. Darüber hinaus können sie sich modularisierte Finanzprodukte und -dienstleistungen selbst nach Wunsch zusammenstellen oder sich untereinander Kapital leihen. Es gilt jetzt, die Rolle der Bank im digitalen Zeitalter neu zu definieren.

KAPITEL 2:
DAS DIGITALE GESCHÄFTSMODELL

Auf einen Blick

- Das digitale Zeitalter macht neue Geschäftsmodelle erforderlich.
- Banken durchlaufen fünf Phasen der Digitalen Transformation.
- IT-/Cybersicherheit stellt eine besondere Herausforderung dar.
- Scheindigitalisierung ist ein großes Problem für alle Beteiligten.

2.1. Traditionelle Geschäftsmodelle gefährden die Zukunftsfähigkeit

Welche ökonomische Funktion hat der Finanzsektor?

Im Wesentlichen setzt sich die ökonomische Funktion des Finanzsektors aus zwei Kernfunktionen zusammen: der Geldfunktion, also der Liquidität und Geldversorgung, und der Allokationsfunktion, also die direkte/indirekte Kapitalallokation, die Finanzdienstleister:innen zu Intermediären zwischen Kapitalgeber:innen und -nehmer:innen macht.[65]

> *„Innerhalb der Finanzindustrie bestimmen Kreditinstitute, Finanzdienstleistungsinstitute, Versicherungen, Finanzmärkte sowie staatliche Institutionen das Marktgeschehen. Geschäftsbanken bieten ihren Kunden Geldanlagen an (Passivgeschäft) und verleihen diese Gelder wiederum in Form von Krediten (Aktivgeschäft), wohingegen sich Versicherungen auf das Absichern von finanziellen Risiken beschränken. Finanzmärkte verwalten und organisieren den Handel von Wertpapieren und Währungen. Zusätzlich sind staatliche und regulatorische Institutionen wie Zentralbanken für das Festsetzen von Leitzinssätzen, die Sicherstellung der Bankenliquidität und die Währungsstabilisierung verantwortlich."*[66] —Alexander Braune, DB und Prof. Dr. Christian Landau, *EBS Universität für Wirtschaft und Recht.*

Der Digitale Wandel bricht mit alten Mustern und Monopolen

Noch verlassen sich viele etablierte Finanzunternehmen auf ihren monopolartigen Zugang zu Kund:innen. Gleichzeitig bietet ihnen ihre Funktion als Intermediär die Möglichkeit, *„Profite durch die eigene Refinanzierung (zu) generieren. Banken erhalten von ihren Kund:innen Passiveinlagen gegen Zahlung von Zinsen (...).*

---

65 Vgl. Braune & Lindau (2017:500f.)
66 Braune & Lindau (2017:500)

Gleichzeitig können Banken diese Kundeneinlagen wiederum in Form von Krediten weiterverleihen (...)"[67]. Dies verleiht etablierten Finanzunternehmen einen erheblichen Wettbewerbsvorteil gegenüber kleineren FinTechs. Ein weiterer Wettbewerbsvorteil ist der regelmäßige Kontakt zu den Bestandskund:innen, den insbesondere Banken und Versicherungen — auch über ihre Filialnetzwerke — regelmäßig pflegen. Mit dem Digitalen Wandel werden diese Vorteile allerdings zunehmend zu Nachteilen, denn die oftmals statischen und trägen Legacy IT-Systeme müssen sich mit der modernen Infrastruktur von Direktbanken, Online-Brokerage-Plattformen und andere Finanzdienstleister:innen messen. Und die Kund:innen kriegen das bei jedem Kontakt mit.[68]

Nicht jedes Finanzunternehmen wird es durch die Digitale (R)Evolution schaffen

Das klassische Finanzgeschäft, wie wir es heute kennen, wird es mittelfristig in dieser Form nicht mehr geben. Die Zeiten sicherer Profitabilität, in denen Kund:innen ihren Vermögensberater:innen und -verwalter:innen die ewige Treue schwören und blind vertrauen, während die *Bundesanstalt für Finanzdienstleistungsaufsicht* (BaFin) freundlich dabei zusieht wie Bankgeschäfte mit einem Handschlag geregelt und in unleserlicher Handschrift in den Büchern vermerkt werden sind definitiv vorbei. Sofern es sie je wirklich gab.

Wer Excel-Tabellen und Telefax heute noch als adäquate Instrumente für die Vermögensberatung und -verwaltung betrachtet, dem oder der sei geraten, diese Publikation an dieser Stelle getrost zur Seite zu legen und alles zu horten, was bis dato eingenommen wurde. Denn es wird nichts mehr dazukommen. Ohne digitale Prozesse und eine moderne IT-Infrastruktur wird es zukünftig schlichtweg unmöglich sein, dem stetig steigenden Level an regulatorischer Komplexität und den veränderten Ansprüchen der Kund:innen gerecht zu werden. Selbst wenn manuelle Umwege es kurzfristig möglich machen, der nationalen und internationalen Regulierung wie der EU-Richtlinie MiFID II (Markets in Financial Instruments Directive) oder dem US-Gesetz FATCA (Foreign Account Tax Compliance Act) nachzukommen, so werden die zusätzlichen Kosten langfristig zum Verhängnis. (MiFID II wird in „*Bionic Wealth*" ausführlich vorgestellt.)

Schon vor Covid-19 war die Branche geprägt von einem verschärften Wettbewerb, einem steigendem Kostendruck, angeschlagenem Vertrauen seitens der Anleger:innen und dem zunehmenden Ruf nach Transparenz sowie risikoärmeren und nachhaltigeren Produkten. Hinzu findet gerade ein Generationenwechsel statt, bei dem relativ junge Menschen aufgrund von Erben, Startup-Erfolgen oder digitalen Fähigkeiten bereits über ein erhebliches Einkommen und Vermögen verfügen. Diese Zielgruppe hat im Vergleich zu den bisherigen Zielgruppen ein völlig anderes Verständnis von Digitalität und andere Wertevorstellungen. Folglich haben sie auch vollkommen andere Ansprüche an die digitale Vermögensanlage, als die bisherigen Zielgruppen.

---

67 Braune (2017:502)
68 Vgl. Braune & Lindau (2017:501f.)

Gleichzeitig ist die Bereitwilligkeit, den/die Dienstleister:in zu wechseln, massiv gestiegen. Spätestens mit der Umsetzung der Payment Service Directive II-Richtlinie (PSD2) sind Kund:innen nicht mehr an eine Bank gebunden und können bedarfsweise unterschiedliche Dienstleister:innen nutzen, indem sie Drittanbieter: innen den Zugang zu ihren Bankkonten ermöglichen. Hier versprechen maßgeschneiderte Banking-Lösungen, die auch das Finanzmanagement der Unternehmen erleichtern können, eine attraktive Zukunftsentwicklung im Finanzsektor zu sein.

Damit befindet sich die traditionelle Vermögensanlage, aber auch die Rolle der Private Banker:innen, in einem fundamentalen Wandel. Die Karten werden sozusagen neu gemischt. Gestern noch belächelte digitale Nischenspieler werden höchst erfolgreich, während einige alteingesessene Traditionshäuser kurz vor der Pleite stehen. Unternehmen, die die Digitale (R)Evolution frühzeitig akzeptiert haben, geben heute den Ton an. Die Digitalisierung im deutschen Finanzbereich hat allerdings keinesfalls nur Verlierer:innen hervorgebracht, sondern auch Gewinner:innen. Heute geben jene Finanzinstitute die Richtung vor, die die Weichen frühzeitig auf ‚Digitalisierung' gestellt haben, sich mit direkten und indirekten Wettbewerbern zusammengetan haben, eine offene Fehlerkultur leben und agil und schnell auf Veränderungen am Markt reagieren können.

Wer heute als Finanzinstitut relevant bleiben will, muss den Endkund:innen sowohl offline als auch online begegnen, und zwar kanalübergreifend und möglichst ohne Medienbrüche bei denen sich die Kund:innen zwischen verschiedenen Plattformen oder Endgeräten neu einloggen müssen. Damit Sie sich auch in Zukunft neben Ihren Wettbewerbern behaupten können, müssen Sie jedoch nicht unbedingt die disruptiven Geschäftsmodelle Ihrer Mitspieler:innen kopieren. Vielmehr gilt es, sich über die eigene Digitalisierung und neue Innovationsansätze am Markt (neu) zu positionieren. Und die Möglichkeiten, die uns digitale Technologien und hybride Geschäftsmodelle bieten, voll auszuschöpfen. Denn: Das digitalisierte Finanzinstitut ist nicht einfach eine digitalisierte Version der klassischen Traditionshäuser, sondern ein Unternehmen, das seine internen und externen Prozesse digitalisiert und neue Technologien einsetzt, um Produkte und Dienstleistungen anzubieten, die den Kund:innen nutzen. In einem offenen und vernetzten Ökosystem arbeitet die digitale Vermögensanlage mit Dritten und FinTechs — jungen Finanzdienstleistungsunternehmen mit digitalen Geschäftsmodellen — zusammen, um den maximalen Mehrwert für Kund:innen zu liefern.

2.2. Gestatten: Das digitale Geschäftsmodell

Das Geschäftsmodell sichert den Erfolg des Unternehmens

Eine klare Definition für den Begriff digitales Geschäftsmodell zu erhalten, ist aufgrund der Vielzahl teils widersprüchlicher Definitionen in der Literatur und im Netz leider so gut wie unmöglich. Häufig scheitert es schon bei der Beschreibung des Begriffs *Geschäftsmodell*.

Nach Definition des *BMWi* ist ein Geschäftsmodell „ein selbst erstelltes Regelwerk, das die Geschäftsprozesse möglichst gewinnbringend ordnet“[69]. Ein gut durchdachtes Geschäftsmodell geht dabei auf folgende Fragen ein: Wer sind die Kund:innen? Welches Angebot wird ihnen geboten? Wie wird mit ihnen kommuniziert? Wie werden die Leistungen erbracht? Wie folgen Transaktionen? Und wie wird Umsatz generiert?[70]

Die Autoren Dr. Dr. Victor Tiberius und Prof. Dr. Christoph Rasche definieren das Geschäftsmodell als *„eine vereinfachte Abbildung der Art und Weise, wie eine Unternehmung ihr Geschäft betreibt. Vereinfacht ist das Modell dahingehend, dass es auf die wichtigsten, zeitlich eher stabilen Aspekte fokussiert und von allen anderen abstrahiert. In systemischer Sichtweise besteht ein Modell aus Elementen und Beziehungen zwischen diesen Elementen.“*[71]

Nach Christian Hoffmeister, Geschäftsführer des *DCI Institute GmbH*, ist ein digitales Geschäftsmodell *„zuerst einmal eine Transaktion, die über digitale Technologien abgewickelt wird“*. Eine Transaktion wiederum beschreibt er als den *„Austausch von einer Leistung und einer Gegenleistung, die zwischen einem nachfragenden und einem anbietenden System nach exakten Regeln über eine definierte technische Schnittstelle hinweg abläuft“*[72] .Dabei besteht jedoch eine Einschränkung: Transaktionen müssen wiederholt werden können. Einmalige, zufällig ablaufende Transaktionen qualifizieren sich daher nicht als Geschäftsmodell. Damit man daher von einem (digitalen) Geschäftsmodell sprechen kann, müssen die folgenden sechs Kernelemente gegeben sein: Es handelt sich um (i.) eine Transaktion einer (ii.) (digitalen) Leistung, zwischen einem (iii.) anbietenden und einem (iv.) nachfragenden digitalen System sowie einer (v.) passenden Gegenleistung — monetär und/oder non-monetär, die grundsätzlich (vi.) wiederholbar ist. Die Transaktionen bei digitalen Geschäftsmodellen werden dabei immer zwischen digitalen Systemen und nicht zwischen Menschen (in Person) vollzogen. Auch sind die Leistungen dabei immer digital und virtuell.[73]

Ganz gleich, welche Definition man persönlich bevorzugt, hat ein Geschäftsmodell grundsätzlich die Kernaufgabe, ein reproduzierbares bzw. wiederholbares Modell für die Ausführung eines Geschäfts an dem mindestens zwei Parteien beteiligt sind. Dabei ist es wichtig, ein Geschäftsmodell nicht als etwas statisches, in Stein gemeißeltes zu verstehen. Vielmehr ist ein Geschäftsmodell als die Strategie zu verstehen, die unter Einbezug aller zum aktuellen Zeitpunkt verfügbaren Informationen die bestmöglichen Erfolgsaussichten für die Zukunft des Unternehmens hat. Und als solche muss es immer wieder kritisch geprüft und gegebenenfalls angepasst werden.

---

69 BMWi (2017A:5)
70 Vgl. BMWi (2017A:5)
71 Tiberius und Rasche (2017:8f.)
72 Hoffmeister (2015)
73 Vgl. Hoffmeister (2015)

Geschäftsmodelle weisen mehrere Dimensionen auf

In Anlehnung an Gassmann et al. (2013) heben Tiberius und Rasche *„drei Dimensionen als zwingende Bestandteile eines Geschäftsmodells"* hervor:[74]

1. Die **Nutzendimension** beschreibt, welcher Nutzen den Kund:innen geboten bzw. welche Bedürfnisse (geschaffen und) befriedigt werden sollen.

2. Die **Wertschöpfungsdimension** beschreibt, wie und womit das Produkt/die Dienstleistung erzeugt wird, das sich aus der Nutzendimension ableitet.

3. Die **Ertrags- bzw. Erlösdimension** klärt, wie und womit Geld verdient wird — bzw. wie und wofür Kund:innen zahlen.

Andere Autoren schlagen mehrere Dimensionen vor, die sich nach Auffassung von Tiberius und Rasche allerdings je in eine der drei Hauptdimensionen eingliedern lässt. Wirtz (2011) klassifiziert beispielsweise ein Geschäftsmodell nach neun Dimensionen. Konkret handelt es sich bei diesem Modell um die *„Strategie-, Ressourcen-, Netzwerk-, Kunden-, Marktangebots-, Erlös-, Leistungserstellung-, Beschaffung-* und *Finanzdimension"*.[75]

Schallmo (2013) wiederum unterscheidet zwischen fünf Dimensionen: *„Die Kundendimension beinhaltet die Kundensegmente, die Kundenkanäle und die Kundenbeziehungen. Die Nutzendimension beinhaltet die Leistungen und den Nutzen. Die Wertschöpfungsdimension beinhaltet die Ressourcen, die Fähigkeiten und die Prozesse. Die Partnerdimension beinhaltet die Partner, die Partnerkanäle und die Partnerbeziehungen. Die Finanzdimension beinhaltet die Umsätze und die Kosten."*[76]

Digitale Geschäftsmodelle müssen anders gedacht werden

Häufig geht *Digitalisierung* mit *Automatisierung* einher. Die Grundlage für die Digitale Transformation von Systemen und Prozessen ist in der Regel, dass etwas zunächst definiert und anschließend standardisiert werden kann. Denn: Nur was standardisiert werden kann, kann auch automatisiert werden. Die Automatisierung ermöglicht eine schnellere und kosteneffizientere digitale Vermögensanlage. Gleichzeitig sollte die Automatisierung aber nicht mit zukunftsweisender Digitalisierung gleichgestellt werden. Denn nicht alles, was digital abgebildet werden kann, lässt sich auch automatisieren. Dies gilt insbesondere dann, wenn es sich um den Umgang mit Unregelmäßigkeiten und das Erkennen von komplexen Zusammenhängen handelt, etwa im Bereich der Auswertung von Big Data, oder der Entwicklung von (echter) künstlicher Intelligenz. Damit möchte ich sagen: *Digitalisierung* so abstrakt das Thema sein mag, widmet sich der Zukunft. Sie umfasst Innovation und Disruption, und damit das Hinterfragen von Bestehendem und das Schaffen von Neuem.

Digitalisieren ist nicht gleichzusetzen mit *Digitalisierung*. Wer sich zum ersten Mal mit dem Thema Digitalisierung auseinander setzt, läuft Gefahr einen typi-

---

74 Vgl. inkl. Zitat Tiberius & Rasche (2017:9f.)
75 Wirtz (2011) in Tiberius & Rasche (2017:9)
76 Schallmo (2013:2f.)

schen Anfängerfehler zu begehen. Nicht selten habe ich mitbekommen, dass *Digitalisierung* und *digitalisieren* für viele ein und dasselbe ist. Dem ist definitiv nicht der Fall. Ganz im Gegenteil ist es diese Annahme, die meiner Überzeugung nach immer wieder zu gravierenden Fehlentscheidungen in der Planung und Umsetzung von Digitalisierungsvorhaben führt. So werden etwa analoge Prozesse und Systeme direkt *digitalisiert.* Das ist selten sinnvoll, häufig teuer und führt fast immer zu enormen Frustrationen seitens der Mitarbeiter:innen und Kund:innen.

Das digitale Geschäftsmodellen setzt auf Innovation, Disruption und/oder Optimierung. Digitale Geschäftsmodelle sind mehr als analoge Geschäftsmodelle, die ins Digitale übersetzt werden. Das traditionelle Geschäftsmodell basiert auf fundamentalen Annahmen über unser Finanzsystem und das Nutzer:innenverhalten der Kund:innen. Diese Annahmen sind im digitalen Zeitalter teilweise nicht mehr gültig und wurden von disruptiven Kräften und Technologien außer Kraft gesetzt: In einem Satz zusammengefasst bedeutet *disruptive Innovation*, eine Lösung für ein Problem zu haben, das bisher nicht wahrgenommen oder gelöst werden konnte — eine Lösung, die alte Lösungen und Prozesse ganz und gar obsolet macht. Ein digitales Geschäftsmodell stellt zunächst alle bisherigen Annahmen in Bezug auf Abläufe, Prozesse, Produkte und Dienstleistungen in Frage und verfolgt das Ziel, aktuelle Modelle entweder hocheffizient zu automatisieren und optimieren oder radikal neu zu erfinden. Was genau das bedeutet und welche Auswirkungen es auf die Finanzbranche hat, dieser Frage widmet sich diese Publikation.

Die BigTech Riege sind heute umsatzstärker als mancher Staat. Im Jahr 2019 betrugen die Gesamtumsätze von *Amazon, Apple, Alphabet* (*Google*), *Microsoft* und *Facebook* zusammengenommen 899 Milliarden US Dollar. Damit lagen sie nur knapp hinter dem GDP der Niederlande (909 Mrd. USD) und noch vor Saudi-Arabien (793 Mrd. USD) und der Türkei (745 Mrd. USD). Technologie, digitale Produkte und digitale Dienstleistungen sind der Schlüssel, die „*Secret Sauce*“, zu einer Skalierung, die die gesamte Wertschöpfungskraft eines Landes übersteigt.[77]

Amazon, mit 261 Milliarden US Dollar im Jahr 2019 das umsatzstärkste Unternehmen der Welt, macht nur 6,1% des Gesamtumsatzes mit physischen Stores; der Rest des Geschäftsmodells setzt auf digitale Angebote. Den größten Umsatz schreibt der Onlineshop amazon.com (50,4%), gefolgt von Third Party Seller Services (einschließlich Provisionen, Versandgebühren und anderer Dienstleistungen) (19,2%), der Cloud-Lösung *Amazon Web Services* AWS (12,5%) und den *Amazon Prime* Abonnement-Services (6,9%). Deutschland macht übrigens nur 8% der globalen Umsätze aus.[78]

Apple, mit 260 Milliarden US Dollar das zweit-umsatzstärkste Unternehmen der Welt macht den Großteil seiner Umsätze mit physischen Produkten wie dem iPhone, iPad, Mac und anderen Produkten wie AirPods und der Apple Watch. Doch 17,8% des Umsatzes kommen inzwischen Services wie Digital Content and Services (*iTunes, Apple Music, Apple TV*), sowie andere Services wie *AppleCare*, *Apple Pay*, und Lizenzierung.[79]

77 Vgl. Wallach (2020)
78 Vgl. Wallach (2020)
79 Vgl. Wallach (2020)

Komplett digital geht es hingegen bei *Alphabet* (162 Milliarden US Dollar Umsatz) zu. Der Konzern hinter *Google* verdient nicht einen Cent an seinem Kerngeschäft — der Bereitstellung von Informationen für Endnutzer:innen über die Google-Suchmaschine. Stattdessen finanziert er sich über Werbeeinnamen (83,3%) aus *Google, Google Ads, YouTube, Google Maps, Google Mail* und dem *Google Play Store*. *Google Home* und *Google Play Music* machen weitere 10,5% aus, gefolgt von dem Geschäft mit der *Google Cloud* (5,5%). Die verbleibenden 0,4% generiert Alphabet aus Wetten auf *Moonshot-Ideen*, die das nächste Google werden könnten. Darunter *Loon balloons* (Stratosphärenballons für Internet in abgelegenen Gebieten), *Waymo* (autonome Fahrzeuge), *Google Nest* (Smart Home Produkte) und *Wing* (Drone deliveries.[80]

Auch *Microsoft*, mit 126 Milliarden US Dollar Jahresumsatz das viertgrößte Unternehmen, vertreibt mit Ausnahme von *Microsoft Surface Devices* (4,8%) keine eigene Hardware. Der größte Umsatztreiber ist die Server und Cloud Computing-Sparte *Microsoft Azure* (25,9%), gefolgt von *Office*-Lösungen (25,2) und den *Windows*-Betriebssystemen (16,2%). Die weiteren Umsatztreiber sind Gaming (9,1%), *Bing Search Ads* (6,1%), Enterprise Services (4,8%), und *LinkedIn* (5,4%).[81]

Und *Facebook*? Mit 71 Milliarden US Dollar belegt das soziale Netzwerk den fünften Platz der BigTech-Nahrungskette. Das Geschäftsmodell ist vergleichsweise einfach: 98,5% der Umsätze macht die Marketing-Lösung *Facebook Ads* aus. Payment und andere Gebühren fallen mit 1,5% hingegen nicht ins Gewicht. Nach einigen herben Rückschlägen und Boykott-Aktionen gegen das Unternehmen ist das Unternehmen wird sich in der Abschlussrechnung 2020 zeigen, ob und wie das Geschäftsmodell sich verändert.[82]

Die Null-Grenzkosten-Gesellschaft – ‚digital' ist skalierfähig

Der US-amerikanische Ökonom Jeremy Rifkin hat eine umfangreiche Analyse über den Siegeszug der *Sharing Economy* vorgelegt, die ihm zufolge dazu führt, dass immer mehr Angebote kostenlos angeboten, getauscht oder geteilt werden, während Gewinne künftig überwiegend in Form von Gebühren gegen Service erzielt werden. In diesem Zusammenhang verweist Rifkins auf die *Null-Grenzkosten-Gesellschaft*, welche einen Paradigmenwechsel der Wertschöpfung bedeutet: Mit der Industrialisierung wurde die Herstellung vieler Produkte immer günstiger. Je höher das Produktionsvolumen, desto geringer werden die Grenzkosten, also die Kosten für jede zusätzlich produzierte Einheit (Stichwort *Wrights Law* und der *Erfahrungskurveneffekt*). Digitale Produkte und Dienstleistungen sind unbegrenzt skalierbar und ihre Grenzkosten liegen nahezu bei null. Nachdem ein Angebot erst einmal entwickelt wurde, belaufen sich die Kosten für jede weitere Vervielfältigung hauptsächlich auf die Infrastrukturkosten (etwa für Hosting, IT-Security und Energieaufwand) und die Weiterentwicklung und Optimierung des Algorithmus; ob es sich dabei nun um die *Google* Suchmaschine, *Netflix*-Serien, den *Facebook Messenger* oder Online-Brokerage und Robo Advisory handelt.[83]

---

80 Vgl. Loon (2020), Nest (2020), Wallach (2020), Waymo (2020), Wing (2020)
81 Vgl. Wallach (2020)
82 Vgl. Wallach (2020)
83 Vgl. Rifkin (2014) & Wright (1936)

2.3. Das Digitalisierungsmodell für Finanzunternehmen

Die Digitale Transformationen erfolgt in mehrere Phasen

Kennen Sie Ihren Digitalisierungsgrad? Diverse Expert:innen haben sich mit den Auswirkungen der Digitalisierung auf die IT-Infrastruktur und Kernbanksysteme deutscher Finanzunternehmen auseinandergesetzt und unterschiedliche Entwürfe für ein Digitalisierungsmodell entworfen. Die Modelle basieren auf der Feststellung, dass Finanzunternehmen *„unterschiedliche Phasen der Digitalisierung durchlaufen, wobei diese zur gleichen Zeit die Entwicklung in mehreren Phasen vorantreiben können"*[84]. Im Folgenden habe ich die überzeugendsten Konzepte für Sie in einem schlüssigen Fünf-Phasen-Modell zusammengefasst.

Kurz und knapp: Das Digitalisierungs-Phasenmodell für Finanzunternehmen. In Phase 1 digitalisiert das Finanzunternehmen interne Prozesse und in Phase 2 externe Produkte und Prozesse, um Kund:innen über digitale Kanäle zu erreichen. In Phase 3 werden Kund:innen direkt mit eingebunden und können fortan aktiv in Prozesse und Daten eingreifen. Phase 4 bricht die digitale Architektur des Finanzunternehmens in modulare Kernbanksysteme auf und öffnet einzelne Bereiche (oder komplette Kernsysteme) für externe Dienstleister, bzw. erlaubt es dem Finanzunternehmen, die gesamte Infrastruktur auszulagern. In Phase 5 der Digitalen Transformation lagert das Finanzunternehmen nicht nur ganze Kernbanksysteme auf mobile Endgeräte und in die Cloud aus, sondern geht auch eine stark hybride Form der Interaktion mit den Kund:innen ein, bei dem diese von passiven Nutzer:innen zu aktiven Teilnehmer:innen werden. Mehr zu den einzelnen Phasen erfahren Sie in den kommenden Absätzen.

Phase 1: die interne Digitalisierung

Die Unternehmensberater Sascha Hermann und Uwe Heinke der *PPI AG* in Hamburg haben ein vereinfachtes Drei-Phasenmodell der Digitalisierung von Finanzunternehmen entwickelt: In der ersten Phase, der *internen Digitalisierung*, befasst sich die Bank mit der digitalen Automatisierung von Prozessen. Im Fokus stehen dabei das Reduzieren manueller Eingriffe und das Ausmerzen von Medienbrüchen. So können Aufträge der Kund:innen schneller verarbeitet werden. Der erste Schritt hierzu ist die Digitalisierung analoger Daten. Nach Hermann und Heinke befinden sich viele Finanzunternehmen noch heute in der ersten Phase, *„da noch nicht alle digitalisierbaren Daten und Prozesse umgestellt worden sind"*[85].[86]

Phase 2: die externe Digitalisierung

Die zweite, *externe*, Digitalisierungsphase *„beschreibt die Bereitstellung von Daten, Produkten und Dienstleistungen für die Kund:innen über digitale Kanäle"*[87]. Hierunter fällt beispielsweise das Onlinebanking. Allerdings müssen die externen

84 Hermann & Heinke (2018:194)
85 Hermann & Heinke (2018:194)
86 Vgl. Hermann & Heinke (2018:194)
87 Hermann & Heinke (2018:195)

digitalen Angebote nicht zwingend intern digitalisiert sein. Einerseits gibt es Teilprozesse, die schwierig oder nicht digitalisierbar sind. Andererseits neigen viele Banken dazu, manuelle Prozesse nur langsam zu digitalisieren, um alle Mitarbeiter:innen im Unternehmen mitzunehmen. Auch, so die Berater der *PPI AG*, folgt die zweite Phase nicht unbedingt auf die erste, sondern wird häufig zeitgleich durchlaufen. Daher lassen sich die ersten beiden parallel voranbringen.[88]

Phase 3: die End-to-End-Digitalisierung

Sind sowohl die interne als auch die externe Digitalisierung beschritten (jedoch nicht zwingend abgeschlossen), kann mit der dritten Phase, der sogenannten *End-to-End-Digitalisierung*, begonnen werden. Hier greifen die Kund:innen aktiv in die „*Verarbeitungsabläufe und die in diesem Rahmen entstehenden Daten und Informationen*“[89] ein: Einzelne Prozesse bzw. Prozessschritte werden zu den Kund:innen ausgelagert. So können die Nutzer:innen beispielsweise online die persönliche Identifikationsnummer (PIN) ihrer Kreditkarte ändern, diese sperren oder via Smartphone-Applikation das Dispolimit erhöhen.[90]

Das traditionelle Banking unterscheidet sich vom digitalisierten *End-to-End Banking* vor allem in den folgenden fünf Bereichen:[91]

1. Das traditionelle Produktangebot weicht einem Kundenvorhaben, also der konkreten Lösung eines Problems der/des Kund:in.
2. Kund:innen und Finanzdienstleister:innen sind nicht mehr separate Beteiligte, sondern Teil eines *Cross-Industrie Ökosystems*.
3. Bisher individuelle, unternehmensinterne Prozesse werden unternehmensübergreifend standardisiert (offene Plattform).
4. Die System-Unterstützung, die bisher in Systemgrenzen und Workflow gedacht wurde, wird nun — sofern möglich und sinnvoll — automatisiert.
5. Die bisher funktionsspezifische Arbeitsweise (Fachabteilungen versus IT) wird zur interdisziplinären Arbeitsweise.

Phase 4: die modulare Systemarchitektur

Alt und Puschmann vertreten ein ähnliches Phasenmodell der Digitalisierung, ergänzen dieses jedoch um eine vierte Phase, eine Phase der *modularen Systemarchitektur*, in welcher eine verstärkte betriebliche Integration digitaler Kernbanksysteme folgt. Serviceorientierte Systemarchitekturen haben eine stark modulare Konstruktion. Dies ermöglicht es Finanzunternehmen, einzelne funktionale Bereiche abzutrennen und an externe Dienstleister:innen zu vergeben. Kooperationen mit FinTechs fallen u.a. in diese Phase. Im Kern geht es in dieser Phase darum, die digitale Architektur zu öffnen, Kernbanksysteme modular aus- bzw. einzugliedern und mit Dritten zusammenzuarbeiten. Die vierte Phase ist deshalb

88 Vgl. Hermann & Heinke (2018:194)
89 Hermann & Heinke (2018:195)
90 Vgl. Hermann & Heinke (2018:195)
91 Vgl. Strietzel et al. (2018:25)

auch die Phase des *Open Banking*, des *FinTech-as-a-Service* und der *Bank-in-a-Box.*[92]

Phase 5: die kundenzentrierte Produkt- und Prozessdigitalisierung

Die (noch bevorstehende) fünfte Phase wird nach Prof. Dr. Frederik Ornau sowohl Prozesse als auch Produkte umfassen und „*einen Paradigmenwechsel von einer bankzentrierten Inside-Out-Sicht hin zu einer kundenzentrierten Outside-In-Sicht*"[93] bewirken. In dieser Phase werden Finanzinstitute in eine hybride Interaktion mit ihren Kund:innen treten. Vorangetrieben wird der Wandel durch eine immer leistungsfähigere IT sowie eine bessere Integration mobiler Endgeräte, dem Cloud Computing und elektronischer Marktplätze. Mit dem Paradigmenwechsel wird sich auch eine hybride Form der Kundeninteraktion entwickeln: In Zukunft werden Kund:innen zu jeder Zeit und von jedem Ort, sowohl on- als auch offline mit ihren Finanzdienstleister:innen interagieren.[94]

ABB. 2.1: DAS DIGITALISIERUNGS-PHASENMODELL FÜR FINANZUNTERNEHMEN

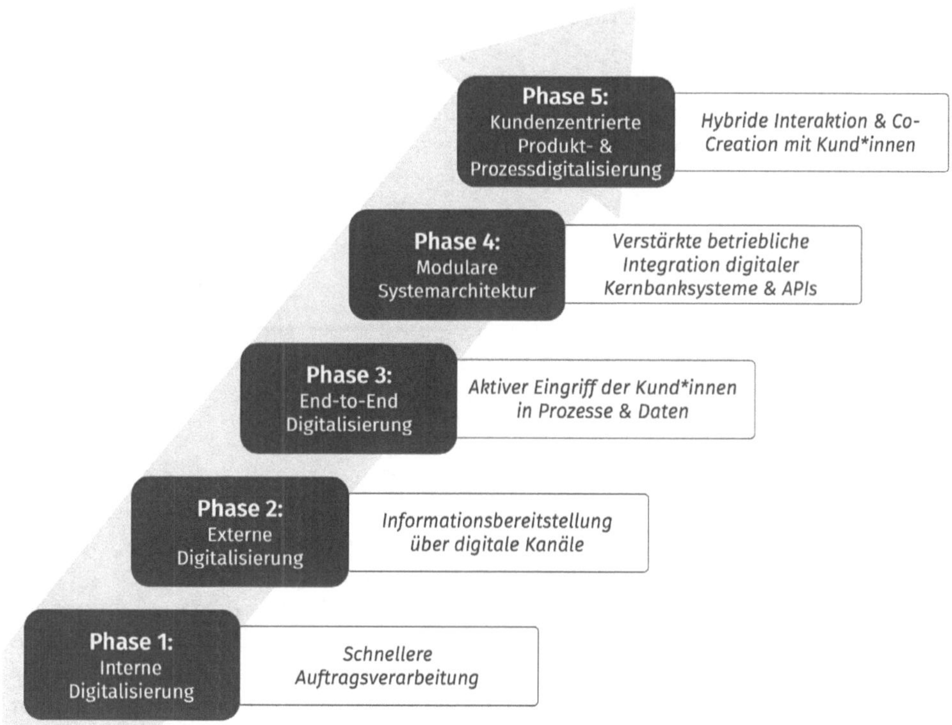

Quelle: eigene Darstellung in Anlehnung an Alt & Puschmann (2016), Hermann & Heinke (2018:195), Ornau (2017:51f.) & Strietzel et al. (2018:25)

92 Vgl. Ornau (2017:51f.) nach Alt und Puschmann (2016)
93 Ornau (2017:63)
94 Vgl. Ornau (2017:63

2.4. Prozessdigitalisierung und die Integration digitaler Angebote stehen im Fokus

Der Mehrheit der Finanzinstitute in Europa fehlt es an den Ressourcen Zeit, Geld und/oder Wissen, die für die Planung und Umsetzung der Digitalisierung von internen und externen Prozessen sowie des Back-end und Front-end erforderlich sind. Dies birgt ein hohes Risiko eines Misserfolgs des Projekts. Zunächst ist es daher unabdingbar für ein Finanzinstitut, sich über die verfügbaren Ressourcen, sowie den eigenen Digitalisierungsgrad im Klaren zu sein (Vgl. Phasenmodell). Erst dann macht es Sinn, darüber nachzudenken ob Abläufe, Prozesse, Produkte, Dienstleistungen und Geschäftsmodelle digitalisiert werden, oder ob sie gänzlich neu definiert, entwickelt und eingeführt werden müssen.

In der Bank 4.0 gilt es, standardisierbare Prozesse zu identifizieren und zu digitalisieren, um Prozesskosten effektiv zu senken und die Wettbewerbsfähigkeit zu sichern. Die Initiative hierfür muss intrinsisch kommen, denn die Digitalisierung setzt sich nicht von selbst um. Um den drohenden Verlust von Marktanteilen und Kund:innen zu verhindern — dieser Verlust zugunsten agilerer Wettbewerber ist kein ‚falls', sondern ‚wenn' –, bedarf es einer Infragestellung und ggf. strategischen Neuausrichtung der Bank. Vor allem gilt es, schnell, konsequent und nachhaltig die eigenen Abwicklungsprozesse und das Leistungsangebot an das neue, sich stetig verändernde Marktumfeld und Kundenverhalten anzupassen. Längst geht es nicht mehr darum, die digitalen Erwartungen der Kund:innen zu treffen. Stattdessen muss den Kund:innen ein individuelles Erlebnis geboten werden. Und das kanalübergreifend, effizient, kostengünstig und gleichzeitig komfortabel und reibungsfrei.[95]

Aus einer *HAYS*-Studie geht hervor, dass die Kernthemen der Bankmanager:innen (i) Digitalisierung an der Schnittstelle zu den Kund:innen und (ii) Digitalisierung der Back-end-Prozesse sind (für die Studie befragten *HAYS* und *PAC* 105 Führungskräfte in deutschen Banken).[96]

1. **Digitalisierung an der Kundenschnittstelle.** Onlinebanking-Angebote gehörten zu den ersten Digitalisierungs-Bemühungen der klassischen Filialbanken, wenn auch die Umsetzung nur halbherzig begleitet wurde. Doch auch heute liegen die Investitionen in digitale Angebote bei diesen Banken noch immer weit unter den Investitionen für das klassische Filialgeschäft. Um sich im Wettbewerb gegen FinTechs, Crowdfunding und Direktbanken durchzusetzen, reichen technische Investitionen in mobile Apps oder Omnichannel-Plattformen nicht aus. Denn dies ist bereits die Benchmark, die die Konkurrenz setzt. Vielmehr bedarf es tiefgreifender Anpassungen der Ablauforganisation und Steuerungsmechanismen an das digitale Umfeld.[97]
2. **Prozessdigitalisierung.** Das Automatisieren angrenzender Back-end-Prozesse trägt erheblich zur Verbesserung der Kostenstrukturen bei und vereinfacht

95 Vgl. Strietzel et al. (2018:16f.)
96 Hays (2016:5)
97 Hays (2016:5)

und beschleunigt gewohnte Abläufe — für die Bank und den Kunden. Mit dem Fortschritt und der wachsenden Verfügbarkeit digitaler Technologien entstehen neue Möglichkeiten, um herkömmliche Prozesse immer stärker zu automatisieren. Im Kreditgeschäft können Bilanzen automatisiert geprüft werden und Kund:innen können Konten noch bequemer und schneller eröffnen. Die Nullzins-Politik der *EZB* und die anhaltende Regulierungslast schafft einen zusätzlichen wirtschaftlichen Anreiz für Banken und Sparkassen, die Prozessdigitalisierung voranzutreiben und so Kosten einzusparen. Interessanterweise sehen Bankmanager:innen gerade in der Zusammenarbeit mit internen Dienstleister:innen große Hindernisse bei der Umsetzung der Prozessdigitalisierung. Wie auch bei der Digitalisierung des Front-end-Bereichs gilt: Das Entwickeln und Implementieren neuer Lösungen ist erst dann sinnvoll, wenn diese auch in die Abläufe integriert werden.[98]

Die Digitalisierung des Back-end gestattet es Finanzinstituten, regulatorische Ineffizienzen zu entlasten, Prozesse zu beschleunigen, Systembrüche zu reduzieren und zusätzliche Cross-Selling-Möglichkeiten wahrzunehmen. Gerade die Digitalisierung in Middle- und Backoffice-Einheiten werden diesbezüglich häufig vernachlässigt, bieten dabei jedoch ungeahnte Einspareffekte. Front-end-seitig zielt die Digitalisierung hingegen darauf ab, die Nutzererfahrung für Mitarbeitende und Kund:innen so intuitiv, effektiv und einfach wie möglich zu gestalten.[99]

Die fünf wichtigsten Erfolgsfaktoren bei der ganzheitlichen Digitalisierung von Produkten und Prozessen sind daher:[100]

1. Produkte und Prozesse so weit wie möglich vereinfachen.
2. Produkte und Prozesse standardisieren und automatisieren.
3. Produkte und Prozesse modularisieren.
4. Klare Entscheidungsregeln und Eskalationsprozesse definieren.
5. Offene Prozesse schaffen.

2.5. Cybersicherheit bleibt eine große Herausforderung

Mit zunehmender Digitalisierung wird Cybersicherheit ein immer größeres Thema

Die Finanzbranche spielt eine zentrale gesellschaftliche Bedeutung. Sie stellt die (Bar-)Geldversorgung sicher, regelt den Zahlungsverkehr und leistet zahlreiche weitere Finanz- bzw. Kreditdienstleistungen. Da sie eine zentrale Rolle für die Finanz-Infrastruktur Deutschlands spielen, sind Banken und Finanzdienstleister:innen brachialen Cyberrisiken ausgesetzt.

Besonders wenn die Bank die Kernbanksysteme für dritte Dienstleister:innen und Kund:innen öffnet (Stichwort PSD2), steigt die Gefahr vor Datenleaks, Hackeran-

98 Vgl. Hays (2016:6)
99 Vgl. Strietzel et al. (2018:26ff.)
100 Vgl. Strietzel et al. (2018:26ff.)

griffen oder dem Totalverlust von Daten. Die größte Herausforderung für Finanzdienstleister:innen stellen in diesem Zusammenhang finanziell versierte Cyberkriminelle dar, die Identitätsdaten stehlen und weiterverkaufen, für Erpressungszwecke einsetzen, zum Eröffnen und Ändern von Benutzerkonten nutzen oder über die sie betrügerische Zahlungen tätigen. Cybersicherheit sollte für Unternehmensgremien und Führungsteams von Finanzinstituten und FinTechs daher einen hohen Stellenwert spielen. Bei der Eindämmung von Betrugsverlusten und Hackerangriffen geht es schließlich um die Datensicherheit der Kund:innen. Im schlimmsten Fall können nicht nur finanzielle Schäden entstehen, sondern auch ein unwiderruflicher Imageschaden.

Cyberangriffe sind ein globales und rasant zunehmendes Problem. Laut dem *Cybercrime-Bericht* für das Jahr 2017 haben Cyberangriffe weltweit Schäden in Höhe von 450 Milliarden Dollar verursacht. Auch der jährliche Verlust durch Cyberangriffe, welcher derzeit bei ca. 55 Milliarden USD liegt, wird sich bis 2021 verfünffachen (ca. 250 Milliarden). Die EMEA-Region (Europa, Naher Osten und Afrika) hatte im ersten Quartal 2018 eine erhöhte Angriffsrate und ist die Ursache für 53% aller Phishing-Vorfälle weltweit. In Indien werden Finanzdienstleistungsgeschäfte viermal häufiger angegriffen als in anderen Ländern. Weitere Hotspots sind Brasilien, Vietnam und Singapur.[101]

Auch Deutschland ist ein beliebtes Ziel für Hackerangriffe. Doch wer hat ein Interesse an deutschen Daten? Laut einem Bericht des finnischen Unternehmen *F-Secure* stammen 90% der Angriffe auf deutsche Server aus drei Ländern: 38,6% aus Russland, 31,3% aus Deutschland und 21,6% aus Amerika. Es wird vermutet, dass einer der Hauptfaktoren für diese hohen Zahlen in der Tatsache liegt, dass immer mehr Unternehmen und Privatpersonen über unzureichend gesicherte Kanäle den digitalen Zugang zu Waren und Dienstleistungen suchen. Dank Identitäts- und Standort-Spoofing müssen Cyberkriminelle nur darauf warten, dass grenzüberschreitende Transaktionen getätigt werden. Hier ist der Anstieg sogar noch extremer — ein Plus von 87% gegenüber 2017.[102]

Die Finanzbranche ist ein beliebtes Ziel für DDoS-Attacken

Bei einer Distributed-Denial-of-Service-Attacke (DDoS) werden webbasierte Anwendungen, Systeme oder Server stillgelegt. DDoS-Angriffe werden von Hackern ausgeführt, indem sie Netzwerke von gehackten Computern (sogenannte *Botnets*) oder anderen mit dem Internet verbundenen Geräten verwenden, um damit den Datenverkehr gezielt auf Anwendungen oder Systeme zu lenken, mit dem Ziel, sie zu überlasten. So kann beispielsweise der Kunden-Log-in oder der Kundenservice-Chat nicht mehr geladen oder der Kaufvorgang eines Produkts/einer Order nicht mehr durchgeführt werden. Wirklich sicher vor DDoS-Attacken ist kein Unternehmen. Einen zusätzlichen Schutz bieten jedoch Cloud-Lösungen, wie in Kapitel 5.3 beschrieben.[103]

---

101 Vgl. Heuzeroth (2017) & IT Daily (2017)
102 Vgl. Lohse (2017)
103 Vgl. Kirk (2017)

Betroffen sind sowohl traditionelle Banken mit Filialnetz als auch Direktbanken. Im Januar 2017 erfuhr die *Lloyds Bank* in Großbritannien mehrtägige Serviceausfälle, die mit £190,000 zu Buche schlugen. Nach einem DDoS-Angriff auf die Online-Banking-Services kam es zu mehrtägigen Serviceausfällen. Etwa 20 Millionen Kund:innen hatten in diesem Zeitraum keinen oder nur eingeschränkten Zugang zu ihrem Online-Banking. Der Hacker dahinter, der sich als Erpresser herausstellte, forderte von der Bank eine „*Consultancy Fee*" in Höhe von 75,000 £ (93,600 USD), die in Bitcoin an ein anonymes Bitcoin-Konto (Krypto-Wallet) ausgezahlt werden sollte. Die Lloyds Bank ging nicht auf die Forderung ein und konnte nach wenigen Tagen die Überlastung der Infrastruktur abfangen. 2018 konnte der Täter gefasst und vor Gericht gestellt werden, doch der finanzielle Schaden und der Reputationsschaden waren bereits entstanden.[104]

Auch die niederländischen Banken *ABN AMRO*, *ING* und *Rabobank* waren Opfer von organisierten DDoS-Attacken. Ende Januar 2018 kam es zunächst bei der *ABN AMRO* und wenige Tage später auch bei der *ING*, der *Radobank* und sogar der niederländischen Steuerbehörde zu massiven Ausfällen der Online-Services. Medienspekulationen zufolge soll es sich bei den Angriffen auf das niederländische Finanzsystem um eine Reaktion auf den niederländischen Geheimdienst handeln, der russische Hacker überwacht haben soll. Dies unterstützt die weitläufige Meinung, dass DDoS-Angriffe längst ein politisches Tool geworden sind.[105]

DDoS-Attacken auf Banken sind keine Ausnahme, sondern die Regel! Großbritannien und die Niederlande sind keine Einzelfälle. In den vergangenen Jahren kam es immer wieder zu Angriffen auf die Kernbanksysteme von Finanzinstituten. Um nur einige Beispiele zu nennen: Im Januar 2016 war das Internet- und Mobile-Banking der britischen Bank *HSBC* fast einen Tag nicht erreichbar; Februar 2016 wurde die Commonwealth Bank of Australia nach der DDoS-Attacke eines gelangweilten 15-jährigen Teenagers für drei Stunden außer Gefecht gesetzt; im Mai 2016 nahmen unter dem Hashtag *#OpIcarus* Anonymous-Aktivisten weltweit 150 Börsen, Finanzinstitute und Zentralbanken ins Visier, darunter die US-Notenbank und die Londoner Börse; im August 2016 legten die *Ghost Squad Hackers* die Webseite der *Bank of Israel* lahm; im September 2016 griff das türkisch-nationalistische Hacker-Kollektiv *Aslan Neferler Tim* Österreichs Nationalbank als Rache für die österreichische Politik gegenüber der Türkei (erfolglos) an; im November 2016 gehen die russischen Großbanken *Alfa Bank*, *Bank von Moskau*, *Rosbank*, *Sberbank* und die Moskauer Börse für Stunden offline. Und das war nur eine Auswahl aus dem Jahr 2016. Seither wurden die Angriffe nicht weniger. Im Gegenteil, während Hacker:innen schnell und agil vom technologischen Aufschwung profitieren, kommen Finanzinstitute mit dem Nachrüsten kaum hinterher. [106]

Das Internet der Dinge erhöht das Risiko von DDoS-Angriffen

Mit dem Internet der Dinge (engl. *Internet of Things*, IoT) haben Hacker einen neuen Pool von potenziellen Geräten für DDoS-Armeen. Indem die Geräte (u.a. Smartphones) mit Malware infiziert werden, können Cyberkriminelle Rechenka-

---

104 Vgl. Cox (2017), Gräwe (2018) & Kirk (2017)
105 Vgl. Gräwe (2018)
106 Vgl. Gräwe (2018)

pazitäten der Geräte nutzen oder Webanwendungen ausführen, ohne dass ihre BesitzerInnen etwas davon mitbekommen. So entsteht ein kontrolliertes Netz aus gehackten Geräten — ein *Botnet* –, das sich von einem anfälligen Gerät auf das nächste verbreitet.[107]

Neue Technologien, mehr Chaos? Weltweit nutzen mehr als vier Milliarden Menschen das Internet. Die Tendenz ist massiv steigend. Tatsächlich zeigen Erkenntnisse von Plus500 aus 2016, dass 65% der deutschen Transaktionen im Finanzdienstleistungsbereich von einem mobilen Gerät durchgeführt wurden. Dies unterstreicht, dass das Mobiltelefon zunehmend an Bedeutung gewinnt. Und dabei machen Smartphones nur den Beginn der IoT-Ära aus. Heute sind nur ca. 1% aller elektrischen Geräte vernetzt. Langfristig wird fast alles, was Strom verbraucht, internetfähig — und damit hackbar: smarte Autos, Brillen, Küchengeräte, Zahnbürsten, Häuser, Uhren, HighTech-Textilien, Herzschrittmacher, Insulinpumpen, Sex-Spielzeuge und vieles mehr.[108]

Neue Finanzdienstleistungen und Bankinitiativen bieten neue Angriffsflächen. Mit neuen Bankinitiativen wie *PSD2* oder Lösungen wie *mBanking*, *mPayment* und *Peer-to-Peer*-Plattformen wird das globale Bankgeschäft schneller, offener und transparenter. Derartige Lösungen erleichtern unseren Alltag enorm, bieten allerdings zusätzliche Angriffsfläche für Cyberkriminalität. Besonders bei Peer-to-Peer-Plattformen gibt es kaum Sicherheit, da die Verbindungen unverschlüsselt sind und nur schwer gefasst werden können. Für Hacker ein gefundenes Fressen.

Doch nicht nur in fortgeschrittenen Volkswirtschaften nimmt die Cyberkriminalität rasant zu, sondern auch in aufstrebenden Märkten (engl.: *emerging markets*) und sogenannten Entwicklungsländern. Hier gibt es viele Menschen, die noch nie ein eigenes Girokonto bei einer Bank besessen haben. Dank FinTech-Dienstleistungen wie dem kenianischen System *M-Pesa* können grundlegende Funktionen des bargeldlosen Zahlungsverkehrs über Mobiltelefone abgewickelt werden, ohne dass ein Bankkonto vonnöten ist. Über das Smartphone können Zahlungen nun mobil verwaltet werden.[109]

Unwissenheit und Leichtgläubigkeit macht Menschen anfällig für Betrug und Social Engineering

Gerade jene Menschen, die keine Erfahrungen im Umgang mit dem Bankkonto oder digitalen Dienstleistungen haben, sind oft unzureichend mit Betrugsrisiken vertraut. Damit werden sie zu leichten Opfern für Cyberangriffe, aber auch für *Social Engineering*. Beim Social Engineering kommen uns unbekannte Menschen über soziale Medien, aber auch in der realen Welt, näher und erarbeiten sich unser Vertrauen. Im nächsten Schritt bringen sie uns dann dazu, vertrauliche Informationen über uns, die Arbeit oder andere Personen preiszugeben oder ihnen Geld zu überweisen. Die dabei gewonnenen Informationen nutzen Social Engineers dann gegen ihr Opfer, etwa um die Passwörter zu knacken. In anderen Wor-

---

107 Vgl. Kirk (2017)
108 Vgl. Schmitz (2016)
109 Vgl. Bouwman (2018) & Hendrich (2018)

ten bringen Social Engineers Menschen dazu, etwas freiwillig zu tun, das sie eigentlich nie vorgehabt hätten.[110]

Auch das sogenannte Jackpotting erfreut sich wachsender Beliebtheit

2010 machte sich der Hackeraktivist und IT-Sicherheitsforscher Barnaby Jack einen Namen, als er auf der Black Hat- Hacker-Konferenz, als er während einer Life-Vorführung auf der Bühne einen Geldautomaten dazu brachte, Geld regnen zu lassen. Jackpot! Beim *Jackpotting Automated Teller Machines (ATM) Redux* — kurz: *Jackpotting* — werden ATMs gehackt und darauf programmiert, auf Befehl Geld auszuspucken. In den nächsten zehn Jahren entwickelten sich zahlreiche Ansätze und Gegenmaßnahmen.[111]

Zum besseren Verständnis der nachfolgenden Erklärung: Bankautomaten bestehen im wesentlichen aus zwei Teilen — erstens ein Tresor (engl.: *dispenser*) mit Geldkassetten und zweitens eine Top Box, deren Herzstück ein herkömmlicher PC mit angeschlossener Spezialperipherie ist (einschließlich Auszahlmodul, ID-Kartenleser, Encyrpting PIN Pad (EPP), Bildschirm, Tastatur und Softkeys). Darüberhinaus beinhalten die meisten Automaten diverse Sensoren und Kameras, sowie einen Drucker, ein Cash-Recycling-Modul, und einige weitere Funktionen. Der Computer ist in der Regel mit dem Dispenser verbunden und über ein Ethernet-Kabel (LAN) oder einen Router (WLAN) mit dem Netzwerk der Bank.[112]

Grob zusammengefasst gibt es beim Jackpotting zwei Herangehensweisen:

1. Der direkte, physische Zugang: Viele ATMs haben einen Generalschlüssel, um das gepanzerte Gehäuse zu öffnen und an die Serviceschnittstelle des Computers heranzukommen). Derartige Schlüssel sind im Darknet und auf chinesischen Plattformen wie Alibaba frei erhältlich. In anderen Fällen wird die Topbox mit Gewalt aufgebrochen. Anschließend wird ein USB-Stick, ein Smartphone oder ein Laptop mit Schadsoftware (Trojaner) an den Computer gesteckt. Manchmal wird auch eine Blackbox direkt an den Dispenser angeschlossen, die sich als Computer ausgibt. Nachdem das System infiziert wurde befielt der oder die Räuber:in dem Automaten, Geld auszuwerfen. Was sich sehr kompliziert anhört ist nach Stellungnahmen von Hacker:innen ein leichtes Unterfangen. Auch heute laufen viele Computer noch auf veralteten Windows-Betriebssystemen und haben teilweise nur eine schlechte oder sogar gar keine Firewall. Gerade bei freistehenden ATMs — etwa in Einkaufszentren oder vor Kiosken — wäre es für die Betreiber:innen zu teuer und zu aufwändig die Hard- und Software zu aktualisieren. Und auch die Schadsoftware selbst (z. B. *Cutlet Maker, ICE5, INJX_pure, Koffeymaker* oder *Prilex*) kann für wenige tausend Euro im Darknet erworben werden.[113]

2. Der remote Zugang. Während sich Kleinkriminelle mit einzelnen Bankautomaten abgeben (die immerhin mehrere Hunderttausend Euro beinhalten können)* attackieren professionelle Gruppen ganze Banksysteme. Dafür machen

110 Vgl. Eckermann (2016)
111 Vgl. Schulte am Hülse (2015) & Whittaker (2020)
112 Vgl. Höfling (2017)
113 Vgl. Golovanov (2018), Grustniy (2019), kaspersky (2016) & Zykov

sich die Hacker:innen die größte Schwachstelle der Banken zunutze: der Mangel an Digitalität unter den Mitarbeiter:innen. Hierfür schicken sie einzelnen Mitarbeiter:innen Emails mit einem Anhang — oft geben sie sich als Kund:in aus oder hacken zuvor den Computer einer/eines echten Kund:in. Wird dieser Anhang geöffnet, so infiziert die darin enthaltene Schadsoftware zunächst langsam den Computer und anschließend das Netzwerk, bis sie zu wichtigen PCs vordringen auf denen finanzielle Transaktionen kontrolliert und getätigt werden, und/oder Server von denen aus die Bankautomaten Updates erhalten. So werden alle Bankautomaten einer Bank infiziert. Alternativ wird auch die Verbindung zu den Bankservern unterbrochen und an falsche Verarbeitungsserver weitergeleitet. Anschließend schicken die Kriminellen sogenannte „*Money Mules*" (Laufburschen) zu bestimmten Uhrzeiten an bestimmte Bankautomaten, wo sie das Geld nur noch entgegennehmen müssen.[114]

* Der Standard-Geldautomatentresor in Deutschland fasst vier Geldkassetten die jeweils 2.800 Euronoten fassen können.[115]

Cybersicherheit ist preiswert – also ihren Preis wert

Die Kosten für Betrug im Mobilfunk- und Online-Bereich von Banken und Fintechs steigen stetig. Finanzdienstleistungsunternehmen, die mindestens die Hälfte ihres Umsatzes über digitale Ressourcen erzielen, sind mit massiven Kosten konfrontiert. Für jeden US-Dollar, der durch Cyberbetrug verloren geht, kann man von bis zu drei US-Dollar Zusatzkosten ausgehen, die durch Rückbuchungen, Gebühren und reine Arbeitszeit anfallen. Gleichzeitig können globale Banken, die ein mehrschichtiges Sicherheitsprogramm zur Cybersicherheit und moderne, auf digitaler Identität basierende Authentifizierungstechnologien verwenden, die anfallenden Gesamtbetrugskosten auf die Hälfte des Branchendurchschnitts senken. Lösungen zur Bekämpfung und Präventation von Cyberkriminalität sind zunächst also kostspielig, doch sparen noch mehr ein.[116]

Liegt die Lösung der Cybersicherheit in KI und der Blockchain?

Beim Kampf gegen Cyberkriminalität ist kein Ende in Sicht. Finanzinstitute setzen — genau wie Cyberkriminelle — zunehmend auf technologische Innovationen und neue Datenquellen, um sicherzustellen, dass sie immer einen Schritt voraus sind. Auf jede geschlossene Sicherheitslücke folgt eine neue. Um sich einen Vorsprung zu verschaffen, setzen führende IT-Sicherheitsunternehmen nun auf neue Authentifizierungsverfahren, künstliche Intelligenz und Machine Learning.

Die Integration eines starken Kundenauthentifizierungsverfahrens kann für zusätzliche Sicherheit sorgen, ohne die Benutzererfahrung zu beeinträchtigen. Ist ein Schaden bereits entstanden, können Betrugsfälle dank Big Data, künstlicher Intelligenz und Machine Learning erheblich schneller und einfacher erkannt werden. Auch Erkenntnisse aus Crowdsourcing-basierter digitaler Identitätsintelligenz gelten als 2,5-mal so effektiv wie die erhobenen geräteorientierten Daten der jetzigen Finanzdienstleistungen, da sie eine breitere Masse an NutzerInnen

---

114 Vgl. Golovanov (2018), Grustniy (2019), kaspersky (2016), Voss (2017) & Zykov
115 Vgl. Höfling (2017)
116 Vgl. Werner (2018)

widerspiegeln. In diesem Zusammenhang arbeiten Wissenschaftler derzeit an der erweiterten Verhaltensanalyse. So soll eine spezifischere Beurteilung typischer Verhaltensmuster von BenutzerInnen dabei helfen, Anomalien für eine bestimmte Person anhand ihrer historischen Normen zu erkennen. Doch auch die Blockchain könnte Antworten bereithalten, auf welche ich in *„Bionic Wealth"* weiter eingehe.

Eine Frage, die es noch zu klären gilt, setzt sich mit den Verantwortlichkeiten beim Einsatz von KI auseinander. Gerade bei vollautomatisierten Onboarding-, Monitoring- und Transaktionsprozessen können sich Fehler einschleichen. Bisher war die Sache klar: Im Schadensfall haftet die Bank. Doch wen zieht man zur Rechenschaft, wenn ganze Prozesse von einer KI abgewickelt werden, die vielleicht gar nicht von der Bank, sondern von einem dritten FinTech gestellt wird?

2.6. Vorsicht vor der Digiwashing-Falle!

Scheindigitalisierung ist gängige Praxis in der Branche

> *„Digiwashing ist der Akt, ein Projekt mit wenig greifbarem Nutzen in Auftrag zu geben, damit es scheint, als ob Sie auf die Digitale Transformation reagieren würden."*[117] —Andy Budd, Gründer und CEO *von Clearleft.*

Dass die Finanzbranche eine Transformation vom Analogen zum Digitalen vollzieht, steht außer Frage. Bankfilialen werden geschlossen, Kund:innen wechseln zu Direktbanken oder Neobanken und interne Strukturen und Mitarbeiter:innen werden bei der Digitalen Transformation zumeist komplett übersehen. Wie das vorangegangene Kapitel zu FinTechs deutlich macht, ist das nur der Anfang. Der wirkliche Wandel folgt erst noch. Beim Konsum und in der Kommunikation zeigen Internetriesen bereits, was möglich ist. Nun erschließen sie sich die Finanzbranche. Aus Sicht der Kund:innen bietet das zahlreiche Vorteile — aus Sicht der Banken zunächst wohl eher zusätzliche Konkurrenz. Um nicht als digitale Dinosaurier dazustehen, geben sich viele Banken weit digitalisierter, als sie eigentlich sind — oder sie verbrennen Geld an den falschen Stellen.[118]

> *„In der Diagnose sind sich Europas Spitzenbanker einig: Die Erfolge bei der Digitalisierung werden über die künftige Hackordnung in der Branche entscheiden. Doch bei der Umsetzung dieser Erkenntnis in eine Digitalstrategie tun sich enorme Unterschiede auf."*[119]
> *—Katharina Schneider,* Finanzkorrespondentin des *Handelsblatt.*

Die eigentliche Frage, die wir uns stellen sollten, lautet: Nehmen Banken die Digitale Transformation wirklich ernst? Nehmen sie sie ernst genug? Geht es nach Frau Schneider vom *Handelsblatt*, so lautet die Antwort: Nein. Insbesondere, was den digitalen Service der Banken betrifft, erreichen diese bei ihr bestenfalls das Prädikat mangelhaft. Der Online-Auftritt und die Oberfläche eines Unternehmens

117 Budd (2015) aus dem Englischen übersetzt. Originalzitat: „Digiwashing — the act of commissioning a project of little tangible benefit, to appear as though you're responding to digital transformation"
118 Vgl. Schneider (2018)
119 Schneider (2018)

sind mittlerweile zur Visitenkarte eines Unternehmens geworden, auch für Geldhäuser. Deutsche Banken allerdings vernachlässigen die Betreuung dieser Kanäle. Ein Blick auf Nachbarländer wie die Niederlande oder Spanien zeigt, dass Deutschland hinterherhinkt. Der im *Handelsblatt* rezitierte *Digital Banking Index* des Strategieberatungsunternehmens *Oliver Wyman* zeigt, dass vor allem spanische Banken in Sachen Digitalisierung europäische Vorreiter sind. Doch auch die Besten der spanischen Institute erreichten lediglich 4,4 von zehn möglichen Punkten für ihren Digitalisierungsgrad. Das stärkste deutsche Unternehmen (N26) folgt immerhin mit 4,9 von zehn Punkten.[120]

Der massive Digitalisierungsmangel an allen Ecken und Enden lässt mitunter auf zwei mögliche Gründe schließen: Entweder reichen die Millionenbeträge, die Finanzunternehmen in die Digitalisierung stecken, mit Abstand nicht aus und/oder aber sie investieren an den falschen Stellen. So oder so — um die Digitale Transformation erfolgreich mitzugehen, wird Digiwashing nicht ausreichen. Was beim Greenwashing, also in der Nachhaltigkeit, nicht geklappt hat, wird in der Digitalisierung definitiv nicht funktionieren. Denn am Ende sind es sowohl die Kund:innen als auch die Mitarbeiter:innen, die vom digitalen Angebot des Finanzunternehmens überzeugt werden müssen — und beide sind aus anderen Branchen längst neue Standards gewohnt. Die Frage ist daher, wieso Finanzunternehmen so viel Aufwand für Scheindigitalisierung betreiben und damit die eigene Zukunftsfähigkeit unterminieren, anstatt sich auf sinnvolle Digitalisierung zu konzentrieren?

Das digitale Onboarding: veranschaulicht die Digiwashing-Falle

Die größte Herausforderung bei der Um- und Aufrüstung digitaler Onboarding-Prozesse sind fehlende Schnittstellen zu den Kernsystemen und Prozessbrüche. Intelligente IT-Lösungen sind vor allem im Front Office erforderlich, um Neuanträge rasch bearbeiten zu können und dabei gleichzeitig alle regulatorisch vorgeschriebenen Sicherheits-Checks und Prüfungen durchzuführen. Zu diesen Lösungen gehören Technologien und Softwareplattformen, welche die Dokumente, die Kommunikation und die Informationen zum Onboarding intelligent erfassen, überprüfen und klassifizieren, bevor die relevanten Daten in das Kernsystem für den nachgelagerten Workflow übergeben werden.[121]

Der Dateninput muss kanalübergreifend funktionieren, um die „*Digitalisierungslücke*" zu schließen. Das bedeutet: Damit ein Fall ganzheitlich digital bearbeitet wird, müssen alle Informationen in einer Verarbeitungs-Plattform zusammengeführt werden. Dort sollten sie dann maschinenverarbeitbar vorliegen. Das funktioniert allerdings längst nicht überall. Zwar bieten die meisten Finanzinstitute inzwischen Online-Anträge an, doch diesen folgen oft noch Legitimierungsverfahren durch andere Medien wie das *POSTIdentverfahren*, über die Kund:innen durch einen Begleitbrief informiert werden. Damit wird der Zeitvorteil durch den Online-Antrag verspielt.

---

120 Vgl. Schneider (2018) & Weidemann (2019)
121 Vgl. Schmeling (2017) & IT Finanzmagazin (2018A)

Dieses Phänomen der Digitalisierungslücke wird als ‚*Scheindigitalisierung*' klassifiziert — besser bekannt als *Digiwashing*. Teilweise stehen hinter den Digitalisierungslücken darüber hinaus noch Compliance-Anforderungen und Gesetzesvorgaben, doch gerade der oben beschriebene Fall der Legitimierung ließe sich auch mit einem *Video-Ident-Verfahren* durchführen, zu dem die meisten Kund:innen aufgrund ihrer eigenen mobilen Endgeräte und Laptops imstande wären. Hier besteht der digitale Nachrüstbedarf nicht bei der Privatperson, sondern bei den Finanzinstituten.

TEIL II:
DIE WICHTIGSTEN TRENDS UND SCHLÜSSELTECHNOLOGIEN

KAPITEL 3: DAS NUTZER:INNENVERHALTEN HAT SICH VERÄNDERT

Auf einen Blick

- Das Internet, Informations- und Kommunikationstechnologien, Social Media und die Plattformökonomie prägen das Konsum- und Nutzerverhalten.

3.1. IKT prägen unsere Lebens- und Arbeitswelt

Spätestens mit der Entwicklung leistungsfähiger Speichermedien und mobiler Endgeräte im Taschenformat hat die Technik den Eintritt in unseren Alltag geschafft. Wir entscheiden und handeln längst nicht mehr als isolierte Individuen, sondern als Mitglieder einer Gesellschaft, die geprägt ist von hochkomplexen Organisationen. Je leistungsfähiger *Informations- und Kommunikationstechnologien* (IKT) — also z. B. Computer, mobile Endgeräte und Wearables, Speichermedien oder Internetbandbreiten — werden, desto schneller schreitet die Digitale (R)Evolution voran.

Heute ist *,digital'* für den Großteil der Gesellschaft in fast allen Lebensbereichen nicht mehr wegzudenken und wird zum Synonym für *sofort* und *überall*: Vor wenigen Jahren musste man Tage oder gar Wochen auf ein besonderes Buch oder eine Schallplatte warten, die man zuvor im Laden oder in der Bücherei bestellt hatte und wer einen Filmeabend abhalten wollte, musste sich nach dem *linearen Fernsehprogramm* richten oder zunächst in die Videothek fahren und einen Film ausleihen; vorausgesetzt die VHS-Kassette oder DVD war nicht bereits vergriffen. Heute ist eine globale Mediendatenbank auf *Apple Music, Spotify* und *Youtube Music* per *,content on demand'* sofort auf Knopfdruck verfügbar. Filme stehen in den Datenbanken von *Amazon Prime*, *Netflix*, *Disney+*, *Joyn*, *iTunes Video*, *Sky Ticket* und weiteren Video Streaming Diensten, sowie in den Mediatheken der öffentlich rechtlichen Sender jederzeit und für unbegrenzt viele Nutzer:innen gleichzeitig bereit. Und *Google / Google Scholar* stellen mehr spezialisierte Bücher, Artikel und Informationen bereit, als ein Mensch in einem Leben lesen könnte. Damit geht eine enorme Verantwortung einher, und gleichzeitig bedeutet es schier unglaubliche Möglichkeiten für Kommunikation, Marketing und Vertrieb.

An diesen Standard haben sich viele Menschen bereits gewöhnt, setzen ihn sogar voraus. Die Frage lautet nicht mehr „*Wählen Sie Option A oder B?*", sondern „*Wie möchten Sie sich ihr Produkt aus A bis Z zusammenstellen?*". Wer nicht digital und transparent verfügbar ist oder nicht auf maximale Kundenorientierung setzt, wird schnell vergessen und von anderen Anbieter:innen verdrängt. Schlimmer noch: Geduld und Gelassenheit werden systematisch verlernt. In einer Welt, in der alles sofort und überall verfügbar ist, kriegen wir suggeriert, dass wir alles haben können. Nicht verfügbare Produkte und Dienstleistungen — und sei es nur temporär — lösen enormen Frust und Stress bei den Kund:innen aus und können bei wiederholten Vorfällen die Kundenbindung nachhaltig beeinflussen.

Erleben wir eine digitale Spaltung der Gesellschaft? In seinem Buch „*Digital? Na klar!*" erklärt Dr. Hans-Martin Blätter, welcher mir schon mehrfach als geschätzter Sparringpartner zur Seite stand, dass wir bei dem Thema Digitalisierung eine *Dualisierung der Gesellschaft* erleben. Seiner Auffassung nach hat „*digital sein oder nicht, heute nichts mehr mit dem Alter zu tun*"[122], denn Jugendliche und Senior:innen spielen gleichermaßen am Smartphone Videospiele, nutzen Google Maps für die Navigation oder kommunizieren via Social Media. Ein amüsantes Video dazu finden Sie, wenn Sie auf dem ‚*Landesschau Rheinland-Pfalz — SWR*'-Youtube-Kanal nach „*Oma Annemarie ist 84 und liebt ihr Smartphone*" suchen.

Wo also verläuft die Grenze dieser Dualität? Meiner Meinung nach liegt sie nicht zwingend in der *Digital Literacy*, also der digitalen Medienkompetenz, sondern vielmehr in der *Digitalität* und dem *Digitalen Mindset* (zu Deutsch: Einstellung): Wie schnell begreifen und übernehmen wir neue Technologien und wie schnell erkennen wir neue Anwendungsmöglichkeiten für Innovationen?

3.2. Kund:innen leben offline und online

Der Großteil der Gesellschaft nutzt das Internet

Deutschland liegt mit 72,29 Millionen Internetnutzer:innenn (Stand Juni 2017) EU-weit auf dem absoluten Spitzenrang. Die Anzahl der deutschen Haushalte mit Internetzugang ist von 88% in 2013 auf über 93% gestiegen. Täglich verbringen die Deutschen im Durchschnitt 196 Minuten online. Schätzungen zufolge wird sich das private Datenvolumen durch Internet-Traffic in Westeuropa bis 2020 verdoppeln auf 22 Exabytes monatlich, also $22*10^{18}$, bzw. 22.000.000.000.000.000.000 Bytes.[123]

ABB. 3.1: TÄGLICHE INTERNETNUTZUNG IN DEUTSCHLAND

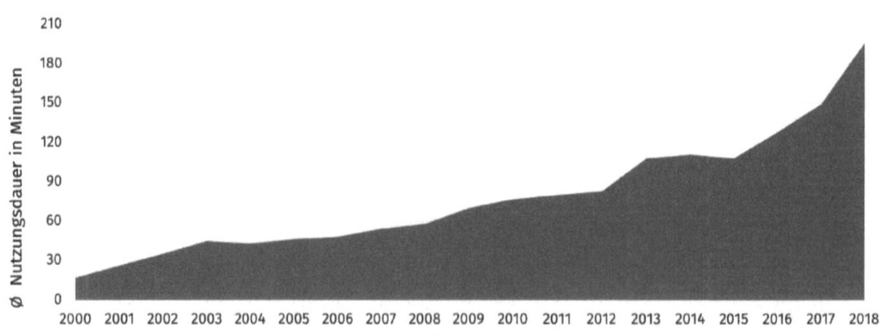

Quelle: Statista (2019A)

122 Blättner & Miksche (2020:13)
123 Vgl. Statista (2017A) & Statista (2019A)

Nach dem *D21-Digital-Index 2019/2020* unterscheidet sich das Interesse und die Aufgeschlossenheit der Deutschen in Bezug auf die Nutzung des Internets auffällig je nach Generation, Bildung und Einkommen. *D21* schlägt deshalb eine Einteilung in sieben Gruppen vor:[124]

1. **Offliner** sehen keinen Nutzen im Internet und stehen digitalen Neuerungen eher skeptisch gegenüber. Anstatt sich digitale Kompetenzen selbst anzueignen lassen sie sich lieber von Angehörigen helfen. Insbesondere die heute über 70-Jährigen zählt *D21* zu dieser Gruppe.
2. Etwas aufgeschlossener sind die **Minimal-Onliner**, die sich vor allem aus über 60-Jährigen zusammensetzen und das Internet hauptsächlich für die Recherche oder E-Mail nutzen.
3. **Konservative Gelegenheitsnutzer:innen** nutzen das Internet sporadisch, um sich zu informieren oder fürs Online-Shopping, sind jedoch sehr vorsichtig in der Weitergabe persönlicher Daten. Diese Gruppe setzte sich vor allem aus jenen 50-Jährigen zusammen, die über eine durchschnittliche Bildung und ein durchschnittliches Einkommen verfügen.
4. **Vorsichtige Pragmatiker:innen** erkennen das Potenzial des Internets, möchten jedoch möglichst keine Spuren im Netz hinterlassen. Sie sind häufig um die 40, haben ein gehobenes Bildungsniveau und eignen sich digitales Wissen gerne selbst an.
5. Ebenfalls um die 40 und mit gehobenem Bildungsniveau, jedoch auf einem höheren Level der Digitalität möchten die **reflektierten Profis** das Internet möglichst smart und ohne Spielereien für ihre Zwecke nutzen: zum Lesen, Einkaufen oder für die Reiseplanung. Doch auch für neue Ansätze wie Telemedizin sind sie offen.
6. Auf der nächsten Stufe der digitalen Kompetenz im Umgang mit dem Internet befinden sich die **progressiven Anwender:innen**. Sie fühlen sich in der Online-Welt zu Hause, gönnen sich aber ab und zu auch eine Auszeit — eine *Digital Detox*, bzw. *Digital Diet*.
7. Geht es nach den **Technik-Enthusiast:innen**, ist die Zukunft eindeutig digital. Eine Welt, die nicht ständig online und vernetzt gilt für sie als undenkbar. Wie auch die progressiven Anwender:innen sind sie in der Regel etwas jünger. Unter ihnen finden sich auffällig viele Mittdreißiger; also jener Teil der Generation Y, der fest im Berufsleben steht und das Potenzial der Vernetzung für die Zukunft langfristig ausschöpfen möchten.

Das mobile Internet ist auf dem Vormarsch

Der Großteil (86%) der über 16-Jährigen in Deutschland nutzen das Internet (Stand Mai 2020). Davon verwenden knapp 40% einen Laptop, ein Notebook, Netbook oder Tablet für den Internetzugang. Noch stärker steigt die Verbreitung von internetfähigen Smartphones voran. In weniger als zehn Jahren hat sich die Anzahl der Smartphone-Nutzer:innen in Deutschland verneunfacht: Vier von fünf

124 Vgl. D21 (2020:38)

Deutschen besitzen laut *D21-Digital-Index* inzwischen ein Smartphone. Gleichzeitig sind die Kosten für mobile Daten immer günstiger geworden, was dazu führt, dass 74% der Deutschen laut *Statista* mobiles Internet nutzen. Damit ist die zweite Generation des Mobilfunktelefons das beliebteste mobile Endgerät. Im Vergleich dazu Tablets, Wearables und Sprachassistenten hinsichtlich der der mobilen Internetnutzung wie Nischenprodukte.[125]

ABB. 3.2: MOBILE INTERNETNUTZER:INNEN IN DEUTSCHLAND IM JAHR 2019

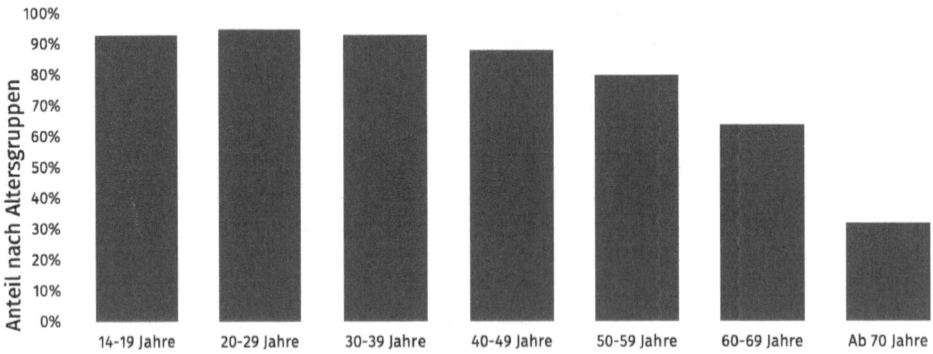

Quelle: Statista (2019B)

3.3. Das Internet beeinflusst unser Recherche- und Konsumverhalten

Wir sind eine Wissenskultur

Immer mehr Menschen recherchieren online. In diesem Abschnitt möchte ich nun auf einen wesentlichen Aspekt der Internetnutzung eingehen: die Online-Recherche. Schon lange ist das Internet kein Neuland mehr. Dies gilt für Arbeitnehmer:innen ebenso wie für Grundschüler:innen oder Rentner:innen. In kürzester Zeit finden sich Informationen jeder Breite und Tiefe zu jedem beliebigen Thema. Im Zeitalter der radikalen Niedrigzinspolitik und zunehmender Preisschlacht ist es demzufolge nur logisch, dass Millionen Menschen die virtuellen Sphären nach Tipps & Tricks durchforsten, wie sie ihr hart verdientes und lang erspartes Geld bestmöglich anlegen, wie sich bestmöglich — oder so günstig wie möglich — versichern und wo sie den bestmöglichen Kredit erhalten.

Der Suchmaschinen-Experience-Dienstleister *Yext* hat eine Studie herausgegeben, in der das Suchverhalten von 1.028 Verbraucher:innen analysiert wurde. Danach suchen mehr als ein Viertel *„alle paar Tage online nach einer Bank (26%)"*. Und zwar sowohl um sich über alternative Angebote auf dem Laufenden zu halten als auch um die Bank zu wechseln. Neben den gängigen Suchmaschinen sind die Webseiten der Banken und Vergleichsportale zwei Hauptquellen bei der Recherche. Besonders die jüngere Generation (76%) nutzt für die Recherche Suchmaschinen; Ein Drittel (29%) nutzt daneben für die Suche nach Finanzunternehmen, Filialen oder Berater:innen auch die *Near Me-Funktion*: Navigationsdienst-

125 Vgl. Statista (2020B), Statista (2020C) & D21 (2020)

leister:innen wie Google Maps die in Kombination mit dem Aufenthaltsort Angebote in der Nähe herausfiltern.

> *„Finden Konsumenten auf der Website der Hausbank nicht direkt das, wonach sie suchen, wählen sie für ihre weitere Recherche meist eine externe Plattform — wie eine Suchmaschine oder Vergleichsportale. Dort besteht das Risiko, dass auch Angebote des Wettbewerbs angezeigt und die Suchenden stattdessen dorthin geleitet werden."*[126]
> —Tobias Dahm, Senior Vice President EMEA Central bei *Yext*.

Wonach suchen Bankkund:innen im Netz? Nach den Erkenntnissen der Yext-Umfrage sind Informationen mit Filialbezug stark gefragt. Zu den meistgesuchten Themen zählen: *„konkrete Services und Dienstleistungen (58%) und Öffnungszeiten (44%) sowie die Adresse beziehungsweise ein Standort einer Bankfiliale (35%). Letztere wird im dicht besiedelten Westen Deutschlands besonders häufig abgefragt (40%). Dieses Suchmerkmal ist weniger relevant im Norden (36%), Süden (32%) und Osten (27%) Deutschlands. Im Norden sind zudem alternativen Bezahlmethoden wie das kontaktlose Bezahlen interessant: Mit 36% liegen die Norddeutschen mit ihren Suchen hierbei vor dem Westen (32%), dem Osten (30%) und dem Süden (28%).*" In Bezug auf Suchen nach konkreten Finanzdienstleistungen beziehen sich die gängigsten Suchanfragen *„auf Online-Banking (57%), Girokonto (52%) und Geldanlage (45%.) Aber auch Gebühren und Online-Bewertungen sind für 54%, respektive 61% der Befragten ausschlaggebend*".[127]

Gestatten Sie mir, auf den letzen Punkt genauer einzugehen. Banken sind nicht vor der Macht von Online-Rezensionen auf *Google* und anderen Plattformen gefeit. Stellen Sie sich vor, Sie haben überwiegend zufriedene Kund:innen. Bis Sie eines Tages sehen, dass Sie auf *Google Maps* neben ihrem Kurzprofil und Ihrer Anschrift eine miserable 2-Sterne-Bewertung haben. Der Grund dafür liegt daran, dass unzufriedene Menschen die sich schlecht beraten fühlen dazu neigen, ihren Unmut im Internet kundzutun. Wenn Sie also nur wenige Online-Rezensionen haben, dann wirken sich negative Bewertungen und Kommentare besonders schädlich auf ihre digitale Identität aus. Ein natürlicher Impuls ist, auf die Bewertung zu reagieren und sich zu rechtfertigen. In den meisten Fällen geht diese Strategie nach hinten los; insbesondere dann, wenn die Reaktion nicht sachlich ausfällt und widerlegt werden kann. Wenden Sie sich daher bitte nur in absoluten Notfällen an eine Anwaltskanzlei. Stattdessen möchte ich Ihnen ein viel wirkungsvolleres Instrument an die Hand geben: Bitten Sie Ihre Kund:innen um eine positive Rezension wenn sie zufrieden sind und um Feedback, wenn es etwas gibt das stört. Je mehr positive Bewertungen sie sammeln, desto weniger fallen unzufriedene Kund:innen oder Trolle (Menschen, die sich ins Gewicht. Gleichzeitig schaffen Sie eine hervorragende Gelegenheit, Feedback einzusammeln und die Kundenbeziehung zu stärken.

---

126 Dahm, zitiert in tw (2020)
127 Vgl. inkl. Zitat tw (2020)

Online fragen, offline kaufen: der ROPO-Effekt

Ein Begriff macht Schule: Der sogenannte *ROPO-Effekt* zeichnet einen Trend, der die Finanzbranche wie kaum eine andere Entwicklung betrifft, bisweilen jedoch kaum Beachtung findet. Hinter dem Kürzel *ROPO* stecken die Anglizismen *„Research Online, Purchase Offline"*. Zu Deutsch also *„Online informieren, offline erwerben"*. Dieses Entscheidungsprinzip ist seit einigen Jahren beim Kauf von Produkten des täglichen Bedarfs zu beobachten. Im Investmentbereich wurde der ROPO-Effekt vor gut 10 Jahren erstmals verzeichnet, in seinem Umfang jedoch unterschätzt, da falsche Zahlen in die Analysen flossen. 2017 hat ein Verbund aus *DB Research, GfK* und *Google* den ROPO-Effekt erneut untersucht. Das Ergebnis: Dem Abschluss von Finanzverträgen geht in sechs von zehn Fällen eine Onlinerecherche voraus. In den digitalen Sphären werden Infos zusammengetragen, Preise beziehungsweise Zinsen sowie Erträge verglichen und die Interessent:innen bilden sich eine eigene Meinung. Im zweiten Schritt des ROPO-Modells erfolgt der Wechsel ins Analoge: In 80% der untersuchten Fälle wurden nach der Onlinerecherche Verträge in Filialen oder vergleichbaren Anlaufstellen abgeschlossen.[128]

Wie ist dieses Zwei-Seiten-Prinzip zu erklären? Ausschlaggebend für den ROPO-Effekt ist das Wachstum des Internets. Ende 2019 waren gut 49 Millionen der Deutschen online. Dies macht ein Wachstum von 300% im Vergleich zu 2009! Ergo treffen im Internet zunehmend finanzbewusste User aufeinander. Fragen des Geldes bilden mittlerweile einen der meist frequentierten Interessensbereiche in Foren, Blogs und Informationsportalen. Der klare Vorteil der Onlinerecherche: Zeitersparnis! In den heimischen vier Wänden dürfen sich Interessent:innen in aller Ruhe ihrem Anliegen zuwenden, Pausen einlegen und Entscheidungsprozesse initiieren. Zwar mag ein Drittel der Finanzinteressierten auch zum Smartphone oder Tablet greifen, doch der Löwenanteil surft und chattet auf dem Desktop-PC oder mit dem Notebook. Ein weiterer großer Pluspunkt der Onlinerecherche: Es dürfen verschiedene Quellen be- und hinterfragt werden.[129]

Diversität lautet das Schlagwort, das das ROPO-Prinzip erfolgreich macht — beziehungsweise machen sollte. Denn ungeachtet der gründlichen Recherche fallen insbesondere Einsteiger auf betrügerische Angebote herein oder ziehen voreilige und/oder falsche Schlüsse aus dem digitalen *„Finanzlehrgang in Eigenrecherche"*. Eine große Herausforderung stellt hier die Qualifizierung der Quelle — also die Einschätzung der Seriosität und Absichten — dar. Ohne persönliche Beratung steigt das Risiko einer Fehlinvestition. Gleichzeitig sind gerade solche Kund:innen und Kunden, die online recherchieren und kaufen, meistens nicht bereit, persönliche Beratung zu suchen — und dafür zu zahlen.

Fluch und Segen für den Finanzsektor? Trotz der Relevanz des ROPO-Effekts ist und bleibt das Internet allerdings der Zukunftsmarkt schlechthin für Vertragsabschlüsse. Besonders bei niedrigpreisigen Finanzprodukten wird das Internet immer mehr zum Ort, an dem Recherche und Abschluss in einer sauberen Customer Journey ablaufen. Anders steht es um hochpreisige Finanzprodukte und langfristige Entscheidungen. Hier sehe ich enormes Potenzial für hybride Beratungs-

---

128 Vgl. Adzine (2017), Hilker (2013), Jürschick (2010) & Meyer (2017)
129 Vgl. Adzine (2017), Hilker (2013), Jürschick (2010) & Meyer (2017)

ansätze. „*Aus Kundensicht bleibt die Verbindung aus einem leistungsfähigen Online-Auftritt mit einem persönlichen Berater:innen vor Ort der perfekte Mix*"[130], bringt es Philip Laucks, Chef des Onlineresorts der Postbank, auf den Punkt. Es gilt: Die Mischung macht's.[131]

Für Finanzunternehmen leitet sich aus dem ROPO-Effekt ein neues Geschäftskonzept ab: Vermögensberater:innen werden mehr und mehr mit Kund:innen in Kontakt kommen, die sich über einen konkreten Investitionsplan eine zweite Meinung einholen möchten, im Idealfall ihren Plan bestätigt sehen und vor Ort in die Tat umsetzen. Um die Kundschaft jedoch auch digital zu erreichen, gilt es, verstärkt ins Web abzutauchen und dort in Chats Präsenz zu zeigen. Dies geht etwa über den *Facebook Messenger* oder *WhatsApp Business Solution*. Unkomplizierte Übergänge in Form sachkundiger Beratung gewinnen an Bedeutung: Kund:innen müssen einerseits Fachwissen kompakt erfahren und andererseits den Vorteil einer finalen Beratung in der Filiale oder beim Hausbesuch erkennen.[132]

3.4. Internetgiganten verändern unser Nutzer- und Konsumverhalten fundamental

GAFA und die Zauberbohne?

Die vier digitalen Riesen *GAFA* haben die Art, wie wir kommunizieren, uns informieren und schließlich konsumieren, radikal verändert. Kein Unternehmen verdeutlicht die Überlegenheit digital transformierter Unternehmen gegenüber der ‚analogen Konkurrenz' so stark wie die vier Konzerne hinter *GAFA*, also *Google* (*Alphabet*), *Apple*, *Facebook* und *Amazon*. Neben *Microsoft*, das bereits seit den Siebzigern existiert und somit in den letzten Jahren nicht den radikalen Wachstum der anderen erfahren hat, bilden GAFA die im Jahr 2020 vier wertvollsten Marken der Welt mit einer Marktkapitalisierung von insgesamt 6,24 Billionen US Dollar. Im Juli 2020 bildete Apple (1,58 Bio USD) die Speerspitze, gefolgt von Microsoft (1,56 Bio USD), Amazon (1,44 Bio USD), Alphabet (1,02 Bio USD) und Facebook (0,67 Bio USD). Künftig könnte dieser Begriff um weitere Internetriesen wie *Alibaba*, *Netflix* oder *Tencent* ergänzt werden.[133]

> „*Die grundsätzlichen Konzepte und Ideen der Unternehmen wie Google, Apple oder Facebook und Amazon stellen traditionelle Denkmuster und Weltanschauungen infrage und ersetzen diese durch neue Ideen und Konzepte.*"[134]
> —Christian Hoffmeister, Geschäftsführer der *DCI-Institute GmbH*.

130 Laucks, zitiert in Adzine (2017)
131 Vgl. Adzine (2017), Hilker (2013), Jürschick (2010) & Meyer (2017)
132 Vgl. Adzine (2017), Hilker (2013), Jürschick (2010) & Meyer (2017)
133 Vgl. Statista (2017B) & Wallach (2020)
134 Hoffmeister (2017:79)

Wettbewerbsvorteile werden nicht mehr über eine Produktüberlegenheit, sondern durch überlegene Marketingstrategien entschieden. Unternehmen wie Google, Apple, Facebook oder Amazon bedienen sich zentraler religiöser Elemente, um sich in einem globalen Markt, geprägt durch Überangebot an immer ähnlicheren Produkten und Anwendungen, abzuheben.[135]

Rituale erzeugen Verhaltenskonformität und Gemeinschaft. Die permanente Nutzung von GAFA-Anwendungen ritualisiert unseren Alltag. Nach Christian Hoffmeister geht es *„nicht länger darum, Technologie dem Menschen unterzuordnen, sondern vielmehr gilt der Mensch als Herausforderer für die Maschinen und deren Softwarealgorithmen"*[136]. Ab dem Aufstehen bis zum Zu-Bett-gehen ist der digitale Konsument mit mobilen Endgeräten in Kontakt, *„checkt E-Mails"*, *„googelt"*, *„schaut Youtube/Netflix"*, *„hört Spotify"*, *„skyped"*, *„facetimed"* und kommuniziert auf viele weitere Weisen digital. Solche Rituale erzeugen eine gesellschaftliche und wirtschaftliche Verhaltenskonformität, denn sie verändern das Anwendungs- und Konsumverhalten der User. Entscheidungsfindungen sind nicht mehr rational geprägt, sondern durch den Glauben an die Überlegenheit einer Marke oder Technologie. Bestärkt wird diese Verhaltenskonformität durch wiederkehrende Ereignisse wie dem Black Friday Supersale, der weltweit zeitgleich vollzogen wird.[137]

> *„Google, Apple, Facebook, Amazon, Tencent, Alibaba, GAFATA — ein halbes Dutzend Unternehmen, das den Großteil des Internetverkehrs kontrolliert."*[138] —Christopher Patrick Peterka, Prognosefuturist und Gründer der *gannaca GmbH & Co. KG.*

Das Erfolgsgeheimnis liegt in den Daten. Oder besser gesagt darin, wie die Unternehmen mit den Informationen umgehen. In seinem Buch *„Deine Wahl: Analoger Opportunist oder Progressiver Optimist? Eine Einladung, am Systemwechsel mitzuwirken"* trifft es Christopher Peterka auf den Punkt: *„Alles was wir tun wird aufgezeichnet, zurückverfolgt, überwacht, monetarisiert und gegen uns verwendet"*[139]. Und damit liegt er nicht falsch: Die Nutzer:innen von Social Media sind nicht die Kund:innen der Plattformen sondern das Produkt. Ihre Aufmerksamkeit wird an die oder den höchstbietende:n Werbetreibende:n verkauft und mit jeder Interaktion werden das eigene Verhalten und die persönlichen Werte und Glaubenssätze kaum merklich manipuliert. Warum machen wir das so bereitwillig mit? Weil es verdammt bequem ist! Jede Suchanfrage, jedes Produkt, jeder Online-Einkauf, jede Kommunikation mit Freund:innen und Fremden, kurz: jede Interaktion wird auf maximale Nutzerfreundlichkeit ausgelegt. Schnell. Einfach. Unkompliziert.

---

135 Vgl. Hoffmeister (2017:67f.)
136 Hoffmeister (2017:78)
137 Vgl. Hoffmeister (2017:67f.)
138 Peterka & Michael (2019)
139 Peterka & Michel (2019:24)

Die Digitalisierung verstärkt den Lock-in-Effekt

Der digitale Burggraben wächst. Das vielfältige Angebot der GAFA-Giganten führt auch dazu, dass es den Kund:innen erschwert wird, den Anbieter zu wechseln. Der *Lock-in-Effekt* bezieht sich auf die Kundenbindung an ein Unternehmen. Durch attraktiven Mehrwehrt der Angebote, hohe Wechselkosten und sonstige Wechselbarrieren erzielen Marken eine enge Kundenbindung.

In unserer vernetzten und globalisierten Welt nutzen wir vielerlei Produkte, Portale und Dienstleistungen. All diese Angebote bereichern unser Leben und bieten Komfort und neue Möglichkeiten. Das beginnt schon bei vermeintlich unscheinbaren Gegenständen wie einem Rasierer und erstreckt sich bis hin zu grundlegenden Kommunikationsmedien. Das Unternehmen Gillette etwa macht seine Umsätze nicht mit Rasierern, die Kund:innen nur einmal alle Jahre kaufen, sondern mit den ausschließlich für diesen Klingenhalter kompatiblen Klingen. Auch die Kaffeemaschinen von *Nescafé* verarbeiteten lange Zeit nur eigens angefertigte, hochpreisige Kaffee-Pads. Weitere nennenswerte Beispiele hierfür sind die *Apple iTunes*-Bibliothek, der *Amazon Kindle* E-Reader oder das *G-Mail* Postfach, die als Voraussetzung für die Nutzung von Produkten wie iPod, *Amazon* E-Books oder *Android*-Systemen angeboten werden, aber auch der Wechsel von Apple auf Windows fällt darunter: Hier fallen neben dem Gerät auch die Anschaffungskosten für weitere kompatible Geräte und Software wie Monitor, Maus, Tastatur, Virenschutzprogramme und etc. an.[140]

Die Zufriedenheit der Kund:innen ist zwingend notwendig für den Erfolg des Lock-in-Effektes, Wechselschwellen bestärken eine erhöhte Kundenbindung lediglich. Die Angebote sollten den Kund:innen einen Mehrwert bieten und leicht zugänglich sein. Durch den Lock-in-Effekt werden die Kund:innen auch an das Unternehmen gebunden, indem er von dem Komfort überzeugt wird, den dieses Produkt oder die Dienstleistung mit sich bringt. Das kann das Gefühl einer bestimmten Hautcreme sein, die von keiner anderen Marke reproduzierbar ist. Weitere Möglichkeiten, Kund:innen an das Unternehmen zu binden, sind ausgeklügelte Rabattsysteme, die ein Schnäppchengefühl bei den Kund:innen auslösen. Sofern sie eine gewisse Kaufkraft erfüllen, erhalten sie ein ermäßigtes oder sogar kostenloses Angebot. Dies ist etwa bei Flügen oder Supermarktbesuchen häufig der Fall.

Der Lock-in Effekt sollte allerdings nicht pauschal als negativ gewertet werden. Schließlich bietet das Unternehmen seinen Kund:innen in der Regel einen Rund-um-Service, in dem es ihnen einfach gemacht wird, ein vollständiges Produkt nutzen zu können und sich nicht alle Einzelteile von unterschiedlichen Produzenten zusammensuchen zu müssen.

---

140 Vgl. Höttges (2017:XLIV-XLV)

Der Netzwerkeffekt ist entscheidend

Neben der IT-Infrastruktur ist vor allem der *Netzwerkeffekt* ausschlaggebend dafür, ob sich eine neue Innovation durchsetzt. Dabei handelt es sich um einen *„Effekt, bei dem der Nutzen eines Gutes mit steigender Nutzerzahl zunimmt“*[141]. Zusammengefasst bedeutet der Netzwerkeffekt, dass Technologien, Ideen, Produkte oder Dienstleistungen sich exponentiell verbreiten können, je stärker ein Netzwerk (vom Telefonnetz über Marktplätz hin zu Online-Plattformen) wächst. Dabei wird zwischen dem direkten und indirekten Netzwerkeffekt unterschieden, der sich gut an Telefonnetzwerken und Computern erklären lässt.

Beim *direkten* (auch *horizontalen*) *Netzwerkeffekt* nach Katz/Shapiro (1986) hängt die Größe eines Netzwerkes direkt mit dem Nutzen für die Netzwerkteilnehmer:innen zusammen. Ein Telefon ist ohne eine/n zweite/n Nutzer:in nicht verwendbar, da durch das Gerät ein Kommunikationsaustausch stattfinden soll. Erst wenn die Nutzerzahl sich auf zwei Nutzer:innen erhöht, lässt sich das Gerät wirksam nutzen. Mit jedem weiteren Telefon (Nutzer) erweitert sich auch das Telefonnetz (Netzwerk) und damit die möglichen Verbindungen: Bei zwei Telefonen (A, B) kann ausschließlich eine Verbindung zwischen A und B hergestellt werden. Bei fünf Telefonen (A, B, C, D; E) können bereits zehn Verbindungen hergestellt werden, bei 100 Nutzer:innen bereits 4950 Verbindungen, und so weiter. Für die Summe möglicher Verbindungen (F) gilt hier die Formel F=(N(N-1))/2, wobei (N) die Netzwerkgröße abbildet.[142]

$$F = \sum_{n=1}^{N}(n-1) = \frac{N(N-1)}{2} \text{ mit } n = 1, \ldots, N$$

Beim *indirekten* (*vertikalen*) *Netzwerkeffekt* steht der Nutzen nicht direkt mit einem Produkt in Zusammenhang. Stattdessen werden andere komplementäre Produkte oder Anwendungen benötigt. Der Nutzen basiert somit nicht mehr auf einem einzelnen Gut, sondern auf dem gesamten System. Ein Computer etwa besteht aus einer Reihe von Komponenten (Hardware und Software), die kombiniert ein voll funktionsfähiges Netzwerk entstehen lassen. Gleichzeitig beeinflussen sich die Komponenten gegenseitig. So ermöglicht etwa die Einführung einer neuen, leistungsfähigeren Grafikkarte es Spieleentwickler:innen, neue Spiele auf den Markt zu bringen. Und auch die Einführung der kontaktlosen *NFC-Schnittstellen* (Vgl. Kapitel 4.5) hat einer ganzen Bandbreite von Dienstleister:innen neue Anwendungen ermöglicht, nicht zuletzt für den Payment-Bereich. Grundvoraussetzung war allerdings nicht nur die Erfindung von NFC, sondern auch die Verarbeitung der Technologie durch Smartphone-Hersteller, Supermärkte, et cetera pp..[143]

Im Social Media-Zeitalter wird der Netzwerkeffekt immer relevanter. Innerhalb sozialer Medien lassen sich die Zusammenhänge bezüglich Nutzen und Nutzeranzahl noch einmal deutlich verstärken. Plattformen wie *Facebook*, die nur mit

---

141 Simon (2018)
142 Vgl. Wirtschaftslehre (2010) & Simon (2018)
143 Vgl. Wirtschaftslehre (2010) & Simon (2018)

einer hohen Nutzerzahl auch wirklich ihr Konzept umsetzen können, sind vom Netzwerkeffekt besonders begünstigt. Die sogenannte ‚*Facebook-Kurve*' veranschaulicht das exponentielle Wachstum des Unternehmens, bei dem die Umsätze (welche vor allem aus Werbeeinnahmen rühren) quasi parallel zu der Mitgliederzahl seit 2007 in die Höhe schießen. Je mehr Mitglieder *Facebook* hat, desto mehr weitere Mitglieder werden durch die vielen bereits registrierten Mitglieder auf die Plattform geleitet. Mit jedem oder jeder neuen Nutzer:in greift hier der direkte Netzwerkeffekt. Gleichzeitig erlaubt der indirekte Netzwerkeffekt es *Facebook*, mit neuen Anwendungen, wie etwa dem Messenger, sehr viel schneller eine kritische Masse zu erreichen.[144]

Das gleiche Phänomen lässt sich auch in anderen Branchen erkennen. Das Unternehmen *Uber*, eine kostengünstigere Alternative zum klassischen Taxigeschäft, hat es geschafft, die Branche in kürzester Zeit auf den Kopf zu stellen. Taxiunternehmen, die sich zuvor auf ihrem Monopol ausruhten und immer häufiger mit unfreundlichem Service glänzten, blieben plötzlich Kund:innen aus. Je mehr *Uber*-Fahrer:innen auf den Straßen zu finden sind, desto flächendeckender kann das Unternehmen seine Dienstleistungen anbieten und desto mehr Nutzer:innen überzeugt wiederum das Angebot des Unternehmens, da Verfügbarkeit und Preis-Leistungs-Verhältnis im Taxigeschäft von zentraler Bedeutung sind.

Der Netzwerkeffekt kann bestehende Monopole sowohl auflösen als auch auch neue schaffen. Die Beispiele *Facebook* und *Uber* verdeutlichen, dass der Netzwerkeffekt einerseits mit bestehenden Monopolen brechen kann und zunächst zu einer Auflockerung des Marktes durch neue Anbieter führt. Allerdings kann der Netzwerkeffekt auch mindestens so schnell neue Monopolbildungen begünstigen: Die Wettbewerber:innen versuchen stets, die Konkurrenz preislich oder anderweitig zu unterbieten und Kund:innen für sich zu gewinnen. Häufig kommt es dabei zu Zusammenschlüssen, um die geschäftliche Grundlage aufrecht erhalten zu können. So kommt es zum Beispiel bei *Uber* dazu, dass sich immer mehr ehemals private Taxiunternehmen und -fahrer:innen dem großen Unternehmen anschließen, um einen Konkurrenzkampf zu beenden, den sie nicht gewinnen können. Entsprechend schnell entstehen faktisch neue Monopole, auch wenn es sich trotz des Zusammenschlusses offiziell noch um unterschiedliche Firmen handelt. Umso größer dieser Zusammenschluss wird, desto stärker wird die verbleibende Konkurrenz geschwächt und schließlich hinter sich gelassen.[145]

In der vernetzten Welt haben nur jene Unternehmen eine realistische Chance, sich auf dem Markt durchzusetzen, die den Kund:innen den größten Mehrwert bieten und gleichzeitig möglichst schnell eine kritische Masse an Nutzer:innen erreichen können. Dieses Phänomen wurde unter dem Begriff ‚*Winner takes it all*' bekannt.

144 Vgl. Heuser (2018)
145 Vgl. Promny (2015)

Das Winner takes it all-Prinzip

Das *Winner takes it all-Prinzip* sagt aus, dass es an der Spitze nur ein führendes Unternehmen geben kann. *Google*, *Apple*, *Facebook* und *Amazon* (GAFA) sind alles führende Unternehmen in ihrer Branche, deren Konkurrenz oft erst mit weitem Abstand den zweiten Platz belegt. Erinnern Sie sich noch an *ICQ*, den *MSN Messenger* oder *StudiVZ*? Im Konkurrenzkampf mit Facebook sind viele soziale Netzwerke still untergegangen. Was machen *Nokia* oder *Kodak*, seit *Apple* beiden Unternehmen (aus unterschiedlichen Branchen!) mit nur einem überlegenen Gerät die Geschäftsgrundlage nahm? Wie viele Buchläden und Verlage haben bereits geschlossen, seit *Amazon* Bücher publiziert und vertreibt?[146]

Auch die *First Mover*, die früher noch eine Monopolstellung am Markt über lange Zeiträume halten konnten, können sich heute nur noch wenige Monate, wenn nicht sogar Wochen, ausruhen. Von der Automobilbranche bis hin zur Internetwirtschaft sind die Produktentwicklungs- und Markteinführungszyklen so schnell geworden, dass es fast Pflicht ist, noch im selben Jahr, wenn nicht im selben Quartal zu reagieren. Den Nutzer:innen und Kund:innen ist es dabei herzlich egal, wer zuerst am Markt war — es geht darum, welche Lösung als die beste wahrgenommen wird. Übrigens: Diese Marktmechanik lässt sich auch auf den Finanzbereich übertragen.

> *„Die Nutzung neuer Technologien hat sich im Zeitverlauf an die Bedürfnisse der Menschen angepasst — nicht umgekehrt. Und so wird es auch weitergehen. Die Menschen im digitalen Zeitalter werden die Möglichkeiten der neuen Technologien wahrnehmen, aber nach ihren eigenen Regeln.“*[147]
>
> —Timotheus Höttges, Vorstandsvorsitzender der *Deutschen Telekom AG.*

Es ist nicht immer die beste Innovation, die sich durchsetzt

Aus dem Netzwerkeffekt und dem Winner takes it all-Prinzip lassen sich folgende drei Lehren ziehen:

1. Neue Technologien müssen anwendungsfreundlich und bezahlbar sein, um sich durchzusetzen. Häufig ködern Plattformen einen zunächst mit kostenlosen Angeboten, die durch kostenpflichtige Funktionen erweitert werden können (das sogenannte ‚*Freemium*‘-Modell, vorgestellt in Kapitel 10.1).
2. Marketing und Vertrieb spielen auch heute noch eine ungemein wichtige Rolle und müssen auf die Kanäle der Zielgruppe abgestimmt sein. Werbebudget, bzw. Kapital ist wichtig. Aber für sich genommen noch kein Garant für Erfolg.
3. Der emotionale Faktor hinter einer Plattform sollte niemals unterschätzt werden! Was wirklich zählt, ist wie die Kund:innen sich bei der und/oder durch die Nutzung der Plattform fühlen.

---

146 Vgl. Promny (2015)
147 Höttges (2018:XLVII)

3.5. Digitale Kund:innen sind immer stärker vernetzt

Soziale Medien verbreiten Informationen schneller und weiter

Konnektivität und *Vernetzung* prägen die digitale Gesellschaft. *Soziale Netzwerke* haben die Art und Geschwindigkeit, mit der wir Informationen austauschen, maßgeblich verändert. Sie bieten uns die Möglichkeit, immer auf dem neuesten Stand gehalten zu bleiben und erlauben weltweite Kommunikation rund um die Uhr — und in Echtzeit. Über die Hälfte der Deutschen (51%) nehmen bereits in sozialen Netzwerken teil und verstehen sich als *aktive User*. Es hat seinen Grund, weshalb Experten vom Internet 2.0, bzw. vom *Mitmach-Internet* sprechen, wenn sie soziale Medien meinen. Jede/r Nutzer:in kann binnen Sekunden von einem/einer Zuschauer:in zum/zur Teilnehmer:in werden und durch eine Interaktion aktiv den Inhalt und Wahrheitsgehalt einer Information beeinflussen. Im digitalen Zeitalter können einzelne Menschen oder Unternehmen in Echtzeit Millionen von Menschen erreichen.[148]

Social-Media-Kanäle verstehen und nutzen. *Google+* zählt heute über 1 Milliarden User, die miteinander kommunizieren können. Das Besondere an diesem Netzwerk ist, dass auch eine zunehmende Zahl von Unternehmen die Möglichkeiten von *Google*, *Google Maps* und *Google+* für die Kundenansprache nutzen. Für Finanzunternehmen die im B2B-Geschäft tätig sind ist *Google+* eine interessante Alternative zu Facebook, doch auch für die direkte Kundenansprache kann sich die Nähe der Plattform zur Suchmaschine des Mutterkonzerns lohnen, da die aktive Nutzung ein Plus an *Suchmaschinenoptimierung* (engl.: *search engine optimization*, SEO) mit sich bringt.[149]

Die Social Media-Plattform *Twitter* hat sich zu einem der wichtigsten Kurznachrichtendienste entwickelt, über den sich kurze Informationen (bis 280 Zeichen) rasend schnell verbreiten können. Während die Plattform also möglicherweise nicht die erste Wahl für den Webauftritt bzw. das Präsentieren von angebotenen Produkten sein mag, kann es durchaus nützlich sein, um aktuelle Informationen zu verbreiten und *Follower* zu gewinnen, die wiederum interessante Nachrichten des Finanzinstituts gerne in ihren Netzwerken verbreiten.[150]

Mit 1,9 Milliarden aktiven Nutzer:innen pro Monat und 180 Millionen Stunden Content-Wiedergabedauer pro Tag ist *YouTube* längst keine reine Bespaßungsplattform mehr. In den vergangenen Jahren hat die Plattform ihr Angebot erheblich ausgeweitet. war sie anfangs noch als Dating-Plattform angedacht, so ist *YouTube* heute einer der wichtigsten Kanäle für Video Content. Insbesondere junge Erwachsene nutzen *YouTube* immer intensiver, um sich schnell zu bestimmten Themen zu informieren oder sozialen Influencer:innen und Marken zu folgen. Interessant gestaltete Erklär- oder Werbevideos können so schnell *„viral gehen"* und in kürzester Zeit mehrere Millionen Views erreichen. Darüber hinaus gestattet es die Kommentarfunktion, mit den Usern in den direkten Dialog zu treten.[151]

---

148 Vgl. Statista (2017A)
149 Vgl. Fürderer (2016:143)
150 Vgl. Fürderer (2016:144)
151 Vgl. YouTube-Creators (2018) & Fürderer (2016:144)

Kritiker:innen sozialer Medien verweisen gerne auf die Schattenseiten. Mangelnder Datenschutz, die Manipulation in der Meinungsbildung (Stichwort *Fake-News* oder *Social Bots*) und der daraus resultierende Vertrauensverlust (was ist wahr, was ist falsch und wem kann man noch vertrauen?), *Social-Mobbing* durch sogenannte ‚*Trolle*' (Menschen, die sich eine Lebensaufgabe darin machen, negative Kommentare zu posten und den Ruf von Personen zu ruinieren), der Bedeutungsverlust zwischenmenschlicher Kommunikation oder die Auswirkungen, die soziale Netzwerke auf unsere Sprache haben (Stichwort *Jugendsprache* und die Kommunikation über Emoticons / Smileys).

Doch obgleich soziale Netzwerke in den vergangenen Jahren immer wieder ins Kreuzfeuer der Medien geraten sind, können sie für mehr Transparenz sorgen und werden vom Großteil der Welt als Bereicherung angesehen. Schließlich bieten die sozialen Medien lediglich eine Plattform für User und sind kein Aufruf dazu, den eigenen Kopf auszuschalten: Nach Artikel 1 (1) Grundgesetz für die Bundesrepublik Deutschland ist die Würde des Menschen unantastbar. Somit tragen ausnahmslos jeder Nutzer und jede Nutzerin sozialer Medien die gesetzliche und moralische Verantwortung, diese zu wahren und die sozialen Medien konstruktiv im Sinne der digitalen Gemeinschaft zu nutzen.

Auch die Geschäftswelt beginnt das Potenzial der sozialen Netzwerke zu erkennen. 2017 waren es über 40% der Unternehmen in Deutschland, die über die Netzwerke mit ihren Kund:innen kommunizieren. Aufgrund der hohen Nutzerzahlen können sich Nachrichten über soziale Medien schneller verbreiten, als je zuvor. Das kann gut sein, etwa wenn ein Werbeclip viral geht. Es kann aber auch Reputationsschaden auslösen — bad news travel fast! Achten Sie daher immer darauf, wie Sie sich Ihren Kund:innen gegenüber verhalten und pflegen Sie einen engen Kontakt zu Ihren Kund:innen. Das Stichwort hierzu lautet Digital Community Building.[152]

Digital Community Building ist ein Muss!

Digitale Gemeinschaften bilden eine neue Form der Markenkommunikation.Ich beobachte oft Marken, die ihre Botschaften laut herausposaunen und mein E-Mail-Postfach mit Werbung vollspammen. Dabei fehlt jegliches Engagement, jeglicher Kontext, jegliche Konversation. In der Konsequenz wirken diese Marken egozentrisch und kaum vertrauenswürdig. Digitale Communities (Gemeinschaften) schaffen indes Möglichkeiten für Marken, auf natürliche und persönliche Weise mit ihrem Publikum in Kontakt zu treten. Durch gezielte Interaktionen in der Gemeinschaft können Spannung und Vorfreude erzeugt, Produkte eingeführt oder Veranstaltungen ankündigt werden, ohne den Aufwand oder die oben genannten Nachteile, die traditionelles Marketing mit sich bringt.

Der Hauptzweck einer digitalen Gemeinschaft besteht darin, der Zielgruppe zuzuhören und Loyalität, also Kundenbindung, aufzubauen. Marken, die ein Gemeinschaftsgefühl fördern und mit ihren Kund:innen in den Dialog treten signalisieren echtes Interesse an den Wünschen und Problemen ihrer Zielgruppe. Infol-

---

152 Vgl. Statista (201A)

gedessen entsteht eine positive Resonanz: Die Kund:innen möchten sich beteiligen, sie möchten etwas zurückgeben.

Engagierte Mitglieder bieten Unternehmen ein transparentes und sofortiges Feedback. Dieser Einblick in die aktuelle Kundenzufriedenheit der eigenen Zielgruppe ist für Unternehmen von unschätzbarem Wert und hilft Produkte und Kundenerfahrungen ständig zu verbessern. Darüber hinaus helfen digitale Gemeinschaften dabei, die Sichtbarkeit Ihrer Marke zu erhalten und in ständigem Kontakt mit Ihren Kund:innen zu bleiben. Indem eine aktive digitale Gemeinschaft dabei hilft, die Probleme der Mitglieder zu lösen und neue und effiziente Wege zur Nutzung des Produkts zu finden, schaffen sie ein Gefühl des *„Gehörtwerdens"*. Gleichzeitig erzeugt das Gefühl wahrgenommen zu werden eine persönliche Bindung zur Marke und zum Produkt.

Es gibt viele Arten von digitalen Gemeinschaften im Finanzbereich. Wie im echten Leben, so gibt es auch in der digitalen Sphäre eine Vielzahl von Beweggründen, die eine Gemeinschaft zusammenbringen. Im Kern haben sie aber alle gemeinsam, dass sie auf dem Interesse, bzw. Anliegen, der einzelnen Community-Mitglieder basieren und häufig eine/n Moderator:in (Community Manager:in) haben, der im Zweifelsfall eingreifen und die Diskussion lenken oder ausfallend werdende Mitglieder im Zaum halten kann. Nachfolgend finden Sie eine Auflistung der gängigsten Digital Communities.

- Eine **Support-Community** bietet technische Unterstützung für die Verbraucher:innen der Produkte, Dienstleistungen oder Anwendungen eines Unternehmens. Foren sind ein gutes Beispiel für Support-Communities. Die Nutzer:innen haben die Möglichkeit, Fragen zu stellen und Probleme zu schildern, die sie beispielsweise mit der Benutzung einer Web-Anwendung haben. Neben dem Unternehmens-Support-Team haben auch andere Nutzer:innen die Möglichkeit Ihre Antworten und Vorschläge zu teilen. Im Gegenzug dafür können sie ihr Wissen weitergeben und Anerkennung erhalten. Eine digitale Community sollte allerdings keinesfalls mit dem Kundendienst verwechselt werden und darf niemals das einzige Mittel zur Kundenbetreuung darstellen.

- Eine **interne Community** nutzt Funktionen zur Zusammenarbeit mit bestehenden Geschäftssystemen (Chat-Räume, Dateispeicher usw.) und richtet sich i.d.R. an Mitarbeiter:innen. So haben Sie die Möglichkeit, ein gutes Gespür für die Stimmung im Unternehmen zu entwickeln, Verbesserungsvorschläge einzuholen und Schwachstellen im Tagesbetrieb, bzw. den internen Prozessen, auszumachen.

- Eine **Medien-Community** ermöglicht es Mitgliedern, Nachrichten und Inhalte über ein Unternehmen auszutauschen. Während Finanzunternehmen solche Communities kaum kontrollieren können (und auch nicht sollten), können Sie höchst aufschlussreich sein, wie das eigene Unternehmen derzeit kommuniziert und wahrgenommen wird. Insbesondere dann, wenn es sich bei der Medien-Community zugleich auch um eine Themen-Community handelt.

- Eine **Themen-Community** kann verwendet werden, um ein spezifisches oder verwandtes Thema zu behandeln. Sie ermöglicht es den Mitgliedern, ihre Meinung zu äußern und Fragen an andere Mitglieder zu stellen. Unter diese Kategorie fallen beispielsweise auch Investment-Foren und Social Trading Communities, bei denen sich Asset/Wealth Manager:innen mit ihrer Zielgruppe — oder anderen Finanzexpert:innen — über aktuelle Marktentwicklungen, konkrete Finanzinstrumente oder Einzeltitel austauschen.

- Eine **Developer-Community** ermöglicht es Entwickler:innen, schnelle Lösungswege zu technischen Fragen zu finden. Insbesondere im Zusammenhang mit Schnittstellen (APIs) sind Developer-Communities ein mächtiges Werkzeug, um die Leistungsfähigkeit des eigenen Ökosystems, bzw. der eigenen Produkte, über die eigenen Ressourcen (Zeit, Budget und Expertise) hinaus zu steigern.

Beim Digital Community Management gilt es, einige Richtlinien und Fallstricke zu beachten. Eine digitale Gemeinschaft ist kein Organismus, der von selbst wächst. Es ist harte Arbeit, die Mitglieder immer wieder aufs Neue mit durchdachten Inhalten und Diskussionen zu begeistern. Damit eine digitale Community erfolgreich angenommen wird ist es unabdingbar, dass die Inhalte für die Zielgruppe relevant und vorzugsweise auch nutzergeneriert sind. Gleichzeitig ist es wichtig, dass die Diskussionen, Fragen und Kommentare möglichst gut moderiert und zeitnah beantwortet werden. Dabei sollte allerdings dringend darauf geachtet werden, dass die digitale Community keine Bühne für Community-Manager:innen ist. Erfolgreiche Digitale Gemeinschaften sollten die Meinungen der Menschen einholen und bündeln, um Diskussionen, Ratschläge und Erkenntnisse anzuregen. Wie bei jeder Gemeinschaft müssen digitale Communities gepflegt werden, um zu gedeihen.

Im Internet der Dinge (IoT) sind unsere Endgeräte vernetzt

Das *Internet der Dinge* (*Internet of Things, IoT*) umfasst alle *Connected Devices*, also Geräte, die mit Sensoren und einer Internetverbindung ausgestattet sind und miteinander bzw. mit ihren Usern kommunizieren können: von Häusern, Autos und Kühlschränken bis zu Wearables. Bereits heute tritt das Internet der Dinge in den unterschiedlichsten Formen in unserem Leben auf, hauptsächlich jedoch in den Industrienationen. Laut Schätzungen des trendradar_2030 gibt es heute mehr Connected Devices als Menschen: 20 Milliarden; Tendenz steigend. Laut Gartner liegt das Verhältnis von intelligenten Geräten/Gadgets zum Menschen schon bald bei 6:1. betterplace lab prognostiziert, dass im Jahr 2030 das Internet der Dinge *„riesig und weltumspannend“* ist, mit über 500 Milliarden vernetzten Geräten.[153]

Wearables machen aus Connected Devices den Körperschmuck der digitalen Zeit. Durch Wearables sind wir 24/7/365 mit der Technologie in Kontakt. Im *Gabler Wirtschaftslexikon* heißt es: *„Wearables sind Computertechnologien, die man am Körper oder am Kopf trägt. Sie sind eine Konkretisierung des Ubiquitous-Computing, der Allgegenwart der Datenverarbeitung und ein Teil des Internets der Dinge. Man spricht auch von Wearable-Technologie und vom Wearable-Computer.*

153 Vgl. betterplace lab (2017:92f.)

Sinn und Zweck ist meist die Unterstützung einer Tätigkeit in der realen Welt, etwa durch (Zusatz-) Informationen, Auswertungen und Anweisungen"[154].

Wearables sind die ultimativen Big Data-Geräte. Dabei zählen Smartwatches, Fitnessarmbänder, smarte Kleidung (elektronische Textilien) und selbst smarte Pflaster nur zur ersten Generation der Wearables. Sie sammeln auf engstem Raum Informationen über den User und seine Umgebung. Als Hauptgrund für den Erfolg der Wearables gilt die Motivation zur Selbstoptimierung: Wearables ermöglichen es dem User, über sich hinauszuwachsen und auf einen Blick über alles Wichtige informiert zu sein. Damit überwinden Wearables durch ihre Eigenschaft als bislang intimstes und intuitivstes Endgerät die Distanz zwischen Menschen und bedeuten einen massiven Shift von *pull* zu *push*: Während Endnutzer:innen bisher aktiv nach Informationen suchen mussten, informieren Wearables-Nutzer:innen per *Push-Notification* mit kontextrelevanten Informationen und Dienstleistungen.[155]

> *„Es liegt eine leichte Ironie in der Tatsache, dass wir uns früher als menschliche Ressourcen betrachteten, unser »Schicksal« als Diener der Maschinen akzeptierten und jetzt, da wir mit unseren Maschinen verschmelzen, nicht mehr akzeptieren wollen, dass wir in Verbindung mit Technologie zu ressourcenreichen Menschen werden können."*[156] —Christopher Patrick Peterka, Prognosefuturist und Gründer der *gannaca GmbH & Co. KG*.

Grundlage des IoT sind neue Schlüsseltechnologien. Ohne innovative Sensoren und spezialisierte Halbleiter-Chips hätte das IoT sich kaum weiterentwickeln können, doch den wahrscheinlich größten Einfluss hat der mobile Standard 5G. 5G ermöglicht Internetgeschwindigkeiten von zunächst einem bis drei Gigabyte pro Sekunde, was im Vergleich zu heutigen LTE- (500 bis 1000 Megabyte) oder 3G-Netzen (43 Megabyte) bereits erstaunlich schnell ist. Künftig könnte 5G aber 10 oder sogar 20 Gigabyte leisten. Auch die *Latenz* (Zeitverzögerung, mehr dazu in *„Bionic Wealth"*) verringert sich immer weiter. In Kombination mit Leistungsstarken Prozessoren könnten Wearables und mobile Endgeräte damit theoretisch schon sehr bald auf Millisekunden genau am globalen Finanzmarktgeschehen teilnehmen und enorme Datenmengen liefern.

Connected Devices erhöhen die Produktivität. Echtzeitdaten, Echtzeitvorteile: Durch die Verbindung von Mitarbeiter:innen mit Anlagen und Systemen in Echtzeit können Unternehmen eine Fülle neuer Effizienzen erschließen. Sogenannte Connected Workers sind in der Lage, fundierte Entscheidungen zu treffen. Für Unternehmen bedeutet dies: eine Reduzierung menschlicher Fehler; die Steigerung der Produktivität; die Reduzierung gefährlicher Zwischenfälle; die Einsparung von Zeit und Geld sowie die 24/7 Überwachung der Vermögenswerte.[157]

Connected Devices haben verschiedene Anwendungsfelder und Vorteile, je nach Rolle und Funktion der Benutzer:innen: Anwender:innen (engl.: *operators*) werden durch funktionierende Systeme unterstützt, die in Echtzeit auf ihre Aktionen re-

154 Bendel, zitiert in Gablers Wirtschaftslexikon (2019)
155 Vgl. Bundesverband Digitale Wirtschaft (BVDW e.V.) (2015)
156 Peterka & Michael (2019:131)
157 Vgl. Jones (2020)

agieren. Außendienstmitarbeiter:innen nutzen mobil zugängliche schematische Darstellungen oder eine an eine Kommunikations- und Kollaborationsplattform angeschlossene Leitung für Informationen und Support rund um die Uhr, wodurch Arbeitsabläufe verbessert und Abhängigkeiten reduziert werden. Ingenieure haben in Echtzeit Einblick in wesentliche Leistungskennzahlen für Produktion, Wartung und Prävention. Führungskräfte auf der anderen Seite nutzen Daten, um Effizienz zu steigern, die Strategieentwicklung voranzutreiben und die Entscheidungsfindung zu verbessern.[158]

Allerdings kommt der Ausbau in Deutschland nur schleppend voran. Dies liegt nicht zuletzt an Fragen bezüglich der Infrastruktur und Sicherheit. Wer stellt sie? Wer besitzt sie? Und: wer kann sie auf Wunsch, oder als Druckmittel, abschalten? Wie leicht können sie gehackt werden und welcher Schaden kann dabei entstehen (z. B. bei einem Auto oder Herzschrittmacher, Vgl. Kapitel 2.5)?

3.6. Der Entscheidungsfindungsprozess der Kund:innen befindet sich im Wandel

Kaufentscheidungsprozesse folgen einem bestimmten Muster

Der klassische Kaufprozess im Finanzgeschäft verläuft relativ gradlinig und folgt fünf wesentlichen Phasen: Dem Erkennen eines Bedarfs (engl.: *recognition*), der Suche nach einem Produkt oder einer Dienstleistung (engl.: *search*), der Bewertung (engl.: *evaluation*), der eigentlichen Kaufentscheidung (engl.: *decision*), und der Bewertung nach dem Kauf (engl.: *after-purchase evaluation*). Daran hat sich auch im digitalen Zeitalter nicht viel verändert.[159]

Allerdings haben sich die Prozesse und Abläufe weitgehend auf digitale Kanäle und Vergleichsportale verlagert. Nie war es so einfach, Alternativen zu vergleichen und nie war es so schwer, die „*richtige*" Entscheidung zu treffen. Je mehr Informationen Kund:innen vorliegen und je kürzer ihre Aufmerksamkeitsspanne wird, je mehr Vertrauen sie digitalen Plattformen schenken und je mehr Misstrauen und Unmut die Medien schüren, desto schwieriger wird es für Finanzdienstleister:innen, den Entscheidungsprozess zu steuern. Die größte Chance, die Finanzunternehmen künftig haben, ist in allen Phasen des Prozesses präsent zu sein und auf die entscheidenden Rahmenbedingungen ihrer Kund:innen einzugehen.

Der Entscheidungsprozess beginnt mit einem Auslöser, etwa Anerkennung eines Bedürfnisses (engl.: *need*) oder Wunsches (engl.: *arousal*) nach einem Produkt, einer Dienstleistung, oder dem Lösen eines Problems. Im nächsten Schritt begibt sich der/die Kund:in allein oder in Begleitung eines/einer Berater:in auf die Suche nach einer Lösung für sein/ihr Problem. Hier werden zunächst die ausschlaggebenden Rahmenbedingung überprüft und bewusst oder unterbewusst ein Bewertungsmodell erstellt. Verläuft die Suche erfolglos, wird der Prozess an dieser Stelle abgebrochen. Hat der/die Kund:in hingegen eine Reihe potenzieller Optionen in die engere Auswahl genommen, beginnt die Evaluierungsphase. Die er-

158 Vgl. Jones (2020)
159 Vgl. Pousttchi & Dehnert (2018:10ff.)

warteten Vor- und Nachteile der einzelnen Alternativen werden abgewogen, sowie die festgelegten Gegenleistungen bzw. Kosten. In der Entscheidungsphase wird eine Kaufentscheidung getroffen — bzw. der Kauf abgebrochen. Anschließend beginnt die nachträgliche Bewertung des Kaufs: war die Entscheidung richtig? Wie zufrieden bin ich mit dem Kauf? Und was lerne ich daraus für künftige Kaufentscheidungen? Die fünfte Phase ist für Finanzdienstleister:innen mindestens genauso wichtig wie die ersten vier Phasen, denn hier entsteht die wahre Kundenbindung.[160]

Kaufentscheidungen hängen von unterschiedlichen Faktoren ab

Nach Prof. Dr. Key Pousttchi und Maik Dehnert von der *Universität Potsdam* umfasst die endgültige Entscheidungsfindung von Kund:innen unter Berücksichtigung der zugrundeliegenden Rahmenbedingungen grundsätzlich drei Themen: Die Wahl des Anbieters, die Zeit und die Art der Fertigstellung. Diese Rahmenbedingungen, welche bei der Kaufentscheidung maßgeblich sind, lassen sich in die folgenden Kategorien eingliedern: 1. persönliche Bedingungen, 2. soziale Bedingungen und 3. Einstellungsbedingungen, d.h. Attitüde.[161]

1. **Persönliche Rahmenbedingungen** umfassen die Eigenverantwortung, bzw. die Selbstkontrolle sowie das Vertrauen und Sicherheitsgefühl. Studien zum Finanz- und Investitionsverhalten belegen, dass die eigene Fähigkeit zur Selbstkontrolle über Kauf- und Entscheidungsimpulsivität , sowie das verfügbare Vermögen, maßgeblich ausschlaggebend sind. Mindestens genauso wichtig für den Entscheidungsprozess ist aber auch das vom Anbieter vermittelte Sicherheitsgefühl. Dieses Vertrauen bezieht sich sowohl auf den Anbieter, das Produkt und den Finanzmarkt, als auch auf einzelne Kanäle. Kund:innen die das Smartphone und Apps als nicht-vertrauenswürdig halten, mögen sich zwar mobile Kanäle informieren, aber unwahrscheinlich Kaufentscheidungen treffen und durchführen.[162]

2. **Soziale Rahmenbedingungen** umfassen die Überzeugungskraft und die Bindung zum Anbieter. Die Entscheidungsfindung hängt stark von den erwarteten zukünftigen Emotionen ab. Was verspreche ich mir von dem Kauf? Werde ich mich nach dem Kauf sicherer oder anderweitig besser fühlen? Studienerkenntnisse weisen darauf hin, dass viele Nutzer:innen ‚coole' Produkte (etwa Lifestyle-Fonds oder nachhaltige Produkte) und von Freund:innen empfohlene Produkte und Kanäle (z. B. eine bestimmte mobile Brokerage App) gegenüber gleichwertigen aber ‚langweiligen' Alternativen bevorzugen. Daraus schließen Pousttchi und Dehnert, dass ‚Expressivität' auch bei Kaufentscheidungen wichtig ist. Hinzu kommt, dass wichtige Entscheidungen selten von der Kund:in allein getroffen werden. Die Stärke der Bindung zur persönlichen Berater:in und dem Finanzinstitut, aber auch zum persönlichen Umfeld und sozialen Communities ist daher ausschlaggebend bei der Entscheidungsfindung.[163]

---

160 Vgl. Pousttchi & Dehnert (2018:10ff.)
161 Pousttchi & Dehnert (2018:10ff)
162 Pousttchi & Dehnert (2018:10ff)
163 Lerner et al. (2015) & Pousttchi & Dehnert (2018:10ff)

3. Die *persönliche Haltung* (Attitüde) bezieht sich auf die wahrgenommene Nützlichkeit, Benutzerfreundlichkeit, erwartete persönliche Befriedigung und die generelle Einstellung zum Angebot. Die wahrgenommene Nützlichkeit ist ein wichtiger Einflussfaktor für die Kaufentscheidung. Welchen Nutzen hat das Produkt für mich? Welchen Nutzen hat die Beratung, oder kann ich mich selbst informieren? Auch die wahrgenommene Benutzerfreundlichkeit spielt eine wesentliche Rolle bei der Kaufentscheidung. Ist der Kaufprozess möglichst einfach, oder gibt es Medienbrüche? Werden Wege unnötig kompliziert gestaltet, büßen sie Effektivität und entsprechend die Kauffreude ein. In Erwartung einer Kaufentscheidung darf auch der emotionale Teil nicht unterschätzt werden — die wahrgenommene Freude, bzw. der Genuss, welche unmittelbar mit dem Kaufprozess verbunden sind. Zu guter Letzt gilt es auch, sich die Einstellung des/der Kund:in zur eigenen Entscheidung bewusst zu machen. Umfangreiche Studien suggerieren, dass Käufer:innen eine Einstellung zu ihren Kaufentscheidungen haben. Die Entscheidungen werden kategorisiert: Ist der Kauf ‚sinnvoll', ‚kompliziert', ‚nötig', ‚nice-to-have', oder gar ‚aufregend'? Dient er der ‚Absicherung,' der ‚Diversifizierung' oder nur dem ‚persönlichen Genuss'?

Social Influencer:innen prägen die Meinungsbildung

Auch *Influencer:innen* haben erheblichen Einfluss auf Kauf- und Investitionsentscheidungen. Soziale Kanäle wie *Youtube* oder *Instagram* haben mit dem Konzept der *Social Influencer* eine neue Beschäftigungsform geschaffen, die mit dem Versprechen lockt, schnell reich und/oder berühmt zu werden. *Influencer:innen* (auch ‚Influenzer:innen') sind die Prominenten der sozialen Medien. Ihre Meinung trägt im Netz — unter ihren Followern — so viel Gewicht, dass sie andere in ihrer Meinung beeinflussen können und maßgeblich auf die Bildung öffentlicher Meinungen einwirken. Diese *Multiplikator:innen*, *Opinion Leader*, *Blogger:innen* und *Vlogger:innen* (Video-Blogger) erreichen in kürzester Zeit viele Menschen: Sie haben auf ihren Social Media-Kanälen tausende — teilweise sogar mehrere Millionen — Fans und Abonnent:innen, mit denen sie ihren Alltag und ihre Gedanken teilen, indem sie diese penibel mit Beiträgen, Fotos und Videoclips dokumentieren und öffentlich zugänglich machen.[164]

Die Werbung hat längst das Potenzial entdeckt, das die kritische Masse, die hinter den Influencer:innen steht, darstellt. Daher zahlen Unternehmen diesen Neo-Prominenten immense Summen dafür, dass sie ihre Produkte testen, Kleidung tragen oder auf Events erscheinen und darüber sprechen. Für sich genommen ist Influencer-Marketing demnach nichts anderes als digitale Mundpropaganda. Mit ihrer persönlichen Meinung schaffen Influencer:innen eine ‚eigene Glaubwürdigkeit', die bei den Fans im Internet gut ankommt. Ironischerweise gelten gerade unter jungen Menschen diese medialen Kunstfiguren —die häufig von (versteckter) Werbung und Produktplatzierung leben — als besonders authentisch, während der klassischen Werbung oder Expert:innen häufig kein Wort geglaubt wird.[165]

164 Vgl. Darnhofer (2017)
165 Vgl. Darnhofer (2017)

KAPITEL 4: DIE NEUEN KUNDENERWARTUNGEN

Auf einen Blick

- Die Erwartungen und Bedürfnisse der Kund:innen verändern sich.
- Nachhaltigkeit und Verantwortung dürfen nicht länger ignoriert werden.
- Der Trend geht hin zu digitalen Banking- und Payment-Angeboten, Modularisierung, Personalisierung, Vergleichsportalen und Peer-to-Peer-Lösungen.

4.1. Was erwarten Kund:innen?

Erwartungen basieren auf Zukunftsaussichten, die unserer Vorstellung entspringen und der Entscheidungsfindung dienen

Bei einer *Erwartung* handelt es sich laut *Duden* um einen mit Spannung verbundenen „*Zustand des Wartens*" bzw. eine „*vorausschauende Vermutung, Annahme, Hoffnung*"[166]. In der Wirtschafts- und Finanzwelt haben *Erwartungen* einen besonderen Stellenwert. Im *Gabler Wirtschaftslexikon* heißt es dazu: „*Da bei zukunftsbezogenen Entscheidungen meist viele für die Entscheidungsfindung wichtigen Größen unbekannt bzw. unsicher sind, können nur Erwartungen über die unbekannten Größen herangezogen werden.*"[167] Demnach können Erwartungen sowohl positiv als auch negativ besetzt sein. Sie können gehegt, bestätigt, erfüllt, oder übertroffen werden. Gleichzeitig können wir in unseren Erwartungen allerdings auch zurückbleiben und enttäuscht werden. Darüber hinaus können Erwartungen aber auch neutral oder nicht vorhanden sein. In diesem Fall besteht besonders großes Potenzial für Überraschungen — also etwas, das nicht erwartet wurde.

Grundsätzlich sind Kundenerwartungen subjektiv und entsprechen der jeweiligen persönlichen Lebenssituation, den Erfahrungswerten, dem Wertesystem, dem aktuellen Wissens- und Informationsstand sowie dem sozialen Umfeld der Kundin oder des Kunden. Allerdings lässt sich ein Unterschied beobachten zwischen den Erwartungen, die Kund:innen an Produkte richten, und der Erwartungshaltung, die sie gegenüber Dienstleistungen haben. Die an Produkte und Instrumente gerichteten Erwartungen basieren zumeist auf mathematischen Wahrscheinlichkeiten und/oder einem begrenzt-rationalen Rückblick auf die Ver-

166 Duden (2019B)
167 Wohltmann, zitiert in Gabler Wirtschaftslexikon (2005)

gangenheit. Im Gegensatz dazu basieren die Erwartungen an Dienstleistungen/ Service fast ausschließlich auf dem subjektiven Empfinden der Person.

Erwartungen können sowohl an Finanzinstrumente und Produkte gerichtet sein (etwa die Entwicklung eines Fonds oder einer Lebensversicherung) als auch an Dienstleistungen und den Kontakt mit einem Unternehmen bzw. den Menschen, die darin arbeiten. Sowohl Erwartungen an Produkte (bzw. der Performance) als auch an Dienstleistungen werden in der Regel durch eine Vielzahl von internen und externen Kontaktpunkten geweckt. Dazu zählen einerseits die Bemühungen der Kundenberater:innen und des Kundensupports sowie das Image und Marketing des Unternehmens als auch durch Freund:innen, Familie und Dritte (etwa Medien, Influencer:innen oder soziale Netzwerke) bereitgestellte Informationen.

Die spezifischen Kundenerwartungen fallen in eine von vier Dimensionen

Neben der generellen Erwartung, die an ein konkretes Produkt oder eine Dienstleistung gerichtet wird, gibt es vier wesentliche Faktoren, die darüber entscheiden, ob eine Erwartung erfüllt oder nicht erfüllt wird. Um die Kundenerwartungen vorausschauend zu erkennen und zu übertreffen, hilft es, die folgende Unterscheidung vorzunehmen: [168]

1. **Value for Money:** der Gegenwert für das eingesetzte Geld. Das empfundene Preis-Leistungsverhältnis sollte stimmen.

2. **Value for Time:** der Gegenwert für die eingesetzte Zeit. Bankgeschäfte sollten möglichst schnell und bequem erledigt werden können.

3. **Value for Moment:** der Zeitpunkt spielt eine wesentliche Rolle für das richtige Angebot. Ist er zu spät, können Frustrationen aufkommen. Ist er zu früh, kann die Akzeptanzbereitschaft zu gering ausfallen.

4. **Value for Me:** der individuelle Mehrwert. Auf die Kund:in zugeschnittene Produkte und Dienstleistungen erhöhen die Wahrscheinlichkeit, dass sich diese/r damit identifizieren kann.

Eine Erwartung ist nicht das Gleiche wie ein Bedürfnis!

Bei einem *Bedürfnis* handelt es sich um ein generelles Gefühl des Verlangens bzw. um eine (Lebens-)Notwendigkeit. Prof. em. Dr. Hellmuth Metz-Göckel definiert im *Dorsch Lexikon der Psychologie* ein Bedürfnis als einen *„Zustand oder Erleben eines Mangels, verbunden mit dem Wunsch ihn zu beheben“*.[169] In der Regel formuliert sich ein Bedürfnis aus der Unzufriedenheit mit dem bestehenden (IST-)Zustand — dem Status quo — oder dem Wunsch nach einem veränderten (SOLL-)Zustand.[170]

Im Unterschied zu einem Bedürfnis, bei dem es sich um ein generelles Gefühl des Verlangens handelt, welches in der Regel auf verschiedene Weisen erfüllt werden kann, sind Erwartungen an eine bestimmte Situation, ein Produkt oder eine

---

168 Vgl. Lieberknecht (:29)
169 Metz-Göckel (2020)
170 Vgl. Duden (2019A)

Dienstleistung geknüpft. Während Erwartungen und Bedürfnisse in ihrer Natur grundverschieden sind, liegt ihre größte Gemeinsamkeit darin, dass sie sich ständig im Wandel befinden.

Die Finanzbedürfnispyramide

Einer der wichtigsten Forscher in Bezug auf die Bedürfnisse der Menschen war der Psychologe Abraham Maslow (1908–1970). Die nach ihm benannte *Maslowsche Bedürfnispyramide* lässt sich in so gut wie jedem Bereich der Wirtschaft anwenden. Die darauf basierende *Finanzbedürfnispyramide* nach Prof. Dr. Stefanie Auge-Dickhut, Prof. Dr. Bernhard Koye und Axel Liebetrau besagt, dass Anleger:innen eine Reihe von Bedürfnissen haben, die sich hierarchisch anordnen lassen.

Demnach fallen traditionelle Bankprodukte (Zahlungsverkehr und/oder die Kontoführung) unter die Grundbedürfnisse der Kund:innen. Sind diese gedeckt, folgen Bedürfnisse nach Sicherheit. Auf Finanzprodukte und -vehikel übertragen bedeutet Sicherheit, dass finanzielle Mittel oder etwa die Finanzierung von Immobilien abgedeckt sind (sichere Geldanlage und Finanzierung). Die dritte Stufe stellen die sozialen Bedürfnisse dar. Hier äußert sich bei Kund:innen der Wunsch nach mehr Vernetzung, Kommunikation und Partizipation. Die vierte Stufe bilden die Individualbedürfnisse, also Bedürfnisse nach passgenauen (personalisierten) Finanzdienstleistungen. Hierunter fällt auch der Wunsch, die eigenen Werte in der Vermögensanlage widergespiegelt zu sehen. Die Spitze der Pyramide — das Bedürfnis nach Selbstverwirklichung — umfasst den Kundenwunsch, die eigenen (Finanz-)Fähigkeiten weiterzuentwickeln, autonomer handeln zu können (Empowerment) und Gelerntes anzuwenden.[171]

ABB. 4.1: DIE FINANZBEDÜRFNISPYRAMIDE

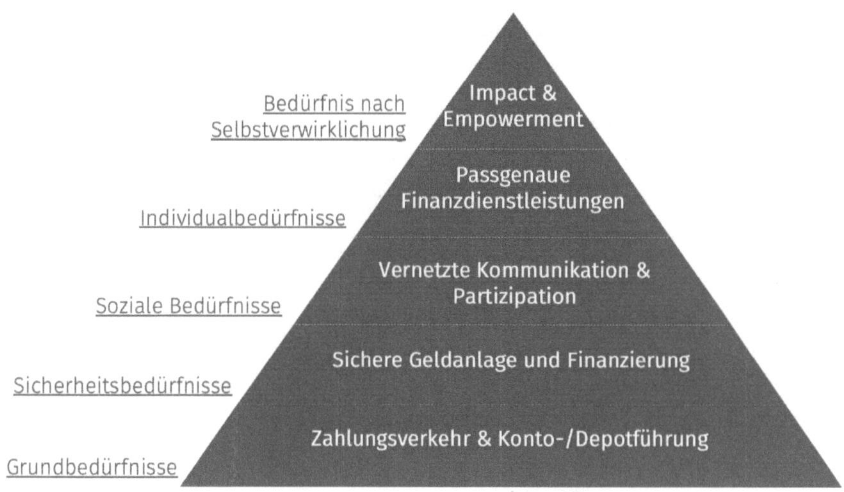

Quelle: eigene Darstellung in Anlehnung an Auge-Dickhut et al. (2014:137f.)

171 Vgl. Auge-Dickhut et al. (2014:137f.) in Auge-Dickhut et al. (2015:197)

Nach langer Überlegung komme ich zu der Einschätzung, dass sich Deutschland aktuell im Aufstieg auf die dritte Stufe der Finanzbedürfnispyramide befindet. Deutschland kann sich damit zu den glücklichen Ländern zählen, in denen die unteren Stufen der Maslowschen Finanzbedürfnispyramide weitgehend gegeben sind. Der Zahlungsverkehr und die Kontoführung laufen (zumindest aus Sicht der Endverbraucher:innen) weitgehend reibungslos — sind sogar gesetzlich geschützt und reguliert. Auch das Angebot an „*sicheren*" Finanzierungs- und Geldanlageprodukten ist im Markt zur Genüge vorhanden.

Im Unterschied zu den USA oder Asien sind allerdings die sozialen Bedürfnisse nach vernetzter Kommunikation und Partizipation bisher nur dürftig gestillt. Eine Tatsache, für die sich weder die deutsche Technologiebranche noch die Finanzbranche rühmen dürfen. Dieser Punkt geht eindeutig an GAFA und vereinzelt auch an deutsche *Bank Challenger* wie etwa die *Fidor Bank*. Weiter oben auf der Pyramide der Finanzbedürfnisse wird das Angebot an Produkten und Dienstleistungen in Deutschland sehr dürftig.

Die klassischen Erwartungen wie Sicherheit, kompetente Beratung oder die Größe des Filialnetzes sind auch heute noch relevante Erfolgsindikatoren (*Key Performance Indicators*, KPI) bei der Bewertung der Kundenzufriedenheit. Neu ist allerdings, so das Ergebnis einer Studie der Unternehmensberatung McKinsey, dass im digitalen Zeitalter auch die Faktoren Schnelligkeit und Individualisierung einen wesentlichen Teil zur Kundenzufriedenheit beitragen. Es geht nicht mehr darum, guten Service zu bieten, sondern in Einklang mit den Wünschen der Kund:innen den besten Kundenservice personalisiert über alle Kanäle jederzeit zur Verfügung zu stellen.[172]

Verlustaversion sticht Risikofreudigkeit und Gewinnmaximierung

In seinem Buch „*Thinking, Fast and Slow*" (deutscher Titel: „*Schnelles Denken, langsames Denken*") führt der Nobelpreisträger Daniel Kahneman zahlreiche Beweise vor, dass wir über ein schnelles intuitives und ein langsames rationales Denksystem verfügen, und dass wir uns deshalb in unseren Einschätzungen leicht täuschen lassen. Eine wichtige Erkenntnis aus dem Buch ist der auf zahlreichen Studien basierende Nachweis, dass Menschen sich bei wirtschaftlichen Entscheidungen stärker auf die Verlustvermeidung konzentrieren, als auf die Gewinnmaximierung. So würden die meisten Menschen lieber 5 Euro in ein Lottoticket investieren, bei dem sie mit 10 prozentiger Wahrscheinlichkeit 100 Euro gewinnen können, als eine Wette einzugehen, bei der sie 95 Euro gewinnen könnten, aber eine 90 prozentige Wahrscheinlichkeit haben, ihren Wetteinsatz zu verlieren. Wahrscheinlich ist Ihnen aufgefallen, dass die beiden Situationen im Grunde gleich sind. Allerdings erscheint uns die erste Version positiver, denn der Fokus liegt auf dem Gewinnen. Die zweite Situation hingegen betont das Verlustrisiko.[173]

Damit erschüttert Kahneman das bisherige Bild vom *Homo oeconomicus*, dem uneingeschränkt rationalen Entscheidungsträger: Verlustaversion ist für die menschliche Psyche mächtiger als Gewinnmaximierung. Wir gewinnen gerne, aber

---

172 Vgl. Reccius (2019)
173 Vgl. Kahneman (2011)

wir riskieren nur ungerne den Verlust von dem was wir schon haben. Dies gilt im Übrigen genauso fürpolitische Entscheidungen wie für Anlegerentscheidungen und auch für Digitalisierungsstrategien!

Auch die Zeit soll nicht „*verloren*" oder „*vergeudet*" werden. Die Welt heute wird sehr viel schneller erlebt, als sie noch vor einigen Jahrzehnten. Ob es sich um Produktlebenszyklen, Aufmerksamkeitsspannen, Geduld oder anderes handelt, sie alle werden kürzer. Und gleichzeitig empfinden wir einen immer stärkeren Zeitmangel. Es ist dieser Zusammenhang von unserem Zeitempfinden und der Geschwindigkeit, mit der neue Informationen und Innovationen auf den Markt kommen, der einen tiefgreifenden Wunsch nach Zeitersparnis auslöst. Doch Zeit kann man nicht einsparen, nicht gewinnen und auch nicht verlieren. Zeit läuft immer (relativ) gleich — lediglich die Intensität mit der wir sie erleben und die Sinnhaftigkeit, die wir ihr zuschreiben, können wir beeinflussen. Daher ist es umso wichtiger, dass jeder Kontaktpunkt mit dem Unternehmen — vom Erstkontakt über den Kaufprozess bis hin zum Kundenservice — so bequem wie möglich erfahren wird. Nicht alles muss schnell sein, doch nichts darf sich zu langsam anfühlen![174]

Der Wunsch nach Selbstbestimmung

Immer mehr Kund:innen fordern personalisierte Produkte und Selbstbestimmung. In Zeiten von Individualisierung, Big Data und End-to-End-Digitalisierung erwarten immer mehr Kund:innen auf sie zugeschnittene Finanzdienstleistungen und fordern ihr Recht auf Selbst- und Mitbestimmung ein. Das reicht vom Verändern der PIN bis hin zur Erstellung und Zusammenstellung eigener Finanzprodukte.

Nach einer GfK Marktforschungsumfrage nimmt jede/r fünfte Bürger:in in Deutschland die Vermögensanlage gerne selbst in die Hand — und entscheidet eigenständig und ohne Zuhilfenahme von Beratung — oder möchte zumindest das finale Sagen haben. Noch höher scheint dieser Wunsch bei Personen mit einem frei verfügbarem Vermögen von über einer halben Million Euro auszufallen. Hier möchte sogar jede/r zweite das eigene Anlagevermögen kontrollieren, so die Ergebnisse einer repräsentativen Umfrage der Abteilung für Asset Management der *Johannes-Kepler-Universität Linz* aus dem Jahr 2016.[175]

---

174 Vgl. Grad (2017), Polwin-Plass (Datum unbekannt) & Serra (2018)
175 Vgl. GfK Martforschung (2016) & Cocca 2016

4.2. Die deutsche Spar- und Anlegerkultur

Sicherheit vor Rendite und Steuerersparnis vor Gebühren

Nach Ansicht des Finanzplaners Michael Huber steht bei den Deutschen insgesamt vor allem das Thema Sicherheit im Vordergrund. Ganz generell handelt es sich bei den Deutschen um stark konservativ geprägte Teilnehmer:innen am Finanzgeschehen. Sie suchen nicht die große Rendite, sondern ein hohes Maß an Sicherheit. Viele fürchten sich davor, dass die Anlage für den Ruhestand am Ende verloren gehen könnte. Das hat sich auch in vielen anderen Studien gezeigt: So wird noch immer lieber zum niedrig verzinsten Festgeld, der Staatsanleihe oder gar dem Sparbuch gegriffen, anstatt sich auf die Möglichkeiten der Aktienmärkte einzulassen.[176]

Dabei entsteht durch mangelndes Fachwissen, zu wenig Kommunikation und ein falsches Sicherheitsbedürfnis ein schleichender Wertverlust beim eigenen Kapital. Zu lange wird Vermögen gar nicht investiert oder liegt auf Konten, die kaum eine Verzinsung bieten. Allgemein sieht Huber auch, dass die Deutschen generell zu wenig Zeit in die Fragen der richtigen Anlagestrategien investieren. Das zeigt sich schon daran, dass noch immer zu viel Wert auf Ersparnisse bei der Steuer gelegt wird. So werden vermeintlich schnelle bzw. einfache Lösungen gesucht — häufig mit negativen Auswirkungen auf die Betroffenen. Dabei würden schon eine kurze Recherche und ein intensiver Austausch es ermöglichen, deutlich höhere Renditen zu erzielen, bessere Versicherungen abzuschließen oder günstigere Kreditkonditionen zu erhalten — ganz ohne dabei unbedingt die Sicherheit für das eigene Geld in irgendeiner Weise zu beeinflussen.[177]

In diesem Zusammenhang spielt der Begriff *German Angst* eine Rolle. Im internationalen Umfeld wird immer wieder eine grundlose Angst oder Besorgtheit der Deutschen wahrgenommen, die von vielen Beobachter:innen als typisch deutsch empfunden wird. Im Kontrast dazu beschreibt der Begriff *Angst* laut dem *Duden* einen *„mit Beklemmung, Bedrückung, Erregung einhergehender Gefühlszustand [angesichts einer Gefahr]; undeutliches Gefühl des Bedrohtseins*"[178], während im Englischen *Angst* strikt in *anxiety, fear* und *fright* unterteilt wird.

Nach neusten Erkenntnissen der Epigenetik können sich Traumata in unserem Erbgut niederschlagen — und sind demnach in Form von Ängstlichkeit vererbbar. Sozialforscher:innen gehen deshalb davon aus, dass die German Angst u.a. auf die durch den ersten und zweiten Weltkrieg ausgelösten traumatischen Erlebnisse wie Hungersnot, Verfolgung oder Vertreibung zurückzuführen ist, sowie auf die darauf folgenden Jahre der Sparsamkeit, die auf den Aufbau von Wohlstand und Sicherheit abgezielt haben. In der *Conservation of Resources Theory* erklärt Stevan Hobfoll, dass die German Angst aus psychologischer Sicht *„als die natürliche Furcht vor dem Verlust von materiellen und immateriellen Gütern (Ressourcen) erklären (lässt).* (...) *Hobfoll geht zudem davon aus, dass die Furcht vor dem Verlust mehr negativen Stress verursacht als der Gewinn (Primacy of Loss)*", heißt es

---

176 Vgl. Langenberg (2017)
177 Vgl. Langenberg (2017)
178 Duden (2020)

im *Lexikon der Psychologie*. Auch hier überwiegt also die bereits von Kahnemann beschriebene Verlustaversion vor der Gewinnmaximierung.[179]

Die Prioritäten (und Finanzplanung) der Kund:innen verändern sich im Laufe des Lebens

Nur wenigen Menschen kommt es in den Sinn, mit Mitte 20 ein Testament aufzusetzen, und nur wenige Menschen beginnen mit Ende 80, für die Zukunft anzusparen oder ihr gesamtes Erspartes in Bitcoins zu investieren. Der Grund dafür ist so simpel wie offensichtlich: Unsere Bedürfnisse, Erwartungen und Ansprüche verändern sich mit fortschreitendem Alter. Während die Hauptpriorität der meisten Menschen mit 20 die unmittelbare Risikoabdeckung ist, beginnen viele mit Anfang 30 für zukünftige Bedürfnisse und Ziele, aber auch für die Familienplanung zu sparen, um sich mit Mitte 30 dann einen entsprechenden Lebensstil zu führen. Zwischen dem 40. und 50. Lebensjahr bzw. mit der Erkenntnis des sich langsam anbahnenden Rentenalters und/oder Einsetzen der legendären Midlifecrisis verschieben sich die Prioritäten ein weiteres Mal. Im Vordergrund steht jetzt die Sicherstellung eines angemessenen Lebensstils über das Arbeitsleben hinaus. Ist dieser erreicht (oder auch nicht), so beginnt bei den meisten Deutschen etwa ab Mitte 50 die Phase der Nachlass- und Erbschaftsplanung.

Aus den Bedürfnissen der jeweiligen Lebensphase lässt sich eine Reihe von Erwartungen an die digitalen Produkte und Dienstleistungen der Finanzinstitute ableiten. Einige davon möchte ich gerne in den folgenden Absätzen vertiefen.

Junge Menschen stellen eine wichtige Zielgruppe für die Zukunftssicherung dar

Selbstbewusst, anspruchsvoll und emotional — so lassen sich die Kund:innen im digitalen Zeitalter zusammengefasst beschreiben. Ihre Bedürfnisse und Erwartungen haben sich stark verändert und sind kaum mehr mit denen vorangegangener Generationen zu vergleichen. Interessanterweise beobachte ich bei den jüngeren Generationen eine starke Dualisierung zwischen zwei Polen. Auf der einen Seite stehen junge Abenteurer:innen und Unternehmer:innen mit einer YOLO-Einstellung (engl.: you only live once, zu Deutsch: Man lebt nur einmal), die möglichst viele Erfahrungen sammeln und ihr Leben voll ausschöpfen wollen. Auf der anderen Seite steht eine wachsende Gruppe von Menschen, die großen Wert auf die berufliche und finanzielle Absicherung legen und eine Verbeamtung anstreben.

Banken stehen nun vor der großen Herausforderung, die Loyalität der neuen Kundengeneration zu gewinnen. Damit sind gleich mehrere Generationen gemeint, die heute als *Generation X, Y* und *Z* bezeichnet werden. Obwohl sie unterschiedliche Lebensweisen, Mentalitäten und Gewohnheiten pflegen, haben sie alle eines gemeinsam: Sie nutzen die digitalen Möglichkeiten zu ihren Gunsten und lassen sich weniger von Expert:innen und Uniformen beeinflussen, als von Social Influencer:innen und Opinion Leadern. Dies verlangt von Unternehmen ein

179 Vgl. inkl. Zitat Psychomeda (2016)

hohes Maß an Flexibilität und Anpassungsfähigkeit, die sich in neuen kundenorientierten Marketingansätzen finden lassen.[180]

Eine von *Censuwide* im Auftrag von *Crealogix* durchgeführte Studie an Bankkund:innen zwischen 18 und 45 Jahren in den Ländern Deutschland, Österreich und der Schweiz hat ergeben, dass eine Diskrepanz zwischen den Bedürfnissen der Befragten und dem tatsächlichen Angebot der Banken herrscht. Demnach erledigen 79,8% der 18- bis 45-jährigen Deutschen, 80% der Schweizer und 90% der Österreicher ihre finanziellen Angelegenheiten bevorzugt über digitale Kanäle. Allerdings bedeutet das nicht, dass den Befragten die Bankfiliale nicht mehr wichtig ist. Im Gegenteil zählt die Nähe zu einer Filiale bei der Auswahl der Bank für 31% der Deutschen und 26% der Schweizer und Österreicher als eines der wichtigsten Kriterien. Hier spielt jedoch weniger die Filiale oder die Größe des Filialnetzes eine Rolle, sondern die persönliche Beratung vor Ort.[181]

> *„Die jüngeren Kunden nutzen sowohl die Filiale als auch das Online Banking gezielt zur Regelung ihrer finanziellen Angelegenheiten — um den Millennials gerecht zu werden, ist deswegen ein hybrider Beratungsansatz unverzichtbar.“*[182]
> —Maryam Danesh-Kajouri, Head of Global Product Marketing bei *Crealogix.*

Das Potenzial der Silver Surfer wird unterschätzt

Der Großteil der Internetanbieter, Dienstleister:innen und Hersteller:innen scheint sich auf die jüngeren Generationen *X*, *Y* und *Z* zu konzentrieren, übersieht jedoch das bisher stark vernachlässigte Segment der *Silver Surfer*, also die digital-affinen und wohlhabenden Mitglieder der *Generation 50+* — die über die größte Kaufkraft im Markt verfügen. Gleichzeitig scheint für diese Zielgruppe im Markt enormes Unverständnis, wenn nicht sogar Missverständnis zu herrschen.

Die Bedürfnisse der Generation 50+ unterscheiden sich maßgeblich von denen jüngerer Bankkunden: Was der Trendforscher Matthias Horx den *„zweiten Aufbruch“* nennt, beschreibt das Abschließen mit Themen wie der Familienplanung, dem Aufbau von Ersparnissen oder der Karriereplanung einerseits und dem dringenden Bedürfnis, ein neues Lebenskapitel aufzuschlagen, Verpasstes aufzuholen und neue Dinge auszuprobieren andererseits. Dieser Wandel schlägt sich häufig auch in der Finanzplanung nieder. Besonders stark ausgeprägt ist dieses Verhalten bei Silver Surfern, die kurz vor der Rente stehen, aufgrund ihres bisherigen Karriereweges zunehmend mehr Freizeit zur Verfügung haben und sich körperlich wie geistig mindestens zehn Jahre jünger fühlen.[183]

Die Generation 50+ verfügt über ein größeres Vermögen als andere Kundengruppen und sind in ihrer Natur eher bereit, das Risiko zu diversifizieren — also dieses auch bei verschiedenen Finanzdienstleister:innen anzulegen. Neben der Vermögensplanung ist hier vor allem die Sprache von der Liquiditätsplanung einer Kundengruppe, die die *Ansparphase* längst verlassen hat, doch noch lange nicht in

180 Vgl. Grad (2017), Polwin-Plass (Datum unbekannt) & Serra (2018)
181 Vgl. Crealogix (2018A), Crealogix (2018B) & Crealogix (2018C)
182 Danesh-Kajouri, zitiert in Weidemann (2018)
183 Vgl. Hientzsch, in Manager Magazin (2006)

der *Entsparphase* sind. Es ist absurd, dass viele Finanzmanager:innen scheinbar die Meinung vertreten, dass sie im Bereich Altersvorsorge- und Rentenprodukte sowie Vermögensvererbung die Bedürfnisse der Zielgruppe ausreichend abdecken. Tatsache ist, dass es ein fataler Fehler ist, die Wertanlage auf ihre zweite Lebenshälfte oder gar das Erbe zu reduzieren. Denn beides bringt unausweichlich das Tabuthema *Tod* und die eigene Endlichkeit auf. Insbesondere bei der Neukundenakquise kann ich mir daher bessere Themen für die Erstansprache vorstellen als die indiskrete Aufforderung: „*Lassen Sie uns Ihr Ableben planen*".

Die Generation 50+ reitet auf der digitalen Welle mit. Digital-affin, wohlhabend, neugierig und risikofreudig... und doch gnadenlos ignoriert von der digitalen Wirtschaft. Die Silver Surfer — eine Untergruppe der *Baby Boomers*, welche Internetnutzer:innen der Generation 50+ beschreibt, sind längst privat und beruflich digital unterwegs. Zur Erinnerung: Baby Boomers sind zwischen 1943 und 1964 geboren; *Generation X* zwischen 1966 und 1980; *Generation Y* zwischen 1981 und 1995; *Generation Z* ab 1996. Ins digitale Umfeld übersetzt bedeutet das: *Digital Natives* (heute 14-29 Jahre alt), *Digital Immigrants* (30-54 Jahre) und *Silver Surfer* (55-59 bzw. 69 Jahre).

Anstatt jedoch die Zielgruppe nach eigenem Selbstverständnis anzusprechen, scheinen viele sie in eine Schublade mit *Tante Emma* stecken zu wollen, die am Wählscheibentelefon Teleshoppingaktivitäten nachgeht. Es ist völliger Unsinn davon auszugehen, diese Zielgruppe bewege sich nicht im Internet, konsumiere nicht online oder wünsche sich seniorengerechte Angebote! Im Gegenteil sind Silver Surfer sehr stark in den sozialen Medien vertreten und häufig aktiver, erfolgreicher, neugieriger und risikofreudiger als manch andere Gesellschaftsgruppe. GAFA haben das Potenzial der Generation 50+ bereits erkannt. Die Finanzwelt scheinbar noch nicht.

Wer als Online-Dienstleister:in denkt, die Silver Surfer ignorieren zu können, begeht einen großen Fehler. Nicht nur junge Menschen in Deutschland nutzen das Internet regelmäßig: Über 80% der 50- bis 59-Jährigen, 74% der 60- bis 69-Jährigen und 42% der über 70-Jährigen sind heute aktive Internetnutzer:innen. Noch vor vier Jahren fiel dieser Wert noch deutlich geringer aus. Doch die aktuelle demographische Entwicklung spricht stärker für eine Zunahme dieses Anteils als für eine Abnahme: Die 2020er und 2030er Jahre werden die Zeit der *Silver Surfer* sein![184]

Die Generation der Silver Surfer zeichnet sich insbesondere durch die höchste Kaufkraft, hohe Qualitätsansprüche und ihre relative Markentreue aus. Anders als die jüngeren Generationen Y und Z stehen die Silver Surfer bereits auf dem Höhepunkt ihrer Karriere und verfügen mit etwa 24.000 Euro pro Person und Jahr über enorme Kaufkraft.[185] Laut Statista machen die 50-59-jährigen Silver Surfer 2018 in Deutschland 10% der Bevölkerung aus, verfügen jedoch über 18% der gesamten Kaufkraft des Landes.

> *„Schon heute besitzen die über Fünfzigjährigen 48 Prozent des verfügbaren Einkommens in Deutschland. Bis zum Jahr 2020 wird dieser Anteil vor-*

184 Vgl. Grayling (2016) & Statista (2018A)
185 Vgl. Grayling (2016)

aussichtlich auf über 55 Prozent klettern."[186]

—Ralph Hientzsch: Bankenspezialist und geschäftsführender Gesellschafter der Unternehmensberatung Consileon Frankfurt.

Mit steigender Kaufkraft steigt auch die Bereitschaft, das Geld für bereichernde Erfahrungen auszugeben. Produktversprechen begegnen Silver Surfer zunächst mit einer gesunden Portion Skepsis. Doch einmal von der Qualität eines Produktes oder einer Dienstleistung überzeugt, neigen Silver Surfer stärker zu Produkttreue als jüngere Generationen. Zudem zeichnet sich die Generation durch eine besonders hohe Diskrepanz zwischen dem empfundenen und dem biologischen Alter aus. So liegen im Schnitt zehn Jahre zwischen dem gefühlten und dem tatsächlichen Alter der Silver Surfer.[187]

In der Kommunikation mit der Zielgruppe gilt es, Klischees, die man mit der Generation 50+ assoziiert, strengstens zu vermeiden. Denn: Silver Surfer sind keine homogene Gruppe. Stattdessen sollte der Tonus auf Authentizität und (technischer) Kommunikation auf Augenhöhe liegen, statt auf Belehrungen und Vorurteile![188]

Im Rahmen diverser Digitalisierungsansätze und Restrukturierungswellen haben sich viele Finanzunternehmen — auch aus Kostengründen — von ihren älteren Beratungskräften getrennt. Nun bekommen die Unternehmen die Folgen dieser Entscheidung zu spüren: Gerade die Kundengruppe 50+ — allen voran Silver Surfer — lässt sich nur ungern von deutlich jüngeren Berater:innen beraten. Einerseits erkennen sie deren Expertise und Status nicht an und andererseits können sich viele der jüngeren Berater:innen selten in die Bedürfnisse, Erfahrungen und Lebenssituationen der Zielgruppe hineinversetzen. Auch unterschätzen sie die Ansprüche der Kundengruppe: Viele 50+ Kund:innen setzen von ihrem Berater:innen ein hohes Maß an Fachkompetenz voraus. Am besten lässt sich dieses im persönlichen Gespräch einschätzen — daran ändert sich auch in Zeiten der Digitalen Transformation wenig, lediglich der Kanal verändert sich, von der Filiale hin zum Video-Chat.

Wie also begeistert man als Anbieter digitaler Produkte und Dienstleistungen die Generation 50+? Laut *Paysafe Group Ltd* werden üblicherweise Treue- und Prämienprogramme genutzt, um neue (etwa mobile) Finanzdienstleistungen, -technologien oder Wallets an den Kund:innen zu bringen. Für die Generation 50+ hingegen stehen Wert, erstklassiger Kundenservice und einfache Bedienung an erster Stelle, doch auch die Bedeutung von Produktwissen ist nicht zu vernachlässigen: Viele Baby Boomers sind sich der Vorteile digitaler Finanzangebote wie geringere Gebühren oder gar die Geschwindigkeit der mobile Brokerage noch gar nicht bewusst. Wer sich die Zeit nimmt, sie über diese und weitere Vorteile der digitalen Finanzangebote aufzuklären, wird mehr Kund:innen dazu ermutigen, die Technologien auszuprobieren und somit dazu beitragen, Baby Boomern den Wandel zum Silver Surfer zu ermöglichen.[189]

---

186 Hientzsch, in Manager Magazin (2006)
187 Vgl. Grayling (2016)
188 Vgl. Grayling (2016)
189 Vgl. Altman (2017)

Übergehen wir die Generation 65+?

Übergehen wir unsere Ruheständler:innen bei der Digitalisierung? Mit dieser Frage setzen sich in Deutschland nur sehr wenige Unternehmen auseinander. Dabei macht die Generation bereits einen erheblichen Teil der Gesellschaft aus, Tendenz steigend.

Dass *digitaler Overload* überfordert und bis hin zum digitalen Ausstieg führen kann, ist ein ungewollter Nebeneffekt der Digitalen Transformation. Doch dieser Ausstieg ist in der Regel auf eine bewusste Entscheidung und Selbstreflexion zurückzuführen und betrifft ausschließlich jene Menschen, die sich bereits mit der Digitalisierung auseinandersetzen. Ganz anders hingegen sieht es für viele Seniorinnen und Senioren aus. Sie fühlen sich häufig von digitalen Angeboten überfordert, wenn nicht gar ausgeschlossen.

Nach dem *Max-Planck-Institut für Bildungsforschung* nimmt unsere Lernfähigkeit — auch fluide Intelligenz (die Fähigkeit, Neues zu lernen) genannt — mit dem Alter ab. Die Spitze unserer Lernfähigkeit erreichen wir in der Regel in den frühen zwanziger Jahren. Bereits vor dem 30. Lebensjahr beginnt bei vielen Menschen die Fähigkeit abzunehmen, Neues zu lernen. Bei Renteneintritt liegt unser Leistungsniveau häufig nur noch bei der Hälfte unserer persönlichen Spitzenleistung. Gerade im demografischen Wandel führt diese Verminderung dazu, dass eine ganze Generation Gefahr läuft, abgehängt zu werden vom rasanten technologischen Fortschritt unserer Zeit. Denn Schätzungen zufolge werden im Jahr 2030 über 30% der Deutschen älter als 65 Jahre sein.[190]

Doch auch Senior:innen werden online immer aktiver. Laut Professor Herbert Kubicek waren 2018 10 Millionen Senior:innen in Deutschland noch nie online. Weitere 10 Millionen haben zwar bereits das Internet benutzt, online allerdings noch nie etwas eingekauft oder bezahlt. Die Stiftung digitale Chancen hat herausgefunden, dass die größte Herausforderung älterer Menschen auf den Selbstzweifel zurückzuführen ist, *„ob sie auftretende Probleme bewältigen können. Sie verzichten dann lieber auf die Nutzung“*, erklärt Kubicek. Genauer gesagt stehen der Nutzung digitaler Angebote vor allem Berührungsängste (technische Bedienung) und Sicherheitsbedenken (Umgang mit und Merken von Passwörtern) im Weg.[191]

Auch wenn noch bei weitem nicht alle Senior:innen online aktiv sind: Matthias Janson, Data Journalist bei *Statista*, sieht die starke Zunahme an Angeboten für Senioren als Hauptgrund für diese Entwicklung: Senioren-Smartphones mit großer Schrift und Zoom-Funktion, reduzierte Apps und eine Vielzahl an Gesundheits- bzw. Sicherheitsfunktionen und -anwendungen machen das Internet und die damit verbundenen Möglichkeiten auch für die Generation 70+ interessant.[192]

Die Digitale (R)Evolution bietet vor allem Seniorinnen und Senioren neue Freiheiten. Digitale Dienstleistungen können Menschen im fortgeschrittenen Alter in ihrem Alltag, aber auch in ihrem sozialen Umfeld, massiv unterstützen. Gerade für Menschen — egal welchen Alters –, die körperlich eingeschränkt sind, bieten An-

---

190 Vgl. Baltes et al. (1995) & Statista 2019
191 Vgl. inkl. Zitat Kubicek, zitiert in Wilkens (2018)
192 Vgl. Statista (2018A)

gebote wie Online Banking oder Lieferdienste eine enorme Bereicherung. Heute kann quasi alles im Internet bestellt und bis an die Wohnung geliefert werden. Dies umfasst nicht nur Medizin und Nahrungsmittel, sondern auch Kleidung, Bücher und Zeitschriften, Möbelstücke und vieles mehr. Auch soziale Medien bieten eine Möglichkeit, den Kontakt zur Familie und Gleichgesinnten zu pflegen und schützen vor Vereinsamung. Umso schwieriger ist es nachzuvollziehen, wieso es so wenige Personen, Initiativen und Unternehmen gibt, die einen gesellschaftspolitischen Beitrag leisten und ältere Generationen mitnehmen, statt sie zu abzuhängen.

Kritische Stimmen werden darauf verweisen, dass die Silver Surfer von heute die Generation 65+ von morgen ist. Damit wird sich die Situation in spätestens 10 Jahren nachhaltig verändern. Nichtsdestotrotz: für einen nicht unerheblichen Teil der Senior:innen bleibt ‚digital' auch in naher Zukunft eine unbekannte Parallelwelt. Glücklicherweise gibt es schon heute Pionier:innen, die auf die Eingliederung der Generation 65+ abzielen. Nepos-Gründer Paul Lunow ist ein solcher Pionier. Einen lesenswerten Gastbeitrag über seine Vision und seinen Ansatz finden Sie in meinem Buch: „*Bionic Wealth*".

4.3. Verantwortung und Nachhaltigkeit werden zum großen Thema

Nachhaltigkeit darf im digitalen Zeitalter nicht mehr ignoriert werden!

Nachhaltigkeit ist kein Hype, keine Modeerscheinung und noch nicht einmal ein Megatrend. Ich beobachte regelmäßig, dass vermeintliche Expert:innen krampfhaft darauf beharren die Nachhaltigkeit unter den großen Megatrends unserer Zeit aufzulisten. Aus einem Investment-Narrativ heraus mag das stimmen: Nachhaltigkeit bietet Investitionsmöglichkeiten und birgt Potenzial. Doch die Idee von Nachhaltigkeit als vorübergehende Modeerscheinung wird ihrem eigentlichen Grundgedanken nicht gerecht. Nachhaltigkeit ist die Zukunft, denn *nachhaltig* ist gleichzusetzen mit *zukunftsfähig*. Das bezieht sich genauso auf die Umwelt, die Gesellschaft und die Wirtschaft, wie auch auf den Finanzsektor, jedes Finanzunternehmen und Ihre persönliche Zukunft. Unlängst haben dies auch *BlackRock* und *MSCI* erkannt und Stellung bezogen. Falls Sie noch nicht überzeugt sind, dann ändert sich das vielleicht mit dem nächsten Argument: Nachhaltigkeit wird gesetzlich vorausgesetzt. Genauer gesagt, wird *ESG-Compliance* durch eine neue *EU-Verordnung zur Nachhaltigkeit* laut Dr. Robert Eberius schon sehr bald verpflichtend für den Finanzbereich.[193]

Im Schnitt schneidet die nachhaltige Geldanlage nicht schlechter ab als ihre nicht-nachhaltigen Konterparts. Langfristig sind nachhaltige Finanzprodukte stabiler und überstehen Krisen häufig gesünder. So haben beispielsweise die ESG-Portfolios von *Diversifikator*, einem B2B-Anbieter für verantwortungsvolle Portfoliostrategien, die Corona-Krise deutlich besser überstanden als viele aktiv gemanagte Fonds, klassische ESGs oder REITs (Real Estate Investment Trusts). Der

193 Vgl. Eberius (2019)

Grund: Die in nachhaltigen Finanzprodukten investierten Unternehmen wirtschaften nachhaltig. Sie gehen schonender mit Ressourcen um und erzeugen weniger Abfall. Sie gehen besser mit Mitarbeiter:innen um und haben geringere Fluktuationsraten bei gleichzeitig höherer Motivation. Sie pflegen langfristige und für beide Seiten vorteilhafte Beziehungen mit Partner:innen und Zulieferer:innen. Sie pflegen langfristige Kundenbeziehungen und genießen eine starke Kundenloyalität. Und nicht zuletzt kann Nachhaltigkeit einen enormen Wettbewerbsvorteil darstellen. Alle dies hilft ihnen Kosten zu sparen und gleichzeitig zusätzliches Geschäftspotenzial zu aktivieren.[194]

Nachhaltigkeit lässt sich gut kommunizieren

Die Anlegerberatung zu nachhaltigen Finanzprodukten ist nicht aufwändig; tatsächlich ist die Kommunikation von Nachhaltigkeitskonzepten sogar vergleichsweise einfacher: Anleger:innen können mit ihren Investitionen etwas bewirken und dabei auch noch mitverdienen. Allerdings ist dabei das Wording entscheidend. Der Begriff *Nachhaltigkeit* wird in der Branche nach wie vor belächelt und mutiert immer stärker zu einem Buzzword; ähnlich wie *Digitalisierung* oder *Veganismus* sagt er für sich genommen zugleich alles und nichts aus.

Nachhaltigkeit ist für viele schlichtweg nicht greifbar; sie hat keine Relevanz, da sie nicht in Bezug zum eigenen Leben zu stehen scheint. So entstehen automatisch Gedanken wie *„was kostet mich Nachhaltigkeit und worauf muss ich durch oder für sie verzichten?"*. Wir wissen dank dem Nobelpreisträger Prof. Daniel Kahneman, dass die meisten Menschen Verluste um jeden Preis verhindern möchten — die *Verlustaversion* überwiegt die Möglichkeit der *Gewinnmaximierung* (Vgl. Kapitel 4.2). Leichter wird die Kommunikation hingegen, wenn Sie stattdessen auf konkrete Anwendungsfälle eingehen.

Gestatten Sie mir, dies anhand von ein paar Beispielen zu verdeutlichen: Welche der folgenden Aussagen treffen wahrscheinlicher auf Zustimmung?

- *„Die Digitalisierung entlastet Menschen"*, oder: *„Automatisierung entlastet die Mitarbeiter:innen in der ...* (Administration, Buchhaltung, etc.)"?
- *„Die Digitalisierung macht Absprache sicherer und transparenter"*, oder: *„Smart Contracts und die Blockchain-Technologie machen Geschäftsverträge und -absprachen sicherer und transparenter"*?
- *„Also komplett vegan finde ich schon extrem"*, oder: *„Also komplett leidfrei und Mitgefühl haben, finde ich schon extrem"*[195]?
- *„Mir ist egal, ob meine Investition Nachhaltigkeit ignoriert"*, oder: *„Mir ist egal, ob meine Investition z. B. Ausbeutung, Klimasünden oder Waffenlieferungen ignoriert"*?
- *„Ich lege keinen Wert darauf, ob meine Kleidung nicht-nachhaltig hergestellt wurde"*, oder: *„Ich lege keinen Wert darauf, ob meine Kleidung von Kindern hergestellt wurde"*?

---

194 Vgl. Söhnholz (2020)
195 @veganistungesund (2020)

- *„Nachhaltigkeit betrifft weder mein eigenes Leben, noch das meiner Kinder"*, oder: *„Klimaschutz, Soziale Gerechtigkeit, Rechtsstaatlichkeit und gute Unternehmensführung betreffen weder mein eigenes Leben, noch das meiner Kinder"*?

Ich möchte damit keineswegs zum Ausdruck bringen, dass der Begriff *Nachhaltigkeit „verbrannt"* ist — für mich persönlich ist er eine Lebensmaxime. Was ich stattdessen damit sagen möchte ist, dass er ein ganzes Spektrum an Begriffen und Perspektiven parat hält, die sich je nach Zielgruppe kommunizieren lassen und emotionale Reaktionen hervorrufen können die weitaus wirkungsvoller sind.

Finance for Future – Der Ruf nach nachhaltigen Geschäftspraktiken und Finanzprodukten wird unüberhörbar

Nach dem Marktbericht *Nachhaltige Geldanlagen 2019* des *Forum Nachhaltige Geldanlagen* (FNG), ist die Summe nachhaltiger Geldanlagen in Deutschland von 2014 bis 2018 von 127,3 auf 219,1 Milliarden Euro gestiegen. Noch stärker ist der Zuwachs von verantwortlichen Investments. Im gleichen Zeitraum ist dieser von 309,7 auf 1.307,9 Milliarden Euro gestiegen.[196]

ABB. 4.2: ANLAGEVOLUMEN NACHHALTIGER INVESTMENTFONDS & MANDATE IN DE

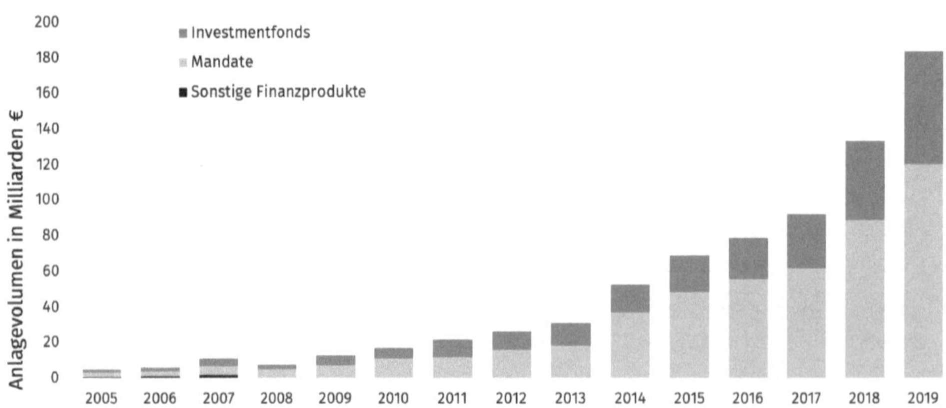

Quelle: FNG (2020:8)

Die Nachfrage nach Nachhaltigkeit ist getrieben von den Investor:innen und Kund:innen, aber auch von den Lieferanten, der Politik und nicht zuletzt vom Gesetz und von Regularien. Zugleich bietet Nachhaltigkeit neue Geschäftsmöglichkeiten. Dies spiegelt sich auch im Angebot am Markt wieder. Konnte man in Deutschland 2018 noch in 49 nachhaltige ETFs investieren, so sind laut der Plattform justETF.com im Jahr 2020 111 ETFs für Anleger:innen verfügbar.

Untersuchungen von *NACHHALTIGES LEBEN 2020*, einer gemeinsamen Studie der *Ad-Alliance*-Mitglied er *SPIEGEL Media* und *POLYCORE — Agentur für eine bessere Welt* aus dem Dezember 2019 haben ergeben, dass 69% der Befragten eine gesellschaftliche Verantwortung bei Marken und Unternehmen sehen und dass sich 80% mehr Beiträge zum Thema *Nachhaltigkeit* in den Medien wün-

196 Vgl. FNG (2019:13)

schen. Gleichzeitig, so die Studie gab die Hälfte der Befragten an, „*keine nachhaltigen Finanzinstitute zu kennen. Dafür könnten sich fast 60 Prozent der Finanz-Interessierten einen Wechsel vorstellen, unter den Frauen sogar 66 Prozent. ... Insgesamt ist die Gen Z in diesem Bereich informierter und aktiver: 26 Prozent sind bereits Kunde bei einer nachhaltigen Bank*“[197].

Lange schien es so, als seien Nachhaltigkeit und der Finanzbereich nicht miteinander vereinbar. Vordenker wie die *GLS Bank*, die *Triodos* oder die *EthikBank* galten als Banken für „*Hippies und Ökos*“. Eine echte Chance wurde ihnen nicht zugesprochen und entsprechend wurden ihre nachhaltigen Finanzprodukte auch nicht als ernstzunehmende Konkurrenz wahrgenommen. Wer als Privatanleger:in nachhaltig investieren wollte, musste sogar drauflegen. Heute zahlen Finanzunternehmen für nicht-nachhaltige Produkte drauf.

Das Gegenteil von nachhaltig ist kurzfristig und flüchtig

Der Sozialpsychologe Harald Welzer hat einmal im Zusammenhang mit dem Klimawandel erklärt, der Utopist sei der Realist der Gegenwart.

> „*Früher waren die Jugendlichen die mit den Träumen und Flausen und die Erwachsenen waren die Realisten. Und heute haben wir es umgekehrt: Erwachsene glauben, man könnte mit der Strategie wie jetzt durchs 21. Jahrhundert kommen. Das ist totaler Blödsinn.*“[198]
> — Harald Welzer, Publizist, Soziologe und Sozialpsychologe.

Man möchte annehmen, Schlagworte wie *Agilität*, *Flexibilität*, *Sprints*, oder *Lean Management/Lean Banking* lebten von ihrer Kurzfristigkeit. Das ist hier nicht gemeint und trifft auch nicht zu. *Agile Sprints* und andere Methoden dienen dazu, möglichst schnell Fortschritt zu machen, Ideen zu testen, Ideen auszureifen oder zu verwerfen. Vor allem aber zielen sie letztendlich darauf ab, Ergebnisse zu erzielen, auf lange Sicht verheerende Fehler zu vermeiden und als Unternehmen erfolgreich zu sein. Die Methoden erfolgreicher Finanzunternehmen sind kurzfristig, doch die übergeordnete Unternehmensstrategie ist es nicht. Sie orientiert sich stattdessen am langfristigen Erfolg. Es gilt, die zukünftige Wettbewerbsfähigkeit und Handlungsfähigkeit zu sichern.

Wir alle profitieren von mehr Nachhaltigkeit im Finanzbereich. Ein großer Vorteil der quasi als Nebenprodukt von nachhaltigen Finanzprodukten entsteht, ist der gesellschaftliche Mehrwert: je höher die Nachfrage nach Nachhaltig, desto mehr Finanzunternehmen beschäftigen sich mit Nachhaltigkeit. Und je besser und rentabler die Finanzprodukte werden, desto mehr Vertrauen gewinnen die Anleger:innen in nachhaltige Finanzprodukte. Am Ende profitieren wir alle davon und der Nachhaltigkeitsgedanke wird gesellschaftlich vorangebracht.

---

197 NACHHALTIGES LEBEN 2020 (2019:25)
198 Welzer, zitiert in Bille (2019)

Der Collective Impact und das Ecosystem of Shared Value: Nachhaltigkeit ist unsere gemeinsame Verantwortung!

Die Wirtschaft und Finanzwelt setzen sich aus vielen einzelnen Individuen zusammen — aus den Mitgliedern der Gesellschaft. Als solche haben sie eine Verantwortung, den sozialen Fortschritt voranzutreiben. In ihrem gemeinsamen Artikel *The Ecosystem of Shared Value* haben der *Harvard Business School* Dozent und *FSG*-Co-Gründer (FSG ist eine Social Impact Beratungsagentur) Mark R. Kramer und der *FSG*-Geschäftsleiter Marc W. Pfitzer auf ein wesentliches Problem unseres aktuellen Wirtschafts- und Sozialsystems aufmerksam gemacht: „*In der Vergangenheit haben sich Unternehmen selten als Treiber des sozialen Wandels (agents of change) wahrgenommen. Dennoch wird der Zusammenhang zwischen sozialem Fortschritt und wirtschaftlichem Erfolg immer deutlicher. (...) Wenn die Wirtschaft den sozialen Fortschritt in allen Regionen der Welt stimulieren könnte, würden Armut, Umweltverschmutzung und Krankheit zurückgehen und die Unternehmensgewinne steigen. In der Tat ist in den letzten Jahren die Schaffung gemeinsamer Wertschöpfung (shared values) - finanziellen Erfolg so zu verfolgen, dass er auch gesellschaftlichen Nutzen bringt - für Unternehmen aus zwei Gründen zu einer Notwendigkeit geworden. Die Legitimität der Geschäftswelt wurde scharf in Frage gestellt, da man davon ausging, dass Unternehmen auf Kosten der Allgemeinheit florieren. Gleichzeitig sind viele der Probleme der Welt, von der Einkommensungleichheit bis zum Klimawandel, so weitreichend, dass ihre Lösung das Fachwissen und die skalierbaren Geschäftsmodelle des Privatsektors erfordert.*“[199]

Die Lösung gesellschaftlicher Herausforderungen bietet Geschäftschancen. Das Prinzip der gemeinsamen Wertschöpfung (*Shared Value*) geht auf einen 2011 in der *Harvard Business Review* erschienen Artikel zurück: In *Creating Shared Value* eröffnen die Ökonomen Michael E. Porter und Mark R. Kramer mit dem Satz „*The capitalist system is under siege.*" (Zu Deutsch: „*Das kapitalistische System steht unter Belagerung.*“) und argumentierten, dass Unternehmen über die Corporate Social Responsibility hinauswachsen und Wettbewerbsvorteile erzielen können, wenn sie soziale und ökologische Kriterien in ihre Strategien einbeziehen. Die Betrachtung gesellschaftlicher Herausforderungen als Geschäftschancen sehen die Ökonomen als die wichtigste neue Dimension der Unternehmensstrategie und als den wirksamsten Weg zu sozialem Fortschritt. Finanzunternehmen können dabei Shared Values auf drei Arten schaffen bzw. fördern: Durch die Neugestaltung oder Finanzierung von sinnvollen Produkten und Märkten, durch die Neudefinition der Produktivität in der Wertschöpfungskette und die durch die Stärkung lokaler Cluster und Gemeinschaften. Alle drei Ansätze erfordern jedoch ein ausreichend robustes Ökosystem.[200]

Alle Teilnehmer:innen der Wirtschafts- und Finanzwelt sind Teil eines gemeinsamen Ökosystems! Bei der Verfolgung von *Shared Value-Strategien* stoßen Finanzunternehmen unweigerlich auf Hindernisse: Kein Unternehmen kann isoliert existieren; jedes Unternehmen und jedes Projekt das sie finanziell unterstützen

---

199 Kramer & Pfitzer (2016), aus dem Englischen übersetzt
200 Vgl. Porter & Kramer (2011)

besteht in einem Ökosystem, in dem es von gesellschaftlichen Bedingungen, von der Produktivität der Lieferanten und Händler, von regulatorischen Rahmenbedingungen und politischen Entscheidungen sowie von anderen Marktbedingungen abhängig sind; und auch kulturelle Normen beeinflussen die Nachfrage. All diese Faktoren sind außerhalb der Einflussmöglichkeiten der Unternehmen und eine Verbesserung bedarf kollektiver Anstrengungen. Denn wir dürfen nicht vergessen: In Banken, Unternehmen, Regierungen, NGOs und Gemeinden sitzen Menschen. Wenn sich diese Entitäten für etwas engagieren, dann sind das also faktisch die Menschen die dahinterstehen.[201]

Der *Collective Impact* schafft eine gemeinsame Vision. Bis dato arbeiteten Unternehmen, Regierungen und Gemeinden häufiger in Opposition zueinander als in Übereinstimmung miteinander. Um gemeinsame Wertschöpfungsbemühungen voranzutreiben, müssen Unternehmen und Finanzunternehmen daher sektorübergreifende Koalitionen eingehen um den Wandel zu katalysieren. Diese Bewegung nennt man *Collective Impact* (zu Deutsch: kollektive Wirkung) bekannt und begründet sich auf einen Beitrag von John Kania und Mark Kramer in der *Stanford Social Innovation Review* aus Jahr 2011.[202]

Das Prinzip des *Collective Impact* beruht auf der Idee, dass soziale Probleme aufgrund einer komplexen Kombination von Handlungen und Unterlassungen/Versäumnissen von Akteur:innen in allen Sektoren entstehen und fortbestehen — und daher auch nur durch die koordinierten Bemühungen dieser Akteur:innen gelöst werden können. Vor der Betrachtung aus der Collective Impact Perspektive haben alle Betroffenen das jeweilige Problem in der Regel nur aus ihrer eigenen Perspektive betrachtet. Gemeinsame Initiativen fördern ein gemeinsames Verständnis des Problems, indem sie alle relevanten Parteien (idealerweise Entscheidungsbefugte) zusammenbringen und eine rigorose Datenerfassung und sorgfältige Moderation sicherstellen.[203]

Damit eine *Collective Impact-Initiative* einen tiefgreifenden sozialen Wandel bewirken kann, müssen allerdings fünf Elemente vorhanden sein:[204]

1. Eine gemeinsame Agenda;
2. Ein geteiltes Bewertungssystem;
3. Einander wechselseitig verstärkende Aktivitäten;
4. Ständige Kommunikation;
5. Und engagierte ‚Rückgrat-Unterstützung' durch eine oder mehrere unabhängige Organisationen.

(Finanz-)Unternehmen, die sich dem Collective Impact widmen, können nicht nur den sozio-ökologischen Fortschritt vorantreiben, sondern auch wirtschaftliche Chancen ergreifen, die nicht-verantwortungsvoll agierende Wettbewerber:innen verpassen. (Finanz-)Unternehmen bringen hier wesentliche Stärken in die Bemü-

201 Vgl. Kramer & Pfitzer (2016)
202 Vgl. Kania & Kramer (2011)
203 Vgl. Kania & Kramer (2011)
204 Vgl. Kania & Kramer (2011)

hungen um eine kollektive Wirkung ein. Sie wissen, wie man Ziele innerhalb eines begrenzten Zeit- und Budgetrahmens definiert und erreicht. Sie verstehen Veränderungsmanagement und die Kunst des Verhandelns. Und sie können mit Pragmatismus, Rechenschaftspflicht und datengestützter Entscheidungsfindung die Bürokratie und ideologischen Meinungsverschiedenheiten überwinden, die Regierungen und NGOs oft behindern.[205]

Fallstudie: „Banking darf nicht die Welt kosten" – Tomorrow macht Geld zum Teil der Lösung.

*„Let's unf*ck Banking"*[206] — die nachhaltige mobile Bank *Tomorrow* ist anders. 2018 von Inas Nureldin, Jakob Berndt und Michael Schweikart mit der Vision gegründet, gemeinsam die (Finanz-)Welt zu verändern und *„Finanzen grundlegend neu denken"*[207] möchte das Social Business gemeinsam mit derzeit rund 40.000 Kund:innen *„die Bankenwelt revolutionieren* (...) *Indem wir die Blackbox öffnen und innovative Ansätze für soziale und ökologische Fragen finden und umsetzen."*[208]

Und das Konzept geht auf. Schon zu Beginn der Beta-Phase, bei der Tomorrow mit 300 User:innen das MVP testete, hatte die Bank eine Warteliste von 8.000 Interessent:innen die sich um ein Konto bei der nachhaltigen Bank bewarben. Beim offiziellen Launch 2019 bestand das Team aus gerade einmal 10 Mitarbeiter:innen. Vier Monate später zählte Tomorrow, deren Banking-Infrastruktur über die *solarisBank* läuft, bereits 10.000 Kund:innen. Während ich diese Fallstudie schreibe (November 2020), zählt *Tomorrow* bereits 45.829 Kund:innen.[209]

> *„Bad Banks stecken Dein Geld in die Rüstungsindustrie, in klimaschädliche Energien und in Massentierhaltung. Gemeinsam mit Euch verändern wir, was es heißt, eine Bank zu sein. Als Mikro-Investor*in wirst Du zukünftig am Erfolg von Tomorrow beteiligt."*[210] —Tomorrow.

Nach eigenen Angaben hatten nur wenige im Team vor Tomorrow Erfahrung im Bankensektor. Und doch — oder gerade deshalb — denken sie außerhalb der Grenzen, die sich der traditionelle Bankensektor überwiegend selbst auferlegt:

- Tomorrow bietet zwei Girokonten an, die in nur acht Minuten via Smartphone eröffnet wird und bei dem jede Zahlung zum Klimaschutz beiträgt: ein kostenfreies und ein aufpreispflichtiges. Das kostenlose Paket beinhaltet bereits die Nutzung der App sowie einer kostenfreien Visa-Debitcard. Zudem können Kund:innen weltweit bis zu drei Mal pro Monat gebührenfrei Geld abheben und zwei Unterkonten (Pockets) anlegen. Bei *Tomorrow Zero* entrichten die Kund:innen eine monatliche Gebühr von 15 Euro und können im Gegenzug unbegrenzt Geld abheben und Pockets erstellen. Darüberhinaus kompensiert

205 Vgl. Kramer & Pfitzer (2016)
206 Tomorrow (2020B)
207 Tomorrow (2020A:4)
208 Tomorrow (2020B)
209 Vgl. Tomorrow (2020A) & Tomorrow (2020C)
210 Tomorrow (2020B)

Tomorrow 11,3 Tonnen CO_2 pro Jahr für *Tomorrow Zero*-Kund:innen, damit Sie Kilma-neutral leben können.[211]

- *„Bei Tomorrow fördert Dein Geld ausschließlich nachhaltige Projekte. So unterstützt Du unkompliziert und kostenfrei den positiven Wandel*"[212], heißt es auf der Unternehmensseite. So legt die Bank die Kapitaleinlagen der Kund:innen z. B. in Projekte für den Ausbau sozialen Wohnraums oder erneuerbare Energien an, sowie in einen Mikrofinanzfonds, der die Vergabe von Mikrokrediten an einkommensschwache Menschen finanziert. Ein weiterer Teil der Einlagen geht in Green Bonds und Social Bonds.[213]
- Auch die Nutzung der Visa Debitkarte trägt zur Verbesserung der Welt bei: *„Wir schützen 1 m2 Regenwald für jeden einzelnen Euro, der mit der Tomorrow Karte ausgegeben wird*"[214], erklärt das Unternehmen. Finanziert wird das Ganze über die Interchange Fee, also die Gebühren die Händler:innen bei jeder Transaktion an die Bank abgeben, und die anschließend in Klimaschutz-Projekte investiert wird. So möchte die Social Bank bereits 86.504.686 m2 Regenwald geschützt und 22.121.473 kg CO_2 kompensiert haben.[215]
- Im Rahmen der Corona-Pandemie entschied sich die Bank nun zu einem Rebranding und einem für die Branche revolutionären Schritt: Die tokenbasierte Wagniskapital-Beteiligung von Crowdinvestor:innen. In nur 300 Minuten — so lange war die ICO-Aktion (*Initial Coin Offering*) online — zeichnete die Bank so 3.000.000 Euro Wachstumskapital! (Mehr dazu finden Sie in „*Bionic Wealth*")

4.4. Onlinebanking wird zur Grundvoraussetzung

Onlinebanking wird Grundvoraussetzung

Gabler's Wirtschaftslexikon definiert *Onlinebanking* als die *„Erledigung von Bankgeschäften per Rechner von zu Hause aus.* Ergänzend kann die Möglichkeit der Beauftragung per Telefax im Fall technischer Probleme gewährt werden. Zahlungsdienstleister:innen bieten im Internet (oder über Onlinedienste) kostengünstige bis kostenfreie Kontoführung an. Erforderlich ist die Eröffnung eines Kontos. Die Legitimationsprüfung kann bei Bedarf auch die Deutsche Post AG oder mittels Videoidentifizierung vorgenommen werden*". Damit einher gehen Dienstleistungen wie das *„Ausführen von Daueraufträgen und Überweisungen*, (... die) *Erteilung von Aufträgen für Geld- und Kapitalanlagen bzw. Darlehen*, ... (oder der) *Einzug und Einlösung von Lastschriften*". Zusätzlich werden den Nutzer:innen Informationen wie *„Kontoauszug, Vermögenstatus, Preise für Dienstleistungen, Konditionen des Anlage- bzw. Kreditsektors, Anlageempfehlungen etc.*" bereitgestellt. Voraussetzungen für die Nutzung dieser Möglichkeiten ist der Computer- und Internetzugang sowie Onlinezugang zur Bank. Die Bank stellt den Kund:innen dann persönliche Identifikationsmittel (z.B. PIN) bzw. Legitimati-

---

211 Vgl. Tomorrow (2020D)
212 Tomorrow (2020A)
213 Vgl. Tomorrow (2020A) & Tomorrow (2020C)
214 Tomorrow (2020C)
215 Vgl. Tomorrow (2020A) & Tomorrow (2020C)

onsmedien für die Kontaktaufnahme zur Verfügung.[216]
* Ins heutige Zeitalter übertragen muss Onlinebanking über den PC hinaus gedacht werden und auch den Zugang von Laptop und Macbook von jedem Ort mit Internetzugang umfassen.

Onlinebanking ergänzt das klassische Banking

Kund:innen zieht es immer stärker vom Schalter weg zum *Online*-Girokonto. 2017 gab es in Deutschland insgesamt 62,83 Millionen Online-Girokonten. Mit dem Wechsel reduzieren sich Order- und Transaktionsgebühren für Finanzprodukte, während die Handelsfrequenz der einzelnen Kund:innen nicht nennenswert zunimmt: 2016 ist die Zahl der Aktionäre bzw. Besitzer von Aktienfonds in Deutschland gesunken. Im Schnitt lag sie bei weniger als neun Millionen, was etwa jedem siebten Bürger über dem 14. Lebensjahr entspricht. Die größte Gruppe bilden hier die über Sechzigjährigen. Um die Jahrtausendwende lag die Zahl bei knapp 13 Millionen. Beliebter sind stattdessen Sparprodukte ohne Rendite: Die Deutschen verfügen über 5,5 Billionen Euro Geldvermögen, von welchem knapp 40% auf Giro- und Sparkonten liegt, während alternative Produkte mit Mehrwert für die Kund:innen unzureichend abgedeckt sind.[217]

ABB. 4.3: ONLINE-GIROKONTEN IN DEUTSCHLAND

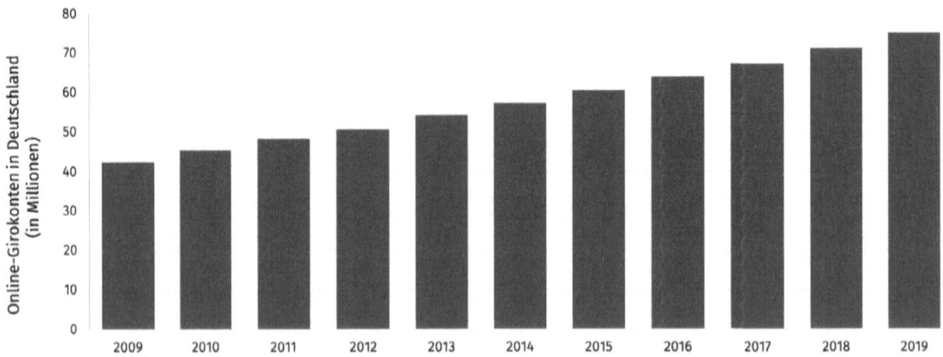

Quelle: eigene Darstellung in Anlehnung an Statista (2020E) & Deutsche Bundesbank (2020:14)

Noch haben Banken die Möglichkeit, sich auf das digitale Zeitalter vorzubereiten. Mit der Entscheidung, in Onlinebanking-/mBanking-Lösungen zu investieren, treffen Banken auch die Entscheidung, in ihre IT-Infrastruktur zu investieren, Kosten zu reduzieren und den Kund:innen einen schnelleren und komfortablen Service zu bieten. Gleichzeitig entscheiden sie sich dafür, dem drohenden Kundenverlust vorzubeugen.

Deutschland ist weit von einer bargeldlosen Gesellschaft entfernt. Und gleichzeitig gilt: Anders als viele Staaten in Asien, aber auch die skandinavischen Nachbarn, ist Deutschland noch weit entfernt von einer ‚*Cashless Society*' (bargeldlosen Gesellschaft). Bis es dazu kommt, dass es überhaupt keine Schlangen, keine Kassierer:innen und kein Bargeld mehr gibt, wird es noch sehr lange dauern. Das

216 Vgl. inkl. Zitat Gablers Wirtschaftslexikon (2018): Onlinebanking
217 Vgl. Statista (2017A) & Schier (2017)

hängt vor allem damit zusammen, dass die Deutschen ihr Bargeld lieben. Nach einer Umfrage der ING *„stimmten 84 Prozent der deutschen Befragten der Aussage zu: ‚Ich werde nie vollkommen ohne Bargeld auskommen wollen'.“* Einer der Hauptgründe ist hier wohl der Datenschutz und die mit Bargeld assoziierte Anonymität. Demnach schätzten nur 48% der Befragten bargeldlose Zahlungsverfahren derzeit als sicher ein.[218]

Onlinebanking hat sich durchgesetzt. Nun holt mBanking kräftig auf

Im digitalen Zeitalter möchten Kund:innen so mit ihrer Bank agieren, wie und wann sie es möchten — nicht wie die Bank es vorschreibt. In diesem Zusammenhang wird das Smartphone ein immer beliebteres Gateway zur Bank — Mobile-Banking gehört zum guten Ton.

Mobile-Banking (auch mBanking) beschreibt das Abwickeln von Bankgeschäften über mobile Endgeräte (Mobiltelefone oder Tablets). Hierbei unterscheidet man zwischen dem Zugang über spezielle Applikationen/Widgets (kleine Softwareprogramme) oder direkt über die Banking-Anwendungen im Internet via Mobile-Browser. Der große Vorteil des mBanking: Neben der direkten Erreichbarkeit gibt mBanking Kund:innen das Gefühl, mehr Kontrolle über die eigenen Finanzen zu haben. Zahlungen werden nicht mehr übersehen, der aktuelle Kontostand ist jederzeit abrufbereit und Rechnungen öfter pünktlich gezählt.[219]

Der *Y&R Media Use Index 2017* hat ergeben, dass 2012 etwa 71% der Deutschen Smartphone-Nutzer:innen regelmäßig Onlinebanking nutzten, wohingegen nur 11% Mobile Banking-Angebote annahmen. 2017 sah das Bild anders aus: Onlinebanking wird von 87% genutzt, doch nun nutzen 64% zusätzlich mBanking. Auch Digital Immigrants (25-49-Jährige) und Silver Surfer (50 plus) entdecken die Vorteile des mBanking für sich. In nur drei Jahren ist die Zahl der Mobile Banking-Nutzer:innen bei den Digital Immigrants von 28% auf 43% und bei den Silver Surfern von 19% auf 25% gestiegen.[220]

Moderner, schneller, günstiger und nachhaltiger: mBanking per App. mBanking bedeutet nicht, dass man am Smartphone über den Browser Onlinebanking-Funktionen nutzt! Die Funktionen und deren Bedienung müssen vielmehr gezielt an das Medium Smartphone angepasst werden. Alles muss schnell, einfach und intuitiv funktionieren, wenn die NutzerInnen die App wirklich annehmen und regelmäßig nutzen sollen. Davon profitiert auch die Bank: Eine einfache und intuitive Nutzung spart für beide Seiten Zeit und Geld. Nicht zuletzt verzichtet mBanking auf eine Menge Papier und Ressourcen, weshalb mBanking auch ökologisch erstrebenswert ist — zumindest solange man die Faktoren Energie und seltene Erden, welche auf die Produktion und Nutzung von Technologie anfällt, aus der Gleichung lässt.[221]

---

218 Vgl. ING-DiBa (2018)
219 ING-DiBa, in Statista (2017)
220 Y&R (2017)
221 Vgl. IT Finanzmagazin (2018F) & Moneyou (2019)

Fallstudie: Filialbanken und Sparkassen setzen auf mBanking

Den Wunsch nach mBanking-Angeboten haben auch Filialbanken und Sparkassen erkannt und bieten ihren Kund:innen Apps für das mBanking an:

Mit *Moneyou* sollen Kund:innen die eigenen Finanzen selbstständig organisieren können, egal ob Tagesgeld, Festgeld, Kredit oder Geldanlage. *Moneyou* ist das mobile Bankkonto der *ABN AMRO Bank N.V.*, das sowohl Sparen als auch Bezahlen bequem und schnell mit Hilfe von Unterkonten, sogenannten ‚Wallets', ermöglicht. Mit einem Klick in der kostenlosen *Moneyou* Go-App werden der Smartphone-Kontostand angezeigt, Finanzen kontrolliert, Überweisungen getätigt und Sparziele verfolgt. Zum Konto wird zusätzlich eine Debit Mastercard ausgestellt, mit der Moneyou Go-NutzerInnen am Automaten Geld abheben und an der Kasse bezahlen können. Lisbeth Rigter, Geschäftsleitung von *Moneyou*, erklärt: „*Mit dem Feature, seine Wallets selbst gestalten zu können, verbinden wir gleich zwei wesentliche Trends im Banking — volle Ausgabenkontrolle bei maximalem Spaß an der persönlichen Kontoführung*“[222,223]

Yomo: Digitaler Erlöser der Sparkassen? Einen ähnlichen Weg geht *Yomo* („*Your Money*“), das App-basierte-Girokonto der Sparkassen. *Yomo* ist ausschließlich für die digitale Nutzung entwickelt und richtet sich vor allem an junge Kunden. Das Konzept verbindet die Sicherheit der Sparkassen-Produkte mit der Einfachheit digitaler Lösungen. Wie auch bei *Moneyou* ist hier das Guthaben durch die Deutsche Einlagensicherung abgesichert. *Yomo* ist aber eher eine Nutzeroberfläche, denn bei der Kontoeröffnung via App muss man sich als Nutzerin oder Nutzer für eine bestimmte Sparkasse entscheiden. Deren Gebühren werden dann auch veranschlagt. Für VerbraucherInnen ergibt sich dadurch weniger Kostentransparenz. Auch die Übersichtlichkeit und Bedienfreundlichkeit eines Smartphone-Kontos findet sich hier (noch) nicht wieder.[224]

Die komplette Fallstudie zu *Moneyou* und *Yomo* können Sie auf www.bionicwealth.de/impulse/ in der Kategorie „*Fallstudien*“ nachlesen.

Funklöcher schaden der mobilen User Experience

Knapp 19% der Fläche in Deutschland wird von Mobilfunkanbietern nicht abgedeckt. — so das Ergebnis einer im Auftrag des Bundesministeriums für Verkehr und digitale Infrastruktur ausgeführten Studie aus dem Q4 2019. Demnach fehlen rund 4.700 Basis(funk)Stationen. Bei den „*weißen Flecken*“, wie sie im Abschlussbericht genannt werden, soll es sich weitgehend um naturbelassene oder landwirtschaftliche Fläche handeln. Doch das ist nur ein Teil der Wahrheit. Tatsache ist, dass selbst in deutschen Großstädten Funklöcher keine Seltenheit sind. Der Grund dafür kann stellvertretend als Symptom für die deutsche Finanzlandschaft gedeutet werden: Konkurrenzdenken überwiegt ‚*Coopetition*' (aus engl.: *cooperation* und *competition*) in einem offenen Ökosystem. „*Die einzelnen Mobilfunknetzbetreiber erreichen dabei zwischen 89% und 98% der Haushalte*“[225]. Doch

---

222 Rigter, zitiert in: IT Finanzmagazin (2018F)
223 Vgl. Moneyou (2019) & IT Finanzmagazin (2018F)
224 Vgl. IT Finanzmagazin (2018G), Weidemann (2018C), Waltermann (2018) & Yomo (2019)
225 BMWI (2019:4)

damit mBanking erfolgreich angenommen werden kann, müssen Kund:innen darauf vertrauen können, dass der Service auch funktioniert. Bleibt zu hoffen, dass die neue Mobilfunkstrategie der Bundesregierung (99,95% LTE-Zugang für alle bis 2024 — während der Rest der Welt bereits 5G ausbaut) mehr als ein Konzept ist.[226]

Die Zeit der Direktbanken ist gekommen

Eine breit angelegte Umfrage der *Allensbacher Markt- und Werbeträgeranalyse* (AWA), bei der jährlich über 20.000 Personen (ab 14 Jahren) der deutschsprachigen Bevölkerung befragt wurden (Stand Juli 2020), ergab dass 45% der Deutschen Direktbanken ablehnen; 2016 waren es immerhin 50,7%. Gleichzeitig verzeichnet die Studie eine Zunahme von 3% (auf insgesamt 13,3%) an Menschen, für die eine Direktbank in Frage kommt. Und auch er Anteil von Direktbankkund:innen ist von 11,9% auf 15,1% gestiegen. Allerdings stehen den 12,48 Millionen Direktbankkund:innen in Deutschland eine höhere Prognose der Beratungsagentur *Investors Marketing* vom Dezember 2018 gegenüber, nach der die Anzahl der Direktbankkund:innen zwischen 2016 und 2020 von 18,2 Millionen auf 22 Millionen ansteigen soll. Auch wenn die Schätzungen weit auseinanderliegen, zeigt sich doch ganz klar ein positiver Trend: Direktbanken werden relevant.[227]

ABB. 4.4: EINSTELLUNG ZU DIREKTBANKEN

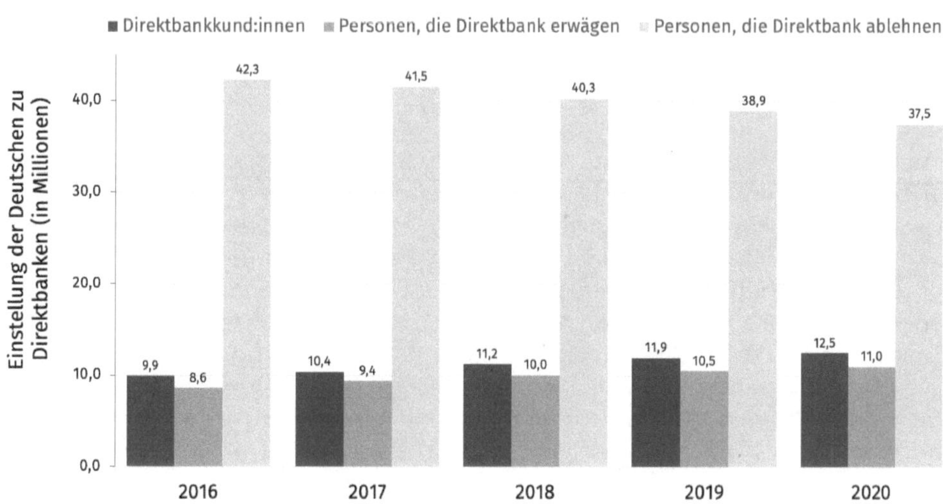

Quelle: eigene Darstellung in Anlehnung an AWA in Statista (2020F)

Kundentreue im digitalen Zeitalter?

Mit der Digitalen Transformation ändert sich auch die Kundentreue, denn der Wechsel wird immer bequemer. Kontoführungsgebühren ärgern die Kund:innen am stärksten, gefolgt von Überziehungszinsen (Dispo) und Geldautomatengebühren. Eine *Statista*-Umfrage (2017) ergab, dass nur 40% der Befragten einen

226 Vgl. BMWI (2019:4-15)
227 Vgl. AWA in Statista (2020F) & Investors Marketing in Statista (2019C)

Wechsel zu einer Direktbank ausschließen. Für 36% sind die Konditionen bei der Kontoführung alleine Grund zum Wechsel und 24% reicht es bereits zu wissen, dass sie in der Nähe Automaten/SB-Terminals verfügbar haben.[228]

Die Zukunft des Banking ist ‚mobile first' – aber nicht ‚mobile only'

In Kapitel 1.5 habe ich argumentiert, dass mBanking die Rolle der Hausbank einnimmt. Banken kommen in unserer digitalen Welt kaum drum herum, ein Smartphone-Konto und eine gut strukturierte Banking-App anzubieten. Mobile Anwendungen werden künftig immer häufiger die erste Anlaufstelle sein, wenn Kund:innen schnell Informationen suchen oder einfache Aktionen durchführen möchten. Dennoch sollten Banken nicht vergessen, auch die klassischen Kanäle — sofern sinnvoll und praktikabel — weiter zu bespielen. Denn dass nur ein einziges Medium, das Smartphone, Zugang zu wichtigen und persönlichen Daten bieten soll, erscheint gesellschaftlich betrachtet zu kurz gedacht. Es ist wichtig, die Finanzen schnell griffbereit haben zu können. Nichtsdestotrotz werden auch in Zukunft viele Menschen einen fundierten Blick auf ihre Finanzen werfen wollen — und hier sind ein fünf Zoll Display und eine Telefontastatur für viele schlichtweg nicht zufriedenstellend. Wie immer gilt es also, den optimalen Mittelweg einzuschlagen.

Die Betrugsfälle im digitalen Banking nehmen zu

An dieser Stelle soll nicht unerwähnt bleiben, dass das digitale Banking nicht nur positive Seiten hat. Trotz des großen Potenzials bleibt das Misstrauen gegenüber digitalen Anwendungen bei vielen Deutschen weiterhin bestehen. Und nicht ohne Grund:

Eine Umfrage unter Banken aus dem Jahr 2019 ergab, dass „*mehr als zwei Drittel der befragten Finanzdienstleistungsunternehmen* (...) *von einer starken Zunahme der Risiken von Cyber-Angriffen und dem Missbrauch von Daten* (berichten)", so die Kommunikationsberatung *Instinctif Partners*. Nach dem Versicherer *R+V* der genossenschaftlichen Bankengruppe, der mitunter die Volks- und Raiffeisenbanken gegen Betrugsschäden im Online-Banking versichert, Nehmen die Betrugsfälle seit 2019 auffällig zu. Allein im Q1 2019 führte Betrug bei den *VR-Banken* zu einem Schaden von 5 Millionen Euro. „*Lag der durchschnittliche Schaden durch Onlinebanking-Betrug bei den bei uns versicherten Banken in den vergangenen Jahren noch bei einigen tausend Euro, so hat er sich in den ersten sechs Monaten dieses Jahres (2019) auf mehr als 15.000 Euro verdreifacht*"[229], erklärte Theo Schneider von der *R+V-Versicherung* im Interview mit der *FAZ*. Der höchste Einzelschaden belief sich zu diesem Zeitpunkt auf sagenhafte 350.000 Euro, so Schneider.[230]

Doch wieso nimmt der Betrug zu? Expert:innen vermuten hier zwei Hauptgründe: erstens fühlen sich die Deutschen online immer sicherer — und werden unvorsichtig. Zweitens Weden die Betrugsmaschen immer ausgefallener. Besonders

---

228 Vgl. Statista (2017C)
229 Schneider in Siedenbiedel (2019)
230 Vgl. Siedenbiedel (2019)

gängig ist der Betrug über die per Smartphone verschickte *„mobile Tan"*, da eine entsprechende Schadesoftware (die oft über kostenlose Apps unwissentlich heruntergeladen wird) das Auslesen von SMS und Nachrichten besonders leicht macht. Ein weiterer beliebter Vorgang ist, die Online-Banking-Zugangsdaten der Kund:innen abzufangen und das Geld auf den Bankkonten auf Direktbanken zu überweisen, von wo aus es anschließend ins Ausland überwiesen wird und nicht mehr rückrufbar ist.[231]

4.5. Reibungsloser Zahlungsverkehr dank digitaler Payment-Lösungen

Mobile Payment ersetzt die Bankkarte

Besonders bei den Bezahlverfahren hat sich einiges getan. So unterscheidet man zwischen Online Payment, bei welchem Bezahlvorgänge über Computer abgewickelt werden können, Mobile Payment, bei welchem mobile Endgeräte als Medium dienen, und Social Media Payment, welches sich auf die Erfassung und Abwicklung von Zahlungen direkt aus Social Media-Kanälen heraus bezieht.

Für viele Kund:innen ersetzt das Smartphone schon heute die Bankkarte. Einige Kund:innen migrieren sogar schon zum rein mobilen Konto, *„bei dem die gesamte Kontoführung über das mobile Endgerät abgewickelt wird"*[232]. Fast die Hälfte (42%) der Smartphone-Nutzer:innen machen auch Gebrauch von *Mobile Payment*-Angeboten. Besonders das Geld überweisen an Bekannte (Peer-to-Peer, P2P) und das Bezahlen an der Kasse haben sich durchgesetzt. 42,8% der Deutschen über 40 Jahre bevorzugen beim Kauf im Online-Handel Online-Bezahlsysteme, 31,3% den Kauf auf Rechnung, 11% die Kreditkarte und nur 3,5% die Vorauskasse (Stand 2016). Von den 18-39-Jährigen bevorzugen 42,4% Bezahlsysteme, 25,1% den Kauf auf Rechnung, 6,2% die Kreditkarte und 7,2% die Vorauskasse. Silver Surfer sind unter den digital-affinen Gruppen die Nachzügler, holen aber rasant auf. 2016 nutzten sieben% der Zielgruppe Mobile Payment-Angebote mindestens monatlich. 2017 waren es schon 12%.[233]

Eine weitere wichtige Innovation der letzten Jahre im Bereich Payment ist die Überweisungsformularerfassung mittels Smartphone. Hierzu werden Überweisungsformulare oder Rechnungen direkt über die Kamera des Smartphones oder Tablets aufgenommen und erfasst. Außerdem können Kund:innen beim so genannten Kontovergleich verschiedener Konten unterschiedlicher Banken vergleichen. Ähnlich gehen auch Kreditkartenmixoptimierer vor. Diese bündeln Kreditkarten-Anbieter und sprechen aufgrund spezieller Kriterien wie Geschäft, Ort oder Bonusprogramm für jede konkrete Zahlungstransaktion eine Empfehlung für die Nutzung der passenden Karte aus.[234]

---

231 Vgl. Siedenbiedel (2019)
232 Hermann & Heinke (2018:196)
233 Vgl. Statista (2017D) & Y&R (2017)
234 Vgl. Ornau (2017:54), basierend auf Alt und Puschmann (2016:96)

Mobile Payment ist kein Hype, sondern eine Entwicklung

Wer sich als Bank dagegen entscheidet, mPayment-Lösungen für ihre Kund:innen anzubieten, sollte sich darüber im Klaren sein, dass *„sie sich gerade aus der Zukunft des Zahlungsverkehrs verabschieden“*[235] und Kund:innen direkt in die Arme von FinTechs wie PayPal treibt, wie es der IT Finanzmagazin-Autor Rudolf Linsenbarth äußerst passend formuliert.

Banken müssen jedoch nicht gleich eine eigene Mobile Payment App konzipieren, entwickeln und auf den Markt bringen. Stattdessen haben sie zahllose — auch PSD2-konforme — Möglichkeiten, auf bewährte Plattformen und Systeme von Drittanbieter:innen zu setzen. Banken können sich beispielsweise zunächst auf die Entwicklung eines eigenen User Interface (Front-end) im Look und Feel der Bank konzentrieren, während das Back-end auf Hardware und API-Schnittstellen externer Dienstleister:innen aufbaut. Wem auch dafür die Ressourcen fehlen, für den könnte auch die direkte Kooperation (bis hin zum Managed Service) mit etablierten Alternativen wie Google Pay oder Apple Pay interessant sein.

> *„Solange Apple Pay die einzige Möglichkeit ist, mit einem iPhone an der Ladenkasse zu zahlen, wäre es aus Sicht der Sparkassenkunden wünschenswert, ApplePay für Zahlungen nutzen zu können. Beide Partner haben also etwas davon.“*[236]
> —Sibylle Strack, Beraterin für Retail Banking, Payments und FinTech.

Instant Payment ermöglicht sofortige Finalität der Zahlungen

Dank neuer technologischer Innovationen und der fortschreitenden Digitalisierung ist es heutzutage möglich, Waren online zu kaufen und diese noch am gleichen Tag zu erhalten. Die Bezahlung der gekauften Produkte und Dienstleistungen erfolgt immer öfter digital. So werden in Deutschland mittlerweile mehr als 84 Millionen Transaktionen elektronisch durchgeführt. Der Trend hin zur bargeldlosen Bezahlung ist kaum noch aufzuhalten, wobei im deutschsprachigen Raum SEPA*-Mandatsüberweisungen und Kartenzahlungen noch immer das Mittel der Wahl sind. Geht es nach der EZB, so soll ein Viertel aller elektronischen Zahlungen im Euroraum bis zum Jahr 2023 durch Instant Payments abgewickelt werden. Doch was versteht man unter Instant Payment, welche Vorteile bieten Echtzeitzahlungen und vor welchen Herausforderungen stehen Banken, die ihren Kund:innen diesen Service anbieten möchten?[237]
* SEPA steht für *Single Euro Payments Area* (zu Deutsch: Einheitlicher Euro-Zahlungsverkehrsraum) und dient der Vereinheitlichung von bargeldlosen Zahlungen mit dem Ziel, europaweit (und in der Realität auch darüber hinaus) einen einheitlichen Zahlungsraum für bargeldlose (Euro-)Zahlungen zu etablieren.[238]

SEPA Instant Payments ermöglichen ultraschnelle SEPA-Überweisung. ‚*SEPA Credit Transfer Instant*‘ — kurz *SCT Inst* — ist das SEPA-Überweisungsverfahren für die automatisierte Echtzeitabwicklung von Überweisungen bis 15.000 Euro im

---

235 Linsenbarth (2018)
236 Strack (2018)
237 Vgl. Nietsche (2017)
238 Deutsche Börse Venture Network (2018)

SEPA-Raum. Der gesamte Geschäftsfall wird innerhalb weniger Sekunden abgearbeitet, wobei die maximale Transaktionsdauer auf zehn Sekunden beschränkt ist. Von dem System profitieren sowohl Kund:innen als auch Banken und Sparkassen: Der Wunschbetrag wird dem Konto des Zahlungsempfängers sofort und unabhängig von Wochenenden oder Feiertagen gutgeschrieben, sodass dieser prompt darüber verfügen kann. Der/die Auftraggeber:in hat wiederum den Vorteil, dass die Zahlungsbestätigung ebenfalls innerhalb weniger Augenblicke bei ihm eingeht. Schlussendlich profitiert davon auch das Liquiditätsmanagement von Banken und Finanzinstituten, bei denen es zusätzlich zu einer verbesserten Absicherung des Ausfallrisikos kommt.[239]

Für Banken und Sparkassen ist die Etablierung von Echtzeitüberweisungen ein wichtiger Schritt auf dem Weg der Digitalen Transformation. Das System hat das Potenzial, Prozesse effizienter und kostengünstiger zu gestalten und auch die verbesserte Liquiditätsplanung ist ein klarer Pluspunkt, der für Instant Payments spricht. Dabei können langfristig zwischengeschaltete Zahlungsdienstleister:innen, wie beispielsweise *PayPal*, umgangen werden, was wiederum zu sinkenden Kosten im Zahlungsverkehr führt. Zudem kann die Bonität einzelner Kund:innen innerhalb weniger Sekunden überprüft werden, wodurch das Ausfallrisiko deutlich gesenkt werden kann. Betrachtet man all die Vorteile gebündelt, so entstehen für Banken und Sparkassen, die frühzeitig auf Echtzeitüberweisungen setzen und in die passende Infrastruktur investieren, Wettbewerbsvorteile, die den Geschäftserfolg langfristig sicherstellen.[240]

Das *European Retail Payments Board* schreibt vor, dass es zumindest eine europaweite Lösung für die Abwicklung von Echtzeitzahlungen geben muss. Aus diesem Grund schuf das Eurosystem in Kooperation mit der europäischen Finanzindustrie ‚*TIPS*' (Target Instant Payment Settlement), welches Echtzeitzahlungen unterstützen und das Risiko für die Empfängerbank reduzieren soll. Vorrangiges Ziel von TIPS ist das unmittelbare Settlement mit Zentralbankgeld, wobei die Liquidität auf die Mindestreservehaltung angerechnet wird. Banken und Sparkassen sind nicht verpflichtet, an diesem System teilzunehmen, profitieren bei der Teilnahme jedoch von überaus günstigen Konditionen und der ständigen Verfügbarkeit des Services. So belaufen sich die Transaktionsgebühren in den ersten zwei Jahren auf lediglich 0,2 Cent. Im Gegensatz dazu müssen für SEPA-Überweisungen derzeit 0,25 Cent pro Transaktion bezahlt werden. Dank der attraktiven Konditionen und der einheitlichen technischen Schnittstelle ist TIPS somit ein wichtiger Puzzlestein, um SCT Inst europaweit zu etablieren.[241]

Der Erfolg von SCT Inst hängt neben der Infrastruktur vor allem von der Akzeptanz der Kund:innen ab. Grundvoraussetzung, um Echtzeitzahlungen durchzuführen, ist die Schaffung passender Prozessarchitekturen und einer flächendeckenden Infrastruktur, die für die Eurozone im Rahmen des sogenannten *EPC-Regelswerks* beschrieben sind. Die notwendigen Änderungen und Anpassungen verursachen für die teilnehmenden Banken und Sparkassen initiale Investitionskosten in nicht unerheblicher Höhe. Genau diese Kosten sind einer der Haupt-

---

239 Vgl. Nietsche (2017)
240 Vgl. Nietsche (2017)
241 Vgl. Bundesbank (2018)

gründe, warum die Umsetzung von SCT Inst nur schleppend voranschreitet. Zudem mangelt es auch an der Nachfrage der Verbraucher:innen, die besonders außerhalb des E-Commerce-Bereichs noch immer eine große Affinität für Bargeld- und Kartenzahlungen haben. Das System kann jedoch nur erfolgreich sein, wenn die Anzahl der Nutzer, die Echtzeitzahlungen verwenden, spürbar anwächst. Banken und Sparkassen stehen daher in der Pflicht, Anreize zu schaffen, damit Echtzeitüberweisungen zu einem Marktstandard werden. Dabei bedarf es der Schaffung von bequemen Apps für die einfache und sichere Bezahlung über das Smartphone, wobei ein echter Mehrwert für Kund:innen geschaffen werden muss. Zudem dürfen den Nutzer:innen keine zusätzlichen Gebühren entstehen, wenn sie SCT Inst einsetzen. Nur so kann es zu einer flächendeckenden Akzeptanz des Systems kommen und das Ziel der EZB, mehr als ein Viertel aller elektronischen Zahlungen bis 2023 über SCT Inst abzuwickeln, erreicht werden. [242]

Fallstudie: equensWorldline stellt Gateway für Instant Payments

Seite Ende November bietet der Finanzdienstleister equensWorldine SE einen neuen europaweiten Service zur Verrechnung von Instant-Überweisungen in Zentralbankgeld an. Das harmonisierte und standardisierte Angebot fällt unter TIPS und wirbt mit großen Kapazitäten, günstigen Transaktionsentgelten (max. 0,2 Cent) und 24-Stunden-Erreichbarkeit von Zentralbankgeld. Für das erste Halbjahr 2019 gibt *equensWorldline* an, schon zahlreiche weltweit tätige Tier-1- und Tier-2-Banken* als TIPS-Kund:innen gewonnen zu haben.[243]

* Bei Banken unterscheidet man nach Ranking, Produktvielfalt, und Umsatzgrößen zwischen Tier-1, -2 und -3-Banken; also erst-, zweit- und drittklassigen Banken. Man könnte auch von der ersten, zweiten und dritten Liga sprechen.

Die komplette Fallstudie darüber, wie *equansWorldwide* mit *TIPS* mehr Transparenz und ein besseres CSM bieten möchte, können Sie auf www.-bionicwealth.de/impulse/ in der Kategorie „*Fallstudien*" nachlesen.

Das E-Wallet bietet die digitale Übersicht zu allen Finanzen und Kontobewegungen

Das E-Wallet bietet die digitale Übersicht zu allen Finanzen und Kontobewegungen. Längst werden Daten zu Kontostand, Disporahmen etc. nicht mehr allein über die Debit- oder Kreditkarte abgefragt, sondern können direkt in sogenannte *E-Wallets* integriert werden. Mit dem E-Wallet wird das Smartphone zum Portemonnaie, in welchem E-Geld, aber auch Gutscheine, virtuelles Geld und andere Services gebündelt werden können. Längst werden Daten zu Kontostand, Disporahmen etc. nicht mehr allein über die Debit- oder Kreditkarte abgefragt, sondern können direkt in sogenannte E-Wallets integriert werden.[244]

242 Vgl. Nietsche (2017)
243 Vgl. Jacob (2018)
244 Vgl. Ornau (2017:54), basierend auf Alt und Puschmann (2016:96)

Die NFC-Technologie eröffnet neue Möglichkeiten im bargeldlosen Zahlungsverkehr

Der nächste Schritt in der Entwicklung der bargeldlosen Zahlvorgänge ist das kontaktlose Zahlen über *NFC*-Terminals (Near Field Communication), welche u.a. kontaktloses Bezahlen zulassen. Doch was genau ist NFC? NFC ist *„ein neuer Funkstandard zur drahtlosen Datenübertragung (...) zwischen zwei Elementen, die sich nahe beieinander befinden"*. Um Sicherheitsaspekte gegenüber dem Abgreifen sensibler Daten oder dem Abhören von außen zu stärken, wurde die Übertragung via NFC-Schnittstelle auf wenige Zentimeter reduziert. Mit einer Übertragungsgeschwindigkeit von max. 424 KByte/s ist NFC zwar langsamer als Bluetooth, reicht aber für kleinere Datenpakete vollkommen aus und stellt durch die erhöhte Sicherheit eine einfache Möglichkeit dar, Daten via Karte oder Smartphone zu übertragen.[245]

NFC ist keine exklusive Spielerei der High-Tech Welt. Viele der internationalen Kartensysteme bieten seit einigen Jahren NFC-fähige Kontaktloskarten an, aber auch die Konsumgüterindustrie und der Einzelhandel bringen die Verbreitung der Technologie voran. Laut der Deutschen Kreditwirtschaft sind derzeit in Deutschland bereits zwei Drittel aller Girocard-Terminal-Anlagenkassen umgerüstet, also 550.000 Terminals. Discounter wie Aldi-Nord bieten Kund:innen die Möglichkeit, mit dem Smartphone oder einer NFC-fähigen Kreditkarte kontaktlos an der Kasse zu zahlen. Auch andere Einkaufsgeschäfte, Fahrkartenautomaten und Ticketshops experimentieren mit NFC. Auch unter den Smartphone-Herstellern mit Rang und Namen ist es mittlerweile mehr Pflicht als Kür, NFC-fähige Geräte auf dem Markt zu haben.[246]

Nach einer Studie des *Allensbach-Instituts* findet kontaktloses Bezahlen über NFC-Schnittstellen in Deutschland eine immer höhere Akzeptanz. Eine Befragung von 1192 Personen hat ergeben, dass sechs von zehn Giro Card-Besitzern kontaktlose Bezahlung praktisch bis sehr praktisch finden. Generationsübergreifend lässt sich dabei kaum ein Unterschied feststellen. Lediglich jene Befragten unter 30 Jahren schneiden mit 77% etwas höher ab als der Durchschnitt, während die Befragten über 60 mit 45% etwas darunter liegen. Als Hauptgründe für die hohe Resonanz auf kontaktloses Bezahlen nennt die Studie den schnelleren und komfortableren Vorgang an der Kasse, die intuitive Handhabung und, dass gerade kleinere Zahlungen bis 50 Euro in der Regel ohne Eingabe der PIN erfolgen.[247]

Der erste Schritt zum bargeldlosen Deutschland? Anders als zunächst von Banken und Finanzdienstleister:innen erwartet, wünschen sich fast die Hälfte der Bürger in Deutschland die Möglichkeit, verstärkt auch in traditionellen Bargelddomänen wie etwa in der Bäckerei, auf dem Wochenmarkt oder den Lieferdienst an der Haustür kontaktlos — d. h. bargeldlos — bezahlen zu können. Über 62% der 16 bis 44-Jährigen würde eine Umstellung auf bargeldlose Bezahlung leicht fallen, so die Initiative Deutsche Zahlungssysteme e.V.. Immerhin 48% der 45 bis 59-Jäh-

---

245 Bauer (2017)
246 Vgl. Aldi-Nord (2018); Ornau (2017:55) & Weidemann (2018A)
247 Vgl. Weidemann (2018A) & Initiative Deutsche Zahlungssysteme e.V. (2018)

rigen wären ebenfalls für eine Umstellung auf bargeldlose Bezahlung bereit. Lediglich bei den über 60-Jährigen hält sich mit 26% der Anteil der Bargeld-Befürworter in Grenzen.[248]

Im privaten Bereich könnte künftig beispielsweise das Taschengeld der Kinder mittels NFC von Wearable zu Wearable übertragen, Daten ausgetauscht oder die Kosten für den Restaurantbesuch beim Verlassen mit einer kurzen Handbewegung über ein NFC-Terminal abgebucht werden.

Die kontaktlose Wirkungsweise der NFC-Technologie macht sie jedoch auch leicht angreifbar für Hacker:innen. Es reicht schon, mit einem Lesegerät in der Nähe einer NFC-fähigen Kreditkarte vorbeizugehen, und schon können Zahlungen bis 50 Euro ohne explizite Freigabe (z. B. durch eine PIN-Eingabe) betätigt werden — auch auf ausländische Konten. Um das Risiko zu minimieren bieten Hersteller deshalb NFC und RFID sichere Portemonnaies und Schutzhüllen mit einer speziellen Legierung an, die elektronische Signale blockieren, bzw. sichere Schutzkarten, deren Chip eine Störstrahlung aussendet, die *„auf die elektronische Aktivierung etwa durch Bezahlterminals reagiert. Nur sendet dieser Chip dann eine Störstrahlung, die den klaren Empfang der Kartendaten ‚übertönt' und so unmöglich macht*“. So kann die Kreditkarte oder das mobile Wallet zwar nicht mehr aus der Hosentasche heraus *„geknackt*“ werden. Doch während des eigentlichen Bezahlvorgangs kann keine der Lösungen einen Schutz bieten — dabei erfolgen in diesem Moment am häufigsten illegale Zugriffe.[249]

Beacon-Technologie – kontaktloser Datenaustausch per Bluetooth

Im Einklang mit den Lösungen für digitales Geschäft und digitales Bezahlen sind ortsbezogene Dienste und mobiles Marketing zu einer zweigleisigen Angelegenheit in Unternehmen geworden, wenn es darum geht, ihre Marken zu fördern und die Verbraucher:innen zu erreichen. Dies hat zur Erfindung von zwei führenden Technologien geführt: *Beacon* oder *Bluetooth Low Energy* (BLE) und Near Field Communication (NFC), die beide in unseren Smart Devices verwendet werden. Obwohl sie ähnliche Dienste anbieten, wurden sie so konzipiert, dass sie den Benutzer:innen ein anderes Erlebnis bieten.[250]

Bei der Beacon-Technologie handelt es sich um einen kleinen Funksender, der Daten an Geräte sendet, die BLE-Näherungserkennung (Bluetooth Low Energy) verwenden. Mit niedrigem Energieverbrauch sendet der Beacon ein Signal an ein Bluetooth-fähiges Gerät. Der Funksender sendet ein Signal aus, auch wenn kein mobiles Gerät in Reichweite ist. Es werden zwar Signale gesendet, aber keine persönlichen Daten vom Empfänger gespeichert, außer die Signalstärke der empfangenen Dateien zur Ortsbestimmung.[251]

Beacons arbeiten zwischen 3 und 20 Metern und sind somit Näherungstechnik. Unter anderem sind Beacons einfach zu installieren und nicht teuer in der Anschaffung und übertragen mehr Daten bei gleichem Energieverbrauch als NFC.

---

248 Vgl. Weidemann (2018A) & Initiative Deutsche Zahlungssysteme e.V. (2018)
249 Kratzenberg (2020)
250 Vgl. Babu (2015)
251 Vgl. Babu (2015)

Beacons sind ein großartiges Instrument, wenn es um Kampagnen, Events und Unterhaltungseinrichtungen geht, die ortsbezogen sind. Sie stellen eine breite Verbindung zu den Verbraucher:innen her, mit wichtigen und relevanten Angeboten, da sie die geografische Position einer Person erfassen, wenn mehrere Beacons im Einsatz sind. Mit der Technologie ist es einfach und günstig, Nachrichten oder Werbeaktionen zu speichern und Coupons zu versenden. Weiterhin ist die Technologie auch mit anderen Plattformen wie *Tactify* kompatibel. Dies ermöglicht es Unternehmen, Branding und Kommunikation auf dem aktuellen Stand zu halten.[252]

NFC- und Beacon-Übertragungstechnik im direkten Vergleich

Beacons werden durch BLE 4.0 übermittelt, welches mit einer absoluten Frequenz von 2,4 GHz arbeitet. Wohingegen NFC eine Kurzstrecken-Kommunikationstechnologie ist, die bei 13,56 MHz durch EIC (elektromagnetische Induktionskopplung) funktioniert. BLE Beacons übertragen unaufhörlich ein ‚Entdeckungspaket'. Wenn NutzerInnen das Bluetooth 4.0(BLE) aktivieren und ihre Smartphones sich im Bereich der Übertragung befinden, können sie diese empfangen. Beacons sind populärer, da die Technologie in den meisten aktuellen Telefonmodellen einsetzbar ist, die BLE 4.0 unterstützen. NFC hingegen hat eine nicht so hohe Popularität, da die Technologie nur in hochpreisigen Smartphones eingesetzt wird. Doch das sollte sich in Zukunft ändern, da die Preise für NFC-fähige Mobiltelefone sinken werden. Im Allgemeinen haben Beacons eine Kommunikationssphäre von 1 bis 70 m, während die optimale Reichweite von NFC fünf cm oder weniger beträgt. Jedes Beacon hat eine Batterie mit einer Haltbarkeit von zwei Jahren, NFC jedoch erfordert nicht die Verwendung einer Batterie. Jedes NFC-Tag kann seine eigene Energie erzeugen. Der Ortungsdienst wird durch die Sendeleistung der Beacons gemessen, wenn er von einem Smartphone aufgenommen wird, das BLE-fähig ist. Der Standort mit NFC wird bestimmt, wenn User ein spezielles Tag verwenden, das an einen bestimmten Ort gebunden ist. Beacon- oder BLE-Übertragungssignale sind abgehend. Bei diesen Übertragungen bestehen keine Sicherheitsrisiken. NFC unterstützt allerdings sichere und ungesicherte Datenübertragungen. Dazu kommt: NFC-Tag ist nur auf Android-Handys verwendbar, während Beacon mit Android- und iOS-Handys kompatibel ist. Der Preis beider Technologien wird durch das Volumen bestimmt, das gekauft wird, allerdings sind Beacons i.d.R. teurer als NFC-Tags.[253]

NFC oder Beacons? Es gibt keine klare Antwort! Banken müssen den Zweck des Dienstes berücksichtigen, den sie anbieten wollen. Sowohl NFC als auch Beacons sind Technologien zwischen zwei verbundenen Geräten, die einen kabellosen Datenaustausch unterstützen. Beacon und NFC sind lohnende Investitionen für Unternehmen die ein preiswertes Hightech-System suchen dass in öffentlichen Räumen eingesetzt werden kann und am POS die Ansammlung vieler Kund:innen an einem Ort vermeiden soll oder die Übertragung beschleunigen soll.[254]

---

252 Vgl. Babu (2015)
253 Vgl. Babu (2015)
254 Vgl. Kulzer (2005)

Der Quick Response-Code (QR-Code) vereinfacht Bezahlprozesse

Neben NFC und Beacons wird auch mit QR- und Zahlungscodes experimentiert. Der *QR-Code* (*Quick Response*) ist ein zweidimensionaler Code, der 1994 von Masahiro Hara (vom japanischen Automobilzulieferer *Denso Wave*) erfunden wurde. Bekannt wurde der QR-Code vor allem durch seine Einfachheit im Handel und für Zusteller. Versuche, ihn auch für Marketing einzusetzen, hatten nur mäßigen Erfolg. Umso größer ist dafür das Potenzial des QR-Codes im Zahlungsbereich. Die Raiffeisenbank Österreich beispielsweise sieht in QR-Codes besonders den „*Andruck auf (der) Rechnung anstatt der SEPA* Zahlungsanweisung*" sowie die „*Platzierung* (der) *Kontoverbindung auf* (der) *Geschäftskorrespondenz*" als interessante Anwendungsmöglichkeiten: „*Eine Vielzahl von Smartphones und Computer verfügt bereits über eine integrierte Kamera, die das Interpretieren von QR-Codes in Verbindung mit der entsprechenden QR-Software ermöglicht. Tippfehler bei der Eingabe der IBAN und anderen Zahlungsdaten können mit dieser Methode vermieden werden. Viele Unternehmen versenden bereits ihre vorgedruckten Zahlungsanweisungen mit dem QR-Code und verbessern so die Datenqualität ihrer Zahlungseingänge.*"[255] Besonders hervorzuheben sind dabei die einfache und komfortable Handhabung im Alltag, die Flexibilität der Einsatzmöglichkeiten, die hohe Qualität der Daten und Retourdatenträger sowie die lizenzfreie Anwendung. Gleichzeitig ist der Zugang zu einem mobilen Endgerät mit Kamera/Lesegerät und einer App für die Dekodierung die einzige Voraussetzung.[256]

Ein kurzer technischer Einblick: Wie in Abb. 4.5 dargestellt enthält ein QR-Code grundsätzlich Informationen bezüglich 1. der Version, 2. dem Datenformat, 3. dem kodierten Datenteil und 4. dem Muster, welches zur Feldbegrenzung (und um die Orientierung für das Lesegerät zu gewährleisten) nur in drei der vier Ecken platziert wird.[257]

ABB. 4.5: AUFBAU EINES QR-CODES

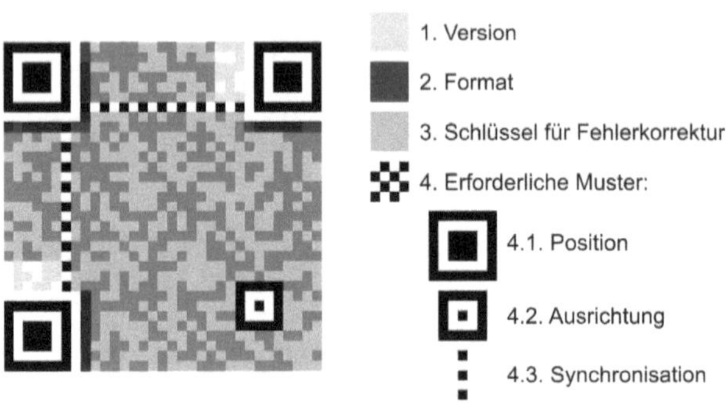

Quelle: ©Wheeler (2009) CC BY-SA 3.0

Neben dem Original QR-Code ‚*Modell 1*' und dem größeren ‚*Modell 2*' wurden in den letzten 24 Jahren seit der Erfindung weitere nennenswerte Versionen entwickelt. *Denso* schreibt hierzu: „*Der Micro QR Code ist ganz besonders klein, der iQR*

255 Raiffeisen.at (2018)
256 Vgl. Denso (2014)
257 Vgl. Wheeler (2009)

Code kann nicht nur quadratisch, sondern beliebig rechteckig dargestellt werden und der SQRC® kann sogar geschützte, private Informationen beinhalten, deren Leserkreis selbst bestimmt wird. Der LogoQ (FrameQR Code und FrameQR-K) schließlich macht es Unternehmen sogar möglich, ihr Firmenlogo in den QR Code zu integrieren."[258]

Point of Sale-Terminals steigern Umsatzmöglichkeiten

Die Terminals, an denen bargeldlos bezahlt werden kann, werden in der digitalisierten Welt immer wichtiger. 2014 begann eine regelrechte Aufstockungswelle der *Point of Sale*-Terminals (POS). Statista definiert das POS-Terminal als „*ein Online-Terminal zum bargeldlosen Bezahlen (via Chip, Debit- oder Kredit-Karte) an einem Verkaufsort (Point of Sale)*" [259]. Gab es 2001 noch 436 Tsd. POS-Terminals in Deutschland, so waren es 2016 mit 1,14 Mio. mehr als doppelt so viele. Heute hat fast jeder Einkaufsladen, jede Kinokasse und jede Bar ein POS-Terminal zur Zahlungsabwicklung. In Zukunft werden E-Geld Terminals, die immer häufiger auch in POS-Terminals integriert werden, eine Hauptrolle spielen. 2016 waren in Deutschland 436.620 E-Geld Terminals im Einsatz — also mehr Terminals als klassische (Debit/Kreditkarten) POS-Terminals um die Jahrtausendwende. Übrigens: *Mobile POS Payments* beschreibt in diesem Zusammenhang das Bezahlen mit dem mobilen Endgerät direkt am Point of Sale, also z.B: an der Kasse.[260]

ABB. 4.6: GELDKARTEN-TERMINALS IN DE

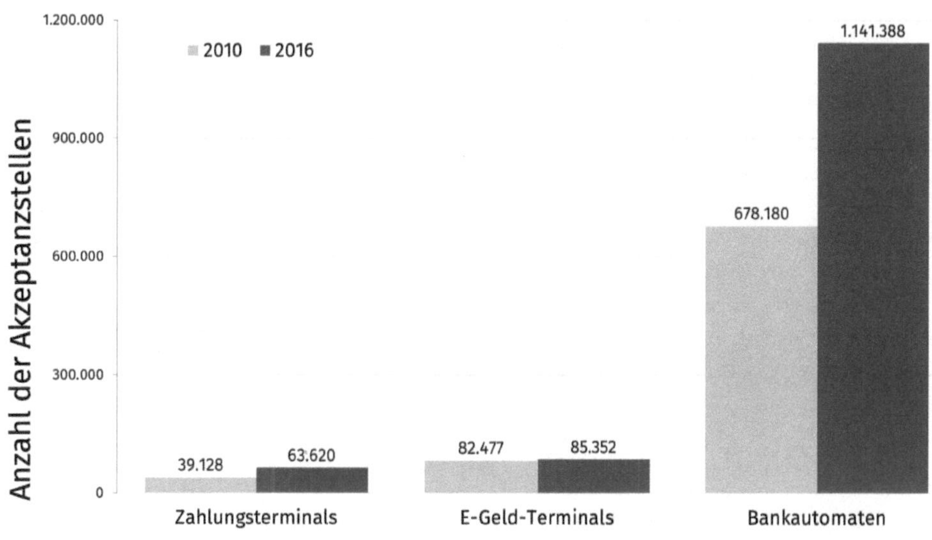

Quelle: eigene Darstellung in Anlehnung an Statista (2018B)

258 Denso (2014)
259 Statista (2018B)
260 Vgl. Hermann & Heinke (2018:196) & Statista (2018C)

Fallstudie: myPOS bietet mobiles Bezahlen für den Einzelhandel

Das von *POS4ME* in Deutschland angebotene ‚*myPOS*'-Bezahlsystem bietet Händler:innen in Echtzeit Zugriff auf Geldmittel. Unabhängig davon, ob die Zahlung über einen Onlineshop oder im physischen Geschäft getätigt wurde und nicht, wie üblich, 3-4 Tage auf Eingang der Zahlung zu warten. So heißt es auf der Internetseite von *POS4ME*: *„Durch die Kombination eines mobilen POS-Terminals mit einem lebenslang kostenlosen E-Geld-Konto und einer Business Pre-paid-VISA Karte ermöglicht myPOS, Unternehmen und Einzelunternehmern Kartenzahlungen so schnell und komfortabel wie Bargeld anzunehmen. (...) Einzigartig ist, dass die myPOS-Lösung nicht auf dem Bankensystem aufgebaut ist, sondern Zahlungen in einem kostenlosen myPOS-e-money-Konto speichert, sodass Einzelhändler:innen empfangene Gelder entweder sofort über ihre myPOS Visa-Karte ausgeben oder online auf ein anderes Konto überweisen können.*"[261]

Die komplette Fallstudie über die *myPOS*-Kooperation mit *iDEAL* finden Sie auf www.bionicwealth.de/impulse/ in der Kategorie „*Fallstudien*".

Fallstudie: Amazon Shop – Einkaufen ganz ohne POS?

Mit den neuen (physischen) *Amazon* Einkaufsläden aus den USA haben Kassensysteme endgültig ausgedient. Das neue Shop-Konzept ‚*Amazon-Go*' erfindet die POS-Terminals neu und eliminiert Schlange-Stehen an Kassen — oder Bezahlautomaten — komplett. Statt an einer Stelle — dem klassischen POS — alle Waren zu scannen und anschließend zu bezahlen, müssen Ladenbesucher lediglich die zuvor installierte *Amazon-Go*-App aufrufen und beim Betreten ihr Telefon an eine Schranke (kontaktloses POS-Terminal) halten. Nun legen Kund:innen Waren direkt in ihren Einkaufskorb und verlassen das Geschäft einfach am Ende ihres Einkaufs, wobei sie ihr Telefon beim Verlassen des Geschäfts erneut zum Check-out an die Schranke halten. Ermöglicht wird dies durch ein umfassendes Überwachungsnetz von Kameras, die jede Bewegung der Käufer aufnehmen und auswerten. Zusätzlich sind Regalböden mit einer Waage versehen. Entnimmt eine Kundin oder ein Kunde ein Produkt oder legt es zurück, wird das fehlende Gewicht registriert. Dabei betont Amazon explizit, dass das ohne Gesichtserkennung auskomme. Bis derartige POS-Lösungen auch in Deutschland Fuß fassen, ist nur noch eine Frage der Zeit.[262]

4.6. Modularisierung, Un-und Rebundeling sind im Trend

Mit dem Internetzeitalter etablierte sich das Un- und Rebundling

Mit der Digitalisierung kommt auch die *Modularisierung* der Kernbanksysteme und -leistungen. Die bisherige Monopolstellung der Banken in Deutschland weicht einem Ökosystem von Anspruchsgruppen (engl.: *stakeholder*). In diesem Ökosystem bespielen unterschiedliche Anbieter:innen die Kundenschnittstelle,

261 Vgl. POS4ME (2018)
262 Vgl. W&V (2018)

erstellen neue Produkte und Dienstleitungen und betreiben die zugrundeliegenden Plattformen.[263]

Nach Professor Dr. Dieter Bartmann vom Institut für Bankinformatik und Bankstrategie war die Zeit vor dem Internet vom ‚*Bundling*', also dem Zusammenfassen von Finanzdienstleistungen, geprägt, bei denen die Bank dem Kund:innen Geldanlage, Beratung, Versicherungen und Bankdienstleistungen aus einer Hand anbot. Mit dem Internetboom kamen neue Mitspieler und ein regelrechter Unbundeling-Wettkampf ging los. ‚*Unbundeling*' beschreibt in diesem Zusammenhang das Herauslösen bankenbezogener Dienste in neue singuläre Produkte. Getrieben durch neue Konkurrenten — die FinTechs –, begannen Banken und FinTechs bereits in den Jahren um die Jahrtausendwende, Dienste in Einzelteile zu zerlegen und für jedes Feature und jede Dienstleistung ein eigenes Startup zu gründen. Den Kund:innen können so zielgerichtete anwenderfreundliche Produkte geboten werden, die genau auf den Anwendungsfall zutreffen. Kund:innen konnten durch den einfachen, direkten Zugang zu den einzelnen Anbieter:innen die Rosinen herauspicken.[264]

Auf den Internetboom folgte eine Phase des ‚Rebundeling', bei dem verschiedene Anbieter unter einer Online-Plattform virtuell gebündelt werden: Beim Rebundeling werden diese Einzelteile nun in kleinen Portionen intelligent zusammengesetzt, um passende Produkte entstehen zu lassen. Dabei handelt es sich nicht um die Produkte vor dem Unbundeling, denn Smart Data, Algorithmen und neue Erkenntnisse der IT helfen, die Kundenbedürfnisse besser zu kennen, als es die Kund:innen teilweise selbst bewusst wahrnimmt. Die Schlagworte hier sind die *Plattformökonomie* und das digitale Ökosystem. FinTechs wie die Mobile-Bank N26 (wird in Kapitel 7.4 vorgestellt) setzen so auf einer Plattform die besten Lösungen aus dem gesamten Ökosystem zusammen. Für den Plattformanbieter spielt es keine Rolle, wer letztendlich die einzelne Dienstleistung erbringt, solange die Gesamtzufriedenheit der Kund:innen stimmt. Es geht darum, den Berührungspunkt mit den Endkund:innen zu kontrollieren und so ein Ökosystem für diese zu schaffen — und davon zu profitieren.[265]

4.7 Personalisierung wird Mainstream

Immer mehr Kund:innen fordern personalisierte Produkte und Selbstbestimmung

Es ist kaum zu glauben, dass eine Branche, die von Finanztrends lebt, es nicht schafft, Kund:innen sinnvoll zu segmentieren und auf das einzelne Individuum herunterzubrechen. Dabei zeigen die Konsumgüterindustrie und der Einzelhandel schon lange, wie eine gute Kundensegmentierung aussehen kann und welche Upsale-Funktionen diese bietet. Die digitalisierten Kund:innen sind nicht mehr ausschließlich Konsument:innen, sondern werden immer mehr Impulsgeber:innen, die mit dem Unternehmen interagieren. In Zeiten von Individualisie-

263 Vgl. Oliver Wyman (2018:3ff.)
264 Vgl. Bartmann (2002) & Statista (2017B:12)
265 Vgl. Bartmann (2002) & Statista (2017B:12)

rung, Big Data und End-to-End Digitalisierung erwarten immer mehr Kund:innen auf sie zugeschnittene Finanzdienstleistungen und fordern ihr Recht auf Selbst- und Mitbestimmung ein. Das reicht vom Verändern der PIN bis hin zur Erstellung eigener Fonds oder Finanzprodukte. Denn: Kein/e Anleger:in möchte das Gefühl haben, ein Massenprodukt zu kaufen. Mit der Digitalen Transformation wird es möglich, automatisiert und kostengünstig personalisierte Dienstleistungen und Produkte anzubieten — auch im Finanzsektor. Dabei haben Finanzunternehmen dank Big Data, Machine Learning, Predictive Analytics und weiteren neuen Technologien längst die Möglichkeit, Kundenportfolios effektiv zu segmentieren.

Transaktionsdaten allein reichen nicht aus, um die Bedürfnisse der Kund:innen ernsthaft zu verstehen. Neben der Auswertung des reinen Kaufverhaltens ist es daher sinnvoll, auch bis dato unstrukturierte Informationen mit einzubinden, die beispielsweise aus den Social Media-Netzwerken abgeleitet werden können. Dieses Wissen kann mitunter dazu beitragen, risikoadäquate Finanzierungsangebote zu gestalten und den Kund:innen dabei gleichzeitig das Gefühl zu geben, sie seien jeweils die oder der einzige Kund:in; unabhängig davon, ob es sich um ein ‚kleinteiliges' Angebot handelt. Ein Beispiel aus einer anderen Branche bietet hier *Mercedes*: Mit der App ‚*Digitale Vorfreude*' erhalten Kund:innen einen exklusiven Einblick in den aktuellen Stand der Produktion ihres individuellen Fahrzeugs. Erklärtes Ziel ist es, dass Kund:innen irgendwann von ihrem Smartphone aus in die Produktion eingreifen und z. B. die Autofarbe oder das Design der Sitze noch nachträglich ändern können.

Mass Customization wird gängige Praxis

Finanzunternehmen verfügen über gigantische Mengen an Big Data — unstrukturierten Rohdaten — die beispielsweise in Kundenberatungsgesprächen oder bei der Kontoeröffnung erhoben werden. Bislang lagen diese Daten in analogen oder digitalen Archiven und verstaubten. Methoden der künstlichen Intelligenz (KI) und der Predictive Analytics erlauben es heute, Verhaltensweisen und Bedürfnisse der Kund:innen zu erkennen, diese im integrierten Kernbanksystem auszuwerten und anhand analytischer Algorithmen individuelle Lösungen für die Kund:innen zu entwickeln. Das Stichwort hier lautet *Rebundling*: einzelne Produkte und Dienstleistungen verschiedener Anbieter werden auf die Kund:in passgenau zusammengesetzt.[266]

Darüber hinaus haben diese Methoden enormes Potenzial in der individuellen Kundenbetreuung von Unternehmen und Privatpersonen. Solche auch als Business Intelligence-Tools bekannte Anwendungen erlauben es Finanzunternehmen, wertschöpfende Aktivitäten weitgehend zu automatisieren (beispielsweise die Abwicklung von Transaktionen): *Business Intelligence* (BI) beschäftigt sich mitunter damit, wie Daten analysiert werden können, um dabei zu helfen, bessere Geschäftsentscheidungen zu treffen. Gleichzeitig erlauben digitale Neuerungen, dass Chatbots und Kundenbetreuer:innen in einem integrierten „*Mensch-Maschine*"-System gemeinsam kompetente Beratung leisten — und damit einen Teil zum *Bionic Wealth* beitragen, welches ich im gleichnamigen Buch ausführlich vorstelle.

---

266 Vgl. Brühl (2018:8f.)

Personalisierte Angebote am Bankautomat?

Klassische Bankautomaten werden immer seltener benutzt. Mehr als 13 Millionen Deutsche nutzen inzwischen regelmäßig Online-Banking, um Überweisungen, Geldeingänge und Co. zu regeln. Rund 40-mal jährlich besuchen Bankkund:innen im Schnitt die Hausbank, um am Automaten Geld abzuheben, so eine Erhebung der Deutschen Bundesbank. Immer häufiger wird jedoch nicht nur Geld abgehoben. Neben dem Ausdrucken von Überweisungen und der Änderung der PIN — inzwischen reguläre Funktionen an den meisten Bankautomaten — werden beispielsweise Zusatzangebote zu Finanzprodukten genutzt.[267]

Zugunsten der Kundenfreundlichkeit stattet die *Frankfurter Sparkasse* ihre Automaten aus diesem Grund inzwischen mit einem speziellen Service-Knopf aus. Wird dieser Button gedrückt, setzt sich eine Bankmitarbeiter:in mit der Kund:in in Verbindung und vereinbart ein Gespräch, in welchem das Anliegen der Kund:in beantwortet wird. Ein großer Vorteil der Zusatzfunktionen ist die stärkere Auslastung der Bankautomaten, während der Arbeitsaufwand für die Bankangestellten reduziert wird.[268]

Im nächsten Schritt folgt der Bankautomat 2.0 (bzw. der *Geldautomat 2.0*). Der Bankautomat dient längst nicht mehr nur der Beschaffung von Bargeld. Moderne Automaten locken mit personalisierten Funktionen und Service-Angeboten, die auf die Kund:innen zugeschnitten sind. Ermöglicht wird dies durch auf künstlicher Intelligenz-basierende Anwendungen. Eine „*KI*" erkennt via Gesichtserkennung die Kund:innen und präsentiert ihnen ein individuelles Menü und Optionen, die zu den individuellen Kontobewegungen passen. Mittels historischer und persönlicher Daten der Kontoinhaber:innen erstellt das System die jeweils individuell beste Lösung für die Kund:innen. Das erlaubt die Empfehlung spezifischer Finanzprodukte, etwa Hypotheken, Apps oder Giro- und Kreditkarten. Einem/einer Unternehmer:in kann dann ein zweites Geschäftskonto oder ein erweiterter Kreditrahmen angeboten werden, während Kontoinhaber:innen, deren Kontobewegungen für ein sparsames Verhalten sprechen, individuell zusammengestellte Sparkonten oder Aktien-Sparpläne empfohlen werden könnten.[269]

Kund:innen, die beispielsweise regelmäßig den Kontostand am Automaten abfragen, werden diese Option auf der ersten Seite des Automatenmenüs vorfinden. Für andere Kund:innen, die etwa ihren Dispositionsrahmen ausgeschöpft haben, kann direkt am Automaten ein Termin für eine Kreditberatung vereinbart werden. Ebenso ist es denkbar, dass künftig Kund:innen, die über einen längeren Zeitraum eine bestimmte Summe auf dem Konto haben, ein Beratungsangebot für alternative Anlagemöglichkeiten unterbreitet wird. So können spezifische Angebote vorgestellt und genutzt werden. Damit wird der Geldautomat zu einem wichtigen Touchpoint in der Kundenansprache.[270]

---

267 Vgl. IT Finanzmagazin (2018)
268 Vgl. IT Finanzmagazin (2018)
269 Vgl. IT Finanzmagazin (2018)
270 Vgl. IT Finanzmagazin (2018)

Fallstudie: Der kartenlose Microsoft-Geldautomat mit Gesichtserkennung

Ein erstes Konzept-Modell von *Microsoft* gibt bereits einen Ausblick auf den Geldautomat 2.0, den Geldautomaten der Zukunft. *Microsoft* und das australische Bankhaus *NAB* präsentierten kürzlich den ersten Geldautomaten, an dem Kund:innen ohne Kredit- oder Kontokarte Geld abheben können. Mittels Gesichtserkennung und dem *Microsoft*-Programm *Windows Hello* sollen Kund:innen auf einen Blick Zugriff auf ihr Konto erhalten und Produktvorschläge und Zusatzangebote erhalten können. Die gesammelten Daten werden auf die *Azure Cloud* hochgeladen. Die zugehörige Software, die auf den *Azure Cognitive Services* basiert, identifiziert die Kund:innen sicher und schnell. Dabei ist die kartenlose Identifizierung am Automaten nur der erste Schritt auf dem Weg zu einer neuen Ära von datengetriebenen Automatenkonzepten. Noch ist der kartenlose Geldautomat allerdings nur ein Prototyp. Ob und wann Gesichtserkennung in deutschen Finanzhäusern Einzug erhält, darüber lässt sich zum heutigen Zeitpunkt nur spekulieren.[271]

Die komplette Fallstudie finden Sie auf www.bionicwealth.de/impulse/ in der Kategorie „*Fallstudien*".

4.8 Research-Tools und Vergleichsportale sorgen für fairen Informationszugang

Research-Tools dienen der Analyse und Auswertung von Informationen

Research-Tools vereinfachen die Sammlung, Auswertung und Bereitstellung von Informationen. Bei der Aktienanalyse/-vorhersage werden Nachrichten und Beiträgen von Finanzunternehmen, Medien und Endnutzer:innen (etwa aus sozialen Netzwerken) zu Unternehmen, Marktentwicklungen, Wertpapieren, Währungen etc. identifiziert, analysiert und ausgewertet. Auf dieser Basis helfen Research-Tools dabei, das allgemeine Stimmungsbild am Markt darzustellen und künftige Entwicklungen von Aktien und Indizes möglichst genau zu prognostizieren.[272]

Das Unternehmen *Trendlink* beispielsweise zeigt aktuelle Anlagetrends und dazugehörige Aktien auf. Das Schweizer Unternehmen *Meetinvest* ‚screent' Aktien, basierend auf Investmentansätzen von Legenden wie Warren Buffett oder John Templeton. *Stockpulse* wiederum ermittelt auf Grundlage online verfügbarer Nachrichten, Beiträge und Kommentare etc. das aktuelle Stimmungsbild zu Devisen und Wertpapieren und bietet Kund:innen eine *Sentiment-Analyse* — eine Finanzanalyse zur Stimmung von Investor:innen an der Börse die auf dem Forschungsgebiet der *Anlegerpsychologie* und der *Behavioral Finance* fußt.[273]

Die (B2C-)Zielgruppe von Research-Tool-Anbieter:innen sind meist Anleger:innen, die zumindest über ein Grundwissen am Kapitalmarkt verfügen und im Bereich *Trading* bereits aktiv sind — zumindest in Deutschland also noch eine Minderheit.

---

271 Vgl. Quandt (2018)
272 Vgl. Ornau (2017:56)
273 Vgl. Schneider (2018)

Allen Anbieter:innen gemein ist in der Regel ein sogenannter *Freemium-Ansatz*, bei dem Nutzer:innen nach dem Anmelden über ihre E-Mail-Adresse eine kostenlose Basisversion geboten wird. Anschließend können erweiterte Funktionen gegen eine Gebühr erworben werden. Auch Hausbanken haben das Potenzial der Bereitstellung von Analysen erkannt: *„Das Kalkül dahinter ist relativ einfach: Besser informierte Kunden sind aktiver, gerade auch (bei) der Vermögensanlage*"[274], erklärt *TME*-Gründer Stephan Paxmann in einem Handelsblatt-Interview.[275]

Netzkwerkanalyse-Tools verschaffen einen Überblick über das Finanzmarkt-Ökosystem

In ihrer Grundfunktion waren Finanzunternehmen schon immer Netzwerkknotenpunkte. Der Finanzmarkt ist nichts anderes als ein sehr großes Netzwerk verschiedener Akteur:innen. Dieses Netzwerk umfasst sowohl die Finanzkund:innen und ihre Beziehung untereinander sowie zu den Finanzdienstleister:innen, als auch zu den Mitarbeiter:innen und Partner:innen (Vertrieb, Zulieferer, Outsourcing-Dienstleister, etc.). All diese Anspruchsgruppen sind stark vernetzt. Um diese Netzwerke aufrechtzuerhalten und besser bewirtschaften zu können, haben Finanzunternehmen IT-Systeme geschaffen, die wiederum selbst größtenteils vernetzt und voneinander abhängig sind. In vielen Fällen können die Daten, die hinter solchen Netzwerken liegen überlagern. So kann beispielsweise ein/e Mitarbeiter:in auch gleichzeitig Kund:in sein.[276]

Traditionell neigen Finanzunternehmen dazu, nur die Einzelknoten innerhalb der Netzwerke zu betrachten. Mit *Einzelknoten* beziehe ich mich in diesem Fall auf spezifische Kundengruppen, Partner,:innen Märkte, Transaktionen, et cetera pp. Eine derart isolierte Betrachtungsweise ist aus heutiger Sicht grob fahrlässig, da die Abhängigkeiten, die sich innerhalb der Netzwerke ergeben, und die möglicherweise ansteckende Wechselwirkung, die diese haben können, mit einem traditionellen Ansatz unmöglich erfasst werden können. Ein anschauliches Beispiel dafür, wie negative Auswirkungen sich in Schockwellen innerhalb der Netzwerke verbreiten können, war die globale Finanzkrise. Neue Technologien können uns helfen, dieses *Multi-Layer-Netzwerksystem* besser verstehen zu können und neue Erkenntnisse für den Umgang mit Kund:innen und Netzwerkpartner:innen zu erzielen. So ist es mit *Netzwerkanalyse-Tools* es theoretisch schon heute möglich, überlineare Effekte am Markt nicht nur im Nachhinein nachvollziehen zu können, sondern auch frühzeitig zu erkennen und Gegenmaßnahmen einzuleiten.[277]

Vergleichsportale schaffen Transparenz am Markt

War die Hausbank früher die erste — wenn nicht einzige — Anlaufstelle für Fragen zu Krediten, Fonds und anderen Finanzprodukten, so nutzt der Großteil der Kund:innen heute *Vergleichsportale* als erste Informationsquelle sowie als Einkaufsportal für unterschiedlichste Produkte und Dienstleistungen. Dadurch entsteht am Markt eine erhöhte Transparenz, die den Kund:innen mehr Verhand-

274 Paxmann, zitiert in Schneider (2018)
275 Vgl. Schneider (2018)
276 Vgl. Papenbrock (2018:325ff.)
277 Vgl. Papenbrock (2018:325ff.)

lungsmacht verleiht. Dank online verfügbarer Informationen auf den digitalen Plattformen können sich Kund:innen von zuhause aus (oder direkt über ihr mobiles Endgerät) zu Finanzen und Finanzunternehmen informieren. Beispielsweise haben Kund:innen die Möglichkeit, die Kosten und Leistungen verschiedener Banken zu vergleichen, aktive und passive Finanzprodukte gegenüberzustellen, oder sich zu verschiedenen Anbieter:innen beraten lassen. Beim Versicherungsvergleich kriegen Versicherungsnehmer:innen schnell die wichtigsten Informationen zu verschiedenen Versicherungsanbieter:innen und -produkten aufgelistet. Beim Hypothekenvergleich stellen Vergleichsportale die Hypothekenkredite verschiedener Banken gegenüber. Ähnlich verhält es sich mit dem Zinsvergleich, der Kreditzinssätze vergleicht, aber auch Firmenkund:innen können Kreditprodukte im Bereich der Firmenkundenfinanzierung auf Vergleichsportalen gegenüberstellend betrachten. Hypothekenkredite und Konsumentenkredite werden immer häufiger direkt durch einen Online-Kreditantrag erfasst und abgewickelt, ohne dass die Kund:innen hierzu in eine Filiale gehen müssen, oder jemals eine/n Berater:in zu Gesicht zu bekommen.[278]

Alternative Credit Scoring ermöglicht eine sorgfältigere Prüfung der Kreditwürdigkeit

Ein weiterer nennenswerter Trend im Informationsaustausch — in diesem Fall im Austausch von Unternehmen und Finanzdienstleister:innen — ist die automatisierte Kreditbonitätsprüfung (auch *alternative Kreditwürdigkeitsprüfung*) für Privatkund:innen und Firmenkund:innen, bei der neben klassischen Daten (Bonitäts-, Gehalts- oder Umsatzdaten) immer öfter auch Daten aus sozialen Netzwerken analysiert werden. Bei der alternativen Kreditwürdigkeitsprüfung handelt es sich um einen Prozess, bei dem öffentlich zugängliche personenbezogene Informationen gesammelt und ausgewertet werden, um eine genauere Einschätzung über die Kreditwürdigkeit potenzieller Kund:innen zu erlangen. Als Datenquellen nutzen auf die Credit Scoring spezialisierte FinTechs u.a. soziale Netzwerke, über die sie die Daten sammeln und anschließend von einem Scoring-Algorithmus bewerten lassen. Angereichert um Transaktionsdaten, Einkommen, ausstehende Kredite und getätigte Einkaufsentscheidungen können Finanzunternehmen so Fehler vermeiden und Kosten einsparen.[279]

4.9. Peer-to-Peer-Lösungen schließen Teilnehmer:innen partizipativ mit ein

Peer-to-Peer Transaktionen kommen ohne Banken aus

Sogenannte Peer-to-Peer (P2P) Plattformen ermöglichen den Geldtransfer zwischen Peers (Gleichgestellten/Gleichgesinnten) und fallen somit unter die Kategorie Consumer to Consumer (C2C), welche ich in *„Bionic Wealth"* vertiefe. Ein besonders bekanntes Bezahlverfahren für P2P-Payment ist *PayPal:* Über die Platt-

---

278 Vgl. Ornau (2017:57f.)
279 Ornau (2017:57f.) & Statista (2017B:11)

formen können Peers Bezahlvorgänge, Spenden, Leihgaben und andere Formen des P2P-Payment direkt untereinander abwickeln und die Bank teils vollständig umgehen.[280]

Online-Plattformen bieten erstmals einer breiten Nutzergruppe die Möglichkeit, sich gemeinsam über klassische Grenzen hinaus zu organisieren. Die Technik, die dahintersteckt, bringt Interessengruppen zusammen und ermöglicht es, gemeinsame Themen zu bespielen. Nach dem gemeinsamen Austausch in *Diskussions-Foren,* dem gemeinsamen Handel auf *Online-Marktplätzen* und vielen weiteren Plattform-Konzepten können Privatpersonen (und Unternehmen) seit einiger Zeit auch gemeinsam investieren. Das unter dem übergeordneten Begriff *Crowdfunding* zusammengefasste Phänomen beschreibt die Möglichkeit, dass große Projekte, die bisher nur von Konzernen oder Banken gestemmt werden konnten, nun durch eine Vielzahl an Individuen realisiert werden können.

Auf Crowd-Plattformen macht das Individuum den Unterscheid

Die Finanz-Plattform *Investopedia* beschreibt *Crowdfunding* als ein Finanzierungsinstrument, bei welchem eine Gruppe von Investor:innen (die *Crowd*) über eine Crowdfunding Plattform gemeinsam in Produkte, Dienstleistungen oder Geschäftsideen investieren. Einzigartig an diesem Finanzierungsansatz ist, dass die einzelnen Unternehmer:innen sich auch mit sehr kleinen Beiträgen beteiligen können, dass das benötigte Gesamtkapital über die Masse an Einzelinvestor:innen dennoch erreicht werden kann.[281]

Crowdfunding hat sich in den vergangenen Jahren als übergeordneter Begriff durchgesetzt, beschreibt im engeren Sinne allerdings nur einen Teil des Phänomens. In der Literatur unterscheidet man zwischen fünf Crowdfunding-Typen,; die letzten drei möchte ich in den folgenden Abschnitten näher beleuchten:

1. Beim **Reward-based Crowdfunding**, dem klassischen *Crowdfunding*, finanzieren Unterstützer (Käufer) ein Produkt oder eine Dienstleistung vor (Vorverkauf) und ermöglichen so erst die Entwicklung oder Produktion.[282]
2. Beim **Donation-based Crowdfunding**, dem *Crowddonating*, spenden Unterstützer an einem Projekt oder eine Idee, ohne dafür einen nennenswerten Rückfluss zu erhalten.[283]
3. Beim **Equity-based Crowdfunding**, auch *Crowdinvesting* genannt, handelt es sich um Beteiligungsinvestitionen durch eine Gruppe (Crowd) an Unternehmen vor dem Börsengang (Initial Public Offering, IPO). Auf Online-Plattformen haben Privatanleger:innen die Möglichkeit, sich entweder als Business Angel oder Venture Capital Geber:innen (VC) frühzeitig (oder auch in einer späteren Phase) an jungen Unternehmen zu beteiligen. Hierbei schließen Investor:innen mit dem zu finanzierenden Unternehmen einen grundsätzlich unbefristeten Beteiligungsvertrag ab und erhalten für ihre Investitionen Firmenanteile. Diese

280 Vgl. Statista (2017B:12)
281 Vgl. Doberstein (2017)
282 Vgl. Doberstein (2017)
283 Vgl. Doberstein (2017)

werden ihnen im Falle einer Kündigung oder eines Exits zurückerstattet, wobei sich die Höhe des Betrags nach dem unternehmerischen Erfolg bemisst. Somit bietet Crowdinvesting privaten Anleger:innen die Möglichkeit, sich als Risikokapitalgeber:in zu beteilgen.[284]

4. Ein ähnliches Konzept bietet auch das **Social Trading** (auch *Co-Investing* oder Copy Trading*)*, welches Kund:innen die Möglichkeit bietet, im Gegenzug für einen prozentualen Anteil am Gewinn die *„Portfolios professioneller Investoren einzusehen und darin zu investieren*". Nicht verwechselt werden sollte Co-Investing mit Covesting (COV) — einem Token der Blockchain (Distributed Ledger Technologie).[285]

5. Beim **Lending-based Crowdfunding**, auch als *Crowdlending* oder *Peer-to-Peer-Lending* bekannt, gewähren Unterstützer dem Unternehmen (in Einzelfällen auch der Privatperson) für eine festgelegte Laufzeit einen Kredit und erhalten während dieser feste monatliche Zins- und Tilgungsraten zurück (*Annuität*). Über Crowdlending-Portale können sich Kund:innen somit Privatkredite (Konsumentenkredite und Hypotheken) von einer oder mehreren anderen Personen geben lassen. Handelt es sich bei den Kreditgebern um Privatpersonen, spricht man von Private Lending: Private Lending beschreibt Investitionen in Privatkredite, also zwischen Privatpersonen, über elektronische Plattformen. Diese erfolgen ohne Involvierung einer Bank. Für die Kreditvergabe durch professionelle Investor:innen in einer Crowd gibt es derzeit dagegen noch keinen etablierten Begriff.[286]

Crowdlending bietet eine Alternative zu Bankkrediten

Unkomplizierte und schnelle Kreditvergabe ohne die Bank. Laut der namhaften Plattform Crowdfunding.de vergibt beim Crowdlending (engl.: *crowd* = Gruppe an Menschen, engl: *lending* = Leihgabe) *„eine Vielzahl an Menschen einen Kredit. Den Kredit zahlen die Kreditnehmer dann innerhalb der vereinbarten Laufzeit verzinst zurück. Der Kredit über die Crowd wird auch ‚lending-based crowdfunding' oder P2P-Kredit (Peer-to-Peer) genannt*"[287].

Crowdlending fällt unter das Kreditgeschäft, ist jedoch nicht an eine Bank gebunden, sondern wird Peer-to-Peer zwischen Internetnutzer:innen getätigt. Auch kann keine Bank über die Kreditvergabe entscheiden. Stattdessen prüfen die Plattformen die Kreditanträge und errechnen auf Grundlage der Risikoklasse des Antragstellers (nach Bonität) einen angemessenen Zins. Dabei ist Lending keinesfalls nur für Privatmenschen gedacht: Immer mehr einzelne Selbstständige und Unternehmen entdecken das Potenzial des direkten Kredits für sich. In diesem Fall spricht man vom Peer-to-Business Kredit (P2B-Kredit). Interessant wird Crowdlending für Anleger, da es zumeist sehr hohe Rendite-Chancen bietet, die Anleger selbst entscheiden können, in welche Geldanlage sie investieren möchten, das Verfahren im Prinzip transparent, für alle verständlich und nach klaren

284 Vgl. Doberstein (2017), Ornau (2017:56) & Schneider (2018)
285 Vgl. Ornau (2017:56)
286 Vgl. Doberstein (2017) & Ornau (2017:57f.)
287 Crowdfunding.de (2018)

Regeln funktioniert und da die Mindestanlagesummen oft bereits ab 25 € für Kreditprojekte beginnen. Selbstverständlich gibt es auch beim Crowdlending Risiken: Die kreditnehmende Privatperson kann eine Privatinsolvenz anmelden. Hier übernehmen die Plattformen keine Haftung und auch die Einlagensicherungsfonds der Banken greifen nicht.[288]

Damit dürfte das Lending-based Crowdfunding die größte Konkurrenz für Banken darstellen — noch vor dem Crowdinvesting, denn dieses spricht zumindest derzeit noch eine andere Gruppe von Anleger:innen an als viele Vermögensverwaltungen: sogenannte *Business Angels* und *Venture Capital*-Geber:innen (VCs) die als Privatpersonen oder VC_Unternehmen in Startups investieren möchten, welche sich in einer frühen Phase der Gründung befinden und noch nicht börsennotiert sind.[289]

Crowdlending hat für Unternehmen und Privatpersonen viele Vorteile gegenüber dem klassischen Bankkredit. Beispielsweise trifft nicht ein/e Einzelne/r Sachbearbeiter:in aus der Bank die Entscheidung über die Kreditvergabe, sondern jede/r einzelne Investor:in– vorausgesetzt der Kreditantrag erfüllt die Voraussetzungen der Crowdlending-Plattform (also eine Bonitäts- und Risikoanalyse, bei der der Plattformbetreiber feststellt, ob der Antragsteller:in kreditwürdig einzustufen ist und welcher Zinssatz greift). Die Grundvoraussetzungen sind dabei deutlich niedriger angesetzt, als die Anforderungen, die Banken an Kreditantragsteller:innen haben. In der Regel werden nur Anträge abgelehnt, bei denen der oder die Antragsteller:in starke Negativmerkmale etwa bei der SCHUFA hat oder aufgrund der Höhe ihres Einkommens unmöglich in der Lage wäre, die Rückzahlungsraten zu zahlen. Dies schützt die Plattformbetreiber:innen, die Kreditgeber:innen und die Kreditnehmer:innen. Zusätzlich machen Crowdlending-Plattformen es Kreditsuchenden sehr viel leichter als Banken, denn in der Regel reichen einfache Begründungen darüber aus, wie das Geld verwendet wird. Handelt es sich um einen Kredit im unternehmerischen Umfeld, ist eine Bonitätsanalyse (zum Beispiel Jahresabschlüsse und BWAs) erforderlich, Businesspläne o. ä. müssen hingegen nicht veröffentlicht werden. In wenigen Fällen, (etwa auf der Plattform finmar) ist zusätzlich ein Erklärvideo erforderlich. Auch sind keine Sicherheiten vorausgesetzt — obwohl es Plattformen gibt, bei denen Privatkredit-Suchende Immobilien oder etwa ihr Kfz als Sicherheit bereitstellen können.[290]

Crowdlending hat allerdings auch einige Nachteile. Erstens gilt das *„Alles oder nichts“*-Prinzip: Wird das Finanzierungsziel nicht vollständig erreicht, kommt das Projekt nicht zustande und kein/e Investor:in muss Geld überweisen. Zweitens erheben die Plattformen teils stattliche (Bearbeitungs-)Gebühren von bis zu 6%. Weniger gut geeignet ist Crowdlending auch für Gründer:innen, Einzelunternehmer:innen, Privatpersonen oder Personengesellschaften die für private Zwecke mehr als 25.000 Euro benötigen, oder Kapitalgesellschaften mit einem Kreditbedarf von über 150.000 Euro. Unternehmen, die sechsstellige Beträge benötigen, kommen somit in der Regel nicht um die Bank herum. Drittens richtet sich der Zinssatz nicht nur nach der Bonität der/des Antragsteller:in, sondern im Fall

288 Vgl. Crowdfunding.de (2018)
289 Vgl. Doberstein (2017) & Ornau (2017:57f.)
290 Vgl. Doberstein (2017)

des *Social Lending* auch nach anderen Faktoren. Hier spricht man von Community-basiertem Zinssatz, welcher *„zum Beispiel für Dispositionskredite in Abhängigkeit der vernetzten Kunden auf sozialen Netzwerken“*[291] ermittelt wird.[292]

Fallstudie: Triodos Bank und bettervest verschreiben sich der Energiewende

Die *Triodos Bank* hat sich in Zusammenhang mit Transparenz im Bankwesen einen Namen gemacht. *Triodos* ist eine Stiftung, die von *Triodos* Investment Management verwaltet wird. Sie gehört zu Europas führenden sozial-ökologisch orientierten Banken. Die *Triodos Bank* finanziert Projekte, die besonders umweltfördernd sind. Unternehmen und Organisationen, die von der *Triodos Bank* einen Kredit erhalten haben, werden auf einer Liste veröffentlicht. So können Privatkund:innen jederzeit nachvollziehen, wofür ihr Geld verwendet wird.[293]

bettervest ist ein auf Energieprojekte spezialisiertes Online-Marketing-Unternehmen mit Firmensitz in Frankfurt am Main. *bettervest*, eine der ersten Plattformen für Crowdinvesting, hat es sich zur Aufgabe gemacht, durch den effizienten Einsatz von Energie zu einer klimafreundlicheren Wirtschaft und Gesellschaft zukunftsorientiert nachhaltig beizutragen. Die Lösung sieht *bettervest* in *zweckgebundenen Crowdinvestments*. Da die Crowd auch mit kleinen Zahlungen den erforderlichen Beitrag für eine Investition zusammenbringen kann, fördert *bettervest* so ethisch-ökologische Projekte. Diese werden überwiegend in wirtschaftsschwächeren Regionen der Welt getätigt. Anleger:innen können so auch mit kleinen Beiträgen zum Klimaschutz beitragen und nebenbei finanziell profitieren.[294]

Was sowohl die Kund:innen von *bettervest* als auch von der *Triodos Bank* vereint, ist das gemeinsame Interesse am bewussten und nachhaltigen Umgang mit Geld. Das ambitionierte Ziel der Kooperation ist, das Vorantreiben der Energiewende. Dabei bleiben die finanziellen als auch sozialverträglichen Gesichtspunkte von großer Bedeutung. Nachhaltigkeit ist bei vielen Investor:innen ein ausschlaggebender Faktor bei der Geldanlage. Jedes anfragende Unternehmen wird genau überprüft, ob es die erforderlichen Kriterien erfüllt. Branchen im Sektor Atomenergie, Waffen, Autobahnmaut oder Glücksspiel haben da schlechte Chancen. Die sogenannten ESG-Kriterien sind hier ausschlaggebend. Nur wenn solche Vorgaben erfüllt sind, kommt eine Investition in Frage.[295]

Im September 2018 erklärte die *Triodos Sustainable Finance Fundation*, dass sie Anteile an der Crowdinvesting Plattform *bettervest* erworben hat. Mit der Kooperation sollen digitale Finanzprodukte entwickelt werden, die die globale Energiewende voranbringen und beiden Seiten die gemeinsame Ansprache von Privat- und Geschäftskund:innen ermöglichen sollen. *„Darüber hinaus gehen die Triodos Bank und bettervest eine Kooperation ein, um neue Anlagemöglichkeiten zu entwickeln und Anlegern vereinfachten Zugang zu unterschiedlichen Geldanla-*

---

291 Vgl. Ornau (2017:56)
292 Vgl. Doberstein (2017) & Ornau (2017:56)
293 Vgl. Atzler (2018) & Koss (2018)
294 Vgl. Atzler (2018) & Koss (2018)
295 Vgl. Atzler (2018) & Koss (2018)

gen mit finanzieller sowie sozial-ökologischer Rendite anzubieten. Gemeinsames Ziel ist es, die globale Energiewende voranzutreiben", erklärt Florian Koss, Leiter Kommunikation und Marketing bei der *Triodos Bank*.[296]

Crowdinvesting im Zusammenhang mit Nachhaltigkeit nimmt in Deutschland stark zu und zeigt kontinuierlich überdurchschnittliche Wachstumsraten. Gemeinsam mit Investor:innen, die sich zukunftsorientiert und ethisch-ökologisch ausrichten, soll dieser Weg mit kreativen Innovationen weiterentwickelt werden. Der fruchtbare Boden ist da. Die Idee ist aufgekeimt. Jetzt muss das Konzept nur noch mit Bedacht bestellt, gepflegt und weiterentwickelt werden, um zu zeigen, dass Nachhaltigkeit und Rendite gemeinsam erfolgreich sein können.[297]

---

296 Vgl. inkl Zitat Koss (2018)
297 Vgl. Atzler (2018) & Koss (2018)

KAPITEL 5: SCHLÜSSELTECHNOLOGIEN BAHNEN DEN WEG

Auf einen Blick

- Digitale Schlüsseltechnologien eröffnen neue Geschäftsmöglichkeiten.
- Big Data / Smart Data ist die Grundlage für digitale (KI-)Anwendungen.
- Die Blockchain schafft Vertrauen / Transparenz und macht Intermediäre oder zentrale Kontrollstellen überflüssig.
- Die Cloud ermöglicht sichere, dezentrale und skalierbare Prozesse und Systeme.
- AR/VR erweitern unsere Realität und verändern den Beratungsprozess.
- Digitale Authentifikationsverfahren erhöhen die Sicherheit.

5.1. Big Data ist der Kraftstoff für digitalen Fortschritt

Big Data – der Rohdiamant der digitalen Welt

> *„Alles Wissen und alles Vermehren unseres Wissens endet nicht mit einem Schlußpunkt, sondern mit einem Fragezeichen.“*
> —Hermann Hesse (1877-1962), Schriftsteller.

Finanzunternehmen und -dienstleister:innen erheben seit Jahrzehnten große Datenmengen und halten diese in eignen Datenbanken und Systemen vor. Doch erst Big Data, Data Analytics und Künstliche Intelligenz erlauben Finanzdienstleister:innen, die Erkenntnisse für das Tagesgeschäft zu erschließen und eröffnen neue Möglichkeiten, um Muster zu erkennen, Kundenbedürfnisse zu verstehen und innovative Produkte zu entwickeln.

Was einst noch als Science-Fiction abgetan wurde, ist heute längst Realität: Künstliche Intelligenz (KI), humanoide Roboter und lernfähige Chat-Bots bieten eine neue Welt der Dienstleistungen — weltweit und rund um die Uhr. Ermöglicht wird dies durch Technologien, die das Sammeln, Verarbeiten und Auswerten riesiger Datenmengen in Echtzeit ermöglichen: Big Data. Der *Duden* definiert *Big Data* erstens als *„riesige Datenmengen“* und *zweitens als „Technologien zur Verarbeitung und Auswertung riesiger Datenmengen“*.[298]

---

298 Duden (2018)

Diese Datenmenge steigt exponentiell an. Das gesamte Datenvolumen, das bis zur Jahrtausendwende weltweit erfasst wurde, also zwei Exabyte (Zwei Trillionen (10^{18}) Byte), wird heute an einem Tag generiert. Doch das Erfassen und Speichern bringt für sich genommen noch keinen Mehrwert. Erst wenn die Daten intelligent zusammengeführt und ausgewertet werden, lassen sich Schlussfolgerungen ziehen. Diese ermöglichen Leistungsverbesserungen, Kostenreduzierung, höhere Ressourceneffizienz und stärkere Systemsicherheit. Im Jahr 2025 werden die weltweiten Datenbestände 180 Zettabyte (10^{21} Byte) erreichen, wie die folgende Abbildung eindrucksvoll zeigt.[299]

ABB. 5.1: PROGNOSE ZUM JÄHRLICHEN DATENVOLUMEN BIS 2025

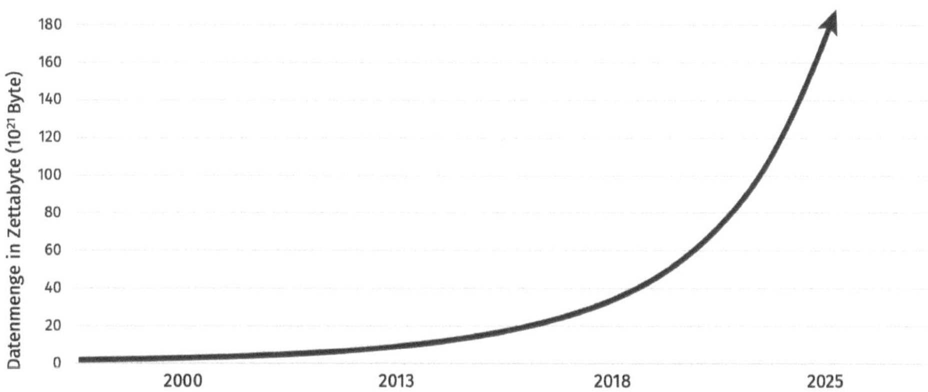

Quelle: eigene Darstellung in Anlehnung an Helmrich (2017:94) & Statista (2020D)

Die Menge, Tiefe und Komplexität der aus zunehmender Vernetzung resultierenden Datenflut steigt stetig an. Allerdings sind die dabei anfallenden Daten zumeist unstrukturiert und stark verstreut. Aus diesen *Rohdaten* ein effektives und vernetztes Zusammenspiel nutzbarer Daten zu schaffen, Daten also schnell und umfassend verstehen, katalogisieren und aufrufen zu können, wird in der Digitalen Transformation zur Kernherausforderung für Banken. Das menschliche Gehirn ist jedoch nicht darauf ausgelegt, derartige Informationsmengen zu verarbeiten und für alle innerhalb und außerhalb des Unternehmens jederzeit von jedem Ort abrufbar zu machen. Daher brauchen wir Technologien, die uns darin unterstützen, Rohdaten zu verwalten und in nutzbare Informationen zu transformieren.[300]

Smart Data – der digitale Diamantschliff

Spalten, sägen, reiben, schleifen, polieren: Ohne Bezug ist Big Data nur ein riesiger Haufen Datenschrott. Der eigentliche Champion heißt *Smart Data*. Smart Data steht für die kluge Analyse dieser großen Datenmengen. Smart Data ermöglicht immer genauere Empfehlungssysteme. Bestellungen, Einkäufe, Suchergebnisse, Sehgewohnheiten, GPS-Daten — all dies wird ausgewertet, um Kund:innen bestmögliche Empfehlungen auszusprechen. Wobei ‚bestmöglich' in der Regel aus Anbietersicht zu werten ist.

---

299 Vgl. Helmrich (2017:94) & Statista (2020D)
300 Vgl. Papenbrock (2018:325ff.)

Um einen Diamanten zu schleifen benötigt man insbesondere drei Dinge: ein weiteren Diamanten, Talent und Expertise. Übertragen auf die digitale Sphäre bedeutet dies: um aus Big Data Smart Data zu machen, bedarf es neben einer großen Menge sinnvoll erfasster und qualitativ hochwertiger Daten vor allem fundierte Branchenexpertise, also das Wissen um Produkte, Prozesse und Kundenbedürfnisse sowie Fertigungskompetenz (die sogenannte *Domain-Expertise*) und leistungsstarke softwarebasierte Analyse- und Auswertungstools.[301]

Für das Kapitalmarktumfeld umfassen die Anwendungsszenarien, die sich durch Smart Data (sinnvoll auswertbares Big Data) eröffnen, u.a. dass Kundenverhalten erkannt und Kundenbeziehungen analysiert werden können. Hieraus können Maßnahmen entwickelt werden, die gezielt und kundenbezogen die Bedürfnisse, Wünsche und Sorgen der Kund:innen adressieren und den Weg für cross-selling Aktivitäten ebnen. Die Analyse ist dabei keineswegs auf einzelne Individuen reduziert. Die Analyse ganzer Markt- und Branchenentwicklungen lässt sich qualitativ und quantitativ erweitern und vernetzen. So kann eine differenzierte Zielgruppenfokussierung angesteuert werden, die die Eintrittswahrscheinlichkeit und inhaltliche Relevanz verschiedener Vorhersagen deutlich steigert. Dabei gilt: Mit wachsender Menge an erhobenen Daten zu den Kundenansichten und -bedürfnissen reduziert sich der Erstellungsaufwand der *Data Analytics-Methoden* und damit auch die Kosten. Die differenzierte Kundensegmentierung trägt erheblich zur Verbesserung der Customer Experience bei, also der positiven Kundenerfahrung, und schafft eine emotionale Bindung zwischen Kund:in, Produkt und Finanzunternehmen.

Smart Data-Analyse schafft ein holistisches Bild der Zusammenhänge

Die derzeitigen Finanzportfolio-Strategien können die Komplexität nicht in vollem Umfang erfassen. Die Theorien und Modelle der klassischen Finanzökonomie stammen aus einer Zeit, in der die Rechnerkapazitäten begrenzt waren (wenn überhaupt verfügbar) und Märkte und Daten kaum vernetzt waren. Auf dieser Grundlage gehen sie von *Linearität*, *Symmetrie*, *Gleichgewicht* und der *Rationalität* der Akteur:innen/Investor:innen aus. Die meisten dieser idealisierten Ansätze lassen sich jedoch aus heutiger Sicht kaum durch Daten untermauern. In weiten Teilen Europas hat man beispielsweise längst verstanden, dass die Portfolio-Theorie von Markowitz im digitalen Zeitalter nicht mehr ausreicht, um die komplexen Zusammenhänge von Investitionen zu erfassen. In Deutschland orientiert sich die Branche noch immer hartnäckig an der Portfolio-Theorie, doch es ist ein unausgesprochenes Verständnis, dass Smart Data und moderne Technologien weiter vordringen können, als es menschliche Berechnungen in einem Leben jemals vermögen. In Zeiten fortschreitender Vernetzung und Digitalisierung brauchen wir daher neue Ansätze. Maschinelles, Smart Data und Künstliche Intelligenz sind Schlüsseltechnologien, die uns dabei helfen, Informationen zu erfassen und für die Anwender:innen — von Privatkund:innen bis zu professionellen Portfoliomanager:innen — zugänglich und verständlich zu machen.[302]

---

301 Vgl. Helmrich (2017:93-94)
302 Vgl. Papenbrock (2018:340f.)

Obwohl herkömmliche Top-Down-Ansätze zur Portfoliokonstruktion und Assetallokation bereits auf hierarchische Ebenen und natürliche Cluster (z. B. Branchen, Regionen oder Vermögensklassen) eingehen, gelingt es ihnen nicht, die starke Durchmischung und komplexe Vernetzung innerhalb der Cluster zu erfassen. Was fehlt, ist eine hierarchische Landkarte für Clusterstrukturen — eine hierarchische *Map*, die alle Strukturen, Hierarchien und Abhängigkeiten jeder Ebene der einzelnen Vermögenswerte abbildet. Diese *Clusterstruktur* wird auch bei Ansätzen zur vollständigen Auswertung der Korrelationsmatrix nur indirekt berücksichtigt. Das volle Diversifikationspotenzial kann nur dann ausgeschöpft werden, wenn die Clusterstrukturen (mechanisch) erfasst und verstanden werden. Mit jeder neuen Information kann die KI das Portfolio entsprechend anpassen — unter Umständen kann eine geringere Portfoliovarianz realisiert werden als bei einzelnen ETFs oder sogar beim Minimum-Varianz-Portfolio.[303]

Mit einer soliden Masse an intelligenten Daten kann das Finanzunternehmen nicht nur bessere Produkte und Dienstleistungen entwickeln und liefern oder Kernprozesse weiter automatisieren, sondern auch in Echtzeit auf Marktveränderungen reagieren, Kosten senken und flexibel auf Kundenbedürfnisse reagieren. Mehr dazu erfahren Sie in meinem Buch „*Bionic Wealth*".

5.2. Die Blockchain schafft Transparenz und Vertrauen

Mit der Blockchain verändert sich die Wertübertragung grundlegend

Vereinfacht ausgedrückt verbirgt sich hinter der *Blockchain* eine riesige Datenbank, die über ein dezentrales Netzwerk verteilt ist. Sie gehört niemandem, alle Teilnehmer:innen besitzen die gleichen Zugriffsrechte. Dies macht die Blockchain sowohl flexibel als auch sicher gegen Manipulation und Fälschung.

Das Grundprinzip der Blockchain

Die Zukunft ist dezentral, hypervernetzt und hypertransparent. Die meisten Menschen neigen dazu, an der Illusion von absoluter Kontrolle festzuhalten. Nicht nur Computersysteme, sondern auch Unternehmen und Mitarbeiter:innen werden zentralisiert betrachtet, verwaltet und gesteuert. Diese Weltsicht wurde uns in der Schule so beigebracht, dann in der Ausbildung oder im Studium und später im Unternehmen. Das Problem an diesem Vorgehen ist, dass zentralisierte Systeme im digitalen Zeitalter in Wirklichkeit Chaos fördern und verbreiten. Sie sind nicht flexibel und agil genug, um mit der zunehmenden Komplexität zurechtzukommen. Die Blockchain bricht mit diesem Glaubenssatz und handhabt Informationen dezentralisiert — und reißt damit die „*das machen wir schon immer so*"-Mauern in unseren Köpfen ein.

Die Blockchain ist eine dezentralisierte Datenbanktechnologie, bei der Vertrauen zwischen Parteien durch eine Vielzahl von Netzwerkteilnehmer:innen und durch modernste Kryptografie hergestellt wird. In einem Mc-Kinsey-Interview erklärte Don Tapscott, *Tapscott Group* CEO und Autor von *Wikinomics* und *Blockchain Revolution: How the Technology Behind Bitcoin is Changing Money, Business,*

303 Vgl. Papenbrock (2018:332f.)

and the World: „The blockchain is basically a distributed database. It's distributed. It's open source. It's truly peer to peer; it doesn't require powerful intermediaries to authenticate or to settle transactions. It uses state-of-the-art cryptography, so if we have a global, distributed database that can record the fact that we've done this transaction, what else could it record? Well, it could record any structured information, not just who paid whom but also who married whom or who owns what land or what light bought power from what power source. In the case of the Internet of Things, we're going to need a blockchain-settlement system underneath. Banks won't be able to settle trillions of real-time transactions between things."[304]

Der Begriff *Blockchain* bezeichnet eine dauerhaft erweiterbare Liste (Kette / Chain) an Datensätzen (Blöcke / Blocks). Bei der Blockchain werden Daten (z. B. Aktien, Verträge oder Finanztransaktionen) innerhalb eines verteilten Netzwerks auf vielen Computern in so genannte Blöcke abgelegt, bestätigt und mit einem Zeitstempel versehen. Die gleichen Daten werden demnach mehrfach innerhalb desselben Netzwerks gepflegt und sind somit im Grunde redundant. Jede/r Zugriffsberechtigte erhält Zugriff auf diese Daten und kann sie ergänzen (z. B. durch einen Vertrag oder eine Überweisung). Die einzelnen Blöcke sind kryptographisch über Prüfsummen miteinander verkettet -- ein Ablauf der . Geprüft, verifiziert und versiegelt werden diese Blöcke durch sogenannten Miner (die ‚Buchhalter:innen' der Blockchain). Zusammengefasst handelt es sich bei einer Blockchain somit also um die verkettete und nicht mehr veränderbare Transaktionshistorie, die alle Transaktionen innerhalb dieser Blockchain vollzogen wurden und über die sich die Miner übereingestimmt haben, notiert.[305]

Das kann man sich ungefähr so vorstellen: Jeder Miner pflegt eine Liste mit allen Transaktionen, während er an einer mathematischen Gleichung (der Verschlüsselung) arbeitet. Wer zuerst die Lösung berechnet hat, schreit laut „*Fertig*!" bzw. „*Bingo*!". Alle anderen Miner überprüfen schnell, ob die Lösung richtig ist und ob sie die gleichen Transaktionen notiert haben. Wenn dem so ist, dann darf der glückliche Miner den Block ‚versiegeln' und eine Belohnung einkassieren (im Fall von Bitcoin z. B. einen festgelegten Betrag an Bitcoin). Natürlich rechnen hier keine Menschen direkt, sondern ihre Computersysteme. Nachdem Daten einmal abgespeichert wurden und ein Block abgeschlossen ist, wird ein neuer Block erstellt. Ab diesem Zeitpunkt stehen die Daten allen Berechtigten nur noch zur Einsicht zur Verfügung, können aber nicht mehr verändert werden — eine Veränderung müsste zeitgleich auf jedem einzelnen Computer stattfinden und würde eine derzeit nicht vorhandene Rechenleistung voraussetzen.[306]

Bionic Blockchain? Das Wachstumsprinzip der Blockchain, bei welcher nur das Ende einer Kette verändert werden kann solange noch kein neuer übergeordneter Block entstanden ist, ähnelt in vielerlei Hinsicht dem Längenwachstum von Bäumen. Dieses ist auf den Bereich der Stammspitze beschränkt: Eine Markierung am Stamm verändert ihre Höhe nicht, sondern verzerrt sich höchstens mit der Zeit durch das Dickenwachstum des Stamms. Und wie bei der Blockchain

---

304 Tapscott, zitiert in Mc Kinsey (2016)
305 Vgl. Mc Kinsey (2016), Hosp (2017) & Hosp (2018)
306 Vgl. Mc Kinsey (2016), Hosp (2017) & Hosp (2018)

benötigt es auch bei einem Baum einen enormen Energieaufwand, um die Kette zu durchtrennen und einen noch größeren, um ein zusätzliches Stück (etwa von einem anderen Baum) aufzupfropfen — auch wenn dieses sich immer von der ursprünglichen Verkettung unterscheiden wird.

Bitcoin hat eine einzigartige Kombination aus absoluter Anonymität und absoluter Transparenz geschaffen. Kryptowährungen wie der Bitcoin haben etwas geschaffen, dass im Zeitalter der *digitalen Gläsernheit* und des *Überwachungskapitalismus* Konsument:innen eine Möglichkeit bietet, Verträge (*Smart Contracts*; folgen später) sicher abzuschließen und garantiert auszuführen, ohne dass eine zentrale Partei (z. B. eine Zentralbank) benötigt wird. Je mehr Teilnehmer:innen das System hat, desto mehr überwachen sich gegenseitig, und desto sicherer wird das System. Gleichzeitig ist es möglich, Vermögenswerte nahezu vollkommen anonym zu verschieben, da die Teilnehmer:innen nicht mit ihrem echten Namen teilnehmen müssen, sondern mit Psyeudonymen, welche sich aus Nummern zusammensetzen (z. B. Bitcoin-Adressen). Dieser Gedanke mag zunächst befremdlich auf einige Finanz- und Wirtschaftsakteure wirken. Doch für den Finanzbereich eröffnen sich so völlig neue Möglichkeiten für die Datenverwaltung und Wertschöpfung.

Der Bitcoin ist die erste in die Realität umgesetzte Blockchain-Anwendung. Im Jahr 2008, kurz nach der Lehmann-Pleite, veröffentlichte eine bis heute mysteriöse Person (oder Gruppe) unter dem Pseudonym *Satoshi Nakamoto* ein Whitepaper, das die Finanzwelt verändern sollte. In *Bitcoin: A Peer-to-Peer Electronic Cash System* definierte Nakamoto Bitcoin als *Kryptowährung* und beschrieb die Idee einer Blockchain-Anwendung als verteiltes Datenvolumen in dem Bitcoins sicher und transparent von A nach B verschickt werden können ohne dabei auf eine zentrale Instanz angewiesen zu sein. Ein Jahr später folgte die Implementierung des ersten (bekannten) Blockchain-Anwendungsfall, basierend auf dem Prinzip von Bitcoin. Bis heute bleibt die Identität von Nakamoto ungeklärt, was ihren oder seinen Legendenstatus einzigartig macht in der Geschichte der Digitalisierung. Anerkennung, Prominenz und Vermögensaufbau scheinen also nicht der Beweggrund für die Einführung von Bitcoin gewesen zu sein... höchstens vielleicht die innovativ-disruptive Vermögensumschichtung und -dezentralisierung.[307]

Die Grundidee einer kryptografisch verschlüsselten Kette von Datensätzen reicht bereits 30 Jahre zurück. Das Konzept der Bitcoin-Technologie basiert auf der Pionierarbeit einiger hochintelligenter Querdenker aus der IT- und Kryptografie Szene. In Ihrem 1991 veröffentlichten Artikel *How to time-stamp a digital document* beschrieben die Wissenschaftler Stuart Haber und W. Scott Stornetta eine Möglichkeit über Zeitstempel nachzuvollziehen ob und wann ein digitales Dokument überarbeitet wurde. Ein Jahr später ergänzten sie den *Hash-Baum* (engl.: *hash tree / Merkle tree*) von Ralph Merkle, eine spezielle Form der Datenstruktur in der Kryptografie und Informatik, bei der über die Berechnung einer sogenannten *Hashfunktion* große Eingabemengen (Schlüssel) auf eine kleinere Zielmenge (Hashwerte) *„zerhackt"* (engl.: *to hash*) werden. So konnten mehrere Datensätze zu einem Block zusammengefasst werden. Darauf aufbauend stellte der Informatiker Nick Szabo 1998 die Möglichkeit einer digitalen, dezentralen Währung vor.

307 Vgl. BitcoinWiki (Datum unbekannt), Haber & Stornetta 1991 & Nakamoto (2008)

Sein als *Bit Gold* bezeichnetes Konzept wurde zwar nie implementiert, gilt jedoch heute als direkter Vorläufer der Bitcoin-Architektur.[308]

Grundlage der Blockchain-Technologie ist die Kryptografie

Verschlüsselungsverfahren sind so alt wie die Schrift selbst. Schon im altägyptischen Reich (vor 5000 Jahren) wurden Nachrichten mithilfe irreführender Hieroglyphen verschlüsselt. Die Kryptografie (Verschlüsselung) war geboren. Später, im römischen Reich, wurden sensible Nachrichten nach dem als *Cäsar-Code* benannten Verfahren verschlüsselt: „Jeder Buchstabe im Alphabet wird durch einen anderen Buchstaben ersetzt. Aus ABCDEFG... wird (z. B.) EFGHIJK..." In den folgenden Jahrtausenden wurde die Menschheit immer besser in der Sicherung sensibler Informationen vor unerwünschtem Zugriff.

Die Verschlüsselung ist zu einem zentralen Baustein der IKT geworden; moderne digitale Technologien benötigen moderne Verschlüsselungsverfahren. Ohne Verschlüsselungsverfahren sind Datenschutz, Vertraulichkeit oder Unternehmenssicherheit im digitalen Umfeld undenkbar. Die Kryptografie ist ein mathematisches Verfahren. Je leistungsstärker moderne Computersysteme werden, desto leichter und schneller wird es, simple Verschlüsselungen zu knacken. Entsprechend aufwendiger werden die Verschlüsselungsverfahren. Verschlüsselungen, die noch vor 100 Jahren nur nach Monaten mühseligen Durchrechnens (oder per Zufall) von Menschen geknackt werden konnten stellen im digitalen Zeitalter eine Frage von Sekunden dar.

Grundsätzlich unterscheidet man bei Verschlüsselungsverfahren zwischen *Ende-zu-Ende-Verschlüsselung* (wird gerade zum Standard) sowie der *Punkt-zu-Punkt-Verschlüsselung*, bzw. Leitungsverschlüsselung. Wie der Name suggeriert wird bei der Leitungsverschlüsselung lediglich die Leitung gesichert, aber nicht die Informationen selbst. Werden die Daten also über mehrere verschlüsselten Leitungen hintereinandergeschaltet, so werden sie an jeder Zwischenstation ver- und entschlüsselt. Wurde eine der Übertragungsstationen z. B. durch einen Hackerangriff kompromittiert, so liegen die Informationen bereits unverschlüsselt und zugriffsbereit vor. Um die Sicherheit von Informationen zu erhöhen wurde die *Ende-zu-Ende Verschlüsselung* eingeführt. Hier werden die Daten selbst verschlüsselt und somit über alle Übertragungsstationen verschlüsselt. Werden die Daten bei der Übertragung zwischen den beteiligten Kommunikationspartner:innen (die beiden Endpunkte Absender:in und Empfänger:in) abgefangen, können sie nur mit dem richten Schlüssel *„entziffert"* werden. Darüberhinaus sind Verschlüsselungen symmetrisch und asymmetrisch möglich. Wenn Sie mehr hierzu erfahren möchten, empfehle ich Ihnen einen Blick in Teil 2: *„Bionic Wealth"*.

308 Vgl. BitcoinWiki (Datum unbekannt), Haber & Stornetta 1991 & Nakamoto (2008)

Das Spektrum der Blockchain-Modelle ist facettenreich

Wenn Menschen von der *Blockchain* sprechen, meinen sie in Wirklichkeit unterschiedlichste Ansätze und Lösungen, während das gesamte Spektrum der Blockchain-Modelle in der Tat so vielfältig ist wie es bei anderen Technologien auch der Fall ist. Insgesamt gibt es vier Hauptarten von Blockchain-Modellen, nämlich öffentliche (*public*), private (*private*), föderierte/konsortialisierte (*federated/consortium*) und öffentliche/zulässige (*public/permissioned*) Blockchain-Modelle, die sich wiederum in vier Kategorien einteilen lassen: Zugang (*access*), Teilnehmer:innen (*participants*), Sicherheit (*security*) und Transaktionsgeschwindigkeit (*transaction speed*).[309]

- **Zugang:** Public Blockchain-Modelle sind für jedermann zugänglich (wie z. B. das Modell, das Bitcoin ermöglicht), während Private Blockchain-Modelle - wie der Name schon sagt - nur für einzelne Organisationen zugänglich sind. Im Gegensatz dazu können sowohl federated/consortium-Blockchain- als auch public/permissioned Blockchain-Modelle von mehreren ausgewählten Organisationen genutzt werden.
- **Teilnehmer:innen:** In Bezug auf die Teilnehmer:innen bedürfen Public Blockchain-Modelle keiner Erlaubnis und sind anonym, während sowohl private- als auch federated/consortium-Blockchain-Modelle eine Erlaubnis/Genehmigung erfordern, die bekannten Identitäten zugeschrieben wird. Ein etwas anderer Ansatz kann bei public/permissioned-Blockchain-Modellen gefunden werden. Hier liegen die Berechtigungen bei den Autor:innen, während die Öffentlichkeit lediglich Lesezugriff hat.
- **Sicherheit/Berechtigung:** Die Rechte zum Bearbeiten oder Aktualisieren einer Blockchain unterscheiden sich je nach Modelltyp. Public Blockchain-Modelle beruhen auf einem Konsensmechanismus über den Nachweis der Arbeit/des Anspruchs. Im Gegensatz dazu beruhen private und federated/consortium-Blockchain-Modelle auf einem Mehrparteienkonsens bzw. einer Abstimmung durch vorab berechtigte Teilnehmer, während public/permissioned Modelle eine zweifache Strategie verfolgen: Im Voraus autorisierte Teilnehmer:innen mit Schreibberechtigung können das Ledger aktualisieren, während die Öffentlichkeit auf flexible Richtlinien für den Lesezugriff angewiesen ist.
- **Transaktionsgeschwindigkeit:** Die Zugang-, Teilnehmer- und Sicherheitsstruktur der vier Typen von Blockchain-Modellen fordern ihren Tribut von der Geschwindigkeit. Aufgrund der hohen Teilnehmerzahl ist diese bei Public Block Chain Modellen wie Bitcoin oder Ethereum bei weitem am langsamsten. Nicht zuletzt fallen hier die aufwendigsten *Mining-Berechnungen* an.

---

309 Vgl. Oracle (2019B:17)

ABB. 5.2 SPEKTRUM DER BLOCKCHAIN-MODELLE

	Public Blockchain	Private Blockchain	Federated/Consortium Blockchain	Public/Permissioned Blockchain
Access	Jeder	Einzelne Organisation	mehrere ausgewählte Organisationen	mehrere ausgewählte Organisationen
Participation	anonym; keine Berechtigung erforderlich	Bekannte und berechtigte Identitäten	Bekannte und berechtigte Identitäten	Autor: berechtigt; Öffentlichkeit: Lesezugriff
Security	Konsensmechanismus; Nachweis der Arbeit/des Anspruchs	Abstimmung/Mehrparteie nkonsens; Vorabgenehmigung der Teilnehmer	Abstimmung/Mehrparteie nkonsens; Vorabgenehmigung der Teilnehmer	Ledger-Update: vorab berechtigte Teilnehmer; Lesezugriff: flexible Richtlinien
Speed	Langsam	Schnell	Schnell	Schnell

Quelle: eigene Darstellung, in Anlehnung an Oracle (2019B)

Mehr Hype als Substanz? Die Mängel der Blockchain

Natürlich hat auch die Blockchain ihre Kritiker:innen. Als größte Argumente gegen die gängigen Blockchain-Anwendungen werden derzeit der unverantwortlich hohe Energiekonsum genannt, der bei den Berechnungen der Blöcke anfällt und sich sehr negativ auf unsere Umwelt auswirkt. Andere Kritiker:innen verweisen zudem auf das *Over-Engineering* der Blockchain:

> *„Blockchains sind mehr als die jüngste Tech-Sau, die durchs globale Dorf getrieben wird. Die vielversprechende Technologie bildet das Rückgrat von Kryptowährungen wie Bitcoin, und wird nicht nur im Silicon Valley gern als eine Art Universal-Messias für die hochkomplexe, vernetzte Welt von morgen gefeiert. Dezentrale, unveränderliche Datenbanken? Blockchain! Die Zukunft des Geldes? Blockchain! Und weil man in eine Blockchain auch andere Dinge als nur geldwerte Transaktionen einschreiben kann, haben Menschen Großes mit ihr vor."*[310] —Theresa Locker, *Motherboard*-Autorin.

Hinzu kommt, dass die meisten Blockchain-Projekte im Finanzsektor bisher gescheitert sind. Aus dem Blockchain-Hype wurden zahlreiche Pilotprojekte angestoßen, die möglichst beeindruckend sein sollten. In der Folge wurde viel Geld in Over Engineering gesteckt um Anwendungen mit geringer Praxistauglich zu entwickeln. Damit Blockchain-Anwendungen funktionieren können, müssen sie so simpel wie möglich gehalten werden und gleichzeitig einen wirklich sinnvollen Mehrwert bieten. Auch steht aktuell noch eine Antwort aus, wie wir den hohen Energieverbrauch ausgleichen können, der mit Blockchain-Anwendungen und Kryptowährungen im Zusammenhang steht. Ohne Clean Energy kann keine noch so beeindruckende Blockchain-Anwendung den Energieaufwand und die damit verbundenen Kosten und Umweltauswirkungen rechtfertigen. Auch die nachhaltige Vermögensanlage wird damit konsequenterweise ausgeschlossen.

310 Locker (2016)

E-Geld und Kryptowährung ist nicht das Gleiche!

E-Geld ist die digitale Antwort auf Bargeld und Co. Damit derartige Bezahlverfahren erst möglich werden, bedarf es einer digitalen Währung: *E-Geld*. Das Konzept hinter E-Geld ist dabei keinesfalls neu. Schon vor 20 Jahren ließ sich digitales Geld auf aufladbaren Chipkarten (z.B. Prepaid Kreditkarten) speichern. Laut EU-Richtlinie 2009/110/EG, Artikel 1 Nummer 2 umfasst E-Geld *„jeden elektronisch — darunter auch magnetisch — gespeicherten monetären Wert in Form einer Forderung gegenüber dem Emittenten, der gegen Zahlung eines Geldbetrags ausgestellt wird, um damit Zahlungsvorgänge im Sinne des Artikels 4 Nummer 5 der Richtlinie 2007/64/EG durchzuführen, und der auch von anderen natürlichen oder juristischen Personen als dem E-Geld-Emittenten angenommen wird"*[311]. In gewisser Hinsicht ist E-Geld digitales, auf einem elektronischen Server gespeichertes Bargeld. Lädt ein/e Kund:in die Chipkarte z.B. am Geldautomaten auf, so wird der Wert vom hinterlegten Konto abgebucht. So können kleinere Beträge ohne Überweisung/Abhebung vom Girokonto und/oder Internetverbindung mit dem Chip bezahlt werden. Hinter E-Geld steckt also immer auch ein realer Wert. Hinzu kommt, dass E-Geld — anders als Gutscheine / Prepaid Handytarife — an mindestens einer weiteren Stelle als Zahlungsmittel akzeptiert werden muss.[312]

Kryptowährungen unterscheiden sich vom E-Geld. Da die meisten Kryptowährungen derzeit nicht an eine konkrete Währung gebunden sind, handelt es sich nach aktuellen Definitionen nicht um E-Geld, sondern um virtuelle Währungen (*virtual currencies*). Nach der gängigen Definition von E-Geld *„muss es einen Emittenten geben, der das E-Geld gegen eine Forderung ausgibt"*. Bei der Transaktion von Kryptowährung ist dies jedoch nicht der Fall, denn die virtuelle Währung bildet zwar einen Wert digital ab, hat jedoch keine Verbindung zum Finanzsystem oder gesetzlichen Zahlungsmitteln. Im Gegenteil steckt hinter der Idee von Kryptowährung, dass sie komplett ohne zentrale Instanz auskommt und jede Transaktion für alle Nutzer:innen der Blockchain dokumentiert nachvollziehbar ist. Nichtsdestotrotz plädieren einige Expert:innen darauf, die Definition von E-Geld zu erweitern, denn E-Geld und Kryptowährung teilen durchaus gemeinsame Eigenschaften: Wie elektronisches Geld lassen sich auch Bitcoin, Ethereum oder andere Kryptowährungen von Sender:in A zu Empfänger:in B transferieren, ohne dass eine Barzahlung fließt — sondern eben die rein virtuelle Währung.[313]

Für den Transfer erzeugt ein/e Nutzer:in mit einem *Bitcoin-Wallet* (oder ähnlichem) ein kryptografisches Schlüsselpaar (asymmetrische Verschlüsselung). Soll einen Bitcoin von A nach B transferiert werden, fügt Sender:in A dem Betrag mithilfe einer Software (beispielsweise über das Wallet) den öffentlichen Schlüssel von Empfänger:in B hinzu. Um den Transfer vor Filtern und Hackerzugriffen zu schützen, greifen zwei Schutzmechanismen: Erstens wird vor der Transaktion die Gültigkeit des Bitcoins überprüft und zweitens werden alle Transaktionen in einer öffentlichen Liste verzeichnet.[314]

---

311 Schreyer (2016)
312 Vgl. Schreyer (2016)
313 Vgl. inkl. Zitat Schreyer (2016)
314 Vgl. Schreyer (2016)

Die Blockchain wird das Finanzgeschäft radikal verändern

„*(Die) Blockchaintechnologie, die auf dem Prinzip eines verteilten Hauptbuches mit Transaktionskonten („Distributed Ledger") beruht, wird das Potenzial zugeschrieben, den Finanzsektor zu revolutionieren.*"[315] —Prof. Dr. Volker Brühl, Geschäftsführer am *Center for Financial Studies* an der *Goethe Universität*, Frankfurt am Main.

Da die Blockchain Zwischenhändler:innen (Intermediaries) überflüssig macht, wird sie von einigen Vermögensverwalter:innen als Bedrohung wahrgenommen; insbesondere dann wenn Transparenz gegenüber der Kund:innen vom Management nicht gewünscht ist. Ich sehe das anders: Die Blockchain schafft eine gemeinsame Vertrauensbasis. Davon können Finanzunternehmen, die wirklich im Sinne ihrer Kund:innen agieren, nur profitieren. Finanzberater:innen und -vermittler:innen die keine transparenten Einblicke in ihre Vorgehensweise gewähren möchten, sollten sich hingegen fragen, woran dies liegt und ob sie vielleicht etwas zu verbergen haben — denn genau diese Frage werden sich Anleger:innen zunehmend stellen. Darüber hinaus gibt es viele Gründe, warum Privatanleger:innen ihr Vermögen in die Hände von Vermögensverwaltungen geben, anstatt sich selbst darum zu kümmern. Diese umfassen einen Mangel an Zeit, Expertise, finanziellem Selbstvertrauen, Interesse, sowie völlig andere Gründe. Wieso sollte sich dies mit der Blockchain verändern?

Künftig werden Blockchain-Anwendungen eine wesentliche Rolle in der Infrastruktur für Finanztransaktionen spielen. Hinter *Bitcoin*, *Ethereum* und anderen virtuellen Währungen, die momentan vorwiegend als spekulative Währungen verkannt werden, steht ein kluges und sicheres Konzept. Beispielsweise können über sogenannte *Smart-Contracts* schon heute Dividenden und andere Zahlungen direkt und automatisiert an Anteilseigner:innen ausgezahlt werden.[316]

Die Dezentralisierung der Finanzwirtschaft

Eine dezentralisierte Finanzwirtschaft könnte Investments und Kredite leichter zugänglich machen. Die Verschlüsselung von Daten macht es möglich, die IT-Infrastruktur eines Unternehmens zu dezentralisieren. Arbeiten mehrere Mitarbeiter:innen zur gleichen Zeit in einem IT-System, so stellt dies mehre Risiken und Herausforderungen dar. Zum einen stehen ohne Verschlüsselung grundsätzlich allen Beteiligten die gleichen Daten mit den gleichen Zugriffsrechten zur Verfügung. Dies ist nicht immer sinnvoll oder wünschenswert. Zum anderen bedeutet dies aber auch, dass tendenziell mehre Menschen zeitgleich dasselbe Dokument oder dieselbe Datei bearbeiten könnten. Diese gleichzeitige Bearbeitung kann schnell zu Unstimmigkeiten führen und Dateien unbrauchbar machen; durch zeitgleiches Bearbeiten und Speichern werden sie korrumpiert. Darüber hinaus kommt die Frage auf, welche Datei nun die richtige, bzw. die aktuellste, ist. Bei Daten, die öffentlich zugänglich sind oder eine große Anzahl von zeitgleichen Zugriffen haben soll kann eine ordentliche Verschlüsselung Abhilfe leisten; in diesem Fall etwa durch das Versehen mit einem Zeitstempel oder die Einschränkung von

315 Brühl (2018:9f.)
316 Vgl. Maisch (2017)

Nutzungsrechten. Eine ausgesprochen interessante Visualisierung davon, wie dezentralisierte Lösungen mehr Menschen Zugang zum Finanzmarkt bieten könnten bietet Jeff Desjardins auf *Visual Capitalist*: www.visualcapitalist.com/how-decentralized-finance-could-make-investing-more-accessible/

Einblicke vom Blockchain Summit 2019

Auf dem Frankfurter *Blockchain Summit 2019* erörterte Joost Volker, BD Director Blockchain bei Oracle EMEA, vier potenzielle Bereiche der Blockchain-Implementierung, die sich auf die Vermögensverwaltung und das Geschäft mit Marktdaten auswirken könnten:

- *Autonome Marktplätze* lösen eine neue Marktdynamik aus. Die Blockchain kann dazu beitragen, Vertrauen und Beziehungen zwischen den Akteuren auf dem Finanzmarkt aufzubauen. In dieser Hinsicht hat die Peer-to-Peer-Interaktion (P2P) das Potenzial, die gegenwärtigen Geschäftsmodelle zu beeinflussen. Da theoretisch jeder über die Blockchain beitreten und auf digitale Informationen zugreifen kann, könnte die Autorität der Einzelgesellschaft entfernt und die Kosten für Vermittler und Dritte erheblich gesenkt werden.[317]
- *Erhöhte* Effizienz reduziert die Reibung in der Wertschöpfungskette. Blockchain-Lösungen können dazu beitragen, die Effizienz des Finanzmarkts zu steigern, da Verzögerungen minimiert, Engpässe gelöst und arbeitsintensive Prozesse automatisiert werden. Gleichzeitig werden die mit der Qualitätssicherung, den Frachtbriefen und anderen Dokumentationsanforderungen verbundenen Papierspuren beseitigt, während die Verarbeitung schlank und digital wird. In dieser Hinsicht sind intelligente Verträge eine mögliche Lösung, um Prozessschritte in der gesamten Kette zu automatisieren und zu synchronisieren.[318]
- Ein *digitaler Audit-Trail* bietet wertvolle Einblicke. Aufgrund ihrer fälschungssicheren Prozesse können transparenzverbessernde Blockchain-Lösungen die Audit-Trails (Tools zum Aufzeichnen und Kontrollieren von Prozessänderungen) optimieren, Fehler vorbeugen und Betrug reduzieren, da die Sichtbarkeit dezentralisiert wird. In dieser Hinsicht wird die Prüfung noch effizienter, da die Zusammenführung von Tätigkeitsabläufen auf der Blockchain als Beweismittel dient.[319]
- *Vertrauen und Privatsphäre* verbessern den Datensicherheitsschutz. Blockchain Lösungen können das Vertrauen und die Privatsphäre stärken, da sichere Aufzeichnungen die Speicherung und den Abruf von Daten ermöglichen. Die Verwendung von Verschlüsselung und Zeitstempeln bietet eine zusätzliche Sicherheitsebene für Finanzinformationen und ermöglicht es sowohl der Angebots- als auch der Nachfrageseite den Zugang zu Marktdaten und anderen Daten sowie deren Nutzung zu verfolgen und rückwirkend nachzuvollziehen.[320]

---

317 Vgl. Oracle (2019B:8)
318 Vgl. Oracle (2019B:9)
319 Vgl. Oracle (2019B:10)
320 Vgl. Oracle (2019B:11)

5.3. Cloud Computing ermöglicht Skalierung und Dezentralisierung

Eine Ansammlung von Daten in der digitalen Sphäre

Cloud Computing ist eine internetbasierte IT-Infrastruktur und umfasst Speicherplatz und Rechenleistung sowie zusätzliche Webdienste. Auf diese Weise können IT-Infrastrukturen zur Verfügung gestellt werden, ohne dass diese vorher auf einem lokalen Computer oder mobilen Endgerät installiert werden. Die Corona-Krise hat uns gezeigt, dass die Cloud längst zur kritischen Infrastruktur in Deutschland gehört. Ohne Cloud Computing wären flexibles Arbeiten, Videokonferenzen und -streaming sowie vieles mehr nicht möglich.

Cloud-Speicher sind Online-Speicher bzw. -Rechner für Daten, auf die zugriffsberechtigte Personen von jedem Computer, Laptop oder mobilen Endgerät und von jedem Ort der Welt zugreifen können; vorausgesetzt sie haben Zugang zum Internet. Das Wort Cloud stammt aus dem Englischen und bedeutet ‚Wolke'. Wer etwas in die Cloud lädt, speichert die Daten auf einem übergeordneten Server. Diese Server stehen meist in sogenannten Serverparks — Gebäude bzw. Anlagen, in denen sich tausende Server befinden, welche sämtliche hochgeladenen Daten beinhalten. Diese Serverparks (Datenzentren) stehen in den USA, Deutschland, Brasilien und vielen anderen Ländern. Daten, die in der Cloud gespeichert sind, sind somit immer und überall abrufbar. Doch bei der Cloud geht es nicht nur um das Speichern von Daten. Es geht auch um Rechenleistung und Geschwindigkeit. Gerade wenn Unternehmen auf Algorithmen und Echtzeitverarbeitung angewiesen sind, kommen sie kaum um die Cloud herum.

Grundsätzlich unterscheidet man bei Cloud-Angeboten zwischen Infrastruktur, Plattform und Software. Wenn Menschen von der Cloud sprechen, meinen sie in der Regel die ausgelagerte IT-Infrastruktur — also Speicherplatz (Cloud-Speicher) und Rechenkapazität (Cloud Computing). Da beides, wie bereits erwähnt, ausgelagert ist und nur temporär und bedarfsgerecht zur Verfügung gestellt wird, spricht man auch von *Infrastructure-as-a-Service* (IaaS). Doch über die Cloud lässt sich nicht nur die IT-Infrastruktur auslagern, sondern auch ganze Betriebssysteme. In diesem Fall spricht man von einer Plattform. Mittels *Platform-as-a-Service* (PaaS) können Unternehmen über die vom *Cloud-Anbieter* (Service Provider) bereitgestellte Softwareumgebung eigene Software-Anwendungen entwickeln und ausführen. Der Vorteil dabei ist, dass Softwareanwendungen über die Plattform installiert werden, die vom gesamten Unternehmen genutzt werden, ohne dass eine Installation auf jedem einzelnen Betriebssystem notwendig ist. Und auch *Software-as-a-Service* (SaaS), also Software von Drittanbieter:innen, kann über die Cloud zur Verfügung gestellt werden. Ein prominentes Beispiel hierfür ist beispielsweise *Google Docs*, das Äquivalent zu Microsoft Word, bei dem Dokumente in Google's Cloudlösung (*Google Drive*) abgelegt und von allen Personen mit Zugriffsberechtigung aufgerufen oder bearbeitet werden. Diese Bearbeitung geschieht in Echtzeit und ist parallel möglich, sodass mehrere Teilnehmer:innen gleichzeitig am selben Dokument arbeiten können.

Cloudlösungen bieten eine Reihe von Vorteilen

1. **Die Cloud arbeitet ortsunabhängig.** Vereinfacht ausgedrückt werden die Daten über Anbieter wie *Amazon Web Services* (AWS), *Alibaba Cloud*, *Dropbox*, *Google Drive* oder *Microsoft OneDrive* auf einen Server geladen und dort gespeichert. Die Daten werden dabei über eine bestehende Internetverbindung via App, Desktop-Anwendung oder Browser-Anwendung direkt in das Server-Netz hochgeladen und können dann über Knotenpunkte (wird in Punkt sechs erklärt) abgerufen, heruntergeladen und an andere Nutzer:innen geschickt werden. Praktisch ist dies insbesondere für die Arbeit an Gemeinschaftsprojekten oder die Verbindung von Computern und Smartphones in einer Arbeitsumgebung.

2. **Die Cloud bietet zusätzliche Sicherheit.** Cloud-Service Provider leben von der Sicherheit ihrer Dienste und stecken enorme Arbeit in die Entwicklung, Verbesserung und Pflege ihrer IT-Sicherheit. Eine Verschlüsselung der Daten bringt zusätzliche Sicherheit. Unbefugte können ohne Passwort nicht auf Daten in der Cloud zugreifen. Allerdings ist meist nur der Transfer selbst verschlüsselt. Einmal verschickt, können Nutzer:innen den Weg der Daten nicht mehr nachverfolgen.[321]

3. **Die Cloud verringert das Risiko von Datenverlust.** Computer können abstürzen, CDs verkratzen, HDD-Festplatten sind anfällig für Staub und auch SSD-Festplatten und USB-Sticks sind nicht beliebig oft überspielbar. Bei der Cloud hingegen werden sämtliche Daten extern gespeichert. Zwar liegen sie auch hier auf (mehreren) Festplatten, doch werden diese besser geschützt und gewartet, als es bei vielen Unternehmen oder privaten Haushalten der Fall ist. Dies erhöht den Schutz vor einem Totalverlust der Daten um ein Vielfaches. Bei den meisten Diensten ist zudem eine kostenlose Backup-Funktion enthalten. Im Falle eines Datenverlustes können die Daten dann einfach wiederhergestellt werden. Fast alle Services bieten sogenannte *Sharing-Optionen*: die Möglichkeit, Bilder, Fotos oder Dokumente mit anderen Nutzer:innen zu teilen — entweder innerhalb der Cloud oder extern mit anderen Nutzer:innen. Letztere Option wird meist über das E-Mail-Programm realisiert, wo sich die Cloud-Daten problemlos anhängen lassen.[322]

4. **Die Cloud bietet absolute Skalierbarkeit der Speicher- und Rechenkapazität.** Alle Datenträger sind in ihrem Speicherplatz und ihrer Rechenkapazität limitiert. Dies gilt sowohl für Festplatten als auch für Server. Ist dieses Limit erreicht, können keine weiteren Daten gespeichert oder verarbeitet werden. Mit der Cloud kann diese Kapazität flexibel und auf Bedarf auf- und abskaliert werden. Doch nicht nur der Speicherplatz kann skaliert werden, sondern auch die Rechenkapazität und Geschwindigkeit. Erlauben Sie mir, dies an einem fiktiven Beispiel zu veranschaulichen: Zwei Finanzunternehmen bieten ihren Kund:innen Online-Brokerage an. Das erste Unternehmen lässt sein System über einen festen Server laufen, das zweite über die Cloud. In den Nachrichten kommt eine negative Schlagzeile zu einer Aktie und viele Investor:innen

321 Vgl. Ladwig (2017)
322 Vgl. Statista 2017: Dossier - Internetnutzung in Europa & Ladwig (2017)

möchten diese nun verkaufen. Da das erste Unternehmen nur einen Server unterhält, ist dieser schnell überlastet und es kommt zu einem *Denial-of-Service* — der Server ist nicht mehr erreichbar. Dies geschieht übrigens auch bei einem sogenannten *Distributed-Denial-of-Service* (DDoS)-Angriff: Durch eine mutwillig herbeigeführte Überlastung des Datennetzes durch ein Botnet kommt es zur Nichtverfügbarkeit eines Internetdienstes. Zurück zum fiktiven Beispiel: Das zweite Unternehmen erhält ebenfalls viele Anfragen, doch reagiert adäquat und schaltet (automatisch) zusätzliche Server dazu, um die Anfragen zu verarbeiten. Somit stellt das cloudbasierte Unternehmen die Verfügbarkeit der Angebote/Webseite und damit einhergehend die Zufriedenheit der Kund:innen sicher.

5. **Cloud-Server sind deutlich ressourcenschonender.** Server zu unterhalten bedarf grundsätzlich Unmengen von Ressourcen — darunter Energie, Kühlwasser, Fläche, Infrastruktur, geschultes Maintenance-Personal, und vieles mehr. Wie bereits mit dem Vorteil der Skalierbarkeit (Punkt vier) erläutert, müssen Unternehmen sicherstellen, dass ihre Server bei Bedarf Höchstleistungen erzielen können. Das bedeutet, es müssen genug Server vorhanden sein — und sie müssen auch noch permanent laufen, gepflegt und gewartet werden. Das bringt enorme Fixkosten mit sich. Zu viele Server zu unterhalten, ist ökonomisch daher nicht tragbar. Zu wenige Server zu unterhalten, kann mindestens ebenso negative Folgen haben, wie das vorangegangene fiktive Beispiel veranschaulicht. Große Cloud-Service Provider wie *Microsoft Azure* spezialisieren sich auf die Unterhaltung von großen Serverparks. Aus naheliegenden Gründen haben Cloud-Anbieter daher ein Interesse daran, dass ihre Server möglichst effektiv arbeiten und optimal ausgelastet sind. In letzter Zeit stiegen zudem immer mehr Service Provider auf grüne Energie und möglichst nachhaltige Kühlsysteme um. Damit sind sie grundsätzlich die ressourcenschonendere Alternative zur Unterhaltung eigener Server. Wer Speicherplatz mietet, statt in eine eigene Infrastruktur zu investieren, kann zudem seine Fixkosten enorm minimieren. Bezahlt wird meist gestaffelt nach Nutzerzahl oder Speicherverbrauch nur das, was wirklich genutzt wurde. Damit schont die neu gewonnene Skalierbarkeit den Geldbeutel und trägt zur Verbesserung der Umweltbilanz bei.

6. **Die Cloud bietet schnelleren Zugriff auf Webseiten und Online-Dienstleistungen.** Die Börse Frankfurt und die London Stock Exchange sind 713 Kilometer (Luftlinie) voneinander entfernt. Zur New York Stock Exchange sind es von Frankfurt aus sogar 6.007 km. Diese Distanz reisen Daten durch weltumfassende Glasfaserkabel wie etwa *Dunant*, das Google-eigene 6.400 Kilometer lange Seekabel zwischen Frankreich und den USA. Dennoch sind die Webseiten und -Services dieser Börsen von überall in der Welt quasi in Echtzeit erreichbar. Doch wie ist dies möglich? Das Stichwort zur Geschwindigkeit lautet *Knotenpunkte*.[323]

323 Vgl. Github (2018), IONOS (2016), Jens (2019) & OVH (2018)

Die Cloud ist weltweit über Knotenpunkte vernetzt

Um die Systemstabilität sicherzustellen und negative Auswirkungen von Ausfallzeiten zu minimieren, gliedern Cloud-Anbieter wie AWS ihre Rechenzentren in verschiedenen Regionen. Über zentrale Knotenpunkte werden diese Rechenzentren dann verbunden. *Internet-Knoten* (auch *Internet Exchange Point* (IXP) bzw. *Network Access Point* (NAP) genannt) sind Orte, an denen eine Vielzahl von Netzwerken zusammengeschlossen sind. So wird der Datenaustausch zwischen verschiedenen Netzwerken ermöglicht. Der Gesamtverbund dieser autonomen Systeme der unzähligen Internetanbieter bildet dann *„das Internet"*.[324]

Das Konzept hinter den meisten Clouds ist dem *Hub and Spoke-System* großer Logistik- und eCommerce-Anbieter wie *Amazon* oder *DHL/Deutsche Post* nicht unähnlich. Waren werden erst an zentrale Knotenpunkte (*Hubs*) und dann über häufig frequentierte Routen an nähere Unterzentren verteilt. Man spricht vom Hub and Spoke-Ansatz, da das Verteilungsnetz (die Speichen / Spokes) wie bei einem Rad an der zentralen Nabe (dem Hub) zusammenkommen bzw. von hier ausgehen.

Noch schneller wird der Zugriff auf Webseiten und -services über *Content Delivery Networks* (CDN), auch *Content Distribution Networks* genannt. CDN bilden ein Netz regional verteilter Server innerhalb des Internets, über die Inhalte schnell ausgeliefert werden können, da sie über den jeweils nächsten Knotenpunkt ausgelesen werden und nicht den gesamten Weg vom *Ursprungsserver* um die ganze Welt reisen müssen. Stattdessen speichert das Distributionssystem des CDN Kopien von statischen Elementen (HTML-Seiten*, Bilder, Dokumente, Skripte, etc.) im Zwischenspeicher (*Cache*) verschiedener *Replica-Server*. CDN speichern also wichtige Informationen dezentral an unterschiedlichen Orten ab — und ähneln damit organischen Zellen, in denen Erbinformationen hinterlegt sind.
* *Hypertext Markup Language* (HTML) ist die gängigste Website-Programmiersprache.

Neben statischen Elementen können CDN auch zur Beschleunigung von APIs, dynamische Inhalten und Softwareverteilung eingesetzt werden. Kommt nun eine Anfrage nach bestimmten Daten, ermittelt das Request-Routing-System des CDN den best-geeignetsten CDN-Knoten. Bei dieser Auswahl werden neben der geografischen Entfernung zwischen Anfragesteller (*Client*) und Ursprungsserver (*Server*) auch Faktoren wie die aktuelle Belastung (*CPU-Auslastung*) der Replica-Server miteinbezogen.

Zwei prominente CDN-Lösungen sind *Cloudflare* (Teil des *Google Cloud Platform CDN Interconnect program*) und *Cloudfront* (das CDN von *AWS*). Die CDN-Knoten von Amazon und Google bündeln die Anfragen (*Requests*) von End-Nutzer:innen nach Inhalten, um sie ökonomisch zu bedienen. Das kann man sich ungefähr so vorstellen: Sie befinden sich in Berlin und möchten ein viral gegangenes Video schauen, das auf einer amerikanischen Webseite mit Server in New York liegt. Über eine direkte Verbindung würde diese Anfrage durchs Internet bis in die USA reisen und mit den angeforderten Daten (etwa dem Laden eines Videos) zurück-

324 Vgl. Der folgenden Absätze Github (2018), IONOS (2016) & OVH (2018)

kommen. Das kostet Ladezeit und Internetvolumen. Über CDN hingegen muss die Anfrage nur noch über den nächsten CDN-Knotenpunkt gehen, wo das Video bereits auf einem Replica-Server als Kopie im Cache liegt. Das ist nicht nur schneller (*Performance-Optimierung*), sondern häufig auch günstiger (*Kosten-Optimierung*), da weniger Bandbreite verbraucht wird. Auch erhöht es die Sicherheit und Stabilität der Webseite, da CDNs zu einem gewissen Ausmaß vor DDoS-Attacken und Hackerangriffen schützen können.[325]

12.2. Der Finanzbereich wird Cloud Native

Immer mehr Finanzdienstleister:innen erkennen das Potenzial der Cloud. In der Finanzbranche finden Cloud-Lösungen vor allem Anwendung in der flexiblen Anmietung von Serverkapazitäten zur Verkürzung von Produkteinführungszeiten, der Beschleunigung bzw. Verbesserung der Risikoanalyse und der allgemeinen Auslagerung von Datenspeicherung: Die *Commonwealth Bank of Australia* erklärte, dass die Partnerschaft mit *Amazon Web Services* (AWS) die Kosten für Infrastruktur und Wartung von insgesamt 75% auf 25% reduzieren konnte. Die spanische *Bank Bankinter* gab an, die Zeit, die sie effektiv für eine Risikoanalyse benötigte, von 23 auf weniger als eine Stunde verringert zu haben. Eine weitere spannende Entwicklung bei Banken, die zumindest übergangsweise neue Kund:innen generieren könnten, sind sogenannte digitale Tresore auf der Plattform. In diesem können sie wichtige Unterlagen digital abspeichern. Damit leisten digitale Tresore, was die Cloud oft nicht hinkriegt: Sie geben den Kund:innen das Gefühl von Sicherheit.[326]

Fallstudie: Amazon – Das lukrative Geschäft mit der Cloud

Für die meisten Verbraucher:innen:innen ist *Amazon* einfach der am besten sortierte Online-Shop der Welt. Produkte der unterschiedlichsten Themen lassen sich hier finden - von der Mode über Technik bis hin zu kuriosen Fundstücken. Viele meinen bis heute, dass es eben dieses große Sortiment und die einfache Lieferung sind, die *Amazon* zu so einem reichen und bedeutenden Konzern gemacht haben. Ein Blick auf die Zahlen aus den letzten Jahren verrät jedoch, dass der Endkunden-Markt im Einzelhandel für die langfristige Positionierung der Marke Amazon immer unbedeutender wird. Das Geschäft mit dem Endverbraucher:innen wächst zwar weiterhin; besonders im Technik-Bereich sind weiterhin wachsende Marktanteile zu verzeichnen. Wirklich interessant wird es allerdings, wenn man sich mit *AWS* beschäftigt.[327]

Amazon Web Services (AWS) ist ein Wachstumsmarkt und dürfte den meisten Kund:innen des Shop-Angebots dennoch kaum bekannt sein. Tatsächlich handelt es sich dabei um einen Software- und Technikdienstleister, den *Amazon* im Laufe der letzten Jahre aufgebaut und immer weiter bis zum Marktführer ausgebaut hat. Der Fokus liegt auf Software-as-a-Service (SaaS). Cloud-Lösungen und Webspeicher, die für Unternehmen aber auch für Selbstständige zur Verfügung gestellt werden. Inzwischen hat Amazon eigene Rechenzentren, um das Prinzip des

---

325 Vgl. Amazon Cloudfront (2018) & Cloudflare (2018)
326 Vgl. Boxcryptor (2016), Holley (2014) & Schneider (2018)
327 Vgl. Postinett (2017)

Zwischenhändlers, wie auch im Shop, möglichst auszuhebeln. Unternehmen können sich hier den so wichtigen Speicherplatz, die Leistung von hochwertigen Servern und viele andere Feinheiten der IT sichern. Was auf den ersten Blick ein wenig farblos klingt, ist bereits jetzt ein wichtiger Garant für Amazons Gewinne.[328]

Die ganze Fallstudie zu *Amazon Web Services* können Sie auf www.bionicwealth.de/impulse unter der Rubrik „*Fallstudien*" nachlesen.

Wenn die Cloud zum Unwetter wird

Die Freiheit der Cloud hat auch eine Kehrseite. Die Daten liegen nicht offline auf der gesicherten Festplatte, sondern auf fremden Online-Servern. Zusätzlich werden sie beim Up- und Download durchs Internet geschickt, was sie tendenziell immer für Abgriffe durch Dritte (Hacker) angreifbar macht. Auch wenn viele Cloud-Dienstleister:innen einen enormen Ressourcenaufwand betreiben, um die Daten zu schützen, bleibt ein Restrisiko immer vorhanden. Eine besondere Gefahr bei der Nutzung von Cloud-Diensten ist zudem der Fakt, dass die Daten jederzeit verschwinden könnten — ob eines Ausfalls im Serverpark der Anbieter oder weil der Anbieter insolvent geht.[329]

Auch sind Cloud-Rechenzentren in der Vergangenheit immer wieder Ziele von Hackerangriffen geworden. Gerade weil sie eine große Menge Daten bündeln, sind sie für Cyberkriminelle lukrative Ziele. Darüber hinaus ist es als Außenstehender fast unmöglich, wirklich nachzuvollziehen, ob und wie der Cloud-Anbieter die Daten schützt — vor Fremdzugriffen von außen, aber auch vor ungewollten Zugriffen durch Mitarbeiter. Eine Auslagerung bedeutet für Unternehmen daher immer auch einen gewissen Kontrollverlust. Gerade bei jungen Cloud-Startups oder Cloud-Anbietern im Ausland ist so nicht immer eine wirkliche Transparenz gewährleistet.

Selbstverständlich haben auch CDN-Lösungen ihre Grenzen. Liegt etwa ein ‚Fehler 524' vor, der Ursprungsserver (Host) ist also temporär nicht erreichbar, und die Webseite wird nicht häufig genug frequentiert bzw. wurde noch nie vom Browser (You) aufgerufen, dann kann auch die Cloud nicht zaubern. In der Regel hilft hier allerdings ein erneutes Laden (Refresh) der Seite. Schwierig wird es mit CDN-Lösungen auch dann, wenn ein direkter Austausch mit dem Hostserver notwendig ist und Zeit eine kritische Rolle spielt. Beim Hochfrequenzhandel etwa kommt es neben der Rechenleistung und den Algorithmen vor allem auf die Internetgeschwindigkeit an. Hier gilt also: je näher desto besser. Für die meisten Dienstleistungen der Bank allerdings können weite Distanzen dank CDN und der Cloud noch schneller überbrückt werden als bei der direkten Verbindung von einem Server zu einem anderen.

328 Vgl. Postinett (2017)
329 Dirscherl (2018)

5.4. Die digitale Realität wird Teil der kanalübergreifenden Erfahrung

Der analoge und der digitale Raum verschmelzen

Wir erleben eine *Multiexperience*. Als in den 1980er Jahren der Begriff *virtuell* aufkam, stand er zunächst für etwas distinktiv Anderes, das nicht Teil der echten Welt war. Die Menschen betrachteten den Unterschied zwischen dem virtuellen Raum und der physischen Welt als unüberbrückbar. Tatsächlich misstrauten viele dem virtuellen Raum anfangs sogar. Virtualität war ein Konstrukt aus der Science-Fiction und sollte dies auch bleiben. Online eine/n Partner:in fürs echte Leben finden? Unseriös. Unterwegs über ein tragbares (!) Telefon ein Taxi bestellen, die Abholzeit auf die Minute timen, die Route wählen und vorab bezahlen? Lächerlich! Digital etwas erleben, dabei vielleicht sogar etwas empfinden? Undenkbar.

Doch nach und nach begriffen mehr Menschen, dass die digitale und die analoge Welt immer stärker verschmelzen. ‚*Gingen*' sie anfangs noch aktiv und bewusst *online*, so ertappten sie sich bald dabei, dass ihnen etwas fehlte, wenn sie nicht online waren. Heute sind wir immer online, immer erreichbar. Auch wenn wir unser Smartphone nicht beobachten — es beobachtet uns, sammelt über Apps Informationen und tauscht diese mit Unternehmen und anderen Apps aus, damit diese noch zielgerichteter unsere Aufmerksamkeit einfordern können.[330]

Die Videospiele-Industrie erkannte das Potenzial darin als eine der ersten. Seit der Einführung des Online-Gaming haben Spieler:innen den Zugang zu neuen Welten, sogenannten *Open-World-Spielen*. Hier können sie sich frei bewegen und mit anderen Spieler:innen in Interaktion treten. Sie entscheiden, wer sie online sein möchten erschaffen sich digitale Identitäten — sogenannte *Avatare* (Charaktere). Sie pflegen Beziehungen zu anderen Mitspieler:innen und tauchen immer tiefer in die digitale Sphäre ein. Nicht wenige Spieler:innen halten sich seitdem lieber in der digitalen Welt auf, als in ihrer physischen Umgebung — und es dauerte nicht lange, bis die ersten Todesfälle durch die Medien gingen, weil Spieler:innen über Stunden und Tage hinweg vergaßen zu essen und trinken. So tief versunken waren sie in die digitale Welt.

Inzwischen wird *Videospielen* (Gaming) weitläufig als Sportart anerkannt und wird 2024 sogar Einzug in die Olympiade erhalten. Es klingt verrückt, aber *eSports* ist mittlerweile ein relevanter Markt geworden. Bei einem Besuch an diversen Mittelstufen, bei dem ich im Rahmen einer Kompetenzverstellung eingeladen wurde die Stärken von Schulkindern des siebten Jahrgangs zu analysieren, staunte ich nicht schlecht, als die Jugendlichen auf die Frage „*Was wollt ihr später einmal werden*" antworteten, „*Youtube-Star*", „*Instagram-Model*" oder „*Pro-Gamer*". Dass Social Influencer:innen viel Geld verdienen habe ich bereits erläutert. Das aber *Zocken* lukrativer sein soll als manch eine Management-Position war mir neu. Die Jugendlichen erläuterten mir, dass sich inzwischen ganze Stadien füllen in denen Fans ihre Lieblingsspieler:innen beim Spielen anfeuern. Die Spieler:innen spielen dabei live auf der Bühne und erhalten Preisgelder im Millionenbereich. Beim *The*

330 Vgl. von Kranenburg (2017) in: betterplace lab (2017:101)

International 2019 Dota 2-Turnier betrug das Gesamtpreisgeld laut Statista rund 34,3 Millionen US-Dollar! Weltweit, so Statista, besuchten im Jahr 2019 mehr als 440 Millionen Personen mindestens ein eSports-Event; im Jahr 2023 sollen es bereits 646 Millionen Besucher:innen sein. Die Preis-, Sponsoren- und Eintrittsgelder, die an den Spielen selbst verdient werden, ergaben im Jahr 2019 einen eSports-Markt von 958 Millionen US-Dollar. Bis 2023 könnte dieser Markt auf 1,598 Milliarden US-Dollar ansteigen — falls Sie also die rund 200 Milliarden US-Dollar schwere Gaming-Industrie bisher noch nicht auf dem Schirm haben: ein Blick lohnt sich.[331]

Mobile Endgeräte boten der Videospieleindustrie eine neue Geschäftsmöglichkeit den Menschen Videospiele wortwörtlich näher zu bringen. *Smartphone-Gaming* ist eine Mega-Industrie geworden, an der nicht mehr ausschließlich Nintendo, Sony Computer Entertainment, Microsoft Game Studios, Ubisoft und andere Spielehersteller profitieren, sondern jede/r halbwegs talentierte App-Entwickler:in. Nach dem vernetzten Online-Gaming war es daher nur ein logischer nächster Schritt, die digitale Realität mit der analogen Welt zu verschmelzen. Die Grundlage dafür bieten realitätserweiternde Technologien.[332]

Die Manipulation der Realität

Zunächst einmal stellt sich die Frage: Was ist eigentlich die *digitale Realität*? Bei der digitalen Realität handelt es sich nach meinem Verständnis um alles, was digital existiert, sich aber nicht physisch manifestiert. Hier kommen die sogenannten *Augmented Reality-* (AR) und *Virtual Reality*-Technologien (VR) ins Spiel. Sie erweitern, überlagern oder ersetzen die echte Welt über ein digitales Endgerät oder eine spezielle VR-Brille. AR- und VR-Funktionen werden immer beliebter und halten Einzug in den Alltag der digitalen Zeit. Auch wenn die jüngeren Digital Natives am stärksten mit AR- und VR-Technik vertraut sind, so setzen sich auch bei Digital Immigrants und Silver Surfern die Technologien bereits durch. Um ein prominentes Beispiel dafür zu nennen: Die Smartphone-App *Pokémon Go* begeistert bis heute weltweit Millionen von Menschen, alt und jung, und überträgt die digitale Erfahrung des Videospielens dank der eingebauten Smartphone-Kamera, dem eingebauten GPS und weiteren Technologien scheinbar in den realen Raum, indem sie Spieleelemente und -charaktere als zusätzliche Ebene (Layer) über die in der Kamera festgehaltene Realität legt. Ermöglicht wird dies durch die sogenannte *erweiterte Realität* (AR).[333]

Augmented Reality (AR) steht für das Ergänzen zusätzlicher virtueller Informationen zum realen Umfeld (erweiterte Realität). Dabei wird die Kamerafunktion auf mobilen Endgeräten mit der AR-Technologie verbunden. Auf dem Display wird die *Realität* — also alles, was die Kamera einfängt — um digitale Inhalte angereichert: Texte, Grafiken, Videos oder 3D-Objekte. So werden Objekte im Museum oder auch Bücher und Verkaufsbroschüren über das Display zum Leben erweckt, die Navigation im *Headup Display* angezeigt, die neue Frisur probeweise per App ausprobiert, die eigenen Fotos und Videos per *Smart Filter* verändert oder die nächste Kücheneinrichtung geplant. Auch in der Industrie und im Handwerk un-

331 Vgl. Statista (2020A)
332 Vgl. Y&R (2017)
333 Vgl. Y&R (2017)

terstützen AR-Funktionen die Ausbildung und führen Mitarbeiter:innen im Arbeitsalltag z. B. in der Montage von Geräten oder Maschinen, indem die einzelnen Komponenten in der entsprechenden Reihenfolge virtuell markiert und überlagert werden.

Virtual Reality (VR) ermöglicht es mithilfe einer VR-Brille oder anderen Technologien in eine virtuelle 360°-Welt einzutreten und in dieser zu interagieren. Die reale Umgebung wird dabei von der virtuellen Umgebung vollständig überlagert und die Nutzer:innen nehmen ihr reales Umfeld nicht mehr wahr. Die virtuelle Realität ermöglicht dabei nicht nur 360°-Bilder und -Videos, sondern auch VR-Videospiele und komplexe VR-Anwendungen. So können Kund:innen bei Audi dank *'Audi VR Experience'* ihren Audi bereits digital konfigurierten, probesitzen und erleben, bevor sie ihn kaufen. In Reisebüros können Urlauber:innen virtuell das Hotelzimmer besuchen, durch das Kreuzfahrtschiff flanieren oder einen Rundflug über Sehenswürdigkeiten machen, bevor sie sich für eine Reise entscheiden. Und in der Medizin werden VR-Anwendungen für medizinisches Training oder etwa zur Verarbeitung von Angststörungen bald nicht mehr wegzudenken sein.[334]

Noch weiter geht die *Mixed Reality* (MR), auch wenn dieser Begriff von allen am wenigsten definiert ist. MR verbindet die virtuelle Illusion mit der Realität, sodass die Grenze zwischen Realität und Parallelwelt verschwimmt. Ein Beispiel ist der Einsatz von VR-Brillen in diversen Freizeitparks. Die Fahrt findet hier in der Realität statt — der Körper spürt die echte Beschleunigung — und bestimmt dadurch das physische Erlebnis. Die visuelle Wahrnehmung liegt jedoch in der virtuellen Welt, wodurch das Gesamterlebnis ein völlig anderes wird.

Spätestens seit der Manipulation unserer Realität lässt sich also nicht mehr leugnen, dass unsere Wahrnehmung und unser körperliches Wohlbefinden in den virtuellen Raum eingebunden sind. Wir sind längst hybride Wesen.

Die digitale Realität ergänzt die Omnikanal-Kommunikation

Erfolgreiche Beratungshäuser sprechen alle Sinne ihrer Kund:innen an. Nicht nur die Psychologie hat längst erkannt, dass Menschen am besten lernen, wenn mehrere Sinne gleichzeitig angesprochen werden — wir wollen hören, sehen und begreifen. Viele Menschen fühlen sich daher nicht richtig *„abgeholt"* von der herkömmlichen Beratung, denn die Gespräche mit ihren Ansprechpartnern lassen oft passende Darstellungen vermissen. Die Gespräche werden daher als lästig und anstrengend empfunden. Zudem haben Kund:innen oft das Gefühl, zum Kauf von etwas gedrängt zu werden, das ihnen nicht unbedingt nutzt. Im Internet dagegen fehlt oft die Möglichkeit, gezielt Fragen zu stellen und anhand des eigenen Problems eine Erklärung zu erhalten.

Die meisten Finanz- und Versicherungsinstitute bieten inzwischen eine große Auswahl an Informationsmaterialien online an. So können Kund:innen von überall aus auf umfangreiche Online-Informationen zurückgreifen und sich informieren. Die Herausforderung hierbei ist, die Informationen möglichst kurz, prägnant und einfach verständlich zu gestalten und gleichzeitig so viele Informationen wie nötig oder gewünscht verfügbar zu machen. Tatsächlich sind aber viele Themen

---

334 Vgl. Audi (2017)

noch viel zu komplex, um sie mithilfe von wenigen Seiten veranschaulichen zu können. Immer mehr Kund:innen greifen daher auf digitale (Online-)Unterlagen zurück. Hier können sie nicht nur das Tempo selbst bestimmen, sondern auch zahlreiche Beispiele, Videos und Erklärungen zum besseren Verständnis nutzen.

Die *Emotionalisierung* schafft persönlichen Bezug. Während Tablets, Smartphones und Touchscreens längst Einzug in die moderne Beratung erhalten haben, sind sie aus Sicht der meisten Kund:innen nur eine digitale, umfangreichere Version der klassischen Verkaufsbroschüren. Hier soll die Multiexperience Abhilfe schaffen. In der Fachsprache nennt sich dieser Vorgang *Emotionalisierung*: Ein Produkt, das zunächst nicht greifbar ist, wird mit Bezug auf das persönliche Leben verständlich kommuniziert; es wird emotional aufgeladen. So erhalten die Nutzer:innen in der virtuellen Welt greifbare Beispiele aus ihrem alltäglichen Leben, die ihnen die Funktionen der Finanzvehikel und -produkte erklären.

Fallstudie: VR als zusätzlicher Kanal in der Sparkassenberatung

Nachdem die Unterhaltungsindustrie gezeigt hat, dass Virtual Reality massentauglich geworden ist, erprobt sich nun auch die Finanzwelt in möglichen Anwendungsfeldern. In der Branche kristallisiert sich der Begriff *Serious Virtual Reality* heraus — virtuelle Anwendungen, die nicht der Unterhaltung, sondern einem ernsthaften Zweck dienen. Hier möchte der Verbund der Sparkassen eine Vorreiterrolle einnehmen: Gemeinsam mit dem Unternehmen *engram* bringen die Sparkassen mit dem *V!EW-Konto* die Serious Virtual Reality in die Beratung — und setzen dabei auf *Emotionalisierung*. Durch die virtuelle Parallelwelt erhalten Berater:in und Kund:in nun ein Werkzeug an die Hand, das es ihnen erlaubt, weitläufige und abstrakte Themen verständlich zu machen. Für Kund:innen soll der Nutzen der Anwendung darin bestehen, die Hintergründe besser zu verstehen und einen Bezug der theoretischen Produkte zu ihrem eigenen Leben zu nehmen. In der virtuellen Welt erhalten Sie greifbare Beispiele aus dem alltäglichen Leben, die Ihnen die Funktionen der Finanzprodukte erklären. Komplexe Produkte wie Baufinanzierungen oder Immobilienfonds können so virtuell abgebildet, interaktiv angepasst und gemeinsam betrachtet werden.[335]

Bei einer Demonstration auf dem FI-Forum der Sparkassen Finanz Informatik konnte ich das *V!EW-Konto* selbst erproben. Hierzu musste ich eine VR-Brille aufsetzen und schon stand ich nicht mehr auf der Messe, sondern in einer Küche. Während mein Blick auf das iPhone auf der Küchenzeile fiel, erschienen Informationen zum Unternehmen (Apple) sowie zum aktuellen Aktienwert. Das ist zwar eine nette Spielerei, doch für seriöse virtuelle Anwendungen braucht es auch einen reellen Nutzen. Daher will der Verbund der Sparkassen eine Vorreiterrolle einnehmen und die Technologie aktiv in den Beratungsprozess einbinden. Viele Kund:innen kennen bereits die kleinen Bildschirme im Beratungsbüro, die während des Gesprächs Vertragsunterlagen, Grafiken und Kalkulationen präsentieren.[336]

---

335 Vgl. Sparkassen Finanzgruppe (2018), engram (2019A) & engram (2019B)
336 Vgl. Sparkassen Finanzgruppe (2018, engram (2019A) & engram (2019B)

Mit V!EW soll die Beratung authentischer und innovativer werden, um Kund:innen vom Nutzen der Produkte zu überzeugen. Aktuell liegt der Fokus noch auf den Themen Wertpapierberatung, Baufinanzierung und Deka Immobilienfonds, allerdings ist damit zu rechnen, dass das Angebot der virtuellen Themen sukzessive ausgeweitet wird. Mit dem *V!EW Release 3.0* im November 2019 ist zudem die Integration der *LBS Wohnwelten* erfolgt, dass das Modul *Baufinanzierung* um die Möglichkeit ergänzt, direkt in die Wohnwelten zu navigieren. *„Auf diese Weise können im Beratungsgespräch die Themen Modernisierung oder Wohnträume realistisch und informativ zugleich dargestellt und vertieft werden"*[337], heißt es in einer *engram* Pressemitteilung.

5.5. Mehr Sicherheit dank neuer Authentifikationsverfahren

Datensicherheit – die Geschäftsgrundlage der Bank 4.0

Datensicherheit ist eine der wesentlichen Herausforderungen des digitalen Zeitalters. Gleichzeitig haben wir immer mehr Zugänge zu Accounts, die wir uns merken müssen. Das ist nicht nur unpraktisch, sondern auch nicht unbedingt sicher, da immer mehr Menschen ihre Passwörter erschreckenderweise auch ungesichert auf dem PC/Mac abspeichern. Die bequemste Art, viele Passwörter zu speichern, sind so genannte Passwort-Manager — Programme, die unsere Daten verschlüsselt speichern und dabei selbst zufallsgenerierte Kennwörter erstellen. Mal kommen solche Schlüsseldienste als Standard mit (z. B. bei Apple oder beim Firefox-Browser), mal werden sie dazugekauft. Doch sie alle haben eine Schwachstelle: Man braucht ein Hauptpasswort als Zugang. Ist dieses geknackt, liegen alle Zugänge offen. Wirklich sicher sind sie also nicht — und für Finanzanliegen schon gar nicht. Neue Formen der Identifizierung und *Authentifikation* sollen hier Abhilfe schaffen. Denn: eine (digitale) Identität zu erkennen (also identifizieren) ist nur die halbe Miete. Sicher sind die Daten erst, wenn Unternehmen auch sicherstellen können, dass die Identität authentisch ist (also die für die sie sich ausgibt).

Die gängsten TAN-Verfahren im Überblick

In einer Umfrage der *Trustly Group AG* gaben gerade einmal 36% der befragten niederländischen Bankkund:innen an, beim Onlinebanking Log-in zur Authentifikation ihren Benutzernamen und Passwort anzugeben. 25% der Kund:innen bevorzugen einmalig generierte Tokens, 22% das chipTAN-Verfahren (bei dem der Chip der Bankkarte von einem Kartenlesegerät geprüft wird), 19% bevorzugen mTAN (über einen SMS Code), 12% pushTAN (ebenfalls einmalig generierter Code), 5% den Zugang über eine Codekarte mit einmaligem Code, 3% Anrufverifizierung und lediglich 9% nutzen andere Methoden oder sind sich nicht sicher.[338]

Im Banking gibt es aktuell neun gängige TAN-Verfahren, wobei ‚*TAN*' für eine einmal gültige Transaktionsnummer steht. Einige von ihnen sind allerdings nicht mehr für Online Banking im mobilen Bereich geeignet. Die folgende Aufzählung enthält sowohl die älteren Varianten des Online Bankings, die nicht auf mobilen

337 engam (2019B)
338 Vgl. Trustly Group AB (2017:17)

Geräten funktionieren, sowie die auf mobile Geräte ausgelegten Varianten. Die Vor- und Nachteile der verschiedenen Varianten sind jeweils aufgelistet.[339]

1. **TAN Listen:** Die erste Variante bleibt das klassische TAN-Modell. Eine Liste für Transaktionen generierter TANs wird verwendet, um eine Transaktion mit einem zweiten Faktor abzusichern. Das alte Modell ist jedoch nicht mehr für die neuesten Sicherheitsstandards ausreichend und wird wohl früher oder später von den Behörden verboten werden. Trotzdem vertrauen weiterhin viele Banken auf das bewährte Verfahren. Dynamic Linking, eine der drei Voraussetzungen der PSD2, kann durch das Verfahren allerdings nicht garantiert werden.

2. **SMS TAN:** Die zweite Variante ist die SMS TAN. Anstatt einer TAN Liste, die für mehrere Transaktionen verwendet wird, gibt es hier pro Transaktion eine neue TAN, die per SMS auf das Smartphone der Person verschickt wird. Nach Eingabe der neu generierten TAN kann dann die Transaktion abgeschlossen werden. Es werden die Sicherheitsstandards erfüllt, falls eine externe Banking App verwendet wird, doch die Kosten machen den Banken zu schaffen. Banken können nicht wie Privatkund:innen eine Flatrate kaufen, sondern müssen pro SMS durchschnittlich sechs Cent bezahlen. Große Banken müssen für die Transaktionen ihrer Kund:innen also ganz schön hinlegen, weshalb die Zukunft dieses Modells fraglich ist.

3. **CHIP TAN:** Die CHIP TAN ist die dritte Variante und ein weiterer Klassiker der Online Überweisung. Das externe Gerät wird mit der Girocard versorgt, dieses liest einen sogenannten Flicker Code auf dem Bildschirm und bestätigt dann die Identität der Person, welche die Transaktion durchführt. An kleinen Bildschirmen wie auf Smartphones ist das Verfahren allerdings kaum brauchbar.

4. **CHIP TAN (Bluetooth):** Die CHIP TAN Bluetooth Variante ist besonders für die Anwednung am iPhone interessant. Hier kann mit Hilfe eines Lesegeräts der Personalausweis gelesen und identifiziert werden. Dieser Vorgang ist sehr sicher, da die zwei Faktoren unabhängig voneinander sind. Die Bluetooth Koppelung kann jedoch auch für Schwierigkeiten und Verzögerungen sorgen.

5. **CHIP TAN (QR Code):** Eine weitere CHIP TAN Variante funktioniert per QR Code. Hier liest das Lesegerät keinen Flicker, sondern einen QR Code aus. Das funktioniert vor allem auf kleinen Bildschirmen besser. Das Lesegerät kostet zudem weniger als die Bluetooth Variante.

6. **photoTAN:** Eine neuere Technologie ist die photoTAN. Über eine Banking App auf dem Smartphone kann ein Farb-Code, der auf dem Computerbildschirm erscheint, ausgelesen und authentifiziert werden. Für diese Variante gibt es neben den Smartphone Apps auch externe Lesegeräte.

7. **BestSign:** BestSign funktioniert dagegen nicht per Code, sondern mit der eigenen Unterschrift. Das kleine Gerät dient als digitaler Stift und kann dafür genutzt werden, Transaktionen via Unterschrift zu bestätigen.

8. **eTAN:** Die achte Variante, eTAN, ist kaum verbreitet. Bei der Durchführung der Transaktion bekommen die Kund:innen auf der Webseite ein Passwort ange-

339 Vgl. Linsenbarth (2019)

zeigt. Dieses kann genutzt werden, um auf dem externen eTAN Gerät die TAN anzufordern und die Transaktion zu bestätigen. Diese Art der Zwei Faktor Authentication entspricht nicht den PSD2 Standards. Außerdem ist die geringe Verbreitung eine Einschränkung für die Nutzbarkeit.

9. **App-basierte TAN:** Die neunte und meistverbreitete Variante sind auf Apps basierende Lösungen. Hier gibt es sehr viele verschiedene Verfahren, die eines gemeinsam haben: eine App auf dem Smartphone dient als zweiter Faktor. Der Fingerabdruck, eine PIN Zahl oder eine per Push-Nachricht zugeschickte TAN können die Transaktion bestätigen. Oft wird auch eine TAN-App benötigt, die einmal freigeschaltet werden muss. Danach können die TANs sicher benutzt werden. Die biometrische Überprüfung bietet große Sicherheit, nach einer anfänglichen Freischaltung funktioniert das System außerdem sehr komfortabel. Ganz perfekt ist jedoch auch diese Lösung nicht, denn Apps laufen auf Smartphones und diese sind anfällig für Trojaner, Viren und Hacks.

Die Authentifizierung auf biometrischer Basis ist im Trend

Noch sicherer soll es sich mit der *biometrischen Authentifikation* verhalten, die häufig in Kombination mit der 2-Faktor-Verifizierung (des Endgeräts) eingesetzt wird. Mit ihr fällt das Merken von Passwörtern und PIN-Codes für Kund:innen weg. Überweisungen und Abhebungen können schnell, einfach und sicher über den Fingerabdruck oder den Augenscan authentifiziert und nahtlos in den Banking- oder Bezahlvorgang integriert werden. Bei modernen mobilen Endgeräten sind sie schon standardmäßig verbaut, nun folgen die Scanner für Bezahleinrichtungen an der Kasse, an Automaten, im Auto und auch an der Haustür.[340]

Dass Kund:innen die Vorteile der biometrischen Authentifizierung bevorzugen, beweisen die Apps der Banken, denn viele bieten eine Identifikation durch die Nutzung des Fingerabdrucks. Doch vor allem die Vorbereitung der Kund:innen auf die neuen Technologien wird einen entscheidenden Einfluss auf den Erfolg der Technologie haben. Spätestens im September 2019 müssen sich die Kund:innen mit diesen Verfahren vertraut machen, sodass die Entwicklung schnell voranschreiten muss. Im Zeitraum von April bis September sollten Kund:innen mit den Möglichkeiten von *EMV 3-D Secure* vertraut gemacht werden. Eine Einführung der neuen Systeme zum Stichtag birgt ein hohes finanzielles und strategisches Risiko. Ab September werden CNP-Zahlungen von Karten ohne 3-D Secure-Absicherung rigoros abgelehnt. Dementsprechend werden Kund:innen in den kommenden Monaten neue Verfahren zur Authentifizierung kennenlernen.[341]

Zwei-Faktor-Authentifikation versus biometrische Authentifikation

Der E-Commerce erfreut sich an steigenden Nutzerzahlen — das freut auch Banken. Grundlage hierfür sind insbesondere auch sichere und reibungslos funktionierende Bezahlprozesse. Diese sollten möglichst einfach und schnell funktionieren. Mit dem Erfolg kommen aber auch neue Betrugsversuche und Sicherheitslücken. Deshalb wurden die Regulierungsstandards im europäischen Zahlungsver-

---

340 Statista (2017B:10)
341 Vgl. Muerl (2018)

kehr im September 2019 von der Europäische Bankenaufsicht verschärft. Online-Shops, Banken, Acquirer und Kund:innen stehen seither vor einer großen technischen Herausforderung. Insbesondere die *2-Faktor-Authentifikation* und die *biometrische Authentifizierung* sind zwei interessante Lösungsansätze mit Potenzial.[342]

Eine beliebte Form der digitalen Authentifikation ist die 2-Faktor-Verifizierung, wie sie u.a. die Apple ID nutzt: „*Die Zwei-Faktor-Authentifizierung bietet eine zusätzliche Sicherheitsebene für Ihre Apple-ID. Mit ihr wird sichergestellt, dass nur Sie auf Ihren Account zugreifen können, auch wenn eine andere Person Ihr Passwort kennt.* (...) Mit *der Zwei-Faktor-Authentifizierung kann nur auf vertrauenswürdigen Geräten* (...) *auf Ihren Account zugegriffen werden. Wenn Sie sich erstmalig bei einem neuen Gerät anmelden möchten, müssen Sie zwei persönliche Informationen übermitteln — Ihr Passwort sowie den sechsstelligen Bestätigungscode, der automatisch auf Ihren vertrauenswürdigen Geräten angezeigt wird. Durch die Eingabe des Codes bestätigen Sie, dass das neue Gerät vertrauenswürdig ist.*“[343]

Auf prozessualer Ebene bedeutet dies, dass zwei von drei möglichen Elementen eingesetzt werden müssen. Die entsprechenden Elemente sind Wissen (PIN-Eingabe), Besitz (Smartphone, Bankkarte) und Inhärenz (biometrische Daten wie Fingerabdruck oder die Gesichtserkennung). Aufgrund dieser neuen Anforderung steht nun jedoch auch fest, dass statische Passwörter nicht mehr zugelassen sein werden. Dahingegen können biometrische Daten — diese werden bereits heute von den meisten Smartphone-Herstellern genutzt — die Authentifizierung erleichtern. Die NutzerInnen können sich durch das Benutzen des Smartphones und das Bereitstellen biometrischer Daten eindeutig legitimieren und erfüllt somit auch die Zwei-Faktor-Authentifizierung.[344]

Verschärfte Richtlinien sollen mehr Sicherheit beim Banking gewähren. Im Oktober 2015 wurde von der EU ein neues Gesetz zum Online Banking verabschiedet. Es heißt PSD2 und soll EU Bürgern helfen, die Bezahlvorgänge im Internet schneller, billiger und sicherer zu machen. Um die EU Standards zu erfüllen, müssen Online Bezahlvorgänge in Zukunft drei Punkte erfüllen.[345]

Die erste Voraussetzung ist die *2 Faktoren Authentikation*. Diese war schon am PC im Online Banking Standard, wird jetzt allerdings für mobile Geräte angepasst. Es werden immer zwei verschiedene Dokumente für die Authentifizierung eines Vorganges gefordert. Das können neu generierte Passwörter oder QR-Codes sein.

Die zweite Voraussetzung soll die Unabhängigkeit der beiden Faktoren garantieren. Konkret bedeutet das, das Versagen eines Faktors darf nicht zum Versagen des anderen Faktors führen. Beide Faktoren müssen also unabhängig voneinander funktionieren.

342 Vgl. Muerl (2018)
343 Apple (2018)
344 Vgl. Muerl (2018)
345 Vgl. Linsenbarth (2019)

Die dritte Voraussetzung ist *Dynamic Linking*. Während der erste Faktor für alle Transaktionen gleichbleiben kann, wie zum Beispiel die PIN für ein Bankkonto, muss der zweite Faktor transaktionsspezifisch erzeugt werden. Pro Transaktion muss also mindestens einer der Faktoren die Authentifizierung von bisherigen Transaktionen unterscheiden. So kann das Risiko minimiert werden, dass Unbefugte auf die Daten und das Konto zugreifen können.

Fallstudie: Mastercard setzt auf 3-D Secure-Verfahren

Insbesondere bei Kartenzahlungen im Internet gab es bisher nur wenige Möglichkeiten für eine sichere Kundenauthentifizierung. Ein solches Verfahren wird als 3-D Secure-Verfahren bezeichnet und bereits von *Mastercard* als ‚*SecureCode*' angeboten. Dabei ist dieses Verfahren jedoch aus technischer Sicht bereits veraltet und entspricht somit nicht den Anforderungen der neuen Regulationen. Auch der Handel und die Verbraucher:innen nutzen dieses Verfahren nicht, denn die Händler:innen legen den Fokus eher auf sichere Systeme mit geringen Transaktionskosten. Eine hundertprozentige Betrug-Absicherung geht hingegen meist mit Kosten einher, welche von den Händlern im ersten Schritt nicht akzeptiert werden. Um *SecureCode* auf den neuesten Stand zu bringen, hat *Mastercard* mit *EMVCo* kooperiert. Im Zuge der Kooperation wurde das neue Sicherheitsprotokoll 3-D Secure 2.0 entwickelt. Dieses erfüllt die neuen EU-Standards und ist zudem einfacher in der Benutzung und lässt sich im Web und in Apps verwenden.[346]

Mehr über *SecureCode* und neue Standards von *Mastercard* in der Kundenidentifikation finden Sie auf www.bionicwealth.de/impulse/ in der Kategorie „*Fallstudien*".

Fallstudie: SWIFT erprobt Verfahren zur Vorabvalidierung

Im Dezember 2018 gab *SWIFT* bekannt, dass es mit der Erprobung eines integrierten GPI-Zahlungsdienstes vor der Validierung beginnen wird, der sich auf schnelles Bearbeiten, Beseitigen und Identifizieren von Fehlern konzentriert. Der Dienst ist vollständig in GPI-Zahlungen (SWIFT global payments innovation, gpi) integriert und ermöglicht eine dynamische und schnelle Interaktion zwischen den Banken in Echtzeit mithilfe von entsprechenden APIs, um die Effizienz und Vorhersagbarkeit internationaler Bezahlvorgänge zu verbessern. In dem Zusammenhang wird auch eine prädiktive Analyse durchgeführt. Ergänzend zu dieser Funktion wird auch ein Prüf- und Abgleichdienst für Bezahlvorgänge im Post-Payment-Bereich eingesetzt. Dieser Dienst soll die eine schnelle Lösung für die übrigen Faktoren finden, die typischerweise aus Compliance Gründen oder behördlichen Auflagen resultieren. Viele Banken und Kreditinstitute werden voraussichtlich ein großes Interesse an dem Dienst haben. Schon heute arbeitet SWIFT auf diesem Gebiet mit 15 Kreditinstituten weltweit zusammen.[347]

Eine ausführliche Erläuterung zur Vorabvalidierung bei SWIFT finden Sie auf www.bionicwealth.de/impulse/ in der Kategorie „*Fallstudien*".

---

346 Vgl. Muerl (2018)
347 Vgl. Vilar (2018), Finextra (2018) & Weidemann (2018D)

Die verhaltensbasierte Biometrie erschwert Betrug

Immer mehr KundenInnen nutzen Online-Banking, doch die Angriffe auf Konten und persönliche Daten nehmen stetig zu. KundenInnen laufen Gefahr, ihre Vermögenswerte unbefugten Zugriffen auszusetzen. Die Banken stehen daher unter Druck, die Zugriffssicherheit stetig zu verbessern. PIN, TAN und viele ähnliche Verfahren wurden entwickelt, um zusätzlich zum Passwort größtmögliche Sicherheit zu gewährleisten. Doch keine dieser Methoden kann effektiv erkennen, ob sich die richtige Person einloggen will.[348]

Authentifizierung als Sicherheitskriterium. Die größtmögliche Sicherheit für Nutzer:innen bestände theoretisch darin, die Person vor dem Endgerät direkt zu erkennen. Bei der Eröffnung eines Kontos oder ähnlichen hochpersönlichen Angelegenheiten aus der Ferne wird dies bereits eingesetzt. Mithilfe von Legitimationsverfahren soll sichergestellt werden, dass die handelnde Person in ihrem eigenen Namen handelt und sich nicht einer anderen Identität bedient. Allerdings sind die bisherigen Identifizierungsverfahren kaum für den Alltag geeignet, da sie die Zeit der Kund:innen in Anspruch nehmen. Aus diesem Grund experimentieren IT-Unternehmen neuerdings mit der *verhaltensbasierten Biometrie*.[349]

Verhaltensbasierte Biometrie: der digitale Fingerabdruck. Die verhaltensbasierte Biometrie soll dabei helfen zu erkennen, ob es sich bei einem Login um die berechtigte Person handelt. Die Technik zielt darauf ab, den digitalen Fingerabdruck der NutzerInnen zu sichern und abzugleichen. Das geschieht jedoch anders als bei bisherigen Methoden nicht, indem irgendwelche Eingaben überprüft werden. Stattdessen verarbeitet diese Methode die Art und Weise, wie Daten eingegeben werden: Auch wenn es willkürlich und austauschbar erscheinen mag, so hat jede Person ihre ganz eigene Weise, ein technisches Gerät zu bedienen. Die Abfolge und der Rhythmus von Tasteneingaben, die Latenz zwischen Eingaben, die (Tasten-)Anschlagshärte und -geschwindigkeit — all diese Merkmale sind in ihrer Kombination einzigartig und somit als Äquivalent zu einem digitalen Fingerabdruck zu betrachten.[350]

Unternehmen wie *BehavioSec* haben sich darauf spezialisiert, diesen zu erkennen und anhand jedes möglichen Eingabegeräts zu erfassen. Für jede Nutzer:in und jeden Nutzer kann für jedes Gerät, ob Mobilgerät oder Desktoptastatur, ein spezifisches Profil erstellt werden. Mit jeder neuen Anwendung wird der Fingerabdruck erweitert und detaillierter abgebildet. Auf diese Weise wird sogar erfasst, wenn sich die Eingabeweise eines Nutzers schleichend ändert. Mithilfe der *Equal Error Rate* (EER) überprüft das Unternehmen die Treffsicherheit seiner Anwendung ständig und liegt bei über 99,98%. Die Trefferquote ist somit angeblich noch besser als beim biologischen Fingerabdruck. Die Treffsicherheit in beide Richtungen ist dabei von entscheidender Bedeutung, denn das System muss gewährleisten, dass kein/e legitime/r User fälschlicherweise abgewiesen wird, aber gleichzeitig auch kein/e unbefugte/r User die digitale Kontrolle passieren kann.[351]

---

348 Vgl. Mayer (2019)
349 Vgl. Mayer (2019)
350 Vgl. Mayer (2019)
351 Vgl. Mayer (2019)

Die Einsatzmöglichkeiten in der Praxis sind vielseitig. Ein praktischer Einsatz ist damit denkbar, zumal die technischen Voraussetzungen längst gegeben sind. Der Datensatz des ‚Fingerabdrucks' ist für heutige Verhältnisse mit ca. 30 Kilobyte geradezu winzig und erlaubt den Finanzinstituten einen Echtzeitabgleich mit ihren Servern ohne spürbare Latenz. Den Instituten eröffnen sich dabei vollends neue Möglichkeiten, denn sie könnten so auch feststellen, ob mehrere Personen ein Konto nutzen, das eigentlich nur von einer Person bedient werden sollte. Durch die Lernfähigkeit des Verfahrens wäre auch sichergestellt, dass das Sicherheitsniveau stets erhöht wird und ein Ausspähen des Nutzer:innenverhaltens durch unbefugte Zugriffe von außen quasi unmöglich wird. Für Anwender:innen selbst ergäbe sich der Vorteil der erhöhten Sicherheit, ohne dafür jedoch weitere manuelle Sicherheitskontrollen durchführen zu müssen. Gleichzeitig bietet das Verfahren die höchstmögliche Sicherheit, die nach neuesten Standards möglich ist. Dennoch bleibt wohl ein Bedenken der Nutzer:innen bestehen: Welche Daten werden außerdem über mich gespeichert? Diese Bedenken, ganz gleich ob sie bei dieser Methode unbegründet sein mögen, müssen die Dienstleister:innen noch ausräumen.[352]

Fallstudie: Identitätsfeststellung per KI-Analyse

Während sich die Mehrheit der Gesellschaft noch daran gewöhnt, für Identifikationsverfahren nicht mehr persönlich zur Bank rennen zu müssen, ist die Identifizierung via Webcam oder PostIdent-Verfahren vielen Innovator:innen und Early Adopters (User die frühzeitig neue Technologien nutzen) zu aufwendig. Das 2016 gegründete Startup *Nect* bietet deshalb ein interessantes neues Authentifikationsverfahren.

Nect möchte die BaFin-konforme Verifizierung der eigenen Identität für Kund:innen vereinfachen. Das patentierte Verfahren ermöglicht die deutschlandweit erste voll-automatisierte Hologrammüberprüfung und könnte zukünftig das veraltete PostIdent-Verfahren ersetzen. Die Identifizierung via Post ist für viele Nutzer:innen nicht mehr zeitgemäß. *Nect* spricht hier jene Kund:innen an, die für die Verifizierung ihrer Person komplett auf menschlichen Kontakt verzichten möchten und sich weder in einer Bank- oder Postfiliale noch per Webcam mit Menschen unterhalten möchten. Mit dem Verfahren soll es stattdessen künftig möglich sein, die eigene Identität via Selfie und Spracherkennung zu bestätigen — den Rest erledigt laut *Nect* die Software. Die moderne Gesichtserkennung in Kombination mit einem Stimmabgleich dient in der Branche als zusätzliche Sicherheitsstufe. Damit geht *Nect* noch einen Schritt über die klassische Webcam-Identifizierung hinaus und ergänzt sie um einen wichtigen Sicherheitsfaktor. Künftig sollen Bankgeschäfte und Einkäufe so noch einfacher vonstatten gehen.[353]

Die komplette Fallstudie zu *Nect* finden Sie auf www.bionicwealth.de/impulse/ in der Kategorie „*Fallstudien*".

352 Vgl. Mayer (2019)
353 Vgl. IT Finanzmagazin (2018H) & Nect (2019)

KAPITEL 6: LEAN BANKING STEIGERT DAS GEWINNPOTENZIAL

Auf einen Blick

- Legacy IT ist nicht in der Lage, mit der steigenden Komplexität im Bankengeschäft mitzuhalten. Die Bank 4.0 setzt deshalb auf schlanke Wertschöpfungsketten (Lean Banking) und digitales Prozessmanagement.

6.1. Den Kernbanksystemen wird immer mehr abverlangt

Neben den internen Herausforderungen im Umgang mit Mitarbeiter:innen und Ressourcen, mit denen sich die Banken konfrontiert sehen, ist vor allem die Digitalisierung der Kernbanksysteme eine große Herausforderung. Die sieben am stärksten spürbaren Auswirkungen der Digitalisierung auf die Kernbanksysteme sind:[354]

1. Die wachsende Komplexität bei gleichzeitig unzureichender Dokumentation, die besonders kleinere Projekte häufig zum Scheitern bringt.
2. Die statische Architektur vieler Banksysteme, die erheblichen Anpassungsaufwand erfordern und nicht mit modularer gestalteten Systemen mithalten können, wenn Teilkomponenten integriert, isoliert oder entfernt werden sollen.
3. Die immer kürzer werdende Time-to-Market, also die Einführungszeit am Markt, die veraltete Technologien und statische Systeme bei wachsender Komplexität nicht mehr leisten können.
4. Der erhöhte Druck, Technologien zunehmend schneller zu entwickeln und in die Systemlandschaft zu integrieren.
5. Die Verarbeitungszeit, die mittlerweile in Echtzeit erfolgt, da die Kernbanksysteme permanent verfügbar sein müssen. (Die bisher übliche Batchverarbeitung kann diese Verfügbarkeit nicht gewährleisten.)
6. Die unzureichende Transformation im Back-end. Vielerorts ist die Digitalisierung im Front-end stärker fortgeschritten als im Back-end, was zumeist durch Übergangslösungen und manuelle ‚Workarounds' sporadisch gelöst wird.
7. Die schwächelnde Marktposition der digitalen Nachzügler, die ultimativ zu Kundenabwanderungen führt.

354 Vgl. Hermann & Heinke (2018:203)

6.2. Starke Wertschöpfungsketten sind schlank

Kennen Sie das schwächste Glied Ihrer Wertschöpfungskette?

Wie bereits in Kapitel 2 diskutiert, vollzieht sich die Digitale Transformation sowohl intern als auch extern. Damit die Digitalisierung effektiv vollzogen werden kann, ist es daher ratsam, sich zunächst die größten internen Hürden bewusst zu machen, welche Banken in ihrer Innovation und Digitalen Transformation hemmen. Allen voran steht die Verteidigung bestehender Strukturen, die sowohl von der Chefetage als auch von den Mitarbeiter:innen ausgeht. Zusätzlich haben Banken mit fehlenden Personalressourcen, fehlendem Know-how, fehlender Toleranz für Fehlversuche (mangelnder Fehlerkultur), fehlender Verantwortlichkeit, fehlender Finanzierung, zu vielen Entscheidungsebenen, technischen Herausforderungen, Schwierigkeiten bei der Umsetzung von Prozessen und fehlender Ideenfindung zu kämpfen.[355]

Die Digitale Transformation vollzieht sich in allen Bereichen der Wertschöpfungskette

Aufbauend auf dem *Bankmodell* von Alt und Zerndt (2012) und Alt und Puschmann (2016) unterteilt Prof. Dr. Ornau die Wertschöpfungskette von Finanzunternehmen in *primäre Aktivitäten* und *stützende Aktivitäten*.[356]

- **Primäre Aktivitäten** umfassen die Ausführung und Abwicklung, transaktionsbezogene Prozesse und transaktionsübergreifende Prozesse (so genannte Leistungsprozesse) sowie Kunden- bzw. Vertriebsprozesse (Prozesse mit Bezug zum Erstellen, Verarbeiten, Zuordnen oder Umsetzen von Kundeninformation, Kontakt, Beratungsangebot, Vertragsabschluss und Pflege des Kundenservices), — wobei sich die letzte Gruppe in die Bereiche Anlegen, Zahlen und Finanzieren unterteilen lässt.
- **Stützende Aktivitäten** umfassen Führungs- und Unterstützungsprozesse — wobei erstere die „*übergreifende Planung, Steuerung und Kontrolle*“ sichern und weitere Aktivitäten beschreiben, die „*nicht direkt an der eigentlichen Wertschöpfung beteiligt* (sind), *sondern die notwendigen Ressourcen für die Leistungsprozesse zur Verfügung* (stellen, z. B.) *Personalwesen, Rechnungswesen, Marketing, Dokumentenmanagement, Management-Information, gesetzliches Meldewesen, Beschaffung, IT, Sicherheit*“.[357] Alt und Puschmann wiedergebend, erklärt Prof. Dr. Ornau: „*Innovationen in der Finanzindustrie betreffen spezifische Kundenbedürfnisse und -prozesse und fokussieren dabei in der Regel jeweils eine Aufgabe aus den Bereichen ‚Vertrieb und Beratung‘, ‚Zahlen‘, ‚Anlegen‘, ‚Finanzieren‘ bzw. aus einem übergreifenden Bereich*“[358].

---

355 FinTechCube (2017)
356 Vgl. Alt und Puschmann (2016:95), in: Ornau (2017:25)
357 Ornau (2017:52)
358 Alt und Puschmann (2016:95), in: Ornau (2017:25)

Die Digitalisierung entlang der Wertschöpfungskette birgt mächtiges Potenzial für Finanzunternehmen

Die Verschlankung der Wertschöpfungskette entlastet Banken. Ein Großteil der Finanzunternehmen im deutschen Markt betreibt einen überlasteten IT-Flickenteppich. Wie viele isolierte Silo-Lösungen setzen auf Ihrem Kernbanksystem auf? Wie viele Schritte benötigt Ihr System, von der Erstellung bis zur Ausführung einer Order? Wie häufig müssen Ihre Kund:innen während dem Onboarding-Prozess die gleichen Fragen beantworten? Wie viel Papierkram muten Sie Ihren Mitarbeitenden zu, oder sind Sie bereits auf das papierlose Büro umgestellt? Und vor allem: Wie viel Geld und Zeit sind Sie bereit aufgrund von Ineffizienzen zu verlieren?

Die Verschlankung der Wertschöpfungskette (engl.: *value chain*) durch eine Anpassung oder Erneuerung der Kernbank-IT und der Unternehmensprozesse ist ausschlaggebend für die Zukunftsfähigkeit eines Finanzunternehmens. Neben der signifikanten Steigerung von Produktivität, Flexibilität, Zeit- und Kosteneffizienz und erhöhter Produktqualität steckt das wirtschaftlich größte Potenzial in der Möglichkeit, vollkommen neue Geschäftsmodelle zu generieren.

Das Fundament ist gelegt. Die technischen Voraussetzungen für die Digitale Transformation sind geschaffen und (theoretisch) allen zugänglich. Jetzt geht es um die Umsetzung und Eingliederung in den Tagesbetrieb: Entlasten Sie Ihre Administration und halten Sie gleichzeitig den höchsten regulatorischen Standard ein. Schaffen Sie mehr Raum für Kreation und Produktivität im Arbeitsalltag und entlasten Sie Ihre Mitarbeiter:innen mit Digital Operations. Moderne Banking-, Payment- und Investment-Lösungen erlauben nicht nur, analoge Prozesse digital abzubilden, sondern verschlanken und optimieren diese auch. Dabei umfassen die Möglichkeiten etwa die Digitalisierung von Formularen zur Kontoeröffnung sowie die Automatisierung von Betriebsabläufen und der Berechnung von Provisionen und Gebühren.

6.3. Lean Banking (2.0)

Lean Banking (2.0) stellt die Kund:innen in den Mittelpunkt

Lean Banking ist eine Antwort auf ein sich schnell veränderndes Umfeld und die damit verbundenen Herausforderungen und Priorisierungen von Maßnahmen. Das aktuelle Finanzumfeld, geprägt durch Renditereduzierung, Niedrigzins und Wettbewerbsdruck, führt seit einiger Zeit zu einer Rückbesinnung auf *Lean Management-* und *Lean Banking-Prozesse*. In den frühen Neunzigerjahren bedeutete Lean Banking im Grunde das Übertragen der Konzepte von *Lean Production* und Lean Management aus der Güterindustrie in den Bankbereich. Der Begriff *lean* (zu Deutsch: schlank) wurde erstmals 1990 vom *Massachusetts Institute of Technology* (MIT) geprägt und bezog sich auf die Optimierung von Produktivität. In einer MIT-Studie wurden die größten Produktivitätsunterschiede untersucht. Das Institut musste erkennen, dass Japans Wirtschaft — angefangen mit Toyota in der Automobilindustrie bis hin zu Großbanken im Finanzsektor — mit weit weniger Personal sehr viel effektiver und profitabler waren als Unternehmen in

Deutschland oder den USA. Aus diesen Forschungen ging das Konzept des *Lean Management* hervor.[359]

Lean ist ein besonders wirksames Instrument zur Kostensenkung für das Front-Office und den Betrieb. Im täglichen Betrieb lassen sich laut *Boston Consulting Group* (BCG) bis zu 30% der Kosten reduzieren. Noch drastischer können die Prozesszykluszeiten verkürzt werden. Verbesserungen von 30% bis 60% sind hier keine Seltenheit. *„Verbesserte betriebliche Kontrollen, geringere Risiken, weniger Fehler und eine höhere Geschwindigkeit führen wiederum zu einer verbesserten Kundenerfahrung und -zufriedenheit"*, erklären Christophe Duthoit, Simon Bartletta und Rozinder Bhatia von der BCG. Darüber hinaus hilft *Lean Thinking* (Lean-basiertes Denken) Entscheidungsträger:innen bei der Entscheidungsfindung, auf welchen Serviceniveaus oder Betriebsabläufen der Fokus von Verbesserungen liegen sollte. Nicht zuletzt bieten schlankere Wertschöpfungsketten auch den Mitarbeiter:innen einen hohen Mehrwert indem sie unnötige Arbeitsschritte ausmerzen. Dies wiederum kann sich positiv auf die Arbeitsmoral und die Fluktuationsrate auswirken.[360]

Lean Banking 2.0 orientiert sich wiederum an der Wertschöpfung für die Kund:innen. Beim ursprünglichen Lean Banking ging es darum, Mitarbeiter:innen und Ressourcen so effizient wie möglich im Sinne der Produktivität einzusetzen. In einem kollektiven Unterfangen entwickelte eine Vielzahl von Akademiker:innen dieses Konzept — teils unabhängig voneinander — allerdings weiter. *Beim Lean Banking 2.0* wird die Verschlankung in den strategischen Planungsprozess der Finanzunternehmen eingebunden und umfasst Innovation-und Perfektionierungsaspekte, Regularien und Prozesse, sowie auch die Unternehmensphilosophie und Leitlinien. Im Mittelpunkt steht dabei immer eine besonders starke Kunden-, Markt- und Wertschöpfungsorientierung sowie die Einfachheit von Prozessen, Produkten und Dienstleistungen.[361]

Es gibt weiche und harte Faktoren bei Lean Banking-Prozessen

Die Verschlankung einer Wertschöpfungskette hat sowohl Auswirkungen auf einzelne Prozesse als auch auf die Unternehmenskultur. Aus diesem Grund ist es ratsam, zwischen *harten* und *weichen Faktoren* zu unterscheiden. Zu den *organisatorischen, harten Lean-Faktoren* zählen Wertschöpfungsorientierung, Einfachheit, Innovation und *Kaizen* sowie eine starke Kunden- und/oder Marktorientierung. U*nternehmenskulturelle/verhaltensorientierte weiche Lean-Faktoren* hingegen setzen sich mit der Optimierung der Informationslogistik sowie der Fehler- und Unternehmenskultur und einer starken Mitarbeiterorientierung auseinander. Im Folgenden gehe ich näher auf die harten Faktoren ein.[362]

- Bei der **Wertschöpfungsorientierung** (engl.: *value orientation*) geht es darum, Verantwortung, Ressourcen und Prozesse so zu konzentrieren, dass eine Wertschöpfung stattfindet. Gleichzeitig geht es darum, möglichst viel zu automati-

359 Vgl. Wings & Friedrich (2016:211f.)
360 Duthoit et al. (2010)
361 Vgl. Wings & Friedrich (2016:212)
362 Vgl. Wings & Friedrich (2016:214ff.)

sieren und standardisieren, sowie Servicefunktionen, die nicht direkt mit dem Kerngeschäft korrelieren (etwa Rechenzentrumsleistungen oder juristischen Beistand) auszulagern.

- **Einfachheit** (engl.: *simplicity*) bedeutet, dass sich alle Abläufe, Strukturen, Mitarbeiter, Produkte und Dienstleistungen an der einfachsten Wertschöpfung orientieren. So soll Doppelarbeit vermieden und Unnötiges weggelassen werden. Aber auch die Produktpalette sollte so einfach (verständlich) wie möglich aufgebaut und gebündelt werden. Hier spielt das Thema Kundenindividuelle *Massenanfertigung* (engl.: *mass customization*) künftig eine tragende Rolle.
- **Innovation** und **Kaizen** beschreiben zwei Seiten einer Medaille. Der japanische Begriff *Kaizen* bedeutet *„Veränderung zum Guten"* und beschreibt einen ewigen Verbesserungsprozess — das Streben nach Perfektion — und hängt eng mit der Qualitätskontrolle zusammen. Auch die Deutschen sind bekannt dafür, bestehende Prozesse oder Produkte bis ins Absurde zu verbessern. So wird etwa jedes Jahr ein vermeintlich neues Produkt vorgestellt, das wenige Prozent kosteneffizienter ist oder besser performt. Bei Innovation, oder weitergedacht Disruption, geht es hingegen um sprunghafte Veränderungsprozesse, für die eine kontinuierliche Verbesserung (Kaizen) nicht mehr ausreicht. Eines kann ohne das andere nicht bestehen, wenn ein Finanzunternehmen langfristig erfolgreich sein will.
- Eine starke **Kunden- und/oder Marktorientierung** ist zwingend erforderlich für den Erfolg eines Unternehmens. Finanzinstitute erhalten ihre Daseinsberechtigung am Markt dadurch, dass sie Kundenbedürfnisse heute und zukünftig befriedigen.

Lean-Methoden erfordern Commitment und Kommunikation

Lean Management bringt einen reellen kulturellen Wandel — von der höchsten Entscheidungsebene bis zur Basis der Organisation. Wenn die Führungskräfte nicht an die Verschlankung glauben und bereit sind, ihre Mitarbeiter:innen zu motivieren, zu beruhigen und zu befähigen, werden diese nicht mitziehen. Kurzum: Lean Thinking muss Teil Ihrer Unternehmens-DNA werden.

Ein ganzheitlicher Multifacetten-Ansatz für eine Lean-Initiative vereint Top-Down-, Bottom-Up- und Middle-Out-Komponenten. Sofern Ihr Unternehmen noch in klassischen hierarchischen Organisationsstrukturen denkt, ist die Identifizierung und Formulierung klarer Ziele auf funktionsübergreifender Unternehmensebene in der Regel Aufgabe des Top-Management. Genauso wichtig ist jedoch, dass alle betroffenen Fach- und Führungskräfte eingebunden und befähigt sind, sich mit den Prozessverbesserungen zu identifizieren und diese kontinuierlich voranzutreiben. Die *Middle-Out-Komponente* ist Bindeglied zwischen *Top-Down* und *Bottom-Up* Management. Die Kunst besteht darin, dass das Mittlere Management befähigt ist, Entscheidungen zu treffen und Veränderungen oder Änderungsempfehlungen an der Front effektiv ans Top-Management zu berichten.[363]

---

363 Duthoit et al. (2010)

Bei der Verschlankung spielt daher die Informationsvermittlung eine besondere Rolle. Eine effektive unternehmensinterne Informationslogistik ist in der Lage „*die richtige Information zum richtigen Zeitpunkt an den richtigen Platz zu bringen, und das wirtschaftlich*". Zum falschen Zeitpunkt oder an die falsche Person (Empfänger:in) gerichtete Informationen können hingegen schnell zu Verunsicherung führen und die Dynamik innerhalb des Unternehmens auf den Prüfstand stellen. Im schlimmsten Fall kann eine empfundene „*Zwei-Klassengesellschaft*" entstehen, bei der manche Mitarbeiter:innen aufgrund bevorzugter Behandlung stärker informiert oder einbezogen werden als andere. Nicht ohne Grund haben traditionell denkende Unternehmen klare Informationshierarchien etabliert. So werden neue Informationen in einigen Unternehmen erst an sogenannte *Change Agents* und anschließend an den Wirtschaftsausschuss oder Betriebsrat vermittelt, bevor sie an die Mitarbeiter:innen gelangen.[364]

Die Herausforderung der Lean-Methode liegt in ihrer Anwendung. Lean muss holistisch, also ganzheitlich aus einer unternehmens- und funktionsübergreifenden Perspektive, angewendet werden. Die Verschlankung auf einzelne ‚Silos' zu beschränken ist wenig erfolgsversprechend. Gleichzeitig funktioniert eine Verschlankung nur, wenn sie schrittweise eingeführt wird. Goliath-Projekte, die sich über Jahre ziehen sind zum Scheitern verurteilt. Erfolgsversprechend sind hingegen einzelne, in kurzen Sprints durchgeführte und gezielt aufeinander abgestimmte Pilotprogramme.[365]

Digitale Schlüsseltechnologien bahnen den Weg für Lean 3.0

Die nächste Stufe der Lean-Methode ist der Einsatz von Schlüsseltechnologien wie Cloud Computing, Künstlicher Intelligenz und der Blockchain/DLT-Technologie, um den immer komplexeren Anforderungen und Strukturen der Finanzwelt gerecht zu werden. Die größte Herausforderung in diesem Zusammenhang wird es sein, weiterhin die Kund:innen nicht aus den Augen zu verlieren und die Wertschöpfungskette auch in der hypervernetzten Onlinewelt *lean* zu halten. Allerdings steht *lean* dann nicht mehr für *schlank* im klassischen Sinne: Wir werden immer mehr dezentrale Wertschöpfungsketten im digitalen Ökosystem haben, in denen unterschiedliche Finanzunternehmen und -teilnehmer:innen agil, flexibel und selbstorganisiert eine Wertschöpfung betreiben werden. Die Wertschöpfungsketten dahinter — obwohl die Begriffe *Wertschöpfungsnetzwerk* (engl.: value network) oder *Wertschöpfungsökosystem* (engl.: *value ecosystem*) es treffender beschreiben — können nicht zentral geplant und organisiert werden. Der Wandel von Lean 2.0 auf Lean 3.0 setzt somit neben leistungsstarken Technologien vor allem auch *Digitalität* und die Bereitschaft zur Veränderung voraus: Aspekte, auf die ich im folgenden Kapitel ausführlicher eingehen möchte.[366]

364 Vgl. inkl. Zitat Wings & Friedrich (2016:217ff.)
365 Duthoit et al. (2010)
366 Vgl. Wings & Friedrich (2016:224)

6.4. Die Digitalisierung der internen Strukturen und Prozesse

Digitale Produkt- und Prozessportfolios erfordern Kommitment, Weitsicht und Transparenz

Die Wettbewerbsintensität im Bankensektor wächst stetig. Banken müssen sich zunehmend gegen neue Wettbewerber wie Captive-Banken der großen Industrieunternehmen, Finanzvermittler:innen, FinTechs und Tech-Giganten aus Asien und den USA behaupten. Die Digitalisierung macht dabei ein altbekanntes Problem vieler Banken schmerzhaft deutlich: *„Ihre Produkte sind in vielen Fällen aus Kundensicht nur von abgeleitetem Nutzen bzw. dienen als Mittel zu einem anderen Zweck.“*[367]

Die Digitaltransformation der Produkte und Prozesse vieler Banken gestaltet sich dabei jedoch häufig als große Herausforderung, da die Portfolien aufgrund der Vielzahl und Diversität der inbegriffenen Produkte hochkomplex sind. Produkte und Prozesse, die in der Vergangenheit auf spezielle Kundenbedürfnisse hin zugeschnitten wurden, fallen häufig aus dem Mengengerüst heraus. Gleichzeitig sind viele Produkte und Prozesse aus der ‚alten Welt' unzureichend dokumentiert, was die Digitalisierung zusätzlich erschwert: Die Gründe für historische Produkt- oder Prozessanpassungen sind heute oft nicht mehr nachvollziehbar. Ebenso führen Entscheidungen entlang der etablierten Prozesse häufig zu einem Medienbruch.[368]

Viele Banken verstehen noch heute die Digitale Transformation als Digitalisierung der Zugangswege zu den Kund:innen und sind der Auffassung, optische App- und Website-Optimierungen wären bereits ausreichend. Zu glauben, dass ein modernes Layout und ein interaktives Nutzerführungskonzept alleine ausreichen könnten, ist jedoch ein Trugschluss. So wird beispielsweise versucht, eine digitale Oberfläche lediglich in analoge Prozesse zu integrieren, anstatt zunächst digitalfähige Produkte und Prozesse zu schaffen. Das Überspringen dieses Schrittes führt jedoch dazu, dass unnötig viel Geld verbrannt wird, ohne ernsthaft voranzukommen.

> *„Neue ‚Banking-Apps' und eilig eingeführte Features erzeugen keinen Wettbewerbsvorteil (Customer Experience hin oder her), sondern sind notwendige Hygienefaktoren, um überhaupt an der Startlinie für ein Banking von Morgen stehen zu können.“*[369]
> — Dr. Torsten Stuska, Director des *Moonroc Institute of Economic Research.*

Erst wenn digitale Kanäle voll funktionsfähig nutzbar sind und nicht zu einem Medienbruch (beispielsweise bei Vertragsabschluss) führen, sind sie für Nutzer:innen und die End-to-End-Digitalisierung wirklich von Wert. Daher bietet es sich an, Prozesse und Produkte zunächst in modularen Schritten aufzubrechen und kom-

367 Roland Berger (2016)
368 Vgl. Strietzel et al. (2018:26ff.) & Stuska (2017)
369 Stuska (2017)

plexe Teile an auf digitale Prozess-Transformation spezialisierte Dienstleister:innen auszulagern.[370]

Captive-Banken beispielsweise sind durch ihre Nähe zu Unternehmen in der Lage, Kund:innen an der Schnittstelle zu erreichen und zu unterstützen, lange bevor Banken diese erreichen (beispielsweise bei der Finanzierung eines Autos). Auf der anderen Seite stehen die FinTechs, die sich Nischenelemente in der Wertschöpfungskette heraussuchen, diese herausbrechen und effizienter abbilden und beliefern als etablierte Banken.[371]

Effektives Prozessmanagement ist eine Grundvoraussetzung für die erfolgreiche Digitalisierung

Aktuell investieren Banken horrende Summen in die Digitalisierung, übersehen dabei allerdings gerne, dass insbesondere ein methodisch und technisch effektives Prozessmanagement und ein innovatives Mindset erfolgsentscheidend sind. In der kürzlich veröffentlichen Focus Money Studie ‚Deutschlands innovativste Unternehmen' (erhoben durch die Kommunikationsberatung Faktenkontor) wurden 15 Millionen Äußerungen im Internet über die Innovationsfähigkeit von Unternehmen ausgewertet. Deutsche Bankkunden, so das Ergebnis, sind insgesamt durchaus digital-affin und offen für Innovationen. Im Finanzsektor stehen jene Unternehmen an der Spitze, die durch effektives Prozessmanagement die Gesamtorganisation auf ein zentrales Kundenversprechen hin ausgerichtet haben: die *Santander Consumer Bank* mit ihrer Sparplattform ‚*Sina*', die durch den Easy Credit bekannt gewordene Team Bank, die Targobank, aber auch die Consors Finanz und der FinTech-Dienstleister Hypoport.[372]

> *Wer hinter die Kulissen von Digitalbanken wie N26 schaut, stellt fest, dass Prozesse die Adern sind, durch die das FinTech-Blut fließt.*"[373] — Gisbert Beckmann, Geschäftsführer der *Procedera Consult.*

Die Digitalisierung der internen Prozesse steht im Vordergrund. Im Mai 2018 erhob die Berliner Agentur *Procedera Consult GmbH* eine an Fach- und Führungskräften aus dem Bankenbereich gerichtete Umfrage zur Einschätzung über die Qualität des Prozessmanagements im eigenen Institut. Eine wichtige Erkenntnis dabei war, dass die Anpassung von internen Prozessen bei den meisten Banken eine hohe Priorität hat. So sehen 69% der Institute den größten Handlungsbedarf in der Optimierung interner Prozesse. 63% der Befragten gaben an, dass Kostensenkung die größte Baustelle sei. Dieses Ziel versuchen viele Banken durch die Optimierung interner Prozesse zu erreichen, jedoch gibt es häufig Diskrepanzen zwischen den Zielen und der tatsächlichen Umsetzung.[374]

Jede dritte Bank hat Nachholbedarf beim Prozessmanagement. Demnach haben mehr als ein Drittel der deutschen Banken große Schwierigkeiten mit der Dokumentation von Prozessen. Als einen der Hauptgründe hierfür nannten 34% der

---

370 Vgl. Strietzel et al. (2018:26ff.)
371 Vgl. Brühl (2018:3f.) & Roland Berger (2016)
372 Vgl. Weidemann (2018B)
373 Beckmann, zitiert in: IT Finanzmagazin (2018D)
374 Vgl. IT Finanzmagazin (2018D)

Befragten Unsicherheiten bei der Verantwortlichkeit. Nach den Mindestanforderungen an das Risikomanagement (MaRisk) sind Kreditinstitute dazu verpflichtet, „*Regelungen für Aufbau- und Ablauforganisation sowie zur Aufgabenzuweisung, Kompetenzordnung und zu den Verantwortlichkeiten innerhalb des Hauses zu dokumentieren*"[375]. Ungeklärte Verantwortlichkeiten verursachen daher nicht nur Komplikationen beim Prozessmanagement, sondern stellen auch ein erhebliches Risiko dar: „*Jede dieser Unzulänglichkeiten stellt für sich einen Verstoß gegen die MaRisk dar, der zu schwerwiegenden Revisionsmoniten der Aufsicht führen kann*"[376], erklärt der *Procedera Consult* Geschäftsführer Gisbert Beckmann im *IT Finanzmagazin* und ergänzt: „*Die Schriftlich fixierte Ordnung (SfO) — oder: das Organisationshandbuch — muss zudem Auskunft darüber geben, wie die Prozesse zur Risikosteuerung, zum Controlling sowie hinsichtlich Interner Revision und Compliance ausgestaltet sind.*"[377]

Weiterhin bemängelten 39% der Befragten eine unzureichende Software-Unterstützung, um ihre Prozesse bequem zu managen. Darüber hinaus gab mehr als die Hälfte der Führungskräfte an, nicht über geeignete Tools zur Prozessmodellierung zu verfügen. Gleichzeitig sehen 25% der Befragten fehlendes Know-how im Prozessmanagement, was zu zusätzlichen Abhängigkeiten gegenüber Dritter führt.[378]

Vieles spricht dafür, dass die erforderlichen Weichen für Prozessmanagement im Topmanagement noch nicht gestellt wurden. Nicht zu unterschätzende Faktoren im digitalen Prozessmanagement sind mangelnde Unterstützung vom Vorstand, unpassende interne Organisationsstrukturen und Widerstand in den Führungsriegen, insbesondere dann, wenn es darum geht, methodische Kompetenzen für andere Abteilungen bereitzustellen. Dazu gehören vor allem das Projekt- und Multiprojektmanagement, welches dem enormen Veränderungsdruck, der auf den Banken lastet, häufig nicht gewachsen ist. Ebenfalls interessant ist, dass das Prozessmanagement sich bei rund der Hälfte der Banken nicht in der Abteilung der Bankorganisation befindet.[379]

„*Viele Vorstände verwalten nur noch, statt aktiv zu gestalten.*"[380] — Gisbert Beckmann, Geschäftsführer der *Procedera Consult*.

Zunächst scheint es so, als ob die derzeitigen Herausforderungen im Prozessmanagement an einer falschen oder fehlerhaften Aufstellung der Bankorganisation liegen, doch der erste Eindruck trügt. Wenn sich Fach- und Führungskräfte dazu entscheiden, Prozesse zu optimieren, die dafür vorgesehene Abteilung die Anforderungen allerdings nicht erfüllt, stellt sich die Frage, welche Prozesse im Fokus der Verantwortlichen stehen — oder stehen sollten.[381]

375 IT Finanzmagazin (2018D)
376 Beckmann, zitiert in: IT Finanzmagazin (2018D)
377 Vgl. IT Finanzmagazin (2018D)
378 Vgl. IT Finanzmagazin (2018D)
379 Vgl. IT Finanzmagazin (2018D)
380 Beckmann, zitiert in: IT Finanzmagazin (2018D)
381 Vgl. IT Finanzmagazin (2018D)

Ohne holistischen Lösungsansatz droht Banken eine BaFin-Schelte

Hier kann eine übergreifende Steuerungseinheit Abhilfe schaffen. Nur wenn die Ansprüche und Interessen aller betroffenen Abteilungen eingebunden werden, kann die Bank als Gesamtorganismus verstanden werden und eine effektive Ende-zu-Ende-Betrachtung innerhalb der Prozesslandschaft gewährleistet werden. Auch die (automatisierte) Visualisierung von Prozessen kann das Prozessmanagement massiv unterstützen. Ein Nicht-Vorhandensein dieser Steuerungseinheit könnte zu kritischem Nachfragen der Aufsicht führen, da die Zusammenhänge von Abläufen andernfalls nicht transparent sind.[382]

> *„Ein schlankes Prozessmodell legt auf den ersten Blick offen, wie Prozesse ineinandergreifen. Gut dokumentiert und klug visualisiert sind (sie) ein Spiegelbild der Gesamtbankstrategie."*[383] —Gisbert Beckmann, Geschäftsführer der *Procedera Consult.*

Aus der Erhebung zieht Beckmann die Schlussfolgerung, dass viele Banken keine übergeordnete Strategie haben. Zwar versucht das Gros der Fach- und Führungskräfte das Beste aus ihren Zuständigkeitsbereichen herauszuholen, doch ist es ohne eine zentrale Informationssammelstelle nicht möglich, ein einheitliches Bild über Prozesse zu erhalten, geschweige denn ein aktives und voll-funktionsfähiges Prozessmanagement zu gewährleisten. Damit Prozesse und Produkte digitalisiert werden können, ist es zunächst allerdings erforderlich, die IT-Strukturen und Kernbankprozesse leistungsfähiger, flexibler und sicherer zu gestalten und auf die Digitalisierung vorzubereiten.[384]

Unflexible IT-Systeme sind nicht nur ein unnötiger Kostenfaktor, sondern auch eine ernsthafte Sicherheitslücke. Die Schaffung einer ‚*Legacy-IT*' wird einerseits durch die häufig unzureichend dokumentierte Systemlandschaft sowie durch den Abbau relevanter Wissensträger, die zu ihrer Zeit die (heute veralteten) Systeme entworfen haben und mit diesen vertraut sind, erschwert. Nachfolgende Mitarbeiter:innen und externe Berater:innen haben es so doppelt schwer, die Systemlandschaft zu durchschauen.

Unter diesem Umstand kann es sinnvoll sein, einen sogenannten koordinierten ‚*Greenfield-Ansatz*' zu verfolgen, bei welchem digitale Lösungen weitestgehend herausgelöst und alleinstehend aufgebaut werden. Bei diesem Ansatz geht es nicht darum, das gesamte bestehende System zu verstehen und zu beachten, sondern möglichst schnell neue digitale Konzepte testen zu können und anschließend die entsprechende Systemintegration dieser vorzunehmen. In der Realität ist es jedoch häufig schwierig, neue digitale Konzepte in die alten Systeme 100-prozentig zu integrieren. Stattdessen kann es sinnvoller sein, bestehende Teilsysteme abzulösen. Hier kann der Einsatz besonders agiler Methoden wie ‚*Scrum*' sinnvoll sein (wird ausgeführt in Teil 2 — „*Bionic Wealth*").[385]

---

382 Vgl. IT Finanzmagazin (2018D)
383 Beckmann, zitiert in: IT Finanzmagazin (2018D)
384 Vgl. IT Finanzmagazin (2018D)
385 Vgl. Strietzel et al. (2018:28ff.)

TEIL III:
DIE FINTECH-(R)EVOLUTION

KAUFEN, KOPIEREN, KOOPERIEREN,
... ODER KAPITULIEREN?

KAPITEL 7: DIE FINTECH-(R)EVOLUTION

Auf einen Blick

- FinTechs und Bank Challenger setzen etablierte Banken mit agilen Arbeitsmethoden, digitalen Angeboten, und der eleganten Lösung von Nischenproblemen enorm unter Druck. Die FinTech-(R)Evolution ist allerdings auch eine Einladung für Banken, zu lernen und in einem offenen Ökosystem zusammenzuarbeiten und zu wachsen.

7.1. PSD2 verpflichtet Banken zum Open Banking

Der Umgang mit Regulatorien im digitalen Zeitalter

Mit der Digitalen Transformation wachsen auch die regulatorischen Anforderungen an Banken in Deutschland und Europa. Geht man davon aus, dass traditionelle Banken in der Digitalisierung 10 Jahre zurückliegen, dann liegen die Regulierungsbehörden mindestens 20 Jahre zurück. Für viele ist Regulierung (und Lobbyarbeit) heute das Einzige, was 'alte Banken' am Leben erhält. Und gleichzeitig stellt gerade die Regulatorik enorme Herausforderungen für sie dar.

Eine der wichtigsten* aktuellen regulatorischen Änderungen, PSD2, wird im Folgenden erläutert. Dabei begann die regulatorische Wut schon viel früher. 2013 wurde die an das bankseitige Risikoreporting (und das daran gebundene Datenmanagement) gerichtete Richtlinie *BCBS 239* verabschiedet, die dazu geführt hat, dass die Prozesse und IT-Systeme der Banken auf den Prüfstand gestellt werden müssen. Unter optimalen Bedingungen und in einem modernen IT-System wären diese Anforderungen kein Problem, doch gerade für die veralteten Legacy-Systeme sind diese Anforderungen teilweise untragbar.[386]

Die PSD2 Verordnung und ihre Auswirkungen auf die Bank

Die am 13. Januar 2018 in Kraft getretene überarbeitete Finanzrichtlinie *Payment Services Directive 2* (PSD2) verpflichtet Finanzdienstleister:innen dazu, Drittanbieter:innen den Zugriff auf Kontodaten ihrer Kontokund:innen (XS2A) bereitzustellen, sofern sie die Zustimmung der Kund:innen haben.

Im Konkreten reguliert die Europäische Union mit PSD2 die Sicherheitsanforderungen für Zahlungsentwicklungen und den Kontozugriff (über die Zwei-Faktor-Authentifizierung mit unabhängigen Geräten, nicht auf einem Gerät) sowie den Zugriff auf Kontodaten zwischen dem Finanzinstitut als kontoführender Zahlungsdienstleister und dem *Third Party Provider* (TPP), also Drittanbieter im Zah-

---

386 Vgl. Strietzel et al. (2018:14)

lungsverkehr. Dabei wird das Finanzinstitut, „*welches Zahlungskonten für Kund:innen bereitstellt und führt (...), durch PSD2 verpflichtet, über APIs Zugänge für Drittparteien (TPPs) zu schaffen*“[387]. Die Zugänge beziehen sich hier auf Zahlungsauslösedienste, Kontoinformationsdienst und Drittkartenemittenten.[388]

Bei den TPPs unterscheidet man im Kern zwischen zwei Typen, „*welche in der Richtlinie PSD2 als Anbieter von neuen Diensten im Bereich der Internet-Zahlungen identifiziert werden und über APIs Zugang zu Kundenkonten von Finanzinstituten erhalten sollen*“[389]: *Account Information Service Providers/ Kontoinformationsdienste** (AISPs) und *Payment Integration Service Providers*** (PISPs).[390]
* AISPs (Account Information Service Provider) sind „*Kontoinformationsdienste oder Aggregatoren, welche im Auftrag der Kund:innen und Kontoinhabers Kontoinformationen elektronisch direkt bei den kontoführenden Finanzinstituten abholen. Mit dem Ziel, konsolidierte und benutzerfreundliche Informationen und Übersichten in elektronischer Form für die Kund:innen bereitzustellen*“[391].
** PISPs (Payment Initiation Service Provider) sind Zahlungsauslösedienste, „*welche von Kunden und Kontoinhabern beauftragt oder berechtigt sind, Zahlungen in ihrem Namen direkt von ihrem Konto beim kontoführenden Finanzinstitut auszulösen*“[392].

Nach PSD2 sind Kreditinstitute demnach verpflichtet, Dritten den Zugang zu ihren kontoführenden Back-end-Systemen zu gewähren. Dritte, das können in diesem Zusammenhang Finanzberatungen, andere Banken oder auch FinTech-Unternehmen sein. Viele Banking-Arbeitsschritte werden damit für Kund:innen benutzerfreundlicher gemacht. So ist es möglich, in kürzester Zeit und fast vollkommen automatisiert den Bankwechsel zu vollziehen oder ohne Eingabe der IBAN Banküberweisungen zu tätigen. Auch können alle Finanzen in einer App banküberdgreifend im Blick behalten werden. Spätestens seit PSD2 werden Kundendaten zunehmend als der ‚Zins von Morgen‘ begriffen. Gleichzeitig werden mit den Regulatorien alte Erlösquellen im Finanzdienstleistungsbereich wie beispielsweise die Deckelung der Interchange-Fees im Kartengeschäft gekappt. Für die Bank bedeutet dies jedoch auch, dass Kund:innen noch schneller und leichter abspringen können, indem sie beispielsweise das Konto wechseln.[393]

Fördert PSD2 Innovationen?

Mit der Regulierung des Zahlungsverkehrs durch PSD2 möchte Brüssel den Wettbewerb und die Innovation im Finanzsektor ankurbeln und Verbraucher:innen zusätzlich mehr Auswahl und Sicherheit bieten. Damit ist PSD2 auch der Versuch, einen EU-weiten Standard für Innovationen einzuführen. Der Gedanke dahinter ist, dass Zahlungsdienstleister:innen EU-weit besser skalieren können und so Kosten für IT, die letztendlich auf den Kund:innen verteilt werden, zu reduzie-

387 MoneyToday.ch (2018)
388 Vgl. Pampel (2016), Ehelert (2017), Dorschel (2018:86f.) & MoneyToday.ch (2018)
389 MoneyToday.ch (2018)
390 MoneyToday.ch (2018)
391 Vgl. Pampel (2016), Ehelert (2017), Dorschel (2018:86f.) & MoneyToday.ch (2018)
392 MoneyToday.ch (2018)
393 Vgl. Pampel (2016), Dorschel (2018:86f.) & Ehelert (2017)

ren. Gleichzeitig werden aber auch Wettbewerber:innen aus den USA indirekt gefördert.[394]

Die PSD2 Roadmap – was bisher geschah...[395]

- Oktober 2015: formelle Verabschiedung der revidierten PSD2-Richtlinie für Zahlungsdienste durch das Europäische Parlament.
- 25. November 2015: Veröffentlichung der PSD2-Richtlinie (Inhalte und Texte).
- 11. Dezember 2015: Entwurf von internationalen Standards und Regulierung Aufsichtsbehörden international (Publikation des Regulator Technical Standards (RTS) Entwurfs als Consultation-Papier) durch die *Europäische Bankenaufsichtsbehörde (EBA).*
- 12. August 2016: Entwurf der Spezifikationen zu RTS-Entwurf und technischen Standards (zu Kundenauthentifizierung und Kommunikation mit Dritten).
- 22. September 2016: Entwurf Richtlinien zu Rechtsfragen und Haftung.
- 3. November 2016: Entwurf Richtlinien zu Anforderungen und Zulassung von TPPs.
- 14. Dezember 2016: Finaler Entwurf zu Standards und Regulierung durch *EBA*.
- 23. Februar 2017: Finaler Entwurf der Spezifikationen.
- 27 November 2017: Verbindliche Abnahme der Spezifikationen zu RTS.
- 13. Januar 2018: Umsetzung PSD2 in nationales Recht der EU-Länder (sowie SEPA-Raum): PSD2 tritt in Kraft.
- 13. März 2018: Ratifizierung und Publikation des RTS EU-Amtsblattes. Anschließend folgt die Entwicklung der Standards und technologischen Lösungen, damit Open Banking unter PSD2 ermöglicht wird.
- 14. März 2019: EU-Finanzinstitute müssen eine angemessene Dokumentation der technischen API-Schnittstelle sowie eine Testumgebung bereitstellen.
- 14. September 2019: EU-Finanzinstitute müssen PSD2/RTS-konform sein. Sämtliche verabschiedeten RTS-Standards müssen spätestens zum Stichtag 14. September durch Finanzinstitute sowie Drittanbieter umgesetzt, getestet und im Markt angewendet werden.
- November 2020: Zum Stichtag der Veröffentlichung dieser Publikation ist PSD2 zwar weitgehend umgesetzt, doch zwischen der Qualität der Schnittstellen liegen Welten...

Das Stichwort zu PSD2 lautet ‚Offenheit': Open API und Open Banking in einem offenen Ökosystem

PSD2-Dienste funktionieren über eine direkte Verbindung zwischen zwei Banken und/oder Drittanbieter:innen. Diese Verbindung wird über eine technische

394 Vgl. Ehlert (2017)
395 Vgl. der PSD2-Bulletpoints MoneyToday.ch (2018)

Schnittstelle, eine API (Application Program Interface) geregelt. Die Einsatzmöglichkeiten von API-Schnittstellen werden in *„Bionic Wealth"* weiter ausgeführt.[396]

Durch PSD2 wird Banking also insgesamt offener, da der Zugang zu Kundendaten mit PSD2 über Schnittstellen einer Vielzahl von Anbieter:innen bereitgestellt wird. Dabei entsteht ein permanentes Trade-off zwischen den neuen Möglichkeiten (für zusätzliche digitale Erlösmodelle) einerseits und Sicherheitsfragen andererseits. Auf Sicherheitsbedenken einzugehen und das Vertrauen der Kund:innen zu behalten, wird in Zeiten von PSD2 und *Open Banking* somit zu einer zentralen Herausforderung, auch für Banken. Wenn beispielsweise eine Drittanbieter-Applikation, die auf der stark fragmentierten Android-Plattform läuft, nicht korrekt ausgeführt wird oder unsicher ist und so zu Schäden bei den Kund:innen führt, kann das auch für die Bank zu Reputationsschaden führen.

Banken und FinTechs sind sich einig, dass die neue Verordnung Vor- und Nachteile mit sich bringt

Zu den größten Vorteilen von PSD2 zählen unter anderem die verbesserte Überprüfung der Kreditwürdigkeit, SEPA und Instant Payment. Gleichzeitig reguliert die Verordnung die Nutzung von Kundendaten nicht nur für Banken, sondern auch für FinTechs. Damit ist PSD2 ein weiterer Schritt hin zum Open Banking. Die API Schnittstelle, welche Banken Drittanbieter:innen zur Verfügung stellen, muss sicher und robust sein. Neben der unter Umständen aufwändigen und teuren Entwicklung dieser Schnittstellen werden der Betrieb und das Management von API eine große Herausforderung in der Umsetzung von PSD2.[397]

Zu den weiteren Veränderungen, die PSD2 für Banken bedeutet, zählt unter anderem, dass Banking schneller, kleinteiliger und unsichtbar wird. Banking wird schneller, weil dank API-Schnittstellen Prozesse, die bisher Wochen gedauert hatten (wie die Vergabe von Krediten oder Hypotheken), nun in Form eines maßgeschneiderten Angebots in Echtzeit online erfolgen können. Banking wird kleinteiliger, da es in der Bank 4.0 nicht mehr darum geht, über Filiale, Grußkarten und Hoffeste die Beziehung zu den Kund:innen zu stärken, sondern darum, ihnen den größtmöglichen Mehrwert zu bieten. Rechtsverbindlich, in Echtzeit und plattformübergreifend. Banking wird unsichtbar: Wer heute mit Karte, kontaktlos oder über eine App ein Produkt oder eine Dienstleistung (sei es der Supermarkteinkauf oder die Taxifahrt) bezahlt, kriegt nicht mit, was im Hintergrund alles passiert. Die Zahlung erfolgt via API und wird wie magisch vom (Giro-)Konto abgebucht.[398]

Die Auswahl geeigneter Drittanbieter bietet aus Kundensicht neue Möglichkeiten, das eigene Finanzmanagement zu optimieren. Dem geht jedoch ein zeitaufwändiger Informationsprozess voraus. Zunächst müssen geeignete Dienstleister:innen für die eigenen Bedürfnisse gefunden werden. Worin viele Banken eine große Herausforderung sehen, sehen Bank Challenger wie *Holvi* vor allem als neue Geschäftschancen. Indem sie ihren Kund:innen eine geeignete Auswahl an Dienstleistungen von Drittanbieter:innen offerieren, die in das Serviceportfolio der

---

396 Vgl. Ehlert (2017)
397 Vgl. Ehlert (2017) & Deutsche Börse Venture Network (2018)
398 Vgl. Ehlert (2017)

Holvi integriert werden, plant die FinTech-Bank, das Angebot für Kund:innen zu erweitern und gleichzeitig Marktanteile zu gewinnen.[399]

Weitere Herausforderungen im Zusammenhang mit PSD2 bestehen zudem darin, ein attraktives Dienstanbieter-Ökosystem zu entwickeln und sich neue Erlösmodelle durch die Monetarisierung der Schnittstellenzugriffe zu erschließen: Mit den Daten, die Banken und Drittanbieter über diese Schnittstellen sammeln können, lassen sich nicht nur die Bonität und Risikoeinschätzung in Echtzeit umsetzen, sondern auch Konsumgewohnheiten und Vorlieben feststellen.[400]

Fest steht, PSD2 wird den Innovationsdruck für Banken drastisch erhöhen und tiefgreifende Veränderungen für Banken bedeuten. Neue Player und Intermediäre werden in den Markt eintreten. Neue Technologien wie etwa die künstliche Intelligenz, die Blockchain oder Robo-Advisors werden zugunsten des Nutzers kombiniert, um diesem Mehrwerte zu bieten. In den nächsten Jahren ist daher zunächst mit einer weiteren Welle von Kundenmigration, weg von etablierten Banken hin zu FinTechs und Direktbanken, zu rechnen. Software-Unternehmen übernehmen Bankfunktionen und Banken werden zu Software-Unternehmen. Banken müssen sich demnach in ihrer neuen Rolle finden. So ist es sehr wahrscheinlich, dass Banken in den nächsten Jahren eine Vorreiterrolle in der Sicherheit geben werden: die Bank als sicherer Ort der Kunden- und Transaktionsdaten in einem gemeinschaftlichen Ökosystem mit FinTechs, BigTechs und Dritten.[401]

Die große Frage, die sich etablierte Banken daher stellen sollten, lautet: Wie können die eigenen Produkte und Dienstleistungen für Kund:innen so relevant gestaltet und/oder die eigene Plattform für Drittanbieter so weit geöffnet werden, dass die Bank auch zukünftig eine tragende Rolle im Bankalltag der Kund:innen spielen kann?

Fallstudie: Bei der PSD2-Umsetzung helfen FinTechs wie ndgit

PSD2 stellt besonders kleinere Finanzinstitute unter Druck. Das auf Middleware spezialisierte FinTech *ndgit* hilft Banken bei der Umsetzung bzw. Umstellung der API-Management-Plattformen mit genauen Anweisungen und Modifikationen im Kernbankensystem und stellt den Finanzinstituten darüber hinaus Berater:innen zur Seite. Innerhalb von 60 Arbeitstagen will die Out-of-the-Box-Software von ndgit dafür sorgen, dass Banken PSD2-konform sind. Die *NDGIT PSD2*-Software baut auf Open-Source-Modellen auf und stellt Standard-Lösungen für APIs und die technischen Merkmale von PSD2 bereit, kann nach Bedarf um weitere Bankdienstleistungen oder Open Banking-APIs erweitert werden. So sollen Banken die regulatorischen Anforderungen mit geringem Aufwand umsetzen können.[402]

Mehr über die API-Managementlösung von *ndgit* erfahren Sie auf www.bionicwealth.de/impulse/ in der Kategorie „*Fallstudien*".

399 Vgl. Janek (2018)
400 Vgl. Ehlert (2017)
401 Vgl. Ehlert (2017)
402 Vgl. Ndgit (2018) & IT Finanzmagazin (2018E)

7.2. Die Zeit der FinTechs und Direktbanken ist gekommen

Nach dem Internetboom hat es eine neue Generation von Startups zum Mainstream geschafft: FinTechs

‚*FinTechs*' sind Unternehmen, die *Financial Services* und *Technology* kombinieren, also „*mithilfe moderner Technologie spezialisierte Finanzdienstleistungen anbieten*".[403] FinTechs vereinfachen den Endnutzer:innen den Zugang zu Finanzdienstleistungen und machen diese über digitale Kanäle immer und überall erreichbar. Einige dieser FinTechs haben sogar den Weg zur digitalen Direktbank eingeschlagen und eine Banklizenz erworben. Da sie die klassischen Banken mit ihren effizienten und innovativen Geschäftsmodellen massiv unter Druck setzen, hat sich für diese FinTechs der Begriff ‚*Bank Challenger*' etabliert. Auf äußerst eindrucksvolle Weise demonstrieren diese Unternehmen, welchen Vorteil eine digitale Prozessoptimierung der Faktoren Kosten, Zeit, Verfügbarkeit und Verlässlichkeit für die Interaktion mit Kund:innen bedeuten kann. Im Vordergrund steht dabei stets, „eine kundenorientierte Alternativlösung dort anzubieten, wo Bankangebote *unhandlich und überdimensioniert erscheinen*"[404], wie es Stefan Pechardscheck, Partner der BearingPoint, bereits 2016 treffend formulierte.

Der Erfolg vieler FinTechs liegt in ihren Geschäftsmodellen, die es ihnen erlauben, schnell und flexibel auf die Bedürfnisse der Kund:innen einzugehen. Dabei konzentrieren sich FinTechs in der Wahl ihrer Geschäftsmodelle vor allem auf vier Bereiche:[405]

1. **Payment & Transaktionen** — z. B. integrierte Payment-Lösungen, Zahlungen über mobile Endgeräte, plattform- und geräteübergreifende Zahlungsabwicklung und grenzüberschreitende Zahlungsabwicklung. (Kapitel 4.5.)
2. **Lending** — z. B. Crowdfunding und Peer-to-Peer Lending. (Kapitel 4.9.)
3. **Retail Banking** — z. B. Direktbanken und mobile Banken. (Kapitel 1.5/6., 4.4.)
4. **Private Banking & Wealth Management** — z. B. Robo-Advisory und Algorithmus-basiertes Portfolio Management. (Wird ausführlich diskutiert in „*Bionic Wealth*")

Die Unternehmensberatung *Oliver Wyman* geht davon aus, dass wir künftig eine Vier-Säulen-Struktur in Deutschland haben werden: Die für Deutschland typische Ausprägung der Drei-Säulen-Struktur aus öffentlich-rechtlichen Anbieter:innen, Genossenschaftsbanken und privaten Geschäftsbanken wird künftig um eine vierte Säule ergänzt: neue Finanzdienstleister, ausländische Banken, Marktinfrastrukturanbieter und BigTechs werden den Wettbewerb stark aufmischen und die Grenzen zwischen In- und Auslandsbanken aufbrechen.[406]

---

403 Gablers Wirtschaftslexikon (2017): FinTech
404 Pechardscheck (2016)
405 Vgl. Statista (2017E:9)
406 Vgl. Oliver Wyman (2018:3ff.)

Um am Ball zu bleiben, investieren große Player Millionenbeträge in die Modernisierung ihrer Infrastruktur, fokussieren sich darauf, Dienstleistungen Kanal-übergreifend und unter Zuhilfenahme modernster Technologien anzubieten und investieren selbst als Venture Capital-Geber in Startups. „*Bis zum Jahr 2020 steckt die Deutsche Bank 750 Millionen € in die Digitalisierung ihres Geschäfts mit den Privat- und Firmenkunden. Allein 2015 wurden 70 neue digitale Services und Produkte auf den Markt gebracht*“ [407], heißt es beispielsweise in einem Werbeclip der Deutschen Bank. Ob das Wettrüsten ausreichen wird, wird sich zeigen, denn auch die FinTechs sind nicht untätig: Allein im Jahr 2016 erhielten Deutsche FinTechs Kapital im Wert von 421 Millionen US$. Eine Garantie für den künftigen Erfolg — oder die Systemrelevanz — der Bank gibt es nicht mehr.[408]

7.3. Die FinTech-Landschaft ist hoch dynamisch

Der FinTech-Weltmarkt wächst ständig weiter

Der FinTech-Markt ist stark durch eine wachsende Anzahl von jungen Unternehmen, sogenannten Startups, geprägt, die keine Banklizenz haben (‚Non-Banks‘). Weltweit setzten FinTechs 2017 ein Transaktionsvolumen von 3,12 Billionen Euro um. 77% davon werden in Asien und Nordamerika umgesetzt. Der Löwenteil wurde dabei mit 2,49 Billionen Euro im Bereich Digital Payments erbracht. Alternative Lending und Personal Finance kamen immerhin auf ein Transaktionsvolumen von 344,7 und 270,8 Milliarden Euro. Alternative Financing hinkt mit 18,2 Milliarden Euro zurück. Das größte Wachstumspotenzial wird im Bereich Alternative Financing erwartet (CAGR von +24,9% für den Zeitraum 2016 bis 2022), gefolgt von Alternative Lending (+18,5%), und Digital Payments (10,3%).[409]

Auch der deutsche FinTech-Markt ist in den letzten Jahren stark gewachsen

Die heutige FinTech-Landschaft lässt sich in verschiedene Schwerpunkte einteilen. Eine gängige Unterscheidung sind die vier folgenden Segmente:

1. **Digital Payments und Banking**, einschl. API-Banking, Digital Commerce, Mobile POS Payments und Zahlungsverkehr.
2. **Personal Finance** bzw. **Persönliches Finanz-Management** (PFM), einschl. Robo-Advisory und P2P Money Transfers.
3. **Trading- und Beratungsplattformen** für Vermögensanlage oder Finanzressourcen (Enterprise-Resource-Planning, ERP).
4. **Alternative Financing/Lending**, einschl. der Finanzierung durch die Crowd (Crowdinvesting, -funding), P2P Marketplace Lending und der Kreditvergabe über die Crowd (Crowdlending und -donating), sowie Blockchain/Kryptoassets (Bitcoin), Factoring, Ident/Validation, Insurance und Immobilien.

---

407 Deutsche Bank (2016)
408 Vgl. Statista (2017E:9)
409 Vgl. Statista (2017B)

PaymentAndBanking bietet eine umfangreiche Übersicht über die deutsche FinTech-Landschaft 2018 (https://paymentandbanking.com/german-fintech-overview-unbundling-banks/). Demnach spezialisieren sich die meisten FinTechs auf Savings, aber auch der Markt um die Segmente Insurance, Payment, Banking und Credit ist hart umkämpft.

Das Gros der FinTechs in DE konzentriert sich auf Privatkund:innen

Privatkund:innen machen das größte Kundensegment der FinTech-Unternehmen aus, gefolgt von kleinen und mittelständischen Unternehmen (KMUs). Großunternehmen sind aus Sicht der FinTechs hingegen bisher weniger wichtige Kunden. Im Privatkundenumfeld macht der Zahlungsverkehr 21% des Umsatzes der Startups aus, gefolgt von der Produktgruppe Finanzanlage und Kapitalmarkt mit 20% sowie Krediten (12%). Die Kontoverwaltung über FinTechs ist zwar stark im Kommen, macht derzeit jedoch lediglich 5% des Umsatzes der FinTechs aus. Ein etwas anderes Bild entwickelt sich im Umfeld der KMUs. Hier ist der Zahlungsverkehr mit 15% des Gesamtumsatzes die mit Abstand wichtigste Produktgruppe, gefolgt von Krediten (9%). Finanzanlage/Kapitalmarkt und Kontoverwaltung sind mit 5%, respektive 3%, des Gesamtumsatzes für KMUs bisher weniger interessant. Großunternehmen machen insgesamt 10% des Gesamtumsatzes der FinTechs in Deutschland aus. Keine Produktgruppe kann sich hier nennenswert von den anderen absetzen.[410]

Der FinTech-Markt ist komplex und divers

Die Diversität des FinTech-Marktes lässt sich gut am Online- und Mobile Payment-Segment darstellen. Die Softwarelösungen hinter Online- und Mobile-Payment sind zu fragmentiert, um sie in dieser Studie aufzuführen. Insgesamt lässt sich jedoch der Trend feststellen, dass externe Dienstleister:innen und Banken häufig gemeinsam Online- und Mobile Payment-Lösungen entwickeln, wie sich am Beispiel des *Google Wallet* zeigt: Hier entwickeln Google, die Citigroup, Mastercard, First Data und Sprint Nextel gemeinsam ein neues Bezahlverfahren. Aktuell wird im Rahmen der Initiative *SEMOPS* ein einheitlicher europäischer Standard angestrebt und auch Frankreich verfolgt mit *ERGOSUM* ein ähnliches Programm. Welche sich durchsetzen werden, wird sich zeigen. Auch Internetriesen wie Google, Apple, Facebook und Amazon führen eigene Bezahlsysteme ein — mit großem Erfolg: In „*Die No-Bank Strategie*“ schreibt Bernd Schröder, dass eine Umfrage unter Apple-Kund:innen ergeben hat, dass etwa die Hälfte dazu bereit wären, ihre Bankgeschäfte komplett über das iPad abzuwickeln.[411]

Einige der gängigsten Mobile Payment-Lösungen werden im Folgenden vorgestellt. *Alipay*, eine chinesische Anwendung mit mehr als 520 Millionen Nutzer:innen weltweit, gefolgt von *WeChat Pay*, dem zweitgrößten Anbieter in China, haben die größten Nutzerzahlen innerhalb eines Landes. International haben sich *Allianz Prime* (*Allianz Worldwide Partners*), *Apple Pay*, *Google Pay*, *M-Pesa*, *PayPal* und *Samsung Pay* durchgesetzt. Mit Allianz Prime können Nutzer:innen seit 2018 weltweit an NFC-Terminals (Near Field Communication lässt u.a. kontaktlo-

410 Vgl. Manz (2018:178)
411 Vgl. Google Press (2011), IT Finanzmagazin (2018B) & Schröder (2017)

ses Bezahlen zu) mobile Zahlungsvorgänge durchführen. *Apple Pay* ist das interne Zahlungssystem für hauseigene, mobile Apple-Geräte. Mit einer Marktdurchdringung von unter 20% fehlt *Apple* in Deutschland jedoch noch die Infrastruktur, um den Dienst zum Standard zu machen. *Google Pay* ist das Bezahlsystem des Internetgiganten *Google* und läuft sei 2005 auf Android-Geräten. *M-Pesa*, hinter dem das kenianische Mobilfunkunternehmen *Safaricom* und Vodafone stehen, ermöglicht seit 2007 Nutzer:innenn in Afrika das Bezahlen und Überweisen per SMS. PayPal ermöglicht neben dem eCommerce nun auch Kund:innen, im Laden per App zu bezahlen oder Freund:innen Geld zu schicken. *Samsung Pay* ist die Antwort von *Samsung Electronics* auf *ApplePay* und existiert seit 2015. Aus Deutschland sind besonders *Deutsche Bank Mobile*, *GO4Q*, *Payback Pay*, *Postbank Finanzassistent* und *Vodafone Wallet* zu nennen. Die *Deutsche Bank* hat in Kooperation mit *Mastercard* mit *Deutsche Bank Mobile* das mPayment in die reguläre Banking-App integriert und ermöglicht das Bezahlen an NFC-Terminals in Geschäften. Das mobile Bezahlsystem *GO4Q* der Firma *IT-Werke* wurde 2012 vorgestellt und arbeitet mit QR-Codes. Transaktionen werden durch Eingabe einer PIN autorisiert. Mit *Payback Pay* (*UMT AG*) können Kund:innen ihre Kreditkarten oder Debitkarten hinterlegen und anschließend mittels Scannen eines QR-Codes oder durch NFC-/Bluetooth-Technologie drahtlos Transaktionen machen. Der *Postbank Finanzassistent* für *Postbank*-Kund:innen ermöglicht seit 2017 über eine Android-App das kontaktlose Bezahlen im Handel. *Vodafone Wallet* (*Vodafone*) funktioniert mit *VISA*-Karten und *PayPal* und arbeitet über NFC-Schnittstelle.[412]

Auch der Brexit wird sich auf den deutschen Finanzsektor auswirken

Der Austritt Großbritanniens aus der EU bringt für Investoren eine Vielzahl von Unsicherheiten mit sich. Allerdings wird der Brexit laut Statista Banking Report 2017 mit hoher Wahrscheinlichkeit auch eine Vielzahl von Möglichkeiten für FinTechs bieten, die Lücke zu füllen, die das Vereinigte Königreich auf dem EU Finanzmarkt hinterlässt. Gleichzeitig ergab ein *Reed Smith and Mergermarkets* Report, dass eine kleine Mehrheit (52%) der befragten Finanzteilnehmer:innen eine Migration von FinTechs aus dem Vereinigten Königreich in andere Länder der Eurozone in Betracht ziehen.[413]

Finanzdienstleister:innen in der ganzen EU haben sich im Stillen seit geraumer Zeit auf den Brexit vorbereitet. Was umgangssprachlich als ‚*Passporting*' bekannt ist, beschreibt eine Verordnung, nach der (Finanz- und Kredit-)Unternehmen mit Sitz in einem EU-Mitgliedstaat Kund:innen in jedem anderen EU-Land ohne eine Niederlassung vor Ort problemlos bedienen können. Hierunter fallen mitunter Geldbeschaffung, Kreditvergabe, Handel und Clearing von Derivaten, aber auch die Versicherung von Leben und Eigentum. Bis dato ist London der mit Abstand größte Standort für Passporting. Mit dem Brexit könnten diese Londoner ‚EU-Pässe' allerdings am 29. März 2019 auslaufen. In der Konsequenz wird das Bedienen der EU-Kund:innen für Unternehmen in Großbritannien künftig aufwendiger, bürokratischer und teurer. Gleiches gilt für EU-Unternehmen, die britische Kund:in-

412 Vgl. Ernst (2012); Klotz (2013); Kohl (2017), Statista (2017D), Strack (2018)
413 Vgl. Reedsmith (2018) & Statista (2017E:9)

nen bedienen. Um Kund:innen nicht als vermeintlichen Aprilscherz mitteilen zu müssen, fortan keinen Handel mehr mit ihnen zu betreiben, etablieren sich viele Finanzunternehmen seit einiger Zeit in anderen EU-Finanzzentren. Laut Danièle Nouy, Leiterin der Aufsichtsbehörde der *Europäischen Zentralbank* (EZB) in Frankfurt, haben 25 Banken und 12 andere Finanzdienstleistungsunternehmen bereits neue bzw. verbesserte Lizenzen erhalten.[414]

Unternehmen setzen auf bestehende Fundamente und Stärken der einzelnen EU-Finanzstandorte. *HSBC* konsolidiert seine EU27-Bankfilialen in Paris; Barclays und Bank of America zieht es nach Dublin. Ebenfalls interessant ist, dass die Finanzplätze sich stark spezialisiert positionieren. Dublin und Luxemburg etwa haben Versicherer:innen und Vermögensverwalter:innen angezogen. Die Börsenplätze Amsterdam, Frankfurt und Paris ziehen das Geschäft der *London Stock Exchange Group* und *CBOE Global Markets* an. Laut Hubertus Väth, Geschäftsführer der Förderungsinitiative *Frankfurt Main Finance* (www.frankfurt-main-finance.com), die sich für Frankfurt als deutschen Finanzplatz einsetzt, schlagen 30 Institutionen ihr Lager in Frankfurt auf. Demnach werden die Banken unter ihnen 750-800 Mrd. € Vermögenswerte nach Frankfurt verschieben.[415]

7.4. Fallstudie: Innovative FinTechs mit Startup-Mentalität

Bank Challenger sollten vor allem als Vorbilder wahrgenommen werden

Dass frisch gegründete FinTech-Startups auch als (Digitale) Banken und Paymentanbieter ernst genommen werden sollten, beweisen u.a. *N26*, *Fidor*, *Holvi*, *PayPal*, *Barzahlen* und die bereits vorgestellte Neobank *Tomorrow*. Sie kombinieren modernes, digitales Banking und Payment mit nachhaltigen Ansätzen. Dabei sprechen sie vor allem jene Kund:innen an, die sich bei Großbanken häufig als Kund:innen zweiter Klasse fühlen, das Vertrauen in Banken verloren haben oder schlichtweg zu bequem sind, Bankautomaten und Filialen aufzusuchen: Freiberufler:innen, Selbstständige und Unternehmer:innen sowie Datensicherheitsbewusste und junge, digital-affine Generationen.[416]

N26: Eine deutsche Smartphone-Bank schreibt Geschichte

Wer beispielsweise bei der 2013 gegründeten ‚Smartphone-Bank' *N26* aus Berlin ein kostenloses Konto eröffnen möchte, identifiziert sich zunächst über das Smartphone per Video-Call. Binnen Sekunden wird ein neuer Dispo-Rahmen bewilligt — sofern die Risikoeinschätzung dies zulässt. Überweisungen erledigt die Bank in Echtzeit, wobei der Empfänger bequem per Klick aus der Kontaktliste ausgewählt werden kann. Intuitiv, unkompliziert und doch elegant stehen bei *N26* die Kund:innen im Mittelpunkt. Denn *N26* wächst wie keine zweite Bank. Verzeichnete sie im März 2017 300.00 Kunden, so kümmert sich die Bank ein Jahr später um 850.000 Kunden. Das Geheimnis dahinter liegt einerseits in den hoch skalierbaren und automatisierten Prozessen, die bei 850 Kund:innen den gleichen

414 Vgl. The Economist (2018)
415 Vgl. The Economist (2018)
416 Pampel (2016)

Kundenservice erlauben wie bei 850.000 Kunden, und andererseits in der Transparenz und Augenhöhe, mit der *N26*-Kund:innen begegnet. Geld verdient *N26* unter anderem durch kostenpflichtige Premiummodelle beim Girokonto, der Kreditvergabe und einigen ungewöhnlichen Zusatzleistungen.[417]

Mehr über das Geschäftsmodell der *N26* und die disruptiven Ansätze im Kundenservice finden Sie auf www.bionicwealth.de/impulse/ in der Kategorie „*Fallstudien*".

Social-Media Bank vom Feinsten: die Fidor Bank

Auch die *Fidor Bank AG* bietet traditionelle Bankangebote wie ein kostenloses Girokonto und eine kostenlose digitale Mastercard an, sowie Sparbrief, Festgeldkonto und Anlagen in Fremdwährungen oder Edelmetalle. Über die Funktion *Fidor Cash* können Kund:innen sich Geld nicht nur auszahlen lassen, sondern dieses auch einzahlen. Doch darüber hinaus versteht sich die Bank als digitale Social-Media-Bank, die nicht nur auf internetfähigen Geräten verfügbar ist, sondern die ihre Kund:innen aktiv miteinbezieht. Beispielsweise wird Kund:innen über die ‚*Fidor Smart Community*' eine Lending-Plattform geboten, auf der sie sich untereinander über die Plattform der Bank Geld leihen können. Im Crowdfinance-Bereich entscheiden Kund:innen selbst darüber, welche Projekte sie unterstützen möchten, und Social Trading erlaubt es ihnen mitzuentscheiden, wie ihre Einlagen investiert werden. All das schafft ein Vertrauensverhältnis zwischen Bank und Kund:in, das seit der Finanzkrise vielerorts vermisst wird und stärkt zusätzlich das Gefühl der Gemeinschaft sowie das Bewusstsein für das Bankgeschäft. Was die Bank aber wirklich besonders macht, ist ihre Kooperationspartnerschaft mit der Bitcoin-Börse Bitcoin.de: Über den ‚Express-Handel' können registrierte Nutzer:innen Bitcoins ein- und auszahlen und über die Plattform Bitcoin.de handeln.[418]

Holvi: Perfekt für Freiberufler:innen und Kleinunternehmen

Eine FinTech-Bank, die sich speziell auf Freiberufler:innen und Unternehmer:innen spezialisiert hat, ist die finnische Bank *Holvi Payment Services Oy*. „*Holvi hat die mühsamen Seiten des Unternehmerdaseins erkannt und fast vollständig automatisiert.*"[419] Auf ihrer Geschäftskunden-Seite wirbt die Bank: „*Das All-in-one-Konto, das Banking, Rechnungserstellung und papierlose Buchhaltung zusammenbringt. Mit Holvi kannst du dich wieder auf Wichtiges konzentrieren.*" Damit spricht die Bank genau die Kundenbedürfnisse der Zielgruppe an und auch die Preismodelle werden transparent und ohne Kleingedrucktes auf der Seite für jeden ersichtlich dargestellt.[420]

Laut *Holvi Bank* Co-Founder Tuomas Toivonen versteht sich *Holvi* als neuartiges Business-Banking-Modell, das sich den vielfältigen Herausforderungen stellt, die Freelancer, Selbstständige und Kleinunternehmer:innen heutzutage zu bewältigen haben. Dass der Bedarf für derartige Dienstleistungen im Markt enorm ist, beweist die schnell ansteigende Nachfrage. Gleichzeitig bedient Holvi mit seiner

---

417 Vgl. Dörnfelder (2018), Pampel (2016) & Neuhaus & Voss (2018)
418 Vgl. Fidor Bank AG (2018), Bitcoin.de (2018) & IT Finanzmagazin (2019)
419 Pampel (2016)
420 Vgl. Holvi (2018)

Leistung eine Zielgruppe mit starkem Wachstumspotenzial: In Zeiten von Outsourcing und digitalen Arbeitsmodellen werden freiberufliche und selbstständige Tätigkeiten immer selbstverständlicher. Ein integriertes Business- und Banking-Modell, das sich maßgeschneidert auf diese neue Arbeitswelten einstellt und sich mit ihren Bedürfnissen befasst, scheint da nur logisch.[421]

Mehr über das Geschäftsmodell und die ungewöhnliche Arbeitsweise der Bank können Sie auf www.bionicwealth.de/impulse/ in der Kategorie „*Fallstudien*" nachlesen.

PayPal: Vom Garagen-Startup zum globalen Bezahldienst

Das FinTech *PayPal* hat sich mittlerweile als Unternehmen so stark neben den Großen etabliert, dass das *PayPal*-Bezahlsystem weltweit akzeptiert wird und kaum noch die Rede von einem Startup sein kann. Der Erfolg der ehemaligen *eBay*-Tochter — bzw. des ehemaligen Elon Musk Imperiums — liegt nicht nur im Geschäftsmodell. Auch die Unternehmensphilosophie hebt sich von der eines klassischen Finanzdienstleisters ab. Auf der Webseite heißt es: „*PayPal (Nasdaq: PYPL) setzt sich für die Demokratisierung von Finanzdienstleistungen ein. Damit sollen Menschen und Unternehmen die Möglichkeit bekommen, an der globalen Wirtschaft teilzunehmen und erfolgreich zu sein — basierend auf der Idee, dass der Zugang zu Finanzdienstleistungen Chancen schafft. Mit seiner offenen digitalen Bezahlplattform ermöglicht es PayPal seinen 244 Millionen aktiven Kunden, sich auf neue und leistungsfähige Art zu verbinden und Geschäfte zu tätigen — egal, ob diese online, auf einem mobilen Gerät, in einer App oder persönlich stattfinden.*"[422]

Das Vertrauen ist gewonnen, nun folgt der nächste große Coup gegen Banken. Nachdem PayPal-Kund:innen wie Unternehmen bewiesen hat, dass es das Geschäft rund um Bezahlfunktionen im Internet beherrscht, wagt das Unternehmen nun den Schritt in die analoge Welt. Durch eine Kooperation mit Google und Mastercard kann in Deutschland künftig auch an physischen Point of Sales mit PayPal bezahlt werden.[423]

Darüber hinaus ersetzt *Paypal* ersetzt künftig das Girokonto der Bank gemeinsam mit *Google Pay*. PayPal bietet seinen 20 Millionen registrierten NutzerInnen in Deutschland die Möglichkeit, Google Pay zu nutzen — vorausgesetzt diese besitzen ein Android Gerät. In wenigen Minuten können Kund:innen so direkt am Point of Sale bezahlen. Dank Instant Issuing wird das Geld so direkt vom Girokonto der Kund:innen abgebucht, ohne dass eine Debit- oder Kreditkarte seitens einer Bank hinterlegt werden muss.[424]

Nun folgt der nächste Coup gegen das etablierte System: PayPal vergibt Businesskredite an KMU und tritt damit ins Kreditgeschäft ein.

421 Vgl. Janek (2018)
422 PayPal (2018A)
423 Vgl. Linsenbarth (2018)
424 Vgl. Linsenbarth (2018)

Die komplette Fallstudie zu *PayPal* finden Sie auf www.bionicwealth.de/impulse/ in der Kategorie „*Fallstudien*".

Barzahlen: Wie ein FinTech den deutschen Handel beeinflusst

Das FinTech ‚*Barzahlen*' verbindet Online-Einkäufe mit klassischen Zahlungsmethoden und umgeht dabei weitgehend die Bank.

Mit seinem Angebot bietet *Barzahlen* NutzerInnen sowohl die Möglichkeit, ohne Anmeldung, Registrierung, Bonitätsprüfung, Kreditkarte oder Girokonto im Einzelhandel direkt an der Kasse (Online-)Rechnungen mit Bargeld zu begleichen, als auch Geld kostenlos von ihrem Girokonto abzuheben oder auf dieses einzahlen, ohne Kontoinformationen oder Passwörter anzugeben oder einen Bankautomaten beziehungsweise eine Bankfiliale aufsuchen zu müssen. Dafür setzt Barzahlen u.a. ein verschlüsseltes Zahlungssystem ein, das TÜV zertifiziert ist. In Kooperation mit der *N26* Bank hat Barzahlen zudem *Cash26* eingeführt und ermöglicht damit Kund:innen, die bei der *N26* ein Girokonto haben, über die *N26*-App in ausgewählten Supermärkten Geld abzuheben oder Einkäufe im Laden zu bezahlen.[425]

Die komplette Fallstudie über die Strategie von *Barzahlen* finden Sie auf www.bionicwealth.de/impulse/ in der Kategorie „*Fallstudien*".

BuyBye bringt die Annehmlichkeiten aus dem Onlinehandel in die Filialen des Einzelhandels

Mit der *BuyBye*-App bietet *Höltl* eine innovative Self-Checkout-Lösung für das Bezahlen im Einzelhandel an. Die Idee ist es, langes Anstehen und Bezahlen an der Kasse zu umgehen bzw. überflüssig zu machen. Nachdem man sich die App heruntergeladen hat, muss man beim Betreten des Geschäfts den Händler-QR Code scannen, damit die App registrieren kann, in welchem Geschäft sich die Kundin oder der Kunde befindet. Es ist ebenfalls möglich, Kundenkarten von Geschäften direkt zu verbinden, um etwa an Gutscheinaktionen teilzunehmen oder Bonuspunkte einzulösen.[426]

Die gesamte Fallstudie zur Customer Experience hinter *BuyBye* finden Sie auf www.bionicwealth.de/impulse/ in der Kategorie „*Fallstudien*".

Deposit Solutions: Ein deutsches FinTech expandiert in die USA

Die Open Banking-Plattform von *Deposit Solutions* transformiert die Wertschöpfungskette im Spareinlagen-Markt zum Vorteil von Banken und Sparern. Banken, die Einlagenfinanzierung anstreben, profitieren von dem einzigartigen Banking-as-Service-Modell von *Deposit Solutions*: Sie können per API eine Verbindung zur Plattform herstellen und erhalten Zugang zu Einlagenfinanzierungen von Kund:innen anderer Point-of-Sale-Märkte in verschiedenen Märkten, ohne dass diese sich einrichten und ein Konto erstellen müssten. Als Teil des Services betreibt *Deposit Solutions ZINSPILOT* und *Savedo* als eigene Point-of-Sale-Verkaufs-

---

425 Barzahlen (2018); Bezahlen.de (2018), IT Finanzmagazin (2018C), N26 & Sapper (2018)
426 Vgl. BuyBye (2018)

stellen, die die Angebote ihrer Partnerbanken direkt an die Sparer vermitteln. Darüber hinaus können Banken und Nicht-Bank-Point-of-Sale-Besitzer:innen, die ihren Kund:innen eine attraktive Auswahl an Finanzprodukten anbieten möchten, die Plattform in ihr eigenes Ökosystem integrieren, um eine Auswahl an Einlagen von Drittanbieter:innen mitanzubieten. Nachdem sich *Deposit Solutions* als Pionier im Open Banking europaweit positioniert hat, plant es nun die Ausdehnung der Geschäftstätigkeiten in die USA.[427]

Auf auf www.bionicwealth.de/impulse/ erfahren Sie mehr über die Expansionsstrategie des deutschen FinTechs.

7.5. FinTechs arbeiten oft agiler als Banken

Die Arbeit in FinTechs unterscheidet sich grundlegend von der in einer klassische Bank

In dem meisten Organisationen sind Mitarbeiter:innen und Führungskräfte quasi chronisch überbeschäftigt und arbeiten gleichzeitig doch viel zu wenig. Damit meine ich, dass sie interne KPIs einhalten müssen; KPIs die aus einer inneren Betrachtung entstehen und von denen angenommen wird, ihr Erreichen macht das Unternehmen erfolgreich. Diese KPIs umfassen das Recruiting, die Personalentwicklung und die Personalstruktur genauso wie die Produktivität und den Umsatz. Um die vorgegeben KPIs zu erreichen verbringen immer mehr Angestellte ihre Arbeitszeit mit der Erledigung von Tätigkeiten, die keinen echten Mehrwert für die Kund:innen bieten, sondern die Arbeitenden lediglich beschäftigt halten. Wenn ich von *Management* und *Leadership* im digitalen Zeitalter spreche, ist es deshalb wichtig, den Unterschied zwischen *Arbeit* und *Beschäftigung* hervorzuheben, sowie die Unterscheidung zwischen *Arbeitszeit* und *Arbeitskraft*: Unter Arbeit verstehe ich alle Tätigkeiten, die wir (i.d.R. gegen Bezahlung, also Lohn, ein Honorar und/oder Anerkennung) für andere (Kund:innen) erledigen, um für sie eine Wirkung zu erzielen. Wenn überhaupt, sollten wir also für wirkungsvolle Arbeit bezahlt werden. Unter Beschäftigung hingegen sehe ich all die Tätigkeiten, denen wir zum vermeintlichen Systemerhalt der Organisation (Arbeitgeber:in) nachgehen, da sie von uns erwartet werden bzw. da wir für ihre Ausführung bezahlt werden. Während also echte Arbeit einen Mehrwert schafft oder eine Nachfrage bedient, nutzt Beschäftigung meist nur dem eigenen Ego oder dem der Vorgesetzten.

> *„Ein Bullshit-Job ist eine Beschäftigungsform, die so völlig sinnlos, unnötig oder schädlich ist, dass selbst der Arbeitnehmer ihre Existenz nicht rechtfertigen kann."*[428] —David Graeber (1961-2020), US-amerikanischer Ethnologe, Vordenker der Occupy-Bewegung und bekennender Anarchist.

Wie können Unternehmen ihre Mitarbeiter:innen also unterstützen? Flexible Arbeitszeit- und Organisationsmodelle gestatten es Mitarbeiter:innen, neben ihrer Profession und/oder Berufung auch ihrer Leidenschaft und/oder Mission nachzu-

---

427 Vgl. Deposit Solutions (2018A)
428 Graeber (2019)

gehen. So bieten immer mehr Unternehmen ihren Mitarbeiter:innen Meditations- und Reflektionsräume, Yoga-Kurse und Freizeitaktivitäten an, die eine gesunde Work-Life-Balance begünstigen. Auch Stundenreduzierung und flexible Arbeitszeiten können in diesem Zusammenhang eine große Unterstützung sein, genauso wie flexible Kinderbetreuungsangebote für Eltern und insbesondere alleinerziehende Mütter und Väter. Der wohl wirksamste Hebel ist aber, wie fast immer, der Mensch: All die Bemühungen der Unternehmen werden nichts bewirken, wenn sich nichts am Mindset der Angestellten und Vorgesetzten ändert. Gegenseitiger Austausch, Empathie, Wertschätzung und Kommunikation sind die Schlüssel zu einem ausgeglichenen Leben.

Remote Work und *flexible Arbeitsmodelle* bieten viele Vorteile. Im Jahr 2029 werden weltweit 6,38 Millionen Menschen in sogenannten flexiblen Arbeitsbereiche (engl.: flex spaces/workspaces) arbeiten, so das Ergebnis des *Regus*-Report: „*The Flex Economy*". Doch die massenhafte Einführung von Smart Devices, gemeinsam mit der Eröffnung von sogenannten Coworking-Spaces und Shared Desks, in denen Unternehmen feste oder flexible Plätze für Ihre Mitarbeiter:innen buchen, hat schon vor der Corona-Krise eine neue Welle der Remote Work (also Fernarbeit und/oder Homeoffice) ausgelöst. Dies hat mehrere Gründe. Aus Unternehmenssicht kann es sinnvoller sein, Mitarbeiter:innen regional zu platzieren, insbesondere wenn sie viel im Außendienst sind. Ohnehin arbeiten Teams dank digitaler Technologien trotz der örtlichen Entfernung immer enger vernetzt. Gleichzeitig sparen die flexiblen Arbeitsmodelle horrende Fix-Kosten ein, die für große, meist zentral gelegene Stadtbüros und -filialen anfallen. Für Mitarbeiter:innen auf der anderen Seite wird Pendeln weitgehend reduziert und ein flexiblerer Arbeits- und Lebensalltag ermöglicht. Damit spart ein Flex Space in der Nähe der Mitarbeiter:innen in Deutschland jährlich 7.159 Stunden Pendelzeit; was wiederum pro Jahr 118 Tonnen CO_2 einspart.[429]

Das Agile Management kommt ursprünglich aus dem Softwarebereich und wurde später als Projektmanagement-Methode, Führungsprinzip und Organisationsstruktur weiterentwickelt. Hier bezieht es sich auf die Fähigkeit der Entscheidungsträger:innen, Führungskräfte und Fachkräfte einer Organisation, agil, d.h. flexibel, proaktiv, initiativ und antizipativ bzw. vorausschauend zu agieren, und frühzeitig notwendige Veränderungen herbeizuführen. *Agile* ist also kein Regelwerk, sondern eine Denkweise (ein Mindset), die das organisierte Chaos zelebriert.[430]

> *„Manchmal müssen alte Muster aufgegeben werden, um neue Probleme zu lösen. Agile Methoden knüpfen an diese Idee an. Sie sollen alte Entwicklungsprozesse verschlanken und somit effizienter, flexibler – einfach agiler machen."*[431] *—t3n.*

Vertrauen ist die Grundlage der agilen Arbeit. In „*Schnelligkeit durch Vertrauen: Die unterschätzte ökonomische Macht*" zeigt Stephen M. R. Covey, dass Vertrauen eine Schlüsselkompetenz ist und als eine Art Teilchenbeschleuniger für die Wirt-

---

429 Vgl. Regus (2019)
430 Vgl. Goldman (1996) & Campus Verlag (Datum unbekannt)
431 t3n (2020)

schaft wirkt. Demnach ist Vertrauen kein Soft Skill, sondern ein pragmatischer und sehr realer Wert, den man erschaffen und zur Handlungsgrundlage machen kann. Erst durch eine gesunde Vertrauensbasis kann agile Arbeit funktionieren. Doch mehr noch: Vertrauen löst viele unnötige Schleifen und bürokratische Hürden in der Entscheidungsfindung ab verhilft Unternehmen zu einem Vielfachen an Geschwindigkeit.[432]

Kleine Schritte führen zum Erfolg. Gute Skipper, Steuermänner und Steuerfrauen wissen, wie wichtig es ist während einem Langstrecken-Segeltörn, dem sogenannten Meilentörn, regelmäßig das Steuer nachzujustieren, die Segel je nach Windstärke und -richtung entsprechend zu setzen oder einzuholen, und auch mal vom Kurs abzuweichen, um am Ende der Reise sicher im Zielhafen einzulaufen. In der Geschäftswelt spricht man diesbezüglich von Iterationen, bzw. Sprints.

Ein integraler Leitgedanke agiler Methoden ist die Verteilung des gesamten Entwicklungsprozesses auf viele kleine Schritte — die sogenannten Iterationen (von lat.: iterare ‚wiederholen') (im *Scrum* auch Sprints genannt). Anstatt sich über viele Monate oder Jahre mit der Planung eines Vorhabens zu beschäftigen, beginnen agile Teams so schnell wie möglich mit den ersten Schritten der Umsetzung. Dafür werden umfangreiche Projekte in mehrere, regelmäßige Zeitintervalle aufgeteilt die ihrerseits stets den gleichen grundlegenden Prozessabläufen folgen. So entsteht schon nach kurzer Zeit ein erstes Minimum Viable Product (MVP), das getestet und den Entscheider:innen oder Kund:innen vorgestellt werden kann. Das Feedback (z. B. etwaige Probleme und Änderungswünsche) wird in der nächsten Iteration umgesetzt, getestet und präsentiert. So wächst aus der ersten Idee schnell ein vollwertiges Produkt nach den exakten Vorstellungen der Zielgruppe (bzw. Auftraggeber:innen).

Scrum – auf ins Gedränge

Auf Basis des Iterationen-Prinzips wurden diverse Prozesse und Methoden entwickelt, um das agile Management noch effizienter zu gestalten. Eine der bekanntesten ist Scrum. Scrum ist ein Framework für die agile Projekt- und Produktarbeit im Team. Das Scrum-Framework ist eine Projektmanagement-Methode und umfasst Tools, Meetings und individuelle Rollen. Genau wie im Rugby setzt die Scrum-Methode in der Produkt- und Projektarbeit auf eine agile, enge und starke Zusammenarbeit. Scrum-Teams sind in der Lage, sich selbst zu organisieren, flexibel auf Veränderungen und Herausforderungen zu reagieren und aus Erfahrungen zu lernen. Kontinuierliche Reflektion und Kommunikation sind dafür ausschlaggebend.[433]

> *„Scrum akzeptiert, dass der Entwicklungsprozess nicht vorherzusehen ist. Das Produkt ist die bestmögliche Software unter Berücksichtigung der Kosten, der Funktionalität, der Zeit und der Qualität."*[434] —Ken Schwaber, Entwickler von Scrum.

---

432 Vgl. Covey & Merrill (2009)
433 Vgl. Drumond (2020) & mITSM (2020)
434 Schwaber, zitiert in Gloger (2011:19)

Im *Scrum-Guide* der *Scrum*-Erfinder Ken Schwaber und Jeff Sutherland werden drei Rollen, fünf Ereignisse und drei Artefakte definiert, die das *Scrum*-Regelwerk im Wesentlichen ausmachen.[435]

Alle Aufgaben sind auf drei strikt voneinander getrennte Rollen aufgeteilt:

1. Der **Product Owner** (Produkt Inhaber:in) ist verantwortlich für das Produkt, das entstehen soll. Er definiert die Geschäfts-, Kunden- und Marktanforderungen und stellt sicher, dass Scrum-Team den größtmöglichen Mehrwert für das Unternehmen und/oder die Kund:innen schafft.

2. Der **Scrum Master** ist für die Einhaltung der Scrum-Regeln, die Leitung der Scrum-Meetings und die allgemeine Optimierung von Scrum im Unternehmen zuständig. Da Scrum Master das Team und den/die Product Owner in Bezug auf den Scrum-Prozess coachen, werden sie auch als Agile Coaches bezeichnet.

3. Das **Scrum-Team** ist für die Entwicklung des Produktes verantwortlich. Da Scrum agil und funktionsübergreifend arbeitet, ist es nicht unüblich, dass ein Entwicklerteam auch aus Betriebstechniker:innen, Designer:innen, Tester:innen und UI/UX-Spezialist:innen besteht.

Die fünf Ereignisse (auch Rituale) zielen auf die Transparenz, Überprüfbarkeit und kontinuierliche Verbesserung während der Entwicklung ab:

1. Der **Sprint** ist ein Zyklus, der grundsätzlich immer gleichlang ist und i.d.R. zwischen 2 Stunden und maximal 4 Wochen dauert.

2. Die **Sprint-Planungssitzung** findet am Anfang jedes Sprintdurchlaufs statt und legt die Ziele für den jeweiligen Sprint fest. Geleitet wird sie vom Scrum-Master.

3. Der **Daily Scrum** (auch Stand-up Meeting) findet täglich statt und dauert 15 Minuten. Während dieser Zeit synchronisiert sich das Team und plant, bzw. priorisiert die nächsten 24 Stunden. Der Scrum Master sorgt dafür, dass das Meeting stattfindet und jeder weiß, was zu tun ist; ansonsten hält sich aus der Planung heraus.

4. Der **Sprint-Review** findet am Ende jedes Sprintdurchlaufs statt und dient der Überprüfung des freizugebenden Produkt-Inkrements.

5. Die **Sprint-Retrospektive** findet nach jedem Sprint statt und bietet dem Team und Scrum-Master die Möglichkeit, Maßnahmen zu beschließen, die zukünftige Sprints verbessern.

Die drei Artefakte (Dokumente, die gepflegt werden müssen) dienen der empirischen Prozesssteuerung.

1. Das **Product Backlog** dient der Pflege der Anforderungen durch den Product Owner. In dieser dynamischen Master-Liste werden alle Anforderungen und Features festgehalten. Sie wird fortlaufend vom Product Owner verwaltet. Wenn beispielsweise eine Änderung im Markt nach einem neuen Feature verlangt, kann es so schnell wie möglich miteingeplant werden.

---

435 Vgl. Schwaber & Sutherland (2017)

2. Das **Sprint Backlog** ist ein Planungsdokument des Entwicklungsteams, das beschreibt (bzw. prognostiziert), welche Anforderungen im nächsten Produktinkrement enthalten sein werden. Das Sprint Backlog listet alle Elemente, User Stories, Verbesserungen und Fehlerbehebungen auf und dient als eine Art To-Do Liste für das Team. Wie auch bei Kanban werden beim Scrum die aktuellen Schritte auf einer Tafel visualisiert: Das Scrum Board, eine virtuelle oder physische Tafel, führt alle Sprint Backlog Items auf, die innerhalb des jeweiligen Sprintdurchlaufs abzuschließen sind. Die Aufgaben sind in 3 Spalten aufgeteilt: To Do, In Progress und Done. Allerdings ist der Sprint Backlog nach Prioritäten sortiert. Das bedeutet, die wichtigsten Aufgaben hängen ganz oben.[436]

3. Das **Produktinkrement** (oder Sprint-Ziel) ist das Ergebnis, das aus einem Sprint hervorgeht. Dabei kann es sich um einen Meilenstein, ein einsatzfähiges MVP oder eine Vollversion handeln. Üblicherweise wird das Inkrement nach einer Sprintphase dem Product Owner in einer Demo präsentiert und/oder als Release überreicht.

Die DevOps-Kultur vereinfacht die Arbeit an Software

Die klassische Softwareentwicklung ist ein komplizierter und zeitaufwendiger Prozess. Bisher arbeiteten Softwareentwickler:innen (engl.: *developers*, DEV) und Produktionsmanager:innen (engl.: *operators*, OPs) getrennt voneinander in eigenen Zyklen an der Entwicklung, der Implementierung und dem Betrieb von Software. Die nachfolgende Abbildung visualisiert den klassischen Entwicklungsprozess.

ABB. 7.1: DEVELOPMENT VS. OPERATIONS

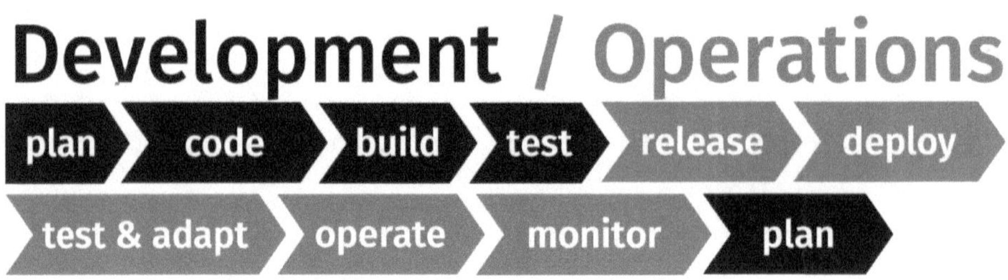

Quelle: eigene Darstellung

Zunächst planen Softwareentwickler:innen (DEVs) ein neues Produkt oder Feature, das implementiert werden soll. Das kann ein Computerprogramm, eine Webanwendung, eine mobile App, oder auch nur ein neuer Button innerhalb einer App sein. Nach der Planung geht es in die Programmierung. Ist der Code programmiert, wird er in einer Testumgebung (engl.: *developer environment*) auf Fehler getestet und anschließend an die Operators (OPs) bzw. Production Manager:innen übergeben, wo er in den Quelltext (engl.: *sourcecode*) übertragen wird. Erst jetzt kann der Code in der echten Umgebung getestet werden.

OPs müssen eine möglichst hohe *Uptime* garantieren, also sicherstellen dass die entsprechende App, Webseite, oder sonstige digitale Anwendung möglichst lan-

436 Vgl. Drumond (2020) & Rehkopf (2020)

ge und stabil läuft. Gleichzeitig müssen sie die neuen Codes, Produkte und Features der Entwickler:innen in den Source Code der bestehenden Lösung einbauen. Insbesondere wenn das Unternehmen eigene Server unterhält, sind die Tools um neue Codes einzubetten allerdings sehr beschränkt und setzen ein Offlinenehmen der Server voraus. Daher wird die Implementierung des neuen Codes in einem Deployment Schedule für die nächste Softwareveröffentlichung (engl.: *software release*) geplant. Diese Releases finden meist im Monats- oder sogar Jahresrhythmus statt. Erst nach der Implementierung (engl.: *deployment*) können die OPs dann prüfen (engl.: *monitor*), ob der Code fehlerhaft ist oder Schwierigkeiten macht. Die Aufgabe geht dann an die Entwickler:innen, zum nächsten Release die Fehler zu beheben (engl.: *bug fix*).

Das Problem an diesem Vorgang ist, dass er zeitaufwendig ist und nicht kundenzentriert ist. DEVs müssen oft Wochen oder Monate warten, bis ihre neuen Codes in das laufende System eingepflegt werden. Dieses Delay (zu Deutsch: Verzögerung) schafft einen Wettbewerbsnachteil gegenüber Konkurrenten mit einer schnelleren Martkeinführung (engl.: time to market). Zusätzlich macht dieser Delay es schwierig für die Entwickler:innen, den neuen Code (engl.: pending code) zu managen und gleichzeitig an neuen Produkten und Features zu arbeiten. Wenn der Code schließlich in das „*echte*" System (das Production-Environment) implementiert wird, kommt es gelegentlich vor, dass unvorhergesehene Probleme (z. B. Sogenannte Dependency Errors) auftauchen. Dies liegt vor allem daran, dass Entwickler:innen die Codes in einer separaten Entwicklerumgebung (engl.: development environment) schreiben, und diese nicht immer kompatibel ist mit der gesamten Softwareumgebung (engl.: production environment).

DevOps vereinfacht den Entwicklungsprozess. Teams, die — auch im entfernten Sinn — mit der Entwicklung von Software beschäftigt sind, kommen kaum noch um DevOps-Management und agile Softwareentwicklung herum. Der Begriff DevOps setzt sich aus ‚Dev' (Development/Entwicklung) und ‚Ops' (Operations/Vorgänge) zusammen und bezieht sich auf „*Richtlinien, die für die Produktentwicklung, den Produktstart oder Produktreleases zum Einsatz kommen*"[437]. DevOps ist jedoch weit mehr als ein Regelwerk; es ist eine Kultur, in der die positionen- und rollenübergreifende Zusammenarbeit gelebt wird.

> *„DevOps ermöglicht es zuvor getrennten Rollen wie Entwicklung, IT-Betrieb, Qualitätstechnik und Sicherheit, sich zu koordinieren und zusammenarbeiten, um bessere und zuverlässigere Produkte zu liefern. Durch die Einführung der DevOps-Kultur mit DevOps-Methoden und -Tools können Teams besser auf die Anforderungen ihrer Kunden reagieren, das Vertrauen in ihre eigenen Anwendungen steigern und Geschäftsziele schneller erreichen."[438] —Microsoft Azure.*

DevOps integriert Entwickler:innen und Betriebsteams, um die Zusammenarbeit und Produktivität durch die Automatisierung der Infrastruktur, die Automatisierung von Arbeitsabläufen wie dem Code-Testing, Code-Deployment, und das kontinuierliche Monitoring der Anwendungsleistung zu verbessern. Dabei werden

437 Microsoft Azure (2020A)
438 Microsoft Azure (2020A)

Menschen, Technologien und Prozesse automatisiert, optimiert und integriert um Kund:innen bzw. Anwender:innen kontinuierlich hochwertige Qualität und den Erhalt der Produktivität und das Vorantreiben von Releases unter realen Bedingungen und in einem sich ständig ändernden Anforderungsumfeld zu gewährleisten.

DevOps basiert auf vier Elementen: *Automatisierung*; *Cloud Computing*; *Shared-Nothing-Architektur* und *Agile Manage*ment. Anstatt große Softwareprodukte über Wochen oder Monate zu entwickeln schreiben DevOps-Teams kleine Softwarepakete (sogenannte New Features) die binnen Stunden automatisiert implementiert und ggf. angepasst werden können. Dabei arbeiten DEV und OPS in den gleichen Cloud-basierten Softwareumgebungen; Development Environment und Production Environment sind identisch mit den gleichen Konfigurationen.[439]

Um sicherzustellen, dass das System dabei auch weiterhin stabil läuft, arbeiten die Teams in einer vernetzten hoch skalierbaren *„IT-Architektur, die aus mehreren autonomen Knoten besteht und die die ein verteiltes System bilden"* — der sogenannten Shared-Nothing-Architektur. Dabei verfügt jeder Knoten über eigene Ressourcen (z.B. Arbeitsspeicher, Betriebssystem, Prozessorleistung und Speicherplatz), was ihn in die Lage versetzt, Aufgaben autonom zu bearbeiten. Allerdings kommunizieren die Knoten in einem gemeinsamen Netzwerk untereinander, was die Übertragung einzelner Aufgaben an andere Knoten ermöglicht. Gleichzeitig stellen spezielle Koordinierungs- und Synchronisierungsverfahren sicher, dass die Veränderungen in den einzelnen Knoten in das Gesamtsystem gespeist werden. Dank diesem Funktionsprinzip können theoretisch beliebig viele (Teil-)Aufgaben von unterschiedlichen Devops-Teams parallel erledigt werden.[440]

Stellen Sie sich eine Stadt als lebendiges Ökosystem vor. Dieses System besteht aus vielen Häuserblocks, die an eine gemeinsame Infrastruktur (Straßen, Strom, Gas- und Wasserversorgung, etc.) angeschlossen ist. Jeder Häuserblock besteht aus unterschiedlichen Einheiten mit verschiedenen Größen und Funktionen (z. B. Wohnhäuser, Mehrfamilienhäuser, Büroflächen, Industrieflächen, Parks, öffentliche Einrichtungen, etc.). Die Stadt ist ihr eigenes Ökosystem; sie lebt, atmet und wächst ständig in ihrem ganz eigenen Rhythmus. Der Stadt ist egal, ob eine neue Parkbank aufgestellt wird, ob ein Haus renoviert wird, oder ob die Leuchte an einer Straßenlaterne ausgetauscht werden muss. Sie wird deshalb nicht lahmgelegt. Und selbst wenn eine neue Stromleitung verlegt wird, wird nur die betroffene Schaltschnittstelle kurzfristig vom Netz genommen.

Digitale Ökosysteme verhalten sich nicht anders als analoge. Auf DevOps übertragen ist das Ökosystem Stadt zugleich die in der Cloud laufende Softwareumgebung und die Shared-Noting-Architektur. Jedes DevOps-Team kümmert sich um einen oder mehrere Häuserblöcke. Manchmal auch nur um einzelne Einheiten innerhalb des Häuserblocks. Die Anschließung an die Ökosystem-Infrastruktur erfolgt vollautomatisiert, denn die benötigten Kabel und Rohre (Strom, Gas, Wasser, Internet, etc.) stehen bereits unter- oder überirdisch zur Verfügung. So

439 Vgl. AWS (2020B), Microsoft Azure (2020A) & Red Hat (2020)
440 Vgl. Luber & Llitzel (2019)

können DevOps-Teams schnell und völlig unabhängig von anderen Teams reagieren und Änderungen jederzeit umsetzen.

DevOps agiert in einem kontinuierlichen Anwendungslebenszyklus. Dieser durchläuft die Anwendungsphasen Planung (plan), Entwicklung (code/develop, build und test), Bereitstellung (release und deploy) und Betreiben (operate) sowie die Feedbackphasen Messung (monitor) und die daraus resultierende Planung (plan, identisch mit der Anwendungsphase). Im Unterschied zum klassischen System vollziehen sich die Zyklen aber nicht in großen Zeitabständen nach geplanten Releases, sondern laufen für jedes neue Produkt/Feature eigenständig und parallel zu bzw. unabhängig von den anderen Produkten/Features ab.[441]

ABB. 7.2: DEV & OPS

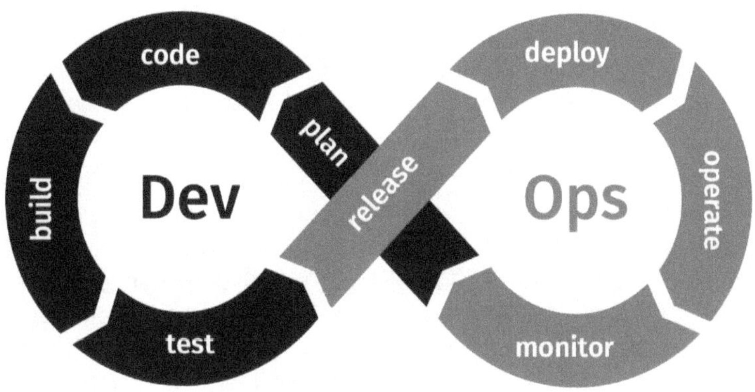

Quelle: eigene Darstellung

DevOps ist eine eigene Kultur. DevOps setzt zwar vor allem auf die technologische Automatisierung und Optimierung von Prozessen, doch die Grundlage dafür schafft eine gemeinsame Organisationskultur, in der die Arbeitsweise agil verstanden und ausgelegt wird. Zusammenarbeit, Sichtbarkeit und Abstimmung sind die tragenden Säulen der DevOps-Kultur: DevOps räumt auf mit abteilungs- und funktionsbezogenem Konkurrenzdenken und legt den Fokus auf die Zusammenarbeit. Dafür ist eine Sichtbarkeit der unterschiedlichen Teams, ihrer Projekte und Ergebnisse nötig. *„Unterschiedliche Teams – z. B. für die Entwicklung und den IT-Betrieb – müssen ihre DevOps-Prozesse, -Prioritäten und -Zuständigkeiten einander offenlegen. Diese Teams müssen ihre Arbeit zudem zusammen planen und ihre Ziele und Erfolgskriterien aufeinander abstimmen.“*[442]

Damit einher gehen auch geänderte Zuständigkeiten und Verantwortlichkeiten. Nachdem sich die einzelnen Teams gebildet haben, überträgt das Unternehmen ihnen die volle Verantwortung für ihren Aufgabenbereich. Sie übernehmen Ownership und werden zudem in die weiteren und hervorgegangenen Lebenszyklusphasen der jeweiligen Lösungen einbezogen. Trugen Entwickler:innen die Verantwortung früher nur für die Innovation und/oder die Qualität ihrer Arbeit während der Entwicklungsphase, so werden sie fortan auch in die Betriebsphase miteinbezogen und sind mitverantwortlich für die Leistung und Stabilität, die ihre

441 Vgl. AWS (2020B), Microsoft Azure (2020A) & Red Hat (2020)
442 Microsoft Azure (2020A)

Änderungen bewirken. Und auch andere IT-Mitarbeiter:innen übernehmen Aufgaben, die über ihr klassisches Berufsprofil hinausgehen; wie beispielsweise das frühzeitige Einbeziehen von Compliance, Governance und Sicherheit in der Planungs- und Entwicklungsphase.[443]

> *„DevOps basiert auf einer Kultur der Zusammenarbeit, die mit Open Source-Prinzipien und transparenten, agilen Arbeitsmethoden verknüpft ist. (...) Der freie Austausch von Informationen bildet (...) die Grundlage der Zusammenarbeit. Auf dieser Grundlage können Änderungen in der Unternehmenskultur unterstützt werden, z. B. mehr Transparenz bei Entscheidungen, freieres Ausprobieren, um Ängste abzubauen, oder Einführung eines Belohnungssystems, das Vertrauen und Zusammenarbeit fördert.“[444] —Red Hat.*

DevOps ist keine Position und auch nicht auf einzelne Rollen beschränkt. Damit DevOps funktioniert, müssen sämtliche Mitarbeiter:innen, *„die an den Lebenszyklusphasen einer Anwendung beteiligt sind, (...) nach der DevOps-Kultur arbeiten“*[445]. Innerhalb dieser Kultur gehen unterschiedliche Menschen unterschiedlichen Rollen und Aufgabengebieten nach, etwa der *„Automatisierung, dem Festlegen von Methoden und der Implementierung von CI/CD-Pipelines“*[446]. Die Organisation und Umsetzung wird dabei von agilen Teams (idealerweise fünf bis 9 Menschen mit unterschiedlichen Fähigkeiten und Kompetenzen) übernommen. Sie stellen sicher, dass die Anwendung jederzeit sicher entwickelt, verbessert und betrieben werden kann. Gleichzeitig erlaubt agiles Management auch, dass Kundenfeedback, Anregungen, etc. möglichst schnell die richtigen DevOps-Teams erreichen.[447]

Die DevOps-Kultur bietet eine Reihe von Vorteilen. Die DevOps-Kultur, -Methoden und -Tools erlauben es Teams effektiver und schneller neue Produkte zu entwickeln und bestehende zu verbessern. Damit heben sie die Produktivität auf ein neues Level und bieten Kund:innen ein deutlich verbessertes Nutzererlebnis: Bugs werden schnell behoben, Systeme laufen stabiler und müssen seltener vom Netz genommen werden. All dies kommt der Kundenzufriedenheit zugute. Und auch der Informationsfluss im Unternehmen ist kontinuierlicher und von höherer Qualität.[448]

Microsoft Azure, bei denen schon lange nach dem DevOps-Prinzip gearbeitet wird, erklären zu DevOps: *„Diese verbesserte Zusammenarbeit und Produktivität ist auch für das Erreichen folgender Geschäftsziele entscheidend: Kürzere Time-to-Market (Releasezeiten); Anpassung an den Markt und Wettbewerb; Aufrechterhaltung der Stabilität und Zuverlässigkeit von Systemen;* (Und) *Verbesserung der MTTR (Mean Time To Recover, mittlere Reparaturzeit).“*[449]

---

443 Vgl. AWS (2020B), Microsoft Azure (2020A) & Red Hat (2020)
444 Red Had (2020)
445 Microsoft Azure (2020A)
446 Microsoft Azure (2020A)
447 Vgl. AWS (2020B), Microsoft Azure (2020A) & Red Hat (2020)
448 Vgl. AWS (2020B), Microsoft Azure (2020A) & Red Hat (2020)
449 Microsoft Azure (2020A)

Doch nicht nur Softwareunternehmen, sondern auch Finanzunternehmen, die nicht selbst digitale Lösungen entwickeln, können vom DevOps-Ansatz profitieren und ihre Operation-Teams mit den Development-Teams von SAAS-Anbieter:innen zusammenarbeiten lassen. Grundsätzlich eignet sich DevOps für alle Organisationen, in denen Menschen mit unterschiedlichen Rollen und Positionen eng zusammenarbeiten müssen. Dazu zählt neben der Entwicklung auch der Betrieb, die Sicherheit und der Support von IT-Dienstleistungen.

Agile DevOps-Teams arbeiten um ein Vielfaches schneller! Bei einem Auftritt bei Greator erklärte Fabian Schraub, Gründer der *Digital Native Xperience*: *„IT-Betrieb bedeutet Stabilität. IT- Entwicklung bedeutet Agilität und Veränderung. Hier entsteht ein Konflikt: Der Auftrag der Software Entwicklung ist es, das bestehende System zu verändern. Der Auftrag des IT Betriebes ist es, das bestehende System stabil zu halten. Jede Veränderung des Systems bedeutet eine Gefährdung der Stabilität. Deswegen sind in Konzernen häufig Entwicklung und Betrieb zwei verschiedene Abteilungen. Der Konflikt wird dann über Hierarchie und Führung gelöst. So besten Konzerne häufig Monate um eine neue Software auf dem Markt zu bringen oder eine App zu updaten. Anders Amazon: alle 11,7 Sekunden liefert Amazon neue Software. Das funktioniert, weil sie ihren Teams vertrauen. Durch dieses Vertrauen entstehen eine höhere Qualität, eine höhere Agilität und ein höheres Verantwortungsbewusstsein bei jedem einzelnen. Und dadurch letztlich auch schnellere und besser Ergebnisse. Um erfolgreich selbständig zu arbeiten muss das Team eigene Regeln und Werte sowie eine Vision gemeinsam erarbeiten.“*[450] Wenn Amazon es mit agilen Managementmethoden schafft, mehr neue Produkte in einer Minute auf den Markt zu bringen, als einzelne Finanzunternehmen im Jahr, dann lautet eine wichtige Frage, die Sie sich stellen sollten: Sind Sie bereit, wichtige Entscheidungen in die Hände Ihrer Mitarbeitenden abzugeben?

Damit DevOps-Teams effektiv arbeiten können, benötigen sie allerdings geeignete Tools für die jeweiligen Anwendungslebensyklus-Phasen. Die meisten DevOps-Teams erarbeiten benutzerdefinierte und auf die jeweilige Phase angepasste und automatisierte Toolketten die aus verschiedenen Ende-zu-Ende-Lösungen bestehen und aufeinander abgestimmt sind. Im Nachfolgenden gehe ich auf die typischen Herausforderungen der vier Anwendungslebensyklus-Phasen ein.[451]

1. In der **Anwendungsplanung** sind produkt- und projektübergreifende Flexibilität und Transparenz das höchste Gebot. Hierbei finden insbesondere Backlogs, benutzerdefinierte Dashboards, Berichterstellungsfunktionen, Kanban-Boards, Visualisierungstools und Business Intelligence-Lösungen ihren Einsatz.[452]

2. Während der **Anwendungsentwicklung** besteht die Herausforderung darin, das Programmieren möglichst effektiv und schnell zu machen. Dies benötigt neben einer DevOps-gerechten Cloud-Umgebung erstens Tools für das Schreiben, zweitens Tools um die Codes automatisiert zu testen und drittens, Tool um den Workflow und Workload zu kontrollieren. Zu den gängigsten Tools, um Codes zu schreiben und automatisiert zu testen, zählen Jenkins und

450 Schraub (2020)
451 Vgl. AWS (2020B), Microsoft Azure (2020B) & Red Hat (2020)
452 Vgl. AWS (2020B), Microsoft Azure (2020B) & Red Hat (2020)

AWS CodeBuild. Diese Programme prüfen Codes auch auf Fehler (Nach dem sogenannten fail or pass-Verfahren). Funktionierende Codes werden anschließend über sogenannte Source Control Tools wie GitHub von der Idee bis zur Produktion automatisiert in den Workflow integriert. Dabei werden alle Änderungen (engl.: logs) am Code gemanaged, getrackt und dokumentiert/archiviert.[453]

3. Die dritte Phase, die **Anwendungsbereitstellung**, ist besonders geprägt von der Herausforderung die neue Anwendung möglichst reibungslos bereitzustellen. Dafür sind Tools erforderlich, die die Code-Pipelines automatisch kontrollieren und die die Konfiguration und das Deployment der Codes in die entsprechenden Zielorte (Server bzw. Software) integrieren. Dazu zählen beispielsweise *Kubernetes, Azure Resource Manager* und *Azure Pipelines, AWS CodePipeline* und *AWS CodeDeploy, HashiCorp Terraform, Jenkins, Red Hat Ansible® Automation Platform, Spinnaker Continuous-Delivery-Pipelines, Chef, Puppet* oder *SaltStack*.[454]
4. Die mit Abstand längste Phase im DevOps ist die **Anwendungsbetreibung**; sie läuft bis die Anwendung abgelöst oder abgeschafft wird. Um einen Überblick über die System Logs und Application Logs zu behalten, sowie um die Performance der neuen Codesnippets zu testen und Bottlenecks zu identifizieren, brauchen DevOps-Teams Monitoring-Tools, die eine systemübergreifende Überwachung ermöglichen und im Zweifelsfall handlungsrelevante Alerts auslösen. Auch müssen die Teams den Überblick über all die Daten behalten und sie sinnvoll auswerten können. All dies ermöglicht die Kombination aus Tools wie *New Relic, Azure Monitor, Ansible* und *Chef Automate*.[455]

New Work stellt die Arbeitswelt auf den Kopf

Gibt es eine Alternative zum Sozialismus und Kapitalismus? Diese Frage bewegte den österreichisch-US-amerikanische Philosoph Prof. Dr. Frithjof H. Bergmann in den 1970 Jahren dazu, eine dreijährige Reise durch die sogenannten Ostblockländer zu machen. Bergmann wollte herauskriegen, ob der Sozialismus ein Gegenmodell zu dem aus seiner Sicht nicht zukunftsfähigen ‚Job-System' des Kapitalismus darstellte. Die Argumentation dahinter: Mit der fortschreitenden Automatisierung wird die Erwerbsarbeit der Industriegesellschaft früher oder später für jeden gekürzt werden. Er kam zu der Erkenntnis, dass weder der Kapitalismus noch der Sozialismus zukunftsfähige Systeme sind, da wir in ihnen nicht frei arbeiten können. Nach Bergman bedeutet Freiheit neben der offensichtlichen Entscheidungsfreiheit zwischen Alternativen, auch die Handlungsfreiheit. Und gerade diese fehlt in vielen Unternehmen.[456]

Eine Veränderung unseres Arbeitssystems kann jedoch nicht aus einem revolutionären Prozess heraus entstehen. Bergmann ist überzeugt, dass die Veränderung in der Arbeitswelt nach und nach erfolgen muss, indem sich immer mehr

453 Vgl. Microsoft Azure (2020B)
454 Vgl. AWS (2020B), Microsoft Azure (2020B) & Red Hat (2020)
455 Vgl. AWS (2020B), Microsoft Azure (2020B) & Red Hat (2020)
456 Vgl. Bergmann (2019:36ff.)

Menschen an der Arbeit orientieren, die sie „*wirklich, wirklich wollen*"[457]. Im Kern geht es Bergmann also darum, Arbeit so zu gestalten und zu wählen, dass man ihr „*wirklich, wirklich*" nachgehen will. Eine derartige Arbeit bewirkt laut ihm, dass man sich ‚lebendig(er)' fühlt. 1984 startete Bergmann mit der Gründung des Zentrum für Neue Arbeit deshalb die New Work-Bewegung, die das Ziel verfolgt, die Menschheit von der ‚Knechtschaft der Lohnarbeit' zu befreien. Das Zentrum (heute: die Zentren) für Neue Arbeit läd Menschen ein, gemeinsam mit Mentor:innen ihre ‚Selbstunkenntnis' zu überwinden und sich Arbeit zu suchen/schaffen, die in Übereinstimmung mit den eigenen Begabungen, Hoffnungen, Träumen und Wünschen ist.[458]

Als zentrale Werte der New Work nennt Bergmann die Selbstständigkeit, die Freiheit und die gemeinschaftliche Teilhabe der Menschen. Demnach umfasst *New Work* neben der Erwerbsarbeit auch die '*Smart Consumption*' (kluger Konsum) und das ‚*High-Tech-Self-Providing*' (Selbstversorgung auf höchstem technischem Niveau). Mit klugem Konsum ist hier gemeint, dass Menschen sich Gedanken machen sollen, welche Güter und Produkte wirklich sinnvoll für sie sind — und zwar aus der Konsument:innen- und der Herstellerperspektive. Als Beispiel wirft Bergmann die Frage auf, ob der Reinigungsaufwand einer Knoblauchpresse ihren eigentlichen Nutzen nicht überwiegt.[459]

New Work wird gerne mit einer Modeerscheinung verwechselt. In den frühen 2000er Jahren kam New Work in der urbanen Kreativszene in Mode. Zahlreiche Unternehmen und Start-ups übernahmen das Konzept; und scheiterten. Anstatt Bergmanns Thesen mit den Möglichkeiten digitaler Technologien zu kombinieren etablierten sie eine Laissez-Faire-Kultur, in der Mitarbeiter:innen kommen und gingen, wann und wenn sie sich gerade danach fühlten. Das ist zwar neu. Aber nicht wirklich New Work. Für Bergmann stellt der „*Modebegriff Neue Arbeit etwas Gegenteiliges dar*"[460] zu dem ursprünglichen Konzept hinter New Work. Heute macht das Thema weltweit Schlagzeilen und lässt dem inzwischen 89-Jährigen Bergmann eine verspätete Anerkennung zukommen. In einem Interview mit Christoph Magnussen erklärte Bergmann 2019: „*Ich glaube die Arbeit ist ein interessantes Thema und kann ein sehr interessantes Thema werden, in der Zukunft. Entscheidend ist, dass wir jetzt die technologischen Möglichkeiten haben. Wir haben jetzt die Technologie entwickelt, die es uns möglich macht, Arbeit völlig anders aufzubauen, zu denken, zu organisieren als bisher. Arbeit kann wirklich das sein, was den Menschen stärkt, anstatt ihn schwächt.*"[461]

In Kombination mit den technologischen Möglichkeiten des digitalen Zeitalters wird New Work mehr als nur eine Idee von Arbeit, die Spaß macht. Es wird zu einem Sammelbegriff für flexible Arbeitsmodelle, die sich in neuen Formen äußert wie der agilen Arbeit, dem 6-Stunden-Tag, der Vier-Tage-Woche, Freelancing, Verantwortungseigentum und Flex Work. Anstatt sich als Mensch oder Unternehmen in alle Ewigkeit festzulegen, geht es bei New Work nicht zwingend darum,

457 Bergmann (2019:36ff.)
458 Vgl. Bergmann (2019:36ff.) & Vollmer (2019)
459 Vgl. Bergmann (2019:36ff.)
460 Bergmann, zitiert in Magnussen (2019)
461 Bergmann, zitiert in Magnussen (2019)

sich zu spezialisieren, sondern sich auszuprobieren und die Verantwortung für das eigene Tun und Handeln zu übernehmen. Dies setzt voraus, dass Menschen in der Lage sind, ihre Fähigkeiten und Interessen zu erkennen und zu kommunizieren. Ein wesentlicher Faktor von New Work ist deshalb auch die Transparenz: Sie schafft Vertrauen. Und sie kann durch digitale Technologien geschaffen werden.[462]

In diesem Zusammenhang rät der Unternehmer Christoph Magnussen, eine Unterscheidung zwischen der asynchronen und synchronen Arbeit zu machen. In der asynchronen Arbeitswelt werden Informationen in Einbahnstraßen kommuniziert. Tools wie Email, Fax, oder das Schwarze Brett gestatten es uns, Texte und Dokumente zu verfassen und an bestimmte Zielgruppe zu richten. In der synchronen Arbeitswelt hingegen geht es um Austausch, Begegnung und Dialog. Tools wie das Telefon, Messenger Tools (*Slack, Whatsapp*, etc.), oder Video-Konferenzen (*Google Meets, Skype, Zoom*, etc.) gestatten den direkten Austausch. Auch der Arbeitsplatz (Büro oder digitale Workspaces wie Microsoft Teams, etc.) sind ein Kommunikationstool. Im Kern dient er dazu, dass Menschen sich begegnen und austauschen können, und dass Beziehungen aufgebaut werden.[463]

Der Psychologe und Keynote-Speaker Markus Väth hat eine *New Work Charta* entwickelt, die auf fünf Säulen fußt und das Konzept für Unternehmen greifbarer machen soll: Freiheit (Experimentierräume, Kultur des Unperfekten und starke Vernetzung), Selbstverantwortung (Selbstorganisation, Budget-Autorität und Beteiligungsmodelle), Sinn (Persönliches Wachstum, dreiteilige Wertschöpfung und sinnhaftes Gestalten), Entwicklung (Kollektive Lernstrukturen, Selbsterneuerung und kollektive Entscheidungen) und Soziale Verantwortung (Nachhaltiges Wirtschaften, regionales Engagement und ehrbarer Kaufmann/ehrbare Kauffrau). Jedem Prinzip ordnet Väth konkrete Anwendungen zu. So können Unternehmen schnell erkennen, in welche Prinzipien ihre New Work-Projekte einzahlen. Mehr über die Charta erfahren Sie auf www.humanfy.de/new-work-charta/.[464]

Servant Leadership – führen bedeutet dienen, nicht herrschen

Die Art und Weise wie Unternehmen bisher geführt wurden befindet sich im Wandel. Top-Down Entscheidungen, das Fordern von bedingungsloser Loyalität, 80 Stunden Wochen, und andere ungesunde Praktiken gehören endgültig der Vergangenheit an. Stattdessen lösen sich Entscheidungsträger:innen und Führungskräfte zunehmend von klassischen Hierarchien und Glaubenssätzen und wenden sich neuen Aufgabenfeldern zu: Sie geben dem Unternehmen eine Vision und etablieren eine partizipative Unternehmenskultur, in der Innovation und Respekt vor Verlustaversion und Ausbeutung gestellt werden: Mit-Arbeiter:innen werden zu Mit-Unternehmer:innen.

In meiner bisherigen beruflichen Laufbahn hatte ich die Möglichkeit, sowohl zu erfahren wie es ist, in einer Konzernkultur zu arbeiten als auch in Startup- und

---

462 Vgl. Avantgarde Experts (2020), Gründerszene (2019B), Haufe Akademie (2020) & Magnussen (2019)
463 Vgl. Magnussen (2019)
464 Vgl. Väth (2019) & humanfy (2020)

Agenturkulturen, aber auch in Verbänden und freien Netzwerken. Zudem habe ich mich tief in die Literatur der angewandten und theoretischen Unternehmenskulturen und -strukturen vergraben, mich mit Menschen ausgetauscht, die in mutigen zukunftsorientierten Unternehmen arbeiten und habe vereinzelt Unternehmen mit bahnbrechenden Organisationsformen besucht. Dabei bin ich zu dem Schluss gelangt, dass die Größe eines Unternehmens zwar Einflüsse auf die Organisationsstruktur haben kann (auch wenn ich diesen Glaubenssatz nicht für zukunftsfähig halte), aber keine nennenswerten Einflüsse auf den Führungsstil der Vorgesetzten haben darf.

> *"There are leaders and there are those who lead. Leaders hold the power of authority, but those who lead inspire us."*[465] —Simon Sinek, Autor und Visionär.

Leadership ist nicht mehr reine Chefsache! Führung besteht im digitalen Zeitalter nicht mehr aus Position und Titeln, sondern vor allem aus Menschlichkeit, Persönlichkeit und Know-how. Erfolgreiche Leader wissen, dass sie die Last der Welt nicht allein schultern können: Kein Mensch kann den Herausforderungen der Digitalisierung alleine begegnen. Das digitale Zeitalter verlangt deshalb von Entscheidungsträger:innen und Führungskräften ein Umdenken: Die erfolgreichsten Unternehmen der Welt haben alle eine starke Persönlichkeit an der Spitze. Gleichzeitig haben sie aber auch sehr flache Hierarchien. Nur so können sie der neuen Komplexität gerecht werden und langfristig ihre Innovationskraft generieren. Agiles Management bedeutet in diesem Zusammenhang, Mitarbeiter:innen zu befähigen und zu eigenverantwortlichen Handlungen ermutigen.

Servant Leadership (zu Deutsch: Dienende Führung) ist eine Frage der Haltung. Sie stellt den Dienst der Mitarbeitenden in den Mittelpunkt, und konzentriert die Zeit und Aufmerksamkeit der Entscheider:innen auf zwei wesentliche Aufgaben: Einerseits geben Servant Leaders eine starke Vision vor und andererseits bestärken und motivieren sie ihre Mitarbeitenden darin, diese Vision zu verwirklichen, indem sie Hindernisse aus dem Weg schaffen und für ein angenehmes und sicheres Unternehmensumfeld sorgen.

Kluge Leader stellen Menschen ein, die in dem was sie tun besser sind als sie. Auf keinen Fall aber stellen sie Menschen ein, die in ihrer beruflichen Tätigkeit schlechter sind als sie selbst. Was logisch klingt, ist in der Realität nicht immer der Fall: Das Ego neigt dazu, vermeintlich ‚überlegenere' Menschen als Bedrohung wahrzunehmen, weil sie die eigene Autorität und Position im Unternehmen untergraben könnten. In einem CNBC Interview erklärte Stewart Butterfield, Gründer und CEO von *Slack Technologies*, ein Teil des überragenden Erfolgs seines Unternehmens sei auf die folgende Erkenntnis zurückzuführen: „*My job is not to be 'smarter than everyone'*"[466] (Es ist nicht seine Aufgabe, klüger als alle zu sein).

Nach Butterfield reagieren Menschen unberechenbar und halten ihre Ideen zurück, wenn sie sich vor ihrem Vorgesetzten fürchten. Eine angstgeprägte Arbeitsatmosphäre führt zu schlechten Entscheidungen, defensivem Verhalten und dem zurückhalten von guten Ideen. Besonders für schnell wachsende Unternehmen

---

465 Sinek (2009B)
466 Butterfield, zitiert in Bryant (2018)

wie Slack wäre dies der Untergang. Während Slack von einem kleinen Team im Jahr 2009 auf über 2.000 Angestellte wuchs (Stand Januar 2020), hat Butterfield seinen Führungsstil um 180 Grad gedreht und sich von der Vorstellung gelöst, er müsse der Klügste im Raum sein, der alle Entscheidungen allein trifft: *„Zu verstehen, was der Job eigentlich ist, war ein großer Durchbruch für mich, denn plötzlich wurde mir klar, wie ich meine Zeit verbringen sollte, und zwar nicht, indem ich über eine Entscheidung, die wir zu treffen haben, intensiv nachdenke, sondern indem ich die Strategie und Vision für das Unternehmen festlege."* Kurzum: Butterfield sieht sich in seiner Rolle als CEO nicht länger als Entscheider, sondern als Stratege und Visionär, der seinen Mitarbeiter:innen Steine aus dem Weg räumt.[467]

> *„Wenn ein guter Mitarbeiter kein Gehör findet oder regelmäßig Ungerechtigkeiten und Inkompetenz und Ideenklau erlebt, dann ist die Kündigung irgendwann der Ausweg."*[468]
> —Karin Volbracht, Karriereberaterin und Business Coachin.

Das Geheimnis liegt in der Mitarbeiterführung auf Augenhöhe. Nach oben buckeln und nach unten treten ist die sicherste Art, motivierte Menschen dauerhaft zu zermürben; ganz gleich auf welcher Hierarchiestufe sie im Unternehmen stehen. Im digitalen Zeitalter gewinnen die Unternehmen und Führungskräfte, die ihre Mitarbeiter:innen als menschlich ebenbürtig betrachten und behandeln: Anerkennung, Wertschätzung, flexible Arbeitszeiten, agile Teams, Sprint-Projekte, Co-Working Spaces und die Möglichkeit im Home Office zu arbeiten setzen sich immer stärker durch — denn sie schaffen ein wirkungsvolles Unternehmensumfeld in welchem sich Mitarbeitende mit ihren jeweiligen Stärken und ihrer Leidenschaft einbringen können (Stichwort: *Subjektivierung von Arbeit*). Entscheider:innen und Führungskräfte, die das nicht verstehen wollen werden früher oder später ihre Mitarbeiter:innen vergraulen.[469]

In diesem Zusammenhang möchte ich gerne noch auf ein grundlegendes Problem in unserem Wirtschaftssystem aufmerksam machen: Der Mensch ist die wichtigste Ressource, die ein Unternehmen hat. Leider werden die Mitarbeiter:innen in vielen Unternehmen vom Controlling und anderen Abteilungen als Human Ressources betrachtet, die es wie jede andere Ressource und jedes Asset auch zu managen gilt. Und wie jede Ressource verschleißen in diesem System auch Menschen mit der Zeit. Damit sie sich trotzdem rechnen, wurden kreative KPIs wie die Kosten pro Neueinstellung, die Produktivität oder die Talent-Fluktuationsrate eingeführt. Ich halte diese Einstellung gegenüber den eigenen Mitarbeitenden für grob fahrlässig, denn erstens missachtet sie den unantastbaren Wert des Menschen, entwertet diesen also, und zweitens ist sie nicht zielführend für die Erreichung der Unternehmensziele. Abgesehen davon ist es unmöglich für Entscheider:innen, nach dem Glaubenssatz der menschlichen Ressource zu wirtschaften und sich selbst davon auszunehmen — bewusst oder unterbewusst begreifen sie also sich selbst auch als ein austauschbares Verschleißteil.

---

467 Vgl. inkl. Zitate Butterfield in Bryant (2018), aus dem Englischen übersetzt
468 Volbracht (2020)
469 Vgl. Heckel, M. (2019)

Sinnstiftende Führung gehört zwingend in den Business-Kontext

Entscheider:innen im Finanzbereich stehen vor einer schwierigen Management-herausforderung. Der Markt um die Vermögensanlage wird immer komplexer, der Wettbewerb immer härter und die Rahmenbedingungen immer schärfer. Dies erfordert, dass Finanzunternehmen ihre Strategien regelmäßig nachjustieren und sich immer wieder neu definieren. Was aus Sicht von Manager:innen nötig und zeitgemäß ist, kann von Mitarbeiter:innen schnell als *„Schlingerkurs"* wahrgenommen werden, sodass Zweifel am Management, an *„denen da oben"*, aufkommen. Wenn zusätzlich noch das Damoklesschwert ‚Personalabbau' und/oder ‚Fachkräftemangel' über ihnen schwebt und sie sich nicht ausreichend informiert und wertgeschätzt fühlen, droht der Verlust des Vertrauens und des Glaubens in das Unternehmen und in die Sinnhaftigkeit der eigenen Tätigkeit.

Die Sinnhaftigkeit der Arbeit ist für Mitarbeiter:innen in der modernen Arbeitswelt immer schwerer erfahrbar. Aus diesem Grund wird das Vermitteln und Stiften von Sinn zunehmend zur Führungsaufgabe. Es ist sehr wahrscheinlich, dass sich auch in Ihrem Unternehmen der/die eine oder andere Mitarbeiter:in schon einmal gefragt hat: *„Was ist der Sinn meiner Arbeit? Kann er ausschließlich darin bestehen, die Umsatzrendite meines Arbeitgebers zu steigern und das Vermögen anderer Menschen zu mehren? Verschafft mir das auf Dauer Erfüllung und Befriedigung? Was tue ich hier eigentlich?"*[470].

Die Aufgabe der Führungskräfte besteht darin, die Eigenmotivation der Mitarbeiter:innen zu wecken. Hand aufs Herz: wie erfolgreich ist die klassische extrinsische Top-Down-Motivation auf Dauer wirklich? Auch 2020 setzen zahlreiche Top- Manager:innen auf die Zuckerbrot und Peitsche-Methode um Quartal für Quartal Umsätze zu schreiben und entwickeln *„stets neue und immer aufwändigere Anreizsysteme, deren Wirkung meist rasch verpufft"*[471]. Hohe Fluktuationsraten und krankheitsbedingte Fehltage sind nur zwei der vielen negativen Auswirkungen dieses Führungsstils. Natürlich können die Manager:innen nichts dafür; die ‚faulen und dummen Untergeben' sind schuld.

Ich halte den Glaubenssatz, Mitarbeiter:innen müssten in regelmäßigen Abständen motiviert werden um die gewünscht Leistung zu erbringen für gefährlich und in höchstem Maße schädigend für die langfristige Mitarbeiterbeziehung. Eine solche Haltung geht davon aus, dass die eigenen Mitarbeiter:innen entweder ihren Job grundsätzlich als Last empfinden oder nicht in der Lage sind die erwünschten Leistungen zu erzielen. Beides spricht für eine fehlende Sinnhaftigkeit und unrealistische Zielvorstellungen. Zielführender wäre es, wenn sich besagte Manager:innen fragen, wie sie die intrinsische Motivation (die Eigenmotivation) ihrer Mitarbeiter:innen wecken und stärken können.

Nach der *Selbstbestimmungstheorie* (engl.: self-determination theory) führen die drei menschliche Grundmotive Autonomie, Selbstwirksamkeit und Beziehung zu intrinsischen Motivationen und dem Gefühl von Sinnhaftigkeit:[472]

---

470 Reusche (Datum unbekannt)
471 Reusche (Datum unbekannt)
472 Vgl. Ryan & Deci (2000)

1. Menschen wollen etwas autonom und eigenständig gestalten. Fördern Sie Ihre Mitarbeiter:innen in ihrem Autonomiebestreben räumen Sie ihnen die Chance ein, einen eigenen Beitrag zum Projekt- oder Unternehmenserfolg leisten zu können.

2. Menschen wollen wahrgenommen und anerkannt werden für ihre Handlungen und Leistungen. Halten Sie nicht mit positiven Rückmeldungen und konstruktiven Feedback zurück und lassen Sie Ihre Mitarbeiter:innen spüren, dass sie den Wert ihrer Arbeit sehen und schätzen. Noch einmal speziell für schwäbische Führungskräfte: Nicht geschimpft ist eben NICHT gelobt genug!

3. Menschen streben nach Beziehungen und Zugehörigkeit. Persönliches Wachstum kann nur entstehen, wenn ihre Mitarbeiter:innen sich als Mensch gesehen und wertgeschätzt fühlen.

Führung im 21 Jahrhundert ist partizipativ. Sinnstiftende Führung bedeutet, Mitarbeiter:innen einerseits mitzunehmen und ihnen Orientierung zu geben und andererseits miteinzubeziehen in die Wirkung, die die Produkte und Dienstleistungen des Unternehmens herbeiführen. Der partizipative Führungsstil hilft Mitarbeitenden dabei zu verstehen und zu erfahren welchen Beitrag ihre Arbeit zum großen Ganzen leistet; zum Impact des Unternehmens in der Welt. Was also können Sie tun?

- Ein erster Schritt bei der Sinnstiftung im Unternehmen ist die Formulierung eines ehrlichen Purpose sowie der Werte, für die Sie als Unternehmen und/oder als Führungskraft stehen möchten. Schaffen Sie eine Unternehmenskultur, mit der sich Ihre Mitarbeiter:innen identifizieren können. Suchen Sie das Gespräch und helfen Sie Ihrem Team, die eigenen persönlichen Ziele und Werte mit dem Unternehmenszweck zu verbinden.

- Auch Coaching unterstützt Mitarbeiter:innen, den Unternehmenszweck und die Auswirkungen des Digitalen Wandels auf das Unternehmen und ihren Arbeitsplatz besser zu verstehen. Wenn Sie wirklich auf die Ängste und Sorgen Ihrer Mitarbeiter:innen eingehen möchten, dann wäre ein wichtiger Schritt, allen Mitarbeiter:innen (statt ausschließlich Führungskräften wie bisher) regelmäßiges Coaching anzubieten. So lernen sie nicht nur die ‚vergessene Kunst' der Selbstreflektion, sondern entwickeln auch noch Empathie für die Erwartungen und Bedürfnisse ihrer Kund:innen, Kolleg:innen, Vorgesetzten.

Vielleicht stellen einzelne Mitarbeiter:innen in diesem Prozess fest, dass sie nicht länger zum Unternehmen passen. Auch das ist ein Grund zur Freude und sollte als Gewinn für beide Seiten betrachtet werden: Es ist höchst unwahrscheinlich, dass Mitarbeiter:innen, die innerlich gekündigt haben, einen großen Mehrwert zum Unternehmen beitragen. Viel wahrscheinlicher ist es, dass sie unglücklich und unmotiviert sind und dass sie diese Gefühle auf ihre Leistung und ihre Kollegen projizieren. Auf lange Sicht sparen Sie sich Frust und Enttäuschungen und verhindern, dass sich die früher oder später folgende innere Kündigung des/der Mitarbeiter:in demoralisierend auf die restlichen Kolleg:innen auswirkt.

Holacracy – das selbstorganisierte Betriebssystem für Organisationen

Holacracy löst die alte Hierarchie- und Bürokratiestruktur ab. Holcracy (zu Deutsch: Holokratie) setzt auf Ganzheitlichkeit und sich selbst organisierende Teams. Bei Holocracy „*handelt es sich um einen Führungsansatz, der ohne Hierarchien auskommt. Statt eines rigiden Führungsstils gibt es ein festes Regelwerk für alle Holons (selbstständige Einheiten an Mitarbeitern).*“[473] Der Begriff Holon wurde von dem ungarisch-britischen Schriftsteller Arthur Koestler geprägt und beschreibt ein Ganzes, das seinerseits wiederum Teil eines umfassenderen Ganzen ist: Jede Körperzelle ist für sich betrachtet bereits ein Ganzes und zugleich Teil eines größeren Ganzen, z. B. eines Organs oder Körperteils, das wiederum Teil eines noch größeren Ganzen ist — dem Körper. Die so entstehende Hierarchie von Holons als Teile und zugleich als Ganzes ist eine sogenannte Holarchie. Aus der Holarchie entsteht ein relativer Dualismus, in dem ein ‚*Teil*‘ und das ‚*Ganze*‘ sich selbst bedingen; Koestler bezeichnet diese Gegebenheit als *Janus-Effekt*, benannt nach dem zweigesichtigen römischen Gott Janus.[474]

Die Holokratie überträgt dieses Prinzip im Sinne der Bionik auf die Unternehmensorganisation und begreift Aufgaben, und Projekte in einem Unternehmen als Holons, die ihrerseits Teil eines größeren Ganzen sind. Die Holokratie-Verfassung (engl.: holacracy constitution) von *HolacracyOne* (www.holacracy.org/constitution) nennt vier zentrale Leitlinien: Doppelte Verbindung (engl.: cross linking); Trennung von Steuerungs- und operativen Treffen; Zuständigkeiten und Rollen; und Dynamische Steuerung.

Demnach lösen Rollenverteilungen klassische Positionen ab. Aufgabenfelder werden in Kreisen (den sogenannten Holons) zusammengefasst, die wiederum in kleinere Kreise (Teams) unterteilt werden können. Z. B. könnte Marketing in verschiedene Themen oder Kampagnen aufgeteilt werden, oder die Produktentwicklung sich nach unterschiedlichen Themen organisieren. Ein anschauliches Beispiel finden Sie, wenn sie auf Google oder Ecosia in der Bildersuche ‚Glassfrog holacracyone‘ eingeben.

> „*Holacracy strukturiert die verschiedenen Rollen im Unternehmen durch ein System von sich selbst organisierenden Kreisen, die hierarchisch angeordnet sind. Jeder Kreis ist einem klaren Zweck zugeordnet und dem über ihm liegenden größeren Kreis verantwortlich. Allerdings hat jeder Kreis die Befugnis, sich intern in der Art selbst zu organisieren, dass er seinen Zweck bestmöglich erfüllt.*“[475] —Markus Brinsa, President und CEO der internationalen Strategieberatung *SEIKOURI Inc.*

Um die Kommunikation in und zwischen den sich selbst organisierenden Kreisen zu ermöglichen, wird eine Doppelte Verbindung zwischen den angrenzenden Kreisen benötigt. Anstatt einer Controlling-Einheit wird die Steuerung im Unternehmen auf alle Elemente der Organisation verteilt und in Steuerungstreffen besprochen. Diese dynamische Steuerung bildet also die Basis für die Entschei-

---

473 Avantgarde Experts (2020)
474 Vgl. Avantgarde Experts (2020), Koestler, A. (1968) & Koestler, A. (1978)
475 Brinsa (2015)

dungsfindung nach dem Prinzip der integrativen Entscheidungsfindung. Statt einer monumentalen Grundsatzplanungen setzt Holacracy in Anlehnung an das evolutionäre Prinzip der natürlichen Entwicklung (die sogenannte integrale evolutionäre Weltsicht) auf einen Prozess von häufigen und kleinen Kurskorrekturen.[476]

Die integrale evolutionäre Weltsicht

Eines der bahnbrechendsten Bücher des 21 Jahrhunderts ist für mich „*Reinventing Organizations: Ein Leitfaden zur Gestaltung sinnstiftender Formen der Zusammenarbeit*", bzw. die visualisierte Auflage „*Reinventing Organizations visuell: Ein illustrierter Leitfaden sinnstiftender Formen der Zusammenarbeit*" von Frédéric Laloux. Darin beschreibt Laloux die Grundlagen der integralen Organisationsführung, wie er sie bei einer Reihe von visionären Querdenker-Unternehmen beobachtet hat, die wissenschaftlich betrachtet die nächste Evolutionsstufe der Unternehmensorganisation erreicht haben. Ich bin überzeugt, dass auch die Finanzwirtschaft in wenigen Jahrzehnten nach integralen Organisationformen geführt werden darf, kann und wird. Da Laloux' Ideen und Impulse allerdings ohne Probleme ein eigenes Buch füllen, möchte ich mich auf eine kurze Zusammenfassung der wichtigsten Ansätze beschränken und Ihnen das detaillierte Buch oder den visualisierten Leitfaden wärmstens empfehlen.[477]

Die integrale evolutionäre Organisation basiert auf drei Grundsätzen: Selbstmanagement, Ganzheitlichkeit und Evolutionärer Zweck.

1. **Selbstmanagement:** In der integralen Organisationsführung weichen Machthierarchien flexiblen und natürlichen Hierarchien, in denen Menschen je nach Fähigkeit und Motivation unterschiedliche Rollen einnehmen. Die intrinsische Motivation, eine gute Beziehung zu Kolleg:innen und Kund:innen zu pflegen löst den äußeren Druck nach Leistungssteigerung ab. Auch weicht die zentralistische Führung dem Selbstmanagement, der Teilhabe und der Steuerung durch kollegiale Beziehungen. Damit geht ein neues Level an Eigenverantwortung einher, in dem Probleme nicht mehr auf die Führung projiziert, sondern selbst gelöst werden. Hierfür schlägt Laloux den sogenannten Beratungsprozess vor: Die Entscheidungsfindung findet durch den/die initiierende/n bzw. verantwortliche/n Mitarbeiter:in statt, nachdem er oder sie zunächst alle betroffenen Stakeholder um konsultiert (also Rat gebeten) hat. Anstatt einer zeitaufwendigen demokratischen Konsensabstimmung basiert die Entscheidung hier allerdings auf Basis der gut informierten Eigenverantwortung.

2. **Ganzheitlichkeit:** Während Menschen in der alten Arbeitswelt Uniformen tragen, sich hinter Masken verstecken und einen Teil des eigenen Selbst verdrängen, stehen Authentizität und die Einbeziehung der ganzen Person (Ganzheitlichkeit) im Fokus der integralen Organisationsführung. Entscheidungen werden nicht vom Ego getroffen, sondern vom Menschen. Damit einher geht ein hohes Maß an Freiheit und Transparenz. Indem Titel und Positionen wegfallen, werden auch Konkurrenzdenken, Selbstdarstellung, Dominanz und Absicherung unbedeutend. So kann eine kollektive Intelligenz entstehen: Wo klassi-

476 Vgl. Brinsa (2015) & Holacracy (2020)
477 Vgl. Laloux (2015)

sche Unternehmen die Verantwortung für die Unternehmensstrategie auf einzelne Entscheider:innen auslagern (die unmöglich die Zukunft voraussagen können) vertrauen evolutionäre Unternehmen auf das gemeinsame Gespür für die Entwicklungsrichtung der Organisation. In Kombination mit einer offenen und frühzeitigen Feedback-Kultur schafft die neugewonnene Transparenz eine Vertrauensbasis, die das Konfliktmanagement spürbar verbessert.

3. **Evolutionärer Zweck:** Evolutionäre Unternehmen orientieren sich am Sinn und Purpose, nicht an der Gewinnmaximierung. Dies hat unmittelbare Auswirkungen auf die Mitarbeiter:innen, Investor:innen und Kund:innen, denn sie tragen einen Teil der Verantwortung. Auch das Performance Management richtet sich nicht mehr nach Einzelleistungen, sondern auf Teamleistungen.

KAPITEL 8: EIN UMDENKEN IST ERFORDERLICH

Auf einen Blick

- Banken haben zwei Möglichkeiten: Sie können am Alleingang festhalten, in dem Prozesse, Produkte und IT-Systeme in Silos entwickelt werden und die Arbeit von Angst, Bürokratie und Misstrauen geprägt ist. Oder sie können mit der Zeit gehen und vom Open Banking und der Coopetition mit Mitbewerber:innen profitieren.

8.1. Deutschlands IT-Landschaft – ein Flickenteppich aus Insellösungen und Silos

Noch immer gibt es in fast der Hälfte aller deutschen Finanzinstitute IT-Systeme, die bis in die 1990er Jahre (wenn nicht sogar weiter) zurück reichen. Diese veralteten Systeme sind nicht für das Online, geschweige denn Mobile Banking oder das Banking aus der Cloud konzipiert. Die Rede ist hier wohlgemerkt nicht von einem stringenten IT-Kernbanksystem, sondern von einem Flickenteppich bestehend aus hunderten Softwarelösungen die unter Silodenken konzipiert wurden und nicht in der Lage sind miteinander zu kommunizieren.

Früher war ein Austausch von Kundendaten mit Drittanbieter:innen ohne die Zustimmung der Bank undenkbar. Dies hat mehr oder minder die Sicherung der Festung Bank sichergestellt. Durch PSD2 sind die Grundfesten der Bank erschüttert worden. Insbesondere PSD2 und Instant Payment Directive sind hierbei die großen Treiber. Durch diese neuen Richtlinien müssen die Banken nunmehr dafür sorgen, dass die Kernbank-IT nicht nur online geht, sondern auch mit externen IT-Systemen kommunizieren und agieren kann.

Daraus ergeben sich Konsequenzen, die vielen Vorständen noch gar nicht bewusst sind. Erstmalig in der Bankgeschichte werden durch diesen konsequenten Zusammenhang das komplette Geschäftsmodell der Bank infrage gestellt — und in Verbindung mit der Blockchain unter Umständen sogar obsolet. Bis dato ist kein Modell zur Sicherstellung und Ergreifung von Maßnahmen seitens der Banken erkennbar, eine neue Systemrelevanz innerhalb eines monopolistischen Umfelds erneut aufzubauen. Hinzu kommt: Mit der Umsetzung der PSD2-Richtlinie sind Kund:innen nicht mehr an eine Bank gebunden und können bedarfsweise gleichzeitig unterschiedliche Dienstleister:innen nutzen. Die Vermutung liegt also nahe, dass es das klassische Bankgeschäft, wie wir es kennen, mittelfristig in dieser Form nicht mehr geben wird.

Aus den Panel-Diskussionen zwischen Vertreter:innen der internationalen Speaker-Szene auf dem Pariser Fintech Forum 2019 gingen zudem folgende interessante Gedanken hervor, die ich an dieser Stelle gerne mit Ihnen teilen möchten: Die vielfach befürwortete Open Banking-Initiative hat auch ihre Skeptiker. Nach diesen zwingt PSD2 die Banken, ihre Daten an Amazon, Facebook und co. weiterzugeben, ohne dass diese ihre Daten an Banken weitergeben müssen. Ein sehr einseitiger Vorteil also, der den Tech-Giganten zusätzlich zu einer Monopolstellung verhilft. Zum jetzigen Zeitpunkt lassen GAFA kein Interesse erkennen, eigene Banken zu gründen. Sie wissen, dass die Vorschriften und Regularien sie massiv in ihrem Handlungsspielraum einschränken würden. Stattdessen wollen sie vielmehr am Rande des Bankwesens arbeiten und ihre dominante Fähigkeit ausspielen, mehr über Kund:innen erfahren zu können als jedes Finanzinstitut. Ultimativ könnte dies das Ende vieler etablierter Finanzinstitute bedeuten.

8.2. Konkurrenzdenken und die Angst vor Disruption schränken ein

Steht Disruption für eine zerstörerische Kraft oder frischen Aufwind?

Disruptive Geschäftsmodelle scheinen in allen Bereichen der Wirtschaftswelt aus dem Boden zu sprießen. Für die einen steht der Begriff ‚*Disruption*' für die Zerstörung ihres Geschäftsmodells — ihrer Lebensgrundlage. Für andere wiederum bedeutet Disruption die Möglichkeit, in einer statischen Welt etwas bewegen zu können — etwas Neues zu schaffen. Auch der Bankensektor musste erfahren, dass mit der Digitalisierung auch neue Akteure auftauchen und ihre Marktberechtigung einfordern.

Was also tun gegen diese unaufhaltsame Kraft? Auf Seiten der Bank mag so manche/r von der Disruption zunächst irritiert sein, vielleicht sogar eingeschüchtert. Dabei sollte die eigentliche Frage nicht unbedingt lauten: ‚Welcher Geschäftsteil ist als nächstes bedroht?'. Vielmehr bedarf es der Sicht eines Startups, um sich gegen disruptive Geschäftsmodelle zu wappnen. Die meisten Startups fragen sich nicht, welcher Standort oder welche Abteilung der Bank ein leichtes Ziel ist. Stattdessen betrachten sie Branchen — der Finanzsektor ist nur ein Bereich, in dem Startups Erfolgsgeschichten schreiben — holistisch und aus technologischer Perspektive, fokussieren sich dabei jedoch gleichzeitig auf Nischenmärkte und Frustrationspunkte der Kund:innen.[478]

Denn genau darum geht es doch eigentlich: FinTechs setzen etablierte Finanzinstitute unter Innovationsdruck und treffen damit einen wichtigen Nerv. Solange alles läuft, beharren zu viele Unternehmen auf dem Status quo und sehen keinen Grund, innovativ zu denken und arbeiten, um immer wieder bestehende Grenzen zu hinterfragen und überschreiten (Stichwort: Innovator's Dilemma).

> *„Die Existenz anderer Unternehmen hilft dem Markt dabei, die Zukunftsfähigkeit von FinTechs in der gesamten Region zu erkennen. Wettbewerb macht uns besser und treibt uns immer wieder an, innovativer zu werden."*[479] —David Lee, Chief Revenue Officer bei *Privé Technologies*

478 eigene Darstellung
479 Lee, zitiert in: hubbis (2018) aus dem Englischen übersetzt.

ällt Payment weg, fällt auch eine tragende Säule der Bankenstruktur weg. Die Konsequenz ist, dass Banken Kund:innen verlieren. Auf Banken wirken die Modelle der FinTechs daher zunächst einmal als disruptiv — und somit bedrohlich. Dabei haben FinTechs und Banken sehr unterschiedliche Kernkompetenzen. Die meisten Banken sehen in der Kooperation mit FinTechs das Risiko und verkennen die Chancen, die diese bieten: die eigenen Produkte und Dienstleistungen effektiver an die Kund:innen zu bringen.

Wie in Kapitel 2 beschrieben, ermöglicht eine schlanke und digitalisierte Wertschöpfungskette es den Banken immer besser, Aufgabenbereiche auszugliedern (Outsourcing). FinTechs können hier eine starke Katalysatorrolle übernehmen, da sie zumeist bereits auf Kollaborationsmodelle ausgelegt und spezialisiert sind. Laut *GFT-‚Banking Expert Survey*‘ haben allerdings erst 17% der befragten (internationalen) Banken eine übergreifende Strategie zur Integration externer Angebote.[480]

Coopetition fördert Innovation

Coopetition, also die Kooperation mit Mitbewerber:innen, setzt unglaubliches Innovationspotenzial frei. Richtig kombiniert können Kooperationspartnerschaften (engl.: *cooperation*), auch oder besonders mit vermeintlichen Wettbewerber:innen (engl.: *competitors*), das gemeinsame Angebot extrem stärken. Während die Stärken klassischer Banken in der Skalierung, Infrastruktur und Expertise liegen, glänzen FinTechs mit schlanken Geschäftsmodellen und moderner Technologie. Konkret bedeutet das: Banken haben den Zugang zu Kapital und gelten als vertrauenswürdige Vermittler (Skalierung), besitzen die technologische Infrastruktur, Konnektivität und den Zugang zu Daten (Infrastruktur) und kennen sich mit Marktstrukturen, Compliance und Regulatorien aus. Indes liegen die Stärken der FinTechs in ihren kundenorientierten Produkten, ‚*digitalen Touchpoints*‘ — Berührungspunkten/ Kundenschnittstellen — und den direkten Peer-2-Peer Business Models (Geschäftsmodell) sowie in der nahtlosen Einbindung ihrer zukunftsweisenden ‚*Cutting-edge Technologien*‘ und ihren schlanken Cloud- oder SaaS/Software-as-a-Service-Angeboten.[481]

Wenn Banken und FinTechs aufhören sich ausschließlich als Wettbewerber zu sehen und stattdessen verstärkt gemeinsam innovative Lösungen erarbeiten die zu einer Verbesserung der Interaktion und Angebote für ihre Kund:innen führen, dann werden wir in den kommenden Jahren eine spannende Phase der Innovationen an der Schnittstelle zwischen dem traditionellen Bankgeschäft und völlig neuen Branchen erleben. Wie so oft gilt: Die besten Chancen auf erfolgreiche Coopetition haben Finanzinstitute und Entscheidungsträger:innen, die flexibel und offen in die Zukunft blicken und stärker an sinnvoller Digitalisierung interessiert sind, als an Image und dem eigenen Ego. Mehr hierzu folgt in „*Bionic Wealth*“.

---

480 Vgl. Schneider (2018)
481 Vgl. Statista (2017B:9)

8.3. Mehr Kooperation durch Open Banking und API-Schnittstellen

Open Banking vernetzt die Akteure im Ökosystem

Im *Open Banking* werden Banken zum Teil des Ökosystems. Spätestens mit Eintreten der PSD2-Verordnung, welche in Kapitel 7.1 ausführlich erläutert wird, haben Banken nicht mehr den Luxus, sich für oder gegen Open Banking zu entscheiden. Während viele klassische Banken bisher starke Zurückhaltung bei der Öffnung ihrer Strukturen und Angebote gegenüber Dritten gezeigt haben, waren andere Finanzdienstleister:innen sehr viel aktiver. Gerade FinTechs und Direktbanken, welche lange unterschätzt wurden, sorgen nun für Preis- und Innovationsdruck im Banking und Paymentgeschäft. Einerseits waren diese Unternehmen auf das Zeitalter des Open Banking vorbereitet, lange bevor die Legislative ihnen den Weg geebnet hat. Andererseits sind sie sehr viel agiler aufgestellt als klassische Bankhäuser, da sie kein kostspieliges Filialnetz zu unterhalten haben. Um mitzuhalten, ist es daher wichtiger denn je, dass etablierte Banken lernen, nutzerzentriert und digital zu denken — FinTechs tun es bereits.[482]

Attraktivität, Transparenz und Offenheit spielen eine zentrale Rolle bei der Bank 4.0

Die Bank der Zukunft wird sowohl Bank, als auch Technologieunternehmen und digitale Plattform bzw. digitales Ökosystem sein. Neue Formen der Datenspeicherung und Verarbeitung, Technologien wie die künstliche Intelligenz oder maschinelles Lernen und Regulatorien wie PSD2 führen dazu, dass die Bedürfnisse der Kund:innen immer besser ausgewertet, verstanden und vorhergesagt werden können. Erreicht werden kann dies allerdings nur von Banken, die sich auf die Digitale Transformation vollkommen einlassen und ein adaptives Geschäftsmodell entwickeln, das mit den Anforderungen der digitalen Zeit zurechtkommt. Gleichzeitig müssen traditionelle, hierarchische Organisationsmodelle flexibleren Clusterstrukturen weichen. Strategische Allianzen, die Zusammenarbeit mit Startups und Drittanbieter:innen sowie das Digital Mindset — und die Bereitschaft, von Startups und Techgiganten zu lernen — werden ebenfalls ausschlaggebend für den Erfolg der Bank 4.0. In diesem Zusammenhang werden viele Finanzinstitute sich künftig immer häufiger mit der Frage „*Make or Buy*" auseinandersetzen müssen. *FAAS* und die *Bank in a Box* stellen heute kein Risiko mehr da, sondern vielmehr eine Chance.

API-Schnittstellen sind der Schlüssel zum Erfolg

Eine *API* ist eine Programmierschnittstelle (engl.: *application programming interface*) für Anwendungen externer Anbieter: Die API *„ist ein Programmteil, der von einem Softwaresystem anderen Programmen zur Anbindung an das System zur Verfügung gestellt wird. Im Gegensatz zu einer Binärschnittstelle (ABI) definiert eine Programmierschnittstelle nur die Programmanbindung auf Quelltext-Ebe-*

---

482 Vgl. Ehlert (2016)

ne. Zur Bereitstellung solch einer Schnittstelle gehört meist die detaillierte Dokumentation der Schnittstellen-Funktionen mit ihren Parametern auf Papier oder als elektronisches Dokument."[483] Da beim Open Banking immer auch APIs eingesetzt werden, spricht man auch vom *API Banking*.[484]

Nicht nur Technologieunternehmen kennen die Möglichkeiten, die APIs bieten, sondern auch Kleinstunternehmen, die etwa eine Webseite betreiben: Angetrieben von Internetbetreibern wie GAFA implementieren sie schon heute auf unzählige Zusatzfeatures via API. Ob Unternehmen den Facebook Messenger auf der Unternehmensseite als Kommunikationskanal einsetzen, unter ‚Kontakt und Anfahrt' die Google Maps-API einbinden oder das Produkt via Amazon-Schnittstelle direkt zum Verkauf anbieten: Um die zentralen Internetplattformen entsteht so ein vernetztes Ökosystem, in welchem Marktführer eine produktive Symbiose mit Selbstständigen, Startups, FinTechs und etablierten Unternehmen eingehen.[485]

Dieses Ökosystem ist keineswegs auf die Privatwirtschaft beschränkt, sondern kann auch auf die Kreditwirtschaft angewendet werden, um beispielsweise kooperative Communitys entstehen zu lassen — seit PSD2 ist die Teilnahme an diesem Ökosystem ohnehin reguliert. So können Banken die Angebote und Dienstleistungen Dritter direkt integrieren oder selbst APIs entwickeln und sich als API-Bank positionieren. Die Schweizer Hypothekenbank Lenzburg bietet ein anschauliches Fallbeispiel dafür: Obgleich PSD2 Schweizer Banken nicht betrifft, hat Lenzburg einen ‚Open API Layer' entwickelt, welches Dritten zur Verfügung gestellt wird. Auf diese Weise wird ein eigentlich kleines und regional agierendes Spezialinstitut zum Teil eines überregionalen Ökosystems aus kontoführenden Instituten und konkurrierenden bzw. kooperierenden FinTechs. Die Zielgruppe der API-Banken sind Indikatoren und Händler, in gewisser Weise also das Firmenkundengeschäft 2.0. Dank APIs kann die Bank nun auch im Privatkundengeschäft als Marktplatz auftreten, wie es auch die Fidor Bank mit Figo bereits tut.[486]

Nach Werner Dorschel, Managing Partner und Gründer der *DPS Gruppe*, „*ist eine ISO 20022 basierende API-Technologie, die von möglichst zahlreichen Finanzinstituten genutzt wird, die wirkungsvollste Grundlage*", um Entwicklungs- und Instandhaltungskosten zu reduzieren und die Marktdurchdringung zu forcieren.[487]

Fallstudie: 100 Tage Open Banking der Deutschen Bank

Über das *Deutsche Bank* Open Banking Programm *dbAPI* bietet die Deutsche Bank (geprüften und verifizierten) Drittanbieter:innen eine Schnittstelle, die den Zugriff auf Kunden- und Kontodaten ermöglicht. Innerhalb der ersten 100 Tage, so Hensen, habe die *Deutsche Bank* den *Finanzguru*, die *Deutsche Vermögensberatung* (DV AG), den Authentifizierungsservice *Verimi* und weitere Anwendungen an ihre dbAPI angebunden und ist mit vielen Finanz- und Wirtschaftsakteuren in Austausch getreten.[488]

---

483 Ehlert (2017)
484 Vgl. Ehlert (2017)
485 Vgl. Dorschel (2018:86f.)
486 Vgl. Ehlert (2017) & Dorschel (2018:86f.)
487 Dorschel (2018:87)
488 Hensen, zitiert in: Leichsenring (2018B)

Besonders in sogenannten ‚*Beyond Banking*'-Anwendungen, also Apps und Dienstleistungen, die zwar auf Bankdaten zugreifen, allerdings nicht unter die Kategorie Finanzen fallen, sondern etwa unter Gesundheit und Lifestyle, werden künftig besonders spannend für API-Banken. „*Was viele unterschätzen: Bankdaten, vor allem die Transaktionen, sind ein Spiegelbild unseres Alltags. Sie ermöglichen personalisierte Apps der nächsten Generation*“[489], erklärt Hensen.[490]

Neben der technischen Umsetzung ist vor allem die Datensicherheit eine Kernherausforderung im Open Banking. Daher hat die Deutsche Bank einen 14-tägigen Aufnahmeprozess entwickelt, den Entwickler:innen durchlaufen müssen, um Zugang zur dbAPI zu erhalten. Die Prüfung umfasst unter anderem ein Know Your Customer-Verfahren (KYC) (Ausführung folgt in Kapitel 9.5). Zudem muss der Sitz des Unternehmens in der EU sein und die Anwendungen mit den Interessen und ethischen Grundsätzen der Deutschen Bank und ihrer Kund:innen übereinstimmen. Wichtig ist, dass Open Banking oder in diesem Fall die *dbAPI* keine offene Schnittstelle darstellt, sondern die Systeme ausschließlich für vertrauenswürdige Drittanbieter unter kontrollierten Bedingungen öffnet. Für die Entwicklung stehen Drittanbieter:innen realitätsnahe Testumgebungen zur Verfügung, für häufig auftretende Anwendungsfälle gibt es bereits maßgeschneiderte API-Produkte — darunter etwa die Altersverifizierung.[491]

Eine ausführliche Fallstudie über *dbAPI* und die Strategie mit der sich die *Deutsche Bank* zum Plattform-Gateway entwickeln möchte, finden Sie auf www.bionicwealth.de/impulse/ in der Kategorie „*Fallstudien*“.

Fallstudie: Der Swisscom und CA Technologies Open Banking Hub

Im September 2018 haben *CA Technologies* und *Swisscom* eine strategische Allianz zur Schaffung eines innovativen Open-Banking-Hub bekanntgegeben. Der Finanzdienstleister *CA Technologies* erstellt Software, die die Transformation von Unternehmen anregt und ihnen ermöglicht, die Chancen der Anwendungs-Ökonomie zu nutzen. *Swisscom*, eines der führenden Telekommunikations- und IT-Unternehmen der Schweiz standardisieren das CA Technologies API Management-Portfolio, um eine einfache und sichere Schnittstelle zu schaffen. Diese Schnittstelle verbindet Finanzinstitute mit Drittanbieter:innen. Der *Open-Banking-Hub* soll Fintechs dabei helfen, die Compliance- und Sicherheitsanforderungen der PSD2 und ähnlicher Gesetze zu erfüllen. Der Hub nimmt Geldinstituten verschiedenste Anwendungen und Herausforderungen ab: Transparenz, Sicherheit, Leistung, Verfügbarkeit und Infrastrukturprobleme sind in den Serviceleistungen mit inbegriffen. Dadurch fokussieren sich Hub-Benutzer:innen auf die zukünftige Service-Entwicklung und dies hilft ihnen, wettbewerbsfähig und konform zu bleiben.[492]

Mehr über den *Open Banking Hub*, und den ‚*API-Playground-as-a-Service*'-Ansatz welcher aus der Kooperation entstehen soll, finden Sie in der Kategorie „*Fallstudien*“ auf www.bionicwealth.de/impulse/.

489 Hensen, zitiert in: Leichsenring (2018B)
490 Vgl. Leichsenring (2018B)
491 Vgl. Leichsenring (2018B)
492 Vgl. IT Finanzmagazin (2018I)

8.4. Folgt in Deutschland das große Bankensterben?

Ist Deutschland ‚overbanked'?

Die deutsche Bankenstruktur ist mit 1.668 Banken (Stand 2017) und mehr als 27.000 Filialen (Stand 2016) so fragmentiert wie kaum eine andere auf der Welt. Schenkt man dem *Oliver Wyman Bankenreport Deutschland 2030* glauben, so steht Deutschland momentan vor einer großen Konsolidierungsphase; so wird es in Deutschland den nächsten 10 bis 15 Jahren nur noch 150 bis 300 Banken geben statt der bisherigen 1600. Dabei ist dieses Szenario gar nicht mal unrealistisch: Frankreich, das am zweitstärksten fragmentierte Land Europas, zählt 786 Banken, Italien 586, Großbritannien 341 und Spanien sogar nur 283.[493]

Der große Konsolidierungstrend sollte kritisch betrachtet werden

Sollte der *Oliver Wyman Bankenreport Deutschland 2030* richtig liegen, werden in einem Jahrzehnt also nur noch 150 bis 300 hochspezialisierte Banken in Deutschland übrig bleiben. Das bedeutet keinesfalls, dass die anderen Finanzunternehmen schließen — auch wenn das auf viele Filialen zutreffen wird. Vielmehr bedeutet dies, dass sich immer mehr Banken zusammenschließen werden. Ähnliche Entwicklungen lassen sich übrigens auch bei Privatbanken, Vermögensverwaltungen und Versicherungshäusern beobachten, wenn auch in etwas abgeschwächter Form. Neben den großen internationalen Technologieriesen werden die neuen Platzhirsche, welche aus den Konsolidierungen hervorgehen, in Deutschland künftig entscheiden, wie schnell und in welche Richtung sich der Finanzsektor entwickelt. Doch werden sie auch damit ihre altgewohnte Monopolstellung nicht zurückgewinnen.

Während eine derartige Situation in Ländern wie China oder den USA eine enorme Risikobereitschaft und Innovationsfreudigkeit auslöst, ist es im Kontext der deutschen Mentalität sehr viel Wahrscheinlicher, dass die Angst davor, in die Bedeutungslosigkeit zu rutschen, zu zusätzlichem Silodenken und einem Rückbesinnen auf die größte Stärke der Deutschen führen wird: das endlose Überoptimieren von Bestehendem. So entstehen keine innovativen Lösungen, sondern lediglich perfekt (tot)optimierte Legacy-Systeme. Und genau das bereitet mir Sorgen.

Bisher gilt das Credo: *„Ein starkes Finanzinstitut kauft Unternehmen — es fusioniert nicht.“* Demnach werden Fusionen zunächst als *‚schwächeln'* interpretiert. Wird fusioniert, dann meist mit ähnlich aufgestellten Finanzunternehmen. So soll sichergestellt werden, dass das liquidere Finanzinstitut auf seinem Kerngebiet Marktführer bleibt. Gleichzeitig bedeuten aus der Not entstandene Fusionen immer auch Entlassungen und einen unglaublichen Aufwand in der Zusammenlegung der Systeme und Compliance. Anstatt agile und für die Zukunft gewappnete Unternehmen zu entwickeln, formen sich so Flaggschiffe mit massivem bürokratischem Aufwand und labyrinthartig verworrenen Hierarchieebenen. Politische Machenschaften, ungeklärte Zuständigkeiten und weitere interne Wachstumsbremsen sind nahezu vorprogrammiert.

---

493 Oliver Wyman (2018:)

Dabei bietet das digitale Zeitalter viel mehr Möglichkeiten. Der Konsolidierungstrend könnte sich als das genaue Gegenteil von dem Grundgedanken hinter *Coopetition*, *Open Banking*, *APIs*, *agile Working*, *Innovation* und der *Plattformökonomie* entpuppen. Gleichzeitig lädt genau dieser Müßiggang neue Nischenplayer und Fintechs förmlich dazu ein, mit disruptiven Innovationen an den Platzhirschen vorbeizuziehen.

Ein weiteres Risiko, das mit dem Konsolidierungstrend einhergeht, betrifft uns alle: Die Finanzkrise von 2007-2009 hat uns vor Augen geführt, welche weitreichenden Folgen es haben kann, wenn ein großes Finanzunternehmen pleite geht. Doch wie sieht es aus, wenn künftig eines der *„übrigen"* konsolidierten Finanzunternehmen pleite geht? Die Folgen wären verheerend. Dieser Logik folgend gefährdet die Konsolidierung in gewisser Weise das Brutto Inlandsprodukt (BIP) des Landes. Das ist ein Risiko für uns alle, denn Rettungspakete zahlen bekanntlich immer die Steuerzahler:innen.

Darüber hinaus galt bis dato der Grundsatz: *„Die Bank ist systemrelevant"*. Diese Systemrelevanz nimmt aufgrund der Internationalität des Finanzmarktes und der disruptiven Ansätze einiger FinTechs jedoch rapide ab. In gewisser Weise hat die Covid-19 Pandemie den Begriff *„Systemrelevanz"* zusätzlich die öffentliche Wahrnehmung gebracht. So rückten Wissenschaftler:innen, Versorger:innen und Pflegekräfte ins Rampenlicht, während Banken erstmals Kurzarbeit in Betracht zogen und sogenannte *Zombieunternehmen* Insolvenz anmelden und Kredite platzen ließen. Es kann also nicht vollkommen ausgeschlossen werden, dass die nächste Finanzspritze vom Staat eher von homöopathischer Natur sein wird.[494]

Das Entwicklungsszenario nach Oliver Wyman

Die Unternehmensberatung hat die wichtigsten Veränderungstreiber für den deutschen Finanzmarkt analysiert. Für jeden Veränderungstreiber hat *Oliver Wyman* ein Entwicklungsspektrum definiert, das von einer stetigen Evolution bis hin zu einer radikalen Disruption im Markt reicht. Bei den Veränderungstreibern unterscheidet *Oliver Wyman* zwischen vier Rubriken: Technologie und Innovation; Kundenverhalten und Nachfrage; Politik und Regulatorik; Makro- und Sozio-Ökonomie. Die wichtigsten Treiber und ihre Auswirkungen in einem Evolutions- bzw Disruptionsszenario werden im Nachfolgenden aufgeführt.[495]

- **Technologie und Innovation:** In den Veränderungstreiber Technologie und Innovation spielen neue Ansätze wie die Modularisierung der Wertkette und Cloud Computing; Prozesstechnologien (Robo-Advice, OCR, NLP) und disruptive Technologien (Blockchain, Künstliche Intelligenz).
- **Kundenverhalten und Nachfrage:** Der Veränderungstreiber Kundenverhalten und Nachfrage umfasst Mobilität und Kundenanspruch, Transparenz- und Kostenbewusstsein und Vertrauensverlust.

494 Vgl. Uhlig et al. (2020) & Kirchgessner (2020)
495 Oliver Wyman (2018:16ff.)

- **Politik und Regulatorik:** Als größte Veränderungstreiber in der Politik und Regulatorik zählen Protektionismus und Brexit, Kapitalanforderungen (*Basel IV*) und Cyber Risk Kunden- und Datenschutz (*MiFid2*, DSGVO, *PSD2*).
- **Makro- und Sozio-Ökonomie:** Die wichtigsten Veränderungstreiber für die Ökonomie sind das Niedrigzinsumfeld, wirtschaftliche Entwicklungen, der demografische Wandel und Digital Workforce.

Im Evolutionsszenario werden neue Innovationen, Lösungen und Entwicklungen allmähliche Veränderungen zum Status quo herbeiführen. Das Disruptionsszenario hingegen wird Veränderungen der Marktstruktur sehr viel schneller und weiter, als bisher erwartet, vorantreiben. Zur Veranschaulichung werden nachfolgend drei ausgewählte Beispiele ausgeführt:[496]

- **Modularisierung der Wertschöpfungskette und Cloud Computing:** In einer Evolution wird sich etwa zunächst die IT-Infrastruktur auslagern und eine API-Welt etablieren. Anschließend folgt eine Commoditisierung von Standard-APIs und IT-Lösungen. Bei der Disruption hingegen setzt sich eine absolute Dominanz von Technologieunternehmen gegenüber den Banken durch.
- **Disruptive Technologien:** Zunächst entstehen erste Use Cases und Proof of Concept (Evolution), die als Alternativen mit bestehenden Infrastrukturen koexistieren. Gleichzeitig könnten sich jedoch auch vollkommen neue Infrastrukturstandards etablieren, die den bestehenden Status quo aufheben (Disruption).
- **Kunden- und Datenschutz:** Während Regulatorien zunächst die Bereitstellung von Kundendaten an Dritte verpflichtet (Evolution), werden Dritte bei diesen Kundendaten in einem radikaleren Szenario vollkommen monetarisieren.

Was können einzelne Banken also tun?

Die Stärke der Banken ist gleichzeitig eine der größten Herausforderungen für FinTechs: Verlässlichkeit zu kommunizieren und Vertrauen bei den Kund:innen aufzubauen ist ein Unterfangen, das nicht von heute auf morgen geschieht. In einem Markt der sich über eine extreme Vielfalt an Mitbewerber:innen definiert haben FinTechs oft nur eine Chance sich zu beweisen. Sicherheitsbedenken können sie sich nicht leisten.[497] Insbesondere beim P2P-Lending handelt es sich oft um Transkationen zwischen Unbekannten. Das (Alternative) Credit Scoring (Vgl. 4.8.) gewinnt hier an zentraler Bedeutung. Darüber hinaus sollte erwähnt werden, dass mit steigender Höhe der Geldbeträge das Bedürfnis der Kund:innen wächst, Vertrauen in die Seriosität und Sicherheit der Angebote der FinTechs zu haben.[498]

Eine der wichtigsten Karten, die Banken derzeit im Wettbewerb mit FinTechs ausspielen können, ist daher ihre Markenstärke als etablierte, vertrauenswürdige Finanzdienstleister. Auch wenn neue Player, moderne FinTechs und andere Intermediäre sich immer stärker durchsetzen, so kann die Bank weiterhin eine tragende Funktion der Volkswirtschaft übernehmen: Als Sammelstelle für Kapital und

496 Vgl. Oliver Wyman (2018:16ff.)
497 Vgl. Statista (2017E:9)
498 Vgl. Statista (2017B:12)

Einlagen, sicherer (online) Kunden-Datentresor und wichtiges Glied des Open Banking-Ökosystems. Die zukunftsfähige Infrastruktur integriert Angebote Dritter und lässt die Angebote der Bank zugleich an Portfolios anderer anbinden. Um ernsthaft relevant zu bleiben, müssen Banken ihr geschlossenes Ökosystem für andere Akteure öffnen. Das offene Ökosystem erschließt Finanzinstituten nicht nur die Möglichkeiten der Digitalen Transformation voll auszukosten, sondern hilft auch das Risiko zu minimieren, als Bank zum machtlosen Produktlieferanten degradiert zu werden, der sich an die Konditionen der digitalen Platzhirsche halten muss.[499]

Um auch in Zukunft relevant zu bleiben, sollten sich Banken zudem entscheiden, ob sie sich als *Orchestrator* oder als *Zulieferer* positionieren wollen. Orchestratoren (auch Plattformanbieter) kontrollieren die Kundenschnittstelle und sind in der Lage, komplexe Lösungen unterschiedlicher Finanzdienstleister:innen *„zu einer vom Kunden als nahtlos empfundenen Kundenerfahrung bündeln"*[500]. Zulieferer auf der anderen Seite stellen den Orchestratoren ihre Finanzprodukte und Dienstleistungen zur Verfügung und dienen als Bindeglied. Während sie auf die Kontrolle über die Schnittstelle zu den Kund:innen verzichten, besitzen sie über nicht zu unterschätzende Wissens- bzw. Skalenvorteile. [501]

Es liegt an jeder einzelnen Bank, sich auf ihre Art und gemäß ihrer Werte, verfügbaren Ressourcen und strategischen Ausrichtung unverwechselbar und unverzichtbar zu machen. Mit ihrer Daseinsberechtigung auf dem Prüfstand liegt es nun bei den Banken, neue Zusatzdienstleistungen weiter auszubauen, Kooperationen mit Ökosystempartnern einzugehen und sich erneut als kundenorientierte Dienstleister:innen zu positionieren. Wie das gelingt erfahren Sie in Kapitel 9.3.

---

499 Vgl. CREALOGIX (2017:5)
500 Oliver Wyman (2018:5)
501 Vgl. Oliver Wyman (2018:5)

SCHLUSSTEIL: IMPULSE FÜR IHRE DIGITALSTRATEGIE

KAPITEL 9: STRATEGISCHE HANDLUNGSFELDER

Auf einen Blick

- Noch stehen Banken eine Reihe von strategischen Handlungsfeldern zur Verfügung, um sich zu positionieren und es gestärkt durch die Digitale (R)Evolution zu schaffen. Dies setzt allerdings Digitalität, Commitment, kluge Entscheidungen, das richtige Timing und auch eine Portion Glück voraus.
- Im Rahmen der Digitalstrategie sollten sowohl die IT-Systeme und Prozesse als auch die Anliegen der Kund:innen, Mitarbeiter:innen und Ökosystempartner:innen bedacht werden.

9.1. Digital Prudence statt ‚digital first'!

'Digital first' ist nicht immer die beste Wahl!

Ein Aspekt, auf den ich gerne näher eingehen möchte, ist der oft zitierte Ansatz ‚*digital first*'. Meistens ist es absolut sinnvoll zu digitalisieren, auch wenn das ein Risiko für das Unternehmen und die eigene Karriere darstellt. Doch manchmal ist es ratsam, einen Trend oder eine Technologie bewusst auszusetzen. Nicht jedes Digitalisierungsvorhaben ist richtig und sinnvoll; nicht alles muss digitalisiert werden. Dies gilt insbesondere dann, wenn die Kosten etwa den Nutzen überwiegen, wenn das Vorhaben negative Auswirkungen auf Mitarbeiter:innen hat (z. B. weil diese durch permanente Erreichbarkeit, Leistungsdruck und Information Overload psychisch unter Druck gesetzt werden), oder wenn das Vorhaben einen Schaden für Image/Reputation mit sich bringt (z. B. weil mit Partner:innen gearbeitet wird, die unethisch agieren, wie beim Skandal um *Facebook* & *Cambridge Analytics*).

Ich behaupte deshalb: „*Digital first*" ist selten ein guter Rat, denn er verleitet schnell zur Scheindigitalisierung und verunsichert Mitarbeitende und Kund:innen. Entscheidungen sollten stattdessen von Digital Prudence geleitet werden. Viel wichtiger ist es, verantwortungsvoll zu denken und zu handeln. Auch das zeugt von einem Digital Mindset. Die Philosophin und Psychoanalytikerin Anne Dufourmantelle schreibt dazu: „*Was riskieren wir, wenn wir eine Entscheidung aussetzen? (...) Das Aussetzen ist kein Warten, kein ängstliches oder unentschlossenes Aufschieben. Es muss nicht in die Tat umgesetzt werden, es kann sich ausblenden und an seinem eigenen Rückzugsort auflösen. Schon in seinem ‚Nicht-Handeln' ist es ein Ereignis.*"[502]

---

502 Dufourmantelle (2018:46)

Digital Prudence – die Kunst, die richtigen Weichen zu stellen

Ein Begriff, der es mir besonders angetan hat, ist ‚*Digital Prudence*'. *Prudence* bedeutet soviel wie „*Sorgfalt, Umsicht, Besonnenheit,* (oder) *vorausschauende Klugheit*"[503]. Prudence bedeutet zugleich „*Mut* (und) *Vorsicht*".[504] Der Begriff könnte kaum beschreibender sein für die Fähigkeit, die Entscheider:innen im digitalen Zeitalter benötigen. Daher möchte ich gerne einen neuen Begriff vorschlagen: *Digital Prudence*. Konkret verbinde ich mit dem Begriff *Digital Prudence* die Kunst, die richtigen Digitalisierungs-Entscheidungen zu treffen; also die Fähigkeit, kluge und informierte Entscheidungen zu treffen, bei denen 1. die potenziellen Risiken und zukünftigen Auswirkungen berücksichtigt werden, 2. die Fähigkeit zwischen sinnvoller Digitalisierung und Digiwashing zu unterscheiden und 3. die mentale Stärke, zu Entscheidungen zu stehen und sowohl Veränderungen als auch Gegenwind auszuhalten.

Warten Sie nicht, bis ein Projekt schiefläuft und sich Fehler einschleichen, die mit etwas Voraussicht hätten verhindert werden können. Warten Sie nicht, bis ein Geschäftsmodell gänzlich ausgedient hat und Sie mehr kostet als es Ihnen einbringt, bevor sie es abschaffen. Warten Sie nicht, bis ein Trend, von dem Sie bereits überzeugt sind, sich erst im Markt bewährt. Zeigen Sie Mut und Entschlossenheit — aber üben Sie sich zugleich auch in Digital Prudence!

9.2. Entwicklung und Stärkung der Digitalität

Entwickeln Sie ein Digital Mindset

Die Digitale (R)Evolution beginnt im Kopf! In Zukunft werden traditionelle Maßnahmen wie die Optimierung der Produktportfolios, Kostensenkungsprogramme oder das Abstimmen regulatorischer Anforderungen nicht mehr ausreichen. Damit Finanzunternehmen sich digital aufstellen können — sei es als Kundenplattform oder Produkt- und Infrastrukturspezialist —, ist ein *Digital Mindset* vonnöten. Denn: Digitalisierung ist eine bewusste Entscheidung, den Weg in eine Zukunft einzuschlagen, die schon begonnen hat. Diese Zukunft gilt es jetzt gemeinsam zu gestalten.

Das digitale Mindset ist eine Haltung, Mentalität und Einstellung; eine Denkweise, die sich kritisch mit analogen Prozessen und Lösungen auseinandersetzt und kritisch hinterfragt, ob diese mithilfe digitaler Technologien sinnvoll automatisiert oder optimiert werden können, oder gänzlich abgelöst werden sollten. Damit einher geht eine grundsätzliche Neugierde, bzw. Offenheit für digitale Entwicklungen und den Digitalen Wandel und ein grundlegendes Verständnis für die Möglichkeiten und Potenziale, die die Digitale (R)Evolution mit sich bringt. Unser digitales Mindset drückt sich in unserem Verhalten und unserem Commitment gegenüber uns selbst und anderen aus.

---

503 Vgl. Linguee (2020)
504 Vgl. Linguee (2020)

> *„Ein digitales Mindset ist die Summe von Verhaltensmustern, basierend auf einer offenen und neugierigen Grundhaltung gegenüber State-of-the-art-Technologien. Sie beinhaltet das grundlegende Verständnis, dass und wie digitalisierte Prozesse massiven Einfluss auf unser Leben, unsere Arbeit sowie unsere Kommunikation nehmen und propagiert den Anspruch ‚digital first'."*[505] —Stefan Scheller, Fachberater Personalmarketing & Employer Branding bei *DATEV eG.*

Auf Innovation im Finanzbereich übertragen bricht das Digital Mindset zunächst mit traditionellen Entwicklungsprozessen: Wurden Produkte früher in isolierten Entwicklungsabteilungen entworfen, so finden Entwicklungsprozesse nun entlang der Kundenbedürfnisse statt. Auch im Marketing werden Strategien nicht mehr ausschließlich auf der ‚grünen Wiese' (Greenfield) entwickelt, sondern in Interaktion mit den Endnutzer:innen kontinuierlich optimiert. Das Leistungsangebot wird nicht mehr als die Palette eigener Produkte verstanden, sondern als offenes Portfolio, in dem sowohl an eigenen als auch an Produkten Dritter verdient werden kann. Damit wird das Finanzunternehmen sowohl zum Leistungsbringer als auch zum Intermediär.[506]

Auch Prozesse werden im Digital Mindset offen und Systemgrenzen übergreifend gedacht. Einer der wichtigsten Aspekte im Digital Mindset jedoch ist das Credo der offenen Fehlerkultur: Aus Rückschlägen abteilungsübergreifend lernen, ist von zentraler Bedeutung. Dabei bedeutet dies keineswegs, dass Fehler erwünscht sein sollten oder unverhältnismäßige Risiken eingegangen werden müssen. Wer noch nicht bereit ist für eine DevOps-Kultur (Kapitel 7.5) kann digitale Initiativen auch in geschützten Räumen oder an Nischenmärkten konzipieren, entwickeln und testen. Erfolgversprechende Initiativen können anschließend ausgebaut und in die breite Organisationsstruktur eingebunden werden.[507]

Im großen Unterschied zu gängigen Definitionen wie der obigen von Herrn Scheller, nach denen ein digitales Mindset zunächst dem ‚*digital first*'-Konzept folgt, ist es meine feste Überzeugung, dass ein digitales Mindset ein hohes Maß an Verantwortungsbewusstsein voraussetzt. Erstens gilt es, jede digitale Lösung, jede technologische Neuerung und jede Innovation zunächst kritisch auf deren Sinn, Zweck und Auswirkungen zu überprüfen: Ist die Lösung bzw. der Prozess sinnvoll, oder handelt es sich lediglich um Digiwashing? Welchem Zweck dient die Lösung bzw. der Prozess und welcher Mehrwert wird geboten? Und nicht zuletzt: wem und welchem Ausmaß könnte die Lösung schaden? Darunter fallen nicht nur die Auswirkungen auf Menschen, sondern auch auf unsere Umwelt.

Um ein anschauliches Beispiel zu nennen: Gerade im Geschäftsleben ist die E-Mail eines der wichtigsten Kommunikationsmittel. Was einst eine sinnvolle Erfindung mit Mehrwert war, ist heute allerdings längst überholt, auch wenn der ‚*digitale Dinosaurier*' den richtigen Umgang mit E-Mails gerade erst lernt. Ich habe auf LinkedIn unter dem Titel „*E-mail has become obsolete.*" einen Beitrag veröffentlicht, in dem ich erkläre wie E-Mail-Programme funktionieren und wieso ich

---

505 Scheller (2017)
506 Vgl. Strietzel et al. (2018:23ff.) & Roland Berger (2016)
507 Vgl. Strietzel et al. (2018:23ff.) & Roland Berger (2016)

davon überzeugt bin, dass die E-Mail in den meisten Fällen überflüssig geworden ist. Die wichtigsten Argumente dafür möchte ich hier für Sie zusammenfassen: Es ist gut und wichtig, dass die E-Mail Papier spart und deutlich schneller versandt und empfangen werden kann als herkömmliche Briefe. Dass der Kreislauf einer E-Mail aber 10g CO_2 zu unserem globalen Fußabdruck hinzufügt, immerhin die Hälfte des Kreislaufs eines herkömmlichen Briefes, während wir heute gleichzeitig mehr E-Mails am Tag versenden, als das globale Postwesen stemmen könnte, ist weniger löblich. Und auch, dass die Arbeit ganzer Berufsgruppen unter dem CC- und BCC-Wahn zu leiden hat, und dass die schiere Anzahl an Informationen uns überfordert und bis zum Digital Burn-out treibt, erscheint mir verrückt.

Wir entwickeln Bewältigungsstrategien, z. B. ‚*smarte Filter*', anstatt etwas am eigentlichen Problem zu ändern. Gleichzeitig ermöglichen Tools wie *Slack, Microsoft Teams, Workplace, Ryver, Zoho Cliq, Fleep, Slenke, Flock, Teamwork-Chat* und sogar *Whatsapp* produktive (Team!) Diskussionen auf eine Art und Weise, wie es E-Mail nie könnte. Anstatt also ein etwas besseres E-Mail Programm zu suchen, dass mit intelligenten Filtern den endlosen Kampf um die leere Inbox erträglicher macht, im Grunde aber nichts an der zuvor genannten Situation ändert, suchen Digital Leader mit einem digitalen Mindset nach sinn- und verantwortungsvollen Alternativen.

Digital Leadership: Die neu definierte Entscheider:innen-Rolle

Im digitalen Zeitalter arbeiten Teams agil, vernetzt, selbstbestimmt und auf Augenhöhe. Jedes Teammitglied nimmt gemäß seiner Stärken diverse Rollen und Funktionen ein. Ich bin der Auffassung, dass das nur funktionieren kann, wenn jede/r im Unternehmen, eigene — aber auf die Unternehmensstrategie, bzw. den Purpose ausgerichtete — Ziele verfolgt. Im Idealfall organisiert sich ein Unternehmen nach den in Kapitel 7.5 vorgestellten Prinzipen der Holokratie und/oder der integralen evolutionären Weltsicht. Doch bis die Finanzbranche dort angekommen ist, werden noch einige Jahrzehnte vergehen. Daher möchte ich die Rollen nach dem derzeit etablierten hierarchischen Organisationsmodell erläutern:

Das oberste Ziel eines Finanzunternehmens muss m. E. darin liegen, eine positive Wirkung für die Kund:innen und die Gesellschaft zu erzielen (verantwortungslose Handlungen, die der Umwelt schaden, schaden immer auch der Gesellschaft). Das oberste Ziel der Entscheider:innen muss sein, die Zukunftsfähigkeit des Unternehmens sicherzustellen, damit dieses seine Wirkung bestmöglich erzielen kann. Das oberste Ziel der Führungskraft muss sein, die Mitarbeiter:innen zu befähigen und ihnen Hindernisse aus dem Weg zu räumen, damit sie eine sinnvolle Arbeit leisten können. Das oberste Ziel der Mitarbeiter:innen muss sein, die Bedürfnisse der Kund:innen optimal zu bedienen. Im Grunde ganz einfach.

Diese Vorstellung löst bei vielen Entscheider:innen jedoch großen Widerstand aus: Sie rüttelt an den Grundpfeilern des eigenen Rollenverständnisses und stellt die eigene Autorität in Frage. Und das stimmt auch; wenn die Person noch in starren Hierarchien und alten Führungsmustern denkt und das eigene Ego füttern möchte. Langfristig ist das Festhalten an dieser Form von Kontrolle und Autorität aber nicht zielführend. Die naheliegende Frage lautet also: Welche Rolle nehmen Sie als Entscheidungsträger:in im digitalen Zeitalter ein?

Der Erfolg Ihres Teams ist Ihr Erfolg — und umgekehrt. An der Idee festzuhalten, Sie könnten im Finanzgeschäft — einem der komplexesten Systeme der Welt — allein die Kontrolle behalten und informierte Entscheidungen treffen halte ich für ungesund; ja sogar wahnwitzig. In gewisser Weise ist der Kontrollverlust in Wahrheit die Loslösung von einer Illusion! Im digitalen Zeitalter machen smarte Entscheider:innen keine One-Way-Ansagen, sondern profitieren von der kollektiven Intelligenz im Unternehmen. Auch fallen viele der klassischen Rollen wie Budgetierung, Kündigungen und Beförderungen, Leistungsbeurteilungen, etc. weg.

Stattdessen kommen drei wesentliche Funktionen dazu: Erstens gilt es, möglichst viele Steine aus dem Weg der Mitarbeiter:innen zu räumen; dabei helfen Prozessoptimierungen und -neugestaltungen sowie der Einsatz von digitalen Schlüsseltechnologien. Zweitens gilt es, die neu gewonnene Zeit auf das eigene Gespür zu verwenden: Werden Sie zum *„Sensor dafür, wohin die Organisation gehen möchte“*, wie es Frédéric Laloux in *„Reinventing Organizations“* ausdrückt. Und drittens gilt es, den Raum, bzw. digitalen Kurs, zu halten. Immer wenn es brenzlig wird, werden Ihre Kolleg:innen und Mitarbeiter:innen versucht sein, wieder in alte Strukturen und Arbeitsweisen zu verfallen. Es liegt an Ihnen, als Leader und Vorbild der Selbstführung voranzugehen.

Aber... das kann doch nicht für Banken gelten, oder? Doch! Auch als Manager:in und selbst als Vorstandsvorsitzende:r sind Ihre Entscheidungen nur so gut, wie die zugrundeliegenden Informationen, auf die Sie diese stützen. Betrachten Sie hingegen Ihre Mitarbeiter:innen, sowie digitale (KI-)Systeme und Schlüsseltechnologien (z. B. Smart Data Analytics,) als Teil, bzw. als Erweiterung Ihres Selbst, werden Sie schnell feststellen, dass sie erstaunliche Ergebnisse erzielen können, wenn Sie sich von der starren Hierarchie lösen und beginnen sich stattdessen als Digital Leader zu begreifen.

> *„So kämpfen wir weiter, wie Boote gegen den Strom, und unablässig treibt es uns zurück in die Vergangenheit.“*[508]
> — Francis S. K. Fitzgerald (1896 - 1940), Schriftsteller.

Hier sind einige Tipps, die Ihnen die Umstellung erleichtern können:

- Fördern Sie Digital Empowerment, anstatt es zu unterbinden. Solange Sie sich darauf konzentrieren was Sie verlieren könnten, werden Sie nie erfahren was Sie gewinnen können.
- Lernen Sie loslassen. Auch wenn Sie zunächst eine Art Phantomschmerz empfinden: Lösen Sie sich von der Verlustaversion und schenken Sie Ihren Mitarbeiter:innen das Vertrauen (und die Eigenverantwortung), dass sie verdienen.
- Entwickeln Sie — gemeinsam im Team — einen starken Purpose und eine Kern-Leidenschaft. Und leben Sie diesen anschließend konsequent. Dies bedeutet auch, sich von Mitarbeiter:innen zu trennen, die nicht an die neue Richtung glauben und/oder kein digitales Mindset entwickeln möchten.
- Beziehen Sie den Betriebsrat mit ein. Mit Veränderungen ist das immer so eine Sache. Oft ist das, was wir uns wirklich wünschen, nicht das, was wir wirklich

508 Fitzgerald (2011)

brauchen. So verhält es sich auf oft mit dem Digitalen Wandel im Unternehmen. Mir ist kein Unternehmen bekannt, bei dem die Automatisierung und Optimierung von Prozessen nicht auch zu Kündigungen geführt hat. Dabei zählt auch nicht, dass neue Stellen geschaffen wurden. Tun Sie sich selbst deshalb einen Gefallen: Holen Sie alle Stakeholder an Board, nicht nur die am eigentlichen Digitalisierungsprojekt beteiligten.

- Üben Sie sich gegenüber Ihrer Mitmenschen — d.h. Ihrer Mitarbeitenden, Mitentscheidenden und Mitstreitenden — in aufrichtiger Anerkennung, Authentizität, Empathie, Integrität, Transparenz und Wertschätzung. Ohne diese gelebten Werte werden Ihnen die Loyalität, die Motivation und der Rückhalt Ihrer Mitstreiter:innen früher oder später abhanden kommen.

Digital Leadership ist Zustand und Haltung zugleich

Digital Leadership beschreibt sowohl die Führerschaft als auch die Führungsqualitäten im digitalen Umfeld. Ähnlich wie auch bei der Digitalisierung handelt es sich bei Digital Leadership allerdings um einen Begriff, dem je nach Kontext unterschiedliche Bedeutungen zugesprochen werden. Im Marktumfeld beschreibt *digitale Führerschaft* den Digitalisierungsgrad des Unternehmens im Vergleich zu Mitbewerbern. Dasselbe gilt auch für Städte und ganze Staaten; in diesem Fall spricht man auch vom *digitalen Staat*, oder *Digitalstaat*. Hier gelten etwa Singapur, Südkorea und Japan als digitale Vorreiter, dicht gefolgt von den Skandinavischen Ländern (Estland/Finnland/Norwegen/Schweden), den Niederlanden sowie den Vereinigten Staaten und China. Digital Leadership kann aber auch auf die Führungsqualitäten einer Person bezogen werden. Digitale Führung bezieht sich in diesem Fall auf die Aufgaben und Werkzeuge, die eine Führungskraft im digitalen Zeitalter anwenden kann. Während digitale Führerschaft immer nur ein temporärer (Ideal-)Zustand sein kann der von vielen externen Faktoren (z. B. vom-Wettbewerb) abhängig ist, handelt es sich bei digitaler Führung um eine Grundeinstellung; eine Lebensphilosophie auf die Sie Einfluss nehmen können. Die folgenden Abschnitte beziehen sich deshalb auf Digital Leadership im Sinne der digitalen Führung.

Jedes Digitalisierungsprojekt ist ein großes Risiko für die eigene Karriere. Die Wahrscheinlichkeit, dass die Digitalisierung nicht nach Plan läuft, länger dauert und mehr kostet, liegt bei nahezu hundert Prozent. Schließlich geht es um die Weichenstellung und Navigation in eine ungewisse Zukunft. Leider schaffen Unternehmen hierfür viel zu wenige Anreize. Mehr noch: das heutige Anreizsystem bereitet mir große Sorgen. Die meisten Manager:innen in hohen Führungspositionen sind Teil der Generation 50+ oder sogar 60+. Viele von ihnen haben überhaupt kein Interesse an Veränderung, denn das würde ihre Rolle, ihren Status, ihre Karriere — und ihre Rente — bedrohen. Unklar ist auch, ob sie die Früchte für die von ihnen angestoßene Veränderung überhaupt noch ernten können. Den Kopf in den Sand zu stecken und den ‚wohlverdienten Ruhestand' abzuwarten scheint geradezu verlockend; zum Leidwesen des Unternehmens, der Kolleg:innen und der Kund:innen. Wie ich bereits in der Einleitung erklärt habe: Der Digitale Wandel hört nicht auf, nur weil wir ihn ignorieren oder wegwünsche.

Die Teilnahme am Digitalen Wandel ist ein Risiko. Nicht zu digitalisieren aber auch, denn der Einsatz ist die Zukunftsfähigkeit. *„Das Risiko stößt in einen unbekannten Raum vor (....). Der Akt des Risikos ist dem Zufall ausgesetzt"509, schreibt die Philosophin und Psychoanalytikerin Anne Dufourmantelle in „Lob des Risikos: Ein Plädoyer für das Ungewisse"*. Keine Epoche war je *„sicherer"* und dennoch leiden wir *„alle unter einer wachsenden, unermesslichen Angst vor jedem potenziellen Ereignis."*[510] Diese Angst wirkt beunruhigend; sogar lähmend. Ihr jedoch nachzugeben wäre fatal. Vielmehr müssen wir lernen, unsere Ängste zu begrüßen, denn in ihnen liegt unglaubliches schöpferisches Potenzial.[511]

Digital Leadership bedeutet deshalb auch, Veränderungen auszuhalten. Digitalisierungsprojekte bedeuten ein hohes Maß an Verantwortung und Belastung für alle Beteiligten. Die Wahrscheinlichkeit, mit einem Projekt zu scheitern steigt mit zunehmender Komplexität enorm. Gleichzeitig sind es häufig Faktoren außerhalb des eigenen Einflussbereichs, die zum Scheitern führen. Beispielsweise könnte das Budget gekürzt oder tragende Mitarbeiter:innen versetzt werden. Ebenfalls ist es möglich, dass Kooperationspartner spontan abspringen. Alle diese Fälle gefährden das Projekt und setzen Sie und Ihr Team unter Druck. Es gibt nichts Schlimmeres für die Reputation eines Unternehmens und die Moral im Team, als kurz vor Beendigung eines Digitalisierungsprojektes das Vorhaben abzubrechen, weil die Führungsriege kalte Füße kriegt, sich übernommen hat, oder für gute Publicity lieber dem nächsten Hype folgen möchte.

Seien Sie kein Fähnchen im Wind. Seien Sie Digital Leader! Halten Sie die Digitalisierung aus, strahlen Sie Souveränität aus und profitieren Sie von einer Welt mit unbegrenzten Möglichkeiten. Schnell werden Sie erkennen, dass auch im digitalen Zeitalter das Vertrauen Ihrer Angestellten, Investor:innen, Partner:innen und Kund:innen in die Zukunftsfähigkeit des Unternehmen gleichzusetzen ist mit dem Vertrauen in Ihre Führungskompetenz — bzw. *„Organisationskompetenz"*, wie ich in *„Bionic Wealth"* argumentiere. Denn obgleich es die Algorithmen und Computersysteme sind, welche die hochkomplexen und stark vernetzten Prozesse orchestrieren, werden die zugrundeliegenden Entscheidungs- und Arbeitsprozesse letztlich von Menschen bestimmt.[512]

Wagen Sie den Digital L.E.A.P.!

Ich lade Sie ein, den Weg in die Digitalität einzuschlagen und auch Ihre Mitarbeitenden dazu zu ermutigen. Bevor Sie als Digital Leader das Potenzial der digitalen Ära voll ausschöpfen können und als wahre digitale Pionier:in (*Digital Pioneering*) den Weg für die Generationen von morgen ebnen können, sollten Sie sich zunächst digitale Grundkompetenzen (*Digital Literacy*) aneignen, für das digitale Zeitalter rüsten (*Digital Empowerment*) und anschließend Gelerntes in der Praxis umsetzen (*Digital Application*) um so auch anderen ein Vorbild zu sein. Dies beschreibt den vierstufigen Weg zur Digital Leadership, den ich *Digital L.E.A.P. nenne* (Literacy, Empowerment, Application und Pioneering).

---

509 Dufourmantelle (2018:28)
510 Dufourmantelle (2018:78)
511 Vgl. Dufourmantelle (2018:89)
512 Vgl. Knaut (2017:58)

Digitalität beginnt im Kopf

Es ist leichter als gedacht, die eigenen digitalen Kompetenzen (engl.: digital literacy) zu erweitern. Der erste Schritt beginnt im Kopf mit der Frage, wo und wie die Digitalisierung die eigene Lebenswelt verbessern kann. Das kann im gesundheitlichen Bereich, in der Berufswelt oder bei der besseren Vernetzung mit Freunden, Bekannten und Gleichgesinnten sein. Wer den Möglichkeiten gegenüber aufgeschlossen ist, die sich durch neue Technologien eröffnen, findet auch Wege, die eigenen Handlungsfähigkeiten zu erweitern. Er oder sie kann sich mit Gleichgesinnten austauschen oder gezielt den Rat derer suchen, die auf ihrem Gebiet schon ein bisschen fortgeschrittener sind. Es gibt zahlreiche Möglichkeiten, sich in Kursen sowohl offline als auch online weiter zu informieren. Weder Alter noch Geschlecht noch Lebensumfeld können hier Grenzen setzen.

Es ist die Neugierde, die uns aus der Komfortzone herauslockt. Wir sind am motiviertesten und leistungsfähigsten, wenn wir uns einer großen Herausforderung (engl.: challenge) gegenüber stehen, von der wir wissen, dass unsere Fähigkeiten und Kompetenzen (engl.: skills) gerade so ausreichen, um sie zu lösen. Das ist genau der Moment, in dem Menschen am leichtesten in einen Flow-Zustand verfallen, in dem Ihnen alles wie von selbst von der Hand geht. Aufgaben, die einen hohen Grad an Skills voraussetzen, aber keine Herausforderung mehr für uns darstellen, langweilen uns hingegen genauso wie Aufgaben, die weder besondere Skills benötigen, noch eine Herausforderung darstellen. Auf der anderen Seite setzen uns Aufgaben, die eine große Challenge darstellen für die wir uns nicht ausreichend fähig oder vorbereitet halten massiv unter Druck und können Frust, Stress und sogar lähmende Angst hervorrufen.

ABB. 9.1: MOTIVATION UND DER FLOW-MOMENT

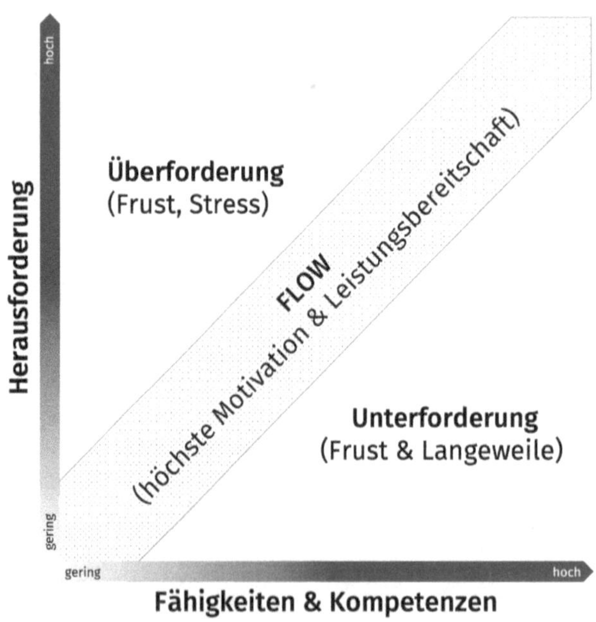

Quelle: eigene Darstellung

Christoph Magnussen hat einmal gesagt: „*Die Challenge hat mit unserer Komfortzone zu tun. Unsere Skills markieren die Grenzen dieser Komfortzone.*"[513] Ich denke er hat recht. Die Frage, die sich mir in diesem Zusammenhang allerdings stellt, ist: Wie schaffen wir es, die Neugierde unserer Mitmenschen dahingehend zu wecken, dass sie sich aus ihrer Komfortzone bewegen ohne bereits über die notwendigen Fähigkeiten und Kompetenzen zu verfügen? Denn es sind immer Herausforderungen, durch die wir lernen und wachsen.

Mitarbeiter:innen benötigen Unterstützung bei der digitalen Aus- und Weiterbildung. Marco Nink vom Beratungsunternehmen *Gallup* erklärt dazu: „*Digitale Weiterbildung für alle sollte stattdessen die Devise sein – doch mit der hapert es. Jeder dritte Mitarbeiter (34%) fühlt sich dabei von seinem Arbeitgeber schlicht im Stich gelassen – egal wie alt er ist. Nur ein Fünftel der Befragten (21%) fühlen sich von ihrem Unternehmen dabei unterstützt, Fähigkeiten und Fertigkeiten auszubauen, um neue digitale Technologien effektiv zu nutzen*".[514] Nink sieht in einem Mangel an Weiterbildungsimpulsen für Mitarbeiter:innen zudem eine verpasste Chance der Mitarbeiterbindung. „*Mitarbeiter wollen das Gefühl haben, dass sie von Ihrem Chef wahrgenommen und individuell gefördert werden. In der sich deutlich verändernden Arbeitswelt hat der direkte Vorgesetzte eine große Chance, Mitarbeiter emotional ans Unternehmen zu binden, indem er sie bei diesem Wandel unterstützt und begleitet. Mitarbeiter wollen dazulernen und sich weiterentwickeln*", bemerkt Nink und ergänzt: „*in Unternehmen, wo die Spitze sich um die Digitalisierung der Belegschaft kümmert, haben die Mitarbeiter eine dreimal so hohe Bindung an ihren Betrieb*".[515]

Die Prognostizierbarkeit der Welt ist eine Illusion

Viele Veränderungen des Digitalen Wandels auf unsere Arbeitswelt können wir heute noch gar nicht absehen. Auf den Zehn-Jahre-Plan ist schon lange kein Verlass mehr und auch fünf und sogar drei Jahre sprengen den Rahmen der realistischen Planbarkeit. Dies liegt daran, dass wir in einer *VUKA-Welt* (auch WUKA) leben; in einer Welt, geprägt von Volatilität (bzw. Wechselhaftigkeit), Unsicherheit/ Ungewissheit, Komplexität und Ambivalenz/Ambiguität (bzw. Doppeldeutigkeit). Unsere Arbeitswelt ist schnell, kompliziert, unvorhersehbar und in tiefem Maße widersprüchlich; und zwar nicht erst seit gestern. Die amerikanischen Wirtschafts- und Organisationswissenschaftler Warren Bennis und Burt Nanus verwendeten das Akronym VUCA (engl.: *volatility, uncertainty, complexity and ambiguity*) im Jahr 1987 erstmals in Reaktion auf den Zusammenbruch der UdSSR um zu beschreiben, dass es plötzlich kein klares Feindbild mehr gab, was nach neuen Sicht- und Reaktionsweisen verlangte. Es dauerte nicht lange, und der Begriff wurde auch auf die Arbeitswelt übertragen. Die Kernbotschaft: Wir haben keinen Einfluss auf die VUKA-Welt. Aber wir haben einen Einfluss auf unseren Umgang mit ihr.[516]

---

513 Magnussen (2019)
514 Nink, zitiert in Tödtmann (2019)
515 Nink, zitiert in Tödtmann (2019)
516 Vgl. Rassek (2019)

Die Digitalisierung erfordert eine Kultur der permanenten Veränderung... und zwar von Führungskräften, Angestellten und Kund:innen. Viele fühlen sich von der Digitalisierung in ihrer Komfortzone bedroht. Was für die einen der Inbegriff von Freiheit ist, löst bei anderen ein bedrängendes Gefühl der Unsicherheit aus. Die Frage nach der eigenen Rolle in der digitalen Welt — und nach der Sicherung des Ruhestands — schwebt wie eine Gewitterwolke über allem. Sie gilt es frühzeitig zu adressieren und entkräften. Klar ist: Die Welt im digitalen Zeitalter ist volatil, komplex, widersprüchlich und weder leicht zu verstehen noch leicht vorhersagbar. Permanente Veränderung steht hier für dauerhaft neue Veränderungen, auf die sich die Unternehmenskultur neu einstellen muss und kann. Der Weg raus aus der alten Komfortzone bedeutet Herausforderung und Chance zugleich. Dabei wird intellektuelle wie auch räumliche Mobilität das Aushängeschild der Zukunft sein. Mit der Arbeit 4.0 wird das Unternehmen nicht mehr als stabiler Anker der Gesellschaft und Mittelpunkt des Lebens begriffen werden, sondern als Teil eines dezentralen und dynamischen Netzwerks.[517]

Auf was können Sie und Ihre Mitarbeiter:innen sich also verlassen? Was gibt Ihnen Sicherheit? Die einzige Möglichkeit, sich auf die ungewisse Zukunft im digitalen Zeitalter vorzubereiten liegt meines Erachtens darin, zu lernen den Wandel zu begrüßen und Veränderungen auszuhalten. Wir müssen zur besten Version unseres Selbst werden. Wir müssen lernen, uns als eine Konstante in einer sich schnell verändernden Welt zu verstehen, die in der Lage ist, sich auf Wandel einzulassen ohne sich selbst dabei zu verlieren.

Nach Manuel Pick vom *forum Nachhaltig Wirtschaften* braucht Veränderung vier wesentliche Dinge: intrinsische Motivation, einen triftigen extrinsischen Auslöser, Zeit und positive Bilder, auf die die Veränderungsenergie ausgerichtet werden kann. Solange die Finanzbranche allerdings noch in veralteten Hierarchien feststeckt, muss die Veränderungskultur von der obersten Führungsriege ausgehen. Das Top-Level Management muss hinter dem Digitalen Wandel stehen, ihn anstoßen, die Mitarbeitenden für den Wandel begeistern, ihre Energie auf ein klares Ziel lenken und ihnen ausreichend Zeit geben, sich auf die Veränderungen einzulassen (Vgl. Abb. 9.2: Die sieben emotionalen Phasen der Veränderung). Dabei können sogenannte Management-Workshops helfen, laufende Digitalisierungsprojekte auch in der Führungsriege stärker zu verankern. Auch sogenannte Learning Journeys bieten Entscheidungsträger:innen die Chance, sich mit Digitalisierungsvorreiter:innen (beispielsweise den Vertreter:innen von Tech-Giganten oder hoch innovativen Startups) weltweit auszutauschen. Denn nur wenn die oberste Führung eines Unternehmens von der Wichtigkeit der Digitalisierung überzeugt ist und mit gutem Vorbild vorangeht, kann sie von ihren Mitarbeiter:innen erwarten mitzuziehen.[518]

---

517 Vgl. Knaut (2017:57)
518 Vgl. Pick in Lietsch / ALTOP (2020:12) & Strietzel et al. (2018:23ff.)

Digital Empowerment – Empathisches Change Management ist der Schlüssel

Große Innovationen – von der ersten Dampfbahn zum Anti-Blockier-System – wurden stets von Warnungen über mögliche negative Auswirkungen begleitet, die sich selten bewahrheitet haben. Sicher, sowohl das Ablösen der Feldarbeit durch Maschinen, das Verdrängen der Pferdekutsche durch das Auto oder die Einführung des mechanischen Webstuhls haben Existenzen (Arbeitsplätze) gekostet. Doch rückblickend überwiegt der Mehrwert, den solche Innovationen der Wirtschaft und Gesellschaft gebracht haben, die negativen Nebeneffekte.

Das größte Hindernis bei der Einführung neuer Technologien und Prozesse ist die Akzeptanz im eigenen Haus. Veränderungen stoßen immer auch auf Ablehnung. Sie lösen Ängste und Unsicherheiten aus und bedrohen die eigene Stellung. Ich möchte an dieser Stelle nicht weiter auf Change Management (Veränderungsmanagement) eingehen, denn es würde den Rahmen dieser Publikation sprengen. Ich kann aber nicht unerwähnt lassen, wie wichtig zielführende Kommunikation ist und welchen Stellenwert die Einbeziehung aller Abteilungen, Mitarbeitenden und Partner:innen hat.

> *„Qualität beginnt beim Menschen, nicht bei den Dingen. Wer hier einen Wandel herbeiführen will, muß zuallererst auf die innere Einstellung aller Mitarbeiter abzielen."* —Philip B. Crosby (1926-2001), Autor.

Ist die neue Kollegin eine Maschine? Stellen Sie sich vor, Sie haben eine junge, gut gebildete, vielversprechende, flexible, engagierte und hoch motivierte Mitarbeiter:in eingestellt. Sie sind absolut begeistert von ihrem Talent und ihrem Lebenslauf und setzen große Hoffnungen in sie. Immerhin soll sie nichts Geringeres erreichen, als Ihr 400-Köpfe-starkes Unternehmen zukunftsfähig zu machen. In den kommenden Wochen wird sie sich mit allen Abteilungen im Unternehmen austauschen, Prozesse optimieren und automatisieren, das Ordering- und Portfoliomanagement revolutionieren, Rebalancing für zehntausende Kundenportfolios durchführen, und so weiter und so fort. Eine richtige Überfliegerin eben.

Jetzt stellen Sie sich vor, diese Mitarbeiterin kommt an ihrem ersten Arbeitstag ins Büro und wird in einer kurzen Rundmail als Hochbegabte vorgestellt, die fortan Tag und Nacht erreichbar sein wird und viele Aufgaben der Kolleg:innen übernehmen wird. Leider haben Sie versäumt, sie vorab anzukündigen und es wurden auch keine Gespräche mit den Mitarbeiter:innen geführt, wie das neue Talent sie entlasten kann und wie sie ihre neu gewonnene Zeit stattdessen nutzen können. Zudem ist das Büro der neuen Überfliegerin noch nicht bezugsbereit, sodass sie zunächst in einer dunkeln Abstellkammer im Keller ihr Lager aufschlägt. Da sie in Gebäude B untergebracht ist, welches gerade eine Baustelle vor der Tür hat und von der lokalen Infrastruktur abgeschnitten wurde, hat sie auch keinen direkten Zugang zu Hauptgebäude A, in dem die Kundenberater:innen sitzen.

Eine Woche nachdem die junge Überfliegerin ihre Arbeit aufgenommen hat, besuchen Sie sie im ihr zugewiesenen Abstellraum; das Büro wurde inzwischen doch lieber für andere Zwecke verwendet. Von weitem sehen Sie, wie die junge Mitarbeiterin das Gespräch mit den Abteilungsleiter:innen und Mitarbeiter:innen sucht. Doch anstatt einer Antwort erhält sie nur böse Blicke und Beleidigungen.

Das Team lehnt sie ab, ignoriert sie, bremst sie aus und boykottiert sie. Sie sind fassungslos von dieser Reaktion. Dabei war sie abzusehen...

Sie haben es wahrscheinlich vermutet, aber bei der hier erzählten Geschichte handelt es sich um eine Parabel. Die Mitarbeiterin steht für eine neue Technologie — eine Software oder Hardware — die aus einer Top-Down Entscheidung heraus für das Unternehmen ausgewählt wurde um die Angestellten zu entlasten. Denn genau das geschieht jeden Tag in zahllosen Unternehmen. Statt Begeisterung auszulösen ernten derartige Digitalisierungsstrategien in der Realität meist nur Ärger und Spott. Unterschätzen Sie deshalb bitte nie die Dynamik, die erzwungene Veränderungen auslösen.

Ohne ordentliches — und damit meine ich empathisches — Change Management kann keine Veränderung erfolgreich umgesetzt werden. Alles was bei Ihren Mitarbeiter:innen hängen bleibt ist die potenzielle Bedrohung, die von der neuen Überfliegerin (hier als Metapher für eine neue Technologie, bzw. die Digitale Transformation) ausgeht und die den Arbeitsplatz, die Karriere, die Existenz, ja die Identität Ihrer Mitarbeiter:innen bedroht. Ob das nun zutrifft oder nicht, das Gefühl der Bedrohung ist alles was zählt. Der Schaden, der durch schlechte Kommunikation entsteht, kann die Träume von Menschen zertrümmern, die Moral und Motivation im Unternehmen senken und dem Brand- und Employer-Image Ihres Unternehmens nachhaltig schaden.

Und falls tatsächlich einzelne oder viele Mitarbeiter:innen Ihren Arbeitsplatz verlieren, so gilt umso mehr den Wandel sensibel und empathisch vorzubereiten und zu kommunizieren. Einem Menschen, der lange Zeit loyal für Sie gearbeitet hat, wird hier kommuniziert, dass er (bzw. seine Arbeitskraft) nicht mehr für die Ausübung dieser Tätigkeit gebraucht wird. Die Tätigkeit bleibt vielleicht weiterhin sinnvoll, doch es ist nicht mehr sinnvoll, dass der Mensch ihr nachgeht. Diese Erkenntnis kann heftig wenn nicht sogar traumatisierend sein.

Die sieben Phasen des Wandels

In „*Fit for Leadership*" nennt Prof. Dr. Richard K. Streich sieben Phasen, nach denen sich Wandel vollzieht: Der Konfrontationsschock, die Abwehrreaktion, die Resignation und Einsicht, die Emotionale Akzeptanz, die Freude am Experimentieren und Lernen, der Lerneffekt und die Integration.[519]

ABB. 9.2: DIE SIEBEN EMOTIONALEN PHASEN DER VERÄNDERUNG

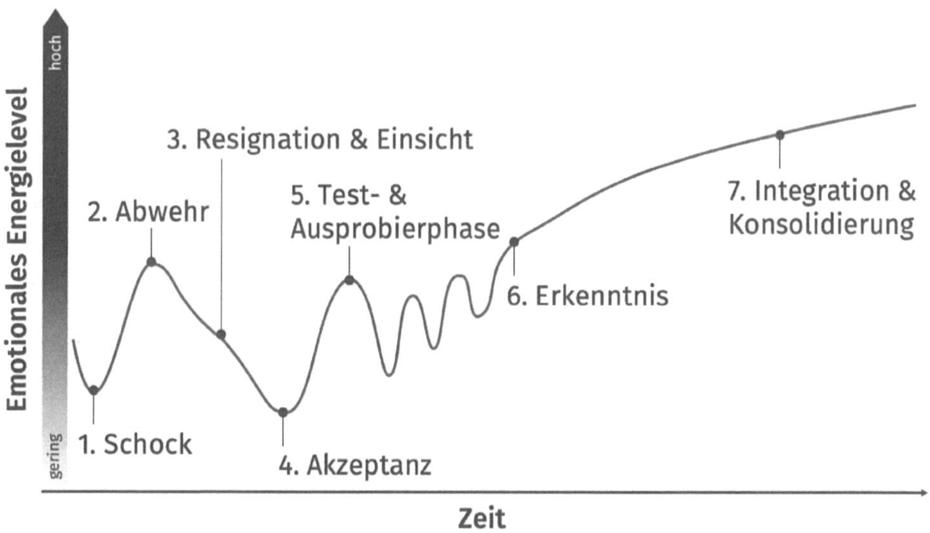

Quelle: eigene Darstellung in Anlehnung an Streich (2013:25)

1. **Konfrontationsschock:** „*Das kann nicht sein*". Wenn Ihren Mitarbeiter:innen klar wird, dass die Digitale (R)Evolution auch Sie persönlich betrifft, erfolgt in der Regel zunächst ein Schock. Dieser kann sich in Form von Überraschung, Nervosität und sogar Angst zeigen. Nur in seltenen Fällen hingegen empfinden Mitarbeiter:innen Neugierde und Vorfreude wenn es um Veränderungen auf Ihr Arbeitsleben geht. Um den Schock möglichst abzumindern ist es ratsam, von Anfang an zu kommunizieren, dass der Wandel gemeinsam im Team durchlebt werden wird und dass es bereits viele Finanzunternehmen gibt, die den Digitalen Wandel bereits gewagt haben und belohnt wurden.

2. **Abwehrreaktion:** „*Das stimmt nicht!*" Auf den ersten Schock folgt in der Regel eine Phase der Abwehr und Verneinung. Die anstehenden Veränderungen werden schlecht geredet und der Kopf beginnt damit, sich in aller Kreativität die größten Schreckensszenarien auszumalen. Gemäß dem Motto „*Kennen wir nicht, brauchen wir nicht und wollen wir nicht*" wird eine große „*Das haben wir schon immer so gemacht*"-Wand errichtet. Das Verständnis für die Notwendigkeit der bevorstehenden Veränderung fehlt noch, weil es den Mitarbeiter:innen an Hintergrundwissen, Fachwissen und positiven Erfahrungen mit der Digitalisierung mangelt. Diese Lücke wird durch Angstfantasien gefüllt. Mitarbeiter:innen an dieser Stelle vor vollendete Tatsachen zu stellen gleicht in

519 Vgl. der folgenden Absätze Streich (2013)

etwa dem Anklopfen an der Wand mit einem Presslufthammer. Es ist stattdessen ratsamer, erneut auf erfolgreiche Best Practice Fälle im Markt sowie auf die positiven Aspekte zu verweisen: Die Mitarbeitenden werden entlastet, die Arbeitslast der Mitarbeiter:innen sinkt, Ärger mit den Kund:innen wird minimiert und — wichtig — der Wandel wird gemeinsam erarbeitet und vollzogen.

3. **Resignation und Einsicht:** „*Es ist schlimm, aber irgendwie auch logisch...*" Irgendwann weicht der Widerstand der Erkenntnis, dass die Digitale Transformation nicht aufzuhalten ist. Die Mitarbeiter:innen beginnen, die Notwendigkeit der Veränderung zu sehen und kommen zur Einsicht, dass es besser ist, sich mit dem Wandel auseinanderzusetzen, als außen vor zu bleiben. An diesem Punkt können Sie damit beginnen, die Mitarbeiter:innen verstärkt einzubinden. Wer hat welche Vorkenntnisse? Wer möchte sich gerne am Projekt beteiligen und sich in bestimmten Bereichen einbringen? Was könnte verändert werden und womit sollte die Veränderung beginnen? Es ist wichtig, das die Mitarbeiter:innen die Veränderung als unaufhaltsam, aber in ihrem Interesse wahrnehmen. Wenn sich das Gefühl einschleicht, dass sie langfristig mehr Arbeitsbelastung haben werden als vorher, dann wird das Projekt scheitern.
4. **Emotionale Akzeptanz:** „*Eigentlich stimmt es schon...*" Wir sind fühlende Wesen und gefühlte Akzeptanz sickert langsamer durch als die Logik diktiert; besonders dann wenn es sich um Veränderungen handelt, deren Auswirkung auf das eigene Leben ungewiss ist. Je mehr sich Mitarbeiter:innen mit dem anstehenden Wandel auseinandersetzen und je mehr Möglichkeiten und Chancen sie für sich und ihr Unternehmen erkennen, desto stärker stehen sie hinter dem Projekt.
5. **Test- und Ausprobierphase:** „*Wir können es ja mal versuchen...*" Im Verlauf der Umsetzung beginnen die ersten Impulse der Veränderung Früchte zu tragen und Menschen verspüren Freude am Experimentieren und Lernen. Kleine Erfolge, die gekonnt kommuniziert werden, können dabei helfen die emotionale Akzeptanz zu steigern und den Spaß am Projekt wachsen zu lassen. Das Know-How im Team hat sich durch die thematische Auseinandersetzung und Learning on the Job („*learning by doing*") verbessert und die Digitale Transformation wirkt plötzlich sehr machbar. An dieser Stelle eröffnet sich eine neue Welt der Möglichkeiten und Ihre Mitarbeiter:innen beginnen damit, sich zu entfalten und vermehrt eigene kreative Ideen einzubringen.
6. **Erkenntnis und der Lerneffekt:** „*Das könnte wirklich funktionieren...*" Die bisherigen Erfahrungen und Fortschritte zeigen, dass die anfänglichen Ängste und Sorgen unbegründet waren. Die neue Lernkurve schafft ein Vertrauen in digitalen Fortschritt und die Erkenntnis kommt, dass das eigene Digital Mindset, bzw. die eigene Digitalität, sich sehen lassen kann.
7. **Integration und Konsolidierung:** „*Das ist doch selbstverständlich*!" Am Ende des Veränderungszyklus wird die Veränderung als selbstverständlich empfunden. Digitalisierung, moderne Technologien, digitale Arbeitsweisen oder optimierte Prozesse werden zum neuen Standard und möchten nicht mehr vermisst werden. Nun kann der Zyklus erneut beginnen, denn: Der Digitale Wandel ist kein Zustand, sondern ein Prozess.

Impulse für den Digitalen Wandel im Team

Nachfolgend habe ich einen kleinen Leitfaden für Sie zusammengestellt, der Sie darin unterstützen kann, sich die Zustimmung Ihres Teams bei der Vorbereitung Ihrer Projekte zu sichern.

- **Inspiration:** Wecken Sie die Neugierde und den Teamgeist Ihrer Mitarbeitenden. Beginnen Sie z. B. damit, Best Practice-Beispiele vorzustellen und sprechen sie über die Vorteile der Digitalisierung für das Unternehmen und die Anwesenden, ohne Druck aufzubauen oder direkt in eine Handlungsaufforderung überzugehen. Roadshows, auf denen Projekt-Mitarbeiter:innen die Ergebnisse im Unternehmen wie auch nach außen präsentieren, eignen sich beispielsweise hervorragend als Baustein der Kommunikationsstrategie.[520]
- **Entwicklung und Wachstum:** Unterstützen Sie Ihre Mitarbeiter:innen in ihrer Digitalität. Die Entwicklung und Stärkung eines Digital Mindset sowie die Aneignung von digitalen Fähigkeiten und Kompetenzen ist ein fortlaufender Prozess, der mal schneller und mal langsamer voranschreitet, aber nie aufhört. Beginnen Sie mit den Basics und schaffen Sie zunächst ein gemeinsames Verständnis der wichtigsten Fachbegriffe. Einigen Sie sich auf die Bedeutung von möglicherweise eineindeutigen Begriffen und Konzepten. Menschen lernen am besten indem sie etwas erfahren. Es ist nicht nötig, dass alle Mitarbeiter:innen einen Doktortitel in Digitalität erhalten. Es reicht, wertvolle Impulse und Denkanstöße zu liefern. Mit der Zeit wird dieser Samen heranwachsen und Früchte tragen. Die Vermittlung von digitalem Fachwissen ist jedoch keinesfalls Ihre alleinige Verantwortung. Unzählige Expert:innen, Trainer:innen, Coaches und Speaker:innen haben sich darauf spezialisiert, die Themen effizient zu vermitteln. Noch schneller werden Ihre Mitarbeiter:innen lernen, wenn Sie in einem sicheren Umfeld theorie-gestützte praktische Erfahrungen sammeln können.
- **Orientierung:** Definieren Sie Probleme und Herausforderungen und entwickeln Sie eine gemeinsame Vision. Wohin soll die Reise gehen, und welche Hindernisse stehen Ihnen dabei im Weg? Welche Brand Identity haben Sie aktuell und wofür soll Ihre Marke künftig stehen? Worin liegen Ihre Stärken und was ist Ihre Nische? Oder liegt Ihre Stärke gerade in der Vernetzung und Sie sehen sich mehr als Plattform-Owner? In diesem Zusammenhang ist es notwendig, sich gemeinsam mit dem Team über die aktuellen Probleme und Herausforderungen im Markt und im Unternehmen klar zu werden, aber auch über die Projektrisiken zu sprechen. Identifizieren Sie, welche Abläufe, Prozesse, Organisationsformen und Managementmethoden Sie derzeit besonders aufhalten und welche sich gut bewährt haben.
- **Planung und Partizipation:** Das frühzeitige Einbeziehen der betroffenen Mitarbeiter:innen Teams ist ausschlaggebend für den Projekterfolg. Es hat sich bewährt, in dieser Phase kleinere gemischte Teams mit sich ergänzenden Fähigkeiten und Kompetenzen zusammenzustellen und diese in kurzen Sprints mit kleineren Aufgaben zu betreuen. Um die Erfolgsaussichten zu steigern, ist

520 Vgl. Strietzel et al. (2018:23ff.)

es ratsam zunächst im Team eine Übersicht über die Interessen und Stärken der einzelnen Mitglieder aufzustellen. Wer könnte welche Aufgabe übernehmen? Wer übernimmt die Kommunikation zur/zum Projektsupervisor:in (dies ist keine Kontrollinstanz, sondern eine Begleitung!)? Auf welche gemeinsamen Regeln legen die Mitglieder:innen wert und welche Rituale könnten eingeführt werden? Keine Sorge, dieser Teil der Planung ist nicht in Stein gemeißelt. Die Verantwortlichkeiten und Rollen innerhalb des Teams sind dynamisch und werden sich im Verlauf des Projekts ändern.

- **Begleitung:** Geht es in die Projektimplementierung ist es wichtig, dass Sie nicht in alte Muster verfallen. Es ist nicht Ihre Aufgabe, jeden Schritt zu überwachen und jede Entscheidung zu treffen. Sie müssen die Verantwortung nicht allein schultern. Stattdessen liegt es an Ihnen, den Team-Mitgliedern oder ihren Supervisor:innen als Mentor:in und Coach:in für Fragen zur Verfügung zu stehen, Sie mit allen Mitteln darin befähigen Herausforderungen effizient aus dem Weg zu räumen und sie gelegentlich in Ihrer Rolle als Führungskraft an den neuen, gemeinsam verabschiedeten Kurs zu erinnern.

9.3. Die Digitalisierung bietet Banken die Chance, sich neu zu positionieren

Eine starke Markenbildung macht den Unterschied

Es gibt viele Gründe, warum es sich lohnt Zeit und Energie in den Aufbau Ihrer Brand Identity bzw. Corporate Identity zu investieren, allen voran die Kundenbindung: Ein starker Markenauftritt schafft ein positives Image und hilft Kund:innen dabei, sich mit Ihrem Unternehmen und Ihren Produkten zu identifizieren. Zudem schafft er einen Wiedererkennungswert, der Sie und Ihre Produkte und Dienstleistungen vom Wettbewerb abhebt. Darüber hinaus schafft das Wissen um die Positionierung einen strategischen Vorteil beim Storytelling und Marketing. Auf diese Weise können Sie Markenbotschaft besser kommunizieren und erhöhen Ihre Sichtbarkeit im Markt. Aber: eine Marke ist nur solange glaubhaft, wie sie auch entsprechend (vor-)gelebt wird.

Verabschieden Sie sich auch von der Idee, dass Sie Ihre Marke kontrollieren können. Das können Sie nicht. Ihre Marke mag im *Deutsches Patent- und Markenamt* (DPMA), im *European Union Intellectual Property Office* (EUIPO) oder bei der *World Intellectual Property Organization* (WIPO) eingetragen sein, aber sie gehört Ihren Kund:innen, Ihren Fans und Ihren Kritiker:innen. Sie können steuern und vorgeben, wie Ihre Marke im Markt wahrgenommen werden sollte, aber es sind letzten Endes immer die Kund:innen, die über Ihre Markenidentität entscheiden.

Ihre Kund:innen entscheiden, ob sie Ihr Unternehmen mögen oder nicht und wie sie zu Ihren Worten und Taten stehen. Vergessen Sie das bitte nicht, denn das Internet vergisst auch nichts. Eine radikale Neuausrichtung ist möglich. Aber sie ist keine Erfolgsgarant. Es gibt Fälle, in denen ist ein Name so ‚verbrannt', dass nur ein vollkommen neuer Auftritt hilft; einschließlich einem neuen Namen und einer neuen Domain. Schon Ludwig Bechstein (1801 bis 1860) schrieb dazu: „*O, guter*

Ruf, du Perle, die sanft bescheiden glänzt, Im Goldreich reinen Wandels bist du fest eingegrenzt; Wenn Frevel dich herausbricht aus deinem sichren Port, Dann gehst du leicht verloren und rollst für immer fort."

Eine große Vision ist die Basis jeder guten Positionierung

Technologie ermöglicht gesellschaftliche Sinnstiftung. Die Vision und Mission spielen wichtige Rollen. Die Gründer:innen erfolgreicher digitaler Unternehmen kommunizieren immer häufiger, dass sie einen wichtigen Beitrag für die Gesellschaft leisten, und stellen sich als ‚Berufene' dar — als Propheten der digitalen Tech-Religion. So ging es dem *Apple*-Gründer Steve Jobs angeblich nicht darum, „*Computer zu bauen und zu verkaufen, sondern (...) eine Delle im Universum zu hinterlassen*"[521]. Die *Google*-Gründer Larry Page und Sergey Brin wollen „*alle Informationen der Welt organisieren, diese universell zugänglich und für jeden nützlich gestalten*"[522]. *Facebook*-Gründer Marc Zuckerberg erklärte dem Journalisten Kirkpatrick, es ginge ihm nicht darum, ein gewinnbringendes Unternehmen aufzubauen, sondern, „*dass er eine große Veränderung der Welt herbeiführen wolle*"[523]. Und *Tesla*- und *SpaceX*-Gründer Elon Musk möchte gleich die ganze Menschheit retten, „*indem er ihr die Besiedelung des Weltraums und anderer Planeten ermöglicht*"[524]. Den Mitarbeiter:innen und Kund:innen dieser Unternehmen wird kommuniziert, dass ihr Beitrag zum Unternehmen einem Beitrag zum gesellschaftlichen Gemeinwohl gleichkommt. Und es funktioniert: Sie werden Mitglieder einer Gemeinschaft mit übergeordneten Zielen.[525]

Digital Gatekeeper oder Nischen-Spezialist?

Sympathisch, interaktiv, kundenorientiert und doch hochprofitabel? Die Bank 4.0 tritt als Dienstleistungsunternehmen auf, das mit den Kund:innen und für die Kund:innen handelt. Da Versicherungen, Fonds und andere Finanzprodukte quasi unbedingt austauschbar sind, entscheiden die Anwenderfreundlichkeit (engl.: *usability*) und der Produktfokus künftig immer stärker über den Erfolg.

Idealerweise sind Prozesse und Produkte sind einfach, komfortabel, jederzeit und über jeden Kanal erreichbar. Es klingt paradox, doch nur wer sich als Unternehmen zurückstellt und den Kund:innen eine möglichst nutzerfreundliche Erfahrung bietet, hat die Chance, sich als zentrale/r Ansprechpartner:in für Finanzprodukte und -fragen zu positionieren. In der digitalen Vermögensanlage punktet das User Interface digitaler Anwendungen und Webseiten mit dem besten Design und der höchsten Nutzerfreundlichkeit mindestens genauso wie die Höhe (bzw. Tiefe) der Ordergebühren oder Kontoführungsgebühren.

Für Sie bringt dieser Wandel enorme Chancen: Nicht einzig die Konditionen entscheiden über die Gunst der Kund:innen, sondern auch das Front-end und die Modularität der Systemarchitektur. Sie müssen nicht mehr zwingend die kontoführende Hausbank oder das Versicherungsdach sein, sondern können Ihre Pro-

---

521 Sutter (2011), in Hoffmeister (2017:70)
522 Feloni (2015), in Hoffmeister (2017:70)
523 Kirkpatrick (2012) in Hoffmeister (2017: 70)
524 Happel (2015) in Hoffmeister (2017: 70)
525 Vgl. Happel (2015) in Hoffmeister (2017: 70)

dukte über andere Marktplätze anbieten und gleichzeitig zum Marktplatz für die Produkte Dritter werden — zum digitalen Gatekeeper für Geldanlage, Versicherungsangebote und private Altersvorsorge, aber auch für Girokonto, Baufinanzierung, Kredite und andere Produkte.

Auch Finanzdienstleistungsunternehmen, die sich nicht als kompetenter Marktplatz für Finanzprodukte etablieren können, eröffnen sich mit der digitalen Vermögensanlage neue Distributionskanäle sowie die Möglichkeit, Prozesskosten zu minimieren, indem sie sich z. B. als Nischenspezialisten positionieren, die ihre Produkte und Dienstleistungen über ‚*Open-Banking-Plattformen*' anderer Finanzunternehmen vertreiben.[526]

> *„Im Leben kommt es darauf an, Hammer oder Amboss zu sein — aber niemals das Material dazwischen."*
> —Norman K. Mailer (1923-2007), Schriftsteller und Schauspieler.

Da das gleichzeitige Adressieren sämtlicher Handlungsfelder der Digitalen Transformation aufgrund der knappen Managementressourcen kaum sinnvoll ist, sollten Sie Ihre Digitalisierungsaktivitäten zunächst auf bestimmte strategische Handlungsfelder konzentrieren. Sie merken also: Eine strategische Ausrichtung ist sinnvoll.

Nach Markus Strietzel, Sebastian Steger und Till Bremen (*Roland Berger*) gibt es zwei strategische Grundpositionierungen am Markt zu beobachten, nach denen sich Finanzinstitute ausrichten. Einerseits gibt es die Fokussierung auf die Kundenplattform, also auf die Digitalisierung jener Handlungsfelder, mit denen der/die Kund:in in Kontakt kommt. Dem gegenüber steht die Effizienzsteigerung der Prozesse, also die *„Positionierung als Produkt-und Infrastrukturspezialist, bei der die Bank (...) den Schwerpunkt ihrer Aktivitäten auf die möglichst effiziente Bereitstellung und Abwicklung ihrer Produkte legt"*.[527]

Um die jeweils beste strategische Stoßrichtung erkennen zu können, muss sich das Finanzunternehmen zunächst ihrer aktuellen Wettbewerbsposition bewusst sein. Hier ist es ratsam, sich zunächst auf die eigenen Stärken zu konzentrieren. Liegen diese besonders in der Kundenbetreuung entlang der Customer Journey so bietet es sich an, die (digitale) Besetzung der Kundenschnittstelle voranzubringen. Liegen die Stärken des Finanzunternehmen hingegen in der Organisation und in den Produkten, so bietet sich Option zwei: die Positionierung als Infrastruktur-und Produktspezialist an. Wichtig ist hierbei, eine ‚*digitale Brille*' aufzusetzen (Stichwort: *Digital Prudence*): *„Lässt sich das alte Geschäftsmodell auch digital betreiben? Oder werden die Stärken der Vergangenheit die Altlasten der Zukunft"*[528]?

---

526 Vgl. CREALOGIX (2017:10)
527 Strietzel et al. (2018:17)
528 Strietzel et al. (2018:18)

Strategische Stoßrichtung 1: Die Kundenplattform

In diesem Modell werden Sie und Ihr Finanzunternehmen als Ansprechpartner:in und Problemlöser:in positioniert — als Schnittstelle zu Ihren Kund:innen. Neben Finanzprodukten wird den Kund:innen eine ganze Palette komplementärer Dienstleistungen angeboten. Um ein möglichst gutes Produktportfolio anbieten zu können, ist es daher wichtig auch Angebote dritter Anbieter einzubinden.

Im Fokus steht die ganzheitliche Beratung aus einer Hand. Die Positionierung als Single Point of Contact zu den Kund:innen bedarf daher zunächst einer ausgiebigen Recherche zu Themenfeldern, die eine hohe Kundenrelevanz haben und es Ihnen ermöglichen, möglichst ganzheitliche Lösungen anzubieten. Der erste Schritt hierzu ist die Entwicklung einer effizienten offenen Architektur. In vielen Fällen hat sich herausgestellt, dass analoge Produkte und Prozesse nicht ohne weiteres digitalisiert werden können. Stattdessen ist häufig ein komplettes Neudenken vonnöten. Auf diese Weise entsteht eine vernetzte Plattform, auf welcher die Kund:innen sowohl primäre Vermögensverwaltungsprodukte angeboten bekommen als auch zusätzliche Dienstleistungen (etwa Bank- und Finanzierungsprodukte, Maklerdienste oder Unternehmensberatung). Selbstverständlich setzt dieser Ansatz die Bereitschaft voraus, sehr eng mit Partnern zusammenzuarbeiten und diesen gegebenenfalls einen sehr tiefen, transparenten Einblick ins Unternehmen zu gewähren. Gleichzeitig gilt zu beachten, dass jede negative Kundenerfahrung — auch mit einem/einer Partner:in — auch auf Sie zurückfällt.[529]

Strategische Stoßrichtung 2: Der Produkt- und Infrastrukturspezialist

Das zweite strategische Modell legt den Fokus auf die Positionierung als Produkt- und Infrastrukturanbieter:in. Als Produkt- und Infrastrukturspezialist:in, auch Plattform(-Bank) genannt, definieren Sie sich über eine besonders offene Produktinfrastruktur. Die Entwicklung effizienter Geschäftsprozesse und ein überlegenes Wissen zu den angebotenen Produkten stehen hier im Vordergrund. Die eigenen Produkte werden so entworfen, dass sie ohne weiteres von externen Partnern auf Whitelabel-Basis angeboten werden können. Ein regelmäßiges und kurzzeitiges Identifizieren der relevanten Kundenbedürfnisse wie auch der richtigen Partner ist daher ausschlaggebend für den Erfolg. Somit zielen Sie auf die möglichst starke Positionierung Ihrer Produkte bei Drittanbieter:innen ab, die die Kundenschnittstelle bereits besetzen.[530]

Für Finanzunternehmen, die ihre Stärke in einzelnen spezifischen Produkten oder Prozessen erkennen, macht es wenig Sinn, sich selbst als Kundenplattform zu etablieren. Stattdessen kann es viel lukrativer sein, die Stärken dieser Vertriebspartner für die Positionierung eigener Produkte zu nutzen. Auf die Digitalisierung übertragen, bedeutet das, dass Sie als Produkt- und Infrastrukturanbieter:in möglichst ganzheitlich aufgestellt sein müssen. Nur so können Sie glaubhaft vermitteln, dass Ihre digitalen Prozesse überlegen sind.[531]

---

529 Vgl. Strietzel et al. (2018:18ff.)
530 Vgl. Strietzel et al. (2018:20ff.)
531 Vgl. Strietzel et al. (2018:20ff.)

In diesem Zusammenhang ist auch Ihre Beratungskompetenz ein wichtiges Asset. Hier geht es allerdings nicht so sehr um Kundenberatung (*B2C*), sondern um das Vermitteln von Expertenwissen an andere Anbieter (*B2B*). Dennoch geht es bei der Entwicklung effizienter digitaler Prozesse und Produkte immer auch darum, nicht an den Bedürfnissen der Kund:innen vorbei zu arbeiten. An dieser Stelle sei gesagt, dass der Aufbau von Expertenwissen ein langwieriger Prozess ist, der sich selten ohne hohe Zusatzkosten beschleunigen lässt. Digitale Vorreiter:innen, die bereits über Know-how zur Effizienzsteigerung und Entwicklung automatisierter Prozesse verfügen, besitzen hier einen Vorteil gegenüber ihren Mitstreiter:innen. Die Frage ist, ob und wie sie ihn ausspielen.[532]

Kommunizieren Sie Ihre Positionierung über Podcasts

Podcasts sind schon heute die Wissensvermittlung der Zukunft. Podcasts sind stark im Kommen. Hierbei handelt es sich um Themen- und Wissenssendungen (teilweise werden auch Hörbücher unter der Rubrik Podcast geführt), die über das Internet als Audio- oder Videospur ausgestrahlt (‚gestreamt') werden. Somit können sie anders als Radiosendungen abonnierbar und jederzeit (im Archiv/Kanal) abspielbereit sein. Der Begriff *Podcast* setzt sich zusammen aus dem englischen Wort ‚*Broadcast*' (Rundfunk) und dem *iPod* — dem zu Beginn der Podcast-Ära um die Jahrtausendwende dominanten mobilen Musik-Spieler.

Während einige Podcaster:innen ihre eigenen Webseiten und Blogs erstellen, nutzen viele die Dienste von Podcast-Streaming-Dienstleister:innen wie *Apple's iTunes Podcast, Spotify, Podcast.de* oder anderen Seiten um dort einen eigenen Kanal zu erstellen und von der hohen Nutzerzahl der Plattformen zu profitieren. In den frühen 2000er-Jahren noch als Medium für Nerds belächelt, genießen Podcasts immer größere Popularität: Immer mehr Menschen hören beim Pendeln, aber auch zuhause Podcasts anstelle von Musiksendungen. In den Staaten haben sie längst das klassische Radio verdrängt, da sie Wissen vermitteln und besonders stark auf die Bedürfnisse und Interessen der Zuhörer (Zielgruppe) eingehen.

In Deutschland wird die große Welle der Podcasts zwar erst in einigen Jahren erfolgen, aber schon heute gibt es Podcaster, die tausende Menschen begeistern, wie etwa die Podcasts „*Lage der Nation*" des Journalisten Philip Banse und des Richters Ulf Buermeyer, „*Greator*" (ehemals „*GedankenTanken*") von Alexander Müller und Dr. Stefan Frädrich, oder „*Fest & Flauschig*" von Jan Böhmermann und Olli Schulz.[533]

Aber auch im Finanzbereich gibt es bereits eine Vielzahl von kostenfreien und gebührenpflichtigen Podcasts die täglich Tausende Deutsche Privatanleger:innen erreichen, wie etwa der „*Flossbach von Storch Finanzpodcast*"; „*Wissen schaf(f)t Geld*" vom geschäftsführenden Gesellschafter von ABATUS Vermögensmanagement, Matthias Krapp; der „*Aktien Podcast*" vom Privatinvestor Nils Steinkopff; „*Hörgeld — der Trading-Podcast*" von Gerhard Artmann & Gerald Türmer; der „*Finanzpodcast*" vom Honorar-Finanzanlagenberater Sven Stopka; der „*DEINE BESTE INVESTITION PODCAST*" von Patrick Greiner; „*Aktien für Alle*" von den Frankfur-

532 Vgl. Strietzel et al. (2018:20ff.)
533 Vgl. Stern (2018)

ter Börsianern Mick Knauff & Jürgen Schmitt; „*Panzerknacker*" vom Finanzcoach Markus Habermehl; Die Krypto Show vom Blockchain-Experte Dr. Julian Hosp; „*LOV Academy - Aktien und Börse*" von Lars Vogel; „*AlleAktien Podcast*" von Jonathan Neuscheler (Ex-*LBBW*-Mitarbeiter) und Michael Jakob (Ex-McKinsey&Company Managementberater; „*Aktien Mit Kopf*" vom Privatinvestor und Unternehmer Kolja Barhoorn; „*Madame Moneypenny*" von Natascha Wegelin; „*der Finanzrocker*" vom Blogger, Podcaster und Marketer Daniel Korth); „*der Finanzwesir rockt*" von Albert Warnecke und Daniel Korth; oder „*Zendepot*" von „Mr. Passives Investieren" Holger Grethe.

Podcasts sind großartige Möglichkeiten, Ihre Person und Ihr Unternehmen zu positionieren. Um sich über einen Podcast zu positionieren, haben Sie zwei Möglichkeiten: Entweder Sie starten einen eigenen Podcast, oder Sie treten als Gast (engl.: *interviewee*) in einem bereits etablierten Podcast auf. Beide Optionen haben ihre Vor- und Nachteile und schließen sich nicht gegenseitig aus.

Einen eigenen Podcast oder *Youtube*-Kanal zu starten ist mit Sicherheit der aufwendigere Weg, kann aber auch der lohnendere sein. Es bedarf einiger Übung, ein für die Zuhörer:innen interessantes und relevantes Podcastformat zu konzeptionieren, die Podcastfolgen aufzunehmen, zu schneiden, in die verschiedenen Kanäle zu streuen und anschließend zu bewerben. Glücklicherweise gibt es spezialisierte Agenturen und Freelancer:innen, die Ihnen das Schneiden, Bearbeiten und Hochladen von Ihrem Podcast abnehmen. Der Aufwand kann sich durchaus lohnen, denn ein eigener Podcast bietet Ihnen die Möglichkeit, die Themen und den Diskurs zu kontrollieren. Gleichzeitig können Sie eine treue Zuhörerschaft aufzubauen, diese von Ihrer Expertise und Ihren Qualifikationen überzeugen, sie auf Ihre Angebote und Kanäle verweisen und schließlich in zahlende Kund:innen konvertieren.

Bis sich erste messbare Erfolge einstellen, kann es allerdings mehrere Monate dauern. Fragen Sie sich also bevor Sie starten, ob Sie bereit sind, Zeit in den Aufbau Ihrer ‚*Personal Brand*' zu investieren. Denn deutlich schlimmer als keinen Podcast zu haben ist, einen toten Account zu haben der lange nicht gepflegt wurde und auf dem nichts passiert. Wenn Sie keinen Wert darauf legen, Ihre eigene Person zu positionieren oder die Ressourcen Ihrer Mitarbeiter:innen freizugeben, so haben Sie auch die Möglichkeit, den Podcast komplett auszulagern — also vom Skript über die Aufnahme der Tonaufnahme, bis hin zum Bearbeiten, Veröffentlichen und vermarkten. Auf Plattformen wie *Fiverr, Upwork* oder *99designs* finden Sie eine Armada von Kreativen, Texter:innen und Sprecher:innen sowie von Cover-Artists, Composer:-, Editor:-, Cutter:-, und Producer:innen.

Eine schnellere Möglichkeit, sich und Ihr Unternehmen im Netz zu positionieren, ist der Gastauftritt in einem bekannten Podcast oder *Youtube*-Kanal. So können Sie schnell eine relevante Zielgruppe erreichen und Ihr/e Interview-Partner:in erhöht in seiner/ihrer Rolle als Influencer in vielen Fällen noch Ihre Glaubhaftigkeit — dieses Phänomen nennt sich *soziale Validierung*. Der Nachteil an diesem Vorgang ist allerdings, dass Sie nur begrenzte Kontrolle darüber haben, wie das Gespräch verläuft und wie Sie (insb. nach dem Schneiden und Bearbeiten der Aufnahme) dargestellt werden.

9.4. Accompaniment: Kund:innen für die (digitale) Vermögensanlage begeistern

Wissenslücken schließen und Vertrauen wiederherstellen

Mit der Digitalen Transformation verändern sich auch die Ansprüche an die Beratung und den Service von Finanzunternehmen. Neben den technischen Herausforderungen bei der Umstellung auf digitale Systeme stellt die Begleitung der Kund:innen eine der größten Herausforderungen dar. Damit Sie auf die Ansprüche Ihrer Kund:innen im digitalen Zeitalter eingehen können, ist es daher wichtig, sich zunächst ein Bild davon zu machen, wo Ihre Kund:innen in *„ihrer Digitalisierung"* stehen.

Ich habe bereits darauf hingewiesen, dass weite Teile Deutschlands sowie innerhalb der EU besorgniserregende Lücken im Wissen um Finanzen und Geldangelegenheiten aufweisen. Der erste Schritt in der Digitalen Transformation der Vermögensanlage sollte es daher sein, Vertrauen bei den Kund:innen aufbauen, den Dialog mit ihnen zu suchen und sie über Finanzthemen und -produkte aufzuklären — aber ausschließlich auf Augenhöhe und nicht belehrend von oben herab. Transparenz und offene Kommunikation sind ergebende Erfolgsfaktoren im Kundenservice 4.0 — und für einen Großteil der Finanzunternehmen eine enorme Herausforderung. Insbesondere, solange Geld im privaten wie beruflichen Umfeld vieler als Tabuthema eingestuft wird. Erst wenn das Vertrauen in Sie, Ihr Unternehmen und das Finanzsystem bei den Kund:innen hergestellt ist, können Sie im zweiten Schritt damit beginnen, bei Kund/Innen das Vertrauen in die Kompetenzen der Beratung sowie in Finanzprodukte und -vehikel aufzubauen. Mehr dazu erfahren Sie in Teil 2 dieser Studienreihe (*„Bionic Wealth"*).

Kundenakzeptanz zu digitalen Themen gewinnen

Jegliche Sicherheitsbedenken der Kund:innen müssen ernstgenommen werden. Ist das Grundvertrauen in den Finanzmarkt und die Beratung hergestellt, können Sie sich an die nächste Herausforderung wagen: Den Aufbau der Kundenakzeptanz und -risikoeinschätzung zu digitalen Angeboten, Technologien und Systemen. Eine Kernherausforderung stellt in diesem Zusammenhang der richtige Umgang mit Sicherheitsbedenken dar. Was in diesem Fall *„richtig"* ist, variiert stark je nach Kontext und Individuum. Fest steht, dass es übergreifende Bedenken in Bezug auf den Datenschutz, den Diebstahl von (digitalen) Informationen, die Sicherheit von Zahlungsmitteln, die Vertrauenswürdigkeit von Apps und sogar die Sicherheit von mobilen Anwendungen über das Smartphone gibt. Es liegt bei Ihnen und Ihrem Unternehmen, diese Sicherheitsbedenken proaktiv und vorwegnehmend zu adressieren. Sind Datenprozesse (zum Beispiel rund um digitale Banking- Payment- oder Portfolio Management Systeme, oder über die digitale Kommunikation mit den Berater:innen — und wer noch Zugang zu diesen Informationen hat) für Kund:innen nicht nachvollziehbar, wird es umso schwieriger, bei den Kund:innen eine Akzeptanz für die digitale Vermögensanlage oder den digitalen Kundenservice zu erreichen. Auch darf es zu keiner Zeit einen störenden Empathie- oder Medienbruch geben (mehr dazu folgt in *„Bionic Wealth"*). Eine zweite Chance gibt es selten.

Eine mögliche Hilfestellung ist es hierbei, sich den hohen Stellenwert der persönlichen Beratung, aber auch den des Bargeldes für Kund:innen bewusst zu machen. Genau wie die persönliche Beratung Vertrauen schenkt, indem sie in einem sicheren Umfeld stattfindet und man sich auf das Wort seines Gegenübers verlassen kann, gilt das Bargeld, bzw. das Sparbuch, als dominierender Vergleichsmaßstab zu Alternativen digitalen Finanzinstrumenten und -vehikeln — in Hinsicht auf Schnelligkeit, Nützlichkeit, Sicherheit und Rendite. Erscheint beispielsweise ein digitales Anlageverfahren zu kompliziert, da die technischen Funktionsweisen und Strukturen dahinter nicht verstanden werden, ist es unwahrscheinlich, dass die Kund:innen sich darauf einlassen.[534]

Dasselbe gilt auch für den digitalen Kundenservice und die Online-Beratung: Müssen sich Kund:innen online zunächst ein digitales ‚Ticket' ziehen, wird zu oft zwischen Chatbot und Berater:innen gewechselt, oder gibt es lange Wartezeiten vor einer Rückmeldung — sei es im Chat oder per E-Mail —, werden diese digitalen Kommunikationswege abgelehnt werden. Bestenfalls greifen frustrierte Kund:innen zum Hörer, wahrscheinlicher aber wechseln sie früher oder später den Anbieter..[535]

Rücksicht auf die deutsche Mentalität nehmen

In der global denkenden Finanzbranche wird schnell vergessen, wie eigen die Deutschen beim Thema Finanzen sind. Viele Finanzunternehmen beschäftigen sich ungerne mit dem Thema finanzielle Aufklärung (engl.: *financial literacy*) und sehen es eher als eine lästige Pflicht an. Gerade für zukunftsorientierte Unternehmen ist es daher wichtig, die deutsche Mentalität dahingehend zu bewegen, dass sich Kund:innen gerne mit der Vermögensanlage beschäftigen. Heute dominiert vor allem die Angst vor höheren Gebühren mit dem eigenen Konto das Bild der deutschen Sparer:innen (— überhaupt dominiert Angst viele Entscheidungen, weshalb ich mich in „*Bionic Wealth*" auch mit dem Phänomen „*German Angst*" auseinandersetze). Die hohen Anforderungen bei den Themen Kosten, Datensicherheit und Vertrauen unter einen Hut zu bringen, ist vielleicht eine der am meisten unterschätzten Herausforderungen für Finanzunternehmen, denn die deutsche Kundschaft ist anspruchsvoll — das sollte bei jedem zukünftigen Konzept beachtet werden. Es ist daher sinnvoll, nach neuen Lösungen und Ansätzen zu suchen, die dabei helfen Kund:innen für Finanzprodukte zu begeistern und dafür zu sorgen, dass sich auch innovative Produkte vermarkten zu lassen.[536]

Zu den Mindestanforderungen für gute Kundenberatung im deutschsprachigen Raum zähle ich, dass alle Informationen zu Finanzprodukten und Dienstleistungen auf Deutsch verfügbar sein müssen; möglichst ehrlich, transparent und leicht verständlich kommuniziert werden; und dass bei der Berücksichtigung von Interessen und Risikobereitschaft künftig neben den Faktoren Sicherheit, Rentabilität und Liquidität auch Nachhaltigkeit und Verantwortung (nach ESG, SRI, UN SDG, etc.) kommuniziert wird. (Mehr zu Kundenbedürfnissen und der wertorientierten Geldanlage folgt in „*Bionic Wealth*")

---

534 Vgl. ING-DiBa (2018B)
535 Vgl. Tennert (2017:82-86)
536 Vgl. Smolinski (2018)

Digitales Potenzial ausschöpfen und Kund:innen mobilisieren

Der erste Schritt, um Vorteile aus der Digitalen Transformation zu erzielen, ist die Mobilisierung der Bestandskund:innen. Auch heute sind noch längst nicht alle Kund:innen für digitale bzw. Online-Angebote und Dienstleistungen registriert und noch weniger nutzen diese Dienste konsequent. Die Mobilisierung der Kund:innen auf dem beschwerlichen Weg zum digitalen Bank- und Versicherungswesen erfordert erhebliche Mittel und Anstrengungen über mehrere Jahre hinweg, damit die Maßnahmen zur digitalen Migration erfolgreich sein können. Die Maßnahmen sollten dabei stets auf den spezifischen Zielmarkt zugeschnitten sein.

Die Grundvoraussetzung für die digitale Migration ist ein Vorhandensein der benötigten IT-Infrastruktur sowie die Bereitstellung digitaler Angebote und Dienstleistungen — auch wenn diese zunächst als sogenanntes *Minimum Viable Product* (MVP) angeboten und später erweitert, verbessert und verschönert werden. Nachdem Infrastruktur und Angebot stehen, stehen Ihnen eine Reihe von Möglichkeiten zur Verfügung, Ihre Kund:innen zu mobilisieren. *Bain & Company* schlagen sieben Schritte vor, die ein Finanzunternehmen bei der Mobilisierung von Kund:innen unternehmen kann. Diese steigen in ihrer Radikalität und umfassen sowohl *weiche* (engl.: *soft measures*) als auch *drastische* Maßnahmen (engl.: *hard measures*), die ein gewisses Maß an Mut und Rückgrat voraussetzen.[537]

Zu den weichen Mobilisierungsmaßnahmen zählen:

1. **Kommunikationskampagnen.** Finanzunternehmen können Medienkanäle nutzen, um für ihre digitalen Bankdienstleistungen zu werben. Traditionelle Kanäle wie Fernsehen und Zeitungen können genutzt werden, um die ältere Generation anzusprechen, während modernere Kanäle wie YouTube, Instagram, Snapchat oder TikTok genutzt werden können, um jüngere Kund:innen zu gewinnen.

2. **Sicherheiten garantieren können.** Eine Möglichkeit, wie Finanzunternehmen ihre Kund:innen für die digitale Migration mobilisieren können, besteht darin, ihnen Garantien für die digitale Absicherung zu bieten. Dazu zählt etwa eine vollständige Rückerstattungen im Falle von Datenleaks. Wenn die Kund:innen wissen, dass sie vor Verlust geschützt sind, werden sie eher geneigt sein, digitale Anwendungen zu nutzen.

3. **Digitale Interaktionen personalisieren.** Ein Grund, warum die meisten Menschen nicht zur digitalen Beratung übergehen, ist, dass sie das menschliche Element der Beratung nicht vermissen wollen. Es ist einfacher, jemandem zu vertrauen, den oder die man im Zweifel persönlich treffen bzw. zur Verantwortung ziehen kann. Bank- und Versicherungsangestellte können die Kund:innen in den Filialen aufklären und ihnen bei der Migration in die digitale Sphäre helfen. Die Interaktion zwischen Kund:innen und Finanzunternehmen kann allerdings auch durch hybride Ansätze persönlicher gestaltet werden.

537 Vgl. Vater et al. (2019)

4. **Positive Bestärkung.** Belohnungen für die Teilnahme an Maßnahmen zur digitalen Migration können die Akzeptanz zusätzlich steigern. Die Anreize (engl.: *incentives*) können einmalige oder regelmäßige Aktionen sein.

Drastische Mobilisierungsmaßnahmen sind:

5. **Anhebung der Preise für nicht-digitale Dienste.** Finanzunternehmen können Kund:innen, die sich nicht an ihren digitalen Migrationsinitiativen beteiligen, indirekt aktivieren. Sie können etwa günstigere Gebühren für das Online-Banking/Brokering anbieten als das traditionelle Finanzgeschäft. Es mag radikal wirken, aber als Teil einer in sich geschlossenen Digitalisierungsstrategie sind die Belohnungen den Ansatz wert.

6. **Einführung von Barrieren und Hindernissen für bestimmte Dienstleistungen.** Finanzunternehmen können mehr Kund:innen für digitale Kanäle gewinnen, indem sie den Zugang zu traditionellen Dienstleistungen zugunsten digitaler Dienstleistungen erschweren. Dies lässt sich etwa über eine Reduzierung der Zahl der belegten Schalter in Filialen oder eine Verkürzung der Öffnungszeiten realisieren.

7. **Vollständige Abschaltung der analogen Dienste.** Finanzunternehmen können auch Dienstleistungen, die derzeit zu teuer oder zu umständlich sind, um sie traditionell anzubieten, komplett einstellen und so die Teilnahme an der digitalen Migration zu erhöhen. Diese Entscheidung kann u.a. auch in der Schließung einer Filiale oder Zweigstelle resultieren.

ABB. 9.3: DAS 7-STUFENMODELL DER DIGITALEN KUNDENMIGRATION

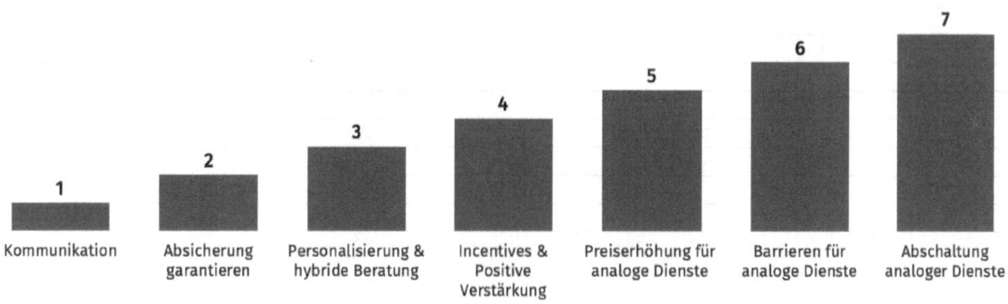

Quelle: eigene Darstellung, in Anlehnung an Bain & Company (2019)

Digitale Nachzügler:innen benötigen besondere Aufmerksamkeit

Mit den digital aufgeklärten Kund:innen hat sich das Konsumverhalten, wie bereits erklärt, verändert: Kund:innen informieren sich immer häufiger zunächst online — auch über Portale von Drittanbieter:innen –, bevor sie sich an ihr Finanzinstitut wenden. Doch es gibt auch Kund:innen, die digital noch nicht auf dem Laufenden sind. Diese gilt es zu bedenken und anzusprechen, ihnen die Möglichkeiten digitaler Kanäle, Plattformen und Medien aufzuzeigen und auch zu erklären, wie man sie benutzen kann. Hier könnte beispielsweise eine neue Rolle der Kundenberater:innen entstehen, die Kund:innen den Umgang mit digitalen Kanälen oder Apps erklären und diesen damit zur „*digitalen Selbstständigkeit*" verhelfen.

Besonders für Senior:innen und Baby Boomer, die nicht in das Segment der Silver Surfer zählen, sollten Sie eine Vielzahl an Aufklärungs- und Bildungsmöglichkeiten zur Verfügung stellen, in denen den Kund:innen digitale Themen nähergebracht werden können. Und zwar idealerweise ohne diese zu überfordern, zu verärgern oder in eine unangenehme Lage zu bringen. Derartige Angebote können von Büchern und Erklärfilmen über Workshops, Seminare und Demo-Stationen in Filialen bis hin zu vereinfachten Benutzeroberflächen (UI) reichen.

9.5. Onboarding und Anti-Geldwäsche: Kund:innen stressfrei und reibungslos an Bord holen

Digitales Onboarding ist für den Erfolg der Bank unverzichtbar

Noch vor kurzem konnten (bzw. mussten) sich Banken Wochen bis Monate Zeit lassen beim Onboardingprozess. Kund:innen wurden mit einem regelrechten Stapel von Unterlagen eingedeckt, die in mehrfacher Ausführung händisch unterschrieben werden mussten. Sehr zum Frust der Kund:innen und der eigenen Mitarbeiter:innen mussten dieselben Informationen fast krankhaft repetitiv an unterschiedlichen Stellen abgefragt werden. Diese Zeit ist endgültig vorbei. Wer heute kein effizientes und möglichst schnelles digitales Onboarding bietet, muss sich auf Antragsabbrüche, Kündigungen und schlechte Bewertungen auf Portalen und in sozialen Medien einstellen. Kreditzusagen etwa erwarten viele Kund:innen in wenigen Stunden bis Tagen, die erste vorläufige Zusage (nach der Online-Überprüfung des *Schufa*-Scores) gar in 20 bis 30 Sekunden. Und auch das Eröffnen eines Girokontos darf nach dem Benchmark der *N26* heute eigentlich nur noch „*8 Minuten*" dauern.[538]

Der Begriff *Onboarding* entspringt dem Flugverkehr. Hier wird das Flugticket am Abfertigungsschalter gegen eine Bordkarte (Boarding Pass) eingetauscht: Vor der Reise wird ein Flug gebucht und die Kund:innen erhalten ein Ticket. Dieses stellt allerdings noch keine Berechtigung dar, das Gate bzw. das Flugzeug zu betreten, sondern wird am Flughafen abgegeben, wo es einbehalten und zur Abrechnung an die Fluggesellschaft geschickt wird. Mit dem Boarding des Flugzeugs geht die Verantwortung über die Reisenden von der Flughafengesellschaft auf den/die Flugkapitän:in über. Der Begriff wurde später vom Personalmanagement übernommen um den Prozess der Aufnahme und Integration neuer Mitarbeiter:innen in ein Unternehmen zu beschreiben. Mit dem Onboarding geht eine Phase der Orientierung einher, in der sich Mitarbeiter:innen im Unternehmen zurechtfinden.

Diese Beschreibung lässt sich direkt auf das Kunden-Onboarding übertragen. Im Finanzbereich bezieht sich *Customer Onboarding* auf den initialen Eröffnungsprozess eines neuen (ersten) Kontos, Depots oder einer Versicherung, während sich die *Kundenorientierung* auf die Analyse der Erwartungen und Bedürfnisse der Kund:innen bezieht. Beim digitalen Onboarding finden diese beiden Prozesse weitgehend automatisiert über digitale Kanäle statt — können in Einzelfällen aber auch teilweise manuell ablaufen (etwa eine Unterschrift, die noch nicht via Tablet

---

538 Vgl. Schmeling (2017) & IT Finanzmagazin (2018)

erfolgt) und in das System übernommen werden. Es bedarf hierfür allerdings mehr als einer Online-Anwendung oder App für die Registrierung und den Produktantrag, bei der die Prozesse am Ende faktisch aber immer noch die analoge Maschinerie des Unternehmens durchlaufen und Zeit und Nerven kosten (Stichwort Digiwashing). Das liegt vor allem daran, dass Girokonto, Fonds und Versicherung heute als *'Commodities'* — als Standardprodukte — wahrgenommen werden. Den Kund:innen ist es egal, ob das Unternehmen sie erst im System hinterlegen muss und wie es das tut. Was zählt, ist weniger das Produkt oder die Dienstleistung, sondern vielmehr die Kundenerfahrung. Der Onboarding-Prozess ist in der Regel die erste entscheidende Erfahrung, die Kund:innen machen. Denn bis zum eigentlichen Abschluss sprechen wir von einem Lead.

Das Potenzial für mehr Umsatz und eine höhere Kundenbindung durch digitales Onboarding ist hoch. Das schätzen nach einer Studie von *IAO Fraunhofer* 80% aller deutschen Banken so ein. Sie setzen auf *Business Process Automation* (BPA) und *Robotic Process Automation* (RPA), um die Qualität zu verbessern und den Time-to-Market-Zyklus zu verkürzen. Die Lösungen basieren auf KI, intelligenter Datenerfassung, Software Robotics und Machine Learning. Diese revolutionieren die Verarbeitung von Anträgen — sofern sie richtig eingesetzt werden.[539]

Die größte Herausforderung bei der Um- und Aufrüstung digitaler Onboarding-Prozesse sind fehlende Schnittstellen zu den Kernsystemen und Prozessbrüche. Intelligente IT-Lösungen sind vor allem im Front Office erforderlich, um Neuanträge rasch bearbeiten zu können und dabei gleichzeitig alle regulatorisch vorgeschriebenen Sicherheits-Checks und Prüfungen durchzuführen. Zu diesen Lösungen gehören Technologien und Softwareplattformen, welche die Dokumente, die Kommunikation und die Informationen zum Onboarding intelligent erfassen, überprüfen und klassifizieren, bevor die relevanten Daten in das Kernsystem für den nachgelagerten Workflow übergeben werden.[540]

Der Dateninput muss kanalübergreifend funktionieren, um die *„Digitalisierungslücke"* zu schließen. Das bedeutet: Damit ein Fall ganzheitlich digital bearbeitet wird, müssen alle Informationen in einer Verarbeitungs-Plattform zusammengeführt werden. Dort sollten sie dann maschinenverarbeitbar vorliegen. Das funktioniert allerdings längst nicht überall. Zwar bieten die meisten Finanzinstitute inzwischen Online-Anträge an, doch diesen folgen oft noch Legitimierungsverfahren durch andere Medien wie das veraltete *POSTIdentverfahren*, über die Kund:innen durch einen Begleitbrief informiert werden. Damit wird der Zeitvorteil durch den Online-Antrag verspielt. Dieses Phänomen der *'Digitalisierungslücke'* wird als *'Scheindigitalisierung'* klassifiziert — besser bekannt als *Digiwashing*. Teilweise stehen hinter den Digitalisierungslücken darüber hinaus noch Compliance-Anforderungen und Gesetzesvorgaben, doch gerade der oben beschriebene Fall der Legitimierung ließe sich auch mit einem *Video-Ident-Verfahren* durchführen, zu dem die meisten Kund:innen aufgrund ihrer eigenen mobilen Endgeräte und Laptops imstande wären. Hier besteht der digitale Nachrüstbedarf nicht bei der Privatperson, sondern bei den Finanzinstituten.

---

539 Vgl. Schmeling (2017) & IT Finanzmagazin (2018)
540 Vgl. Schmeling (2017) & IT Finanzmagazin (2018)

Moderne Input-Systeme ebnen den Weg für *Omnichannel-Onboarding*. Ist der Papierzwang in Einzelfällen noch vorhanden, so sollten wenigstens alle relevanten Informationen zentral und zeitnah eingespeist werden. Technisch ist das problemlos möglich: Mit modernen Input-Systemen lassen sich Dokumente und Daten parallel aus mehreren Kanälen (ergo ‚Omnichannel') erfassen und ganzheitlich bearbeiten. Zu den wichtigsten Informationsquellen gehören in diesem Fall: Stammdaten aus der App; Smartphone-Snapshots; per Mail gesendete Scans; Einträge in Telefonservice-Datenbanken; sowie per Post nachgesendete und dann eingescannte Belege. Ein solches Omnichannel-Verfahren vermeidet aus Kundensicht Medienbrüche. Darüber hinaus können fehlende Informationen unter Nutzung der von den Kund:innen bevorzugten Kommunikationswege schnell eingeholt werden. In diesem Zusammenhang möchte ich erwähnen, dass die Kundenerfahrung stark verbessert wird, wenn Kund:innen über den jeweils aktuellen Status des Onboarding-Fortschritts informiert wird.[541]

Onboarding per Smartphone — alles bequem aus einer Hand? Immer mehr Finanzinstitute bieten Angebote wie den Sofortkredit, die Kontoeröffnung, den Abschluss der Reiseversicherung oder die Eröffnung eines Aktiendepots per Smartphone an. Das kommt besonders Verbraucher:innen entgegen, die solche Handlungen gerne nebenher mobil erledigen und dabei nach einer Studie von Equifax höchstens 20 Minuten investieren möchten. Für das digitale Onboarding per Smartphone sind mobile Erfassungs-Technologien erforderlich. Aus Kundensicht funktioniert das Onboarding über das Smartphone sehr bequem: Relevante Ausweise und Dokumente werden fotografiert und per App/Webanwendung hochgeladen. Im Hintergrund erfasst das Finanzinstitut die wesentlichen Informationen und überträgt sie in das Onboarding-System. Da hier keine Medienbrüche vorkommen, ergibt sich daraus ein großartiges Kundenerlebnis. Allerdings ist dieser Prozess zum heutigen Zeitpunkt bei vielen Finanzinstituten noch semi-automatisch. Das bedeutet, im Hintergrund sitzen zumeist noch Angestellte, die die Daten entweder komplett übertragen oder zumindest gegenprüfen.[542]

Die intelligente Datenerfassung durch *Capture-Lösungen* optimiert den Prozess. Noch intelligenter funktioniert die Datenerfassung durch *Capture-Lösungen*. Derartige Technologien erkennen und extrahieren Schlüsselinformationen von einem Scan, einem Foto oder einer E-Mail. Diese Informationen übertragen sie in Back-end-Systeme, wo sie weiterverarbeitet werden. Eine Herausforderung stellen allerdings zum heutigen Zeitpunkt unstrukturierte Daten dar: Handschriftlich verfasste Texte etwa oder Informationen, welche per Brief oder E-Mail für eine Kontoeröffnung oder einen Kreditantrag nachgereicht werden, liegen selten in einem wünschenswerten Format vor. Sie wurden in natürlicher Sprache verfasst und unterliegen keinem einheitlichen Standard. Um hieraus die relevanten Daten zu extrahieren, benötigen Finanzinstitute intelligente Technologien, die auf *semantischer Textanalyse*, KI *Natural Language Processing* (NLP) und *Natural Language Understanding* (NLU), basieren. Mehr dazu erkläre ich in „*Bionic Wealth*".[543]

541 Vgl. Schmeling (2017) & IT Finanzmagazin (2018)
542 Vgl. Schmeling (2017) & IT Finanzmagazin (2018)
543 Vgl. Schmeling (2017) & IT Finanzmagazin (2018)

Aber: Kein Onboarding ohne Risikoanalyse! Neben der technischen Vorbereitung und Umsetzung digitaler Onboarding-Prozesse gilt es auch, das digitale Onboarding mit einer Risikoanalyse zu verknüpfen. Das betrifft unter anderem die Kreditwürdigkeit (etwa nach dem Schufa-Score), aber auch den Schutz vor Geldwäsche und Identitätsbetrug. Die Prüfungen, die unter dem Begriff *Know Your Customer* (KYC) zusammengefasst werden, finden zum aktuellen Zeitpunkt vielfach noch händisch und höchstens semi-automatisiert statt.[544]

Eine frühe Automatisierung des Onboardingprozesses bringt enorme Zeitvorteile und senkt zudem die Fehlerquote. Noch effizienter wird das Onboarding, wenn es mit einer Know Your Customer-Prüfung (KYC) verknüpft wird. Daher ist eine zentrale, digitalisierte Regelwerk-Prüfung unmittelbar nach dem Onboarding grundsätzlich empfehlenswert. Mehr zu KYC und der Risikoanalyse erfahren Sie in den nächsten Abschnitten.

Know your Customer (KYC) – wie gut kennen Sie Ihre Kund:innen?

Finanzunternehmen sind grundsätzlich dazu verpflichtet, gegen die Wirtschaftskriminalität vorzugehen — und zwar wesentlich aktiver als bisher. Aus diesem Grund ist insbesondere für Versicherungen und Kreditinstitute eine Legitimationsprüfung von Neukund:innen vorgeschrieben. Im Fall der Nichteinhaltung rechtlicher Vorgaben drohen Geldstrafen, Reputationsverlust oder sogar die Unternehmensauflösung. Gleichzeitig mindert eine ordentliche Legitimation von Neukund:innen die Geschäftsrisiken von Unternehmen und sichert die Einhaltung von Compliance-Gesetzen. Aus diesem Grund passen jetzt die Unternehmen ihre internen Mechanismen an, die in einer höheren Transparenz resultieren sollen. Einen Leitfaden bietet dabei das sogenannte Know Your Customer-Prinzip (KYC).[545]

Das *KYC*-Prinzip versteht sich als wichtiger Bestandteil des *Due-Diligence-Prozesses*, welcher darauf abzielt, den Business- bzw. Transaktionspartner sorgfältig zu prüfen. Während bei der Due-Diligence strategische, rechtliche, kommerzielle sowie technische Kapazitäten meist beim Kauf oder Verkauf einer Unternehmensbeteiligung einer Prüfung unterzogen werden, bezieht sich das KYC-Prinzip auf eine präzise Identifikation der Kund:innen.[546]

Diese Identifikation dient vor allem dazu, der Geldwäsche, Steuerhinterziehung und ähnlichen Betrugsarten, aber auch der Terrorismusfinanzierung, vorzubeugen. Die rechtliche Grundlage für das KYC-Prinzip ist die am 19. April 2018 vom *Europäischen Parlament* verabschiedete *EU-Geldwäscherichtlinie*. Im Vergleich mit den vorherigen Maßnahmen bringt die 5. EU-Geldwäscherichtlinie eine Reihe von Neuerungen mit sich, die den EU-weiten Finanzsektor noch stärker in die Pflicht nehmen.[547]

---

544 Vgl. Schmeling (2017) & IT Finanzmagazin (2018)
545 Vgl. Siller (2018) & Uniserv (2016)
546 Vgl. Siller (2018) & Uniserv (2016)
547 Vgl. Siller (2018) & Uniserv (2016)

Was ist neu in der EU-Geldwäscherichtlinie? Die neue *EU-Geldwäscherichtlinie* widmet sich u.a. auch den Transaktionen mit virtuellen Währungen, die künftig weit weniger Anonymität genießen werden. Diesbezüglich wird erwartet, dass sich *virtuelle Wechselkursplattformen* und *Wallet-Provider* dem KYC-Prinzip anschließen, indem sie am Aufbau zentraler Datenbanken mit Nutzerinformationen aktiv teilnehmen. Zu den weiteren Neuerungen zählen mitunter: der öffentliche Zugang zum *Transparenzregister*, welches die relevanten Daten über die Eigentümer von Unternehmen enthält; die erweiterten Befugnisse der zentralen Meldestellen zur Bekämpfung der Geldwäsche (engl. *Financial Intelligence Unit*, kurz FIU); die verstärkten Sorgfaltspflichten für Banken und andere Finanzinstitute, die Finanztransaktionen mit Nicht-EU- oder Risikoländern abwickeln; und die Senkung der Schwellenbeträge für anonyme, nicht wieder aufladbare Prepaid-Produkte (z. B. Voucher) von 250 auf 150 Euro.[548]

Je nachdem, ob es sich um natürliche oder juristische Personen handelt, müssen nach dem KYC-Prinzip unterschiedliche Informationen erfasst werden. Bei natürlichen Personen sind es neben dem Identitätsnachweis ebenfalls die Art der Berufstätigkeit sowie der Zweck der Geschäftsbeziehung zu dokumentieren. Nehmen an den Business- bzw. Finanztransaktionen politisch exponierte Personen (PEP) teil, sind außerdem deren Funktion und Ausübungsort zu ermitteln.[549]

Demgegenüber werden bei juristischen Personen die ausführlichen Daten und Fakten rund um das Unternehmen geprüft. In Hinblick auf das KYC-Prinzip sind grundsätzlich die Rechtsform und Organisationsstruktur des Unternehmens, seine Tätigkeitsfelder und der Branchencode von hoher Relevanz. Darüber hinaus sind die Informationen mit finanziellem Hintergrund wie z. B. die Anzahl der Mitarbeiter:innen und die wichtigsten Finanzkennzahlen mit zu berücksichtigen.[550]

KYC hat einige Vor- und Nachtteile. Das KYC-Prinzip erlaubt, riskante Aktivitäten seitens eigener Business- bzw. Transaktionspartner:innen rechtzeitig aufzudecken. Dies gibt dem Unternehmen ein sicheres Gefühl, da es auf die Wirtschaftskriminalität reagieren und dadurch auch interne Prozesse effektiv schützen kann. Die Befolgung des KYC-Prinzips ist zudem ein Zeichen für Unternehmensstärke und wirtschaftliche Stabilität, die in die Kundenloyalität und eine gute Reputation übertragen werden.[551]

Datenschutz und der Trade-off zwischen Zeit und Qualität bleiben die größten Herausforderungen

Trotz der offensichtlichen Vorteile stehen dem KYC-Prinzip Hürden im Weg. Diese betreffen vor allem die neue *EU-Datenschutzgrundverordnung* (DSGVO), die seit dem 25. Mai 2018 in Kraft ist und mit der 5. EU-Geldwäscherichtlinie in gewisser Hinsicht unvereinbar zu sein scheint. Stark vereinfacht ausgedrückt besagt die DSGVO, dass die Verarbeitung von Daten rechtmäßig sein muss (Kund:innen also immer über die Datennutzung informiert wurden und diese eingewilligt haben).

---

548 Vgl. Siller (2018) & Uniserv (2016)
549 Vgl. Siller (2018) & Uniserv (2016)
550 Vgl. Siller (2018) & Uniserv (2016)
551 Vgl. Siller (2018) & Uniserv (2016)

Kund:innen behalten permanent das Recht auf Auskunft und/oder Löschung ihrer Daten. Zudem enthält die DSGVO eine Klausel zur Datensparsamkeit und Datenminimierung sowie zur zeitlichen Begrenzung, es dürfen also nur relevante Daten erhoben werden und diese dürfen nur für einen zeitlich begrenzten und den Kund:innen kommunizierten Raum gespeichert werden. Darüber hinaus ist die Weitergabe von Daten an Dritte, auch an Tochter- und Partnerunternehmen, ohne Einwilligung untersagt. Gerade im Zusammenhang mit KYC ist und bleibt die Erfassung, Speicherung und Verarbeitung persönlicher Daten ohne das Wissen und die Einwilligung betroffener Personen besonders problematisch, da dies das verfassungsrechtlich verankerte Recht auf den Datenschutz verletzt.[552]

Wie fast jede Funktion im Finanzunternehmen lässt sich auch KYC auslagern. Neben Unterschieden in Hinsicht auf die Kosten sind vor allem die Zeit und Qualität erhebliche Unterscheidungsmerkmale. So verweisen etablierte KYC-Dienstleister wie *LexisNexis* oder *Refinitiv* gerne darauf, dass ein seriöser Prüfprozess mehrere Tage bis Wochen dauern kann, während disruptive Startups wie *Blanco* Prüfungsprozesse von wenigen Minuten versprechen. Der Grund hierfür liegt einerseits in der Tiefe der Prüfmechanismen und andererseits auch in den Anwendungsfällen – so sehen sich etwa Anbieter:innen von Vermögensverwaltung, Versicherungsprodukten oder B2B-Angeboten in weit größerer Sorgfaltspflicht, als etwa solche von Mikrokrediten oder Crowdfunding-Projekten.

KI und die Blockchain erleichtern die Bekämpfung von Geldwäsche

Compliance, die internationale Bezeichnung für die Einhaltung von Gesetzen und Richtlinien, genießt im Rahmen von Finanzdienstleistungen eine hohe Bedeutung. Ein besonders wichtiger Bestandteil davon ist die Gesetze gegen Geldwäsche, für deren Einhaltung die Finanzinstitute eine essentielle und verpflichtende Rolle spielen. Doch trotz strenger Auflagen erleben auch renommierte Finanzhäuser immer wieder Skandale. Es zeigt sich, dass auch dieses regulierte System nicht fehlerfrei arbeitet.[553]

Transparenz zwischen komplexen Prozessen? Geldwäsche zielt in der Regel darauf ab, Spuren zu verwischen und die Rückverfolgbarkeit zu verhindern. Die Drahtzieher:innen hinter diesen Geschäften versuchen daher, möglichst komplexe Prozesse und die intransparenten Bereiche des Finanzsystems auszunutzen. Diese sind meist manuelle Prozesse und Schnittstellen, die nicht von digitalen Systeme aufgezeichnet werden. Tatsächlich laufen im Finanzbereich noch viele Prozesse manuell ab und sind daher oft schwer nachvollziehbar. Dies sind zumeist altbekannte und bewährte Prozesse, weswegen es Unternehmen und Kund:innen schwerfällt, sie aufzugeben. So gesehen sind sie hinderlich, um etwa Bankgeschäfte zu digitalisieren und die Transparenz zu erhöhen.[554]

Die Digitalisierung muss mit Sicherheitsaspekten in Einklang gebracht werden. ‚Digitalisierung' ist dabei allerdings nicht gleichbedeutend mit Sicherheit, denn digitale und automatisierte Prozesse bieten ebenfalls Angriffsfelder. Um Prozesse

552 Vgl. Siller (2018) & Uniserv (2016)
553 Vgl. Bender & Aresu (2019)
554 Vgl. Bender & Aresu (2019)

gleichzeitig zu digitalisieren und sicherer zu gestalten, müssen Finanzunternehmen sorgfältige und detaillierte Konzepte entwerfen. Dabei spielen nicht nur Gesetzesvorgaben, sondern auch die steigenden Anforderungen der Kund:innen eine große Rolle. Die Schlagworte in diesem Zusammenhang lauten *RegTech* und *RPA*. RegTech ist eine Kombination aus ‚*Regulatory*' und ‚*Technology*'. Die Wortschöpfung symbolisiert die Nutzung der Technologie zur sicheren Umsetzung von regulatorischen Vorgaben. RPA steht für *Robotic Process Automation*, also die Automatisierung von Prozessen mithilfe von Software-Robotern und künstlicher Intelligenz. Sie ist damit die erweiterte Form der industriellen Prozessautomatisierung.[555]

Die Umsetzung einer RPA-Strategie beinhaltet für ein Finanzunternehmen eine Reihe von Herausforderungen, die vor einer erfolgreichen Implementierung überwunden werden müssen. Dabei müssen Ziele und Umfang klar definiert sein, sowie welche Anwendungen von der RPA übernommen werden sollen. Das Finanzunternehmen muss sich über die bestehende IT-Landschaft bewusst sein und wie RPA im Gesamtsystem arbeiten soll. Die Hierarchie der Systeme spielt dabei eine wichtige Rolle. Die IT-Architektur muss kontrollierbar sein und sich danach ausrichten, wo die RPA-Anwendung die Verantwortung über Entscheidungen tragen sollen und wo diese an menschliche Mitarbeiter:innen abgegeben wird. Daraus ergibt sich, dass die Auswirkungen auf das Personal bedacht werden müssen, denn ein Teil ihrer Arbeit wird durch KI-Anwendungen entlastet.[556]

Das wesentliche Aufgabengebiet im Rahmen der Anti-Geldwäsche ist die Prüfung von Transaktionen auf Verstöße gegen Regularien. Dazu kommt die Prüfung von Kundenbeziehungen sowie der Abgleich mit Sanktionslisten und damit das Screening der Kund:innen. Doch die automatisierten Prozesse sind hinsichtlich ihrer Fehlerquote den manuellen Prozessen noch nicht vollends überlegen, denn auch sie sind nicht unfehlbar. In der Praxis erweisen sich mehr als 95% der Alarme als falsche, also unbegründete, Verdachtsmomente.[557]

Künstliche Intelligenz verspricht mehr Kontrolle. Die künstliche Intelligenz reagiert bei der Prüfung auf bekannte Muster, die auf Geldwäsche hinweisen. Um die Ergebnisse zu verbessern und Kund:innen vor falschen Verdächtigungen zu schützen, müssen die Maschinen lernen zu lernen. Ihr großer Vorteil gegenüber menschlichen, manuellen Prozessen ist es, dass theoretisch jede einzelne Transaktion maschinell überwacht werden kann. Das bedeutet auch, dass die künstliche Intelligenz mehr Lernmaterial erhält, also mehr Erfahrungswerte sammeln kann. Auf dieser Basis können Regeln definiert werden, die wiederum zu präziseren Ergebnissen führen. Mehr zu KI und machine learning folgt in Teil 2 dieser Studienreihe („*Bionic Wealth*"). Nur soviel vorab:[558]

Das Training der KI-gestützten Anti-Geldwäsche-Maßnahmen übernimmt ein/e Trainer:in, der/die anhand der Training-Sets die Ergebnisse auswertet. Training-Sets sind Beispiele, in denen das gewünschte oder aber ein falsches Ergebnis er-

---

555 Vgl. Bender & Aresu (2019)
556 Vgl. Bender & Aresu (2019)
557 Vgl. Bender & Aresu (2019)
558 Vgl. Bender & Aresu (2019)

zielt wurde. Die automatische Anwendung erhält eine sogenannte *Rule Learner*-Funktionalität, die in der Lage ist, neue Regeln zu entwickeln und zu adaptieren. Diese werden dezentral in einer Blockchain abgelegt und sind die Basis für künftige Entscheidungen.[559]

Mit Blockchain-Anwendungen lassen sich KYC-Verfahren automatisieren. Eine Blockchain-Plattform enthält eine wachsende Liste von Daten, auf die KI-Maschinen zugreifen und die die Basis von automatisierten Sicherheitsprozessen sind. Für Finanzunternehmen bedeutet das, dass Prozesse zunehmend sicherer und effizienter ablaufen können. Die Kund:innen spüren jedoch oftmals nicht alle positiven Effekte, denn jedes Finanzunternehmen baut eigene Systeme auf. Unterschiedliche Häuser bewerten die Kund:innen und ihr Verhalten daher unterschiedlich. Der größte Vorteil der Blockchain-Technologie könnte darin liegen, unabhängig von Dienstleistern gleichartige Regeln und Ergebnisse zu produzieren. Das wäre beim KYC-Verfahren sehr nützlich sein: Finanzdienstleister:innen sind verpflichtet, ihre Kund:innen und deren Beziehungen und Transaktionen zu kennen, um dadurch Geldwäsche effektiv verhindern zu können. Eine gemeinsame Blockchain-Plattform kann die Screening-Ergebnisse verbessern, aber auch den Komfort für den Kund:innen erhöhen: Sie müssten sich bei dem Abschluss neuer Finanzprodukte bei verschiedenen Finanzunternehmen und Dienstleistern nicht immer wieder erneut einer Prüfung unterziehen (lassen). Zugleich hätten die einzelnen Dienstleister:innen nur noch eine beschränkten Einblick in die Daten der Kund:innen, denn diese liegen verschlüsselt und sicher in einer systemübergreifenden Blockchain.[560]

9.6. Präsenz: Kund:innen in einer hybriden Omnikanal-Strategie begegnen

Kund:innen erwarten ‚digital', aber leben ‚semi-analog'

Das Retailgeschäft steht im Augenmerk der Digitalisierung. Während Direktbanken und Robo-Advisors in punkto Digitalisierungsgrad die Nase vorne haben, schreitet der Digitale Wandel bei klassischen Banken-, Sparkassen-, Vermögensverwaltungs- und Versicherungshäusern eher schleppend voran. Nur eine genaue Steuerung der Service-Ressourcen trägt dazu bei, dass die Finanzunternehmen auch unter Berücksichtigung der Kosten Schritt halten können. Wie sich herausstellt, muss eine *Omnikanal-Strategie* allerdings nicht immer zwingend den gewünschten Erfolg erzielen...[561]

Ein tiefes Verständnis über das Kundenverhalten ist Grundvoraussetzung für eine erfolgreiche Omnikanal-Strategie. Das multinationale Finanz- und Einzelhandelsunternehmen *Diebold Nixdorf* ist bekannt für die Entwicklung einer speziellen Software, welche Servicetransaktionen misst und evaluiert. Die Anwendung dieser Software fördert vor allem bei Banken und Sparkassen wichtige Erkenntnisse zutage. Hierfür können mehr als 100 verschiedene Transaktionsarten erfasst wer-

559 Vgl. Bender & Aresu (2019)
560 Vgl. Bender & Aresu (2019)
561 Vgl. Keller & Liebke (2018)

den. Vor allem einfache Transaktionen wie Umsatzabfragen oder Ein- oder Auszahlungen können so leicht analysiert werden. Doch auch komplexe Prozesse wie die Änderung der Adresse oder das Anlegen eines Freistellungsauftrags gehören in das analysierte Portfolio. Aus den erhobenen Daten lassen sich anschließend umfangreiche Analysen ableiten und eine Indikation treffen, ob die geforderte Mehrkanal-Strategie wirklich den Bedürfnissen der Kund:innen entspricht. Grundsätzlich basiert die Omnikanal-Strategie auf der Annahme, dass Kund:innen abhängig von ihrer aktuellen Situation auf unterschiedliche Interaktionskanäle setzen. Allerdings zeigen die *Diebold Nixdorf*-Datenauswertungen, dass diese These nicht zutreffend ist: Lediglich ein Drittel der Kund:innen greifen beim Banking auf mehr als einen Kanal zurück. Vielmehr vertraut das Gros der Kund:innen auf einen oder maximal zwei Kanäle. *Omnikanal-Präsenz* wird demnach zwar erwartet, in der Realität aber nur selten wirklich genutzt.[562]

Und auch mit einer zweiten Grundthese räumt *Diebold Nixdorf* auf: Bis dato gingen Expert:innen davon aus, dass digitale Kanäle vor allem abends, nachts oder am Wochenende genutzt werden. Doch die Auswertungen verdeutlichen, dass das genaue Gegenteil der Fall ist. Die Kund:innen greifen vor allem tagsüber — während der Servicezeiten — auf die digitalen Kanäle zurück. An diesem Umstand lässt sich auch erkennen, dass die Finanzberatung am Wochenende und nach Feierabend bisher kaum wahrgenommen wird. Die Daten legen nahe, dass Kund:innen ihre Pausen im Arbeitsalltag nutzen, um ihre Finanzgeschäfte abzuwickeln. Diese Erkenntnisse können Finanzunternehmen nutzen, um eine optimierte zeitliche Ansprache der Kund:innen zu etablieren.[563]

Kundengruppen leben in Multi-Silos. Schon lange kann keine Rede mehr von analogen und digitalen Kund:innen sein. Vielmehr müssen wir uns mit einer ganzen Bandbreite von Kundengruppen auseinandersetzen — von den Filial-Verteidiger:innen bis zu den mobile-only Evangelist:innen. Zwar ist ein Wechsel einzelner Kund:innen innerhalb des digitalen Spektrums möglich und mittel- bis langfristig sogar wahrscheinlich. Die Corona-Krise hat beispielsweise anschaulich gezeigt wie hartgesottene Bargeld-Verfechter:innen plötzlich offen sind für kontaktlose Bezahlmöglichkeiten (NFC).

Zugleich bewegen sich viele Kundengruppen in Silos. Genauer gesagt in *Multi-Silos*, also je nach Thema in unterschiedlichen Silos. So ist es eher unwahrscheinlich, dass Menschen, die aus Datenschutz- und Sicherheitsbedenken Online-Brokern und Direktbanken nicht vertrauen und persönliche Beratung erwarten plötzlich zu mobile-only Evangelist:innen konvertieren. Gleichzeitig spricht aber für selbige Kundengruppe im privaten Umfeld paradoxerweise häufig nichts gegen die Verwendung von *Whatsapp* oder dem *Facebook-Messenger* für die Kommunikation — ob aus Bequemlichkeit oder aus Mangel an Selbstreflektion. Ebenso unwahrscheinlich ist es, dass Kund:innen, welche sich mit den Vorteilen digitaler Kanäle und Technologien angefreundet haben, wieder auf die Filialberatung zurückgreifen.

---

562 Vgl. Keller & Liebke (2018)
563 Vgl. Keller/Liebke (2018)

Auch der Aufenthaltsort und die lokale IT-Infrastruktur (etwa Netzempfang / Verbindungsgeschwindigkeit) der Kund:innen haben einen Einfluss auf das eigene Nutzer:innenverhalten. Selbst digitale Pioniere und Pionierinnen müssen etwa auf dem Wochenmarkt oder im Urlaub in den Bergen (noch) auf Bargeld zurückgreifen und auch Digitale Offliner müssen sich mit digitalen Kanälen auseinandersetzen, wenn ihre lokale Filiale schließt und sie künftig alternativ lange Fahrtwege zur nächsten Filiale in Kauf nehmen müssen.

Die Filiale muss sich in der Omnikanal-Strategie gegen modernere Vertriebskanäle behaupten

Im Filialgeschäft zeichnet sich seit längerem ein unaufhaltsamer Abwärtstrend ab: Immer mehr Finanzinstitute schließen Filialen aufgrund von zu hohen Kosten bei zu geringer Rendite. Aus einer *KfW*-Studie aus dem Jahr 2017 geht hervor, dass in Deutschland seit 2.000 bereits jede vierte Bankfiliale geschlossen wurde. In Zahlen ausgedrückt sind das etwa 10.200 Standorte oder ca. 2.800 Filialen im Jahr. Expert:innen führen dies auf die Digitalisierung des Finanzgeschäfts zurück. Etwa jede/r vierte Internetnutzer:in vermeidet mittlerweile den Gang in die Filiale und wickelt die Bankgeschäfte stattdessen online ab. Auch die Beratung in den Filialen wird nur noch selten wahrgenommen. Durch das Online-Banking sollen rund 14 Millionen Kund:innen keinen direkten Kontakt zu ihren Bankberater:innen pflegen. Aus diesen Gründen wird die Unterhaltung von Filialen zunehmend ineffizienter: Auch bei weniger Kund:innen müssen Gehälter, Mieten und Kosten für Strom, Wasser und Gas weiterhin getragen werden. Die Kund:innen sollen stattdessen die Onlineportale nutzen, denn das Angebot der eigenen Dienste im Internet ist dahingegen günstiger. Nicht zuletzt soll der Entfall teurer Mieten die Profitabilität der Finanzinstitute verbessern.[564]

Hinsichtlich der Filiale herrscht eine starke Unsicherheit. Die Digitalisierung und Modernisierung der Filialen stellen Finanzunternehmen vor eine große Herausforderung. So sollen etwa kostenloses WiFi, Kundenberatung mit dem Tablet und das Demonstrationen von Apps vor Ort die Filiale wieder attraktiver machen. Doch was zunächst fortgeschritten anmutet, lässt eine tiefe Unsicherheit über die Rolle der Filiale durchscheinen: Einerseits wird in die Modernisierung investiert, andererseits sollen Telefon und Videoberatung den Kund:innen mehr *„Komfort"* bieten. In Zeiten, in denen jedes zweite Café kostenloses WiFi anbietet, man in Restaurants am Tablet seine Bestellung aufgeben kann und im Hotel Concierge-Bots wie ‚*Edward*' (*Edwardian Hotels*) jegliche Belange und Wünsche per Smartphone klären, sind App-Demonstrations-Stationen oder Kundenberater:innen mit einem Tablet ein wichtiger erster Schritt in die richtige Richtung; gerade um nicht-digitalisierte Kund:innen zu begleiten. Und gleichzeitig sind diese Schritte weit entfernt von dem, was heute möglich ist.

Digital Empowerment der Kund:innen bedeutet einen Verlust an Einfluss und Verkaufsmöglichkeiten seitens der klassischen Filialberatung. Früher mussten Kund:innen regelmäßig die Bank aufsuchen — sei es um Geld abzuheben, einzuzahlen oder auch nur den Kontoauszug abzuholen. Da es keine Bankautomaten

564 Vgl. KfW (2017) & Neuhaus (2017)

gab, war der einzige Weg, Transaktionen zu beauftragen oder Informationen einzuholen, der Gang zum Schalter. Damit waren die Kund:innen ihren Berater:innen praktisch gnadenlos ausgeliefert. Sie mussten sich auf ein Gespräch einlassen. War etwa der Kontostand regelmäßig im Dispo, so wurde noch am Schalter ein neuer Kreditrahmen vorgeschlagen und ein Beratungsgespräch eingeleitet. Es lag an den Kund:innen, aktiv abzulehnen. Mit sinkender Relevanz des Schalters scheint vielerorts leider auch die Relevanz — und Kompetenz — der Berater:innen zu sinken.

Eine 20-wöchige Feldstudie aus dem Jahr 2019, in der ich hunderte Filialen in Andorra, Belgien, Deutschland, Frankreich, Luxemburg, Österreich, Portugal, Spanien und Tschechien besucht habe, legt nahe, dass viele Berater:innen passiv (wenn nicht sogar überfordert) auftreten, wenn Kund:innen die Filiale betreten. Offensichtlich bestehen große Unsicherheiten, wie der Kontakt aufgebaut, Probleme gelöst und ein Mehrwert geleistet werden kann. Fast drehbuchreif müssen die Ansprechpartner:innen vor Ort zunächst eine Expert:in im Haus suchen oder sich selbst — online — in die eigene Produktwelt einlesen. Wie ein derartiges Verhalten bei den Kund:innen ankommt, darüber lässt sich nur mutmaßen; bei mir löst es jedenfalls kein Stauen aus, sondern Fremdschämen.

Der Gang zur Filiale – Ritual oder Müßigkeit?

Was für manche zum notwendigen Übel geworden ist, ist für andere ein wohl gepflegtes Ritual: der Gang zur Filiale. Wer heute lediglich Geld abheben will, muss sich nicht einmal mehr zum nächsten Geldautomaten begeben, sondern kann in der Regel beim nächsten Einkauf im Supermarkt an der Kasse Geld abheben. In einer Welt, in der *Zeit* zum Luxusgut geworden ist, ist der verpflichtende Gang zur Filiale — beispielsweise für das Unterzeichnen eines Vertrages, den Abschluss einer Versicherung oder das Eröffnen eines Kontos — unvorstellbar. Und doch gibt es sie noch, die Filialbesucher:innen. Hierbei handelt es sich allerdings nicht um eine neue Form des Tourismus, sondern um Menschen, die viel Wert auf persönlichen Kontakt mit ihrem Finanzinstitut legen. Auch im digitalen Zeitalter, entscheiden sich einige Menschen — unabhängig von Alter, Geschlecht oder Einkommen — noch oder wieder bewusst dazu, einen oder eine persönliche Ansprechpartner:in zu treffen. Gerade diese Kund:innen, welchen der persönliche Kontakt so wichtig ist, gilt es, mit zusätzlichen Dienstleistungen innerhalb des Filial-Modells positiv zu überraschen.

Besonders für regionale Filialbanken werden Zweigstellen allerdings auch zukünftig der wichtigste Vertriebsweg bleiben. Filialen, die primär als Zahlstellen fungieren, werden tendenziell verschwinden. Stattdessen werden größere Filialen dominieren, die als Kompetenz-und Sozialzentren bezeichnet werden können. In diesen Filialen wird weiterhin die Fachkompetenz zu Bereichen wie der Geldanlage liegen. Gleichzeitig sind Finanzinstitute auch Dienstleistungsgesellschaften, weshalb die Filialen künftig einen starken Fokus auf den persönlichen Kontakt zu Kund:innen legen müssen. Damit wird die Filiale zum sozialen Zentrum der Kundeninteraktion bei dem von den Kundenberater:innen ein besonders hohes Maß an Empathie und Sozialkompetenz verlangt wird. Insofern ist gerade die Rolle der Filialbank als Vertriebsanker nicht zu unterschätzen.

In Bezug auf die Filiale vertritt Frank Dierolf, Vorstandsmitglied der *Kreissparkasse Esslingen-Nürtingen*, eine interessante These: *„Filialbanken könnten aufgrund veränderter Rahmenbedingungen und des Nutzungsverhaltens der Kund:innen ihr Geschäftsmodell mittels eines ‚filialzentrierten Multikanalansatzes' neu ausrichten"*[565]. Die unmittelbare Nähe zur Kund:in definiert die Kreissparkasse als zentrale Stärke im Wettbewerb. Für die regional stark engagierte Kreissparkasse bedeutet Digitalisierung deshalb auch nicht den Abbau der Filiale, sondern die Erweiterung des Angebots. In dem von Herrn Dierolf als *„filialzentrierten Multikanalansatz"* vorgestellten Ansatz sollen Kund:innen ihre Bankgeschäfte kanalübergreifend tätigen können, wobei die persönlichen Kundenberater:innen stets als *„Ankerpunkt in der Kundenbeziehung"* fungieren sollen, indem alle relevanten Informationen bei ihnen zusammenlaufen. Die Berater:innen werden durch eine Beratungssoftware unterstützt, die zusätzliches Wissen rund um Themen wie Absicherung, Altersvorsorge und Geldanlage liefern und die Gesprächsergebnisse dokumentiert. Um dem/der Kund:in das volle Leistungsspektrum der Bank zu ermöglichen, wird die Erklärung von Funktionen wie Online- und Mobile-Banking, aber auch Überweisungen oder Daueraufträgen als Teil der Beratungsleistung gesehen.[566]

Für Dierolf ist es entscheidend, *„dass die Kund:innen das intensive Engagement, das „sich Kümmern" ihrer Kreissparkasse spüren. Deshalb sollte mindestens alle zwei Jahre ein tiefgehendes Analysegespräch (S-Finanzcheck) durchgeführt werden, in dem die aktuelle Situation des Kundein sowie seine Wünsche und Ziele besprochen und die weitere Vorgehensweise abgestimmt werden"*, während das Servicegeschäft weitgehend digitalisiert wird. Um die physische Kundennähe zu gewährleisten, verfolgt die Kreissparkasse einen Ansatz zur *„Optimierung des Filialnetzes"*, bei dem die Filialdichte bei etwa 1,4 Filialen je 10.000 Einwohner liegt (Stand Ende 2016). Mit der Entscheidung zur Filiale geht auch eine Anpassung der Öffnungszeiten an die veränderten Kundenfrequenzen einher. Während die Sparkasse mit ihren Online-Angeboten 24/7 verfügbar ist, werden seit 2013 die Servicezeiten kontinuierlich reduziert. *„Längere Öffnungszeiten führen nicht notwendigerweise zu mehr Effizienz im Filialvertrieb"*, so Herr Dierolf. Ganz im Gegenteil, durch die verkürzten Servicezeiten können Mitarbeiterkapazitäten im Servicebereich optimiert und zur Unterstützung der Berater:innen eingesetzt werden. Auch kann es gerade in kleineren Filialen vorkommen, dass die Kundenberater:innen im Service aushelfen müssen. Gleichzeitig bieten einige Filialen ihren Kund:innen nach Vereinbarung unter der Woche Beratungstermine zwischen 08:00 und 20:00 Uhr an. So können sich die Berater:innen auf die individuelle Beratung ihrer Kund:innen konzentrieren.[567]

Könnte auf die große Outsourcing-Welle jetzt das Insourcing folgen?

In den vergangenen Jahren ließ sich ein starker Outsourcing-Trend beobachten, bei dem Servicebereiche wie das Callcenter ausgelagert wurden. Die Arbeitsbedingungen in den Callcentern, der enorme Zeitdruck und die Tatsache dass,

565 Dierolf (2016:130)
566 Vgl. Dierolf (2016:131ff.)
567 Vgl. inkl. Zitate Dierolf (2016:130ff.)

Kund:innen zumeist per Zufall vom System zugewiesen werden, haben dazu geführt, dass Finanzinstitute immer häufiger mit Beschwerden über mangelnde Qualität, Unwissenheit oder Unfreundlichkeit seitens der Telefonberater:innen konfrontiert werden. Ein mögliches Szenario der Omnikanal-Strategie für Finanzunternehmen könnte daher sein, die in den Filialen immer weniger ausgelasteten Servicemitarbeiter:innen vermehrt in Inhouse-Callcentern zu beschäftigen und so die Qualität der Dienstleistungen für die telefonische Kontaktaufnahme sicherzustellen. Weniger erfolgreich hingegen liefen bisherige Pilotversuche sogenannter mobiler Filialen in Form von mobilen Stationen oder Bussen, da diese vergleichsweise ineffizient und teuer sind und gleichzeitig der Platzmangel den Umfang der offerierten Dienstleistungen stark begrenzen kann. Anpassungen der Öffnungszeiten oder mobile Serviceeinheiten sind zwar ein erster möglicher Schritt der Kosteneinsparung, doch werden alleine für sich genommen nicht zur nachhaltigen Optimierung des Geschäfts führen.[568]

Die Filiale ist (noch) nicht tot und muss es auch nicht sein

Die digitalisierte Filiale erhält eine neue Daseinsberechtigung. Richtig in die digitale Strategie integriert, haben neue Filialmodelle das Potenzial, regionale Präsenz und Kundennähe zu sichern — vorausgesetzt, sie orientieren sich an den Bedürfnissen der Kund:innen und ergänzen das digitale Leistungsangebot. Mit zusätzlichen Funktionen ausgestattet, können sowohl digitale Angebote, als auch Selbstbedienungsangebote künftig verstärkt in der Filiale zum Einsatz kommen.

Neue, an den Kundenbedürfnissen und der Differenzierung des Leistungsangebots ausgerichtete Filialmodelle können Finanzunternehmen dabei helfen, sich regionale Präsenz und Kundennähe zu sichern. Digitale Kanäle werden immer häufiger aufgesucht — und vorausgesetzt. Dies hat einen massiven Wandel des Nachfrage- und Kundenverhaltens mit sich gebracht, denn Kundenservice ist jederzeit und überall möglich. Gleichzeitig wird der Finanzdienstleistungssektor von FinTechs und Drittanbieter:innen aufgemischt und insbesondere das Privatkundengeschäft ist immer härter umkämpft. In einem Umfeld, das von Wandel, Dynamik und unbegrenzten Möglichkeiten bestimmt wird, kann die Filiale für Qualität stehen. Sofern die Qualität der persönlichen Beratung in der Filiale mindestens so hoch ist wie die über digitale Kanäle, wird es auch weiterhin Kund:innen geben, die mit ihren Anliegen den persönlichen Kontakt suchen. Damit die Filiale allerdings wichtig bleiben kann und auch bei digitalen Geschäftsmodellen noch eine Rolle spielt, muss allerdings auch hier ein Umdenken stattfinden.[569]

In einer Omnikanal-Strategie ermöglicht es die Filiale, die Kundeninteraktion so individuell und persönlich wie möglich zu gestalten. Kund:innen müssen das Gefühl haben, dass ihr Anliegen den höchsten Stellenwert ihrer Beraterin oder ihres Beraters hat. Gleichzeitig muss der/die Berater:in sich das Vertrauen der Kund:innen aufbauen und sichern. Dies gelingt unter anderem, indem Erfahrung und Expertise vermittelt werden und *„durch persönliche Beziehung für den Kund:innen direkt erfahrbar“*[570] gemacht wird.

---

568 Vgl. Hoock (2017) & Lembicz (2016:148ff.) & Keller/Liebke (2018)
569 Vgl. Keck & Stoll (2018:308f.)
570 Keck & Stoll (2018:309)

Eine Möglichkeit, Kund:innen in die digitale und interaktive Filiale zu übertragen, ist die Selbstbedienung im Foyer. Schon heute können Kund:innen am Automaten (ATM) Bargeld abheben oder Kontoauszüge ausdrucken. Künftig müssen Selbstbedienungsschalter sehr viel mehr leisten können und neben dem klassischen Bankgeschäft auch das Spektrum der Vermögensanlage abdecken. Damit dies möglich wird, ist es wichtig, dass Kundenanforderungen zu bestehenden Verträgen, Produkten etc. in Filialen ad-hoc erfüllt werden können, also sofort und ohne Terminvereinbarung. So müssen Filialen beispielsweise jederzeit auf produktbezogene Anliegen wie die Bargeldversorgung, Konto-Informationen, Daueraufträge oder Adressveränderungen, Freistellungsaufträge, Kredit-/Kontokarten oder die Anpassung des Dispolimits eingehen, aber auch einen Einblick in das eigene Portfolio bieten und die Möglichkeit, neue Depots zu eröffnen bestehende Strategien anzupassen. Jederzeit bedeutet in diesem Fall wie auch digital und 24/7. Das kann beispielsweise über einen digitalen Schalter erfolgen und setzt voraus, dass Kund:in auch nachts Zugang zu bestimmten Bereichen der Filiale haben. Ob sie hierfür am Eingang die Bankkarte nehmen oder über NFC-Schnittstelle einen Direktzugang erhalten, sei dahingestellt.[571]

Gleichzeitig muss die Filiale „*Privatkunden hochqualifizierte Beratung zu komplexen Bankprodukten wie Wertpapieranlagen, Baufinanzierung und Vorsorgekonzepten*" bieten. Diese Dienstleistungen müssen nicht 24/7 über die Filiale bereitgestellt werden, sondern können auch zu bestimmten vereinbarten Terminen angeboten werden. Wichtig ist allerdings, dass den Kund:innen umfassende Beratung mit höchstem Qualitätsanspruch zur Verfügung gestellt wird, die auf die speziellen Geschäftsvorfälle der Privat- und Firmenkund:innen eingeht. Viele Kund:innen, die Wert auf persönliche Beratung in einem sicheren Umfeld legen, sind auch im digitalen Zeitalter weiterhin bereit, längere Distanzen oder (kurze) Wartezeiten in Kauf zu nehmen.[572]

Es ist unabdingbar, dass der Fokus auf eine adäquate und intelligente Ressourcensteuerung gelegt wird. In Zukunft werden Filialen nur noch einen Bruchteil der eigentlichen Services leisten können, sodass auch die für Kundenservice verfügbaren Ressourcen umgeschichtet werden müssen. Auch die Schließung von Filialen kann zur Überwindung der kostenbasierten Herausforderungen im Finanzbereich beitragen — sollte allerdings überlegt sein. Doch was geschieht mit den überwiegend Filial-gebundenen Mitarbeiter:innen, wenn die Filiale schließt? Eine mögliche Antwort lautet: Die freigewordenen Mitarbeitenden können in neuen Beratungszentren eingesetzt werden. In diesen Beratungszentren beraten sie die Kund:innen per Telefon und Videochat. Der Clou daran: Die Beratung wird künftig auch am Wochenende und am Abend stattfinden. Also zu den Zeitpunkten, zu welchen die Mehrheit der arbeitstätigen Privatkund:innen ihre Finanzgeschäfte erledigen. Hiermit würden die Finanzinstitute auf die sich ändernden Anforderungen der Kund:innen reagieren.[573]

---

571 Vgl. Keck & Stoll (2018:308f.)
572 Vgl. inkl. Zitat Keck & Stoll (2018:308f.)
573 Vgl. Neuhaus (2017) & Tagesspiegel (2017)

Der Bionic Advisory Ansatz kann frischen Wind in Filialen bringen

Im zweiten Teil dieser Studienreihe („*Bionic Wealth*“) argumentiere ich, dass die Bionik — eine interdisziplinäre wissenschaftliche Disziplin, bei der naturwissenschaftliche Erkenntnisse auf Technik, Technologie, Prozesse und Systeme übertragen wird — großes Potenzial für die Finanzbranche hat: Die Bionik orientiert sich am Leben — und Banken sollten das auch.

Die *Bionic Advisory* (zu Deutsch: bionische Beratung) ist ein hybrider Beratungsansatz, der die traditionelle Beratung — insbesondere in komplexeren kundenspezifischen Angelegenheiten — durch die Nutzung von State-of-the-Art-Technologie nach dem Vorbild des *Digitalen Humanismus* zu Höchstleistungen befähigt. Bionische Technologien erlauben es den Berater:innen, sich auf das Wesentliche zu konzentrieren: die persönliche zwischenmenschliche Beziehung, welche die Vertrauensbasis der Zusammenarbeit darstellt.

Ein Bionic-Modell vereint personalisierte Beratung mit automatisierten Hintergrundprozessen: Die hybride, beratungsgestützte digitale Geldanlage stellt den zwischenmenschlichen Kontakt in den Vordergrund, setzt auf die eine ganzheitlichere Betreuung der Vermögenswerte und Produkte und bietet ein besseres digitales Erlebnis sowie mehr relevante Kundeninteraktionen. Das ist es, was ich unter der Bionic Advisory verstehe: Erweitert um Technologie ist der menschliche Service in der Lage, Kund:innen bei allen Finanzentscheidungen schnell, flexibel und individuell, aber auch persönlich und empathisch zu unterstützen. Insofern sind bionische Berater:innen nicht gleichzusetzen mit Cyborgs oder Androiden: Bionic Advisors sind keine voll-digitalen Roboter und auch keine Menschen mit technologischen Implantaten / Körperteilen. Stattdessen wissen Bionic Advisors, wie sie die auf sie angepassten bionischen Technologien (Hard- und Software) so einsetzen, dass sie ihre eigenen Stärken und Fähigkeiten (Wissen, Empathie, Intuition, ...) erweitern und ihre Schwächen (z. B. die Grenzen der Informationsverfügbarkeit und -verarbeitung oder des Gedächtnisses) ausgleichen.[574]

Mit der bionischen Advisory verändert sich der Beratungsprozess. Die klassische Vermögensberatung und -verwaltung läuft grundsätzlich linear ab: Die Berater:innen und Verwalter:innen erhalten einen Auftrag bzw. ein Mandat und wählen im stillen Kämmerchen ein Produkt und/oder Portfolio aus, welches den Kund:innen angeboten wird. Im digitalen Zeitalter reicht diese Intransparenz nicht mehr aus. Vielmehr treten Dienstleister:innen mit ihren Kund:innen in ein partnerschaftliches Verhältnis das auf Dialog und Interaktion aufbaut. Gemeinsam werden Ziele gesetzt und Risikoüberlegungen angestellt. Auf dieser Basis werden individuelle Produkte und Portfolios erstellt. Dieser Prozess wird auch als „*goal-based wealth planning*“ bezeichnet.

Die persönliche Interaktion zwischen Kund:in und Berater:in kann persönlich stattfinden oder virtuell. Im (digitalen bzw. virtuellen) Beratungsgespräch ermöglichen digitale Assistenzsysteme (digital über Bots, virtuelle Assistenz und Robo-Advisory), die Kompetenzen von Kundenberater:innen und Finanzunternehmen in Echtzeit zum optimalen Nutzen der Kund:innen zu bündeln. In einfachen An-

574 Vgl. Bionic Capital (2020), Crealogix (2017:11) & Manz (2018:165f.)

wendungsfällen können Kund:innen so Anfragen oder Aktionen (wie beispielsweise eine Kontoüberweisung) automatisiert in Auftrag geben oder sich über Produkte informieren. Ist eine Frage oder Problematik zu kompliziert für das virtuelle Assistenzsystem, kann ein/e Kundenberater:in unmittelbar dazugeschaltet werden. Die Kundenberater:innen fungieren hierbei als Vermittler:innen, die ihren Kund:innen die Inhalte, Risiken und Chancen von Produkten auf Wunsch näher erklären, während Algorithmen und Skripte die Recherche und Analyse übernehmen. Dies vereinfacht und verbessert nicht nur die Kundenerfahrung (Customer Experience), sondern ermöglicht es dem Finanzunternehmen auch, die Qualität der Kundenberatung zu optimieren und gleichzeitig neue Angebote und Kontaktmöglichkeiten zum Finanzunternehmen mitten in den Alltag der Kund:in zu platzieren. Je relevanter der Inhalt ist, desto höher wird damit auch die Konversionswahrscheinlichkeit.[575]

Mit einer hybriden Form der Bionic Advisory wird Private Banking deshalb auch für Banken, und Sparkassen filialübergreifend umsetzbar. Insbesondere kleinere Filialen haben selten das notwendige Know-how (oder die entsprechende Lizenz), um Kund:innen Private Banking in der Breite anzubieten. Hinzu kommt, dass Themen wie Steueroptimierung oder Erbschaften zusätzliche Spezialisten brauchen, die kleine Finanzunternehmen sich oft nicht als Mitarbeiter:innen leisten können oder wollen. Die Bionic Advisory schließt diese Lücke, indem sie die menschlichen Fachkräfte um die technologischen Möglichkeiten der digitalen Vermögensanlage erweitern.[576]

Fallstudie: Was die Finanzbranche von Apple Stores lernen kann

Apple hat in den vergangenen Jahren unglaubliche Wachstumsraten verzeichnet. Ein *Apple-Store* in den Staaten hat durchschnittlich 80.000 Besucher:innen im Monat. Auf die Ladenfläche gerechnet, erzielt das Unternehmen einen Umsatz von US$ 50.000 pro m^2. Hinzu kommt der Online-Verkauf in 39 Ländern.[577]

Derzeit betreibt *Apple* über 500 Niederlassungen in 20 Ländern, die zusammengerechnet auf 365 Millionen Personen im Jahr kommen. *„Umgerechnet auf Bankarbeitstage entspricht dies einem Durchschnitt von täglich 3.650 Besuchen pro Standort. Werte, von denen Banken nur träumen können. Den letzten Massenandrang in Bankfilialen gab es im Jahr 2002, als Kunden ein Euro-Starterset ergattern wollten..."*[578], vergleicht Hansjörg Leichsenring von *Der Bank Blog*.

Während die Filiale stetig an Bedeutung verliert, nehmen Stores digitaler Riesen wie *Apple* (oder auch *Amazon*) eine zentrale Rolle im Konsumverhalten digitalaffiner Kund:innen ein. Dabei sind die Produkte alle auch online erhältlich. Was also ist es, was diese Unternehmen über ihre Online-Präsenz hinaus so erfolgreich macht? In einem Blogbeitrag stellt *Der Bank Blog*-Herausgeber Dr. Hansjörg Leichsenring die acht wichtigsten Erfolgsfaktoren von Apple-Stores vor, von denen Finanzunternehmen mit Filialnetz lernen könnten.[579]

---

575 Vgl. Bionic Capital (2020), Crealogix (2017:11) & Manz (2018:165f.)
576 Vgl. Arnold (2018:273f.) & Klaasen (2013)
577 Vgl. Leichsenring (2018C)
578 Leichsenring (2018C)
579 Quelle für die folgenden 8 Erfolgsfaktoren: Leichsenring (2018C)

1. **Die Lage:** hochfrequentiert und leicht erreichbar. Apple-Stores befinden sich immer in den besten Innenstadtlagen bzw. innerhalb hochfrequentierter Einkaufszentren oder Bahnhöfe. Das bedeutet: Sie können schnell erreicht und gut gefunden werden. Auch Sparkassen und Volksbanken im ländlichen Raum hätten meist gute Einkaufslagen zur Verfügung — was jedoch häufig mit einer Verlegung und einhergehenden Investitionen verbunden ist. Eine Überprüfung oder Korrektur des Standorts kann die Zukunftsfähigkeit der Bank fördern.

2. **Das Design:** Kundenerfahrung vor Architektur. Apple-Stores beeindrucken bereits von außen mit großen Glasfronten. Innen setzt sich das stylisch-elegante und funktionelle Design fort. Damit verbindet Apple Lifestyle und Atmosphäre und rückt die Customer Experience (das Kundenerlebnis) in den Fokus. Inszeniert werden nicht die Produkte, sondern der Mehrwert für den Kunden, die diese bringen. Banken hingegen wirken oft steril und stellen Technik und Architektur vor das Kundenerlebnis.

3. **Das Outfit der Angestellten:** Einheit statt Selbstverwirklichung. Apple Mitarbeiter:innen sind grundsätzlich sofort an ihrer einheitlichen Kleidung erkennbar. Auch wird kein Schalter oder Schreibtisch benötigt, um sie als Mitarbeiternde auszumachen. Sie bewegen sich frei im Raum und gehen proaktiv auf Kund:innen zu.

4. **Die Kundenbindung:** Beratung mit Mehrwert; einfach und unkompliziert. Gemäß Steve Jobs' Grundsatz „*Enriching lives*" (Leben bereichern) sind Apple-Mitarbeiter:innen dazu angehalten, Kund:innen (über den Kauf hinaus) möglichst leicht und unkompliziert die Hilfe zu bieten, die sie suchen. An der Genius Bar werden täglich 95.000 Kund:innen beraten. Darüber hinaus werden Workshops zur richtigen Nutzung der Produkte und Anwendungen angeboten. Wie viele Finanzunternehmen bieten regelmäßig Trainings oder Workshops zum Thema private Geldanlage oder finanzielle Unabhängigkeit? Und wie viele beschweren sich im Vergleich dazu lieber über Wissenslücken der Bevölkerung im Finanzbereich?

5. **Kein Verkaufsdruck:** Beratung nach Bedarf und Budget. Geräte, die im Apple-Store bereitgestellt werden, können von Kund:innen beliebig getestet werden, denn: es werden Lösungen angeboten, nicht einfach Produkte (Siehe Punkt 2). Um die bestmögliche Beratung für die Kund:innen sicherzustellen, wird auf eine Verkaufsprovision für Mitarbeiter:innen verzichtet. Zusätzlich können Kund:innen Produkte online bestellen und im Store abholen. Ein Ansatz, der auch für Multikanal-Institute interessant sein könnte und interne Konkurrenz der Vertriebswege verhindert. (Achtung: Kund:innen kann eine solche Option geboten werden, aber sie sollten nie in die Filialen gezwungen werden!)

6. **Die hohe Transparenz:** Gleiche Preispolitik für Neu- und Bestandskunden. Apple Produkte sind nicht gerade preiswert. Aber sie sind auch preis-transparent und umfassen ein 14-tägiges Rückgaberecht — ganz gleich, ob es sich um eine Neu- oder Bestandskund:innen handelt. Finanzberater:innen auf der anderen Seite bieten ihren Kund:innen Produkte (und Girokonten) meist so intransparent, willkürlich und vor allem zu verschiedenen Preisen an, dass die Kund:innen das Gefühl entwickeln können, über den Tisch gezogen zu werden.

Versteckte Kosten, Zusatzgebühren und ungleiche Behandlung treiben Kund:innen letztlich zu Online-Vergleichsportalen oder direkt zur transparenteren Direktbank.

7. **Die Club-Mitgliedschaft:** Die Kund:innen als Werbeträger:innen bzw. Brand Ambassadors? Wo Finanzunternehmen den Kund:innen gerne Schwarz-weiß-Kopien in Klarsichtfolien mitgeben, erhalten Apple-Kund:innen beim Erwerb eines Produktes eine stabile, stylische Tüte mit dem Apple-Logo und werden somit automatisch zum Werbeträger. Das haptische Erlebnis und das damit einhergehende emotionale Element geht Finanzunternehmen hier verloren und wird sogar ins Negative umgekehrt.

8. **Die überragende Kompetenz und Freundlichkeit der Angestellten.** Die Mitarbeiter:innen bilden das Rückgrat des Apple Stores wie auch der Bankfiliale. Damit sie mit ihrer (orchestrierten) Höflichkeit, Kompetenz und Begeisterung für die Marke auch die Kund:innen überzeugen können, setzt Apple auf kontinuierliche Ausbildung und Training. Ziel ist es, eine „*magische Erfahrung*" bei den Kund:innen zu hinterlassen. Dafür hat Apple ein Fünf Service-Schritte-Akronym entwickelt, das sich Angestellte besonders leicht merken können:[580]

   A: „*Approach customers with a personalized, warm welcome*" — Gehen Sie auf Kund:innen mit einer persönlichen, warmherzigen Begrüßung zu.

   P: „*Probe politely to understand all the customer's needs*" — Versuchen Sie höflich, alle Bedürfnisse Ihrer Kund:in zu verstehen.

   P: „*Present a solution for the customer to take home today*" — Bieten Sie eine Lösung, die der/die Kund:in heute mit nach Hause nehmen kann.

   L: „*Listen for and resolve any issues or concerns*" — Hören Sie genau zu und lösen Sie alle Bedenken und Fragen.

   E: „*End with a fond farewell and an invitation to return*" — Verabschieden Sie sich freundlich und laden Sie zu einem erneuten Besuch ein.

580 Vgl. Inkl Zitate Callo (2012)

9.7. Vier strategische Digitalisierungsbereiche der Bank 4.0

Die Digitalisierung des Front-ends ermöglicht es, verschiedene Märkte anzusprechen und die Ausgaben für Kundenservice und Finanzberatung zu reduzieren. Die Digitalisierung des Back-ends ermöglicht es Finanzinstituten, regulatorische Ineffizienzen abzubauen, Prozesse zu beschleunigen, Systembrüche zu reduzieren und zusätzliche Cross-Selling-Möglichkeiten zu nutzen. Grundsätzlich lässt sich die Digitalisierung hin zur Bank 4.0 in vier strategische Bereiche gliedern:[581]

1. **Die Bank-IT 4.0 / Operative Effizienz.** Durch die Digitalisierung der Kernbankprozesse im Front und Back Office lassen sich diese beschleunigen, und gleichzeitig lassen sich durch das Digitalisieren der Workflows Prozesskosten reduzieren (End-to-End). Zusätzliche Automatisierung bringt außerdem eine gesteigerte funktionale Effizienz in den Bereichen Controlling, Reporting, Risikomanagement etc. Um dies zu erreichen, benötigt man eine flexible und skalierbare IT-Infrastruktur. Zusätzlich müssen Legacy-Systeme durch modulare Kernbanksysteme ersetzt werden. Die Nutzung einer sicheren Cloud-Architektur, das Einbinden von Angeboten wie SaaS oder PaaS, die Integration von Prozessen und Produkten über standardisierte APIs sowie die Nutzung von modernen Technologien ermöglichen es der Bank, ein effizientes operatives IT System zu erstellen.[582]

2. **Smart Banking / Customer Relationship Management. Management.**Die Erarbeitung von Omni-Channel-Konzepten, das automatisierte Erstellen von kundenspezifischen Produkten (‚*Mass Customization*'), das Profiling und Tracking von Kund:innen sowie das Management des gesamten Kundenlebenszyklus (Customer Life Cycle) und schließlich der Zugriff und/oder die Bereitstellung von Transaktionsplattformen ermöglichen der Bank 4.0 den Einsatz von Service-orientierter Architektur (SOA), mobile Banking Solutions (E-Wallet, Roboadvisory, Personal Finance etc.), Prediktiver Analyse und Business Intelligence (Social Media Tools, künstliche Intelligenz, Data Science, VR/AR), — für ein noch besseres Kundenerlebnis.[583]

3. **Smart Technologies / Innovationen.** Indem Banken innovative Anwendungen, Produkte und Dienstleistungen (wie Trade Finance, Roboadvisory, Smart Securities oder Instant Payment) einsetzen, kann die Time-to-Market neuer Finanzprodukte verkürzt und Angebote von Drittanbieter:innen leichter integriert werden. Richtig eingesetzt, bieten die Blockchain-Technologie, Smart Contracts, Data Science, Künstliche Intelligenz und maschinelles Lernen zudem enormes Potenzial für neue Anlagestrategien, Marktrisikomanagement, Kreditportfoliomanagement und vieles mehr. In „*Bionic Wealth*" vertiefe ich diese Schlüsseltechnologien und ihre Anwendungsmöglichkeiten.[584]

---

581 Vgl. Brühl & Dorschel (2018:5)
582 Vgl. Brühl & Dorschel (2018:5)
583 Vgl. Brühl & Dorschel (2018:5)
584 Vgl. Brühl & Dorschel (2018:5)

4. **Die Bank als Netzwerk — strukturelle Flexibilität.** Mit der Optimierung der Wertschöpfungskette (Outsourcing/Offshoring), dem Konzentrieren auf wesentliche Kernaktivitäten und der Nutzung von Wertschöpfungsnetzwerken der Vertriebs-und Produktionspartner kann die Bank nicht nur Kosten einsparen, sondern auch eine flexible, skalierbare und offene Systemarchitektur schaffen, die es ihr erlaubt, Neukund:innen und Dienstleister:innen in Einklang mit Compliance-Regeln und neuen Regulatorien wie PSD2 einzubinden.[585]

9.8. Vorbereitung der IT-Infrastruktur und -Prozesse

Grundlage für die Entwicklung digitaler Geschäftsmodelle ist die Digitalisierung der zugrundeliegenden Infrastruktur und Prozesse

Momentan lassen sich die Bemühungen hinsichtlich der Digitalen Transformation vieler Finanzunternehmen bestenfalls als eine „*Ansammlung offener Baustellen*" bezeichnen. Für die Digitalisierung an sich ist daran zunächst nichts auszusetzen. Um jedoch neue Geschäftsmodelle zu entwickeln, greift dieser Ansatz zu kurz. Einzelne Geschäftsbereiche oder Vertriebskanäle isoliert zu betrachten und zu digitalisieren, hier und dort neue Technologien zu integrieren oder neue API-Schnittstellen zu entwickeln, ohne dass die dahinterliegende Infrastruktur darauf ausgerichtet ist, wird auf lange Sicht nicht ausreichen. Vielmehr bedarf es einer adäquaten und umfassenden Digitalisierungsstrategie, die sowohl die Digitale Transformation Ihres Unternehmens selbst als auch die neuen digitalen Geschäftsmodelle ganzheitlich betrachtet. Grundsätzlich gilt: Das Entwickeln und Implementieren neuer Lösungen ist erst dann sinnvoll, wenn diese auch in die bisherigen oder neuen Betriebsabläufe integriert werden können.

Kennen Sie den Digitalisierungsgrad Ihres Unternehmens? Die Grundlage für eine erfolgreiche Umsetzung digitaler Geschäftsmodelle ist, dass zunächst die interne und externe Struktur (die Digitalisierungsphasen 1 und 2 aus Kapitel 2.3) weitestgehend digitalisiert wurden und die dritte Phase (End-to-End Digitalisierung) zumindest begonnen hat. Stehen die zugrunde liegenden Prozesse und IT-Systeme bereit, kann im nächsten Schritt damit begonnen werden, an der Entwicklung und Umsetzung digitaler Geschäftsmodelle zu arbeiten. Sollten Sie hingegen in Ihren veralteten Kernbanksystemen und Ihrer IT-Infrastruktur keine Chance mehr sehen, ohne erheblichen Zeit- und Mehrkostenaufwand mindestens die dritte Phase zu erreichen, so hilft oft nur noch die versunkenen Kosten zu akzeptieren und auf neue Technologien umzurüsten.

Verfügen Sie über ausreichend Ressourcen um die Digitalisierung erfolgreich umzusetzen? Der Mehrheit der Finanzinstitute fehlt es an den Ressourcen *Zeit*, *Geld* und/oder *Wissen* (Know-How / Expertise), die für die Planung und Umsetzung der Digitalisierung von internen und externen Prozessen sowie des Front- und Back-ends erforderlich sind. Dies birgt ein hohes Risiko eines Misserfolgs des Projekts. Zunächst ist es daher unabdingbar für ein Finanzinstitut, sich über die verfügbaren Ressourcen, sowie den eigenen Digitalisierungsgrad im Klaren zu sein (Vgl. Phasenmodell, Kapitel 2.3). Erst dann macht es Sinn, darüber nachzu-

585 Vgl. Brühl & Dorschel (2018:5)

denken ob Abläufe, Prozesse, Produkte, Dienstleistungen und Geschäftsmodelle digitalisiert werden, oder ob sie gänzlich neu definiert, entwickelt und eingeführt werden müssen.

Die konsequente Planung und Umsetzung der Produkt- und Prozess-Digitalisierung ist eine Kunst für sich. Bei der digitalen Vermögensanlage gilt es, standardisierbare Prozesse zu identifizieren und zu digitalisieren, um Prozesskosten effektiv zu senken und die Wettbewerbsfähigkeit zu sichern. Die Initiative hierfür muss intrinsisch kommen, denn die Digitalisierung setzt sich nicht von selbst um. Um den drohenden Verlust von Marktanteilen und Kund:innen zu verhindern — dieser Verlust zugunsten agilerer Mitbewerber:innen ist kein *„falls"* sondern ein *„wenn"* –, bedarf es einer Infragestellung und ggf. strategischen Neuausrichtung des Finanzunternehmens. Vor allem gilt es, schnell, konsequent und nachhaltig die eigenen Abwicklungsprozesse und das Leistungsangebot an das neue, sich stetig verändernde Marktumfeld und Kundenverhalten anzupassen. Längst geht es nicht mehr darum, die digitalen Erwartungen der Kund:innen zu treffen. Stattdessen muss Kund:innen ein individuelles Erlebnis geboten werden. Und das kanalübergreifend, effizient, kostengünstig, komfortabel und reibungsfrei.[586]

Damit Prozesse und Produkte erfolgreich in die geplante strategische Positionierung eingebunden werden können, ist es allerdings erforderlich, diese im Vorfeld digitalfähig zu machen. Dies bedarf ganzheitlicher Initiativen, die sowohl das Back-end als auch das Front-end umfassen. (Anmerkung: Gerade die Digitalisierung in Middle- und Backoffice-Einheiten wird häufig vernachlässigt, bietet dabei jedoch ungeahnte Einspareffekte.)[587]

Die fünf größten Erfolgsfaktoren bei der Produkt- und Prozessdigitalisierung sind:[588]

1. **Automation:** Standardisieren und automatisieren Sie so weit wie möglich (und sinnvoll!).
2. **Empowerment:** Definieren Sie (gemeinsam) möglichst klare Entscheidungsregeln und Eskalationsprozesse für die (Selbst-)Organisation.
3. **Lean/Simplicity:** Vereinfachen und verschlanken Sie so weit wie möglich und sinnvoll.
4. **Modularity:** Teilen Sie Produkte / Prozesse nach dem Baukastenprinzip in Module auf, die später flexibel und individuell zusammengestellt werden können.
5. **Openness:** Schaffen Sie offene / transparente Prozesse, Systeme und Kommunikationsstrukturen (Stichwort: Open Banking und Open Source).

Ein Lasten- und ein Pflichtenheft sind unabdingbar

Bei der ordentlichen Planung eines Digitalisierungsvorhaben kommen Sie um ein Lasten- und Pflichtenheft nicht herum. Das Lasten- und Pflichtenheft wird in der Regel einmalig im Rahmen einer Projektdefinition vorbereitet und vereinfacht die

586 Vgl. Strietzel et al. (2018:16f.)
587 Vgl. Strietzel et al. (2018:26ff.)
588 Vgl. Strietzel et al. (2018:26ff.)

Projektplanung. Zudem hilft die Dokumentation Missverständnissen vorzubeugen und macht Preise verschiedener Auftragnehmer:innen besser vergleichbar. Beide Hefte sollten möglichst präzise und vollständig sein und keinen Raum für Interpretationen lassen. Die Erstellung nach einem Ein- und Ausschlussprinzip, bei dem konkrete Fälle explizit ein- oder ausgeschlossen werden, kann ausgesprochen hilfreich sein und beiden Seiten Frust und Ärger sparen. Die eigentliche Projektumsetzung bzw. -programmierung erfolgt erst, wenn beide Parteien das Pflichtenheft akzeptiert und bestätigt haben (Mitwirkungspflicht nach *§ 642 BGB*!).

Das *Lastenheft* beschreibt die Anforderungen an das Projekt oder Produkt. Da die Dokumentation die Gesamtheit und Tiefe der Anforderungen beschreibt, die der oder die Auftraggeber:in stellt, spricht man auch von einer Sollkonzeption oder einem Anforderungskatalog. Im Lastenheft wird genau festgelegt, was entwickelt, produziert oder optimiert werden soll. Zudem sollten aus dem Lastenheft das Ziel des Projektes, mögliche Schwachstellen, Zeitvorgaben und relevante Schnittstellen hervorgehen. Die Darstellung der Anforderungen und Prozesse besteht i.d.R. aus Textbeschreibungen und Visualisierungen (etwa Ablaufdiagramme, Tabellen oder Zeichnungen). Der Schlüssel für erfolgreiche Digitalisierungsprojekte liegt in der optimalen Unterstützung der Geschäftsprozesse, aber nicht zwingend in der Auswahl geeigneter Tools und Algorithmen. Auch wenn die Anforderungen möglichst konkret geschildert werden, ist es daher ratsam, dem Lösungsanbieter die Möglichkeit einzuräumen, im Pflichtenheft die eigene Expertise sowie kreative Ideen einzubringen.[589]

Ein typischer Aufbau des Lastenheftes besteht aus einer Schilderung der Ausgangssituation und Projekt-Zielsetzung sowie des späteren Einsatzspektrums, gefolgt von einer Spezifikation des gewünschten Ergebnisses, der erwarteten Lieferumfangs und Zeithorizonts, einer Auflistung der wichtigsten Phasen bzw. Meilensteine und einer Rubrik für offene Fragen. Darüber hinaus ist es sinnvoll zu definieren, wann und von wem ein Projekt bzw. Produkt abgenommen wird.[590]

Nachdem im Lastenheft alle Anforderungen festgelegt wurden erfolgt eine detaillierte Dokumentation der Lösung im *Pflichtenheft*. Laut der Norm *DIN 69901-5* sowie den *VDI-Richtlinien* hält der/die Auftragnehmer:in im Pflichtenheft fest, wie die von dem/der Auftraggeber:in im Lastenheft gestellten Anforderungen gelöst werden; es verpflichtet sozusagen zu konkreten Schritten. Da es im Pflichtenheft überwiegend um die technische und funktionelle Festlegung der Betriebs- und Wartungsumgebung geht, spricht man auch von einer Fach- und Funktionalitätenspezifikation (engl.: *feature / functional specification*), Systemspezifikation, sowie von einer Umfangangabe (engl.: *scope statement*) und/oder Softwareanforderungsspezifikation (engl.: *software requirements specification*). Die Erstellung einer Vorstands-Entscheidungsvorlage sollte hier unbedingt mitinbegriffen sein. Bei der Vorstands-Entscheidungsvorlage handelt es sich um ein kurzes Dossier, in dem alle relevanten Fakten wie Zeitumfang und Projektkosten sowie ggf. der zu erwartende Gewinne dargelegt werden.[591]

---

589 Dreher (Datum unbekannt), Ionos (2019A) & Gross (Datum unbekannt)
590 Ionos (2019A)
591 Vgl. Fittkau (2008) & Verein Deutscher Ingenieure (2014)

Die meisten Pflichtenhefte bestehen aus einer Einleitung und Kurzbeschreibung des Projektes, gefolgt von der Formulierung des Auftrags, einer Aufzählung bereits bestehender projektbezogener Systeme oder Produkte, einer Vorstellung des Teams, sowie einer Benennung der Schnittstellen, Rahmenbedingungen und technischen Anforderungen. Zudem beinhaltet das Pflichtheft eine umfassende Problemanalyse sowie wesentliche Qualitätsmerkmale. Zu guter Letzt hält das Pflichtenheft die Projektenwicklung (was, wie, wann und wo passiert) fest und schließt, sofern das nicht bereits in einer früheren Pitch-Phase erfolgt ist, mit einem Kostenangebot ab.[592]

Prozessdigitalisierung und Automatisierung: Das Streben nach operativer Effizienz

Die Digitalisierung des Back-end gestattet es Ihnen, regulatorische Ineffizienzen zu entlasten, Prozesse zu beschleunigen, Systembrüche zu reduzieren und zusätzliche Cross-Selling-Möglichkeiten wahrzunehmen.

Das Automatisieren angrenzender Back-end-Prozesse trägt erheblich zur Verbesserung der Kostenstrukturen bei und vereinfacht und beschleunigt gewohnte Abläufe — für Sie und Ihre Kund:innen. Durch die Digitalisierung zentraler Prozesse (für Front Office und Back Office) können diese verbessert und gleichzeitig die Prozesskosten durch die Digitalisierung der Workflows (End-to-End) gesenkt werden. Insbesondere in den Bereichen Controlling, Berichtswesen, Risikomanagement etc. bringt jede sinnvolle und gut umgesetzte Automatisierung eine erhöhte Funktionseffizienz. Um dies zu erreichen, benötigt Ihr Unternehmen eine flexible und skalierbare IT-Infrastruktur. Darüber hinaus sollten Altsysteme idealerweise durch moderne Kernbankensysteme ersetzt werden.

Mit dem Fortschritt und der wachsenden Verfügbarkeit digitaler Technologien entstehen neue Möglichkeiten, um herkömmliche Prozesse immer stärker zu automatisieren. Der Einsatz einer sicheren Cloud-Architektur, die Integration von Angeboten wie *Fintech-as-a-Service* (FaaS), die Integration von Prozessen und Produkten über standardisierte APIs und der Einsatz moderner Technologien ermöglichen es Unternehmen, ein effizientes operatives IT-System aufzubauen. Letztlich soll die Automatisierung komplexer Prozesse es ermöglichen, ohne erheblichen Mehraufwand aufbereitete Marktdatenströme nach individuellen Kundenanforderungen zu generieren.

Interessanterweise sehen viele Manager:innen gerade in der Zusammenarbeit mit internen Dienstleister:innen (z. B. Inhouse Consulting oder Software Entwicklung) große Hindernisse bei der Umsetzung der Prozessdigitalisierung. Getrieben durch Zeitdruck, interne politische Machenschaften oder aus mangelndem Vertrauen in die Kompetenzen der Kolleg:innen holen sie sich lieber Hilfe von Außerhalb, als die eigene *Inhouse Intelligence* zu nutzen. Kurzfristig ist dieser Weg häufig der Weg mit den geringsten Hindernissen und insbesondere die Arbeit mit *FaaS*-Dienstleister:innen kann enorme Vorteile für Ihr Unternehmen bringen. Mittel- bis langfristig kann dies aber auch dem internen Arbeitsklima schaden.[593]

---

592 Vgl. IONOS (2019B)
593 Vgl. Hays (2016:6)

Modernisierung der Legacy IT

Moderne Kernbanksysteme ermöglichen die durchgängige Digitalisierung. Anders ausgedrückt: Legacy IT gefährdet die Zukunftsfähigkeit Ihres Unternehmens. Durch den Austausch und die Modernisierung von Legacy-Altlastern ergeben sich eine Reihe von Vorteilen:[594]

- **Effizienz und Anwenderfreundlichkeit:** Cloud- und komponentenbasierte Kernbanksysteme arbeiten hoch effizient und bieten Anwender:innen (Kund:innen sowie Mitarbeiter:innen) eine neue, reibungslosere und zufriedenstellende Nutzererfahrung.
- **Skalierbarkeit und Kosteneffizienz:** Cloudfähige Kernbanksysteme sind in ihrer Rechenleistung hoch skalierbar und dabei immer und von überall erreichbar. Gleichzeitig sind sie auch sehr kosteneffizient, da die meisten Cloud-Anbieter über pay-per-use-Modelle abrechnen, d.h. Sie müssen nur die Rechenleistung zahlen die Sie tatsächlich benötigen. Dasselbe gilt im Übrigen häufig auch für die von FinTechs / SAAS-Anbieter:innen bereitgestellten Komponenten.
- **Stabilität und Flexibilität:** Über die Cloud sind Implementierungen, sogenannte Cloud Deployments, weitgehend im laufenden Betrieb möglich. Dies verhindert ungewollte Verzögerungen und ermöglicht schnellere Go-To-Market-Zyklen. Darüber hinaus können die unterschiedlichen funktionalen Systeme in der jeweils benötigten Geschwindigkeit parallel oder in verschiedenen Etappen bearbeitet werden. Dies bedeutet einen Zugewinn an Planungs- und Handlungsspielraum für alle Beteiligten. Gleichzeitig ermöglicht die gesteigerte Flexibilität es Finanzunternehmen im Krisenfall schnell und effizient auf Ausnahmesituationen zu reagieren.
- **Gesetzgeber- und Compliance-Konformität:** Eine modulare Systemarchitektur bietet international agierenden Finanzunternehmen die Möglichkeit, regionale und überregionale Unterschiede in Bezug auf Risk, Compliance und Regularien zu berücksichtigen. Auch landesspezifische und lokale Unterschiede etwa in der Steuergesetzgebung stellen kein Problem dar.
- **Schnittstellenfähigkeit:** Die Einbindung von APIs und Microservices garantiert eine schnelle und flexible Erweiterung um neue Funktionen und Komponenten. Dies wiederum ermöglicht eine schnellere Produktentwicklung und Expansion des eigenen Ökosystems. Dies hat den zusätzlichen Vorteil, dass für kleinere Änderungen und neue Einbindungen nicht zwingend der Quellcode des Kernbanksystems angerührt werden muss. So kann eine Vielzahl von Programmierer:innen gleichzeitig an neuen Produkten und Komponenten arbeiten, ohne dabei das Kernbanksystem zu belasten oder zu gefährden.
- **Cybersicherheit und Risikominimierung:** Neue Kernbanksysteme die auf aktuellen Betriebssystemen laufen erhöhen den Schutz vor Cyber-Angriffen, da sie i.d.R. bekannte Sicherheitslücken bereits geschlossen haben, Sicherheitsupdates schneller aufgespielt werden können und sie darüber hinaus weniger

594 Vgl. Strucken (2020)

anfällig sind als beispielsweise solche, die noch über Windows XP und den Internet Explorer laufen.

- **Trendforschung und Smart Data Analysis:** Die aus modernen Kernbanksystemen gewonnen Datensätze bieten die Basis für neue Echtzeit Analytics- und KI-Anwendungen. Damit wird bis dato ungenutzter, häufig unstrukturierter, Datenschrott zum wahren Datenschatz. So schafft eine moderne Systemarchitektur das Fundament für aussagekräftige Erkenntnisse, zukunftsweisende Produkte und wirksame Aktivitäten.
- **Talentgewinnung:** Nicht zuletzt ist die Arbeit mit Legacy IT für viele eine Zumutung. Moderne Kernbanksysteme schaffen hier ein attraktiveres digitales Umfeld, vorausgesetzt natürlich interne Hürden und Entscheidungshierarchien werden zeitgemäß herabgesetzt.

Digitalisierung an der Kundenschnittstelle

Die Integration digitaler Angebote steht im Fokus. Auch heute liegen die Investitionen in digitale Angebote an der Kundenschnittstelle bei vielen Finanzunternehmen noch immer weit unter den Investitionen für das klassische Tagesgeschäft (etwa das physische Filialgeschäft). Um sich am Markt gegen FinTechs und digitale Mitbewerber:innen durchzusetzen, reichen technische Investitionen in mobile Apps oder Omnichannel-Plattformen nicht aus, denn dies ist bereits die Benchmark, die die Konkurrenz setzt. Vielmehr bedarf es tiefgreifender Anpassungen der Ablauforganisation und Steuerungsmechanismen an das digitale Umfeld.[595]

Das Front-end ist das Aushängeschild Ihres Unternehmens. Hier nehmen Kund:innen Ihre Digitalisierungsbemühungen besonders offensichtlich wahr. Ein guter Webauftritt suggeriert Professionalität, Vertrauenswürdigkeit und Modernität. Gleichzeitig ist es nicht ratsam das gesamte Budget in die Weiterentwicklung des Front-end zu investieren um nach außen hin digital aufzutreten, wenn die zugrundeliegende Infrastruktur und Back-end-Prozesse dabei vernachlässigt werden. Leider beobachte ich genau dies immer wieder. Tappen Sie nicht in die Digiwashing-Falle! Verfolgen Sie stattdessen eine holistische und nachhaltige Digitalisierungsstrategie, die das gesamte digitale Spektrum Ihres Unternehmens umfasst und eine ausgewogene Balance schafft zwischen der sichtbaren „*Oberfläche*" (Front-end), die auf Ihre Kund:innen einwirkt und dem unsichtbaren „*Maschinenraum*" (Back-end), in dem die wahre Magie der Digitalisierung geschieht.

Und bitte: Vergessen Sie keinesfalls die Middleware!

Erst das Zusammenspiel von effektivem Front- und Back-end macht Ihr Unternehmen wirklich effizient und erlaubt steigende Erträge bei geringeren Kosten. Middleware ist das Bindeglied zwischen den beiden Seiten des digitalen Spektrums. Und Sie ist erschreckend unterdigitalisiert.

Ohne Middleware können beide Seiten nicht reibungslos ineinandergreifen. Sporadische Übergangslösungen und manuelle Workarounds sind hier und dort un-

595 Hays (2016:5)

umgänglich, erweisen sich langfristig jedoch oft als echte Quälgeister für Sie und Ihre Mitarbeiter:innen. Nicht nur verkomplizieren Sie die Einführung neuer Technologien, Sie kosten Ihr Unternehmen auch viel Zeit und schaffen Frust wo keiner sein muss. Die gute Nachricht: Genau wie für das Front- und das Back-end haben sich auch für Middleware-Lösungen hochspezialisierte Software-Anbieter:innen und Fintechs am Markt etabliert die in gewisser Weise als Dolmetscher:innen zwischen Ihrem digitalen Aushängeschild und Ihrem Maschinenraum fungieren und Ihre Effizienz bereits nach kurzer Implementierungszeit steigern können.

9.9. Auch in der Digitalisierung stellt sich die Frage: Build or Buy?

Outsourcing ist nichts neues

Kollaboration bietet neue Möglichkeiten! Ein beliebter Ansatz von Finanzunternehmen zum Verschlanken der Wertschöpfungskette ist das ‚*Outsourcing*', oder Offshoring, bei welchem Abteilungen oder Aufgabenbereiche in kostengünstigere Standorte verlegt werden. Besonders IT-, Controlling- und Back Office-Funktionen werden gerne ins Ausland verlagert. Mit der zunehmenden Vernetzung von Finanzdienstleister:innen in einem beschleunigten Marktumfeld wird sich auch die Wertschöpfungstiefe in den kommenden Jahren anpassen. Für Finanzunternehmen bedeuten die neuen Formen der Zusammenarbeit vor allem eine Chance: Die Möglichkeit, sich wieder als unersetzliche/r Partner:in für die eigenen Kund:innen zu etablieren, die diesen die immer komplexere Welt der Finanzen einfach, verständlich und mit einem guten Gefühl näherbringt und der dabei als wichtige/r Ansprechpartner:in für Unsicherheiten und Rückfragen zu Seite steht.

Disintermediation und die Frage ‚*Build or Buy?*'. Eine der wichtigsten Fragen, die sich Finanzunternehmen bei der Reorganisation ihres Innovationsmanagements stellen müssen ist, mit welcher Herangehensweise sie neue Produkte und Dienstleistungen für das Unternehmen gewinnen möchten. Ob Sie Produkte, Dienstleistungen — und vor allem Innovationen — nun machen (*Build*, bzw. *Make*) oder dazukaufen (*Buy*), entscheiden insbesondere die Faktoren Zeit, Budget, Personelle Ressourcen, Know-How und Strategie. Darüber hinaus sind allerdings auch die regulatorischen Rahmenbedingungen ausschlaggebend. Fest steht, je digitaler die Kernprozesse sind, desto besser werden die Voraussetzungen für Outsourcing und Offshoring. Prägend für das Phänomen der Wertschöpfungsketten-Verschlankung ist dabei der Begriff ‚*Disintermediation*', welcher in diesem Zusammenhang das Wegfallen einzelner Glieder/Stufen der Wertschöpfungskette beschreibt und insbesondere für Intermediäre — also die Vermittler:innen zwischen Akteur:innen und Stakeholder:innen (Anspruchsgruppen) — einen enormen Bedeutungsverlust im Wirtschaftssystem bedeutet.[596]

596 Vgl. Alt & Puschmann (2016:219f), Ehlert (2017) & Brühl (2018:9)

Beim Build-Ansatz kontrollieren Sie den Fortschritt

Die Kategorie ‚*Build*' betrifft klassischerweise das interne Innovationsmanagement. Allerdings, argumentiert Prof. Dr. Dr. h.c. Clemens Renker, *„muss der Leidensdruck in einer Bank hoch genug sein, damit die Mitarbeiter dem bestehenden Geschäftsmodell so kritisch gegenüberstehen, dass sie bereit sind, auch radikale Änderungen mitzugestalten. Doch diesen Leidensdruck empfinden trotz aller gegenteiligen verbalen Äußerungen die meisten Mitarbeiter noch nicht. Der Verlust der gewohnten Arbeitsweise wird höher eingeschätzt als der Gewinn einer unsicheren neuen Ordnung. Verluste schmerzen Menschen dagegen mehr, als Gewinne Freude bringen (Prospect Theory).“*[597]

> *„Nach dem 3M Prinzip (...) finden sich in Kreditinstituten zehn Prozent „Macher“. Sie sind Pioniere, Innovatoren als Treiber des Fortschritts auch im Sinne der kreativen Zerstörer (nach J. Schumpeter). Etwa 70 % sind „Mitmacher“. Sie warten erst einmal ab, was kommt. Sie sind die verlässlichen „Hausmeister“, bewahren die Ordnung und sorgen dafür, dass die Abwicklung der Bankgeschäfte im Alltag sicher funktioniert. Und dann sind da noch die 20 % „Miesmacher“. Sie sind die hartnäckigen Verweigerer von Wandlungen und Veränderungen. Sie wissen häufig, wie es nicht geht. Sie pflegen die Sorgen und Ängste. Und sie sind auch bereit, selbst zum Boykott gegen Erneuerungen aufzurufen.“*[598]
>
> —Prof. Dr. rer. pol. Dr. h.c. Clemens Renker, Autor, politischer Berater, Wissenschaftler und Bundesverdienstkreuzhalter.

Aus diesem Grund haben Finanzunternehmen in den vergangenen Jahren immer häufiger Alternativen gesucht, um selbst den Wandel voranzutreiben und in der Co-Innovation mit Partner:innen eine interessante Lösung gefunden. Diese neue Form des ‚Machens' diente ursprünglich der Entwicklung neuer Produkte und Dienstleistungen, wird jedoch immer häufiger auch für die Erschließung neuer Geschäftsmodelle genutzt. *Build* lässt sich in drei Ansätze klassifizieren: *Open-Innovation-Plattformen, Innovation Labs* und *Hackathons.*

1. **Open-Innovation-Plattformen** bieten Finanzunternehmen die Möglichkeit, sich direkt mit Kund:innen und Partner:innen auszutauschen und gemeinsam neue Ansätze und Lösungen zu entwickeln. Die „*Open Innovation*“ ist — zumindest für viele Finanzunternehmen — eine völlig neue Herangehensweise an Innovation, bei der Organisationen ihre Innovationsprozesse für andere öffnen und damit die Außenwelt aktiv und strategisch nutzen, um das eigene Innovationspotenzial zu vergrößern.

2. In **Innovationslaboren** arbeiten Finanzunternehmen ebenfalls mit Partner:innen — darunter Technologieunternehmen, wissenschaftliche Institute und FinTechs/Startups — gemeinsam an der Entwicklung neuer Ideen. Die *Deutsche Bank* etwa unterhält sogenannte Innovation Labs in Berlin, London und im Silicon Valley.

---

597 Renker (2018:26)
598 Renker (2018:26)

3. Über sogenannte **Hackathons** können Finanzunternehmen gemeinsam mit Softwareentwickler:innen und FinTechs/Startups über einen zeitlich begrenzten Raum zusammenkommen und gemeinsam Lösungen entwickeln. Häufig handelt es sich hierbei um mehrtägige Veranstaltungen, die entweder im Rahmen des Geschäftsbetriebs oder eines verlängerten Wochenendes stattfinden. Die *DZ BANK, Deutsche Bank, Commerzbank* und auch andere Finanzunternehmen haben in der Vergangenheit eigene Hackathons initiiert. Der Erfolg dieser Veranstaltungen bemisst sich maßgeblich nach dem Follow-up. Wichtig an diesem Ansatz ist, die hierbei produzierten Ideen im Anschluss gemeinsam mit den Partner:innen weiterzuentwickeln.[599]

Der Buy-Ansatz profitiert vom gesamten verfügbaren Ökosystem

In der Kategorie ‚*Buy*' geht es darum, Innovation dazuzukaufen — also innovative Ideen, Geschäftsmodelle, Produkte oder Dienstleistungen. Die Strategie, Innovationen und Lösungen käuflich zu erwerben, basiert auf der Annahme, dass es in der Welt für fast jedes Problem bereits hoch spezialisierte Expert:innen gibt, die eine passende Lösung entwickelt haben. Warum also das Rad neu erfinden?

Die Buy-Kategorie lässt sich nach vier Ansätzen klassifizieren. Die ersten drei Ansätze — *Akzeleratoren, Inkubatoren* und *Venture Capital-Modelle* (VCs) — bieten dem Finanzunternehmen die Möglichkeit, Firmenanteile an Unternehmen zu erwerben und Innovationen auf diesem Weg ins Unternehmen zu integrieren oder von diesen anderweitig zu profitieren. Derartige Ansätze zielen somit auf den Einkauf innovativer Ideen oder Unternehmen ab, die das Produktportfolio des Finanzunternehmen ergänzen oder im Falle eines erfolgreichen Exits/Börsengang des Startups/FinTechs Gewinne erzielen sollen. Der vierte Ansatz ist die *Kooperation mit FinTechs*. Über Whitelabel- und *XaaS*-Lösungen (*Everything-as-a-Service*, wobei X für Banking, Software etc. stehen kann) wiederum können Finanzunternehmen Technologien über Lizenz/Gebühren (temporär) erwerben und sie in ihre Produktpalette und/oder ihr Geschäftsmodell bzw. ihre Monetarisierungsstrategie integrieren.[600]

1. **Akzeleratoren** (engl.: *accelerators*) sind Programme, die ein bereits gegründetes Unternehmen in der Entwicklung beschleunigen sollen. Hierzu setzen die meisten Programme eine Dauer von 3-6 Monaten an. In diesem Zeitraum erhalten die Gründer:innen Kapital von 10.000 € bis 50.000 € und kriegen eine/n Mentor:in zur Seite gestellt. Darüber hinaus bieten viele Programme den Unternehmern für diesen Zeitraum Infrastruktur/Bürofläche und Trainingsworkshops, die die Unternehmer:innen in Marketing und Vertrieb, der Selbstdarstellung und der Optimierung des Businessplans unterstützen sollen. Der Höhepunkt vieler Accelerator-Programme ist ein sogenannter Demo-Day, bei dem die Gründer:innen ihre Geschäftsidee vor einer Reihe Investor:innen ‚pitchen' (zu Deutsch: vorstellen) dürfen. Im Gegenzug für die Unterstützung fordern die meisten Akzeleratoren eine Firmenbeteiligung von 10-30% — in einzelnen Fällen haben die Programme aber auch strategische Ziele.[601]

---

599 Vgl. Ornau (2017:61f.)
600 Vgl. Auer et al. (2014:4ff.), Mühl (2017:24), Ornau (2017:61f.), MoneyToday.ch (2018) & Postbank AG (2018)
601 Vgl. Mühl (2017:21-31)

2. **Inkubatoren** (engl.: *incubators*) bedeuten wortwörtlich ‚Brutkästen' und fördern Unternehmer:innen gezielt über den gesamten Prozess der Unternehmensgründung und -etablierung. Die Unterstützung umfasst unter anderem Kapital, Expertise und Infrastruktur. In der Regel konzentrieren sich Inkubatoren auf Unternehmer, die sich in einer sehr frühen Gründungsphase (oder vor der Gründung) befinden, und fördern diese über einen Zeitraum von mehreren Jahren mit Investitionssummen von mehreren Hunderttausend Euro bis mehrere Millionen Euro. Im Gegenzug erwarten viele Inkubatoren eine anteilige Beteiligung von 50 Prozent oder darüber hinaus. Eine besondere Form ist die Entwicklung aus dem Unternehmen heraus, bei der geförderte Unternehmen als Tochterunternehmen entwickelt werden.[602]

3. **Venture Capital Fonds** stellen Unternehmen Eigenkapital zur Verfügung. VC-Geber:innen verfolgen damit in der Regel eine zunächst reine Investitionsstrategie. Als Anteilshalter:innen sind sie jedoch hoch interessiert, dass das Unternehmen erfolgreich ist. Daher stellen viele VCs Unternehmen zusätzlich Expertise und den Zugang zu ihrem Netzwerk zur Verfügung und fungieren als Multiplikator:innen.[603]

4. **Kooperation mit FinTechs** bieten eine ganze Palette von Möglichkeiten. Gerade in Zeiten von PSD2 und Open Banking zählen White-Label-Lösungen sowie XaaS-Lösungen zu den beliebtesten Formen bei der Aneignung von Innovation, da das Finanzunternehmen auf hohe Entwicklungskosten verzichten kann. Bei der Entwicklung neuer digitaler Geschäftsmodelle auf Basis von XaaS muss jedoch erwähnt werden, dass es sich selten um ernsthaft innovative Geschäftsmodelle handelt, da die XaaS-Lösungen theoretisch jedem Markt offen zur Verfügung stehen. Für eine erfolgreiche Differenzierung am Markt ist es daher empfehlenswert, diesen Ansatz mit anderen Ansätzen aus der Kategorie Make oder Buy zu kombinieren. Dabei ist vielen jedoch nicht bewusst, dass die Kooperation mit FinTechs sehr viel mehr zu bieten hat und eine Vielzahl von Formen annehmen kann. Die verschiedenen Kooperationsmodelle werden in Kapitel 9.4 vorgestellt.

Viele Finanzunternehmen verfolgen eine Kombination aus Make- und Buy-Strategien

Es ist nicht unüblich für Finanzunternehmen, eine kombinierte *Build'n'Buy*-Strategie zu fahren um den Digitalen Wandel im eigenen Haus möglichst schnell und effizient voranzutreiben. Die möglichen Gründe dafür sind genauso vielfältig, wie die Kombinationsmöglichkeiten. Gestatten Sie mir, dass anhand der Commerzbank sowie der ING zu veranschaulichen.

Die *Commerzbank* entwickelt eigene Geschäftsmodelle und kauft fremde zusätzlich dazu: Über die Tochter *comdirect* entwickelt und testet die Commerzbank intensiv digitale Geschäftsmodelle, während sie über weitere 100-prozentige Tochtergesellschaften strategische Investitionen in FinTechs betätigt. Je nach An-

602 Vgl. Mühl (2017:21-31)
603 Vgl. Ornau (2017:61f.)

satz deckt die Bank so alle Phasen des *Startup Lifecycle Modells* (mehr dazu im Bonusteil) ab:

- Über den *main incubator* investiert die *Commerzbank* in FinTechs, die sich noch in der Frühphase befinden, um frühzeitig Trends zu erkennen, begleiten und gestalten. „*Als ‚Think and Do Tank' sind wir Analyst, Ideengeber und Gestalter im Finanzdienstleistungsbereich — über strategische Investments, Company Building-Projekte und die Förderung einer innovationsfreudigeren Unternehmenskultur. Durch die Partnerschaft des main incubators und der Commerzbank kombinieren wir die Agilität eines Inkubators mit der Stabilität einer Großbank. Die Commerzbank als eine der führenden Banken für Privat- und Firmenkund:innen in Deutschland ist unser Anker-Investor sowie aktiver, langfristiger und strategischer Gesellschafter*“[604], heißt es auf der Webseite (www.main-incubator.com). Über den *main incubator* ist die *Commerzbank* so an das Münchner Startup *E-bot7* gekommen, welches Künstliche Intelligenz entwickelt und deren Chatbot künftig Kundenanfragen — auch der Commerzbank — beantworten soll.[605]
- Zusätzlich bietet die *Commerzbank* über die *comdirect* ein eigenes Accelerator-Modell an — die *Start-up Garage* (www.comdirect-garage.de/), auf deren Website zu lesen ist: „*Mit der Start-up Garage hat sich comdirect bewusst dafür entschieden, Gründer und ihre Ideen in einem sehr frühen Stadium in den Fokus zu stellen. So ist für die Teilnahme an der Start-up Garage zunächst nur eine grundsätzliche Idee notwendig, die Entwicklung eines Prototypen erfolgt dann während der Projektphase im Rahmen der Start-up Garage.*“[606].
- Auch im Bereich Venture Capital Fonds betätigt sich die *Commerzbank* über die Tochter *CommerzVentures GmbH*. Mit *CommerzVentures* beteiligt sich die Commerzbank mit jeweils bis zu 10 Millionen € Beteiligungskapital an FinTechs, die sich idealerweise schon in der (frühen) Wachstumsphase befinden.[607]

Auch die *ING* kombiniert Make- und Buy-Ansätze. Die *ING* setzt ihren Innovationsschwerpunkt vor allem auf die interne Organisation und die Mitarbeiter:innen, kombiniert dies allerdings mit dem agilen „*Arbeiten in kleinen, multidisziplinären Inkubator-Teams*“[608], die unter anderem Techniken/Methoden wie Design Thinking und Lean Startup verwenden, erklärt Sven Möllmann, Head of Digital Strategy & Innovation bei der *ING*, im Interview mit *Der Bank Blog*.

- So hat die ING seit Oktober 2015 ein Innovation-Team, das sich aus sieben Mitarbeiter:innen (Stand 2016) zusammensetzt, die im Rahmen von Projekten in das internationale Netzwerk der Bank eingebunden werden. Die Aufgaben des Innovation-Teams umfassen erstens die Analyse und Recherche, zweitens Knowledge Sharing und Inspiration und drittens die Entwicklung und Validierung von Produktideen und Dienstleistungen. Das ‚*Digital Strategy & Innova-*

604 main incubator (2018)
605 Vgl. Habdank (2015), main incubator (2018) & Penke (2017)
606 Start-up Garage (2018)
607 Vgl. CommerzVentures (2018)
608 Möllmann, zitiert in Leichsenring (2016)

tion‘-Team ist interessanterweise im Bereich ‚*digitale Kanäle*‘ (Originaltitel: *Digital Channels*) angesiedelt. Deren Leiter:in wiederum berichtet direkt an den Vorstand. So sollen die Kommunikations- und Abstimmungswege möglichst kurz und effektiv gehalten werden.

- Zusätzlich hat die ING ein eigenes Accelerator-Programm, das *INGFinTech Village*. Das 16-wöchige Programm zielt auf die Unterstützung von Gründer:innen aus dem Finanzdienstleistungsbereich ab, die eine Lösung in den Bereichen „*Personal Bank*“, „*Secure Bank*“, „*Efficient Bank*“, oder „*Beyond Banking*“ entwickeln.[609]
- *ING Ventures* ist ein 300 Millionen Euro schwerer Venture Capital-Fonds der ING mit Sitz in Amsterdam und zehn designierten Mitarbeiter:innen (stand September 2020). ING Venture investiert (Minderheitsbeteiligungen) in strategische/vielversprechende Unternehmen in der Frühphase. Gemäß dem Prinzip des *Innovators Dilemma* liegt der Schwerpunkt auf disruptiven Technologien mit dem Potenzial, das Kerngeschäft der ING zu beeinflussen oder zu erweitern.[610]
- Darüber hinaus ist die *ING* offen für Kooperationen jedweder Art. Sind wichtige Innovationen für die strategische Ausrichtung der Bank interessant, kommen grundsätzlich Kooperationen infrage, die vom Einkauf der Dienstleistungen (XaaS) bis zur kompletten Zusammenarbeit bei der Entwicklung neuer Produkte und Dienstleistungen reichen.[611]

Schneller zukunftsfähig dank FinTech-as-a-Service (FaaS) und dem Bank-in-a-Box-Ansatz

Die Projektrisiken bei der Digitalisierung sind sehr hoch. Gleichzeitig entwickelt auch die Konkurrenz das digitale Geschäft weiter. Nicht zuletzt deshalb ist die Time-To-Market (Einführungszeit am Markt) ein ausschlaggebendes Kriterium für den Erfolg des Finanzinstitutes im digitalen Zeitalter.

Fast jede Funktion eines Unternehmens kann in Zeiten von Open Banking und API-Schnittstellen von externen Dienstleister:innen übernommen werden. Dieses Phänomen nennt sich *Everything*-as-a-Service (XaaS, wobei X für jede beliebige Dienstleistung, Anwendung oder Infrastruktur stehen kann. Weitgehend bekannt ist *Software-as-a-Service* (SaaS). Doch es gibt auch weitere Angebote wie beispielsweise Infrastructure- oder Storage-as-a-Service.

FinTech-as-a-Service beschleunigt die Digitalisierung erheblich. Da die Digitalisierung eines Finanzinstituts kostspielig und zeitaufwendig ist, ist es selten tragbar, sowohl das Back-end als auch das Front-end selbst zu digitalisieren. Hinzu kommt, dass viele der Herausforderungen und Probleme, mit denen sich Finanzinstitute konfrontiert sehen, sich unternehmensübergreifend ähneln. Aus diesem Grund haben sich einige FinTechs darauf spezialisiert, Software bzw. Hardware

609 Vgl. ING FinTech village
610 Vgl. ING (2020)
611 Vgl. Leichsenring (2016)

und IT-Infrastruktur für Finanzinstitute bereitzustellen: *FinTech-as-a-Service* (FaaS).

> *„Durch die digitale Vernetzung entsteht Innovation (...) nicht mehr nur in einzelnen, isolierten Bereichen und Branchen, sondern zunehmend an den jeweiligen offenen (Programmier-)Schnittstellen. Künftig werden nicht mehr die Kompetenz und der Erfahrungsschatz eines einzelnen Akteurs in abgeschotteten Märkten relevant sein, sondern die intelligente Verbindung der diversen Infrastrukturen, Fertigkeiten und Fähigkeiten unterschiedlicher Marktteilnehmer"*[612]
> —Thomas F. Dapp, Senior Economist bei Deutsche Bank Research.

FaaS-Anbieter sind bereits auf einem Stand der Technik, den viele Finanzunternehmen nur mit immensen Investitionssummen und langen Entwicklungszeiten aufholen können. Der größte Vorteil von FaaS-Lösungen für Banken ist daher, dass FaaS-Anbieter kontinuierlich an der Verbesserung und Weiterentwicklung ihrer Angebote arbeiten, um ihren B2B-Kund:innen immer den neuesten Stand der Technik — und Sicherheit — bieten zu können.

Indem FaaS-Anbieter Lösungen entwickeln, die sich auf eine Vielzahl von Finanzdienstleister:innen anwenden lassen, können sie kosteneffiziente Lösungen anbieten, deren Entwicklung im Einzelfall ökonomisch nicht vertretbar wäre. In der Regel werden FaaS-Lösungen als Lizenzen angeboten und sind so konzipiert, dass Finanzinstitute (neue) Module oder Zusatzleistungen flexibel dazu buchen können. So können Finanzinstitute beispielsweise Teile ihrer Kernbanksysteme digitalisieren oder modular Leistungen (etwa digitales Onboarding oder Reporting) und Zusatzangebote dazu buchen, welche sie ihren Kund:innen anbieten können. Auch können sie über FaaS das komplette Back-end kosten- und zeiteffizient dazukaufen und das Front-end selbst entwickeln — oder dieses ebenfalls als sogenannte *Whitelabel*-Lösung im Look und Feel des Unternehmens entwickeln lassen.

Mit *Open Banking* hat sich eine Untergruppe des FaaS etabliert: *Banking-as-a-Service* (BaaS) und die *Bank*-in-a-Box. BaaS beschreibt die Veränderung von Bankdienstleistungen, die ausschließlich über die Bank angeboten werden, hin zu Plattformen mit Schnittstellen für Bankfunktionen. Beim BaaS werden einzelne Funktionen des Banking herausgelöst angeboten. Anbieter:innen können dabei dritte Dienstleister:innen sein oder aber auch die Bank selbst. Sowohl Banken, die sich als Kundenplattform positionieren, als auch Banken, die sich als Produkt- und Infrastrukturspezialist:innen positionieren (Vgl. Kapitel 9.3), können so über Software-Schnittstellen ihre lizensierten Dienstleistungen bereitstellen und/oder Dritten das Nutzen ihrer Plattform ermöglichen. Einen Schritt weiter gehen *Bank-in-a-Box*-Lösungen, also Plattformen, die ihre BaaS-Software und -Infrastruktur für andere Banken gebündelt bereitstellen. Auf diese Weise können Banken in kurzer Zeit von der analogen Hausbank zur Multi-Jurisdiktion-fähigen digitalen Bank werden, ohne erst eine gesamte IT-Abteilung aufzubauen, Personal zu schulen und die Infrastruktur zu legen.[613]

---

612 Dapp (2016:36)
613 Vgl. MoneyToday.ch (2018) & Postbank AG (2018)

Fallstudie: Privé Technologies bietet kompromisslose Modularität

Privé Technologies, von der *Financial Times* 2018 mit dem *FT 1000 APAC* als das 14. am schnellsten wachsende Unternehmen in Asien eingestuft, bietet derzeit über 70 institutionellen Kunden weltweit eine skalierbare, einfach zu bedienende Softwareplattform, um im aktuellen Wettlauf um die Digitalisierung Prozesse und Angebote schnell auf den neuesten Stand zu bringen und den sich ändernden Kundenerwartungen und Finanzbedingungen gerecht zu werden. Diese modulare, leicht integrierbare ‚*Build versus Buy*'-Lösung hat den Digitalisierungsprozess zu einer deutlich einfacheren und erschwinglicheren Option für Unternehmen gemacht, die von den größten Finanzinstituten bis hin zu kleineren Vermögensverwaltungen und Family Offices reichen. Unter dem Claim ‚Build Your Own Digital World' will *Privé Technologies* Finanzinstituten die Möglichkeit bieten, einzelne modulare API-Schnittstellen wie Puzzlestücke in das eigene System zu integrieren oder mit der gesamten Plattform umgehend digital zu werden. Anstatt jeden Schritt der Digitalisierung selbst zu tragen, soll die Bank so mit minimalem Eigenrisiko in kurzer Zeit von der analogen Hausbank zur Multi-Jurisdiktion-fähigen digitalen Bank werden.[614]

Die Vorteile der multijurisdiktionsfähigen Vermögensverwaltungs-Plattform erkennen unlängst auch deutsche Finanzinstitute und Versicherungen. Gerade der international aufgestellte Finanzsektor kann es sich heute nicht mehr leisten, auf wesentliche Trends und Entwicklungen im Markt zu verzichten. Diese kommen schon lange nicht mehr ausschließlich aus den Vereinigten Staaten. In ganz Asien hat sich eine Innovationskultur etabliert, wie sie in Deutschland seit einigen Jahrzehnten immer stärker vermisst wird und die uns als Vorbild dienen kann.

614 Vgl. Privé Technologies (2019)

9.10. Impulse für die Zusammenarbeit mit FinTechs

Die hohe Kunst der Zusammenarbeit

Open Innovation, Build vs. Buy und die Kollaboration in einem Ökosystem werden immer wichtiger. Gleichzeitig kommt es bei der Zusammenarbeit zwischen etablierten Traditionshäusern und jungen Finanz-Technologie-Dienstleister:innen (FinTechs) aber auch immer wieder zu kulturellen Differenzen. Aus diesem Grund schließe ich diese Studie mit einem kurzen Leitfaden über die gängigsten Herausforderungen und die besten Formate bei der Kooperation.

Die Kollaboration mit FinTechs bringt frischen Wind

Kaufen, Kopieren, Kooperieren oder Kapitulieren? Finanzunternehmen, die ein digitales Geschäftsmodell einführen möchten, aber nicht über die nötige Digitalität bzw. Expertise dafür verfügen, haben im Wesentlichen vier mögliche Optionen: kaufen (akquirieren), kopieren, kooperieren oder kapitulieren. Ein gut laufendes digitales Geschäft zu akquirieren und in die eigene Unternehmensgruppe eingliedern ist kostspielig und häufig geht dabei das ursprüngliche „*Spirit*", also genau die Innovationskraft die eingekauft werden sollte, verloren. Digitale Geschäftsmodelle zu kopieren setzt wiederum einen hohen Grad an Digitalität voraus und ist nicht besonders glamourös, auch wenn nachgewiesen ist, dass der ‚*first mover advantage*' weniger zählt, als die bessere Lösung und Vermarktung: Google, Apple, Facebook und Amazon waren nicht die ersten am Markt, sie war schlichtweg besser. Da Kapitulieren im Allgemeinen mit Scheitern gleichgesetzt wird und für viele der allerletzte Ausweg ist, sind Kooperationen häufig die vielversprechendste Option um möglichst schnell und effizient den eigenen Digitalisierungsgrad zu steigern.

Bei der Kooperation mit FinTechs stehen Ihnen eine Vielzahl möglicher Kooperationsformate zur Verfügung. Die Kollaborationen reichen vom einfachen Ideen-Austausch, über die Expansion Ihres Ökosystems und der gemeinsamen Erarbeitung von neuen Lösungen bis hin zur kompletten Übernahme der FinTechs. So bringen Sie disruptives „*Startup Spirit*" in Ihr Unternehmen, haben den Finger am Puls der Zeit und fördern Ihre eigene Innovationskraft. Das *Alexander von Humboldt Institut* unterscheidet zwischen sieben Hauptkategorien der Kooperation:[615]

1. **Temporäre Aktivitäten** (Veranstaltungen, Konferenzen, Meetups, Hackathons, Workshops, Trainings, Gründer- und Innovationspreise, Innovation Camps, Startup-Pitches, -Weekends und -Safaris, Silicon Valley Reisen, Speed Dating und Wettbewerbe,)

2. **Programme und Hilfeleistungen** (Unterstützung beim Unternehmensaufbau, Mentoring und Servicedienstleistungen, kostenlose Produkte, Startup-Programme und Plattformen, Scouting- und Matching-Unterstützung)

3. **Geteilte Infrastruktur** (Büro- und Arbeitsflächen, Co-Working Spaces, Innovationlabs)

---

615 Vgl. Alexander von Humboldt Institut (2017):

4. **Brutkästen** (Acceleratoren, Inkubatoren, Company Builder)
5. **Interne Innovationen** (Spin-Offs, Intrapreneurship)
6. **Partnerschaften** (Kunden-Lieferanten-Beziehungen, Co-Innovationen, Lizenzkooperationen, Co-Creation, Co-Marketing, Strategische Allianzen, Joint Ventures)
7. **Investitionen und Akquisitionen** (Früh- und Spätphasen Investitionen, Start-up-Unternehmensfonds, Acqui-Hiring, Akquisitionen, Fusionen)

Die meisten Kooperationsformate erfolgen nach der *vertikalen und/*oder *horizontalen Kooperation*. Die *vertikale und horizontale Kooperation* entlang der Wertschöpfungskette umfasst häufig die geteilte Infrastruktur (Grundmodell 5.) oder Partnerschaften (Grundmodell 6.). Beispielsweise kann die beidseitige Bereitstellung/Inanspruchnahme von Produkten und Dienstleistungen Synergien schaffen und für beide Seiten von Vorteil sein. Während FinTechs seit PSD2 Zugang zu Kontodaten erhalten können, kann in anderen Fällen das Produkt oder die Dienstleistung des FinTechs vom Finanzunternehmen ins Produktportfolio übernommen werden, was dazu führt, dass das FinTech einen prestigeträchtigen B2B-Pilotkund:innen für sich gewinnen kann, während Sie den eigenen Kund:innen zusätzlichen Mehrwert anbieten können. Aber auch die Integration (Investition/Akquisition, Grundmodell 7.) entlang der Wertschöpfungskette kann für beide Seiten Synergien entstehen lassen.

Einen mindestens genauso interessanten Vorschlag für die Einteilung der Kooperationsformate bietet die *Zeitschrift für Unternehmensentwicklung und Change Management* (ZOE). Hier wird vorgeschlagen, die Kooperation in einer neunstufigen Matrix nach finanzieller und operativer Beteiligung zu unterscheiden. Je nach den individuellen Bedürfnissen der Kooperationspartner:innen kann eine Zusammenarbeit vom informellen Austausch über gemeinsame Innovationskooperationen (zum Beispiel in Form von Pilotprojekten) bis hin zur Akquisition und Komplettübernahme reichen. Gerade Pilotprojekte sind häufig ein guter Anfangspunkt, denn sie sind risikoarm und können schnell erste (sichtbare) Erfolge liefern. Gemeinsame Pilotprojekte sind eine hervorragende Möglichkeit für beide Seiten, sich näher kennen zu lernen, ohne anfangs zu hohe Risiken einzugehen. So kann ein Pilotprojekt Ihnen und dem FinTech beispielsweise dabei helfen, Aufmerksamkeit in der Presse beziehungsweise Öffentlichkeit zu generieren.[616]

---

616 Vgl. ZOE (2018)

ABB. 9.4: DIE KOLLABORATIONSMATRIX

Finanzielle Beteiligung (gering → hoch)	Operative Beteiligung: gering		hoch
	Finanzbeteiligung	**Innovationseinheit**	**Akquisition / Exit / Neugeschäft**
PE/M&A (50-100%)	• Reines Finanzinvestment • Holding (Synergien im wesentlichen Admin-Bereich)	• Konsolidierter Innovations-Dienstleister • Joint Venture mit Innovations-Partner	• Übernahme (komplett) • Integration in bestehende Business Unit • Integration als eigenständige Business Unit
	VC Investment	**Innovationskooperation**	**Strategische Partnerschaft**
VC (25-50%)	• Finanz-Investment mit Risikokapital und ohne operative Anbindung an Investor (Seed- / Early- / Later Stage Funding) • Startup-Unternehmensfonds	• Proof-of-Concept-Projekte • Pilotprojekte, Entwicklung von Prototypen /Demos • Brutkästen (Bootcamp, Accelerator, Incubator) • Lizenz-Kooperation	• Venture-Einheit koordinier Zugang zu Corporate Eco-System • Schaffung von wechselseitigen Nutzen
	Programme / Hilfeleistung	**Kunden- / Lieferanten-Beziehung**	**Entwicklungspartnerschaft**
Keine (0%)	• Informeller Austausch / Mentoring • Temporäre Aktivitäten • Screening, Meet-ups, ... • Pitch-Präsentationen • Veranstaltungen, Speed Dating, Startup Weekends, Hackathons, Konferenzen, Messen • Wettbewerbe, Gründer- & Innovationspreise • Workshops / Trainings	• Co-Innovation / Co-Creation / Co-Marketing • Innovation-Callenge • Start-up als neuer Lieferant • Zugang zum Corporate Innovation Management • Dienstleistungen • Strategische Allianz	• Startup-Offering wird Teil der operativen Roadmap • Kooperationsvertrag für Kunden-Projekte

Quelle: eigene Darstellung in Anlehnung an ZOE (2018:23)

Welche Art der Kooperation letztlich in Frage kommt, hängt neben den individuellen Erwartungshaltungen der Partner:innen maßgeblich von den Fachthemen (IoT, Blockchain, Cloud Native, ...) ab sowie von der jeweiligen Position am Markt und in der Wertschöpfungskette — welche gerade in Zeiten der digitalen Vermögensanlage nicht immer klar ist. Des weiteren entscheidet die Startup-Lebenszyklus-Phase, in welcher sich das FinTech befindet, sowie die frei verfügbaren Ressourcen und Strukturen Ihres Unternehmens darüber, welche Formate denkbar sind. Besonders für frühe Gründungsphasen oder kleinere Finanzunternehmen bieten sich pragmatische kurzfristige Pilotprojekte an, wohingegen die Zusammenarbeit zwischen entwickelten FinTechs und kapitalträchtigen Großbanken bis hin zur Komplettübernahme in Form einer Integration oder eines Exit des FinTechs reichen kann.

Ein absolutes ‚No-Go' ist allerdings die strategische Übernahme mit dem Ziel, das FinTech anschließend einzustampfen oder kleinzuhalten, weil es eine Bedrohung für das Kerngeschäft darstellt! Diese Unternehmenspraxis ist in meinen Augen nicht nur ein Paradebeispiel des *Innovators Dilemma,* sondern auch eine Schande für alle Beteiligten, einschließlich der Gesellschaft, der im Zweifel eine fortschrittliche (und disruptive) Innovation verwehrt wird. Pfui!

Win-Win Partnerschaften versprechen Erfolg

Kooperationssysteme basieren immer auf Freiwilligkeit und sind daher auf den beständigen Interessensausgleich ihrer Partner:innen angewiesen. Damit zwischen Ihnen und einem Startup (bzw. FinTech) eine erfolgreiche Kooperation entstehen kann, ist es wichtig, dass beide Seiten sich über ihre Motive und Ziele für die Zusammenarbeit bewusst sind und diese auch klar kommunizieren. Nur wenn sich ein gemeinsames Ziel entwickeln lässt bzw. die Kooperation für beide Seiten bereichernd ist, hat sie langfristig eine Chance auf Erfolg.

Die gemeinsame Ausrichtung der Motive und Ziele einer Partnerschaft ist lohnenswert. Die Motive und Ziele beider Partner:innen müssen nicht immer dieselben sein, sie sollten allerdings einem gemeinsamen Zweck dienen oder zumindest für beide Seiten einen Vorteil darstellen. Oft steht im Vordergrund die Markt- und Wettbewerbsposition zu stärken. Während etablierte Finanzunternehmen in der Zusammenarbeit häufig eine Möglichkeit für die Entwicklung neuer Technologien und Geschäftsmodelle oder das Stärken ihrer Innovationskraft sehen, erhoffen sich Gründer:innen u.a. bessere Markt- und Branchenkenntnisse zu entwickeln und sich den Zugang zu bestehenden Netzwerken zu erschließen.

Auch hinsichtlich Finanzierung und Investition können erfolgreiche Partnerschaften entstehen. Ihre Bereitschaft, in ein FinTechs zu investieren, kann von finanziellen, aber auch strategischen Motiven zeugen. Für Gründer:innen, die bereit sind, viele Anteile abzugeben, kann die Finanzierung über eine/n etablierte/n Investor:in nicht nur die finanzielle Absicherung bedeuten, sondern hat auch eine Validierungsfunktion, denn mit der Investition bestätigt der/die Investor:in das Geschäftsmodell des Startups — auch nach außen.

Ein weiterer nicht zu unterschätzender Faktor in der Kooperation kann der positive Einfluss auf Personal und die Organisation sein. Für Gründer:innen kann die Kooperation die dringend benötige Expertise beim Unternehmensaufbau bedeuten. Etablierte Finanzunternehmen wiederum müssen ihre Attraktivität als Arbeitgeber ständig verbessern. Für Sie kann die Zusammenarbeit mit Gründer:innen hier einen positiven Einfluss auf das eigene Personal und die Unternehmenskultur haben.

FinTechs verstehen heißt Gründer:innen verstehen

Bevor Sie sich mit den für Sie geeigneten Kollaborationsmodellen beschäftigen, ist es jedoch wichtig, auch die Position der FinTechs zu verstehen. Gründer:innen machen täglich den Spagat zwischen Brandbeschleunigung und Brandlöschung. Startups werden häufig als Innovationstreiber:innen und Impulsgeber:innen bezeichnet, die das Potenzial haben, die Zukunft zu gestalten und voranzutreiben. Hinter FinTechs sitzen auch nur Menschen — wenn auch häufig außergewöhnliche Unternehmerpersönlichkeiten. Die Eigenschaften Agilität, Digitalität, Leidenschaft und Risikofreudigkeit werden häufig in einem Atemzug mit Gründertum genannt. Die Fähigkeit, innovative oder gar disruptive Geschäftsmodelle zu entwickeln und auf den Markt zu bringen, löst bei manchem Unternehmen regelrechte Zukunftsängste aus. Dabei handeln die wenigsten Gründer:innen aus der bösen Absicht heraus, ein anderes Unternehmen anzugreifen oder gar zu vertreiben. Vielmehr haben sie ein Problem (häufig in sogenannten Nischen) erkannt, welches bis dato ungesehen blieb oder gar ignoriert wurde. Für dieses Problem möchten sie eine Lösung bieten.

Um sich jedoch erfolgreich am Markt zu etablieren, brauchen viele junge Unternehmen professionelle Unterstützung in einem oder mehreren unternehmerischen Bereichen. Die mit Abstand meisten Startups benötigen Unterstützung beim Marktzugang und Vertrieb. Hierunter fallen die Neukundengewinnung, der Aufbau eines Kundenstamms und die Entwicklung von Kooperationspartnerschaften, denn all diese Bereiche setzen ein gewisses Vertrauen seitens der Kund:innen voraus. Gleichzeitig ist der Zugang zu bzw. der Aufbau von den richtigen Vermarktungs- und Vertriebskanälen häufig ein langwieriger und kostspieliger Prozess.

Zweitens mangelt es vielen Gründer:innen an dem erforderlichen Fachwissen sowie der benötigten Infrastruktur und den Produktionskanälen, um Fuß zu fassen und Wachstum zu ermöglichen. Gerade bei kleineren Gründungsteams oder Einzelgründer:innen besteht ein FinTech in der Anfangszeit selten aus mehr als einer Handvoll Mitarbeiter:innen. Insbesondere bei technologisch komplexeren Produkten/Dienstleistungen stellen die Bereiche Produktion, Forschung und Entwicklung daher die zweitgrößte Herausforderung vieler Gründer:innen dar.

Die drittgrößte Herausforderung für Gründer:innen liegt in der Regel in der Kapitalbeschaffung und Existenzsicherung. Viele Gründer:innen starten ihr Unternehmen anfangs ausschließlich über ‚*Bootstrapping*': über Erspartes, den Verkauf persönlicher Gegenstände und aus dem persönlichen sozialen Umfeld geliehenes Geld. Aus Angst, sich unter Wert zu verkaufen oder um ihre Idee betrogen zu werden, sind viele Gründer:innen in der Anfangszeit nicht bereit Firmenanteile abzugeben. Zugang zu Gründungskapital zu erhalten, wird so häufig zum Balance-Akt zwischen der Eigenständigkeit und Kontrolle der Gründer:innen über ihr Geschäft und dem Vertrauen der Geldgeber:innen und Investor:innen in ihre unternehmerische Expertise.

Eine weitere Herausforderung, die insbesondere im Zusammenhang mit Kooperationen besteht, liegt in dem Zustandekommen der Partnerschaft. Wahrscheinlich ist Ihnen bewusst, dass die meisten Finanzunternehmen hohe Ansprüche an Partner:innen haben und für unterschiedliche Formen der Zusammenarbeit unterschiedliche interne Regelungen und Zuständigkeiten haben. So kann es sein, dass ein Partnerunternehmen für das eine Projekt im Einkäuferportal gelistet werden muss, während das andere schnell über ein Werbebudget durchgewunken wird und ein drittes durch den Personalentwicklungsetat finanziert wird. Die richtigen Zuständigkeiten im eigenen Unternehmen zu klären, ist nicht immer leicht. Für Außenstehende ist das teilweise fast unmöglich, besonders dann, wenn es sich bei dem Partnerunternehmen um ein junges Startup handelt, dass den meist veralteten Vorgaben an ein Partnerunternehmen nicht gerecht wird. Sie sehen in der Zusammenarbeit eine Chance für sich und Ihr Unternehmen? Dann liegt es an Ihnen, den Weg für die Partnerschaft zu ebnen. Ich kann Ihnen daher nur ans Herz legen, das FinTech soweit wie möglich von internen Hürden zu entlasten. Es kann sich vielfach lohnen.

Zwischen den Unternehmenskulturen liegen Welten

FinTechs sind moderne agile und meist kleine Unternehmen, die experimentierfreudig handeln und kaum gesetzte Prozesse haben. FinTechs haben flache Strukturen und kleine Teams, arbeiten ergebnisorientiert und folgen einer *fail-fast*-Mentalität, in der es vor allem darum geht, schnell aus Fehlern zu lernen. Vor allem aber sind FinTechs sehr viel kapitalschwächer, was sie zu einer kurz- bis mittelfristigen Planung zwingt und das finanzielle Commitment für langfristige Partnerschaften erschwert.

Die Strukturen etablierter Finanzunternehmen auf der anderen Seite werden vor allem von traditionellen Hierarchien, Compliance und Regularien, einer *Null-Fehler-Toleranz* und einer *Top-Down* Managementkultur bestimmt. Dies führt dazu, dass die Unternehmen im Vergleich sehr viel strukturierter und langfristiger, aber auch träger und risikoaverser arbeiten. Damit die beiden Kulturen keinen ‚*Kulturschock*' erfahren, sollte die Struktur des etablierten Unternehmen in Bezug auf Compliance, und Hierarchien möglichst nicht auf das FinTech übertragen werden. Denn sonst droht dem Startup der Verlust der Kerneigenschaften strategischer Flexibilität, Geschwindigkeit und Innovationskraft.

Profitieren Sie gemeinsam von einander. Die in dieser Meta-Studie immer wieder genannten Werte Authentizität, Empathie, Ehrlichkeit, Transparenz und Vertrauen gelten genauso für den Umgang mit Kund:innen und Mitarbeiter:innen, wie auch mit Dienstleister:innen und FinTechs. Bevor Sie eine Partnerschaft eingehen, sollten Sie sich daher Ihre Position bewusst machen und Ihren Partner:innen fair und auf Augenhöhe begegnen. Sie verfügen über die finanziellen Ressourcen, aber Sie sitzen nicht zwingend am längeren Hebel, denn auch Sie sind auf die Digitalisierung angewiesen. Anstatt also FinTechs schnell „*anzutesten*" und mit jeder kleinsten Marktbewegung den Kurs zu ändern wie ein Fähnchen im Wind (wie es in der Vergangenheit gängige Praxis war) möchte ich Sie dazu ermutigen, Ihren neuen Partner:innen einen gewissen Vertrauensvorschuss entgegenzubringen. Es wird Fehler und Enttäuschungen geben — sie gehören zum Prozess dazu. Wie Sie damit umgehen, liegt bei Ihnen, doch m. E. macht eine Zusammenarbeit ohne Vertrauen weder Spaß noch Sinn.

Bedenken Sie auch den Startup-Lebenszyklus

Die Bedürfnisse, Motive und Herausforderungen der FinTechs ändern sich häufig mit jeder Phase des Startup-Lebenszyklus (engl.: *startup life cycle*, SLC). Üblicherweise erfolgt der SLC in 5 Phasen. Allerdings kann es auch vorkommen, dass einzelne Phasen übersprungen oder nie erreicht werden.

1. In der **Vor-Gründungsphase** geht es vor allem um die Entwicklung der Ideen des Geschäftsmodells. Hier benötigen Gründer:innen beispielsweise finanzielle Unterstützung für Durchführungsstudien, operative Unterstützung beim Erstellen des Businessplans, aber auch bei der Zusammenstellung des Gründerteams und der Prototyp-Entwicklung von Produkten und Dienstleistungen.

2. In der **Startup-Phase** erfolgt die rechtliche Unternehmensgründung und das Data beginnt mit der Produktentwicklung. Der Finanzierungsbedarf steigt (Unternehmensanmeldung, Lizenzen, Genehmigungen, Gebühren und Hono-

rare, Bürofläche etc.) und die Unterstützung hinsichtlich bürokratischer Hürden und der Unternehmensführung wird relevant. An dieser Stelle treten häufig Business Angels als Investor:innen ein.

3. In der **Marktetablierungs- und Skalierungsphase** werden erste Produkte/Dienstleistungen verkauft. Es kommt zum Aufbau von Einkommensquellen und dem Kundenstamm sowie zur Talentrekrutierung. Der Finanzierungsbedarf in dieser Phase steigt erheblich, außerdem braucht das Startup nun strategische Partner:innen um sich am Markt zu etablieren und zu wachsen. Spätestens in dieser Phase suchen sich viele Startups Unterstützung von VCs und Akzeleratoren/Inkubatoren.
4. Die Phase **Expansion und Übergang zum KMU/Konzern**, ist geprägt von einem starken Wandel innerhalb des Unternehmens. Neue Märkte und Finanzierungsmodelle sollen entschlossen werden, neue Produkte/Dienstleistungen auf den Markt gebracht und bestehende Produkte/Dienstleistungen optimiert werden. Der Finanzierungsbedarf für diese Phase ist enorm hoch und erfolgt häufig in den Bereichen Series A bis C.
5. In der **Reife-Phase/Exit**, kann man kaum noch von einem Startup sprechen. Unternehmen, die es bis in diese Phase geschafft haben, sind nun entweder ein KMU oder ein börsennotiertes Unternehmen (IPO), haben ihre Firmenanteile abgegeben (Exit) oder sind Teil einer Unternehmensgruppe geworden.

Wer verantwortet die Zusammenarbeit?

In den meisten Fällen arbeitet das FinTech nicht einfach mit einer Bank, einer Versicherung oder einem Family Office zusammen, sondern die Gründer:innen und Mitarbeiter:innen des FinTechs kollaborieren mit einzelnen Ansprechpartner:innen und Manager:innen aus dem Finanzunternehmen. Daher kann es im ersten Schritt eine gegenseitige Sensibilisierung für die Zusammenarbeit für beide Seiten hilfreich sein, um gegenseitiges Vertrauen aufzubauen. Dies setzt voraus, dass sich die Verantwortlichen auf Augenhöhe begegnen. Kick-off Veranstaltungen die außerhalb des gewohnten Arbeitsumfelds stattfinden können helfen, das Eis zu brechen und ein „*Wir-Gefühl*" aufkommen zu lassen.

Ein ständiger Personal- und Zuständigkeitswechsel macht die Zusammenarbeit unmöglich. Es ist wichtig, dass Sie für die Zusammenarbeit eine/n Hauptverantwortliche/n bestimmen, die oder der idealerweise auch als Ansprechpartner/in bereitsteht. Es reicht allerdings nicht, eine/n einzelne/n Ansprechpartner:in für die Zusammenarbeit zu verdonnern, wenn diese nicht an das Projekt glaubt oder die neue Tätigkeit sogar als Karriereherabstufung betrachtet. Achten Sie daher bei der Wahl eines oder einer geeigneten Ansprechpartner/in neben der reinen Qualifizierung auch auf die Mentalität der Person selbst: Verfügt Sie über ein Digital Mindset und ausreichend Digitalität? Versteht sie die Erwartungen und Zielsetzungen beider Seiten? Ist sie geeignet, um zu vermitteln aber auch selbstbewusst genug, im Konfliktfall zu schlichten oder das eigene Ego zurückzustellen? Viele Kooperationen sind an der Kommunikation gescheitert, ehe die eigentliche Umsetzungsphase beginnen konnte.

Genauso wichtig ist es, dass auch im eigenen Unternehmen möglichst frühzeitig alle Parteien miteinbezogen werden, die sich übergangen fühlen könnten und ggf. später das Projekt boykottieren können. Wenn Ihr Betriebsrat beispielsweise in der Vergangenheit Kooperations- und Digitalisierungsprojekte ausgebremst hat, dann sollten sie ihn möglichst früh für die Zusammenarbeit gewinnen. Auf diese Weise holen Sie sich die Stärkung und Fürsprache Ihrer Mitarbeiter:innen und verhindern, dass diese später gegen Sie aufgebracht werden.

Erfolgreiche Kooperationen entwickeln sich mit der Zeit

Jede Beziehung — so auch die Geschäftsbeziehung — setzt ein gewisses Maß an Vertrauen und Kompromissbereitschaft voraus. Die Partner:innen lernen sich im Lauf der Zeit immer besser kennen, nähern sich einander an und ergänzen sich, bis sie ein eingespieltes Team sind. Bevor eine Partnerschaft eingegangen wird, sollten beide Seiten deshalb zunächst ihre Erwartungshaltungen kommunizieren und gegebenenfalls überdenken. Hierzu zählt ein gegenseitiges Verständnis aufzubauen, die richtigen Ansprechpartner:innen im Unternehmen auszuwählen und bereitzustellen, Ziele, Verbindlichkeit und Vertrauen auszustrahlen (Commitment und Engagement), sich die verfügbaren Ressourcen — und Ressourcenbedürfnisse Ihrer Partner:innen — vor Augen zu führen und nicht zuletzt auf die operativen Herausforderungen einzugehen, die aus den enormen Unterschieden in der Unternehmenskultur und Struktur resultieren können.

Eine fruchtbare Zusammenarbeit kann kreative Energien freisetzen und Resultate erzielen, die die maximale Innovationskraft der einzelnen Partnerseiten bei Weitem übersteigt. Eine Zusammenarbeit die auf falschen Erwartungen und schlechter Kommunikation basiert, kann hingegen Frust auslösen und kostbare Ressourcen verschwenden. Halten Sie Ihre Erwartungen realistisch und seien Sie zugleich offen für Veränderung und Großartiges. Das ist m. E. eines der größten Geheimnisse für eine erfolgreiche Zusammenarbeit und herausragende Ergebnisse.

Viel Erfolg!

KAPITEL 10: BUSINESS MODEL INNOVATION

Auf einen Blick

- Für die Entwicklung und Implementierung von innovativen Geschäftsmodellen, Produkten und Dienstleistungen gibt es eine Reihe von Erfolgsfaktoren, Methoden, Instrumenten und Monetarisierungsmodellen.
- Das „*Innovator's Dilemma*" hindert marktführende Unternehmen daran, innovativ zu arbeiten und zu denken, und macht sie besonders anfällig für Disruption.
- Smarte Finanzunternehmen testen neue Ideen zuerst mit einem MVP.

10.1. Seien Sie offen für Innovation

Am Anfang einer jeden Unternehmung steht eine (Geschäfts-)Idee

„Mit der Konsistenz oder auch ‚Belastbarkeit' des Geschäftsmodells steht und fällt die Unternehmensgründung."[617] — Dr. Dr. Victor Tiberius und Prof. Dr. Christoph Rasche, in: *„Fintechs — Disruptive Geschäftsmodelle im Finanzsektor"*.

Jedes Geschäftsmodell entspringt zunächst einer (guten) Geschäftsidee. Damit daraus ein Geschäft — also die planvolle Umsetzung der Idee — entstehen kann, muss diese jedoch erst ausgereift, zu einer Vision verarbeitet und in ein tragfähiges und gut durchdachtes Geschäftsmodell übertragen werden. Unternehmen, die in ihrer Innovations- und Managementstruktur aufgeschlossen, agil und flexibel sind, profitieren besonders. Doch wie entstehen innovative Geschäftsideen?

Unsere Gedanken-Muster gleichen Würmern. Eine Studie der *Queens University* in Kingston, Kanada, hat ergeben, dass wir im Schnitt 6.200 Gedanken am Tag haben. Mit ihrer Hirnscan-Studie konnten die Forscher:innen Dr. Jordan Poppenk und Julie Tseng nachweisen und visualisieren, dass jeder Gedanke auf einen anderen folgt. Sie bezeichnen diese Gedankengänge, bzw. Gedanken-Muster, aufgrund ihrer visualisierten Erscheinung als *„thought worms"* (zu deutsch: Gedankenwürmer), die sich in ihrer Länge stark unterscheiden. Während wir mit unseren Gedankengängen von einem zum nächsten Gedanken springen können, hören wir allerdings nie auf zu denken. Neue Gedanken, so die Schlussfolgerung, kommen also nicht *„aus dem Nichts"*, sondern folgen immer einem Auslöser. Demnach haben sowohl äußere Faktoren und Sinneseindrücke, wie ein bestimmter Geruch oder Geschmack, eine Werbung an der wir vorbeigehen, ein Podcast

617 Tiberius und Rasche (2017:8)

dem wir zuhören, oder ein Gespräch das wir führen, sowie innere Faktoren wie unser aktueller Gemütszustand einen großen Einfluss auf unsere Gedanken.[618]

> *„Das Gehirn denkt permanent. Jeder Gedanke entwickelt sich aus einem Gedanken heraus."*[619] —Henning Beck, Neurowissenschaftler und Science Slammer.

Herausragende Ideen kommen meist nicht während einem achtstündigen Bürotag, sondern in den kreativen Pausen dazwischen. Ich habe das große Privileg, in Hamburg mit Blick auf den Kanal in Laufnähe zur Außenalster zu wohnen. Da ich viel von Zuhause arbeite, habe ich mir ein Umfeld geschaffen, dass kreative Pausen begünstigt und verbringe regelmäßig (bewusst und aktiv) Zeit damit, meinen Gedanken nachzugehen während ich aus dem Fenster aufs Wasser blicke, einen Kaffee auf dem Balkon trinke, entlang der Außenalster spazieren gehe oder mit dem Kayak eine abendliche Flusswanderung über Hamburgs-Kanäle unternehme. Besonders wenn ich mit einer bestimmten Problemstellung nicht weiterkomme oder mich an einer Formulierung aufhänge, ist ein kurzer aktiver Ortswechsel für mich oft das Beste, um einen Perspektivwechsel hervorzurufen und auf neue Ideen, Möglichkeiten und Lösungswege zu kommen. Mit dieser Erkenntnis bin ich nicht alleine und schon gar nicht der Erste. Seit dem frühen 20. Jahrhundert setzen sich Wissenschaftler:innen mit der Problemlösung auseinander. Die kreative Problemlösung ist hier nur ein Sonderfall.

Kreative Prozesse vollziehen sich in Phasen >>>>

Die kreative Lösung von Problem- oder Aufgabenstellungen lässt sich systematisch angehen. In *„The Art of Thought"* (1926) beschrieb der britische Sozialpsychologe Graham Walls eine systematische Theorie des kreativen Denkens, nach der kreative Prozesse in vier Phasen ablaufen — das Vier-Phasen-Modell:[620]

1. In der Phase der **Präparation**, bzw. *Vorbereitung*, wird das Problem als solches erkannt und verfügbare Informationen über das Problem gesammelt.

2. In der Phase der **Inkubation**, bzw. *Intuitiven Phase*, versucht das Individuum oder die Gruppe aus den zuvor gesammelten Informationen eine Lösung zu entwickeln — und glaubt zunächst zu scheitern. Das Problem scheint unlösbar, doch die Informationen sinken langsam ins Unterbewusstsein ab und werden dort weiterverarbeitet. In der Medizin beschreibt die Inkubation die Phase zwischen der Infektion und dem Ausbruch einer Krankheit. Ähnlich wie beim Körper findet in der kreativen Inkubationsphase auch ein unterbewusster Reifeprozess statt. Diese Phase ist wichtig für die Entwicklung kreativer Lösungsansätze, kann jedoch durch zu angestrengtes aktives Denken schnell gestört werden. Deshalb ist es in dieser Phase wichtig, auf die eigene kreative Schöpfungskraft zu vertrauen und sich gänzlich anderen Themen zu widmen, um so aus dem gewohnten Denkmuster auszubrechen.

---

618 Vgl. Poppenk & Tseng (2020) & Queen's University (2020)
619 Beck, zitiert in Meschkat (2020)
620 Vgl. der nachfolgenden Absätze: Erlewein (2020), Freitag (2020), Kaufmann (2017), Schlicksupp (2004) & Wallas (1926)

3. In der Phase der **Illumination** erfolgt ein plötzlicher Geistesblitz, ein „*Heureka-Erlebnis*“. Eine belanglose Bemerkung, eine neue Information, ein Sinneseindruck wie etwa ein Geruch; der Auslöser hierfür ist meist unklar und kommt scheinbar aus dem Nichts.

4. In der Phase der **Verifikation**, bzw. *Elaboration* oder auch *Gestaltungsphase* wird der kreative Einfall bewertet und auf seine Richtigkeit und Machbarkeit überprüft. Zudem wird überlegt, wie eine Umsetzung erfolgen könnte. Die neue Idee muss nicht die finale Lösung des Problems darstellen; es kann sich auch um eine Zwischenlösung handeln, die zur eigentlichen Lösung führt. Im Unternehmenskontext muss die neue Lösung i.d.R. erst vor einem Entscheidungsgremium vorgetragen werden. „*Zu beachten (ist), dass, je embryonaler eine Idee ist, sie desto angreifbarer gegenüber Kritik und Zweifeln wird. Daher ist eine detaillierte Ausgestaltung der Idee wichtig, die über Funktionen, Nutzen und Wert genau Auskunft gibt*“[621], erklärt Helmut Schlicksupp in seinem Buch „*Innovation, Kreativität und Ideenfindung*“.

Die besten Ideen kommen häufig, wenn man sie am wenigsten erwartet; aber nahezu nie, wenn man sie forciert. Zwischen den Phasen 2 und 3, sowie zwischen den Phasen 3 und 4 gibt es häufig eine Zwischenphase: Die *Kreativpause*. Die kreative Pause ist das Pausieren des kreativen Schaffensprozesses, die der geistigen Erholung dient. Die Pause selbst hat allerdings nichts mit kreativen Tätigkeiten zu tun. Da es sich bei der Kreativpause um eine Unterbrechung der kreativen Denkprozesse handelt, wird sie auch *Separator* (zu deutsch: Trennendes Element) genannt. Weil es sich bei der kreativen Pause nicht um eine wissenschaftlich belegte Notwendig handelt, sondern um eine Beobachtung, bzw. einen Zustand zwischen den Phasen, wird sie als Zwischenphase verstanden.[622]

Fortschritt verläuft wellenartig ~ ~ ~

Der sowjetische Wirtschaftswissenschaftler Nikolai Kondratjew erkannte, dass sich Fortschritt zyklisch auf die Wirtschaftsentwicklung auswirkt. Mit jeder bahnbrechenden technologischen Innovation erfolgte demnach zunächst eine Phase des wirtschaftlichen Aufschwungs (engl.: *prosperity*), ausgelöst durch innovationsinduzierte Investitionen in die Verbreitung und Verbesserung der neuen Technologie. Auf den Aufschwung folgte eine Phase des Abschwungs (engl.: *recession*). Die Innovation hat sich durchgesetzt und ältere Technologien abgelöst und die Investitionen in ihre Verbreitung nehmen drastisch ab (engl.: *depression*). In dieser Zeit wird bereits an neuen Innovationen gearbeitet (engl.: *improvement*). Mit jeder neuen Innnovation beginnt eine neue Welle die sich zunächst rasant ausbreitet und dann stetig abebbt. Diese Zyklen, so Kondratjew's Entdeckung, erfolgten bisher in einem Zeitraum von rund 50 Jahren: Auf die Frühmechanisierung (1780–1840) und die Dampfmaschine folgte die zweite industrielle Revolution (1840–1890), auch Gründerzeit genannt. Die Eisenbahn und Dampfschiffe breiteten sich aus und lösten weitgehend Kutschen und Segelboote ab. In der nächsten Phase (1890–1940) dominierten die Elektrotechnik, Chemie und Schwermaschinen die Wirtschaft, gefolgt von der *Einzweck-Automatisierungs-Phase* (1940–1990): Die

621 Schlicksupp (2004)
622 Krämer (2012) & Schreck (2019)

Basisinnovationen Automobil, Computer und integrierter Schaltkreis, sowie der Transistor und die Kernenergie verbreiteten sich. Ausgelöst durch die neuen Möglichkeiten der Rechenleistung und Energie folgte das Informations- und Kommunikations-Technik-Zeitalter (ab 1990) und die Globalisierung begann sich rasant fortzuschreiten.[623]

Die Innovationszyklen beschleunigen sich. Auch bei der Digitalen (R)Evolution handelt es sich um eine bahnbrechende Erneuerung. Mit dem entscheidenden Unterschied, dass der Zeitraum, den Innovationen den Markt dominieren keine 50 Jahre mehr andauern, und künftig vermutlich nicht einmal mehr 50 Monate oder gar Wochen. Die Fortschrittswellen betreffen jeden Lebensbereich. In einigen Ländern werden ganze Technologien sogar übersprungen, etwa das Telefax in Afrika (Stichwort: Leapfrogging). In der Konsequenz ähneln die Zyklen heute nicht mehr langen, aufeinander folgenden Wellen, sondern einem sich kreuzenden, äußerst unruhigen Gewässer. Wenn man darüber nachdenkt ist das eigentlich auch logisch: Jede neue Technologie eröffnet eine Vielzahl von neuen Möglichkeiten. Im Digitalen Zeitalter nehmen diese Möglichkeiten exponentiell zu.

Innovation entsteht an der Schnittstelle! ///

Im September 2018 durfte ich im Frankfurter TechQuartier ein interessantes Gespräch mit Frans Johansson führen, dem Autor des Weltbestsellers „*Der Medici-Effekt: Wie Innovation entsteht*". Johansson hatte einige der wichtigsten sowie einige der kuriosesten Innovationen untersucht und festgestellt, dass viele der größten und wichtigsten Durchbrüche in der Geschichte der Menschheit an der Schnittstelle zwischen unterschiedlichen Branchen und Interessensfeldern stattfinden — und im Austausch zwischen Menschen.

Darwin konnte die Evolutionstheorie nicht allein aufstellen. Wie Johansson in *Der Medici-Effekt* erklärt, hat Darwin seine Theorie entgegen gängiger Meinung weder auf den Galapagosinseln aufgestellt, noch im Alleingang, sondern erst nachdem er von seiner fünfjährigen Reise auf der HMS Beagle nach London zurückkehrte: Im Januar 1837 brachte Darwin dem Zoologen John Gould eine Reihe unterschiedlicher Vogelarten mit, die er auf den einzelnen Inseln gesammelt hatte. Gould aber erkannte, dass es sich um 15 Arten derselben Gruppe von Finken handelte, auch wenn sich ihre Schnäbel und ihr Verhalten stark unterschieden. Auch eine Reihe von mitgebrachten Spottdrosseln hielt Darwin für Vögel derselben Art. Gould aber stellte fest, dass jede Insel eine eigene Art hervorgebracht hatte. Als führender Experte für Taxonomie (Klassifikationsschematisierung) konnte Gould im Rahmen seines wissenschaftlichen Denkmusters die einzelnen Arten hervorragend identifizieren, war aber zu voreingenommen für ‚outside the box'-Ideen. Darwin aber, der als Quereinsteiger zunächst Medizin und Theologie studierte, bevor er sich den Naturwissenschaften widmete, ging einen Schritt weiter und schlug eine der radikalsten Interpretationen der menschlichen Geschichte vor: die Evolutionstheorie. In seinem Buch „*Über die Entstehung der Arten*" (Originaltitel: „*On the Origin of Species by Means of Natural Selection, or The Preservation of Favoured Races in the Struggle for Life*") stellte er die Thesen der „Veränderlichkeit der Arten", der „gemeinsamen Abstammung aller Lebewesen" und der „na-

623 Vgl. kondratjew (1926) & Korotajew & Tsirel (2010)

türlichen Selektion“ als wichtige Mechanismen der Evolution auf. Es brauchte erst den Austausch zwischen unterschiedlichen Fachgebieten und einen neugierigen Querdenker, um die Evolutionstheorie herzuleiten. Doch nur der Austausch allein hätte ohne Darwin's Mut, der ihn dazu verleitete *„undenkbare“* Fragen zu stellen, nicht fruchten können.[624]

Die Vorstellung einer evolutionären Entwicklung löste wiederum eine neue Revolution aus. Mit der Digitalen (R)Evolution verhält es sich nicht anders. In den vergangenen Jahren haben Unternehmen in isolierten Umgebungen und getrieben von Silodenken eine Vielzahl von digitalen IT-Insellösungen entwickelt, die nur schlecht miteinander interagieren können und spätestens jetzt in Kernsysteme integriert oder auf den neusten Stand gebracht werden müssen. Je offener und digitaler unsere Wirtschaft wird, desto aufwendiger wird es künftig, diese Insellösungen noch weiterhin getrennt zu pflegen. Von Innovation kann hier also kaum die Rede sein. In *„Bionic Wealth“* stelle ich einige Ansätze vor, wie Mikrosysteme und Insellösungen sinnvoll verknüpft und orchestriert werden können.

Ihnen stehen eine Vielzahl von Möglichkeiten zur Verfügung, neue Geschäftsideen zu erarbeiten. Sie können sich z. B. an der Pyramide der Nutzenelemente orientieren (Vgl. Kapitel 6.1). Nach dem BMWi eignen sich zudem der *Dialog mit Mitarbeiter:innen*, die *Wettbewerbsbeobachtung*, die *Marktanalyse* sowie der *Dialog mit Kund:innen* (externes ‚*Crowdsourcing*‘) besonders gut für die Erschließung neuer Geschäftsideen. Ein weiterer Ansatz, um zu neuen Geschäftsideen zu kommen, besteht darin, das Web zu durchforsten. Ich betrachte das Internet als eine der besten Quellen für Inspiration. Nichts ist aktueller, nirgends verbreiten sich Neuigkeiten schneller und an keinem anderen Ort treffen so viele (offenkundig ausgetragene) Meinungen aufeinander. Besonders bieten sich neben Blogs, den sozialen Medien und Streaming-Plattformen wie YouTube auch VC- und Crowdinvesting-Plattformen für Anreize, denn die Projekte, die (innovative) Gründer:innen und Unternehmen hier finanzieren möchten, basieren in der Regel auf einer konkreten Nische bzw. haben ein Problem am Markt erkannt und eine Idee dazu entwickelt.

An dieser Stelle sei angemerkt, dass ich Ideenraub nicht gutheiße! Vielmehr empfehle ich Ihnen, mit diesen Gründer:innen in Kontakt zu treten und gemeinsam zu schauen, welche Möglichkeiten aus einer Kooperation zwischen Ihnen und dem FinTech entstehen könnte. Die verschiedenen Kooperationsformate, welche hierfür zur Verfügung stehen, werden in Kapitel 9.4 vorgestellt. Daneben haben sich mittlerweile Plattformen gebildet, auf denen Menschen ihre Geschäftsideen frei zur Verfügung stellen, in der Hoffnung, so zu einer Partnerschaft zu gelangen — oder etwa, weil sie selbst nicht die Zeit, die Ressourcen oder den Mut aufbringen können.[625]

---

624 Johansson (2018), Engels (2007:16ff.) & Mayr (2003:394ff.)
625 Vgl. BMWi (2017A:6)

Wesentliche Elemente der Business Model Innovation

Bei der Geschäftsmodell-Innovation durchlaufen einzelne Elemente (bzw. *Dimensionen*) des Geschäftsmodells, oder auch das gesamte Geschäftsmodell, eine Innovation. Der *Innovationsgrad* kann hier von inkrementeller bis radikaler Veränderung reichen, also von einer schlichten Weiterentwicklung bis hin zur kompletten Neuerfindung. Die Geschäftsmodell-Innovation selbst folgt dabei einer Reihe logischer Prozesse, die mit der Abfolge gewisser Aufgaben und Entscheidungen verbunden sind. Zielsetzung dahinter ist immer, ein Geschäftsmodell bzw. die einzelnen Dimensionen so zu entwickeln, dass dabei für die Kund:innen, das eigene Unternehmen und die Partner:innen Nutzen gestiftet wird.[626]

Bei der Geschäftsmodellinnovation spielen fünf Bestandteile eine große Rolle:[627]

1. Die **Innovationsobjekte** beschreiben, was involviert werden soll.
2. Der **Innovationsgrad** beschreibt die Intensität dieser Innovation.
3. Die **Bezugseinheit** definiert, für wen oder was die Innovation relevant sein soll.
4. Der **Prozess** beschreibt das Vorgehen.
5. Die **Zielsetzung** legt die zu verfolgenden Ziele fest.

Der *Deloitte*-Ableger *Doblin* hat über 2.000 Geschäftsinnovationen untersucht und festgestellt, dass die meisten Durchbrüche nicht auf technologische Erfindungen oder seltene Entdeckungen zurückzuführen sind, sondern dass Innovationen einem Muster folgen, dass sich in eine Reihe von zehn verschiedenen Dimensionen einordnen lässt. Nach diesen Dimensionen können Wettbewerber:innen nach 10 Dimensionen analysiert werden, Produkte auf Schwächen getestet werden oder neue Möglichkeiten für bestehende Produkte gefunden werden. Auf dieser Erkenntnis aufbauend hat *Doblin das ‚The Ten Types of Innovation®*'-Framework entwickelt. Die zehn Dimensionstypen sind:[628]

1. **Profit-Modell-Innovationen** revolutionieren die Art wie Geld verdient wird (z. B. das *‚Digital-Subscription-Model'* der *New York Times*).
2. **Netzwerk-Innovationen** entstehen in Verbindung mit anderen, um Wertschöpfung zu schaffen (z. B. die von Henry Ford eingeführte *‚vertikale Wertschöpfungskette*').
3. **Struktur-Innovationen** haben eine einzigartige Ausrichtung der Assets und Talente auf Wertschöpfung und Leistung (*Google*'s '*20% Kreativzeit*-Regel' gab beispielsweise Mitarbeiter:innen den Raum und die Möglichkeit, *Gmail* und *Google News* zu erfinden).
4. **Prozess-Innovationen** führen einzigartige oder überlegene Arbeitsmethoden ein (*McDonald's* gestattet Franchisenehmer:innen eigene Produkte einzuführen, was z. B. zum *Egg McMuffin* führte).

---

626 Vgl. Schallmo (2013:29)
627 Vgl. Schallmo (2013:29)
628 Vgl. Desjardins (2020) & Doblin (2020)

5. **Produktperformance-Innovationen** setzen auf unverwechselbare Unterscheidungsmerkmale und Funktionalitäten (z. B. die Einführung von ‚*Seamless Music Streaming*' durch *Spotify*).

6. **Produktsystem-Innovationen** bündeln komplementäre Produkte und Dienstleistungen vollkommen neu, um ein robustes und skalierbares System zu schaffen (z. B. das Ökosystem von *Apple*, in dem jedes Produkt einen Mehrwert im Portfolio ergänzt).

7. **Service-Innovationen** verbessern den Nutzen, die Leistung und den scheinbaren Wert eines Angebots (z. B. das schnelle ‚*Free Shipping*'-System von *Amazon Prime*).

8. **Kanal-Innovationen** liefern Angebote auf eine neue Art (z. B. der *Nespresso Club* oder die *Tupperware-Parties*).

9. **Marken-Innovationen** revolutionieren den Marken-Auftritt und schaffen einen starken Wiedererkennungswert der Angebote und Marke (z. B. *Patagonia's* Aktivismus-Commitment zu nachhaltiger und fairer Mode).

10. **Kundenengagement-Innovationen** erfüllen tiefliegende Bedürfnisse der Kund:innen durch einzigartige Interaktionen (z. B. das ‚*AR-Benutzerhandbuch*' von *Mercedes-Benz*).

Doblin gliedert die 10 Dimensionen zudem in 3 Grundtypen auf:

1. Zu den **Konfiguration-Typen** (engl.: *configuration*) zählen Innovationen, die sich auf das Innenleben eines Unternehmens und dessen Geschäftssystem konzentrieren. Darunter fallen Unternehmen, deren Innovationskraft vor allem in ihrem Profit-Modell, ihrem Netzwerk, ihrer Struktur oder ihrem Prozess liegt.

2. **Angebot-Typen** (engl.: *offering*) konzentrieren sich auf das Kernprodukt oder die Kerndienstleistung eines Unternehmens oder auf eine Sammlung dessen Produkte und Dienstleistungen. Hierunter fallen Innovationen die sich auf die Produktperformance oder das Produktsystem konzentrieren.

3. **Erfahrung-Typen** (engl.: *experience*) konzentrieren sich auf eher kundenorientierte Elemente eines Unternehmens und dessen Geschäftssystems. Im Vordergrund dieser Innovationen stehen die Dimensionen Service, Kanal, Marke und Kundenengagement.[629]

Innovationen nach dem Baukastenprinzip. *Doblin stellt a*uf www.doblin.com/dist/images/uploads/TenTypesInnovation.pdf eine kostenfreie Liste mit 100 Taktiken für Innovation bereit, nach denen Unternehmen Innovationen nach dem Baukastenprinzip anstoßen können. Ich bin der Meinung, jeder Mensch, der sich mit Innovationen auseinandersetzt, sollte diese Liste mindestens einmal angesehen, oder besser noch als Poster im Büro hängen haben!

Kombinierte Strategien für die Zukunft. Neben der zunehmenden Verlagerung von Prozessen in die digitale Sphäre werden auch die Innovationszyklen für Produkte immer kürzer. Technologien wie Machine Learning, Künstliche Intelligenz, Blockchain oder Big Data haben bisherige Geschäftsmodelle verändert und neue

---

629 Vgl. Doblin (2020)

hervorgebracht. Autonomes Fahren, vernetzte Medizin oder das Internet der Dinge sind nur einige Beispiele für die aktuellen Entwicklungen, die neue Doppelstrategien hervorbringen.

Der Unternehmer und Gründer Jeff Bezos hat genau dies mit *Amazon* vorgemacht, indem er das virtuelle mit dem realen Leben verbunden hat: Mit *Amazon Echo* ist es nicht nur möglich, per Sprachassistenten Bestellungen aufzugeben, sondern auch günstigste Bestellzeitpunkte sowie individuelle Lieferzeitpunkte und Orte zu ermitteln. Hier wird die Bequemlichkeit der Online-Bestellung mit den Rahmenbedingungen der realen Welt kombiniert, in der kein Mensch überall gleichzeitig sein kann und seine Verpflichtungen hat, um maximale Flexibilität zu gewährleisten. Das hat Vorbildcharakter: Es geht schließlich für die meisten Banken nicht darum, ihr Geld direkt im Internet zu verdienen, sondern die Digitalisierung als Werkzeug für die eigenen Geschäfte zu implementieren bzw. realisieren.

Mit der Digitalen Transformation von Geschäftsmodellen verhält es sich im Übrigen ähnlich wie mit der Geschäftsmodell-Innovation selbst, allerdings steht hier im Vordergrund, sogenannte „*Enabler innerhalb des Geschäftsmodells einzusetzen, um digitale Potenziale zu heben und ein digitales Wertschöpfungsnetzwerk sowie die digitale Kundenerfahrung zu gestalten.*"[630]

Neue Geschäftsmodelle durchlaufen vier Entwicklungsstufen

Bei der Entwicklung von Geschäftsmodellen durchlaufen Betriebe nach Ansicht des *Bundesministerium für Wirtschaft und Energie* (BMWi) i.d.R. vier Stufen:[631]

1. **Erweiterung der Kundenkommunikation:** In der ersten Entwicklungsstufe wird die Kundenkommunikation durch neue Marketingsansätze und -kanäle erweitert. Hierzu gehören mitunter personalisierte Apps, ein Kunden-Login-Bereich, aber auch andere digitale Kommunikationswege wie Newsletter, News-Feeds und Alerts sowie neue Chat- und Kontaktfunktionen.

2. **Erstellung von Kundenprofilen:** In der zweiten Stufe erstellen Betriebe ein klares Kundenprofil und führen ein effektives CRM/CEM-System ein. Darin enthalten sind mitunter Feedback-Schleifen und Monitoring-Programme.

3. **Integration der Kund:innen in das Ökosystem:** In Stufe drei werden die Kund:innen in das Ökosystem des Betriebs/des Finanzunternehmens integriert und ihr Feedback sowie ihre Impulse werden für neue Innovationen genutzt. In dieser Stufe spielen Empfehlungen, Kundenfeedback, Produkt- und Service-Innovationen eine wesentliche Rolle.

4. **Erschließung neuer Geschäftsmodelle & Entwicklung neuer Produkte/Dienstleistungen:** Die vierte Stufe setzt sich mit den Möglichkeiten auseinander, wie die erschlossenen Netzwerke und Partnerschaften für neue Produkte/Dienstleistungen genutzt werden können. Die Omnikanal-Strategie, neue Vertriebsplattformen, kundenorientierte Angebote durch Kooperationen oder das Bündeln von Leistungen und Produkten helfen dabei, das Geschäftsmodell am Markt zu etablieren und zu validieren.

630 Shallmo & Rusnjak (2017:7)
631 Vgl. der folgenden vier Entwicklungsstufen: BMWi (2017A:7)

Disruption kennt viele Formen

Die Disruption ist eine besondere Form von Innovation. Der Begriff *Disruption* leitet sich aus dem Englischen ab (*to disrupt*) und bedeutet „*unterbrechen*" oder „zerstören". Er wurde maßgeblich geprägt vom Harvard Business School Professor Clayton M. Christensen (1952 - 2020). In seinem 1997 erschienen Buch „*The Innovator's Dilemma*" stellte Christensen die paradoxe These auf, dass marktführende Unternehmen im Angesicht disruptiver Innovationen scheitern, weil sie gut geführt werden und im Grunde alles richtig machen. Laut Christensen sind die klassischen Erfolgsfaktoren wie Ertrags-, Kunden-, oder Wachstumsorientierung bedrohlich für die Existenz der Unternehmen, da die dominierenden Unternehmen dazu neigen, sich selbst als innovativ zu betrachten während sie an uralten Paradigmen festhalten, die für den bisherigen Unternehmenserfolg ausschlaggebend waren. Damit bezieht sich ‚innovativ' in diesem Fall allerdings auf Marktführung-erhaltende Innovationen (engl.: *sustaining innovations*), nicht auf Markt-umkrempelnde Innovationen (engl. disruptive innovations).[632]

Im Unterschied zur gängigen (sustaining) Innovation, die meist eine Ergänzung, Verbesserung oder Weiterentwicklung von etwas Bestehendem ist und sich am Feedback bestehender Kund:innen orientiert, bewirkt die disruptive Innovation eine tiefgreifende Veränderung in ihrem Bereich und leitet einen regelrechten Umbruch ein. Dieser kann zur Umstrukturierung eines Unternehmens oder einer Branche führen, aber auch ein bestehenden Geschäftsmodell zerschlagen. Gemessen an den klassischen Erfolgsfaktoren scheinen disruptive Produkte jedoch alles falsch zu machen, weshalb sie vom Management meist abgelehnt werden. Erstens entstehen sie häufig aus einem Mangel heraus, der in einem Nischenmarkt besteht. Zweitens bedrohen sie das bestehende Kerngeschäft. Erhaltende Innovationen befriedigen also bestehende Kundenbedürfnisse, wohingegen disruptive Technologien und Geschäftsmodelle zur Erfüllung künftiger Kundenbedürfnisse entwickelt werden. Dieser Unterschied stellt Unternehmen vor ein ‚*Innovator's Dilemma*': Einem klassischen Innovationspfad zu folgen, ist kurzfristig sinnvoll, kann das Unternehmen aber langfristig zum Scheitern verurteilen. Auf der anderen Seite gibt es keine Erfolgsgarantie dafür, dass es sich auszahlt wertvolle Ressourcen in eine Nische zu stecken und unerprobte Geschäftsmöglichkeiten zu nutzen, auch wenn genau dies zu disruptiven Innovationen führen und so die Zukunft des Unternehmens sichern kann.[633]

> *"Disruption entsteht immer dann, wenn alte Systeme träge, selbstgerecht und zukunftsblind werden."*[634] —Matthias Horx, Gründer der Zukunftsinstitut GmbH.

Beispielsweise waren die CD oder der MP3-Player innovative Weiterentwicklungen der Schallplatte, auf welche sich Hersteller und die Branche schnell umstellen konnten, während Online Streaming einen ganzen Markt nahezu überflüssig machte. Ebenso war die EC-Karte (electronic cash) eine Innovation des Bargelds, bei der die bestehenden Prozesse, Gesetze und Mechanismen (in Bezug auf das

632 Vgl. Christensen (2011)
633 Vgl. Christensen (2011)
634 Horx (2019)

Geld) quasi unangerührt blieben, während blockchainbasierte Kryptowährungen einen disruptiven Umbruch darstellen, der vollkommen ohne Banken und Intermediäre auskommt. Auch belächelten Schweizer Uhrenmacher:innen anfangs die Quarzuhr, die offensichtlich kein/e Kund:in würde haben wollen. Japanische Technologieunternehmen hingegen erkannten das disruptive Potenzial und profitierten vom Siegeszug der erschwinglichen Armbanduhr. Auch Unternehmen in anderen Branchen bezahlten Ihre Ignoranz mit dem Leben — denken Sie nur an *Nokia* oder *Kodak*: Beide waren einst Pioniere auf ihrem Gebiet. Als im Jahr 1888 die erste *Kodak*-Kamera (sie war aus Karton und kostete nur einen US-Dollar) in Kombination mit einem selbstentwickelten Rollfilm vorgestellt wurde, führte sie eine Disruption herbei. Bis dahin waren Kameras teuer und Fotos wurden auf schweren Glasplatten festgehalten. Fortan wurde die Kamera massentauglich. 1935 folgte dann, ebenfalls von *Kodak*, der erste Farbfilm für Hobbyfotograf:innen (Kodachrome-Farbdiafilm). Ironischerweise war es ein *Kodak*-Angestellter (Steven Sasson), der im Jahr 1975 die Digitalkamera erfand, die zum Untergang des Unternehmens führen sollte. Nicht, weil sie schlecht war, sondern weil das Management die Idee einer filmlosen Kamera ablehnte, da sie das Hauptgeschäft — den Verkauf von Filmrollen — kannibalisiert hätte. Eben ein richtiges Dilemma für die Innovator:innen von gestern.[635]

Bei disruptiven Technologien und Geschäftsmodellen unterscheidet man zwischen zwei Hauptarten. Die erste Form ist „*die Disruption am unteren Ende eines (bestehenden) Marktes*“[636] und die zweite Art adressiert bestehende Produkte/Dienstleistungen. Neben den zwei Hauptformen gibt es natürlich noch eine Reihe von hybriden Formen der Disruption.[637]

1. **Disruption am unteren Ende des Marktes:** Das Gros der FinTechs spezialisiert sich auf Nischengruppen. Dabei handelt es sich um Kund:innen, deren Nachfrage/Problem nicht vom angebotenen Leistungsspektrum der etablierten Wettbewerber bedient wird. Grund dafür ist häufig, dass diese Kundengruppen aus Sicht der etablierten Finanzunternehmen unattraktiv oder zu anspruchsvoll/zeitaufwendig sind. Die disruptive Innovation zielt in diesem Fall darauf ab, diese Kundengruppen für sich zu gewinnen bzw. ihre Bedürfnisse zu befriedigen. somit handelt es sich um eine Innovation (Technologie, Produkt und/oder Geschäftsmodell), die von Kund:innen bisher noch nicht genutzt wurde oder auf dem Markt nicht vorhanden war.[638]

2. **Disruption bestehender Produkte und Dienstleistungen:** Die zweite Form der Disruption adressiert bereits bestehende Produkte, Technologien, und/oder Geschäftsmodelle, die eine latente Nachfrage haben und daher hohe Risiken mit sich bringen. Derartige Geschäftsmodelle bzw. spezifische Angebote oder Dienstleistungen sind also bereits am Markt, doch den Kund:innen ist der potenzielle Nutzen noch nicht bekannt. In diesem Fall liegt der disruptive Ansatz in der Kommunikation (der Bekanntmachung) der Innovation.[639]

---

635 Vgl. Ritter (2019)
636 Braune (2017:499).
637 Vgl. Braune (2017:499f.)
638 Vgl. Braune (2017:499f.)
639 Vgl. Braune (2017:499f.)

Fragen Sie sich deshalb: Worin derzeit besteht die größte Schwachstelle bzw. das schwächste Glied in Ihrem Geschäfts- und Wertschöpfungsmodell? Dazu zähle ich insbesondere plausible Disruptionsfelder, unbefriedigende Teillösungen, und den nicht zu unterschätzenden Informationsnachteil. Die nachfolgenden Fragen können Ihnen als Inspiration dienen:

Wo könnte eine einfachere oder kostengünstigere (disruptive) Lösung die Bedürfnisse eines Kundensegments effizienter erfüllen? Wo erzielen Sie Überschüsse, indem Sie weit mehr verlangen, als eine Tätigkeit tatsächlich kostet oder für einige dieser Segmente wert ist? Wo berechnen Sie derzeit eine Prämie für Dienstleistungen von unterdurchschnittlicher Qualität? Wo lösen Sie derzeit nur einen Teil des Problems Ihrer Kund:innen und sind potenziell anfällig gegenüber Mitbewerber:innen, die eine ganzheitlichere Lösung entwickeln, um zwischen Sie und Ihre Kund:innen zu treten? Wo verwenden Sie lediglich einen Bruchteil der potenziell verfügbaren Informationen, um wichtige Entscheidungen zu treffen? Wie, bzw. welche Daten können bei der Vermögensallokation und der Portfoliokonstruktion verwendet werden?

Disruptive digitale Geschäftsmodelle können, müssen aber nicht auf technologischen Innovationen aufbauen. Im Rahmen der Digitalisierung werden häufig digitale Technologien eingesetzt, um Geschäftsmodelle zukunftsfähig zu machen. In diesem Fall ist Technologie ein wichtiges Vehikel für die disruptive Innovation. Das setzt jedoch nicht voraus, dass die Technologie selbst eine Innovation sein muss. In vielen Fällen bieten gerade die offenen, also frei bzw. günstig zugänglichen Technologien eine ideale Basis für die Entwicklung digitaler disruptiver Geschäftsmodelle.[640]

Der wichtigste Erfolgsfaktor für disruptive Innovationen liegt jedoch nicht im Ergebnis, sondern vielmehr in Ihnen: Denken Sie nicht in Schubladen und Boxen, sondern denken Sie quer! Trauen Sie sich, sowohl in den kleinsten Nischen Veränderungen anzustoßen als auch große Moonshots zu wagen. Denn bahnbrechende Ideen verändern die Welt. Sie wirken allerdings nur so lange als neu oder disruptiv, bis entweder eine neue disruptive Innovation auf den Markt kommt oder die Veränderung zur neuen Normalität geworden ist. Wenn Ihnen mit einer neuen Idee ein Durchbruch gelungen ist, haben Sie jeden Anlass sich zu gratulieren. Sie können die Situation für sich nutzen und ihre Position weiter stärken. Oder Sie teilen die disruptive Innovation in Form von einem offenen Ökosystem oder einer Open Source Lösung mit der Allgemeinheit. Nur eines sollten Sie bitte nicht tun: sich auf dem Erfolg und auf der Situation ausruhen. Denn: „*Nichts ist beständiger als der Wandel*", das wusste schon Heraklit um 500 v. Chr.

640 Vgl. Braune (2017:499f.)

Die Konsum- und Unterhaltungsbranche bietet Inspiration für Monetarisierungsmodelle

Das ‚**Freemium**'-Modell — Gratis mit Aufpreis. Ein insbesondere bei Online-Unternehmen beliebtes Geschäftsmodell ist das Freemium-Modell: Der Begriff *Freemium* setzt sich aus *‚free'* (kostenlos) und *‚premium'* (dem Aufpreis für Zusatzleistungen) zusammen. Nach dem *Gabler Wirtschaftslexikon* beschreibt *Freemium „ein Geschäftsmodell, bei dem ein Unternehmen einen wesentlichen Teil seines Angebots kostenlos zur Verfügung stellt. Umsatz wird dann mit attraktiven und nutzwerten Zusatzleistungen um das kostenlose Angebot gemacht*"[641]. Die Idee hinter Freemium-Geschäftsmodellen ist, dass man zunächst potenzielle Kund:innen über ein kostenloses Angebot/Basisprodukt anlockt und sie von der Relevanz und Kompetenz des Unternehmens überzeugt. So soll Vertrauen aufgebaut werden und die Kund:innen gewöhnen sich an die Nutzung des Produktes/der Dienstleistung. Erst im zweiten Schritt werden zusätzliche Angebote, Erweiterungen oder das Vollprodukt gegen einen Aufpreis angeboten. Zu diesem Zeitpunkt ist in der Regel die Hemmschwelle einen Aufpreis zu bezahlen, sehr viel geringer, da Kund:innen bereits wissen, was sie erwarten können und ein Grundvertrauen zum Unternehmen aufgebaut haben.[642]

Die ‚**Wallet Garden**'-Monetarisierungsstrategie und das Geschäft mit der Plattform. Plattformen, die sich als digitale Ökosysteme durchsetzen (beispielsweise Amazon), wenden diese Strategie gerne an. Vereinfacht ausgedrückt bedeutet *Wallet Garden*, dass der Lock-In Effekt stärker greift, je länger Nutzer:innen auf einer Plattform verweilen und gleichzeitig lassen sich dabei neue/weitere Monetarisierungsstrategien durchsetzen, die es der Plattform gestatten, Traffic in Profit umzuwandeln. Kund:innen fühlen sich dabei nicht ausgenutzt, sondern im Gegenteil, sie fühlen sich persönlich besser beraten, je besser sie eine Plattform kennen. Das liegt unter anderem daran, dass die Plattform ihre Bedürfnisse bespielen und Lösungen (auch für Probleme, die sie bis dato nicht kannten) möglichst einfach und unkompliziert zur Verfügung stellt. Die Grundlage der digitalen Geschäftsmodelle der Plattformen liegt vor allem in der Erfassung, Auswertung und Nutzung von Kundendaten. Je breiter das Netzwerk einer Plattform ausgebaut wird, desto mehr Daten lassen sich sammeln. Dieses volldigitalisierte Wertschöpfungsnetz ermöglicht es zusätzlich, die Geschäftsmodelle des Plattformbetreibers sowie die der eingebundenen Partner:innen optimal zu skalieren.[643]

Entfalten Sie Ihr Potenzial mit der Disruptive Innovation Task Force!

Während meiner Zeit bei Privé Technologies und DigitalMindWay kam mir die Idee zu einer revolutionären Methode, mit der disruptive Geschäftsmodelle, Produkte und Dienstleistungen in kürzester Zeit agil erarbeitet und/oder interessante Ideen schnell einem *„Stresstest"* unterzogen werden können. Im folgenden Jahr ist die Idee zu einem konkreten Konzept herangereift, das ich immer weiter aus-

641 Kollmann (2018)
642 Vgl. Kollmann (2018)
643 Vgl. Dapp (2016:28f.)

gearbeitet, getestet und verfeinert habe. Das Resultat ist die ‚*Disruptive Innovation Task Force*'.

Die *Disruptive Innovation Task Force* basiert auf agilen Managementprinzipien, modernen Innovationsinstrumenten sowie der Inhouse Business Intelligence von Unternehmen. Sie verfolgt das Ziel, bahnbrechende Innovationen zu entwickeln. Dafür führt sie eine vorsätzliche Provokation des ‚*Innovators Dilemma*' herbei. Die Task Force setzt sich aus zwei Teams zusammen, die in mehreren Sprints gegeneinander antreten und dabei jeweils unterschiedliche Rollen einnehmen: Das Green Team (Innovation & Impact) stellt eine schöpferische Kraft dar, während das Red Team (Disruption) eine zerstörerische Kraft darstellt. Am Ende des Prozesses entsteht so ein hochinnovatives Konzept, welches bereits in sich disruptiert wurde und so den Burggraben für Mitbewerber:innen vertieft. Unter der richtigen Anleitung eignet sich die Methode sowohl für den internen Einsatz — Sie wären überrascht, wieviel Kreativität und Innovationskraft in Ihren Mitarbeiter:innen stecken — als auch für den Miteinbezug einer externen Perspektive durch Expert:innen.

Wenn Sie mehr über die Möglichkeiten dieser einzigartigen Methode für Ihr Unternehmen erfahren möchten, dann besuchen Sie:
www.disruptive-innovation-task-force.de

10.2. Erfolgsfaktoren für digitale Geschäftsmodelle

Digitale Geschäftsmodelle benötigen eine klare Vision

Nach Angaben des *BMWi* liegen die drei größten Erfolgsfaktoren für neue digitale Geschäftsmodelle (i.) in der stärkeren Vernetzung mit Kund:innen und Partner:innen (72%), (ii.) im Anbieten von Lösungen und Systemen, anstatt von Produkten (66%) und (iii.) im Ausbau von Service-Leistungen mit Nutzen/Mehrwert für den Kunden. Dem zugrunde liegen immer eine gute Strategie und eine klare Vision.[644]

Von den Internetgiganten *GAFA* können wir lernen, dass erfolgreiche Geschäftsmodelle mit der Entwicklung einer klaren Vision für das Unternehmen beginnen. Jeff Bezos wollte mit *Amazon* das „*kundenorientierteste Unternehmen der Welt*“ werden. Steve Jobs' Vision für *Apple* glich einer Glaubensbekenntnis an Innovation, Design und Simplizität. Mark Zuckerberg wollte mit *Facebook* „*Menschen die Möglichkeit bieten, Gemeinschaften aufzubauen und die Welt näher zusammenzubringen*“. Larry Page und Sergey Brin hatten für *Google* die Doppelvision einerseits „alle Informationen der Welt organisieren, diese universell zugänglich und für jeden nützlich gestalten“ und andererseits „*die Websuche zu einer Cash-Fabrik (zu machen), die das Geld für die wirklich weltbewegenden Projekte liefert — die ‚Moonshots'* (...) (— und) *das Leben von Millionen Menschen verbessert, verlängert oder sogar rettet.*“[645]

Die BigTechs gehen sogar noch einen Schritt weiter. Aus der Mission und Vision werden Glaubensgrundsätze und Gebote formuliert, die die Unternehmen über

644 Vgl. BMWi (2017A:6)
645 Vgl. Dörner (2019)

geografische, kulturelle oder staatliche Grenzen stellen und die Grundlage der Verhaltenskonformität bilden. Bei Facebook liest sich dies beispielsweise wie folgt: „*Unser Ziel beim Aufbau von Facebook ist es, die Welt offener und transparenter zu machen, denn wir glauben, so zu mehr Verständnis und engeren Verbindungen unter den Menschen beitragen zu können.*"[646] Daraus ergeben sich die „*zehn Gebote*" des Unternehmens, beginnend mit dem ersten Gebot, der „*1. Freiheit des Teilens und Verbindens*". Auch bei Google sind es interessanterweise genau zehn Gebote, die Google auch explizit mit „*Woran wir glauben*" benennt: So will man bei Google z. B., dass Mitarbeiter:innen keine Anzüge tragen und dennoch seriös und gewissenhaft sind. Ein weiteres Gebot lautet, dass es bei Google darum gehen soll, niemandem mit seinen Aktivitäten zu schaden. Erst dann kommt das Geldverdienen. Ebenso formuliert Google den Glaubensgrundsatz, dass Demokratie im Internet funktionieren könne.[647]

Wie lautet Ihre Vision? Sie müssen keine Glaubensbekenntnis für Ihr Unternehmen formulieren. Sie sollten aber eine klare Vision haben, wohin es in Zukunft gehen sollte. Wenn Sie das nicht wissen, wie sollen es dann Ihre Mitarbeiter:innen oder Ihre Kund:innen? Ihre interne Vision einer mBanking-Plattform könnte beispielsweise abstrakt lauten: „*Wir möchten jeden Menschen dazu ermächtigen, die Gestaltung der eigenen Finanzen jederzeit und von überall selbst in die Hand zu nehmen*", oder „*wir möchten die nachhaltigste Digitalbank der Welt schaffen*". Sie könnte aber auch weit ausführlicher sein und ein Zukunftsszenario schaffen, etwa: „*Online und mobile Banking, Payment und Goal-based Wealth Planning sind perfekt verzahnt, Personalisierung ist einfach und intuitiv handzuhaben und bequem von überall aus zu erledigen. Im Mittelpunkt der Plattform stehen immer die Kund:innen und die Sicherheit ihrer Daten sowie ihrer Depots. Hinter den Kulissen ist die Plattform über API-Schnittstellen und Smart Contracts technologisch wie wirtschaftlich mit einer Vielzahl strategischer Partner:innen verbunden — darunter externe Finanzdienstleister:innen, Händler:innen und Versicherungen. Die Partner:innen stehen in permanenter Verbindung zur Plattform und liefern einen konstanten Datenstrom, der bei der Verfeinerung der Empfehlungs- und Beratungsalgorithmen hilft. Gleichzeitig stellen die Risk-Routinen permanent sicher, dass alle Regularien eingehalten werden und kein/e Kund:in jemals einem nicht zumutbaren Risiko ausgesetzt wird. Während der gesamten Zeit, in der Kund:innen eingeloggt sind — und mit Wearables und IoT ist das quasi permanent — steht eine digitale Kundenberatung in Form eines/einer virtuellen Assistent:in auf Abruf zur Verfügung. Sämtliche Anfragen und Aufträge können in Echtzeit online be- und verarbeitet werden*".

Mehrwert schaffen und vernetzt arbeiten

Banken müssen kundenzentriert handeln und können sich nur über einen von den Kund:innen als solchen anerkannten Mehrwert langfristig behaupten. Ein solcher Mehrwert kann nicht mehr von isolierten Unternehmen mit Silo-Denkweisen geliefert werden, sondern nur in offenen und stark vernetzten Ökosystemen, die Kund:innen auf jedem Kanal begegnen, auf dem sich diese bewegen.

646 Facebook (2018)
647 Vgl. Google (2018)

Dabei werden Kundenbedürfnisse vorausschauend bedient; idealerweise noch bevor Kund:innen wissen, dass sie diese Bedürfnisse hatten. Dieser Aufgabe werden allerdings nur die wenigsten Unternehmen alleine gerecht.

In einem offenen und stark vernetzten Ökosystem können Finanzunternehmen, die sich auf die Zusammenarbeit eingestellt haben und deren Strukturen und Prozesse auf die Anforderungen der digitalen Zeit abgestimmt wurden, am Wachstum der anderen teilhaben — und auch von neuen Technologien, Produkten und Dienstleistungen Dritter profitieren. Kooperationen zwischen etablierten Finanzunternehmen und jungen FinTechs oder anderen Finanzdienstleister:innen können für beide Seiten profitable WIN-WIN-Situationen schaffen. Während Finanzunternehmen von der Flexibilität, der Innovationskraft, dem digitalen Stand und dem Verständnis für die Kundenbedürfnisse profitieren, die FinTechs mitbringen, können diese wiederum über die Kundenstämme und Vertriebsnetze der bereits etablierten Unternehmen die eigenen Produkte und Dienstleistungen vertreiben und schneller am Markt skalieren.

Was also können Sie von jungen FinTech-Unternehmen und anderen Startups lernen? Startups — bzw. deren Gründer:innen und Teams — haben in der Regel ein ausgeprägtes *Digital Mindset*. Zudem erlauben ihre flexiblen Unternehmensstrukturen mit flachen Hierarchien, dass sich das Unternehmen sehr schnell und agil am Markt bewegen und sich gegebenenfalls neuen Marktbewegungen anpassen kann. Dabei bedienen sich erfolgreiche Startups in der Regel aller verfügbaren Kanäle zu ihren Kund:innen. Auch legen sie hohen Wert auf Customer Experience und das Design des Front-ends ihrer Kanäle — während der Mobile- und Webauftritt vieler Traditionshäusern noch Luft nach oben hat. Zu guter Letzt nutzen und kombinieren sie immer unterschiedliche technologische Möglichkeiten, um den Kund:innen so den höchstmöglichen Nutzwert zu bieten.

Das perfekte Geschäftsmodell gibt es nicht!

Solange wir das Geschäftsmodell als allumfassende und statische Lösung für unser gesamtes Unternehmen begreifen, werden wir nicht erfolgreich aus der Digitalen (R)Evolution hervorgehen — ich erinnere Sie an das *Innovators Dilemma*, nachdem das Festhalten an bisherigen Erfolgsfaktoren zum Scheitern führen kann. Das unbedingte Streben nach Perfektion ergibt im schnelllebigen 21. Jahrhundert schlichtweg keinen Sinn mehr. Es ist weder ökonomisch sinnvoll noch sinnstiftend für Mitarbeiter:innen. Stattdessen ist es ratsam, Geschäftsmodelle als kontext-bezogene Antwort auf kontext-bezogene Herausforderungen zu verstehen. Diese Betrachtungsweise macht ein regelmäßiges Hinterfragen des Status Quo und ein permanentes Quer- und Umdenken erforderlich.

Im Kern ist ein Geschäftsmodell eine Transaktion. Dieser Logik folgend hätte es Christian Hoffmeister, Geschäftsführer der *DCI Institute GmbH*, kaum passender ausdrücken können, als er erklärte, dass im digitalen Zeitalter jede Kleinsttransaktion eine Nische ansprechen und *„zu einem eigenständigen digitalen Geschäftsmodell mutieren“*[648] kann. Aus diesem Grund ist es wichtig, traditionelle Management- und Steuerungsmethoden der Change- und Strategieprozesse zu

648 Hoffmeister (2015)

überdenken und anzupassen. Die besonders in Banken gerne gelebte Helikoptersicht kann sich bei der Entwicklung digitaler Geschäftsmodelle schnell als Nachteil erweisen, denn hier sind vor allem Kenntnisse zu Details und technischen Fragen relevant. Ein Topmanagement, das zugrunde liegende Technologien nicht einmal im Ansatz versteht, sollte sich das Wissen hierzu entweder schnellstmöglich aneignen oder sich wenigstens von den IT- und Technologie-Abteilungen die Zusammenhänge erklären lassen, anstatt sich bei der Entwicklung neuer Geschäftsmodelle blind auf externe Beratung oder medienwirksame Hypes zu vertrauen.[649]

> *„Digitale Modelle funktionieren nicht durch eine 1:1-Übertragung vorhandener Geschäftsprozesse und -modelle. Die Prinzipien, wie Werte geschaffen und erfasst werden, unterscheiden sich bei digitalen Modellen erheblich von denen traditioneller und herkömmlicher Geschäftsmodelle. (...) Das liegt zum einen daran, dass ganz andere Technologien eingesetzt werden, zum anderen aber auch daran, dass die Durchführung von Transaktionen bei digitalen Modellen ganz anders funktionieren als bei den nicht digitalen Business Modellen.“*[650]
>
> —Christian Hoffmeister, Geschäftsführer *DCI Institute GmbH*

Vertrauen Sie auf die eigenen Stärken und Ressourcen

Bevor Sie sich die Frage stellen sollten, welche digitalen Geschäftsmodelle für Sie infrage kommen, und bevor Sie beginnen, die Geschäftsmodelle erfolgreicher FinTechs blind zu kopieren, kann es durchaus sinnvoll sein, sich zunächst Ihre eigene Ausgangsposition bewusst machen. Um erfolgreiche Geschäftsmodelle zu entwickeln, ist es daher ratsam, neben der ‚*customer-based view*‘, also der Nachfrageseite, auch die ‚*resource-based view*‘, die Angebotsseite, in Betracht zu ziehen. Um die bereits bestehenden geistigen Ressourcen — die Mitarbeiter:innen, Patente und etc. — möglichst optimal mit einzubeziehen, gilt es auch die ‚*knowledge-based view*‘ in Betracht zu ziehen. Grundsätzlich ist es ratsam, die eigenen Kernkompetenzen anzustreben: *„Das sind Kompetenzen, die knapp und selten sowie nachhaltig zu verteidigen sind, die kaum kopiert werden können und mit denen eine Bank sich gegenüber dem Wettbewerb nachhaltig durchsetzen und Märkte erschließen kann“*, erklärt Prof. Dr. Dr. h.c. Clemens Renker.[651]

Bedenken Sie auch etablierte Kundenstämme! Diese Bestandskund:innen gilt es vor allem im Rahmen digitaler Umstrukturierungen nicht zu verlieren — es sei denn, die Umstrukturierung verspricht einen massiven Zuwachs an Neukund:innen. Anders als FinTechs müssen Sie Kund:innen also nicht erst gewinnen. Und gleichzeitig müssen Sie sich das Vertrauen Ihrer Kund:innen weiterhin verdienen bzw. bewahren. Wie Sascha Herrmann und Uwe Heinke von der Hamburger Unternehmensberatung *PPI AG* treffend formulieren: *„Der Mehrwert der klassischen Finanzinstitute ist heute noch das große Vertrauen in die Sicherheit im Umgang mit den persönlichen Daten. Diesen Vorteil sollte man gegenüber den nicht regulierten Unternehmen nutzen und die Kund:innen intensiv in die erweiterten Nut-*

649 Vgl. Hoffmeister (2015)
650 Hoffmeister (2015)
651 Vgl. inkl. Zitat Renker (2018:31)

zungsmöglichkeiten einbinden."[652] Diese Kund:innen haben Ihnen ihr Vertrauen geschenkt. Dieses mit Digiwashing-Maßnahmen zu verspielen, ist genauso töricht wie es mit geschäftiger Inaktivität zu strafen.

Zeitgemäße Erfolgsindikatoren bieten eine neue Perspektive

Verfügen Sie über die erforderlichen Kriterien, um den Fortschritt Ihrer Strategie zur digitalen Implementierung zu messen? Finanzunternehmen verfügen in der Regel über zahlreiche Messverfahren und Bewertungsmodelle, um ihre Leistungsindikatoren (engl.: *key performance indicators*, KPI) zu verfolgen und einen Jahresvergleich zu ermöglichen. Im Vergleich dazu scheint es sich bei KPI zum digitalen Engagement der Kund:innen um einen blinden Fleck zu handeln. Weder wird das digitale Engagement sinnvoll verfolgt, noch aktiv verbessert.

Das FinTech *Moneythor* hat die häufigsten digitalen Kennzahlen von Finanzunternehmen analysiert. Laut Moneythor CEO Olivier Berthier sind die vier häufigsten Metriken zum messen digitaler Engagement-Strategien:[653]

1. Der prozentuale Anteil des digitalen Kundenstamms (67%)

2. Der Prozentsatz der Zunahme des digitalen Kundenstamms (63%)

3. Das Volumen der digitalen Transaktionen (48%)

4. Der Prozentsatz der Zunahme des Volumens der digitalen Transaktionen (48%)

Allerdings bieten diese wenig originellen Indikatoren nur vage Aussagen über die echte Nutzung von Apps und Websites und reichen nicht aus, um Finanzunternehmen ein tiefes Verständnis der Kundenzufriedenheit über die digitalen Kanäle zu vermitteln. Dieses Ergebnis, so Berthier, lässt darauf schließen, „*dass die Mehrheit der Banken ihre Fortschritte bei der digitalen Einführung hauptsächlich anhand von sogenannten ‚Eitelkeitsindikatoren' wie der Anzahl der Kunden, die ihre digitalen Plattformen nutzen, und der Anzahl der Transaktionen, die über die Plattformen laufen, melden*".[654]

KPI wie die Anzahl der aktiven User betrachtet Berthier insofern als *Eitelkeitsindikatoren*, als dass sie keinen großen Mehrwert für das Endergebnis eines Finanzdienstleisters darstellen: Selbst die Kanäle einer Vermögensverwaltung mit einer hohen Anzahl von aktiven digitalen Nutzer:innen pro Monat könnten möglicherweise immer noch unwirksam sein. Möglicherweise lässt die hohe Nutzung sogar darauf schließen, dass einige Funktionen oder Features (zu Deutsch: Merkmale) unnötig aufwendig sind. Welche Funktionen und Features jedoch als attraktiv, und welche als unattraktiv zu bewerten sind, darüber geben die gängigen KPI keine Auskunft.[655]

Unter diesem Aspekt betrachtet empfiehlt Berthier Finanzdienstleister:innen, sich nicht ausschließlich auf beschreibende Analysen zu verlassen, sondern vielmehr in Echtzeit Momentaufnahmen davon sammeln sollten, wie stark die Nutzer:in-

652 Herrmann & Heinke (2018:196)
653 Vgl. Berthier (2018)
654 Vgl. inkl. Zitat: Berthier (2018)
655 Vgl. Berthier (2018)

nen an den digitalen Plattformen interessiert sind und welche Aktivitäten der Nutzer:innen auf diesen Plattformen stattfinden. Nur so lassen sich aussagekräftige Schlüsse ziehen, ob Ihre digitalen Plattformen so wirkungsvoll und aussagekräftig sind, dass die Kund:innen an ihnen festhalten.[656]

Mit steigendem Wettbewerb im Markt, müssen Finanzunternehmen bedenken, dass sie neben der Digitalisierung und Automatisierung ihrer operativen Prozesse auch einen Maßnahmenplan zur Verfolgung und Berichterstattung über den aus ihren digitalen Investitionen generierten Wert haben sollten. Mit den richtigen Maßnahmen zur digitalen Einbindung (Digital Engagement) werden sie einen besseren ganzheitlichen Überblick über die Leistungsfähigkeit ihrer digitalen Plattformen haben und somit in der Lage sein, ihre digitalen Prozesse zu verbessern, um im digitalen Zeitalter wettbewerbsfähig und anpassungsfähig zu bleiben.

Finanzunternehmen brauchen neue Indikatoren für die Erfolgsmessung! Nach Prof. Dr. Dr. h.c. Clemens Renker sind die vier (bisherigen) Top-Treiber, welche Finanzunternehmen teils schon seit den 1980er-Jahren messen, um ihre Performance zu bewerten: *Value Delivery, Value Extraction, Supply Chain Configuration* und *Corporate Culture*.[657]

1. **Product-/Market-Concepts for Value Delivery to the Customer** beschreibt die Produkt-/Marktkombinationen, die durch überlegenen Nettonutzen (Value Proposition) einen Vorteil gegenüber dem Wettbewerb (Leistung-/Effektivitätsvorteil) darstellen und von der relevanten Zielgruppe (Relationshipment) wahrgenommen bzw. über die richtigen Vertriebswege (Sales Channels) an diese geliefert wird. Die Frage nach der Performance lautet hier: „*Wie generieren, stabilisieren und expandieren wir die Nachfrage?*“.

2. **Value Extraction for Revenue Streams** setzt sich mit Preis- und Konditionssystemen auseinander, welche benötigt werden, um die Zahlungsfähigkeit und -bereitschaft der Kund:innen so zu sichern, dass Erlösströme nachhaltig und risikoadjustiert generiert werden können. Fragen Sie sich: „*Welche Gegenwerte eruieren, extrahieren und extensivieren wir für unsere Leistungen?*“.

3. **Supply Chain Configuration** bezieht sich auf die Effektivität der Strukturen, Ressourcen und Kernaktivitäten innerhalb welcher Wertschöpfungsprozesse möglichst wirtschaftlicher, effizienter (und kostengünstiger) erbracht werden können, als es der Wettbewerb vermag (Kosten- / Effizienzvorteil). Die Kernfrage lautet: „*Produzieren, kooperieren und distributieren wir wirtschaftlich*?“.

4. **Corporate Culture** beschreibt das Führungs- und Mitarbeiterverhalten, welches sich aus einem sichtbaren Kernkompetenz-Vorteil einer Unternehmenskultur generiert und nur schwer zu kopieren ist. Die Frage lautet in diesem Fall: „*Wie gestalten, pflegen und beleben wir den Unternehmensgeist?*“.

Um den Erfolg digitaler Geschäftsmodelle zu bemessen, benötigen Finanzunternehmen auch Erfolgskennzahlen, die diese beschreiben können. Nicht nur die IT-Systeme, Produkte, Prozesse und Mitarbeiter:innen durchlaufen die Digitale

---

656 Vgl. Berthier (2018)
657 Vgl. inkl. Zitat Renker (2018:21)

Transformation, sondern auch das Controlling und Management. Für die Leistungsbeurteilung neuer digitaler Geschäftsmodelle bedeutet dies, dass Finanzunternehmen ein mehrdimensionales Steuersystem benötigen, das analoge und digitale KPIs sowohl qualitativ als auch quantitativ analysiert. Einerseits werden nach wie vor die Ist-Werte nach alten Finanzkennzahlen erhoben und ausgewertet, doch im digitalen Zeitalter erfolgt dies nicht mehr periodisch oder ad-hoc, sondern vielmehr permanent. Andererseits wird es immer wichtiger, auch die Stimmung am Mark, bzw. die Stimmung der Kund:innen, mit einzubeziehen und den Ist-Wert dem Soll-Wert gegenüberzustellen. Hierzu reichen finanzielle ‚*Hard Facts*' nicht aus, sondern vielmehr brauchen Finanzunternehmen zusätzliche ‚*Soft Facts*' sowie neue, digitale KPIs. Zu den digitalen KPIs gehören im ersten Schritt beispielsweise *Reichweite, Traffic, Klicks*, und *Konversion*. Doch ein gutes digitales Performance Monitoring umfasst noch viel mehr.[658]

Das **Digitalcockpit** ist eine hervorragende Möglichkeit, die verfügbaren Ressourcen, die Community, die Partner:innen und das Portfolio im Blick zu behalten. Im Mittelpunkt stehen dabei die Strategie, Ziele und Kennzahlen, die zum Unternehmenserfolg führen bzw. diesen bestimmen. Die Autoren Schönbohm und Egle (2017) bieten eine übersichtliche Zusammenfassung der wichtigsten Kennzahlen für das Digitalcockpit, die ich in der folgenden Abbildung für Sie zusammenfasse.[659]

ABB. 10.1: DIE WICHTIGSTEN KPI FÜR DAS DIGITALCOCKPIT

Community	Partner	Portfolio	Ressourcen
Reichweite (Unique Users/Visitors)	Mitarbeiterfluktuation	Umsatz- vs. Marktwachstum	Anteil Digitalumsatz
Anteil Top-Nutzer	Mitarbeiterzufriedenheit	Marktanteil/Marktposition	Digital EBITDA
Traffic (Visits, PageImpressions)	Durchschnittsalter	Wachstum	EBITDA-Rendite in %
Time on site	Digitale FTE	Digitalumsatz proforma in%	ROI/Payback auf Investitionen
Bounce rate	Ideenvorschläge pro Mitarbeiter*in	Firmenwert in % des EK	Liquidität
Interaktivität (Likes, Viralität)	Bewerbungsquote bei Business Model	Abschreibungen auf Firmenwert	IT-Kosten in % vom Umsatz
Search Engine Performance (Anteil Suchmaschinen-Traffic, Sichtbarkeit)	Wettbewerben	Anteil Digitalumsatz	Abschreibungen in % des Umsatzes/der Investitionen (analog/digital)
Sentiment-Analyse	Projektkosten	Anteil Digital EBITDA	∅ EBITDA-Multiple bei Akquisitionen
Net Promotor Score	Meilensteine	Anteil Online-Werbeumsatz	Aktienkurs
Backlinks	Earn-out Ratio	% der Akquisitionen, die Umsatzziele nach drei Jahren erreichen	Immaterialisierungsquote
Conversion Rate	Weiterbildungstage pro Mitarbeiter*in	Mittelzufluss durch den Verkauf von (analogen/digitalen) Beteiligungen	Transaktionskosten (M&A induziert)
Cost per Click (CPC)	Digital Employer Ranking	Gewinne/Verluste durch den Verkauf von digitalen Beteiligungen	
Customer Lifetime Value	Anzahl von Beteiligungen		
Churn-rate	Anzahl und Höhe von Rechtsstreitigkeiten mit digitalen Partnern und Zulieferern		
Kundenzufriedenheit			
Neukundengewinnung			
Kundenanzahl			
Umsatz/Kunde			
Digitale Abonnements			
Abo-Kündigungen			
App Downloads			

Quelle: eigene Darstellung, in Anlehnung an Schönbohm und Egle (2017:229)

658 Vgl. Schönbohm und Egle (2017:214-226)
659 Vgl. Schönbohm und Egle (2017:227ff.)

Starten Sie mit einem Minimum Viable Product (MVP)

Think big, start lean: Weniger ist manchmal mehr. Das gilt auch für die Entwicklung und Umsetzung neuer digitaler Geschäftsmodelle. Im digitalen Zeitalter müssen Produkte und Dienstleistungen nicht von Anfang an mit allen Funktionalitäten ausgestattet oder bereits perfekt durchdacht sein. Genau genommen dürfen Sie dies gar nicht. Denn was Kund:innen brauchen, wünschen, oder akzeptieren ist häufig etwas anderes als das was wir uns vorstellen. Beginnen Sie digitale Geschäftsmodelle und Projekte deshalb zunächst klein. Anschließend können sie im Rahmen eines iterativen Prozesses aufgebaut, weiterentwickelt, angepasst und skaliert werden. Konzentrieren Sie sich auf das Wesentliche.

> *„Ein MVP wird auch Skeleton-MVP genannt, da es als Minimalversion des Produktes quasi dessen Skelett abbildet. Ein MVP besteht immer nur aus den unersetzbaren und einzigartigen Kernfunktionen der Produktidee, um ein möglichst kostengünstiges, aber auch funktionsfähiges, neues Produkt zu erhalten."*[660] *—Ole Peterson, CFO VIPERdev.*

Das ‚*Minimum Viable Product*' (MVP) beschreibt die Eigenschaften und Komponenten, welche ein Geschäftsmodell, ein Produkt oder eine Dienstleistung mindestens aufbringen müssen, um als marktfähig zu gelten. Für einen neuen Blog könnte das beispielsweise zunächst ein einziger Post sein, oder sogar eine externe Blog-Plattfrom wie *Medium*; für eine neue Marke eine einzige Landingpage. Die Blogstruktur (das Archiv), die Autor:innen-Profile, die Philosophie, die Kommentarfunktion, der Log-in Bereich, und was ein Blog sonst noch alles mit sich bringt zählen nicht zwingend zum MVP. Als das erste iPhone herauskam, war es nicht fehlerfrei. Im Gegenteil war es technisch betrachtet sogar voll von Fehlern und Mängeln. Das hat die Kund:innen aber nicht im Geringsten gestört, denn das iPhone war eine Weltneuheit und auch fehlerbelastet war es immer noch attraktiver als die meisten Konkurrenzprodukte. Dasselbe gilt auch für mobile Anwendungen. So gut wie jede App, die jemals vorgestellt wurde, hatte zunächst Fehler. Updates sind im Nachhinein jederzeit möglich; vorausgesetzt natürlich sie verärgern Ihre Kund:innen nicht täglich damit.

Fragen Sie sich also: Was sind die Mindestanforderungen, die mein neues Produkt, meine neue Dienstleistung oder mein neuer Webauftritt leisten muss, damit ich damit in den Markt gehen kann? Und wie hoch sind die Opportunitätskosten, die mich möglicherweise unnötige Anpassungen und Spielereien kosten? Wie viele Monate kann ich mit meiner neuen Unternehmung nicht draußen im Markt sein? Der Markt wird ihnen das nötige Feedback geben. Vertrauen Sie auf Ihre Fähigkeit, die richtige Balance aus *„absolut nötig"* und *„gut genug"* zu finden. Eine Anpassung im Nachhinein ist immer möglich. Denn wenn später keine Veränderungen mehr möglich sind, dann war es kein MVP. Beweisen Sie Mut und Commitment zur Umsetzung.

Ob ein Geschäftsmodell funktioniert, steht und fällt mit dem Commitment dieses sinnvoll zu entwickeln und konsequent umzusetzen. Der englische Begriff ‚*Commitment*' lässt sich wortwörtlich mit *Bindung, Engagement, Hingabe* oder *Ver-*

660 Peterson (2020)

pflichtung übersetzen. Doch Commitment drückt viel mehr aus. Commitment zu einem Unternehmen oder Vorhaben zu haben bedeutet eine freiwillige Bindung bzw. Verpflichtung einzugehen. Diesem Commitment nicht zu folgen kommt somit m. E. in den meisten Fällen einem Selbstbetrug gleich. Auch, bzw. gerade wenn, das Commitment aufgrund von Druck von außen oder oben zurückgenommen wird.

Einige Finanzinstitute haben auf spektakuläre Weise dargestellt, wie ein Mangel an Commitment in den Führungsriegen über Jahre hinweg vielversprechende Ansätze unterbunden oder gar wieder eingestampft hat. Es ist nicht unwahrscheinlich, dass manch ein Geschäftsmodell — etwa das *Deutsche Bank*-Projekt „*Bank24*" das zuvor bereits Projekt „*Moneyshelf*" ablöste — heute den Weltmarkt dominieren würde, hätte man es nicht voreilig eingestampft. Nicht wesentlich anders werden kommende Generationen die Entscheidungen bewerten, das Projekt „*Digital Bank*" aufzugeben bevor es je am Markt war, oder *Yunar* im August 2020 nach nur zwei Jahren einzustampfen; trotz 360.000 Nutzer:innen.[661]

Commitment und Flexibilität lohnen sich also. Das lehrt auch der *digitale Darwinismus*: ‚*Survival of the fittest*' — Anpassen erhöht die Überlebenschancen. Mit dieser simplen, aber genialen Idee revolutionierte Charles Darwin das Verständnis der Evolution und beschrieb gleichzeitig das Gesetz für den Überlebenskampf (Vgl. Kapitel 10.1). Was in der Natur gilt, gilt auch in der Wirtschaft. Die Zeiten ändern sich rasant, technische Entwicklungen und Innovationen verändern Produktionsweisen und Wertschöpfungsketten. Vor allem der Digitale Wandel drückt dem Markt seinen Stempel auf. Unternehmen müssen sich an die neuen Spielregeln anpassen, wenn sie auch in Zukunft relevant bleiben wollen. Andernfalls folgt für sie eine Ära der digitalen Eiszeit, welche zum unvermeidlichen Aussterben dieser digitalen Dinosaurier führen wird.

10.3. Umsetzung und Implementierung des digitalen Geschäftsmodells

Organisatorische Ansätze für die Umsetzung digitaler Initiativen

Eine Operation am lebenden Objekt ist bei Ihrem Unternehmen undenkbar? Die Strategieberatungsagentur Roland Berger schlägt hierzu drei Modelle für die erfolgreiche Umsetzung digitaler Initiativen vor:[662]

1. **Aufbau digitales Kompetenzlabor/Inkubator:** Das (separate) digitale Kompetenzlabor zielt auf die inkrementelle Transformation des Geschäftsmodells und die Entwicklung digitaler Ideen ab. Nach erfolgreicher Entwicklung erfolgt ein „*Roll-out*" in die Linienorganisation. Dieses Modell zeichnet sich durch geringe Investitionskosten sowie die hohe Implementierungsgeschwindigkeit bei der schnellen Erzielung erster Ergebnisse aus.

661 Vgl. IT Finanzmagazin (2020), Manager Magazin (2018), Welp (2020) & Yunar (2020)
662 Vgl. Strietzel et al. (2018:25), Roland Berger (2015) & Roland Berger (2016)

2. **Digitaler Klon der Organisation:** Für den digitalen Klon wird das gesamte analoge Geschäftsmodell digital kopiert. Der Fokus liegt auf der freien Entwicklung und dem Wissenstransfer. Dieses Modell hat eine sehr niedrige Implementierungsgeschwindigkeit und setzt hohe Investitionskosten voraus. Gleichzeitig ist der Wissenstransfer langfristig und die potenziellen Effekte sind außerordentlich hoch.

3. **Organisation als digitales Testlabor:** Bei der Aufstellung als digitales Testlabor werden digitale Innovationen als Pilotprojekte in bestehenden oder auch neuen Geschäftsfeldern entwickelt, getestet und (sofern erfolgsversprechend) implementiert. Die Dauer der Implementierung dieses Modells liegt zwischen Modell I und II. Durch die Aufteilung verschiedener Prozesse in Pilotprojekte wird das Gesamtrisiko gesenkt. Das Risiko, inkrementelle Lösungen zu entwickeln, die sich nicht im großen Stil umsetzen lassen, ist bei diesem Modell jedoch am höchsten.

Ein weiterer Ansatz, um Ihr Finanzunternehmen erfolgreich durch die dritte Phase der Digitalisierung (die End-to-End Digitalisierung) zu führen, ist die sogenannte *Two-Speed-IT*. Hier wird *„neben dem vorherrschenden System ein neues System aufgebaut"*. Dies ermöglicht es Ihnen einerseits, etablierte Strukturen zu behalten, und andererseits, *„flexibel auf die Anforderungen aus dem Markt (zu) reagieren"*. Während planbare Projekte weiterhin durch die Altsysteme umgesetzt werden, können innovative Produkte und/oder Dienstleistungen im agilen System entwickelt, umgesetzt, getestet und validiert werden.[663]

Roadmap zur Umsetzung der Digitalen Business Model Transformation

Die Geschäftsmodell-Innovation beschreibt den Prozess, der nötig ist, um neue Geschäftsmodelle zu entwickeln. Damit diese auch digital umgesetzt werden können, bedarf es allerdings der Digitalen Transformation. Die Autoren Daniel Schallmo und Andreas Rusnjak haben eine *‚Roadmap zur Digitalen Transformation von (bestehenden) Geschäftsmodellen'* entwickelt, die fünf Phasen beinhaltet: *1. digitale Realität, 2. digitale Ambition, 3. digitale Potenziale, 4. digitaler Fit* und *5. digitale Implementierung*.[664]

---

663 Vgl. inkl. Zitat Herrmann & Heinke (2018:2016)
664 Vgl. inkl der folgenden fünf Phasen Schallmo & Rusnjak (2017:11f.)

ABB. 10.2: ROADMAP FÜR DIE DIGITALE BUSINESS MODEL TRANSFORMATION

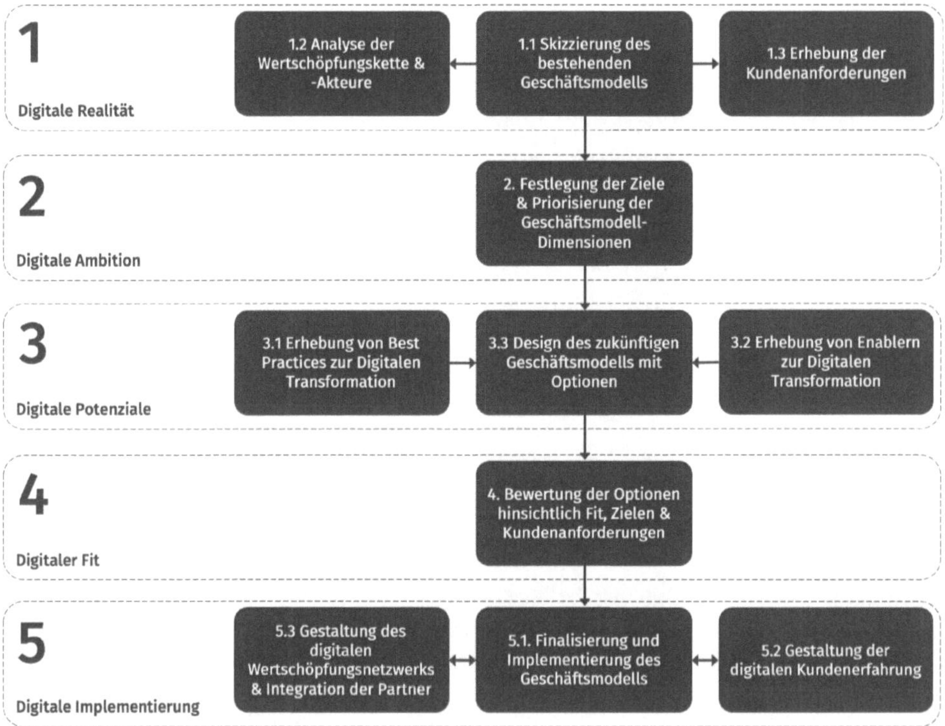

Quelle: eigene Darstellung in Anlehnung an Shallmo & Rusnjak (2017:13)

1. **Die digitale Realität:** In der ersten Phase der Digitalen Transformation von Geschäftsmodellen wird das bestehende Geschäftsmodell zunächst skizziert und die Wertschöpfungskette — inklusive aller Akteur:innen — sowie die Kundenanforderungen/-bedürfnisse analysiert.
2. **Die digitale Ambition:** In Phase zwei werden, aufbauend aus den Erkenntnissen der ersten Phase, Ziele für die Digitale Transformation festgelegt. Diese beziehen unter anderem den zeitlichen Horizont, das Budget, den Ort/Raum und die gewünschte Qualität mit ein.
3. **Die digitalen Potenziale:** Innerhalb der dritten Phase werden *Enabler* (zu Deutsch: *Befähiger / Wegbereiter / Kerninstrumente*) und Best Practices identifiziert, die mit in das Design des neuen Geschäftsmodells einspielen sollen. Einige Enabler finden Sie nachfolgend im *Digitalradar* (Abb. 10.3).
4. **Der digitale Fit:** In Phase vier werden die Optionen bewertet, die für die Entwicklung und Ausgestaltung des neuen Geschäftsmodells verfügbar sind. Wichtig ist hier, den Fit zum bestehenden Geschäftsmodell, die Bedürfnisse der Kund:innen und die gesteckten Ziele mit einzubeziehen.
5. **Die digitale Implementierung:** In dieser Phase wird das digitale Geschäftsmodell fingiert und implementiert. Zudem werden die digitalen Kundenerfahrungen und das digitale Wertschöpfungsnetzwerk sowie die Integration der Partner:innen umgesetzt.

Das **Digitalradar** nach Schallmo und Rusnjak (in Anlehnung an Bouée und Schaible, 2015:19f.) unterstützt Unternehmen dabei, *Enabler* und *Anwendungen/Leistungen* zu identifizieren und an den entsprechenden Stellen zu ergänzen. Indem Enabler zur Digitalen Transformation erhoben werden, wird es für Banken möglich, *„das Geschäftsmodell, die digitale Kundenerfahrung und das digitale Wertschöpfungsnetz zu gestalten bzw. festzulegen, welche Enabler im Rahmen des Wertschöpfungsnetzwerks zum Einsatz kommen"*[665].

Das Digitalradar gliedert Enabler nach den Bereichen Digitale Daten, Automatisierung, Digitaler Kundenzugang und der Vernetzung. Nachfolgend habe ich ein auf den Finanzbereich justiertes Digitalradar für Sie zusammengestellt, das Ihnen zur Orientierung bei der Entwicklung eines eigenen Digitalradars dienen kann.

ABB. 10.3 DAS DIGITALRADAR FÜR FINANZUNTERNEHMEN

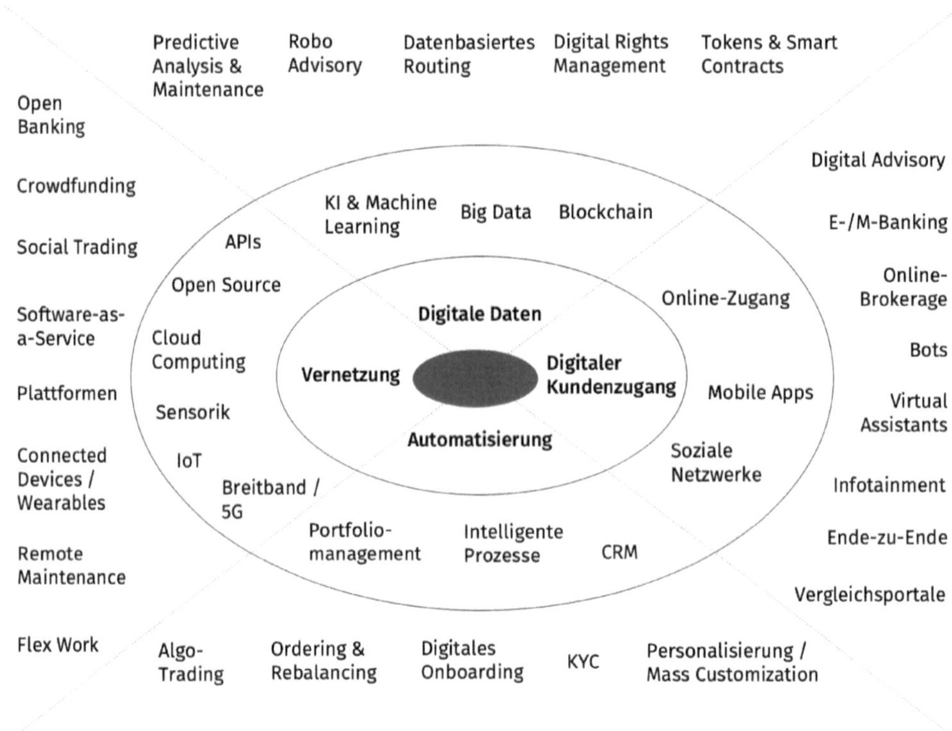

Quelle: eigene Darstellung in Anlehnung an Schallmo & Rusnjak (2017:20)

665 Bouée & Schaible (2015:19f.) in Schallmo & Rusnjak (2017:20)

Die sechs goldenen Regeln der Digitalisierung

Die Umsetzung der Digitalen Transformation ist ein komplexes, aber realisierbares, Unterfangen. Daher sollten Sie sich stets die sechs folgenden Regeln der Digitalisierung vor Augen führen:

1. **Digitalisierung ist individuell und phasenabhängig.** Den allgemeingültigen Bauplan für Digitalisierungsprojekte gibt es nicht. Jedes Finanzinstitut ist anders aufgebaut, hat ein anderes Umfeld und andere Kund:innen. Noch viel wichtiger allerdings ist, dass sich jedes Finanzinstitut — dies gilt sogar für einzelne Filialen und Abteilungen — in einer anderen Phase der Digitalisierung befindet. Es ist daher unabdingbar, den eigenen Fortschritt in den fünf Phasen der Digitalisierung zu erkennen und zu verstehen.

2. **Digitalisierung gelingt am Besten in kleinen agilen Schritten.** Bei der Digitalen Transformation handelt es sich nicht um ein ‚*Mammutprojekt*', sondern um die stufenweise Planung, Umsetzung und Steuerung vieler Kleinstprojekte und Sprints. Erfolgreiche Digitalisierungsprojekte setzen nicht nur ordentliches Projekt- und Prozessmanagement voraus, sondern auch die Fähigkeit, agil und flexibel auf Veränderungen und unvorhergesehene Situationen zu reagieren.

3. **Digitalisierung ist kein Einzelunterfangen, sondern erfolgt idealerweise in Zusammenarbeit.** Um als Finanzinstitut weiterhin zukunftsfähig zu bleiben, gilt es, von Startups, FinTechs und Mitbewerbern zu lernen: Coopetition leben statt sich aus Angst vor Disruption zu isolieren. Wie so oft gilt hier: Kollaboration ist der beste Schutz.

4. **Digitalisierung ohne Ambition und Intention ist Digiwashing.** Ohne entsprechendes Commitment und ohne die notwendigen Ressourcen ist es sehr wahrscheinlich, dass lediglich der nächste Berliner Flughafen oder die nächste EZB gebaut wird: Es werden viele Baustellen aufgemacht, ein realistischer Plan, wie diese angegangen und abgeschlossen werden können, fehlt jedoch. Und wenn das Projekt nach Jahrzehnten dann umgesetzt wurde stellt man fest, dass das Ergebnis den Anforderungen nicht gerecht wird, da es (am Beispiel der EZB) weder genug Platz für die Mitarbeitenden bietet (Mitarbeiterbedürfnisse), noch den aktuellen Energievorgaben gerecht wird (Regularien).

5. **Digitalisierung muss von der Zielgruppe her gedacht und auf diese ausgerichtet sein.** Ist dem nicht der Fall, läuft Ihr Unternehmen Gefahr, Prozesse, Produkte und Dienstleistungen an Ihrer Zielgruppe vorbeizuentwickeln. Das bedeutet allerdings nicht zwingend, dass sie sich dabei auf die bestehenden Kund:innen von heute konzentrieren müssen; Sie können sich auch auf die Kund:innen von morgen fokussieren (Stichwort: *Innovator's Dilemma*).

6. **Digitalisierung muss hierarchieübergreifend und unter Einbezug aller Organisationen geplant und umgesetzt werden.** Der klassische *Top-down*-Führungsstil funktioniert hier nicht. Stattdessen sollten alle Mitarbeiter:innen und Entscheidungsträger:innen, die im dem Alltag von den Veränderungen betroffen sind, von Beginn an mit eingebunden werden

SCHLUSSWORT

Gestatten Sie mir, diese Publikation mit einem Plädoyer an Ihren Mut, die richtigen Digitalisierungsentscheidungen zu treffen.

Zeit ist ein faszinierendes Konzept. Zeit läuft beständig und unaufhaltsam, obgleich sie manchmal anzuhalten scheint und manchmal schneller fortschreitet als uns lieb ist. Zeit kann gestohlen, aber nicht nachgeholt werden. Sie kann geteilt, aber nicht multipliziert werden. Ihren Verlauf können wir nicht wirklich spüren. Wir können lediglich ihre Auswirkungen auf uns und unser Umfeld wahrnehmen. Und doch können wir Zeit vermeintlich messen.

Auch heute huldigen wir noch bewusst oder unbewusst Chronos, dem griechischen Zeitgott: Wir sind geradezu obsessiv auf die Zeit fixiert. Wir richten unsere Arbeit, unseren Alltag, unsere Beziehungen, und unser gesamtes Leben nach der Zeit. Wir führen To-Do-Listen und betreiben *„Deadline-Management"*. Den Wert der Zeit verstehen wir deshalb nicht. Ganz im Gegenteil, verschwenden viele von uns Tag für Tag kostbare Lebenszeit mit sinnlosen Aufgaben und Tätigkeiten. Woran liegt das?

Chronos symbolisiert den chronologischen Zeitverlauf. In der griechischen Mythologie gilt Chronos als die Personifizierung von Zeit und steht als Sinnbild für den Ablauf der Zeit, sowie unserer Lebenszeit. Der nach Chronos benannte Chronograph ermöglicht es uns, den Verlauf der Zeit messen und nach Uhrzeit und Kalendertagen zu kategorisieren. Mit diesem Wissen können wir unseren Alltag organisieren und sekundengenau takten. Für die Zeitplanung von Prozessen und Projekten ist dies unabdingbar. Doch das Wissen um die Quantität der Zeit hat leider keinerlei Aussagekraft über das richtige Timing. Schlimmer noch, es verleitet fälschlicherweise zu den Annahmen, dass die Zukunft vorausschauend geplant werden könnte, oder dass gute Planung automatisch zu einer erfolgreichen Umsetzung führt. Dem ist nicht so: Auch die modernsten Predictive KI-Anwendungen basieren ihre Algorithmen zur Mustererkennung auf historischen Daten und sind machtlos gegen Zufälle oder neuartige Situationen.

Schon die alten Griechen wussten, dass Zeit verschiedene Qualitäten hat. Neben der quantitativen Zeit spielt insbesondere die Qualität der Zeit eine entscheidende Rolle in unserem Leben. Aus diesem Grund huldigten einige Menschen in griechischen Mythologie neben dem Zeitgott Chronos auch den in seinem Schatten stehenden Verwandten, Kairos (griechisch Καιρός). Kairos gilt als der Gott des günstigsten und höchst flüchtigen Augenblicks, als die göttliche Gelegenheit, die es zu ergreifen gilt. Kairos bietet Ihnen eine Chance, die es zu ergreifen gilt, ehe sie vorbeigezogen ist.

Nur wenige Gottheiten haben einen so großen Einfluss auf unser Leben und sind zugleich so unbekannt wie der launische Kairos. Von ihm können wir viel über Timing, Achtsamkeit und Aufgeschlossenheit lernen. Der Legende nach ist Kairos eine äußerst skurrile Erscheinung: Mit geflügelten Fersen bewegt er sich unablässig und steht niemals still. Auf den Zehenspitzen huscht er rasch an nichtsahnenden vorüber, und balanciert dabei eine Balkenwaage auf einem Messer. Damit sticht Kairos aus dem Fluss der Zeit (Chronos) heraus und erinnert uns daran, dass wir *„auf Messers Schneide"* stehen.

Auf Kairos' Haupt befindet sich eine Schulterlange goldene Locke, während sein Hinterkopf glatt und kahl ist. Wir können die Gelegenheit am Schopfe packen; oder sie verpassen. Niemand weiß vorab, wann, wo oder wie Kairos erscheinen wird, denn er bewegt sich schnell und unvorhersehbar wie der Wind. Kairos lehrt uns, dass Chancen immer im aktuellen Moment liegen. Nicht in der Vergangenheit und womöglich auch nicht in der Zukunft. Umso wichtiger ist es daher, dass wir immer vorbereitet sein sollten, die Gelegenheit 'am Schopfe' zu packen wenn sie sich uns bietet. Ist Kairos erst vorbeigezogen, so ist auch die Gelegenheit verflogen; unsere Finger finden keinen Halt an Kairos' kahlem Hinterkopf.

Chronos macht uns blind, taub und stumm für die Gegenwart. In der Psychologie bezeichnet der Begriff Kairophonie die Angst Entscheidungen zu treffen, bzw. die Angst vor bestimmten sozialen Situationen (Situationsangst). Wie jede Phobie rechtfertigt auch die Kairophobie die eigentliche Gefahr nicht: Aus Angst vor möglichen Fehlentscheidungen, bzw. deren Auswirkungen auf unser Leben und Ansehen, im Stillstand zu verharren bedeutet zu riskieren, die richtige Gelegenheit zu versäumen.

Bei jeder Entscheidung und jeder anstehenden Veränderung entscheidet der richtige Zeitpunkt über Erfolg oder Misserfolg. Wir beziehen unsere Erfahrungen aus der Vergangenheit. Zugleich sind wir so sehr auf unsere Zukunftspläne fixiert, dass wir ihnen eine vermeintliche Zeitfolge zusprechen. Diese Fixierung erzeugt oft ungünstige Gelegenheiten und macht uns blind für günstige Gelegenheiten. Ruhen wir uns auf vergangen Errungenschaften aus, verlieren wir an Relevanz. Verschließen wir die Augen vor der Gegenwart, verlieren wir den Anschluss. Halten wir ohne Raum für Abweichungen am Fünf-Jahres-Plan fest, verlieren wir unser Potenzial.

Nutzen Sie den Kairos-Moment! Dies ist kein Plädoyer dafür, die Digitalisierung der Bank nicht gründlich zu planen, sondern vielmehr eine Einladung dazu, offen für die Möglichkeiten und Potenziale der Digitalen (R)Evolution zu sein. Ihre Erfahrungen, Kompetenzen und Zukunftspläne sind wichtig und machen Sie zu dem Mensch, der Sie heute sind. Allerdings geben sie Ihnen keine wirkliche Kontrolle über Ihre Zukunft. Der wahre Schlüssel zum Erfolg liegt in Ihrem Mut zur Entscheidungsfreude und in Ihrer Fähigkeit, die günstigen Gelegenheiten von den ungünstigen zu unterscheiden. Jenseits aller Pläne haben Sie ein Gespür für Timing. Ein Gespür, dass Ihnen sagt, wenn und wann der richtige Zeitpunkt gekommen ist zu handeln. Alles was Sie tun müssen, ist dieses Gespür zu schärfen. Richten Sie Ihre Antennen auf Chancen und Möglichkeiten aus, anstatt auf Hindernisse und Unsicherheiten, und Sie werden erfolgreich sein.

Ich wünsche Ihnen auf Ihrer Reise durch die Digitale (R)Evolution viel Glück, Mut und Entscheidungsfreude beim Erkennen und Ergreifen Ihrer Kairos-Momente!

Kim Y. Mühl
Hamburg, 05. Dezember 2020

ABKÜRZUNGSVERZEICHNIS

Abb.	Abbildung
AISPs	Account Information Service Provider
API	Application Programming Interface
AR	Augmented Reality
ATM	Automated Transaction Machines
B2B	Business to Business
B2C	Business to Consumer
BaaS	Banking-as-Service
BaFin	Bundesanstalt für Finanzdienstleistungsaufsicht
BI	Business Intelligence
BLE	Bluetooth Low Energy
BMWi	Bundesministerium für Wirtschaft und Energie
BPA	Business Process Automation
CDN	Content Distribution Network
DDoS	Distributed-Denial-of-Service
DKB	Deutsche Kreditbank
DPMA	Deutsches Patent- und Markenamt
DSGVO	Datenschutzgrundverordnung
EER	Equal Error Rate
EMEA	Europa, Naher Osten & Afrika
ERP	Enterprise-Resource-Planning
ESG	Environmental Social Governance
EUIPO	European Union Intellectual Property Office
EZB	Europäische Zentralbank
FATCA	Foreign Account Tax Compliance Act
GPI	SWIFT global payments innovation
IaaS	Infrastructure-as-a-Service
ICO	Initial Coin Offering
IKT	Informations- und Kommunikationstechnik
IPO	Initial Public Offering
IXP	Internet Exchange Point
KI	Künstliche Intelligenz
KPI	Key Performance Indicator
KYC	Know Your Customer
MIER	Moonroc Institute of Economic Research
MiFID II	Markets in Financial Instruments Directive II
MR	Mixed Reality
NAP	Network Access Point
NASDAQ	National Association of Securities Dealers Automated Quotations
NFC	Near Field Communication
NLP	KI Natural Language Processing
NLU	Natural Language Understanding
P2B	Peer-to-Business
P2P	Peer-to-Peer
PaaS	Platform-as-a-Service
PEP	Politisch exponierte Personen
PIN	Persönliche Identifikationsnummer
PISPs	Payment Initiation Service Provider
POS	Point of Sale
PSD2	Payment Service Directive II
QR	Quick Response
REIT	Real Estate Investment Trust
ROPO	Research Online, Purchase Offline
RPA	Robotic Process Automation
RTS	Regulatory Technical Standards
SaaS	Software-as-a-Service
SCA	Strong Customer Authentication
SCT Inst	SEPA Credit Transfer Instant
SEAQ	Stock Exchange Automated Quotation system
SEO	Search Engine Optimization
SEPA	Single Euro Payments Area
SMTP	Simple Mail Transfer Protocol

SOFFEX	Swiss Options and Financial Futures Exchange
TAN	Transaktionsnummer
TIPS	Target Instant Payment Settlement
TPPs	Third Party Providers
Vgl.	Vergleich
VR	Virtual Reality
WIPO	World Intellectual Property Organization
WWW	World Wide Web
Xaas	Everything-as-a-Service

ABBILDUNGSVERZEICHNIS

STICHWORTVERZEICHNIS

FALLSTUDIENVERZEICHNIS

LITERATURVERZEICHNIS

@veganistungesund (2020): Lasst uns die Bedeutung des Wortes VEGANISMUS mal übersetzen. In: Instagram (15.07.20), https://www.instagram.com/veganistungesund/

Aldi-Nord (2018): Bargeldlos bezahlen, https://www.aldi-nord.de/kundeninformationen/bargeldlos-bezahlen.html

Alexander von Humboldt Institut (2017): Kooperationen zwischen Startups und Mittelstand, in Alexander von Humboldt Institut für Internet und Gesellschaft: https://www.hiig.de/wp-content/uploads/2017/11/Kooperationen_Startups_Mittelstand_small.pdf

Alt, R. & Puschmann, T. (2016). Digitalisierung der Finanzindustrie. Berlin/Heidelberg: Springer. Zitiert in Ornau (2017).

Alt, R. & Zerndt, T. (2012). Bankmodell. In: Gramlich, P., Gluchowski, P., Horsch, A., Schäfer, K. & Waschbusch, G. (Hrsg.) Gabler Bank-Lexikon (14. Aufl age). Wiesbaden; Springer Gabler, S. 167-169. In: Ornau (2017).

Altman, J. (2017): The evolution of finance is intergenerational, in Paysafe Group Limited (2017), https://stories.paysafe.com/news/the-evolution-of-finance-is-intergenerational/

Amazon Cloudfront (2018): Amazon Cloudfront. In: https://aws.amazon.com/de/cloudfront/

Apple (2018): Zwei-Faktor-Authentifizierung für die Apple-ID. In: https://support.apple.com/de-de/HT204915

Arnold, J. (2018): Das Kapitalmarktgeschäft in der Digitalisierung. In: Brühl, V. und Dorschel, J. (Hrsg.), Praxishandbuch Digital Banking, Springer Fachmedien Wiesbaden GmbH 2018, ISBN 978-3-658-18889-4, S. 259-275.

Atzler, E. (2018): Triodos Bank beteiligt sich an Crowdinvest-Plattform. In: Handelsblatt (06.09.2019), https://www.handelsblatt.com/finanzen/banken-versicherungen/fintech-triodos-bank-beteiligt-sich-an-crowdinvest-plattform/23000574.html

Auer, J.; Dempwolf, C. & D'Ippolito, M. (2014): Innovation Accelerators: Defining Characteristics Among Startup Assistance Organizations. In: sba.gov, https://www.sba.gov/sites/default/files/rs425-Innovation-Accelerators-Report-FINAL.pdf

Auge-Dickhut, S., Koye, B., Liebetrau, A. (2014): Client Value Generation – das Zürcher Modell der kundenzentrierten Bankarchitektur, Springer-Verlag, 30.09.2014, Wiesbaden.

Auge-Dickhut, S.; Koye, B. & Liebetra, A. (2015): Multichanneling als Kernelement zukunftsfähiger Geschäftsmodelle – Das ‚Zürcher Modell der kundenzentrierten Bankarchitektur'. In: Brock, H. & Bieberstein, I. (2015), Multi- und Omnichannel-Management in Banken und Sparkassen, DOI 10.1007/978-3-658-06538-6_11

Avantgarde Experts (2020): New Work: Konzept & Beispiele der neuen Arbeitsformen. In: Avantgarde Experts Magazin (17.03.2020) https://www.avantgarde-experts.de/de/magazin/new-work/

AWS (2020A): AWS-Partnerstory: NASA. In: AWS, https://aws.amazon.com/de/partners/success/nasa-image-library/

AWS (2020B): Was ist DevOps? In: https://aws.amazon.com/de/devops/what-is-devops/

Babu, P. (2015), Beacons vs NFC — Which Payment Technology Should Your Business Use? In: Blog.beaconstac (16.12.2015), https://blog.beaconstac.com/2015/12/beacons-vs-nfc-which-payment-technology-should-your-business-use/

Bartmann, D. (2002): Strategieoptionen im Retail Banking, CIBI 2002 München, in http://docplayer.org/18054228-Strategieoptionen-im-retail-banking.html.

Barzahlen (2018): Deutschlands größte unabhängige Zahlungsinfrastruktur. In: Barzahlen (2018), https://www.barzahlen.de/de/

Bauer, C. (2017): NFC - was ist das? in: Chip.de (11.05.2017), https://praxistipps.chip.de/nfc-was-ist-das_12294

Bendel, O. (2018): Gamification. In: Gabler Wirtschaftslexikon (2020), https://wirtschaftslexikon.gabler.de/definition/gamification-53874

Bendel, O. (2018): Industrie 4.0. In: Gablers Wirtschaftslexikon, https://wirtschaftslexikon.gabler.de/definition/industrie-40-54032

Bendel, O. (2019): Wearables., Gabler´s Wirtschaftslexikon (2019), https://wirtschaftslexikon.gabler.-de/definition/wearables-54088

Bender, M. & Aresu, E. (2019): Geldwäsche – Technologie kennen und nutzen: Von RPA über ML bis zur Blockchain. In: IT Finanzmagazin (09.01.2020), https://www.it-finanzmagazin.de/geldwaesche-rpa-ml-blockchain-83313/

Bergmann, F. (2019): New Work New Culture, Work We Want And A Culture That Strengthens Us. John Hunt Publishing, zero books, Winchester, Washington 2019.

Berthier, O. (2018): Digital banking engagement: where are the metrics? In: Finextra (17.09.2018), https://www.finextra.com/blogposting/15949/digital-banking-engagement-where-are-the-metrics

betterplace lab (2017): trendradar_2030. In: gut.org gemeinnützige Aktiengesellschaft, Berlin.

Bezahlen.de (2018): Barzahlen. In: Bezahlen (2018), https://www.bezahlen.de/barzahlen.php

Bille, T. (2019): Harald Welzer: Früher waren Jugendliche Träumer und Erwachsene Realisten - heute ist es umgekehrt. In: MDR Kultur (20.09.2019), https://www.mdr.de/kultur/harald-welzer-friday-for-future-klimaschutz-100.html

Bionic Capital (2020): Bionic Advisor. In: https://www.bioniccapital.com/bionic-advisor/

Bitcoin.de (2018): Der Express-Handel über die Fidor-API - schnell, einfach und sicher!. In: Bitcoin.de (2018), https://www.bitcoin.de/de/info/fidor-api

BitcoinWiki (Datum unbekannt): Nick Szabo. In: https://de.bitcoinwiki.org/wiki/Nick_Szabo

Blättner, H.-M. & Miksche, B. (2020): DIGITAL? Na klar!: Erfolgreiche Digitalisierung für Mittelstand und Handwerk. In: plexus Verlag GmbH, https://www.amazon.de/DIGITAL-klar-Erfolgreiche-Digitalisierung-Mittelstand-ebook/dp/B085N4F5CL/

BMVI (2019): Abschlussbericht zur Versorgungs- und Kostenstudie Mobilfunk für das Bundesministerium für Verkehr und digitale Infrastruktur DG 12 – Projektgruppe 5G. In: BMVI (11.2019), https://www.bmvi.de/SharedDocs/DE/Anlage/DG/Digitales/versorgungs-und-kostenstudie-mobilfunk.pdf?__blob=publicationFile

BMWi (2017A): Digitale Geschäftsmodelle – Themenheft Mittelstand-Digital. In: https://www.bmwi.-de/Redaktion/DE/Publikationen/Mittelstand/mittelstand-digital-digitale-geschaeftsmodelle.html

BMWi (2017B): Wirtschaftsmotor Mittelstand - Zahlen und Fakten zu den deutschen KMU. In: https://www.bmwi.de/Redaktion/DE/Publikationen/Mittelstand/wirtschaftsmotor-mittelstand-zahlen-und-fakten-zu-den-deutschen-kmu.html

BMWi (2018): Dossier Plattform Industrie 4.0, https://www.bmwi.de/Redaktion/DE/Dossier/industrie-40.html.

Bouée, C.-E., & Schaible, S. (2015). Die Digitale Transformation der Industrie. Roland Berger Strategy Consultans und Bundesverband der Deutschen Industrie e.V. Berlin.

Bouwman, V (2018): Digital in 2018: Die Anzahl der Internetnutzer weltweit knackt die 4 Milliarden Marke. In: wearesocial.com (30.1.2018), https://wearesocial.com/de/blog/2018/01/global-digital-report-2018

Boxcrypto (2018): Cloud-Speicher in der Finanzbranche — Sicherheit, Mythen und treibende Faktoren. In: Boxcryptor (16.11.2016), https://www.boxcryptor.com/de/blog/post/financial-services-cloud-storage-security/

Braune, A. & Lindau, C. FinTech – Digitale Geschäftsmodelltransformation im Bankensektor. In: D. Schallmo et al. (Hrsg.), Digitale Transformation von Geschäftsmodellen, Schwerpunkt: Business Model Innovation, DOI 10.1007/978-3-658-12388-8_21, S. 496-517

Braune, G. (2017): Mehr Unterricht in Geldfragen. In: Handelsblatt (24.06.2017), http://www.handelsblatt.com/politik/oekonomische-bildung/finanzbildung-in-kanada-mehr-unterricht-in-geldfragen/19955144.html

Brinsa, M. (2015): Holacracy: Die Hierarchie der Kreise. In: zukunftsinstitut (09.2015), https://www.zukunftsinstitut.de/artikel/holacracy-die-hierarchie-der-kreise/Koestler, A. (1968): Das Gespenst in der Maschine. Molden, München, ASIN: B0000BS2JF.

Brühl, V. (2018): Banking 4.0 — Strategische Herausforderungen im digitalen Zeitalter. In: Brühl, V. und Dorschel, J. (Hrsg.), Praxishandbuch Digital Banking, Springer Fachmedien Wiesbaden GmbH 2018, ISBN 978-3-658-18889-4, S. 3-12.

Brühl, V. & Dorschel, J. (2018), Praxishandbuch Digital Banking, Springer Fachmedien Wiesbaden GmbH 2018, ISBN 978-3-658-18889-4

Bryant, A. (2018): Slack CEO: My job is not to be 'smarter than everyone'. In: CNBC (08.12.2018), https://www.cnbc.com/2018/12/07/slack-ceo-my-job-is-not-to-be-smarter-than-everyone.html

Budd, A. (2015): Digiwashing. In: Twitter (16.12.2015), https://twitter.com/andybudd/status/677144278854975488

Bundesbank (2018): TARGET Instant Payment Settlement (TIPS). In: Deutsche Bundesbank, https://www.bundesbank.de/de/aufgaben/unbarer-zahlungsverkehr/weiterentwicklung-der-marktinfrastruktur/target-instant-payment-settlement--tips-

BuyBye (2018): So gehts. In: BuyBye, https://www.buybye-app.de/so-gehts/

BVR (2018): Die Geschichte der Genossenschaftsbanken. In: Bundesverband der Deutschen Volksbanken und Raiffeisenbanken, https://www.bvr.de/Wer_wir_sind/Unsere_Geschichte

Callo, C. (2012): Apple Store's Secret Sauce: 5 Steps of Service. In: Forbes, 12.05.2012, https://www.forbes.com/sites/carminegallo/2012/05/16/apple-stores-secret-sauce-5-steps-of-service-video/#75240c042bb7

Campus Verlag (Datum unbekannt): Agilität. In: onpulson, https://www.onpulson.de/lexikon/agilitaet/

Carr, N. (2010): Wer bin ich, wenn ich online bin...: und was macht mein Gehirn solange? - Wie das Internet unser Denken verändert, Karl Blessing Verlag, ISBN-10: 3896674285

Christensen, C. M. (2011): The Innovators Dilemma: Warum etablierte Unternehmen den Wettbewerb um bahnbrechende Innovationen verlieren, Vahlen, ISBN-10 : 380063791X.

Cloudflare (2018): Ein schnelles, globales Content Delivery Network. In: https://www.cloudflare.com/de-de/cdn/

Cocca, T.D. (2016): LGT Private Banking Report 2016. Eine Untersuchung des Anlageverhaltens von vermögenden Privatpersonen in Deutschland, Österreich und der Schweiz; https://www.lgt.com/shared/.content/publikationen/bankdienstleistungen/160530_LGTPrivate-Banking-Report-2016_-de.pdf

CommerzVentures (2018): Who we are, in http://www.commerzventures.de/Who-we-are.html

Covey, S. M. R. & Merrill, R. R. (2009): Schnelligkeit durch Vertrauen: Die unterschätzte ökonomische Macht, GABAL; 5. Auflage, ISBN-10: 3897499088.

Cox, J. (2017): Hacker Says He Attempted to Extort UK Bank Lloyds With DDoS. In: Motherboard (23.01.2017), https://motherboard.vice.com/en_us/article/kb797z/hacker-says-he-attempted-to-extort-uk-bank-lloyds-with-ddos

CREALOGIX (2017): The Future of Banking – Die vielfältigen Chancen der digitalen Evolution. In: https://crealogix.com/de/wp-content/uploads/sites/29/2018/07/07_2018_CREALOGIX_The_Future_of_Banking.pdf

CREALOGIX (2019): Hauck & Aufhäuser startet mit dem CREALOGIX Bionic Robo Advisor in die digitale Vermögensverwaltung. In: DocPlayer, https://docplayer.org/128670512-Hauck-aufhaeuser-startet-mit-dem-crealogix-bionic-robo-advisor-in-die-digitale-vermoegensverwaltung.html

CREALOGIX (2020): CREALOGIX Bionic Robo Advisor. In: https://crealogix.com/de/produkte/crealogix-financial-advisory/crealogix-bionic-robo-advisor/

CREALOGIX AG (2017): The Future of Banking — Die vielfältigen Chancen der digitalen Evolution.

Crowdfunding.de (2018): Crowdlending / P2P-Kredite, https://www.crowdfunding.de/was-ist-crowdlending/

Crowdfunding.de (2020): Crowdfunding Barometer 2020. In: https://www.crowdfunding.de/app/uploads/2020/05/Crowdfunding-Barometer-2020-crowdfunding.de_.pdf

D21 (2020): D21-Digital-Index 2019/2020. In: https://initiatived21.de/publikationen/d21-digital-index-2019-2020/

Dapp, T. F. (2016): Fintech — der digitale Strukturwandel im Finanzsektor. In: Wirtschaftsinformatik & Management, Juni 2016, Volume 8, Issue 3, pp 26–37

Darnhofer, D. (2017): Die neue Macht der Influenzer: Berühmt, beliebt und beworben. In: Tiroler Tageszeitung (14.05.2017), http://www.tt.com/lebensart/12975722-91/die-neue-macht-der-influenzer-ber%C3%BChmt-beliebt-und-beworben.csp

Denso (2014): Der Erfinder des QR Codes®, https://www.denso-autoid-eu.com/de/ueber-uns/20-jahre-qr-code.html

Deposit Solutions GmbH (2018A): Innovative Technologie für modernes Banking. In: Deposit-solutions (2018), http://www.deposit-solutions.com/de/unsere-losung/

Deposit Solutions GmbH (2018B): Die Pioniere im europäischen Einlagengeschäft. In: Deposit-solutions.com (2018), http://www.deposit-solutions.com/de/uber-uns/

Deposit Solutions GmbH (2018C): Deposit Solutions expandiert mit Open-Banking-Plattform in die USA. In: Presseportal.de (20.11.2018), https://www.presseportal.de/pm/115628/4120532

Der Tagesspiegel (2010): Jakob Fugger, der Kaisermacher, in (15.08.2010), https://www.tagesspiegel.de/kultur/die-geschichte-jakob-fugger-der-kaisermacher/1902718.html

Desjardins, J. (2020): 10 Types of Innovation: The Art of Discovering a Breakthrough Product. In: Visual Capitalist (01.07.2020), https://www.visualcapitalist.com/10-types-of-innovation-the-art-of-discovering-a-breakthrough-product/

Deutsche Bank (2016): Filiale und Digitalisierung — die neue Deutsche Bank, in YouTube-Kanal der Deutschen Bank (26.06.2016), https://www.youtube.com/watch?v=6nnCnQfvWlo

Deutsche Bank (2018): Deutsche Bank von 1870 bis heute verwurzelt in Deutschland. In: https://www.db.com/.../Deutsche-Bank-Geschichte--Chronik-von-1870-bis-heute.pdf

Deutsche Börse Venture Network (2018): PSD2 — Chance oder lästiges Übel? in: Venture-Network.com (26.04.2018), http://www.venture-network.com/dbvn-de/news/PSD2---Chance-oder-laestiges-Uebel-/3391640

Deutsche Bundesbank (2020): Zahlungsverkehrs- und Wertpapierabwicklungsstatistiken, Tabelle 4. In: Deutsche Bundesbank (11.09.2020), https://www.bundesbank.de/resource/blob/804046/0ac713149045afdb940860bb6844b5db/mL/0-zahlungsverkehrs-und-wertpapierabwicklungsstatistiken-data.pdf

Dirscherl, H.-C. (2018): Die besten kostenlosen Cloud-Speicher aus Deutschland. In: PC Welt (15.05.2018), https://www.pcwelt.de/ratgeber/Kostenlose-Cloud-Speicher-Vergleich-Deutschland-9829970.html

Doberstein, S. (2017): Kredit von der Masse: So funktioniert Crowdlending. In: Gründerküche.de (09.05.2017), https://www.gruenderkueche.de/fachartikel/kredit-von-der-masse-so-funktioniert-crowdlending/

Doblin (2020): Ten Types of Innovation. In: https://doblin.com/ten-types

Dörner, S. (2019): Google-Gründer Brin und Page: Viel Geld verdient, Vision gescheitert. In: t3n digital pioneers (04.12.2019), https://t3n.de/news/google-vision-1230469/

Dörnfelder, A. (2018): Seine Bank gewinnt gerade Kunden wie kaum eine zweite in Europa. In: orange by Handelsblatt (20.03.2018), https://orange.handelsblatt.com/artikel/41855

Dorschel, J. (Hrsg.), Praxishandbuch Digital Banking, Springer Fachmedien Wiesbaden GmbH 2018, ISBN 978-3-658-18889-4, S. 301-314.

Dorschel, W. (2018): Ist die Bank-IT im Digitalen Transformationszeitalter angekommen? in: Brühl, V. und Dorschel, J. (Hrsg.), Praxishandbuch Digital Banking, Springer Fachmedien Wiesbaden GmbH 2018, ISBN 978-3-658-18889-4, S. 70-94

Dorschel, W. (2018): Ist die Bank-IT im Digitalen Transformationszeitalter angekommen? In: Brühl, V. und Dorschel, J. (Hrsg.), Praxishandbuch Digital Banking, Springer Fachmedien Wiesbaden GmbH 2018, ISBN 978-3-658-18889-4, S. 70-94

Dreher, H. (Datum unbekannt): Lastenheft versus Pflichtenheft – was ist der Unterschied? In: Dreher Consulting, https://www.dreher-consulting.com/lastenheft-versus-pflichtenheft/

Drumond, C. (2020): Was ist Scrum? In: Atlassian Agile Coach, https://www.atlassian.com/de/agile/scrum

DSGV (2017): Vermögensbarometer 2017: Die Deutschen und ihr Geld. In: Deutscher Sparkassen und Giroverband, https://www.dsgv.de/sparkassen-finanzgruppe/publikationen/vermoegensbarometer.html

Duden (2018): Big Data. In: https://www.duden.de/rechtschreibung/Big_Data

Duden (2020): Angst. In: https://www.duden.de/rechtschreibung/Angst

Dufourmantelle, A. (2018): Lob des Risikos, Ein Plädoyer für das Ungewisse, 1. Auflage, aufbau Verlag GmbH & Co. KG, Berlin 2018

Dufourmantelle, A. (2018): Lob des Risikos, Ein Plädoyer für das Ungewisse, 1. Auflage, aufbau Verlag GmbH & Co. KG, Berlin 2018

Duthoit, C., Barletta, S. & Bhatia, R. (2010): Lean Banking A Holistic Approach to Significant and Sustainable Value. In: Boston Consulting Group (15.03.2010), https://www.bcg.com/publications/2010/informatio-technology-financial-institutions-it-advantage-spring-2010-lean-banking.aspx

Eberius, R. (2019): ESG-Compliance wird Gesetz – Neue EU-Verordnungen zur Nachhaltigkeit. In: Private Equity Magazin (23.09.2019), https://www.pe-magazin.de/esg-compliance-wird-gesetz-neue-eu-verordnungen-zur-nachhaltigkeit/

Eckermann, I. M. (2016): Was ist eigentlich Social Engineering? In: GData (25.10.2016), https://www.gdata.de/ratgeber/was-ist-eigentlich-social-engineering

Ehlert, C. (2017): PSD2 oder wie Fintech Banking transformiert. In: Digitalisierungsblog (01.02.2017), https://www.digitalisierungsblog.de/psd2-oder-wie-fintech-banking-transformiert/

Elsner, D. (2017): Finanzdienstleister der Zukunft (These 6): End-to-End-Digitalisierung im Firmenkundengeschäft und Smart Contracts. In: DZ Bank Gruppe Innovationsblog (12.07.2017), https://innovationsblog.dzbank.de/2017/07/12/finanzdienstleister-der-zukunft-these-6-end-to-end-digitalisierung-im-firmenkundengeschaeft-und-smart-contracts/

Engels, E.-M. (2007): Charles Darwin, Abschnitt Person, Leben und Werk. Verlag C. H. Beck, München 2007, ISBN 978-3-406-54763-8, S. 16–41.

engram (2019A): view Virtual Reality macht Beratung zum Erlebnis. In: engram (2019), https://www.engram.de/view-virtual-reality.html

engram (2019B): V!EW - Release 3.0. In: engram (28.11.2019), https://www.engram.de/news-detail/vew-release-3-0.html

Erlewein, U. (2020): Der kreative Prozess – Kreativität auf verschlungenen Wegen. In: Ethnostories (29.01.2020), https://ethnostories.de/der-kreative-prozess/

Ernst & Young (2014) — Global Consumer Banking Survey 2014, http://www.ey.com/Publication/vwLUAssets/EY_Global_Consumer_Banking_Survey_2014_Praesentation/$FILE/EY-Global-Consumer-Banking-Survey-2014.pdf.

Ernst, M. (2012): it-werke präsentiert mobile shopping Lösung GO4Q., in ecommerce-news-magazin.de, http://ecommerce-news-magazin.de/shopping/it-werke-prasentiert-mobile-shopping-losung-go4q/.

Facebook (2018): Messaging auf deiner Seite. In: Facebook Business, https://www.facebook.com/business/learn/facebook-page-have-conversations

Fidor Bank AG (2018), https://www.fidor.de/

Finextra (2018): Swift pilots API-based pre-validation service to cut payment errors. In: Finextra (5.12.2018), https://www.finextra.com/newsarticle/33079/swift-pilots-api-based-pre-validation-service-to-cut-payment-errors

FinTechCube (2017): Digitale Transformation von Banken, Benchmarkstudie I Ausgabe 2017.

Fittkau, T. (2008): Ganzheitliches IT-Projektmanagement. Wissen, Praxis, Anwendungen. Oldenbourg, München 2008, ISBN 3-486-58567-3.

Fitzgerald, F. S. (2011): Der Große Gatsby, 1. Auflage, Nikol Verlag, ISBN-10: 3868200975

FNG (2019): Marktbericht Nachhaltige Geldanlagen 2019 - Deutschland, Österreich und die Schweiz. In: Forum Nachhaltige Geldanlagen, https://www.forum-ng.org/de/fng-marktbericht/marktuebersicht-nachhaltige-geldanlagen.html

FNG (2020): Marktbericht Nachhaltige Geldanlagen 2020. In: Forum Nachhaltige Geldanlagen, http://fng-marktbericht.org/wp-content/uploads/2020/05/FNG_Marktbericht2020.pdf

Freitag, E. (2020): Lexikon der Kreativität: Grundlagen - Methoden – Begriffe, expert verlag, 2018, ISBN 978-3-8169-8299-9

Friedrich, S. (2018): Clickworker: Digitale Tagelöhner in Deutschland. In: NDR Info (30.04.2018), https://www.ndr.de/ratgeber/Clickworker-Digitale-Tageloehner-in-Deutschland,clickworker100.html

Gablers Wirtschaftslexikon (2017): FinTech, https://wirtschaftslexikon.gabler.de/definition/fintech-54166

Gablers Wirtschaftslexikon (2018): Onlinebanking, https://wirtschaftslexikon.gabler.de/definition/onlinebanking-43367.

Gassmann, O.; Frankenberger, K.; Csik, M. (2013): Geschäftsmodelle entwickeln. 55 innovative Konzepte mit dem St. Galler Business Model Navigator, München

Github (2018): jsdelivr. In: https://github.com/jsdelivr/jsdelivr#load-multiple-files-with-single-http-request

GitHub (2020): Entwickelt für Entwickler. In: https://de.github.com/

Gloger, B. (2011): Scrum. Produkte zuverlässig und schnell entwickeln. 3. Auflage. Hanser Verlag, München 2011.

Goldman, S. L. (1996.): Agil im Wettbewerb: die Strategie der virtuellen Organisation zum Nutzen des Kunden. Springer, 1996, ISBN 3-540-60644-0.

Golovanov, S. (2018): KoffeyMaker: notebook vs. ATM. In: kaspersky (04.12.2018), https://securelist.-com/koffeymaker-notebook-vs-atm/89161/

Google Press (2011): Google, Citi, MasterCard, First Data and Sprint Team up to Make Your Phone Your Wallet, https://googlepress.blogspot.de/2011/05/google-citi-mastercard-first-data-and.html.

Graeber, D. (2019): Bullshit Jobs: Vom wahren Sinn der Arbeit, Klett-Cotta, 4. Auflage, ISBN-10 : 360898108X.

Gräwe, K. (2018): DDoS-kritische Zeiten für Banken. In: Link11 (05.02.2018), https://www.link11.com/de/blog/ddos-kritische-zeiten-fuer-banken/

Gross, C. (Datum unbekannt): Lastenheft – Das Wichtigste zum Thema. In: SCC Center, https://ww-w.der-digitalisierungsberater.de/lastenheft-das-wichtigste-zum-thema/

Gründerszene (2019B): New Work. In: Gründerszene Lexikon (01.01.2019), https://www.gruendersze-ne.de/lexikon/begriffe/new-work

Grustniy, L. (2019): Glücksspiel am Geldautomaten. In: kaspersky daily (22.02.2019), https://www.kas-persky.de/blog/winpot-atm-jackpotting/18603/

Habdank, P. (2015): die drei Fintech-Säulen der Commerzbank, in Finance-Magazin.de (17.Zwölf. 2015), https://www.finance-magazin.de/banking-berater/banking/die-drei-fintech-saeulen-der-commerzbank-1370001/

Haber, S., Stornetta, W.S. How to time-stamp a digital document. J. Cryptology 3, 99–111 (1991). https://doi.org/10.1007/BF00196791

Haufe Akademie (2020): New Work: Warum ist die Zeit jetzt reif? In: https://www.haufe-akademie.-de/l/new-work/

Hays (2016): Studie: Banken im Digitalen Wandel. In: https://www.hays.de/personaldienstleistung-aktuell/studie?friendlyUrl=banken-im-digitalen-wandel

Heckel, M. (2019): Servant Leadership: So funktioniert Führung auf Augenhöhe. In: t3n (19.12.2019), https://t3n.de/magazin/servant-leadership-so-fuehrung-248751/

Helmrich, K. (2017): Wie die Digitalisierung Geschäftsmodelle und Kundenbeziehungen der Industrie verändert. In: Hildebrandt A., Landhäußer W. (eds) CSR und Digitalisierung. Management-Reihe Corporate Social Responsibility. Springer Gabler, Berlin, Heidelberg, S.85-100).

Henderson, B. (1970): The Product Portfolio. In: BCG (01.01.1970): https://www.bcgperspectives.com/content/Classics/strategy_the_product_portfolio/

Hendrich, T (2018): Peer-to-Peer-Netzwerke. In: netzsieger.de (3.7.2018), https://www.netzsieger.de/ratgeber/peer-to-peer-netzwerke

Herrmann, S. und Heinke, U. (2018): Auswirkung der Digitalisierung auf die Kernbanksysteme deutscher Banken. In: Brühl, V. und Dorschel, J. (Hrsg.), Praxishandbuch Digital Banking, Springer Fachmedien Wiesbaden GmbH 2018, ISBN 978-3-658-18889-4, S. 192-210.

Herrmann, S. und Heinke, U. (2018): Auswirkung der Digitalisierung auf die Kernbanksysteme deutscher Banken. In: Brühl, V. und Dorschel, J. (Hrsg.), Praxishandbuch Digital Banking, Springer Fachmedien Wiesbaden GmbH 2018, ISBN 978-3-658-18889-4, S. 192-210.

Heuzeroth, T (2017): Jedes zweite deutsche Unternehmen wird sabotiert und bestohlen. In: Welt.de (21.7.2017), https://www.welt.de/wirtschaft/article166877297/Jedes-zweite-deutsche-Unternehmen-wird-sabotiert-und-bestohlen.html

Hoffmeister, C. (2015): was ein digitales Geschäftsmodell ausmacht, in Capital.de (15.10.2015), https://www.capital.de/karriere/wie-man-ein-digitales-geschaeftsmodell-entwickelt

Höfling, M. (2017): Die Welt der Geldautomaten. In: welt.de (13. September 2009), https://www.welt.-de/welt_print/finanzen/article4522443/Die-Welt-der-Geldautomaten.html

Holacracy (2020): Holacracy Constitution Version 4.1. In: https://www.holacracy.org/constitution

Holley, E. (2014): Cloud in financial services — what is it not good for? in: Business Cloud News (02.06.2014), http://www.businesscloudnews.com/2014/06/02/cloud-in-financial-services-what-is-it-not-good-for/

Holvi (2018): Geschäftskonto, https://about.holvi.com/de/produkte/geschaeftskonto/

Horndasch, S. (2019): Digital Literacy. In: e-teaching.org (28.01.2019), https://www.e-teaching.org/praxis/themenspecials/learning-e-learning/themeneinheiten/digital-literacy

Horx, M. (2019): Der Mythos Disruption. In: Zukunftsinstitut (03.2019): https://www.zukunftsinstitut.-de/artikel/innovation-und-neugier/der-mythos-disruption/

Hosp, J. (2017): Blockchain - Was ist das? (Einfachste und verständlichste Erklärung überhaupt!). In: Youtube (06.08.2017), https://www.youtube.com/watch?v=m13mEw96nP8

Hosp, J. (2018): Blockchain 2.0 – einfach erklärt – mehr als nur Bitcoin: Gefahren und Möglichkeiten aller 100 innovativsten Anwendungen durch Dezentralisierung, Smart Contracts, Tokenisierung und Co. einfach erklärt, FinanzBuch Verlag (21. September 2018), ISBN-10: 9783959721592

Höttges, T. (2017). In: Hildebrandt A., Landhäußer W. (eds) CSR und Digitalisierung. Management-Reihe Corporate Social Responsibility. Springer Gabler, Berlin, Heidelberg, S. XLVI.

hubbis (2018): 'Private Banking In A Box': Privé Technology's platform providing a plug-and-play toolbox for wealth managers. In: hubbis (05.07.2018), https://hubbis.com/article/private-banking-in-a-box-prive-technology-s-platform-providing-a-plug-and-play-toolbox-for-wealth-managers

humanfy (2020): New Work Charta. In: https://humanfy.de/new-work-charta/

ING (2020): ING Ventures. In: https://www.ing.com/About-us/ING-Ventures.htm

ING FinTech Village (2018): A uniqure buinsess Launchpad. In: https://www.ing.be/en/retail/fintech-village

ING-DiBa (2018A): Reales Szenario oder noch Science Fiction? in ING-DIBa (01.06.2018), https://www.ing-diba.de/ueber-uns/wissenswert/kontaktlos-bezahlen

ING-DiBa (2018B): Online-Beratung – Auf vielen Gebieten möglich aber auch sinnvoll? in ING-DiBa (30.05.2018), https://www.ing-diba.de/ueber-uns/wissenswert/online-beratung/?wt_mc=email.ww-info..e-1806-ww-knd-info-0457.

Initiative Deutsche Zahlungssysteme e.V. (2018): Allensbach-Umfrage zum Bezahlen in Deutschland 2018 Management Summary. In: https://www.initiative-deutsche-zahlungssysteme.de/media/idz_management_summary_allensbachumfrage_2018_2.pdf

Investopedia (2017A): Startup. In: http://www.investopedia.com/terms/s/startup.asp

Investopedia (2017B): Startup capital in: http://www.investopedia.com/terms/s/startup-capital.asp

IONOS (2016): Was ist ein CDN (Content Delivery Network)? In: IONOS Digital Guide (22.06.2016), https://www.ionos.de/digitalguide/hosting/hosting-technik/was-ist-ein-content-delivery-network-cdn/

IONOS (2019A): Das Lastenheftheft: Was ist das und wozu ist es gut? In: IONOS (23.08.2019), https://www.ionos.de/digitalguide/websites/web-entwicklung/lastenheft/

IONOS (2019B): Das Pflichtenheft: Alle Anforderungen eines Projekts im Blick. In: IONOS (04.07.2019), https://www.ionos.de/digitalguide/websites/web-entwicklung/pflichtenheft/

IT Daily (2017): PHISHING KOMMT ÜBERWIEGEND AUS EMEA-REGION. In: It-daily.net (17.6.2017), https://www.it-daily.net/analysen/15701-phishing-kommt-ueberwiegend-aus-emea-region

IT Finanzmagazin (2018A): Die neuen Aufgaben für den Geldautomaten: Per Machine Learning sinnvoll Einnahmequellen öffnen. In: IT-Finanzmagazin (10.12.2018), https://www.it-finanzmagazin.-de/gaa-machine-learning-einnahmequellen-82104/

IT Finanzmagazin (2018B): PayPal startet Businesskredit ohne Zinsen und feste Rückzahlungstermine — zunächst Beta für Online-Händler, in IT Finanzmagazin (7.11.2018), https://www.it-finanzmagazin.de/paypal-bank-businesskredit-80286/

IT Finanzmagazin (2018C): Deutsche FinTechs erobern DACH-Raum: Barzahlen startet in Österreich — in rund 400 dm-Filialen. In: IT Finanzmagazin (24.09.2018), https://www.it-finanzmagazin.-de/fintech-barzahlen-oesterreich-78098/

IT Finanzmagazin (2018D): Prozessmanagement: Jeder dritten Bank droht inBaFin-Schelte. In: IT Finanzmagazin (9.11.2018), https://www.it-finanzmagazin.de/prozessmanagement-bank-bafin-80383/

IT Finanzmagazin (2018E): PSD2-Stichtag 14. März 2019: Last-Minute-Hilfe für die API-Umsetzung bei Banken. In: IT-Finanzmagazin (5.12.2018), https://www.it-finanzmagazin.de/psd2-stichtag-api-umsetzung-banken-81929/

IT Finanzmagazin (2018F): ABN AMRO will per ‚Moneyou Go' offensichtlich N26 in Deutschland angreifen: mit Wallets statt Spaces. In: IT-Finanzmagazin.de (11.9.2018), https://www.it-finanzmagazin.de/abn-amro-moneyou-77279/

IT Finanzmagazin (2018G): FI-Forum: Highlights und Innovationen der Partnerstände & Hallenplan. In: IT-Finanzmagazin (16.11.2018), https://www.it-finanzmagazin.de/fi-forum-highlights-innovationen-partner-80749/

IT Finanzmagazin (2018H): Nect startet Selfie-Ident für Banken & Versicherer: Identitätsfeststellung in 2 Minuten — per KI-Analyse!. In: IT Finanzmagazin (16.11.2018), https://www.it-finanzmagazin.de/nect-selfie-ident-2-minuten-ki-80951/

IT Finanzmagazin (2018I): Swisscom und CA Technologies starten „Open Banking Hub" — mit API Playground (SaaS). In: IT-Finanzmagazin (2.10.2018), https://www.it-finanzmagazin.de/swisscom-ca-technologies-open-banking-hub-78540/

IT Finanzmagazin (2019): Fidor Bank schafft datengetriebene Mehrwert-Plattform ‚Efficient Scale' – für sich, andere Banken & Partner. In: IT-Finanzmagazin.de (10.1.2019), https://www.it-finanzmagazin.de/fidor-mehrwert-plattform-efficient-scale-83417/

IT Finanzmagazin (2020): Deutsche Bank baut Digitalstrategie im Privatkundengeschäft um – und opfert Yunar. In: IT Finanzmagazin (04.08.2020), https://www.it-finanzmagazin.de/deutsche-bank-baut-digitalstrategie-im-privatkundengeschaeft-um-und-opfert-yunar-109721/

Jacob, H (2018): equensWorldline startet Gateway für Instant Payments. In: IT finanzmagazin.de (22.11.2018), https://www.it-finanzmagazin.de/equensworldline-startet-gatewayfuer-instant-payments-81239/

Janek, B. (2018): Holvi, Tuomas Toivonen: „Wir entwickeln etwas, das man als kontextuelles Banking bezeichnen könnte". In: IT Finanzmagazin, 04.10.2018, https://www.it-finanzmagazin.de/kontextuelles-banking-toivonen-holvi-78584/

Jens (2019): Globale Infrastruktur: Google kündigt Bau von viertem eigenen Unterseekabel zwischen USA und Europa an. In: GoogleWatchBlog (05.04.2019), https://www.googlewatchblog.de/2019/04/globale-infrastruktur-google-bau/

Johansson, F. (2018): Der Medici-Effekt: Wie Innovation entsteht, Plassen Verlag; Auflage 1.

Jones, K. (2020): Connected Workers: How Digital Transformation is Shaping Industry's Future. In: Visual Capitalist (28.07.2020), https://www.visualcapitalist.com/connected-workers-digital-transformation-future/

Kahneman, D. (2011): Thinking, Fast and Slow, Macmillan USA.

Kania, J. & Kramer, M. R. (2011): Collective Impact. In: Stanford Social Innovation Review (11.2011), https://ssir.org/articles/entry/collective_impact

kaspersky (2016): 4 Wege, um einen Bankautomaten zu hacken. In: kaspersky daily (29.09.2016), https://www.kaspersky.de/blog/4-ways-to-hack-atm/8816/

Kaufmann, R. (2017): In 4 Schritten zur kreativen Lösung. In: Neustarter magazin (11.09.2017), https://neustarter.com/magazine/in-4-schritten-zur-kreativen-loesung

Keck, M. und Stoll, J. (2018): Digitalisierung der Bankfilialen vor dem Hintergrund neuer, strategischer Anforderungen im Privatkundengeschäft. In: Brühl, V. und Dorschel, J. (Hrsg.), Praxishandbuch Digital Banking, Springer Fachmedien Wiesbaden GmbH 2018, ISBN 978-3-658-18889-4, S. 228-258.

Kirchgessner, K. (2020): „Diesmal sind nicht die Banken systemrelevant, sondern die Wissenschaften". In: MERTON (24.03.2020), https://merton-magazin.de/diesmal-sind-nicht-die-banken-systemrelevant-sondern-die-wissenschaften

Kirk, J. (2017): Lloyds Banking Group Reportedly Hit by DDoS Attack. In: Bankinfo Security (24.01.2017), https://www.bankinfosecurity.com/lloyds-banking-group-reportedly-hit-by-ddos-a-9648

Klaasen, G. (2013) in: Hüthing, S. (2013):„Banken sollten ihre Kunden einteilen dürfen" in: Springer Professional (29.11.2013), https://www.springerprofessional.de/bankvertrieb/private-banking/banken-sollten-ihre-kunden-einteilen-duerfen/6606380

Klotz, M. (2013): Mobile Payment 2015 Deutschland. https://de.slideshare.net/maikklotz/mobile-payment-deutschland-ubersicht

Knaut, A. (2017): Corporate Social Responsibility verpasst Digitalisierung. In: Hildebrandt A., Land-
häußer W. (eds) CSR und Digitalisierung. Management-Reihe Corporate Social Responsibility.
Springer Gabler, Berlin, Heidelberg, S. 51-59.

Knaut, A. (2017): Corporate Social Responsibility verpasst Digitalisierung. In: Hildebrandt A., Land-
häußer W. (eds) CSR und Digitalisierung. Management-Reihe Corporate Social Responsibility.
Springer Gabler, Berlin, Heidelberg, S. 51-59.

Koestler, A. (1978): Janus, A Summing Up. Last Century Media, London, ISBN 0330258427, (Appen-
dix 1).

Kohl, B. (2017): Mobile Payment in Deutschland — die wichtigsten Anbieter, https://blog.gft.com/
de/2017/11/06/die-wichtigsten-mobile-payment-anbieter-in-deutschland/.

Kollmann, T. (2018): Freemium, in Gabler Wirtschaftslexikon, https://wirtschaftslexikon.gabler.de/
definition/freemium-53522

Kondratjew, N. (1926): Die Langen Wellen der Konjunktur, Berliner Zeitschrift, Archiv für Sozialwis-
senschaft und Sozialpolitik.

Korotajew, A. & Tsirel, S. V.: A Spectral Analysis of World GDP Dynamics: Kondratiev Waves, Kuznets
Swings, Juglar and Kitchin Cycles in Global Economic Development, and the 2008–2009 Economic
Crisis. In: Structure and Dynamics. Vol. 4, #1, 2010, S. 3–57.

Koss, F. (2018): Triodos beteiligt sich an nachhaltiger Crowdinvesting Plattform bettervest. In: Tri-
odos Bank (06.09.2018), https://www.triodos.de/pressemitteilungen/2018/triodos-beteiligt-sich-an-
nachhaltiger-crowdinvesting

Krämer, H. (2012) Praktiken kreativen Arbeitens in den Creative Industries. In: Göttlich, U. & Kurt, R.
(eds) Kreativität und Improvisation. Springer VS, Wiesbaden. https://doi.org/
10.1007/978-3-531-18989-5_7

Kramer, M. R. & Pfitzer, M. W. (2016): The Ecosystem of Shared Value. In: Harvard Business Review
(10.2016), https://hbr.org/2016/10/the-ecosystem-of-shared-value

Krämer, T. (2007): Patente aus dem Meer. In: Spektrum - Die Woche (08.02.2007), https://www.-
spektrum.de/news/patente-aus-dem-meer/864068

Kratzenberg, M. (2020): NFC-Schutzhüllen und -Schutzkarten: Das bringen sie wirklich. In: GIGA
(05.02.2020), https://www.giga.de/artikel/nfc-schutzhuellen-und-schutzkarten-das-bringen-sie-
wirklich/

Kulke, U. (2010): Wie kauft man sich Kaiser? Jakob Fugger wusste es. In: WELT (26.12.2010), https://
www.welt.de/kultur/history/article11827337/Wie-kauft-man-sich-Kaiser-Jakob-Fugger-wusste-
es.html

Kulzer, R. (2006), Formatkrieg schadet. In: Handelsblatt (09.03.2006), https://www.handelsblatt.-
com/technik/it-internet/formatkrieg-schadet-anbietern-und-verbrauchern-finger-weg-von-hd-
dvd-oder-blu-ray-geraeten-seite-2/2625766-2.html?ticket=ST-876181-KrHLgwIe3tUVxIoBwR9z-ap6

Ladwig, M (2017): Cloud Computing Definition: Was ist eine Cloud und wie funktioniert sie?, in
Cloudplan (2.6.2017), https://www.cloudplan.net/de/blogdetail/Was-ist-eine-Cloud-und-wie-funk-
tioniert-sieLeichsenring, H. (2018B): Digital Banking Interview: 100 Tage Open Banking in der Pra-
xis. In: Der Bank Blog (07.05.2018), https://www.der-bank-blog.de/interview-open-banking/digital-
banking/33247/

Laloux, F. (2016): Reinventing Organizations visuell: Ein illustrierter Leitfaden sinnstiftender Formen
der Zusammenarbeit, Vahlen; Auflage: 1.

Lambert, T. (2018): A brief history of banks. In: Localhistories.org, http://www.localhistories.org/ban-
king.html

Leichsenring, H. (2014): Vier Kernbereiche der FinTech-Angebote. In: GFT (15.12.2014), https://blo-
g.gft.com/de/2014/12/15/vier-kernbereiche-der-fintech-angebote/

Leichsenring, H. (2016): Banken müssen zum intelligenten Begleiter der Kunden werden, in Der
Bank Blog (25.04.2016), https://www.der-bank-blog.de/innovationsmanagement-ing-diba/innovati-
on/22011/

Leichsenring, H. (2018A): 7 bemerkenswerte Zitate zur Zukunft des Bankings. In: Der Bank Blog
(17.93.2018), ttps://www.der-bank-blog.de/zitate-zukunft-banking/zitate/32298/

Leichsenring, H. (2018B): Digital Banking Interview: 100 Tage Open Banking in der Praxis. In: Der
Bank Blog (07.05.2018), https://www.der-bank-blog.de/interview-open-banking/digital-banking/
33247/

Leichsenring, H. (2018C): Was Banken und Sparkassen von Apple-Stores lernen können, in Fonds professionell Online (14.09.2017), http://www.fondsprofessionell.de/news/unternehmen/headline/was-banken-und-sparkassen-von-apple-stores-lernen-koennen-136977/

Lerner, J. S., Li, Y., Valdesolo, P. & Kassam, K. S. (2015): Emotion and decision making. In: Annual Review of Psychology, 66, 799–823. https://doi.org/10.1146/annurev-psych-010213-115043.

Lietsch, F. / ALTOP (Hrsg.) (2020): forum Nachhaltig Wirtschaften 02/2020, ISSN 1865-4266.

Linguee (2020): Prudence. In: Linguee Wörterbuch Englisch-Deutsch, https://www.linguee.de/deutsch-englisch/uebersetzung/Achtsamkeit.html

Linsenbarth, R. (2018): Der Kommentar: PayPal nimmt den Banken nach der Butter jetzt auch die Brotstulle!. In: IT Finanzmagazin (17.10.2018) Der Kommentar: PayPal nimmt den Banken nach der Butter jetzt auch die Brotstulle!, https://www.it-finanzmagazin.de/kommentar-paypal-schleift-banken-79335/

Linsenbarth, R. (2019): Mobile Banking und der zweite Faktor — neun Verfahren in: IT Finanzmagazin (18.03.2019), https://www.it-finanzmagazin.de/mobile-banking-zwei-faktoren-die-verfahren-86822/

Lohse, E (2017): Mehr Cyberattacken gegen deutsche Server. In: FAZ.net (27.7.2017), http://www.faz.-net/aktuell/politik/inland/sicherheit-im-internet-immer-mehr-cyberattacken-15125222.html

Loon (2020): https://loon.com/

Luber, S. & Litzel, N. (2019): Was ist eine Shared-Nothing-Architektur? In: Big Data Insider (23.04.2019), https://www.bigdata-insider.de/was-ist-eine-shared-nothing-architektur-a-818728/

Magnussen, C. (2019): Das ist NICHT New Work - Warum viele Unternehmen neue Arbeit falsch verstehen (Deutsche Keynote). In: Christoph Magnussen, Youtube (12.04.2019), https://youtu.be/VMBn24Bs6lg

main incubator (2018): Über uns. In: https://www.main-incubator.com/ueber-uns/

Maisch, M. (2017): Kommentar zur Zukunftsfähigkeit der Banken: Ohne Sicherheitsnetz. In: Handelsblatt (06.09.2017), http://www.handelsblatt.com/my/meinung/kommentare/kommentar-zur-zukunftsfaehigkeit-der-banken-ohne-sicherheitsnetz/20283848.html?ticket=ST-5470930-bg3B4M-taGFhb9AjvqGHn-ap1.

Malik, F. (2017), in: Hildebrandt A., Landhäußer W. (eds) CSR und Digitalisierung. Management-Reihe Corporate Social Responsibility. Springer Gabler, Berlin, Heidelberg, S. XXXff.

Manager Magazin (2018): Diese Banken setzen noch auf den deutschen Digitalmarkt. In: Manager Magazin (29.05.2018), http://www.manager-magazin.de/fotostrecke/deutsche-bank-stoppt-plan-fuer-eigene-digitalbank-fotostrecke-161078.html

Manz, S. (2018): Digitale Transformation im Banking – lessons learned. In: Brühl, V. und Dorschel, J. (Hrsg.), Praxishandbuch Digital Banking, Springer Fachmedien Wiesbaden GmbH 2018, ISBN 978-3-658-18889-4, S. 162-187.

Maslow, A. H. (1970): Motivation and Personality (2nd edit.), New York: Harper and Row.

Mayer, S (2019): Banking: Verhaltensbasierte Biometrie lässt sich nicht hacken oder ausspionieren. In: IT-Finanzmagazin (2.1.2019), https://www.it-finanzmagazin.de/behaviosec-bank-biometrie-implementation-83089/

Mayr, E. (2003): The Growth of Biological Thought. Diversity, Evolution and Inheritance. 12th Printing, The Belknap Press of Harvard University Press, Cambridge 2003, Kapitel Charles Darwin. ISBN 0-674-36446-5, S. 394–425.

Mc Kinsey (2016): How blockchains could change the world. In: https://www.mckinsey.com/industries/technology-media-and-telecommunications/our-insights/how-blockchains-could-change-the-world#

Mees, J. (1993): Montes. In: Lexikon des Mittelalters (LexMA). Band 6, Artemis & Winkler, München/Zürich

Meschkat, S. (2020): Messen, wo Gedanken anfangen und enden. In: Deutschlandfunk Nova (18.07.2020), https://www.deutschlandfunknova.de/beitrag/hirnforschung-messen-wo-gedanken-anfangen-und-enden

Metz-Göckel, H. (2020): Bedürfnis. In: Dorsch Lexikon der Psychologie (10.06.2020), https://dorsch.hogrefe.com/stichwort/beduerfnis

Microsoft Azure (2020A): Was ist DevOps? In: https://azure.microsoft.com/de-de/overview/what-is-devops/

Microsoft Azure (2020B): DevOps-Lösungen in Azure. In: https://azure.microsoft.com/de-de/solutions/devops/

Moneyou (2019): Moneyou Go Die Bank, das bin ich. In: https://www.moneyou.de/

Moneytoday.ch (2018): PSD2. In: https://www.moneytoday.ch/lexikon/psd2/

Muerl, C (2018): PAYMENTS Biometrische Authentifizierung als Antwort auf Regulierung. In: der-bank-blog (13.12.2018), https://www.der-bank-blog.de/biometrische-authentifizierung-regulierung/mobile-payment/38562/

Mühl, K. Y. (2017): International Comparison of Startup Support Programs: An evaluation of startup venture support programs and their compatibility with the German startup ecosystem, Master Thesis, Wiesbaden Business School, Hochschule RheinMain, Wiesbaden 2017.

N26 (2018): Cash26. In: https://n26.com/de-de/cash26

NACHHALTIGES LEBEN 2020 (2019). In: https://nachhaltigesleben2020.de/

Nakamoto, S. (2008): Bitcoin: A Peer-to-Peer Electronic Cash System. In: Bitcoin.org, https://bitcoin.org/bitcoin.pdf

NDGIT (2018): #1 API-Plattform für Banking und Insurance. In: https://nextdigitalbanking.com/

Nect (2019): NECT IDENT. In: nect.com (2019), https://nect.com/products/

Nest (2020): https://nest.com/

Neuhaus & Voss (2018): "Wir haben bald eine Million Kunden". In: Der Tagesspiegel (15.04.2018), https://www.tagesspiegel.de/wirtschaft/smartphone-bank-n26-wir-haben-bald-eine-million-kunden/21176886.html

Nietsche, N (2017): SCT Inst, CSM und TIPS.... In: paymentandbanking.com (4.10.2017), https://paymentandbanking.com/sct-inst-csm-und-tips/

Oliver Wyman (2018): Bankenreport Deutschland 2030. In: Oliver Wyman (01.2018), https://www.oliverwyman.de/content/dam/oliver-wyman/v2-de/publications/2018/Feb/OliverWyman_GermanBankingReport_2018.pdf

Ornau F. (2017) Die Digitale Transformation in der Finanzindustrie. In: Fernhochschule S. (eds) Digitalisierung in Wirtschaft und Wissenschaft. Weiterbildung und Forschung der SRH Fernhochschule – The Mobile University. Springer, Wiesbaden, S. 49-65.

OVH (2018): OVH CDN: Die unverzichtbare Ergänzung zu Ihren internationalen Websites. In: https://www.ovh.de/cdn/vorteile.xml

Pampel, B. (2016): Fintech-Banken: die kleinen Alternativen zu Großbanken? in: UTOPIA (17.08.2016), https://utopia.de/ratgeber/fintech-banken/

Papenbrock, J. (2018): Graphanalyse und maschinelles Lernen in der Finanzindustrie. In: Brühl, V. und Dorschel, J. (Hrsg.), Praxishandbuch Digital Banking, Springer Fachmedien Wiesbaden GmbH 2018, ISBN 978-3-658-18889-4, S. 325-341.

PayPal (2018A): Über PayPal, https://www.paypal.com/de/webapps/mpp/about

Paypal (2018B): Mit PayPal in eine neue Ära des Kreditnehmens., in Paypal, https://www.paypal.com/de/webapps/mpp/working-capital#cta-closing-promo-light

Pechardscheck, S. (2016): Banking 4.0 — Strategien für traditionelle Banken. In: Der Bank Blog (20.04.2016), https://www.der-bank-blog.de/digitale-banking-strategien/digital-banking/21900/

Penke, M. (2017): Commerzbank investiert in Chatbot-Startup, das den Kundenservice automatisieren will. In: Gründerszene.de (10.08.2017),https://www.gruenderszene.de/allgemein/chatbot-ebot7-investment-main-incubator

Peterka, C. & Michael, S. (2019): DEINE WAHL – Analoger Opportunist oder Progressiver Optimist? Eine Einladung, am Systemwechsel mitzuwirken, Murmann Publishers GmbH, Hamburg.

Peterson, O. (2020): Die Bedeutung eines MVP für dein Startup. In: VIPERdev (15.09.2020), https://viperdev.io/blog/the-meaning-of-an-mvp-for-your-startup/

Poppenk, J. & Tseng, J. (2020) Brain meta-state transitions demarcate thoughts across task contexts exposing the mental noise of trait neuroticism. In: nature communications 11, 3480 (13.07.2020), https://doi.org/10.1038/s41467-020-17255-9

Porter, M. E. & Kramer, M. R. (2011): Creating Shared Value. In: Harvard Business Review, https://hbr.org/2011/01/the-big-idea-creating-shared-value

POS4ME (2018): Kartenzahlungen — Innovative Technologie. In: POS4ME (14.9.2018), https://pos4-me.de/2018/09/14/kartenzahlungen-innovative-technologie-geschaeftseroeffnung-pos-4-me/

Postbank AG (2018): Ideenlabor - Schöne neue Finanzwelt: Was bedeutet BaaS und BaaP? In: https://ideenlabor.postbank.de/page/article/id/1942

Postinett, A (2017): Online-Handel spielt für Amazon-Gewinn nur Nebenrolle. In: handelsblatt.com (28.4.2017), https://www.handelsblatt.com/unternehmen/handel-konsumgueter/cloud-sparte-treibt-gewinn-online-handel-spielt-fuer-amazon-gewinn-nur-nebenrolle/19731526-all.html

Pousttchi, K. & Dehnert, M. Electron Markets (2018). https://doi-org.proxy.ub.uni-frankfurt.de/10.1007/s12525-017-0283-0

Privé Technologies (2019): About Privé Technologies. In: https://privetechnologies.eu/about/

Privé Technologies (2020): Produkte: KI PORTFOLIO OPTIMIERUNG "AI GO". In: Privé Technologies, https://privetechnologies.com/solutions/?lang=de

Psychomeda (2016): German Angst - Lexikon der Psychologie. In: Psychomeda (16.10.2016), https://www.psychomeda.de/lexikon/german-angst.html

Quandt, R. (2018): Microsoft: Kartenloser Geldautomat erkennt Nutzer mit Windows Hello in: Win-Future (24.10.2018), https://winfuture.de/news,105709.html

Raiffeisen.at (2018): QR-Code. In: https://www.raiffeisen.at/oesterreich/1006622365713_224948682520316061_224958511016103117-861397943417286151-NA-30-NA.html

Rassek, A. (2019): VUKA-Welt: Neue Chancen in der neuen Arbeitswelt. In: Karrierebibel.de (04.07.2019), https://karrierebibel.de/vuka-welt/

Reccius, S (2019): Direktbanken haben die zufriedensten Kunden. In: WiWo (2.1.2019), https://amp.wiwo.de/unternehmen/banken/mckinsey-umfrage-direktbanken-haben-die-zufriedensten-kunden/23820794.html

Red Hat (2020): DevOps besser verstehen. In: https://www.redhat.com/de/topics/devops

Reedsmith (2018): Tech control: How fintech M&A is shaping the financial future, in reedsmith (13.11.2018), https://www.reedsmith.com/en/news/2018/11/tech-control-how-fintech-m-and-a-is-shaping-the-financial-future

Regus (2019): The Flex Economy. In: https://assets.regus.com/images/nwp/the-flex-economy-report.pdf

Rehkopf, M. (2020): Was ist ein Kanban Board? In: Atlassian Agila Coach, https://www.atlassian.com/de/agile/kanban/boards

Reinhardt, V. (2013): Geschichte von Florenz, C.H. Beck, München

Renker, C. (2018): Business Model Innovation in Banken, essentials, ISBN 978-3-658-19777-3 https://doi.org/10.1007/978-3-658-19778-0_1

Restovtzeff, M. (2013): Gesellschafts- und Wirtschaftsgeschichte der hellenistischen Welt. Band 2, wbg Academic

Reusche, U. (Datum unbekannt): Sinnstiftend führen: Sinn oder Unsinn? In: 3 Minuten Coach, https://www.3minutencoach.com/sinnstiftend-fuehren-sinn-oder-unsinn/ Ryan, R. M. & Deci, E. L. (2000): Self-Determination Theory and the Facilitation of Intrinsic Motivation, Social Development, and Well-Being. In: American Psychologist 55, S. 68–78.

Rifkin, J. (2014): Die Null-Grenzkosten-Gesellschaft: Das Internet der Dinge, kollaboratives Gemeingut und der Rückzug des Kapitalismus, Campus Verlag.

Ritter, S. (2019): Etablierte Unternehmen scheitern an der Digitalisierung. In: Management Circle (18.11.2019), https://www.management-circle.de/blog/etablierte-unternehmen-scheitern-an-der-digitalisierung/

Roland Berger (2015): Digitale Revolution im Retail Banking – Chancen in der Multikanalwelt aus Kundensicht. Roland Berger, München.

Roland Berger (2016): FinTechs in Europe. Roland Berger, München.

Sapper, M. (2018), Drogerie ersetzt Geldautomat. In: Check24 (15.03.2018), https://www.check24.de/konto-kredit/news/bei-dm-koennen-kunden-bald-geld-auf-ihr-konto-einzahlen-64350/

Schallmo, D. & Rusnjak, A. (2017): Roadmap zur Digitalen Transformation von Geschäftsmodellen. In: D. Schallmo et al. (Hrsg.), Digitale Transformation von Geschäftsmodellen, Schwerpunkt: Business Model Innovation, DOI 10.1007/978-3-658-12388-8_1, S. 1-28

Scheller, S. (2017): Digitales Mindset — was ist das und welche Bedeutung hat es für Personaler und Bewerber? in: Persoblogger.de (19.03.2017), https://persoblogger.de/2017/03/19/definition-digitales-mindset-was-ist-das-und-welche-bedeutung-hat-es-fuer-personaler-und-bewerber/

Schier, S. (2017): Deutsche bleiben Aktienmuffel. In: Handelsblatt (14.02.2017), http://www.handelsblatt.com/finanzen/maerkte/boerse-inside/aktionaerszahlen-deutsche-bleiben-aktienmuffel/19389000.html.

Siller, H. (2020): Know-your-Customer-Prinzip (KYC). In: Gabler's Wirtschaftslexikon (2018), https://wirtschaftslexikon.gabler.de/definition/know-your-customer-prinzip-kyc-53389

Schlicksupp, H. (2004): Innovation, Kreativität und Ideenfindung. 6. Auflage. Vogel Business Media, 2004, ISBN 978-3802319846.

Schmeling, D. (2017): So vermeiden Banken die Scheindigitalisierung beim digitalen Onboarding. In: IT Finanzmagazin (21.06.2017), https://www.it-finanzmagazin.de/so-vermeiden-banken-die-scheindigitalisierung-beim-digitalen-onboarding-52012/

Schmidt, H. (2013): Die Entstehung der Deutschen Terminbörse 1988 und der Deutsche Börse AG 1992. In: Lindenlaub, D. et al. (2013): Schlüsselereignisse der deutschen Bankengeschichte. Franz Steiner Verlag, Stuttgart 2013, Herausgegeben im Auftrag des Wissenschaftlichen Beirats des Instituts für bankhistorische Forschung e.V.

Schmitt, M. (1992): Schönheit und Talent: Untersuchungen zum Verschwinden des Halo-Effekts. In: Zeitschrift für experimentelle und angewandte Psychologie 1992, 475–492.

Schmitz, H (2016): Finanztransaktionen über Mobilgeräte. In: heinz.schmitz.org (24.5.2016), http://www.heinz-schmitz.org/index.php/nachrichtenleser/finanztransaktionen-ueber-mobilgeraete.html

Schneider, K. (2018): Digitaler Service der Banken ist nur mangelhaft. In: Handelsblatt (02.01.2018), http://www.handelsblatt.com/my/finanzen/banken-versicherungen/onlineseiten-und-apps-digitaler-service-der-banken-ist-nur-mangelhaft/20805376.html?ticket=ST-1104-wDRWIAAv6dEMpltAR4Wo-ap2

Schönbohm, A. & Egle, U. (2017): Controlling der Digitalen Transformation. In: D. Schallmo et al. (Hrsg.), Digitale Transformation von Geschäftsmodellen, Schwerpunkt: Business Model Innovation, DOI 10.1007/978-3-658-12388-8_8, S. 214-234.

Schöning, S. (2018): Bank. In: Gablers Wirtschaftslexikon, https://wirtschaftslexikon.gabler.de/definition/bank-27855

Schraub, F. (2020): Ziele erreichen: So baust du ein geniales Team auf, das ALLES erreichen kann. In: Youtube (23.03.2020), https://www.youtube.com/watch?v=blyrYbHHwo8

Schreck, K. (2019): Die kreative Pause – warum Nichtstun die Entwicklung fördert!. In: Haufe Akademie (18.04.2019), https://www.haufe-akademie.de/perspektiven/kreative-pause/

Schreyer, T. (2016): Alternative Payment-Möglichkeiten: Was ist eigentlich E-Geld? in: E-Commerce Magazin (28.11.2016), https://www.e-commerce-magazin.de/fachartikel/alternative-payment-moeglichkeiten-was-ist-eigentlich-e-geld

Schröder, B. (2017): Die No-Bank-Strategie: Wie Sie den Einfluss der Banken auf Ihr Leben reduzieren, Auflage 3, Books on Demand Verlag, Norderstedt, Deutschland.

Schulte am Hülse, U. (2015): Jackpotting: So werden Geldautomaten im 21. Jahrhundert manipuliert. In: Anwalt.de (02.12.2015), https://www.anwalt.de/rechtstipps/jackpotting-so-werden-geldautomaten-im-jahrhundert-manipuliert_076102.html

Schwaber & Sutherland (2017): The Scrum Guide TM. In: Scrum Guides (11.2017), https://www.-scrumguides.org/docs/scrumguide/v2017/2017-Scrum-Guide-US.pdf#zoom=100

Siedenbiedel, C. (2019): Schäden im Online-Banking nehmen zu. In: FAZ (24.06.2019): https://www.-faz.net/aktuell/finanzen/meine-finanzen/geld-ausgeben/schaeden-durch-betrug-im-online-banking-nehmen-zu-16251879.html

Sinek, S. (2009A): Start With Why, Penguin US, ISBN 978-1-59184-280-4

Sinek, S. (2009B): How great leaders inspire action. In: TED (09.2009), https://www.ted.com/talks/simon_sinek_how_great_leaders_inspire_action#t-122780

Smart Mobile Factory (2017): Bibel-App erreicht 200.000er Download-Marke. In: Smart Mobile Factory (20.11.2017), https://smartmobilefactory.com/bibel-app-erreicht-200-000er-download-marke/

Söhnholz, D. (2020): Verantwortungsvolle (ESG) Geldanlage. In: prof-soehnholz.com (01.07.2020), https://prof-soehnholz.com/esg-halbjahr-relativ-gute-performance-passiver-allokations-und-strenger-esg-portfolios/2/

Sparkassen Finanzgruppe (2018): V!EW-Konto Den Kontostand in virtueller Realität erleben. In: fi-forum (20.11.2018), https://www.fi-forum.de/wp-content/uploads/2018/11/IN08-VIEW-Konto.pdf

Start-up Garage (2018): Wen wir suchen. In: http://www.comdirect-garage.de/#wen-wir-suchen

Statista (2012): Anzahl der Jahre, bis folgende Technologien eine Reichweite von 50 Millionen Nutzern erlangt hatten. In: Statista (05.2012), https://de.statista.com/statistik/daten/studie/298515/umfrage/entwicklung-ausgewaehlter-informationstechnologien-bis-50-millionen-nutzer/

Statista (2017A): Dossier – Internetnutzung in Europa. In: https://de.statista.com/statistik/studie/id/15441/dokument/internetnutzung-in-europa-statista-dossier/

Statista (2017B): FinTech Report 2017: Statista Digital Market Outlook – Market Report, Dez. 2017. In: https://de.statista.com/statistik/studie/id/44591/dokument/fintech-report/

Statista (2017C): Banking - WZ 64.1 - Statista Industry Report – Germany, July 2017. In: https://www.statista.com/study/46602/banking-in-germany/

Statista (2017D): Dossier — Mobile Banking

Statista (2017E): Banking - WZ 64.1 - Statista Industry Report — Germany, July 2017

Statista (2018A): Internetnutzer über 60, https://de.statista.com/infografik/12799/immer-mehr-internetnutzer-ueber-60-jahre/

Statista (2018B): POS

Statista (2018C): Dossier: Bargeldloser Zahlungsverkehr

Statista (2019A): Entwicklung der durchschnittlichen täglichen Nutzungsdauer des Internets in Deutschland in den Jahren 2000 bis 2018 (in Minuten). In: https://de.statista.com/statistik/daten/studie/1388/umfrage/taegliche-nutzung-des-internets-in-minuten/

Statista (2019B): Anteil der mobilen Internetnutzer nach Altersgruppen in Deutschland im Jahr 2019. In: Statista, Mobiles Internet Dossier, https://de.statista.com/statistik/studie/id/13136/dokument/mobiles-internet--statista-dossier/

Statista (2019C): Anzahl der Direktbank-Kunden in Deutschland in den Jahren 2000 bis 2017 mit einer Prognose für 2020. In: Statista (24.01.2019), https://de.statista.com/statistik/daten/studie/186890/umfrage/anzahl-der-direktbank-kunden-in-deutschland-bis-2015/

Statista (2020A): Umsatz im eSports-Markt weltweit in den Jahren 2018 und 2019 und Prognose für 2020 und 2023. In: Statista (29.04.2020), https://de.statista.com/statistik/daten/studie/677986/umfrage/prognose-zum-umsatz-im-esports-markt-weltweit/

Statista (2020B): Anzahl der Internetnutzer und Gesamtbevölkerung ab 16 Jahren in Deutschland im Mai 2020. In: Statista (10.06.2020), https://de.statista.com/statistik/daten/studie/151619/umfrage/anzahl-der-internetnutzer-in-den-letzten-drei-monaten-und-gesamtbevoelkerung-in-deutschland/

Statista (2020C): Anteil der mobilen Internetnutzer in Deutschland in den Jahren 2015 bis 2019. In: Statista (25.02.2020), https://de.statista.com/statistik/daten/studie/633698/umfrage/anteil-der-mobilen-internetnutzer-in-deutschland/

Statista (2020D): Prognose zum Volumen der jährlich generierten digitalen Datenmenge weltweit in den Jahren 2018 und 2025. In: https://de.statista.com/statistik/daten/studie/267974/umfrage/prognose-zum-weltweit-generierten-datenvolumen/

Statista (2020E): Anzahl der Online-Girokonten in Deutschland in den Jahren von 2009 bis 2019 . In: https://de.statista.com/statistik/daten/studie/39539/umfrage/anzahl-der-online-gefuehrten-konten-in-deutschland/

Statista (2020F): Bevölkerung in Deutschland nach Einstellung zu bzw. Kundschaft bei Direktbanken von 2016 bis 2020. In: Statista (05.08.2020), https://de.statista.com/statistik/daten/studie/170960/umfrage/kunde-einer-direktbank-einstellung/

Strack, S. (2018). In: Linsenbarth, R. (2018): Apple und die Banken brauchen sich gegenseitig — Interview mit Sibylle Strack. In: IT Finanzmagazin (23.10.2018), https://www.it-finanzmagazin.de/sibylle-strack-banken-apple-pay-79583/

Streich, R. K. (2013): Fit for Leadership: Entwicklungsfelder zur Führungspersönlichkeit, Springer-Verlag, 2013, ISBN 3658035218

Strietzel, M., Streger, S. und Bremen, T. (2018): Digitale Transformation im Banking – ein Überblick. In: Brühl, V. und Dorschel, J. (Hrsg.), Praxishandbuch Digital Banking, Springer Fachmedien Wiesbaden GmbH 2018, ISBN 978-3-658-18889-4, S. 13-29

Strietzel, M., Streger, S. und Bremen, T. (2018): Digitale Transformation im Banking – ein Überblick. In: Brühl, V. und Dorschel, J. (Hrsg.), Praxishandbuch Digital Banking, Springer Fachmedien Wiesbaden GmbH 2018, ISBN 978-3-658-18889-4, S. 13-29.

Strucken, B. (2020): Der Covid-19-Schock ist Katalysator der Digitalisierung – das Kernbanksystem wird zum Wettbewerbsfaktor. In: IT Finanzmagazin (28.05.2020), https://www.it-finanzmagazin.de/covid-19-schock-katalysator-digitalisierung-kernbanksystem-107036/

Stuska, T. (2017): Erfolgsformel für das Retail Banking der Zukunft, in Der Bank Blog (28.06.2017), https://www.der-bank-blog.de/erfolgsformel-retail-banking/retail-banking/27287/.

t3n (2020): Agile Methoden. In: t3n Pro, https://t3n.de/tag/agile-methoden/

Tennert, F. (2017): Akzeptanz und Risikoeinschätzung digitaler Bezahlverfahren. In: Fernhochschule S. (eds) Digitalisierung in Wirtschaft und Wissenschaft. Weiterbildung und Forschung der SRH Fernhochschule – The Mobile University. Springer, Wiesbaden, S.67-87.

The Boston Consulting Group (2017): Global Retail Banking 2017: Accelerating Bionic Transformation. In: BCG (17.07.2017). https://www.bcg.com/de-de/publications/2017/financial-institutions-global-retail-banking-2017-bionic-transformation.aspx

The Economist (2018): Financial firms have quietly prepared for Brexit. In: The Economist (29.11.2018), https://www.economist.com/finance-and-economics/2018/12/01/financial-firms-have-quietly-prepared-for-brexit

Tiberius, V. & Rasche, C. (2017): Disruptive Geschäftsmodelle von FinTechs: Grundlagen, Trends und Strategieüberlegungen. In: Tiberius V., Rasche C. (eds) FinTechs. Edition Bankmagazin. Springer Gabler, Wiesbaden, S. 1-26

Tödtmann, C. (2019): Gallup-Studie 2019: Rund sechs Millionen Beschäftigte glauben nicht an ihr Unternehmen – mit 122 Milliarden Euro Folgeschäden, schuld sind die Führungskräfte selbst. In: Wirtschafts Woche Management-Blog (12.09.2019): https://blog.wiwo.de/management/2019/09/12/gallup-studie-2019-rund-sechs-millionen-beschaeftigte-glauben-nicht-an-ihr-unternehmen-mit-122-milliarden-euro-folgeschaeden-schuld-sind-die-fuehrungskraefte-selbst/

Tomorrow (2020A): #own Tomorrow - Eure Anlagebroschüre. In: Tomorrow (09.10.2020), https://www.tomorrow.one/de-de/legal/Anlagebroschuere_Tomorrow_Crowdinvesting.pdf

Tomorrow (2020B): Crowdinvesting. In: https://www.tomorrow.one/de-de/crowd-investing

Tomorrow (2020C): Impact. In: https://www.tomorrow.one/de-de/impact

Tomorrow (2020D): Konten vergleichen. In: https://www.tomorrow.one/de-de/konten-vergleichen

Trustly Group AB (2017): The State of Online Banking 2017 — Netherlands.

tw (2020): Die Bank im Netz: Kunden suchen alle paar Tage nach Bankthemen – doch was suchen sie genau? In: IT-Finanzmagazin (27.07.2020), https://www.it-finanzmagazin.de/die-bank-im-netz-kunden-suchen-alle-paar-tage-nach-banken-doch-was-suchen-sie-genau-109421/

Uhlig, P., Seidenstuecker, H. & Sims, T. (2020): Banken prüfen wegen Corona-Krise erstmals Kurzarbeit. In: Reuters (26.03.2020), https://de.reuters.com/article/virus-banken-idDEKBN21D19N

Uniserv (2016): Know Your Customer: Was dies für die Finanzdienstleisterbranche bedeutet. In: Uniserv (04.07.2016), https://www.uniserv.com/unternehmen/blog/detail/article/know-your-customer-was-dies-fuer-die-finanzdienstleisterbranche-bedeutet/

Väth, M. (2019): Warum wir eine New Work Charta brauchen, in Markus Väth (21.05.2019), https://markusvaeth.com/blog/warum-wir-eine-new-work-charta-brauchen/

Verein Deutscher Ingenieure (Hrsg.) (2014): VDI/VDE 3694 – Lastenheft/Pflichtenheft für den Einsatz von Automatisierungssystemen. Beuth, 2014.

Vilar, H (2018): Swift adds information check pilot for gpi payments. In: bankingtech (6.12.2019), https://www.bankingtech.com/2018/12/swift-adds-information-check-pilot-for-gpi-payments/

Vollmer, J. (2019): New-Work-Urvater Frithjof Bergmann: Der alte Mann und das Mehr. In: T3N (07.03.2019), https://t3n.de/magazin/new-work-urvater-frithjof-bergmann-alte-mann-mehr-247621/

Voss, D. (2017): o greifen Hacker Banken & Co. an. IN: COMPUTERWOCHE (09.05.2017), https://www.-computerwoche.de/a/so-greifen-hacker-banken-und-co-an,3330671

W&V (2018): Amazon launcht Shop ohne Kassen. In: W&V (22.01.2018), https://www.wuv.de/digital/amazon_launcht_shop_ohne_kassen

Wallach, O. (2020): How Big Tech Makes Their Billions. In: Visual Capitalist, https://www.visualcapitalist.com/how-big-tech-makes-their-billions-2020/

Wallas, G. (1926): The Art of Thought (1926), ISBN 978-1910146057.

Waltermann, A (2018): FI-Forum — auf dem Weg: Treffpunkt für Digitalisierung und Innovation. In: IT-Finanzmagazin (19.11.2018), https://www.it-finanzmagazin.de/fi-forum-digitalisierung-innovation-81066/

Waymo (2020):https://waymo.com/

Weidemann, T. (2018A): NFC-Payment: Kontaktloses Bezahlen findet in Deutschland hohe Akzeptanz, in IT Finanzmagazin (09.10.2018), https://www.it-finanzmagazin.de/nfc-payment-kontaktloses-bezahlen-findet-in-deutschland-hohe-akzeptanz-78845/

Weidemann, T. (2018B): Faktenkontor-Studie: Das sind die innovativsten Banken und Finanzdienstleister. In: IT Finanzmagazin (29.05.2018), https://www.it-finanzmagazin.de/faktenkontor-studie-das-sind-die-innovativsten-banken-und-krankenversicherungen-71367/

Weidemann, T. (2018C): FI Forum 2018: Sparkassen-Gruppe investiert eine Milliarde in Digitalprojekte. In: IT-Finanzmagazin (23.11.2018), https://www.it-finanzmagazin.de/fi-forum-2018-sparkassen-gruppe-investiert-eine-milliarde-in-digitalprojekte-81333/

Weidemann, T. (2018D): Swift pilotiert Service zur Validierung von Zahlungen. In: IT-Finanzmagazin (5.12.2018), https://www.it-finanzmagazin.de/swift-pilotiert-service-zur-validierung-von-zahlungen-81953/

Weidemann, T. (2019): Digital Banking Index: Deutsche Banken bei der Digitalisierung nur im Mittelfeld. In: IT Finanzmagazin (5.4.2019), https://www.it-finanzmagazin.de/digital-banking-index-deutsche-banken-verlieren-laut-oliver-wyman-bei-der-digitalisierung-87697/

Welp, C. (2020): Das schnelle Ende eines Digital-Traums der Deutschen Bank. In: WirtschaftsWoche (03.08.2020), https://www.wiwo.de/unternehmen/banken/yunar-wird-eingestellt-das-schnelle-ende-eines-digital-traums-der-deutschen-bank/26060296.html

Werner, J (2018): Höchste Zeit, Cyberkriminalität zu bekämpfen. In: Welt.de (15.5.2018), https://www.welt.de/print/welt_kompakt/hamburg/article176362517/Hoechste-Zeit-Cyberkriminalitaet-zu-bekaempfen.html

Wheeler, R. (2009): QR Code Struktur Beispiel, https://de.wikipedia.org/wiki/Datei:QR_Code_Struktur_Beispiel.svg -- Lizenz: Attribution-ShareAlike 3.0 Unported, CC BY-SA 3.0, https://creativecommons.org/licenses/by-sa/3.0/

Whittaker, Z. (2020): Hackers say 'jackpotting' flaws tricked popular ATMs into spitting out cash. In: Extra Crunch (06.08.2020), https://techcrunch.com/2020/08/06/hackers-atm-spit-cash/

Wing (2020): https://wing.com/

Wings, H. & Friedrich, G. (2016): Lean Banking: Weichenstellung für die Zukunft. In: Künzel, H. (2016): Erfolgsfaktor Lean Management 2.0 Wettbewerbsfähige Verschlankung auf nachhaltige und kundenorientierte Weise, Springer-Verlag Berlin Heidelberg 2016, S. 209-226.

Wirtschaftslexikon24 (2018): Geldgeschichte III - Das Spätmittelalter und die Folgezeit: Die Entstehung des modernen Bankenwesens. In: http://www.wirtschaftslexikon24.com/d/geldgeschichte-iii-das-spaetmittelalter-und-die-folgezeit-die-entstehung-des-modernen-bankenwesens/geldgeschichte-iii-das-spaetmittelalter-und-die-folgezeit-die-entstehung-des-modernen-bankenwesens.htm

Wirtz, B.W. (2011): Business Model Management: Design – Instruments – Success Factors, Wiesbaden 2011.

Wolski, D. (2016): Sie haben Post! - Die Entwicklung der Email, in PC Welt, 30.10.2016, https://www.pcwelt.de/ratgeber/Sie_haben_Post__-_Die_Entwicklung_der_E-Mail-Geschichtsstunde-8546923.html

Yomo (2019): Easy Banking mit yomo-App und yomo-Debitkarte. In: yomo.de (2019), https://yomo.de

Yunar (2020): Yunar sagt Tschüss! In: https://goodbye.yunar.app/de

Zeilmann, K. (2008): Geschichte des Bankwesens. Geldgeschäfte sind Privatsache. In: Focus Online (27.10.2008), https://www.focus.de/wissen/mensch/geschichte/tid-12288/geschichte-des-bankwesens-geldgeschaefte-sind-privatsache_aid_343293.html

ZOE (2018): OrganisationsEntwicklung | Rebellen im Palast – Wie Start-ups Konzerne bewegen. In: Zeitschrift für Unternehmensentwicklung und Change Management, Nr 1, 2018. Handelsblatt Fachmedien.

Zykov, K. (2017): ATM malware is being sold on Darknet market. In: kaspersky (17.10.2017), https://securelist.com/atm-malware-is-being-sold-on-darknet-market/81871/

NOTIZEN

Gute Ideen verdienen es, festgehalten zu werden.

ÜBER DEN AUTOR

Kim Y. Mühl

Botschafter für sinnstiftende Arbeit & sinnvolle Digitalisierung

Als Autor und Berater für zukunftsweisende Geschäftsausrichtung setze ich mich beruflich wie auch privat intensiv mit den Themen Bionik, Digitalisierung, Disruption, Nachhaltigkeit, Sinnhaftigkeit und Wandel auseinander.

Mein Werdegang ist beschreibend für die Generation „(wh)Y?". Angetrieben von meiner Neugierde aufs Leben erfüllt es mich, so viele Erfahrungen wie möglich zu machen, mir ein breites Wissensspektrum anzueignen und meine Erkenntnisse zu teilen. Je länger ich diesem Weg folge, desto besser bin ich in der Lage, erlerntes und erfahrenes auf andere Anwendungs- und Themengebiete sowie Lebensbereiche zu übertragen.

In einer auf Spezialisierung fokussierten Arbeitskultur, bin ich stolz darauf, mich *Generalist* und *Quereinsteiger* nennen zu dürfen. Ich hatte das große Privileg, viele Orte dieser Welt zu bereisen, in vier verschiedenen Ländern Bildung zu genießen und unterschiedlichsten Tätigkeiten nachgehen zu dürfen; unter anderem: Assistenz der Geschäftsführung, Consultant, digitaler Nomade, Projektmanager, Freiberufler, Führungskraft, Ghostwriter, Gründer, Student, Rettungstaucher, und seit einiger Zeit auch Autor und Herausgeber.

Aus meiner Arbeit als ehemaliger *Head of Research & Business Development* für den Raum Europa bei Privé Technologies, einem international agierenden FinTech-Dienstleister für NextGen-Private Banking-Lösungen (Sitz in Hongkong), kenne ich die Herausforderungen, Trends und Möglichkeiten im globalen Finanzsektor aus erster Hand. Ironischerweise war es diese Nähe zur Branche, die mich in meiner Kernaufgabe einschränkte, zukunftsweisende Geschäftsmodelle zu entwickeln. Anfang 2020 habe ich deshalb die Festanstellung aufgegeben, um mich voll und ganz auf meine Buchprojekte zu konzentrieren. Das Ergebnis ist eine unabhängige Perspektive auf die Digitale (R)Evolution im Finanzbereich. Und doch steht meine Forschung erst am Anfang. Jede Erkenntnis wirft neue Fragen auf, und so bleibe ich wissbegierig.

Ihr Partner für innovative Geschäftsentwicklung

Sie beschäftigen sich mit den Möglichkeiten und Chancen, die die Digitale (R)Evolution Ihnen und Ihrem Unternehmen eröffnen und möchten mehr darüber erfahren, wie Sie dieses Wissen in der Praxis umsetzen können? Ganz gleich, ob sie noch auf der Suche nach Ideen sind, oder bereits ein konkretes Digitalisierungsvorhaben planen und dabei die Erfolgsaussichten steigern, aber das Projektrisiko minimieren möchten: Ich bin der passende Partner für Sie! Gerne unterstütze ich Sie mit meiner Expertise und/oder stelle Ihnen geeignete Umsetzungspartner:innen für Ihr Vorhaben vor.

Gemeinsam gestalten wir den Digitalen Wandel

Ich begleite Sie bei der Konzeption, Entwicklung und Umsetzung von sinnvollen Digitalisierungsstrategien und agilen Organisationsmodellen. Zu meinem Leistungsspektrum zählt insbesondere:

- **Accompaniment & Coaching** — Purpose-Workshops; Begleitung beim richtigen Umgang mit digitalisierungsbedingten (Change) Veränderungen im Unternehmen; Wissensvermittlung zu digitalen Themen und Herausforderungen (Digital Literacy, Digital Empowerment & Thought Leadership).
- **Bionic / Disruptive Innovation** — Gestaltung von zukunftsweisenden Produkten und Geschäftsmodellen; MVP-Design; Bullshit-Radar (2. Meinung zur Sinnhaftigkeit und den Erfolgsaussichten Ihrer Digitalisierungsvorhaben).
- **Networking** — Begleitung bei Ausschreibungen (Request for Proposal) und Bereitstellung eines breit aufgestellten Netzwerks von Digitalisierungsexpert:innen, -enabler:innen und -umsetzungspartner:innen.

Wenn ich nicht gerade schreibe oder Unternehmen bei ihrer Digitalstrategie unterstütze, stecke ich meine Zeit und Energie in die Disruptive Innovation Task Force, eine von mir entwickelte Methode zur Entfachung von Innovationspotenzial in Unternehmen, sowie in den Aufbau der SINNBOTSCHAFT, ein Sozialunternehmen mit dem Bildungsauftrag, das Leben in den Mittelpunkt unserer Entscheidungen zu stellen und den Wandel hin zu einer lebenswerten Verantwortungsgesellschaft anzustoßen.

Vernetzen Sie sich mit mir

Wir wachsen am Austausch und Dialog. Wenn Ihnen diese Publikation und meine Vision einer hybriden und zukunftsfähigen Bank zusagt, dann wäre es mir eine große Freude, Ihrem Netzwerk beitreten zu dürfen. Sie finden mich beruflich auf LinkedIn (kimmuehl), Xing (KimY_Muehl) und Twitter (Kim_Y_Muhl), oder privat auf Facebook (kim.y.muehl) und Instagram (@kimmuehl). Ich freue mich sehr auf Ihre Kontaktaufnahme an kim.muehl@bionicwealth.de.

Bionic Wealth entschlüsselt und überträgt die Wunder dieser Welt auf die Vermögensanlage

Kim Y. Mühl ·
Bionic Wealth:
Die nächste Generation der Vermögensberatung & -verwaltung ist inspiriert vom Leben
Die große Meta-Studie zu den Chancen und Risiken der
Digitalen (R)Evolution im deutschen Finanzbereich · TEIL 2

Hardcover · 612 Seiten · € [D] 58,00 E-Book · 1065 Seiten · € [D] 44,99
ISBN-13: 979-8528775265 ASIN: B0987QTYQJ

Wie wirkt sich die Digitale (R)Evolution auf den Finanzbereich aus und welche Möglichkeiten bietet die Bionik in diesem Zusammenhang?

Die Natur ist agil. Sie ist hypervernetzt. Sie ist nachhaltig. Sie ist ständig im Wandel. Und sie hat Jahrmillionen Vorsprung in der Orchestrierung von komplexen Prozessen und Systemen. Höchste Zeit also, dass wir uns fragen: Was kann die Finanzbranche von der Natur lernen und wie können wir dieses Wissen ins digitale Zeitalter übertragen?

Bionic Wealth beleuchtet die wichtigsten Auswirkungen, Chancen, Trends und Herausforderungen des Digitalen Wandels im Asset und Wealth Management, im Private Banking sowie in der Vermögensanlageberatung und -vermittlung und teilt wertvolle Einblicke und Impulse in die wichtigsten Erfolgsfaktoren der vier Säulen der bionischen Vermögensanlage:

1. Bionic Advisory — der hybride Beratungsansatz der Zukunft.
2. Bionic Asset/Wealth Management — KI-Portfolios & evolutionäre Algorithmen.
3. Bionic Leadership — agile & dezentrale Organisationsmodelle.
4. Bionic Innovation — naturinspiriertes Innovationsmanagement.

Jetzt erhältlich als Buch und eBook auf Amazon / Kindle, Bücher.de, BoD, Fairbuch.de, Google Play, Hugendubel.de, Osiander.de, Thalia.de und Weltbild.de.

www.bionicwealth.de

Die große Meta-Studie zu den Chancen und Risiken der Digitalen (R)Evolution im deutschen Finanzbereich

— Teil 1 —

Bank 4.0: Wie Digital Leader Gewinne steigern, Kosten senken und neue Ertragsquellen erschließen.

Printed in Poland
by Amazon Fulfillment
Poland Sp. z o.o., Wrocław

20416544R10199